Dictionnaire Topographique, Étymologique Et Historique Des Rues De Paris: Contenant Les Noms Anciens Et Nouveaux Des Rues, Ruelles, Culs-de-sac, Passages, Places, Quais, Ports, Ponts, Avenues, Boulevarts, Etc., Et La Désignation Des Arrondissemens...

Jean La Tynna

DICTIONNAIRE

TOPOGRAPHIQUE, ÉTYMOLOGIQUE ET HISTORIQUE

DES RUES DE PARIS.

Cet Ouvrage se trouve aussi, à Paris,

Chez les Libraires ci-après:

ANT. BAILLEUL, rue Helvétius, n° 71;

LATOUR, grande cour du Palais-Royal;

GUITEL, rue des Prêtres-Saint-Germain-l'Auxerrois, n° 27, près le bureau du journal de l'Empire;

LE NORMANT, rue de Seine-Saint-Germain, n° 8;

Et chez PICQUET, géographe, graveur du cabinet topographique de l'Empereur, quai de la Monnaie, n° 17.

DE L'IMPRIMERIE DE BRASSEUR AÎNÉ,
rue des Deux-Boules, n° 9.

DICTIONNAIRE

TOPOGRAPHIQUE, ÉTYMOLOGIQUE ET HISTORIQUE

DES RUES DE PARIS,

contenant

les Noms anciens et nouveaux des Rues, Ruelles, Culs-de-Sac, Passages, Places, Quais, Ports, Ponts, Avenues, Boulevarts, etc., et la Désignation des Arrondissemens dans lesquels ils sont situés ;

ACCOMPAGNÉ

D'UN PLAN DE PARIS.

On y trouve aussi le nombre des Numéros contenus dans chaque Rue, etc; la disposition de ces Numéros dans les deux Séries des pairs et des impairs, en couleur rouge ou noire, donnant une manière sûre de se diriger; l'Etymologie ancienne et nouvelle de chaque Rue; une mention abrégée de tous les Monumens religièux et civils anciens et modernes que leur architecture ou leur destination ont rendu ou rendent remarquables.

Par J. De La Tynna,

de la Société d'Encouragement pour l'Industrie nationale, Prop^re-Rédact^r de l'Almanach du Commerce.

A PARIS,

Chez J. DE LA TYNNA, rue J.-J.-Rousseau, n° 20.

1812.

INTRODUCTION.

PARIS, sur la Seine, est la capitale de l'Empire français, et le chef-lieu du département de la Seine. Cette immense cité est à o de longitude du méridien de l'Observatoire de Paris, ou à 20 degrès de longitude du méridien de l'île de Fer, et à 48 degrès 50 minutes et 14 secondes de latitude septentrionale; elle est à la distance de

247 lieues	S. O. de Berlin, (lieues de deux mille toises)
600	O. N. O. de Constantinople,
282	S. O. de Copenhague,
240	O. S. O. de Dresde,
1180	O. N. O. d'Ispahan,
430	N. E. de Lisbonne,
105	S. S. E. de Londres,
320	N. N. E. de Madrid,
214	N. O. de Milan,
474	N. O. de Naples,
580	S. O. de Pétersbourg,
2350	O. de Pékin,
410	S. O. de Stockholm,
280	O. de Vienne en Autriche,
1680	E. de Washington;

sa circonférence est d'environ sept lieues de deux mille toises, ou vingt-sept mille deux cent quatre-vingt-sept mètres, et sa surface de neuf mille neuf cent dix arpens. César, le plus ancien auteur qui nous ait transmis le nom de cette ville, l'appelle *Lutetia*, mot que les étymologistes se sont efforcés d'expliquer de vingt manières différentes : s'il fallait en adopter une, nous choisirions celle qui a été préférée par Saint-Foix; on fait dériver le *lutetia* de César de *luth-touez-y*, qui

1

signifie en langue celtique *habitation au milieu de la
rivière*; de *luth*, rivière; *touez*, milieu, et *y*, habitation.

Comme *Lutèce* était la capitale des *Parisii* ou *Parisiens*, l'un des quatre-vingt-dix-huit peuples qui composaient la province gauloise ou celtique, elle prit aussi
le nom des habitans. César dit : Oppidum *Parisiorum*,
et Lutetia *Parisiorum* : on croit ce dernier nom dérivé
de *para*, proche; *Isidos*, Isis, parce que la déesse *Isis*
était particulièrement adorée dans un temple alors situé
où est maintenant l'église Saint-Germain-des-Prés, et
dont les prêtres avaient leur collége à *Issi*, près Paris,
où l'on voyait encore à la fin du dix-septième siècle, au
rapport de Sauval, des ruines du château où ces prêtres
demeuraient ou s'assemblaient avant l'établissement de
la religion chrétienne dans les Gaules.

ARRONDISSEMENS, QUARTIERS, POPULATION.

ARROND.	DIV. PRÉCÉDENTES.	QUARTIERS NOUVEAUX.	POPULAT.
1er	Roule........... Champs-Elysées.. Place-Vendôme... Tuileries	Roule........... Champs-Elysées..... Place-Vendôme ...... Tuileries.........	43,000
2e	Mont-Blanc...... Butte-des-Moulins. Lepelletier....... Faub.-Montmartre.	Chaussée-d'Antin..... Palais-Royal........ Feydeau........... Faub.-Montmartre....	49,000
3e	Poissonnière...... Brutus.......... Contrat-Social.... Mail...........	Faub.-Poissonnière... Montmartre .... Saint-Eustache ...... Mail.............	36,000
4e	Gardes-Françaises. Muséum......... Marchés......... Halle-au-Blé.....	Saint-Honoré........ Louvre............. Marchés .... Banque-de-France....	40,000
5e	Nord........... Bondy.......... Bonne-Nouvelle... Bonconseil.......	Faub.-Saint-Denis... Porte-Saint-Martin... Bonne-Nouvelle...... Montorgueil.........	42,000

ARROND.	DIV. PRÉCÉDENTES.	QUARTIERS NOUVEAUX.	POPULAT.
6ᵉ	Amis-de-la-Patrie. Gravilliers....... Lombards......... Temple..........	Porte-Saint-Denis.... S.-Martin-des-Champs. Lombards.......... Temple............	62,000
7ᵉ	Réunion......... Homme-Armé.... Droits-de-l'Homme Arcis..........	Sainte-Avoie........ Mont-de-Piété....... Marché-Saint-Jean... Arcis............	41,000
8ᵉ	Indivisibilité..... Popincourt....... Montreuil....... Quinze-Vingts....	Marais............ Popincourt......... Faub.-Saint-Antoine.. Quinze-Vingts......	49,000
9ᵉ	Fraternité....... Fidélité........ Cité.......... Arsenal........	Isle-Saint-Louis...... Hôtel-de-Ville....... Cité............ Arsenal...........	34,000
10ᵉ	Unité.......... Ouest......... Invalides...... Grenelle........	La Monnaie........ S.-Thomas-d'Aquin... Invalides.......... Faub.-Saint-Germain.	67,000
11ᵉ	Luxembourg..... Théâtre-Français.. Thermes........ Pont-Neuf......	Luxembourg........ Ecole-de-Médecine... Sorbonne.......... Palais-de-Justice.....	54,000
12ᵉ	Panthéon....... Finistère........ Jardin-des-Plantes. Observatoire.....	Saint-Jacques....... Saint-Marcel....... Jardin-des-Plantes... Observatoire........	63,000
			580,000

La Cité contient environ....... 16,000 habitans.

L'île Saint-Louis............ 5,000

La rive droite de la Seine..... 380,000

La rive gauche de la Seine.... 179,000

580,000

Naissances en 1811................... 21,168

Décès en 1811...................... 15,772

Mariages en 1811.................... 4,534

LIMITES DU PREMIER ARRONDISSEMENT.

Le chef-lieu de la mairie est rue du Faubourg-Saint-Honoré, n° 14,

Partant de la barrière de Passy, et suivant toujours à droite les murs de la ville jusqu'à la barrière de Clichy; continuant à droite, les rues de Clichy, du Mont-Blanc, la rue de la Place-Vendôme, la place Vendôme; traversant la rue Saint-Honoré, et suivant toujours la droite de la rue Saint-Honoré jusqu'à la rue Froidmanteau; la rue Froidmanteau, le guichet Froidmanteau, les quais du Louvre, des Tuileries, de la Conférence, Billy jusqu'à la barrière de Passy.

LIMITES DU SECOND ARRONDISSEMENT.

Le chef-lieu de la mairie est rue d'Antin, n° 3.

Partant de la barrière de Clichy, suivant à droite les murs de la ville jusqu'à la barrière Poissonnière; le côté droit du faubourg Poissonnière, du boulevart jusqu'à la rue du Faubourg-Montmartre; le côté droit des rues Montmartre, Notre-Dame-des-Victoires jusqu'à la rue des Filles-Saint-Thomas; la rue des Filles-Saint-Thomas jusqu'au passage Feydeau; la rue Vivienne à droite, la rue Neuve-des-Petits-Champs, en la traversant, et toujours à droite, jusqu'à la rue des Bons-Enfans; les rues des Bons-Enfans et Neuve-des-Bons-Enfans; à droite, la rue Saint-Honoré jusqu'à la place Vendôme, la place Vendôme, les rues Neuve-des-Capucines, de la Place-Vendôme, du Mont-Blanc, de Clichy jusqu'à la barrière de Clichy.

LIMITES DU TROISIÈME ARRONDISSEMENT.

Le chef-lieu de la mairie est place des Petits-Pères.

Partant de la barrière Poissonnière, et suivant les murs de la ville à droite jusqu'à la barrière Saint-Denis; la rue du Faubourg-Saint-Denis et le boulevart à droite jusqu'à la rue du Faubourg-Poissonnière; la rue Poissonnière à droite; les rues du Petit-Carreau, Montorgueil, la place de la Pointe-Saint-Eustache jusqu'à la rue de la Tonnellerie, toujours à droite; les rues Saint-Honoré, du Four, Coquillière; la rue Croix-des-Petits-Champs à droite jusqu'à la place des Victoires; la place des Victoires à droite de la rue Croix-des-Petits-Champs, en tournant jusqu'à celle de la Feuillade; les rues de la Feuillade, Neuve-des-Petits-Champs, à droite jusqu'à la rue Vivienne; la rue Vivienne, la rue des Filles-Saint-Thomas, toujours à droite jusqu'à celle Notre-Dame-des-Victoires; traversant la rue Notre-Dame-des-Victoires, et la suivant à droite jusqu'à la rue Montmartre; traversant la rue Montmartre, et la suivant à droite jusqu'au boulevart, le boulevart à droite jusqu'à la rue Poissonnière, la rue du Faubourg-Poissonnière à droite jusqu'à la barrière Poissonnière.

LIMITES DU QUATRIÈME ARRONDISSEMENT.

Le chef-lieu de la mairie est place du Chevalier-du-Guet, n° 4.

La rue Froidmanteau à droite, depuis le guichet jusqu'à la rue Saint-Honoré; les rues des Bons-Enfans et Neuve-des-Bons-Enfans à droite; celle de la Feuillade, la place des Victoires, toujours à droite jusqu'à celle Croix-des-Petits-Champs; la rue Croix-des-Petits-Champs à droite jusqu'à la rue Baillif; la rue Coquillière, toujours à droite jusqu'à la rue du Four; celle du Four, toujours à droite; traversant la rue Saint-Honoré, et la suivant à droite jusqu'en face la rue de la Tonnellerie; la rue de la Tonnellerie à droite jusqu'à la rue de la Fromagerie; la Halle, sans y comprendre les petits piliers à gauche en allant à la rue de la Chanvrerie; la rue de la Chanvrerie à droite, la rue Saint-Denis à droite jusqu'au pont au Change; les quais de la Mégisserie, de l'Ecole et du Louvre jusqu'au guichet Froidmanteau.

LIMITES DU CINQUIÈME ARRONDISSEMENT.

Le chef-lieu de la mairie est rue Grange-aux-Belles, n° 2.

De la barrière Saint-Denis, suivant à droite les murs de la ville jusqu'à la barrière de Belleville; la rue du Faubourg-du-Temple, toujours à droite; le boulevart à droite jusqu'à la porte Saint-Denis; la rue Saint-Denis à droite jusqu'à celle de la Chanvrerie; suivant toujours à droite, les rues de la Chanvrerie, Mondétour, Pirouette et de la Tonnellerie, et suivant du côté droit la pointe Saint-Eustache, les rues Montorgueil, du Petit-Carreau et

Poissonnière jusqu'au boulevart; le boulevart à droite jusqu'à la porte Saint-Denis, la rue du Faubourg-Saint-Denis à droite jusqu'à la barrière.

LIMITES DU SIXIÈME ARRONDISSEMENT.

Le chef-lieu de la mairie est rue Saint-Martin, n°ˢ 208 et 210.

De la barrière de Belleville, suivant à droite les murs de la ville jusqu'à la barrière de Menilmontant; les rues de Menilmontant, des Filles-du-Calvaire, toujours à droite; celles de Bretagne, de la Corderie; la rue du Temple, à droite de la rue Phelipeau jusqu'à celle Chapon; les rues Chapon, du Cimetière-Saint-Nicolas; celles Saint-Martin et des Arcis à droite jusqu'à la rue Saint-Jacques-la-Boucherie, toujours à droite; la rue Saint-Denis jusqu'à la porte; le boulevart à droite jusqu'à la rue du Temple; la rue du Faubourg-du-Temple à droite jusqu'à la barrière.

LIMITES DU SEPTIÈME ARRONDISSEMENT.

Le chef-lieu de la mairie est rue Sainte-Avoie, n° 57.

Partant du coin de la rue Culture-Sainte-Catherine, et suivant la rue Saint-Antoine à droite, celle de la Tixeranderie jusqu'en face de la rue du Mouton; la rue du Mouton à droite, la place de l'Hôtel-de-Ville, toujours à droite; les quais Pelletier et de Gèvres, la place du Châtelet, les rues de la Joaillerie, Saint-Jacques-la-Boucherie, à droite; traversant la rue des Arcis, et la suivant à droite ainsi que celle Saint-Martin jusqu'à la rue du Cimetière-Saint-Nicolas; les rues du Cimetière-Saint-Nicolas et Chapon à droite, traversant la rue du Temple, et la suivant à droite jusqu'à la rue de la Corderie; les rues de la Corderie, de Bretagne, Vieille-du-Temple, jusqu'à celle des Francs-Bourgeois; celles des Francs-Bourgeois et Culture-Sainte-Catherine à droite jusqu'à la rue Saint-Antoine.

LIMITES DU HUITIÈME ARRONDISSEMENT.

Le chef-lieu de la mairie est place des Vosges, n° 14.

De la barrière de Menilmontant, suivant à droite les murs de la ville jusqu'à la barrière de la Rapée; le bord de la rivière jusqu'à la rue de la Contrescarpe, la rue de la Contrescarpe exclusivement; la rue Saint-Antoine à droite jusqu'à la rue Culture-Sainte-Catherine; les rues Culture-Sainte-Catherine, Neuve-Sainte-Catherine, des Francs-Bourgeois, Vieille-du-Temple, des Filles-du-Calvaire, toujours à droite; la rue de Menilmontant à droite jusqu'à la barrière.

LIMITES DU NEUVIÈME ARRONDISSEMENT.

Le chef-lieu de la mairie est rue de Jouy, n° 9.

La place de l'Hôtel-de-Ville à droite depuis le Port-au-Blé; les rues du Mouton et de la Tixeranderie; à droite la place Baudoyer, la rue Saint-Antoine; toujours à droite la rue de la Contrescarpe inclusivement; le bord de la rivière jusqu'au pont Grammont, le tour de l'île Louviers, les quais des Célestins, Saint-Paul et des Ormes, le pont Marie, les quais de l'île Saint-Louis, dits d'Anjou, de Béthune et d'Orléans, jusqu'au pont de la Cité; les maisons qui bordent la rivière, jusques et compris le pont de l'Hôtel-Dieu; les bords de la rivière, toujours à droite, du pont de l'Hôtel-Dieu au petit Pont, et, en suivant du petit Pont au pont Saint-Michel exclusivement, la rue de la Barillerie à droite, le quai Desaix et le pont Notre-Dame, des deux côtés jusqu'à la moitié.

LIMITES DU DIXIÈME ARRONDISSEMENT.

Le chef-lieu de la mairie est rue de Verneuil, n° 13.

La rue de Thionville à droite depuis le pont Neuf; les rues des Fossés-Saint-Germain-des-Prés, des Boucheries, du Four, toujours à droite; les rues du Cherche-Midi, du Regard et de Vaugirard à droite jusqu'à la barrière; les murs de la ville à droite jusqu'à la barrière de la Cunette; le bord de la rivière, de cette barrière jusqu'à la rue de Thionville et le pont Neuf.

LIMITES DU ONZIÈME ARRONDISSEMENT.

Le chef-lieu de la mairie est rue du Vieux-Colombier, n° 29.

La rue de Vaugirard à droite, de la barrière jusqu'en face de la rue du Regard; la rue du Regard à droite; celles du Cherche-Midi, du Four, des Boucheries, des Fossés-Saint-Germain-des-Prés et de Thionville, toujours à droite jusqu'au pont Neuf; le pont Neuf, des deux côtés jusques et compris la place du pont Neuf; le quai de l'Horloge, la rue de la Barillerie à droite; le pont et la place du pont Saint-Michel, le bord de la rivière à droite en la remontant jusqu'au petit Pont; les rues du Petit-Pont et Saint-Jacques, toujours à droite jusqu'à la rue Saint-Dominique; la rue Saint-Dominique à droite, traversant la rue d'Enfer, et suivant les murs des jardins du palais du Sénat-Conservateur jusqu'aux boulevarts, et de là en ligne droite jusqu'au pavillon de la rue Notre-Dame-des-Champs; ensuite les murs de la ville à droite jusqu'à la barrière de Vaugirard.

LIMITES DU DOUZIÈME ARRONDISSEMENT.

Le chef-lieu de la mairie est rue Saint-Jacques, n° 262.

De la barrière de la Garre, en suivant à droite les murs de la ville jusqu'au pavillon de la rue Notre-Dame-des-Champs, descendant en ligne droite derrière l'hospice de la Maternité jusqu'aux murs du jardin du Sénat-Conservateur; les suivant à gauche jusqu'à la porte en face de la rue Saint-Dominique; la rue Saint-Dominique à droite, traversant la rue Saint-Jacques, et la suivant à droite ainsi que celle du Petit-Pont jusqu'au petit Pont; le bord de la rivière à droite, en la remontant jusqu'à la barrière de la Garre.

PAROISSES.

Il y a une paroisse dans chaque arrondissement; les limites ne sont pas les mêmes que celles des arrondissemens. (*Voyez* la Lettre pastorale de l'archevêque de Paris, du 30 mai 1803, pour la circonscription des paroisses et des succursales.)

12 ARROND.	12 PAROISSES.	26 SUCCURSALES.
1er.	De la Madeleine.....	S.-Louis, chaussée d'Antin. S.-Pierre-du-Roule. S.-Pierre-de-Chaillot.
2e.	S.-Roch..........	Notre-Dame-de-Lorette.
3e.	S.-Eustache........	Notre-Dame-des-Victoires, *dite* les Petits-Pères. N.-Dame-Bonne-Nouvelle.
4e.	S.-Germ.-l'Auxerrois.	

12 ARROND.	12 PAROISSES.	26 SUCCURSALES.
5e.	S.-Laurent.........	S.-Lazare. S.-Vincent-de-Paul.
6e.	S.-Nicolas-des-Ch:..	S.-Leu. Ste.-Elisabeth.
7e.	S.-Merri...........	Les Blancs-Manteaux. S.-François-d'Assise. Les Filles du S.-Sacrement.
8e.	Ste.-Marguerite.....	Les Quinze-Vingts. S.-Ambroise.
9e.	Notre-Dame........	S.-Louis-en-l'Isle. S.-Gervais. S.-Louis et S.-Paul.
10e.	S.-Thomas-d'Aquin..	L'Abbaye-au-Bois. Les Missions étrangères. Ste.-Valère.
11e.	S.-Sulpice.........	S.-Germain-des-Prés. S.-Severin.
12e.	S.-Etienne-du-Mont..	S.-Nicolas-du-Chardonnet. S.-Jacques-du-Haut-Pas. Saint-Médard.

NOMBRE des rues................... 1,062

des culs-de-sac............ 117

des quais.................. 28

des ponts.................. 16

des boulevarts............. 18

des barrières.............. 56

des maisons..........environ 29,400

des numéros $\begin{cases} \text{impairs. } 14,448 \\ \text{pairs ... } 15,176 \end{cases}$ 29,624.

Nouvelle Inscription des Rues, et nouveau Numérotage des Maisons en 1806.

Chaque rue, cul-de-sac, quai, boulevart, etc., contient d'un côté une série de numéros *impairs*, et de

I *

l'autre côté une série de numéros *pairs*. Nous distinguons deux sortes de rues, etc.; les unes que nous nommons *longitudinales* ou parallèles à peu près à la Seine, et les autres *transversales* ou à peu près perpendiculaires à la Seine. Les rues, etc., *longitudinales* contiennent des inscriptions et des numéros *rouges,* et les rues, etc., *transversales* des inscriptions et des numéros *noirs.* Les rues, etc., *longitudinales* commencent toujours à partir du point le plus élevé de la Seine, soit au nord, soit au midi, et les rues *transversales* commencent toujours, soit au nord, soit au midi, du point le plus près de la Seine. A partir du commencement de chaque rue, cul-de-sac, boulevart, quai, etc., les numéros à gauche sont *impairs,* et les numéros à droite sont *pairs;* donc, si les numéros *rouges* vont en augmentant on marche dans le sens du courant de la Seine, et s'ils diminuent vous remontez parallélement à la Seine; si les numéros *noirs* augmentent vous vous éloignez de la Seine, et s'ils diminuent vous vous en approchez.

PREMIER EXEMPLE. — Vous voyez sur le Plan que la rue Saint-Honoré est parallèle à la Seine; les numéros doivent donc être *rouges;* elle doit donc commencer rues de la Lingerie et des Déchargeurs, et finir boulevart de la Madeleine et rue de la Concorde; les numéros à droite, à partir de son commencement rue de la Lingerie, doivent être *pairs,* et ceux qui sont à gauche *impairs;* le dernier numéro pair de cette rue étant 420, vous trouverez donc le n° 210 aux environs et du côté du Palais-Royal, qui est à peu près le milieu de la rue Saint-Honoré.

SECOND EXEMPLE. — La rue Jean-Jacques-Rousseau est *perpendiculaire* à la Seine; elle doit donc commencer rue Coquillière, et finir rue Montmartre; les numéros doivent donc être *noirs;* à partir de son commencement, rue Coquillière à droite, ils doivent être, *pairs,* et comme le dernier pair est 30, vous trouverez n° 20 à la dixième maison à droite en partant de la rue Coquillière, ou à la sixième maison à gauche en partant de la rue Montmartre.

PLANS DE PARIS.

Quelques Plans anciens.

Le plus ancien Plan de Paris est celui que l'on conservait à l'abbaye Saint-Victor, et qui fut gravé par Dheuland vers l'an 1770; il paraît avoir été fait vers la fin du quinzième siècle, sous les règnes de Charles VIII ou de Louis XII; il ressemble beaucoup à celui dont on voit un dessin à la Bibliothèque impériale. On distingue depuis les Plans de Berey, de Gomboust, Bullet, Jouvin, Rochefort, Delille, Defer, Roussel, Lagrive, Jaillot. Ceux gravés en 1705, et qui se trouvent dans le Traité de la Police du commissaire Delamarre, sont au nombre de huit successifs, et tracés en grande partie d'imagination, à compter du temps de César jusqu'en 1705, et celui en élévation de Bretez, de vingt feuilles, levé par les ordres de Turgot, prévôt des marchands, et achevé en 1739.

Plans modernes.

1°. Celui de Verniquet, architecte et commissaire-voyer de la ville de Paris, a une demi-ligne pour toise, et est composé de soixante-douze planches; il est de la plus grande exactitude. Verniquet perfectionnait encore cet ouvrage, qui lui avait coûté trente années de travail, lorsqu'il mourut en 1804. Il représente l'état de Paris en 1789.

2°. Celui de M. Picquet, géographe-graveur du cabinet topographique de l'Empereur; il est dédié à M. le comte Frochot, conseiller d'Etat, préfet du département de la Seine, et contient les quartiers nouvellement désignés, tous les changemens qui se sont opérés dans Paris jusqu'en août 1812; plusieurs monumens importans projetés, tels que les palais du roi de Rome, des Archives, de l'Université, des Relations extérieures, s'y trouvent figurés. (1)

3°. Le petit Plan que nous joignons à cet ouvrage a été exactement réduit sur le grand Plan de Verniquet par M. Roubo, attaché au bureau de la Guerre, fils de M. Roubo, célèbre menuisier-mécanicien, à qui Paris est redevable de la coupole de la halle au Blé, qui était exécutée avec autant de précision que de délicatesse. Ce Plan abrégé n'est qu'une introduction à l'étude de la topographie de Paris; on y voit d'un coup d'œil l'emplacement des divers Arrondissemens, les rues principales longitudinales et transversales, toutes les barrières, les ponts, les principaux monumens, etc. L'étude aisée de cet abrégé facilite beaucoup la connaissance du Plan détaillé de M. Picquet.

---

(1) Il consiste en deux feuilles et demie, et se trouve chez Picquet, géographe-graveur du cabinet topographique de l'Empereur, quai de la Monnaie, n° 17, et au bureau de l'Almanach du Commerce, rue Jean-Jacques-Rousseau, n° 20.

Prix en noir . . . . 9 fr.
 collé avec étui 15
 enluminé par arrondissemens et quartiers 10
 collé avec étui 16
 lavé topographiquement 24
 collé sur toile fine avec un bel étui 33

On ajoute 4 fr. à ces prix pour les Plans exécutés sur gorges et rouleaux en noir.

CHRONOLOGIE DE PARIS,

divisée en douze Époques.

PREMIÈRE ÉPOQUE. — *Paris sous les Gaulois.*

Paris, qui se nommait alors *Lutèce*, était le chef-lieu ou le lieu des assemblées des *Parisiens*, l'un des quatre-vingt-dix-huit peuples qui composaient la Gaule celtique ou la Gaule propre. Cette ville, aujourd'hui si vaste, était tout entière renfermée dans l'île que nous nommons du Palais ou la Cité, qui contient quarante-quatre arpens et quelques perches. On croit que les *Parisiens*, unis aux *Meldi* (à ceux de Meaux), sous la *conduite des Senones* (eeux de Sens), s'emparèrent de Rome trois cent quatre-vingt-sept ans avant l'ère chrétienne. Aucun écrit des Gaulois n'a pu instruire la postérité sur l'état ancien de ce grand peuple, puisqu'ils ne confiaient qu'à leur mémoire tout ce qui regardait l'histoire et la religion. Les Gaulois gémissaient alors sous la tyrannie des druïdes, prêtres sanguinaires et nombreux, qui vivaient dans les bois, et étaient arbitres souverains de tout ce qui concernait la religion, et qui avaient même une très-grande influence sur les affaires civiles; le grand druïde demeurait en Bretagne. Les principales divinités des Gaulois étaient Mithra (symbole du Soleil), Theutatès (Mercure), Hesus (le dieu des combats), etc.

SECONDE ÉPOQUE, — *Paris sous la domination des Romains, depuis l'an 56 avant l'ère chrétienne jusqu'à l'année 420, époque où commença la Monarchie française.*

L'an 56 avant l'ère chrétienne Labienus, lieutenant de César, se rendit maître de Paris, après une bataille donnée près de Meudon, où les Parisiens firent des prodiges de valeur, sous le commandement du vieux général Camulogène. Pour livrer ce combat ils étaient sortis de leur île et avaient brûlé une partie de leurs habitations. César fit rebâtir Lutèce, la fortifia, et y transporta la diète générale des Gaulois. Boèce, consul de Rome, qui écrivait vers l'an 460, dit que Paris se nommait alors la *ville de César*. Les druïdes devinrent moins nombreux et moins puissans. Les Gaulois embrassèrent la religion de leurs vainqueurs : ils avaient trois temples aux environs de la ville; celui d'Isis, où est maintenant l'abbaye Saint-Germain; celui de Mercure, sur l'emplacement où l'on bâtit depuis le couvent des Carmelites de Notre-Dame-des-Champs, et celui de Mars, sur la montagne de Montmartre.

L'an 32 de l'ère chrétienne, sous le règne de Tibère, les *Nautæ parisiaci* (le corps des négocians de la rivière de Seine) élevèrent un autel à Jupiter à la pointe de l'île, où est maintenant l'église Notre-Dame, comme l'attestent les bas-reliefs trouvés en 1711 en fouillant près les fondations de cette église : ces restes précieux de l'antiquité se voient maintenant au musée des Monumens français. La langue latine s'introduisit dans les Gaules, et la langue celtique ou gauloise tomba peu à peu en désuétude.

Vers l'an 245 saint Denis vint prêcher la foi catholique dans les Gaules, sous le règne de Philippe, premier empereur qui ait fait profession du christianisme : on croit que saint Denis et ses compagnons furent martyrisés à Montmartre.

Vers l'an 300 on présume que le palais des Thermes ou des Bains fut construit par les Romains.

En 357 Julien demeurait au palais des Thermes, et en 360 il y fut proclamé Auguste, c'est à dire empereur, par les soldats. Julien dit, dans son Mésopogon : « Je passai l'hiver dans ma « chère ville de *Lutèce* (c'est le nom que les Gaulois donnent à « la ville des Parisiens); elle est située dans une petite île, où « l'on n'entre que par deux ponts de bois (le pont au Change et « le petit Pont). Il y croît d'excellent vin; on commence à con- « naître aussi l'art d'y élever des figuiers, etc. »

On croit que quelques empereurs, successeurs de Julien, habitèrent momentanément Paris; ce qui ferait présumer que cette ville commençait à devenir importante. Deux bourgs se formèrent alors, l'un aux environs du palais des Thermes et sur le mont *Lucotitius*, où est aujourd'hui Sainte-Geneviève, et l'autre aux environs de l'ancien temple d'Isis, aujourd'hui l'abbaye Saint-Germain.

Vers l'an 350, selon l'opinion de quelques écrivains, on éleva la première basilique des Parisiens, qui fut dédiée à saint Etienne; elle était située tout près de l'emplacement où Childebert construisit, en 522, l'église Notre-Dame.

Vers l'an 360, premier concile de Paris, où se trouva saint Hilaire. (Le second concile n'eut lieu qu'en 551.)

En 383 l'empereur Gratien est défait près Paris par Andragathius, qui s'est armé pour le tyran Maxime.

On croit que Paris s'agrandit à cette époque dans sa partie septentrionale, c'est à dire sur le bord de la rivière, entre le pont au Change et l'hôtel de Ville; mais que ce bourg fut détruit par les incursions des Normands vers la fin du neuvième siècle.

TROISIÈME ÉPOQUE. — *Depuis l'an 420, commencement de la Monarchie française, jusqu'en 1180, fin du règne de Louis VII, dit le Jeune.*

Vers l'an 465, selon quelques historiens, Childeric Ier, fils de Merovée, chassa les Romains de Paris.

En 508 Clovis Ier, après avoir tué Alaric, roi des Visigoths, réside à Paris, et en fait la capitale de ses états.

En 511, fondation de l'église Saint-Pierre et Saint-Paul, qui devint depuis l'abbaye Sainte-Geneviève. Clovis meurt au palais des Thermes.

De 543 à 557, fondation de l'église Sainte-Croix et Saint-Vincent, depuis l'abbaye Saint-Germain, sur les ruines du temple d'Isis.

Vers l'an 552, violent incendie à Paris.

En 555 Childebert commence à bâtir la cathédrale dédiée à Notre-Dame.

En 558 Clotaire, roi de Soissons, réside à Paris.

Vers l'an 580, sous le règne de Chilperic, fondation de l'église Saint-Germain-l'Auxerrois et de Saint-Julien-le-Pauvre.

En 628 Clotaire II est enterré à l'abbaye Saint-Germain-des-Prés.

De 628 à 638 Dagobert Ier réside à Paris et à Clichy-la-Garenne. — Fondation de Saint-Eloi.

De 651 à 656, fondation de l'Hôtel-Dieu par saint Landry.

En 666, peste à Paris.

En 719 Charles Martel, père du roi Pepin, entre victorieux dans Paris.

En 860, construction du pont dit *Charles-le-Chauve.*

En 781 Charlemagne fonde une école qui fut le berceau de l'Université de Paris.

En 811 l'église Saint-Marcel existait déjà.

En 845 les Normands sont aux portes de Paris.

En 857 les Normands incendient Paris.

En 877 Paris est fortifié.

En 885 Paris est de nouveau assiégé par les Normands; le siège dure treize mois. — Eudes, comte de Paris, et Gozlin, évêque de Paris, font une forte résistance. — Charles-le-Gros fait lever le siége par un traité honteux qui le fait déposer à la fin de 886.

De 885 à 892, et en 910, les Normands firent encore plusieurs tentatives sur Paris.

En 965, fondation de l'abbaye Saint-Magloire, où fut l'église Saint-Barthélemy.

En 979 Othon II, roi ou empereur de Germanie, pénètre jusqu'aux portes de Paris avec une armée nombreuse.

De 978 à 996, fondation du prieuré de Notre-Dame-des-Champs.

En 987 Hugues-Capet réside à Paris, ainsi que plusieurs de ses successeurs, au palais nommé aujourd'hui le palais de Justice. Paris commence à s'agrandir au nord et au midi; les églises et les couvens, d'abord isolés, se réunissent par degrés au moyen des constructions intermédiaires; pour l'administration la ville est divisée en quatre parties, d'où vient le mot *quartier*. C'est vers cette époque que l'on construisit, selon toute apparence, un mur de clôture autour du faubourg qui s'était formé au nord de la Cité; il commençait sur le bord de la Seine, en face de la rue Pierre-à-Poisson, et se dirigeait le long de la rue Saint-Denis jusqu'à la rue des Lombards, où l'on trouvait une porte; il passait ensuite entre les rues des Lombards et Troussevache jusqu'à la rue Saint-Martin, où il y avait encore une porte, nommée depuis l'*Archet-Saint-Merri; ce* mur de clôture traversait ensuite le cloître Saint-Merri, coupait les rues du Renard, Barre-du-Bec, et aboutissait rue des Billettes, où il y avait vraisemblablement une porte; il longeait ensuite la rue des Deux-Portes, traversait la rue de la Tixeranderie et le cloître Saint-Jean, près duquel était encore une porte, et finissait en droite ligne au bord de la Seine.

Vers l'an 995, fondation de Saint-Etienne-des-Grès.

Vers l'an 1000, fondation de Saint-Denis-de-la-Chartre.

En 1033, famine et incendie à Paris.

Vers l'an 1055, fondation de l'abbaye Saint-Martin-des-Champs.

Vers l'an 1100, fondation de Saint-Lazare.

Vers 1110, fondation de l'abbaye Saint-Victor.

Vers l'an 1120 la porte du Nord, qui était rue Saint-Martin, près de Saint-Merri, ne rapportait que 12 francs par an, qui vaudraient environ 420 francs de notre monnaie actuelle.

De 1134 à 1137, fondations de Saint-Pierre-des-Arcis, de Sainte-Croix-en-la-Cité, de Saint-Pierre-aux-Bœufs et des Saints-Innocens.

De 1134 à 1138 on construit les halles sur un terrain dit alors *Champeaux*.

En 1179 on commence à bâtir sur le territoire de *Laas* ou *Lias*, qui s'étendait depuis la rue de la Huchette jusqu'à l'endroit où est le collége Mazarin; il était auparavant planté de vignes.

Vers l'an 1150 il y avait rue Saint-Martin, près de Saint-Merri, une porte de Paris; dans un temps postérieur elle se nommait l'*Archet-Saint-Merri*.

En 1163 Maurice de Sully, évêque de Paris, jette les fondemens de la cathédrale que nous voyons aujourd'hui.

En 1171 l'hôpital Saint-Jean-de-Latran était déjà fondé.

En 1175 l'abbaye Sainte-Geneviève est rebâtie.

Vers 1180, fondation du Temple. Sous le règne de Louis VII, dit le Jeune, qui avait été élevé par les clercs de Notre-Dame, et qui mourut à Paris l'an 1180, après un règne de quarante-trois ans, le quartier de l'Université s'accrut considérablement, à cause de la grande quantité d'écoliers qui y venaient de toutes parts pour y faire leurs études.

QUATRIÈME ÉPOQUE. — *Paris depuis l'an 1180, commencement du règne de Philippe-Auguste, jusqu'en 1364, fin du règne du roi Jean.*

En 1182 les juifs furent expulsés de Paris et de toute la France.

En 1184, fondation de l'hôpital Sainte-Catherine, rue Saint-Denis. (Quelques historiens la croient plus ancienne.)

En 1184 Gérard de Poissy, célèbre financier, donne mille marcs d'argent pour paver les rues de Paris.

En 1187 l'église Saint-Thomas-du-Louvre fut bâtie.

En 1190, sous le règne de Philippe-Auguste, on commença une nouvelle clôture de Paris, qui ne fut achevée qu'en 1211. Cette nouvelle enceinte, qui était presque ronde, et dont le milieu de la Cité était le centre, contenait sept cent trente-neuf arpens, et enferma dans Paris plusieurs bourgs qui s'étaient formés ; au nord le *beau Bourg*, le *bourg Tiboust*, le *bourg Saint-Germain-l'Auxerrois* et une partie du *bourg l'Abbé*, et au midi le *bourg Ste.-Geneviève*. Dans cette nouvelle enceinte furent aussi renfermés des espaces de terrains considérables, qui ne se trouvaient pas encore entièrement couverts de maisons au milieu du siècle suivant, sous le règne de saint Louis. Voici les limites de cette muraille : elle commençait au nord sur le bord de la Seine, entre le pont des Arts et la colonnade du Louvre ; là était la porte dite du Louvre ; elle laissait le Louvre en-dehors et passait entre les rues de l'Oratoire et du Coq jusqu'à la porte dite Saint-Honoré, à peu près où se trouve aujourd'hui l'église de l'Oratoire; elle continuait entre les rues de Grenelle et d'Orléans, traversait la rue Viarmes à l'ouest de la halle au Blé, et aboutissait à a porte Coquillière; elle se dirigeait ensuite entre les rues du Jour et Jean-Jacques-Rousseau jusqu'à la porte Montmartre; elle passait de là au cul-de-sac de la Bouteille, où l'on construisit depuis une fausse porte, nommée Comtesse-d'Artois; elle passait entre les rues Bonconseil, Pavée et du Petit-Lion, et arrivait au cul-de-sac des Peintres, que l'on nommait autrefois cul-de-sac de la Porte-aux-Peintres, où se trouvait la porte Saint-Denis ou des Peintres; elle suivait la même direction en coupant la rue Bourg-l'Abbé, où se trouvait une petite porte, et parvenait à la rue Saint-Martin, en face de la rue Grenier-Saint-Lazare, où était placée la porte Saint-Martin; elle longeait la rue Grenier-Saint-Lazare, traversait la rue Beaubourg, où était une fausse porte, dite Beaubourg ou Nicolas-Ideron; elle longeait la rue Michelle-Comte et parvenait rue Sainte-Avoie, en face de l'hôtel de Mesmes, où l'on avait placé la porte Sainte-Avoie, et ensuite rue du Chaume, en face des pères de la Merci, où l'on fit une fausse porte, dite du Chaume; en faisant un angle, elle passait où est l'église des Blancs-Manteaux jusqu'à la rue Vieillela-Temple, où se trouvait la porte Barbette; elle passait entre les rues des Rosiers et des Francs-Bourgeois, et parvenait en ligne droite à la rue Saint-Antoine, vis-à-vis l'église Saint-Paul et Saint-Louis, autrefois les Jésuites, où s'élevait la porte Baudet ou Baudoyer; elle traversait ensuite le lycée Charlemagne, la rue de Jouy, le couvent des filles de l'Ave-Maria, et arrivait à la rue des Barrés, à la porte des Barrés, dite depuis des Béguines; enfin la clôture septentrionale se terminait au bord de la rivière par une porte que l'on nommait Barbette.

Au midi cette muraille commençait de l'autre côté de la Seine, en face de la porte Barbette, où nous avons vu la porte Saint-Bernard, un peu au-dessus du pont de la Tournelle, et suivait intérieurement la direction des rues des Fossés-Saint-Bernard, des Fossés-Saint-Victor, de Fourcy, de la Vieille-Estrapade, des Fossés-Saint-Jacques, Saint-Hyacinthe, des Francs-Bourgeois, Monsieur-le-Prince, des Fossés-Saint-Germain-des-Prés, Mazarine, et finissait au bord de la rivière, où est le pavillon du palais des Arts, du côté du quai de la Monnaie; c'est à dire que les rues que nous venons de nommer ont été bâties sur les fossés que l'on a comblés sous le règne de Louis XIV, et que la muraille était un peu en deçà de ces rues. Il y avait de ce côté huit portes, la porte Saint-Bernard ou de la Tournelle, celles Saint-Victor, Saint-Marceau, Saint-Jacques, Saint-Michel ou d'Enfer, Saint-Germain, Bussi et Nesle. (*Voyez* le Dictionnaire au nom particulier de chacune.)

Quatre grosses tours terminaient cette muraille au bord de la rivière, qui était traversée par une grosse chaîne de fer attachée à des pieux, et supportée par des bateaux.

En 1198, fondation de l'abbaye Saint-Antoine, dit alors des Champs. — On rappelle les juifs, qui avaient été chassés seize années auparavant.

Vers l'an 1200 frère Hubert, trésorier des Templiers, fit construire la grosse tour du Temple.

En 1201 Jean, roi d'Angleterre, en passant à Paris, fut comblé d'honneurs et logé au Louvre.

En 1202, fondation de l'hôpital de la Trinité, sous le nom d'hôpital de la Croix-de-la-Reine.

En 1204 on jeta les fondations de l'église Saint-Honoré.

Vers l'an 1205, fondation de l'église Saint-Etienne-du-Mont et de l'église Saint-Symphorien en la Cité.

Vers l'an 1208 les Mathurins s'établissent à Paris.

En 1211 les murs de clôture de Paris sont achevés.

En 1212 l'église Saint-André-des-Arts et celle Saint-Côme et Saint-Damien sont construites, et Saint-Jean en Grève devient paroisse.

Vers l'an 1213 l'église Saint-Eustache est érigée en cure.

En 1214 Philippe-Auguste fait achever le Louvre.

En 1218, fondation des Jacobins du quartier Saint-Jacques.

En 1222, c'est la date du plus ancien titre qui nous reste faisant mention du grand Châtelet.

En 1225, établissement des Filles-Dieu.

En 1230 l'église Saint-Nicolas-du-Chardonnet fut construite. — Fondation des Cordeliers.

En 1235, fondation de l'église Saint-Leu et Saint-Gilles.

En 1243 on commence à bâtir dans les champs du Chardonnet.

En 1244 l'on bâtit le couvent des Bernardins.

En 1245 on jette les fondations de la Sainte-Chapelle.

En 1253, fondation du collége Sorbonne.

En 1254 Henri III, roi d'Angleterre, est magnifiquement reçu par saint Louis, et logé au Temple, ensuite au Palais (aujourd'hui le palais de Justice).

En 1254 les Carmes arrivent à Paris, et demeurent quai des Célestins.

En 1255 saint Louis établit une bibliothèque au trésor de la Sainte-Chapelle.

En 1258, établissement des Chanoines de Sainte-Croix de la Bretonnerie et des Blancs-Manteaux.

En 1259 les Chartreux vont occuper le château de Vauvert.

Vers l'an 1260 l'Hôtel-Dieu fut rebâti et agrandi.

En 1260, fondation de l'hospice des Quinze-Vingts. — L'église Saint-Josse devient paroisse.

En 1270, mort de saint Louis, le 25 août 1270, attaqué d'une maladie contagieuse devant Tunis.

En 1270 Jean Sarrazin, voyer de Paris, dresse un état des droits de sa charge en treize articles.

En 1280, fondation du collége d'Harcourt.

En 1281 on commence à bâtir dans les environs de l'église Saint-Honoré.

En 1296 Saint-Marcel et Saint-Germain-des-Prés deviennent faubourg de Paris.

En 1299, établissemens du couvent des Grands-Augustins et de celui des Carmes dits *Billettes*.

En 1296, grande inondation qui emporte les ponts.

Vers l'an 1300 Guillot écrit en vers son *Dit des Rues de Paris*, qui est le plus ancien monument qui nous reste sur les noms et la situation des rues de l'enceinte de Philippe-Auguste.

En 1302, fondation du collége du Cardinal-Lemoine.

En 1304, fondation du collége de Navarre, aujourd'hui l'école Polytechnique. — Philippe-le-Bel rend le parlemen tsédentaire à Paris : la population en est considérablement augmentée.

En 1306, fondation des Haudriettes.

En 1314 Jacques Molay, dernier maître de l'ordre des Templiers, fut condamné à être brûlé vif.

En 1314, fondation du collége Montaigu.

Vers l'an 1320, fondation de l'église Saint-Jacques-l'Hôpital.

En 1326 les ponts de Paris sont emportés par les glaces. — Fondation de l'église et de l'hôpital du Saint-Sépulcre.

En 1330, fondation de l'église Saint-Julien des Ménestriers.

De 1332 à 1356, fondations des colléges de Bourgogne, des Lombards, de Tours, de Lisieux, d'Autun, Hubant, Mignon, Chanac, de Cambray, Aubusson, Boncourt, de Tournay, des Allemands, de Justice, de Boissi.

En 1352, établissement des Célestins.

En 1355 on commence à bâtir au clos Saint-Etienne-des-Grès.

En 1356 et suivantes Paris est entouré de fossés.

En 1357, établissement de l'hôtel de Ville, place de Grève.

En 1357 le prévôt Marcel est à la tête de la révolte; Paris est un théâtre d'horreurs et de carnage; les rues sont barrées par des chaînes.

En 1360 Edouard III, roi d'Angleterre, campé à Issi, Montrouge, Vaugirard et Vanves, fait d'inutiles tentatives pour s'emparer de Paris.

En 1360 les faubourgs Saint-Germain-des-Prés, Saint-Jacques et Saint-Marceau sont brûlés, afin que l'ennemi n'en puisse point profiter.

En 1361, grande mortalité à Paris, causée par la disette.

En 1361, fondation du petit Saint-Antoine.

En 1362, fondation de l'hôtel du Saint-Esprit.

En 1364, mort du roi Jean, prisonnier à Londres.

CINQUIÈME ÉPOQUE. — *Paris depuis le commencement du règne de Charles V, en 1364, jusqu'à la fin du règne de Henri III, en 1589.*

En 1364, entrée de Charles V à Paris. — Réunion de l'hôtel royal Saint-Paul à la couronne.

De 1367 à 1383 une nouvelle clôture fut construite au nord de la Seine. Paris contenait alors douze cent quatre vingt quatre arpens, et était divisé en seize quartiers, dont le nombre n'était auparavant que de huit. — Les murs de cette enceinte commençaient à la tour Billi, où était le bastion de l'arsenal, allaient en droite ligne jusqu'à la rue Saint-Antoine, entre les rues des Tournelles et Jean-Beausire, où il y avait une porte; ils se dirigeaient ensuite jusqu'à la porte du Temple, qui était placée à l'extrémité de la rue du Temple; ils passaient ensuite rue Saint-Martin, où il y avait une porte, en face de la rue Neuve-Saint-Denis; ils traversaient rue Saint-Denis, où l'on trouvait une porte entre les rues Neuve-Saint-Denis et d'Aboukir; ils longeaient la rue d'Aboukir au sud, traversant la rue des Petits-Carreaux, et arrivaient le long de la rue Neuve-Saint-Eustache à la rue Montmartre, où l'on vient de découvrir les fondations de la porte Montmartre, en face de la rue des Fossés-Montmartre; ils suivaient ensuite la direction de la rue des Fossés-Montmartre, traversaient la place des Victoires, l'hôtel de la Banque, le jardin du Palais-Royal, et arrivaient rue Saint-Honoré, à la porte Saint-Honoré, en face de la rue du Rempart; ils allaient ensuite en ligne droite par la rue Saint-Nicaise jusqu'à la Seine, au bord de laquelle était la tour du Bois ou la porte Neuve, que nous voyons encore figurer sur un plan de 1654. — Au sud de la Seine il n'y eut aucun changement dans l'enceinte de Philippe-Auguste.

En 1370 on pose les fondemens de la Bastille.

De 1378 à 1387 on bâtit le pont Saint-Michel.

En 1 81 on commence à faire des égouts dans Paris.

En 139., grande mortalité dans Paris, causée par une épidémie qui dura trois mois.

En 1412 le pont Notre-Dame fut construit.

En 14 8, mortalité et disette à Paris.

En 1420 les Anglais s'emparent de Paris et du gouvernement.

En 1420, fondation du collége de la Marche.

En 1422, mort de Charles VI.

En 1424 le duc de Bedfort entre solennellement dans Paris, demeure à l'hôtel des Tournelles, et gouverne au nom de Henri de Lancastre, qui a été proclamé roi de France et d'Angleterre.

En 1429 Charles VII attaque Paris; la Pucelle d'Orléans fut blessée.

En 1431, le 2 décembre, Henri VI fait son entrée solennelle à Paris comme roi de France, et tout le monde criait *Noël;* il occupa l'hôtel des Tournelles, et fut sacré roi de France le 21 décembre dans l'église Notre-Dame; il retourna à Rouen le 26 décembre de la même année.

En 1436 les anglais sont chassés de Paris.

En 1437 Charles VII fait son entrée solennelle dans Paris le 8 octobre.

En 1438 la peste et la famine désolent Paris; cinquante mille habitans y meurent. En été et en automne une troupe de loups affamés, après avoir ravagé les campagnes, entrent jusque dans Paris par la rivière.

En 1441, au mois de février, les Anglais font une tentative inutile pour surprendre Paris par la porte Saint-Jacques.

En 1465, ordonnance qui enjoint à tout particulier d'éclairer pendant la nuit le devant de sa maison.

En 1466, grande mortalité à Paris, causée par les chaleurs.

En 1467, sous Louis XI, la population de Paris était évaluée à trois cent mille habitans.

En 1470 les premiers essais de l'imprimerie à Paris se font dans les bâtimens de la Sorbonne.

En 1476, ordonnance pour le nettoiement des rues de Paris.

- En 1499 le pont Notre-Dame est emporté par les eaux.

En 1532 on commence à construire l'église Saint-Eustache.

En 1532 Corrozet, libraire à Paris, met au jour le premier ouvrage qui ait paru sur cette capitale; il est intitulé : *Fleur des antiquités, singularités et excellence de la ville de Paris.*

En 1533 l'hôtel de Ville fut commencé.

En 1535 les actes publics commencent à être écrits en français.

En 1536 les boulevarts du nord furent tracés de la porte Saint-Antoine à celle Saint-Honoré.

En 1540 l'empereur Charles-Quint passe à Paris; il fut logé au Louvre.

Vers l'an 1543 François Ier jette les fondations de la partie du Louvre que nous nommons encore le vieux Louvre.

En 1544 et 1545 le faubourg Saint-Germain fut pavé.

En 1547 le pont Saint-Michel est emporté par les glaces.

En 1551 la superbe fontaine des Innocens est construite, sur les dessins de Pierre Lescot; les sculptures sont du célèbre Jean Goujon.

En 1557, fondation de l'hôpital des Petites-Maisons, aujourd'hui l'hospice des Ménages.

En 156., établissment des Jésuites à Paris.

En 1564 Catherine de Médicis pose la première pierre du château des Tuileries.

En 1565 la démolition du palais des Tournelles est ordonnée.

En 1569, fondation du collége des Grassins.

En 1572, le 24 août, jour de saint *Barthélemi*, massacre horrible des protestans.

En 1578 Henri III pose la première pierre du pont Neuf, qui ne fut entièrement achevé qu'en 1604, sous le règne de Henri IV.

En 1579, inondation étonnante de la rivière de Bièvre.

En 1587, fondation des Feuillans de la rue Saint-Honoré.

En 1589, le 31 juillet, Henri III est assassiné par Jacques Clément, moine fanatique.

A la fin du règne de ce roi l'enceinte de Paris contenait une surface de quatorze cent quatorze arpens.

SIXIÈME ÉPOQUE. — *De 1589 à 1610.*

RÈGNE DE HENRI IV.

Sous le règne de ce monarque le parc des Tournelles, les terres labourables et les marais qui entouraient le Temple furent couverts de maisons. On construisit la place Dauphine, aujourd'hui de Thionville; la place Royale, aujourd'hui des Vosges; on perça la rue Dauphine, aujourd'hui de Thionville, etc., etc.; les places publiques devinrent régulières; la surface de Paris fut alors de seize cent soixante arpens. Les faubourgs Saint-Antoine, du Temple, Montmartre, Saint-Martin, Saint-Denis, Saint-Honoré s'accrurent de moitié, et le faubourg Saint-Germain forma un dix-septième quartier.

En 1589, le premier novembre, à minuit, Henri IV, campé dans le grand pré aux Clercs, où sont aujourd'hui les rues des Petits-Augustins, Jacob, de l'Université, etc., emporte les faubourgs de Paris.

En 1590, le 7 mai, blocus de Paris.

En 1590, le 14 mai, fameuse procession de la ligue dans Paris.

En 1590, le 2 juillet, Henri IV emporte tous les faubourgs de Paris. — Horrible famine dans cette ville.

En 1594 Henri IV entre dans Paris aux acclamations d'un peuple innombrable; il se rend à Notre-Dame.

En 1594, le 27 décembre, Jean Chatel, jeune homme de dix-neuf ans, frappe Henri IV d'un coup de couteau qui lui rompt une dent.

En 1602 les frères de la Charité s'établissent.

En 1603, établissement des Récolets.

En 1604 on commence à construire le couvent des Capucines, quartier Saint-Honoré, et celui des Carmelites de la rue Saint-Jacques. — Le pont Neuf est achevé.

En 1605 l'hotel de Ville, commencé en 1533, est achevé.

De 1607 à 1610, fondation de l'hôpital Saint-Louis.

En 1608 on commence à bâtir la place Dauphine, aujourd'hui de Thionville.

En 1609, établissement des Minimes de la place Royale.

En 1610, établissement des Carmes déchaussés.

En 1610, le 14 mai, Henri IV est assassiné rue de la Ferronerie par François Ravaillac.

SEPTIÈME ÉPOQUE. — *De l'an 1610 à 1643.*

RÈGNE DE LOUIS XIII.

En 1611 on commence à bâtir le couvent des Jacobins de la rue Saint-Honoré.

En 1612 Dubreul, religieux de Saint-Germain-des-Prés, met au jour son Théâtre des Antiquités de Paris.

En 1613 on élève le portail Saint-Gervais.

En 1613, construction de l'aqueduc d'Arcueil.

De 1614 à 1646 on construit les ponts et les maisons de l'île Saint-Louis, après avoir joint l'île Notre-Dame à l'île aux Vaches.

En 1614 la statue équestre de Henri IV est placée sur le pont Neuf.

En 1615 on jette les fondations du palais du Luxembourg, aujourd'hui le palais du Sénat.

En 1616 Marie de Médicis fait planter le Cours la Reine.

En 1616 une inondation emporte le pont Saint-Michel.

En 1618, incendie du palais de Justice.

De 1624 à 1629 on agrandit Paris, en comprenant dans son enceinte le palais des Tuileries, le quartier de la Butte-des-Moulins et celui de la Ville-Neuve. — Les nouveaux murs commencèrent sur le bord de la Seine, à une porte nommée de la Conférence, située à l'extrémité ouest du jardin des Tuileries; se prolongèrent jusqu'à la rue Saint-Honoré, à l'extrémité du boulevart de la Madeleine, où l'on bâtit la porte Saint-Honoré; ils passaient à la porte Gaillon, qui était rue Gaillon, près le boulevart, et ensuite à la porte Richelieu, située alors rue Richelieu, près celle Feydeau; allaient en droite ligne rue Montmartre, presque en face celle Feydeau, à la porte Montmartre, où l'on vient de découvrir les fondations en creusant l'égout, et aboutissaient aux anciens murs de clôture, rue Saint-Denis, au coin de la rue Neuve-Saint-Denis, où était la porte de ce nom.

En 1627 on commence à rebâtir la Sorbonne.

En 1628 le collége des Jésuites, aujourd'hui le lycée Impérial, est reconstruit.

En 1629 le cardinal Richelieu fit commencer le palais Cardinal, aujourd'hui nommé Royal.

En 1629 on pose la première pierre de l'église Notre-Dame-des-Victoires, dite des Petits-Pères.

En 1632, fondation des Jacobins du faubourg Saint-Germain.

En 1633 Saint-Roch est érigé en paroisse.

En 1635 on établit le jardin des Plantes.

En 1637, fondation des Incurables, aujourd'hui les incurables-femmes.

Vers 1639 le faubourg Saint-Honoré s'accroît, et commence à toucher aux villages de la Ville-l'Evêque et du Roule.

En 1639 la statue équestre de Louis XIII fut posée au milieu de la place Royale, aujourd'hui nommée des Vosges.

En 1643, le 14 mai, Louis XIII meurt à Saint-Germain.

HUITIÈME ÉPOQUE. — *De l'an 1643 à 1715.*

RÈGNE DE LOUIS XIV.

En 1643 Louis XIV, âgé de cinq ans, habite le Palais-Royal avec la reine régente sa mère, après la mort de son père Louis XIII.

De 1643 à 1715 les fossés furent comblés, les remparts démolis, les portes abattues, et quelques-unes remplacées par des arcs de triomphe; enfin l'enceinte de Paris contint une surface de trois mille deux cent vingt-huit arpens.

En 1645 on commence à construire le Val-de-Grâce.

En 1646 on pose la première pierre de l'église Saint-Sulpice.

De 1646 à 1648 le Port-Royal, aujourd'hui l'hospice de la Maternité, fut bâti.

En 1647 on achève le pont au Change, commencé en 1639.

En 1648 les Théatins s'établissent à Paris.

En 1652, bataille du faubourg Saint-Antoine, où Turenne vainquit le prince de Condé.

En 1656 on acheva le pont de la Tournelle.

De 1656 à 1657 l'hôpital général, dit de la Salpétrière, fut construit.

En 1658 une inondation emporte le pont Marie et vingt-deux maisons construites dessus.

En 1659 Chaillot est érigé en faubourg de Paris.

En 1662 et années suivantes, construction du collége Mazarin ou des Quatre-Nations, aujourd'hui le palais des Arts.

En 1665 on commence à bâtir la colonnade du Louvre. — On construit les bâtimens de la manufacture des glaces, qui existait déjà dès l'an 1634.

En 1666 la manufacture des Gobelins devient manufacture royale.

En 1667 on jette les fondemens de l'Observatoire. — La butte Saint-Roch est aplanie. — Etablissement dans Paris des lanternes, auxquelles les réverbères ont succédé.

De 1668 à 1705 on plante d'arbres tous les boulevarts du nord.

En 1669, construction des bâtimens des Enfans-Trouvés, aujourd'hui l'hospice des Orphelins.

Vers 1670 Sauval écrit ses Antiquités de Paris, qui ne furent imprimées qu'en 1724.

En 1671 on jette les fondations de l'hôtel des Invalides. — Le boulevart des Invalides est tracé.

En 1672 l'arc de triomphe que l'on nomme porte Saint-Denis est élevé.

En 1674 la porte Saint-Martin, arc de triomphe, fut construite.

En 1684 le pont Royal ou des Tuileries fut construit.

En 1685 on commença à bâtir la place des Victoires.

De 1687 à 1701 on construit la place Vendôme.

En 1689 les comédiens français établirent leur théâtre rue des Fossés-Saint-Germain-des-Prés.

En 1702 la ville de Paris est divisée en vingt quartiers, savoir :

1. La Cité.
2. S.-Jacques-la-Boucherie.
3. Ste.-Opportune.
4. Le Louvre.
5. Le Palais-Royal.
6. Montmartre.
7. S.-Eustache.
8. Les Halles.
9. S.-Denis.
10. Saint-Martin.
11. La Grève.
12. S.-Paul.
13. Ste.-Avoie.
14. Le Temple.
15. S.-Antoine.
16. La place Maubert.
17. S.-Benoît.
18. S.-André.
19. Le Luxembourg.
20. S.-Germain-des-Prés.

En 1705 Delamarre publie son *Traité de la Police*, auquel il a joint huit plans de Paris marquant ses divers accroissemens depuis Jules César jusqu'en 1705.

En 1709, hiver mémorable par sa longueur et par sa rigueur. —Disette.

De 1711 à 1719 Félibien, bénédictin, écrit l'histoire de Paris.

De 1719 à 1725 cette même histoire est continuée par dom Lobineau, (Cinq vol. in-fol.)

En 1715, le 1er septembre, Louis XIV meurt à Versailles.

NEUVIÈME ÉPOQUE. — *De l'an 1715 à 1774.*

RÈGNE DE LOUIS XV.

En 1719 on reconstruit le petit Pont, qui avait été incendié l'année précédente.

En 1721 le village du Roule devient faubourg de Paris.

En 1722 on commence à construire le palais Bourbon, maintenant le palais du Corps Législatif.

En 1726 et 1728 l'enceinte de Paris fut fixée; elle avait trois mille neuf cent dix-neuf arpens; elle commençait au jardin de l'Arsenal, et suivait les boulevarts actuels jusqu'à la porte Saint-Honoré; elle passait au boulevart des Invalides, coupait les rues de Babylone, Plumet, de Sèvres (près l'Enfant-Jésus), des Vieilles-Tuileries, et allait en droite ligne jusqu'à la rue de la Bourbe;

elle longeait ensuite les rues de la Bourbe, des Bourguignons, de Lourcine, Censier, et aboutissait en droite ligne sur le bord de la rivière, vis-à-vis du jardin de l'Arsenal.

En 1728 on a placé les premières inscriptions au coin de chaque rue, en gros caractères noirs sur des feuilles de fer-blanc.

En 1736 on éleva le portail de l'église Saint-Roch.

En 1737 le grand égout fut construit.

En 1739 on bâtit la fontaine de Grenelle.

En 1742 Saint-Foix met au jour la première édition de ses *Essais sur Paris*.

En 1752 on commence à bâtir l'école Militaire.

En 1755 les champs Elysées furent replantés.

En 1757 on commença à bâtir la nouvelle église Sainte-Geneviève, dite le Panthéon; la cérémonie pour la pose de la première pierre n'eut lieu qu'en 1764.

En 1757 on reconstruit en partie et l'on répare l'hôtel d'Armenonville pour en faire l'hôtel des Postes.

En 1758, institution de la petite poste à Paris.

En 1761 on construit et plante les boulevarts du midi.

De 1763 à 1767 la halle au Blé fut bâtie.

En 1763, inauguration de la statue équestre de Louis XV. — On commence à bâtir la place Louis XV, aujourd'hui nommée de la Concorde.

En 1765 le marché Saint-Martin fut construit.

En 1766 on substitue les réverbères aux lanternes.

En 1771 on commence à construire l'hôtel des Monnaies.

En 1774, le 10 mai, Louis XV meurt à Versailles.

DIXIÈME ÉPOQUE. — *De l'an 1774 à 1792.*

RÈGNE DE LOUIS XVI.

En 1774 on achève de construire le collége de France. — On commence à bâtir l'école de Médecine.

En 1775 Jaillot publie ses *Recherches critiques, historiques et topographiques sur la ville de Paris.*

En 1776 une partie du palais de Justice est consumée par les flammes. — La grande façade est élevée quelque temps après.

En 1777, établissement du Mont-de-Piété; les bâtimens furent élevés en 1786.

En 1778, le 30 mai, Voltaire meurt à Paris, à l'âge de quatre-vingt-quatre ans. — Le 2 juillet Jean-Jacques Rousseau meurt à Ermenonville, âgé de soixante-six ans.

En 1778, fondation de l'hôpital Necker.

En 1781 le théâtre Français, nommé aujourd'hui l'Odéon, est construit par les architectes Peyre et Dewailly.

En 1781, le 8 juin, incendie de la salle de l'Opéra, cour des Fontaines, au Palais-Royal; on en reconstruisit provisoirement une autre près la porte Saint-Martin.

En 1782 le couvent des Capucins, aujourd'hui le lycée Bonaparte, s'élève sur les dessins de M. Brongniart.

En 1782 la salle de l'Opéra-Comique, dite des Italiens, est bâtie d'après les dessins d'Heurtier.

En 1784, fondation de l'hôpital Beaujon.

En 1784 on achève l'église Saint-Philippe-du-Roule.

En 1786 l'hôtel de Salm, aujourd'hui le palais de la Légion d'Honneur, est construit.

En 1786 le duc d'Orléans fait bâtir les galeries de pierre du Palais-Royal.

De 1787 à 1791 le pont Louis XVI, aujourd'hui de la Concorde, est construit.

En 1786, 1787 et 1788, les fermiers généraux font construire, sur les dessins de Ledoux, la grande clôture actuelle de Paris, qui donne à cette immense cité une enceinte de neuf mille neuf cent dix arpens.

De 1787 à 1790 le théâtre Français, rue Richelieu, est construit sur les dessins de Moreau.

En 1788 les maisons qui étaient sur le pont au Change sont abattues.

En 1789, le 14 juillet, prise de la Bastille. — Paris est divisé en soixante districts.

En 1790, le 13 février, suppression des ordres monastiques: les conséquences de ce décret furent l'aliénation d'un grand nombre de couvens et d'églises. — A cette époque il y avait à Paris cinquante paroisses, dix églises qui avaient le même droit, vingt chapitres et églises collégiales, quatre-vingts églises et chapelles non paroisses, trois abbayes d'hommes et huit de filles, cinquante-trois couvens et communautés d'hommes, soixante-dix couvens et communautés de filles.

En 1790, construction du théâtre de l'Opéra-Comique, rue Feydeau.

En 1791, fondation du musée des Monumens français.

En 1793, le 21 janvier, Louis XVI, dernier roi de la troisième dynastie, est décapité sur la place de la Concorde.

ONZIÈME ÉPOQUE. — *De l'an 1792 à 1804.*

LA FRANCE RÉPUBLIQUE.

Sous la Convention.

En 1793, institution du muséum d'Histoire naturelle.

En 1793 le théâtre de l'Académie impériale de Musique est construit.

En 1794, établissement du conservatoire des Arts et Métiers.

Sous le Directoire.

En 1796 Paris est divisé en douze municipalités, et chaque municipalité en quatre sections ou divisions.

En 1799, incendie de l'Odéon (l'ancien théâtre Français).

Sous le premier Consul Bonaparte.

En 1800, établissement de la Banque de France.

En 1801, arrêté des Consuls qui ordonne la construction de trois nouveaux ponts, qui sont le pont des Arts, le pont d'Austerlitz et celui de la Cité.

En 1802 on commence la restauration du Louvre, ainsi que l'exécution du projet de la réunion des palais du Louvre et des Tuileries, sur les dessins de M. Fontaine.

En 1802 la coupole de la halle au Blé est la proie des flammes.

En 1802 et années suivantes on commence à bâtir les rues de Rivoli, du Mont-Thabor, de Castiglione, Napoléon, etc.

DOUZIÈME ÉPOQUE. — *De l'an 1804 à 1812.*

RÈGNE DE NAPOLÉON 1er.

En 1804 les quais Napoléon et Desaix sont commencés.

En 1804, décret portant qu'aucune inhumation n'aura lieu dans les églises, temples, synagogues, hôpitaux, et généralement dans aucun des édifices où les citoyens se réunissent.

En 1806, le 1er janvier, le pont d'Austerlitz est ouvert aux gens de pied, et le 5 mars 1807 aux voitures.

En 1806, décret impérial qui ordonne que soixante-cinq fontaines publiques existant à Paris seront mises en état de fournir de l'eau, et qu'il en sera construit quinze nouvelles.

De 1806 à 1809 l'arc de triomphe de la place des Tuileries s'élève sur les dessins de MM. Percier et Fontaine.

En 1806 on pose la première pierre de l'arc de triomphe de la barrière de Neuilly.

En 1806, le 26 août, on commence le pont d'Iéna.

De 1806 à 1810 la colonne triomphale de la place Vendôme s'élève sur les dessins de M. Gondouin.

En 1806 la nouvelle inscription des rues s'exécute; on voit pour la première fois à Paris les maisons de chaque rue sous deux séries de numéros.

En 1807, le 9 février, première séance de l'Institut en son nouveau palais des Arts, auparavant le collége Mazarin.

En 1807 on commence le temple de la Gloire, sous les dessins de M. Vignon.

En 1807 le péristyle du palais du Corps Législatif s'élève sur les dessins de M. Poyet.

En 1807, le 26 décembre, on pose la première pierre du grenier d'Abondance; la Bourse et le tribunal de Commerce sont commencés sur les dessins de M. Brongniard.

En 1808 on commence la grande galerie qui réunira les palais du Louvre et des Tuileries.

En 1808 les maisons qui étaient sur le pont Saint-Michel sont abattues.

En 1808 les comédiens de l'Impératrice s'établissent à l'Odéon.

En 1810 le marché des Jacobins, rue Saint-Honoré, est terminé.

En 1811 la nouvelle halle à la Volaille et au Gibier est achevée.

En 1811 on jette les fondations de la chapelle du Louvre, en face du musée Napoléon.

En 1812 la banque de France occupe son nouvel hôtel rue de la Vrillère.

En 1812 on travaille avec activité à la restauration du Louvre, à la nouvelle grande galerie, à la chapelle Napoléon, au palais du roi de Rome, au canal de l'Ourcq, au pont d'Iéna, aux quatre abattoirs, à la coupole de la halle au Blé, au grenier d'Abondance, à l'obélisque du pont Neuf, à l'arc de triomphe de la barrière de Neuilly, à l'embellissement du jardin du palais du Sénat, à la halle aux Vins, au marché de l'abbaye Saint-Martin, aux quais Napoléon, Catinat, Montebello, des Invalides, à la prolongation de la rue de Seine-Saint-Germain jusqu'à la rue Tournon, à l'établissement des quatre nouveaux Lycées, etc., etc.

Les projets arrêtés et non commencés pour l'embellissement de Paris sont figurés sur le Plan de Paris par Picquet.

Principales Curiosités de Paris, classées par Arrondissemens.

PREMIER ARRONDISSEMENT. (1)

Le palais et le jardin des Tuileries.

L'arc de triomphe de la place du Palais-des-Tuileries.

La nouvelle galerie qui joindra les palais du Louvre et des Tuileries.

Le spectacle du Vaudeville.

La place de la Concorde et le Garde-Meuble.

L'église de la Madeleine, ci devant de l'Assomption.

Le Cirque Olympique, spectacle de Franconi.

Le pont de la Concorde.

Les Champs-Elysées.

Le palais de l'Elysée.

La pompe à feu de MM. Perier, quai Billy.

La manufacture impériale de Tapis dite de la Savonnerie, quai Billy.

Le pont d'Iéna.

L'emplacement du palais du roi de Rome.

L'arc de triomphe de la barrière de Neuilly.

L'église Saint-Philippe du Roule.

Le parc de Mouceau.

Le jardin de Tivoli.

L'abattoir Miromesnil.

Les fondations du temple de la Gloire.

La place Vendôme et la colonne triomphale qui est au milieu de cette place.

SECOND ARRONDISSEMENT.

Le Palais-Royal.

Le théâtre Français, rue Richelieu.

---

(1) Pour les détails voir chacun de ces articles au Dictionnaire.

Le marché des Jacobins.

L'église Saint-Roch.

La Bibliothèque impériale.

L'Académie impériale de Musique, dite l'Opéra.

Les fondations de la Bourse et du tribunal de Commerce.

L'Opéra-Comique, rue Feydeau.

Le spectacle des Variétés, boulevart Montmartre.

Le spectacle de Pierre, rue du Port-Mahon.

Les Bains Chinois, sur le boulevart des Italiens.

L'hôtel Montholon, rue de Provence.

L'abattoir Montmartre, rue Rochechouart.

TROISIÈME ARRONDISSEMENT.

L'église Saint-Eustache.

La place des Victoires.

L'établissement Saint-Lazare.

QUATRIÈME ARRONDISSEMENT.

Le Louvre. — Le Musée Napoléon. — La galerie des Antiques. — La galerie des Tableaux.

La Banque de France.

La halle au Blé.

Le marché et la fontaine des Innocens.

CINQUIÈME ARRONDISSEMENT.

La porte Saint-Denis.

Le réservoir du boulevart de Bondy.

L'hospice des Incurables.

L'hôpital Saint-Louis.

La barrière Saint-Martin.

SIXIÈME ARRONDISSEMENT.

La tour de Saint-Jacques-la-Boucherie.

Le marché Saint-Martin et le marché de l'abbaye Saint-Martin.

La porte Saint-Martin.

Le spectacle des Jeux Gymniques.

Le Conservatoire des Arts et Métiers, rue Saint-Martin.

Le marché et la rotonde du Temple.

L'hôtel du ministère des Cultes, ci-devant l'hôtel du grand Prieuré.

Les jardins Turc et des Princes, sur le boulevart du Temple.

Les spectacles de l'Ambigu-Comique et de la Gaieté, sur le boulevart du Temple.

SEPTIÈME ARRONDISSEMENT.

L'Imprimerie impériale, à l'hôtel Soubise.

Le Mont-de-Piété, rue de Paradis.

La pompe Notre-Dame, sur le pont Notre-Dame.

HUITIÈME ARRONDISSEMENT.

La place des Vosges.

L'hôtel Beaumarchais, sur le boulevart Saint-Antoine.

L'abattoir Popincourt.

L'hospice des Quinze-Vingts.

Le marché Beauveau.

L'hospice des Orphelins.

L'hospice Saint-Antoine.

La manufacture des glaces, rue de Reuilly.

La barrière de Vincennes.

NEUVIÈME ARRONDISSEMENT.

L'église Notre-Dame.

Le palais archiépiscopal.

L'Hôtel-Dieu.

L'hôtel de Ville.

L'église Saint-Gervais.

L'église Saint-Paul et Saint-Louis, rue Saint-Antoine.

La Bibliothèque de la Ville, au lycée Charlemagne.

L'Arsenal. — La Bibliothèque de l'Arsenal.

Les fondations du grenier de Réserve.

DIXIÈME ARRONDISSEMENT.

L'hôtel des Monnaies.

Le musée des Mines, à l'hôtel des Monnaies.

Le palais des Arts, auparavant le collége Mazarin.

La Bibliothèque Mazarine.

Le pont des Arts.

L'antique abbaye Saint-Germain.

Le musée des Monumens français, rue des Vieux-Augustins.

La fontaine de Grenelle.

L'hôpital de la Charité.

Le palais de la Légion d'Honneur.

Le palais du Corps Législatif.

L'hôtel des Invalides.

L'Ecole militaire et le Champ de Mars.

Les Incurables, rue de Sèvres.

L'église Saint-Thomas d'Aquin.

Le musée central d'Artillerie, rue du Bac.

ONZIÈME ARRONDISSEMENT.

Le pont Neuf.

Le palais de Justice.

La sainte Chapelle.

La place de Thionville.

Le marché à la Volaille et au Gibier.

Les débris du palais des Thermes, rue de la Harpe.

L'institution des Sourds et Muets, rue Saint-Jacques.

L'église Saint-Severin.

La Sorbonne.

L'école de Médecine.

Le théâtre de l'Impératrice, dit l'Odéon.

Le palais et le jardin du Sénat.

L'église Saint-Sulpice.

DOUZIÈME ARRONDISSEMENT.

Le muséum d'Histoire naturelle, au jardin des Plantes.

L'hôpital général dit la Salpétrière.

Le pont d'Austerlitz.

La halle au Vin, quai Saint-Bernard.

La halle aux Veaux.

La manufacture impériale des Gobelins.

L'Observatoire.

L'hôpital militaire, ci-devant le Val-de-Grâce.

L'hospice des Vénériens.

L'hospice de la Maternité.

L'église Sainte-Geneviève, dite le Panthéon.

Les écoles de Droit.

Le collége de France.

La Bibliothèque du Panthéon.

Les lycées Impérial et Napoléon.

Les catacombes, dont l'entrée est dans le faubourg Saint-Jacques.

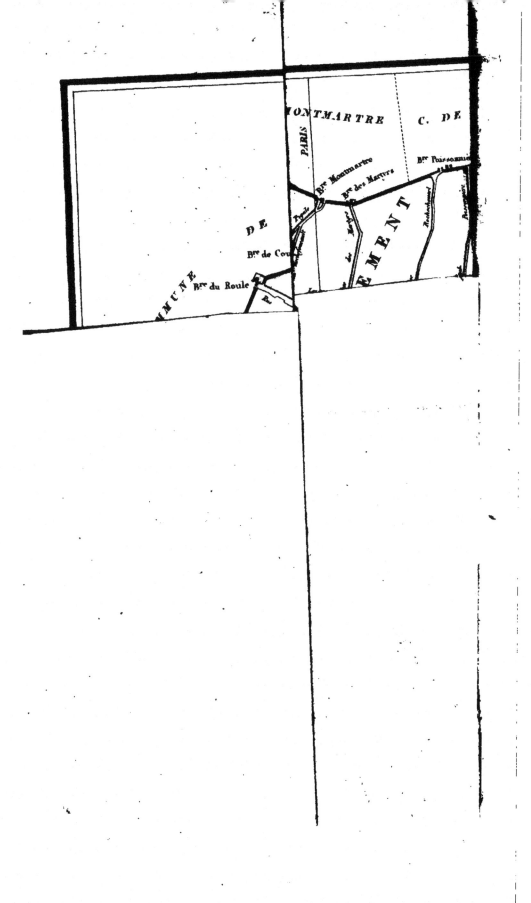

DICTIONNAIRE

TOPOGRAPHIQUE, ÉTYMOLOGIQUE ET HISTORIQUE

DES RUES DE PARIS.

A.

(1) *ABBATIAL DE SAINT-GERMAIN-DES-PRÉS*, (Palais) rue Neuve-de-l'Abbaye, n° 1. — 10° Arrondissement.

Le cardinal de Bourbon, abbé de Saint-Germain-des-Prés, le fit construire en 1586, et le cardinal Furstenberg, aussi abbé de Saint-Germain-des-Prés, le fit réparer au commencement du siècle dernier. Depuis 1789 il n'est qu'un hôtel occupé par divers locataires.

ABBATIALE. (Rue) *Voyez* passage de la Petite-Boucherie.

ABBAYE. (Rue de l') *Commence* rue Bussy, *finit* rue Durnstein. Les numéros sont *noirs*; le dernier impair est 3, et le dernier pair 6. — 10° Arrondissement.

Ainsi nommée parce qu'elle conduit à l'ancienne abbaye Saint-Germain. Avant l'année 1792 elle portait le nom de *Bourbon-*

---

(1) Les noms des Rues, Monumens, etc., existans, sont désignés par des lettres MAJUSCULES ROMAINES;

Ceux des Rues, Monumens, etc., qui n'existent plus, sont en *MAJUSCULES ITALIQUES*;

Et ceux des Rues, Monumens, etc., qui sont renvoyés par un *Voyez* à un autre article, sont en PETITES CAPITALES ROMAINES.

I

le-Château, à cause du cardinal de *Bourbon*, abbé de Saint-Germain-des-Prés, qui fit en 1586 construire le palais abbatial.

ABBAYE. (Rue Neuve-de-l') *Commence* rue Dürnstein, *finit* rue Bonaparte. Les numéros sont *rouges*; le dernier impair est 13, et le dernier pair 20. — 10ᵉ Arrondissement.

Cette rue, faisant la prolongation de la rue de l'*Abbaye*, fut percée il y a quelques années sur une partie de l'emplacement qu'occupaient les bâtimens de l'*abbaye Saint-Germain*.

ABBAYE. (Carrefour du Marché-de-l') — 10ᵉ Arrondissement.

C'est la place formée à l'endroit où les rues du Four, des Boucheries, Bussy et Sainte-Marguerite se croisent.

ABBAYE AUX BOIS, ainsi que les autres abbayes. *Voyez* aux noms particuliers de chacune.

ABLON. (Rue d') *Voyez* rue Neuve-Saint-Médard.

ABOUKIR. (Rue d') *Commence* rue des Petits-Carreaux, *finit* rue Saint-Denis. Les numéros sont *noirs*; le dernier impair est 65, et le dernier pair 60. — 5ᵉ Arrondissement.

Cette rue portait anciennement le nom de *Saint-Côme du milieu des fossés*; au commencement du dix-septième siècle celui de *Bourbon*, en l'honneur de Jeanne de *Bourbon*, abbesse de Fontevrault : ce dernier lui fut donné par la communauté des Filles-Dieu, sorties de l'ordre de Fontevrault et établies près cette rue. Elle prit ensuite celui de *Bourbon-Villeneuve*, parce qu'elle est dans le quartier de la *ville neuve*; en 1792 on lui donna celui de *Neuve-Egalité*; en 1807 on la nomma d'*Aboukir*, en mémoire du combat d'*Aboukir* en Égypte, où les Turcs furent battus par le général Bonaparte le 19 juillet 1799.

ABREUVOIR. (Rue de l') *Commence* à la Seine, et *finit* rue Bourdaloue. Il n'y a qu'un seul numéro, qui est 1 *rouge*. — 9ᵉ Arrondissement.

Elle prend son nom de l'*abreuvoir* où elle conduit près de l'endroit nommé le *terrain*, derrière le palais archi-épiscopal.

ABREUVOIRS divers. *Voyez* leurs noms particuliers.

ABRULLE. (Rue) *Voyez* rue Saint-Romain.

ACACIAS. (Rue des) *Commence* rue Neuve-Plumet, et *finit* rue de Sèvres. Les numéros sont *noirs*; le dernier impair est 7, et le dernier pair 10. — 10ᵉ Arrondissement.

Elle fut alignée sur une avenue qui était plantée d'*acacias*. Ce n'est que depuis une quinzaine d'années qu'on a commencé à la bâtir.

ACACIAS. (Petite rue des) *Commence* au boulevart des Invalides, et *finit* place Breteuil. Il n'y a qu'un seul numéro, qui est 2 *noir*. — 10ᵉ Arrondissement.

Même étymologie que celle de la rue des *Acacias*.

ACADÉMIES. *Voyez* leurs divers noms particuliers.

AGNAN, (Chapelle Saint-) rue Chanoinesse, n° 22.

Elle avait été bâtie au commencement du douzième siècle, et n'était ouverte au public que le jour de Saint-Agnan (17 novembre); elle fut démolie vers l'an 1795. Elle était située rue *Chanoinesse*, n° 22, où est maintenant une maison particulière.

AGNÈS. (Chapelle Sainte-)

Sur l'emplacement de cette chapelle, qui existait déjà au commencement du treizième siècle, on a bâti l'église Saint-Eustache.

AGNÈS. (Les Filles Sainte-)

Cette communauté, établie en 1678 pour l'instruction gratuite des jeunes filles pauvres, fut supprimée en 1790. C'est maintenant une maison particulière, rue J.-J. Rousseau, n° 20.

AGNÈS. (Rue Dame-)

Elle existait anciennement et aboutissait rue de la Mortellerie, près de celle des Haudriettes.

AGNÈS-LA-BUSCHÈRE. (Rue) *Voyez* rue Sainte-Croix-de-la-Bretonnerie.

AGNÈS-AUX-TRUYES, (Rue) *Voyez* cul-de-sac Berthaud.

AGUESSEAU. (Rue d') *Commence* rue du Faubourg-Saint-Honoré, et *finit* rue de Surène. Les numéros sont *noirs;* le dernier impair est 9, et le dernier pair 22. — 1ᵉʳ Arrondissement.

Elle doit son nom à Jos.-Ant. d'*Aguesseau,* conseiller au parlement, qui la fit percer vers l'an 1746. Entre plusieurs beaux hôtels on distinguait, il y a cinquante ans, dans cette rue, celui de la *Marck*.

AGUESSEAU, (Marché d') rue et passage de la Madeleine. — 1ᵉʳ Arrondisement.

Ce marché, qui tient tous les jours, fut ouvert en 1746.

(*Voyez* l'étymologie de ce nom à la rue d'*Aguesseau.*) Il était auparavant rue du *Marché.*

AGUESSEAU. (Passage du Marché-d') Il communique boulevart de la Madeleine, n° 12, rue de la Madeleine, n° 10, et rue du Faubourg-Saint-Honoré, n° 2. — 1ᵉʳ Arrondissement.

AIGLE. (Rue de l') *Voyez* rue Saint-Antoine.

AIGUILLERIE. (Rue de l') *Commence* place Gastine, et *finit* cloître Sainte-Opportune. Les numéros sont *noirs;* le dernier impair est 11, et le dernier pair 22. — 4ᵉ Arrondissement.

On croit qu'elle se nommait très-anciennement *Alain de Dampierre.* Dans quelques plans anciens on a écrit de l'*Escuillerie.*

AIR. (Rue de l') *Voyez* rue des Rats-Popincourt.

ALBIAC. (Rue ou place du Champ-d') Elle aboutissait rue de l'Épée-de-Bois et rue du Noir (maintenant rue Gracieuse).

Elle existait au milieu du siècle dernier, et devait son nom à M. d'Albiac, qui était propriétaire d'un terrain considérable en cet endroit.

ALBRET, (Cour d') rue des Sept-Voies, n° 3. — 12ᵉ Arrondissement.

C'est une portion de l'ancien hôtel d'*Albret,* qui en a retenu le nom.

ALENÇON. (Quai d') *Commence* au pont Marie et rue des Deux-Ponts, et *finit* rue Blanche-de-Castille. Les numéros sont *rouges;* le dernier impair est 53. — 9ᵉ Arrondissement.

Ce quai, bâti de 1614 à 1646, porta le nom de *Bourbon* jusqu'en 1792, qu'il prit celui de la *République;* il quitta ce dernier nom en 1806 pour prendre celui d'*Alençon.* On distingue au n° 19 l'hôtel Jassaud.

ALENÇON. (Quai d') *Voyez* quai d'Anjou.

ALEXANDRE-L'ANGLAIS. (Rue) *Voyez* rue du Paon-Saint-Victor.

ALEZ. (Rue d') Parallèle à celle des Fossés-Saint-Bernard.

Elle existait au quatorzième siècle.

ALIGRE. (Rue d') *Commence* rue de Charenton, et *finit* au marché Beauveau. Les numéros sont *noirs*; le dernier impair est 5, et le dernier pair 12. — 8ᵉ Arrondissement.

Ce nom lui vient d'Etienne-Franç. d'*Aligre*, qui était premier président du Parlement de Paris lorsqu'on bâtit le marché auquel elle aboutit.

ALIGRE. (Passage de l'Hôtel-d') Il aboutit rue Bailleul, nᵒ 12, et rue Saint-Honoré, nᵒ 123. — 4ᵉ Arrondissement.

Ainsi nommé parce qu'il traverse l'hôtel d'*Aligre*.

ALLÉE. (Passage de la Longue-) Il traverse de la rue du Ponceau, nᵒˢ 16 et 18, à celle Neuve-Saint-Denis, nᵒˢ 9 et 11. Les numéros sont *rouges*; le dernier impair est 5, et le seul pair est 2. — 6ᵉ Arrondissement.

Ce n'est effectivement qu'une *longue allée*.

ALLÉE. (Longue-) *Voyez* cul-de-sac Bouvart.

ALLEMANDIER, (Rue de l') ou rue des **ALMANDIERS.** *Voyez* rue des Amandiers-Sainte-Geneviève.

ALLEMANS. (Collége des)

Il était situé en 1348 rue du Mûrier, place Maubert; il en est encore fait mention en 1603.

ALOUETTE. (Rue du Champ-de-l') *Commence* rue de l'Oursine, et *finit* rue Croulebarbe. Les numéros sont *noirs*; le seul impair est 1, et le dernier pair 10. — 12ᵉ Arrondissement.

Le terrain sur lequel on l'a ouverte se nommait le *Champ de l'Alouette*. On la trouve aussi anciennement sous le nom de *Saint-Louis*.

ALPES. (Rue des) *Commence* rue de Bretagne, et *finit* rue du Forez. Les numéros sont *noirs*; le dernier impair est 25, et le dernier pair 18. — 6ᵉ Arrondissement.

Rue construite en 1626; elle porta le nom de *Beaujolois* (nom d'une province de France; *voyez* l'observation rue d'Anjou au Marais.) jusqu'en 1793, qu'elle prit celui *des Alpes*.

AMANDIERS-SAINTE-GENEVIÈVE. (Rue des) *Commence* rue de la Montagne-Sainte-Geneviève, et *finit* rue des Sept-Voies. Les numéros sont *noirs*, et devraient être *rouges*; le dernier impair est 19, et le dernier pair 20. — 12ᵉ Arrondissement.

Cette rue, connue dès le treizième siècle, est nommée quelquefois dans les anciens plans et titres de l'*Allemandier*, des *Almandiers*.

AMANDIERS-POPINCOURT. (Rue des) *Commence* rue de Popincourt, et *finit* à la barrière des Amandiers. Les numéros sont *noirs*; le dernier impair est 43, et le dernier pair 20. — 8ᵉ Arrondissement.

Elle a pris ce nom de la quantité d'*amandiers* qui existaient dans le jardin d'une maison dite des *Amandiers*, sur lequel on l'a ouverte.

AMANDIERS. (Barrière des) — 8ᵉ Arrondissement.

La rue des *Amandiers*, qui conduit à cette barrière, lui a donné son nom ; elle consiste en un bâtiment avec quatre façades et un couronnement.

AMANDIERS. (Chemin de ronde de la barrière des) De la barrière des Amandiers à celle Mesnilmontant. — 8ᵉ Arrondissement.

AMAURI-DE-ROISSI QU ROUSSI. (Rue) *Voyez* rue Ognard.

AMBIGU-COMIQUE, (Théâtre de l') boulevart du Temple, nᵒˢ 74 et 76. — 6ᵉ Arrondissement.

Avant-scène	3 fr.	60 c.
Premières	2	40
Pourtour et Secondes	1	80
Parquet et Amphithéâtre	1	20
Amphithéâtre des Secondes		90
Troisièmes		60

PRIX DES PLACES en 1812.

AMBOISE. (Rue d') *Commence* rue Richelieu, et *finit* rue Favart. Les numéros sont *rouges*; le dernier pair est 9, et le dernier impair 12. — 2ᵉ Arrondissement.

C'est une des rues qui ont été percées vers l'an 1784, sur l'emplacement de l'hôtel Choiseul.

AMBOISE, (Cul-de-sac d') place Maubert, entre les nᵒˢ 1 et 3. Les numéros sont *rouges*; un seul impair qui est 1, et un seul pair 2. — 12ᵉ Arrondissement.

Il est connu dès le quatorzième siècle, et doit son nom à l'hôtel d'*Amboise*, qui y était situé.

AMBROISE, (Eglise Saint-) seconde succursale de la

paroisse Sainte-Marguerite. Elle est située rues de Popincourt et Saint-Ambroise. — 8ᵉ Arrondissement.

C'était l'église des Annonciades du Saint-Esprit, bâtie en 1659. Ces religieuses s'établirent rue de Popincourt en 1636, et furent supprimées quelques années avant la révolution.

AMBROISE. (Rue Saint-) *Commence* rue de Popincourt, et *finit* rue Saint-Maur. Les numéros sont *noirs* ; le dernier impair est 9, et point de numéros pairs.

Cette rue, ouverte depuis une dixaine d'années, et qui n'est encore bâtie que d'un côté, porte le nom de *Saint-Ambroise*, patron de l'église qui est située dans cette rue, au coin de celle de Popincourt.

AMELOT. (Rue) *Commence* place Saint-Antoine, et *finit* rue Saint-Sébastien et boulevart Saint-Antoine. Les numéros sont *noirs* ; un seul impair, et le dernier pair est 68. — 8ᵉ Arrondissement.

Cette rue, que l'on commença à bâtir vers l'an 1780, doit son nom à M. *Amelot*, alors ministre et secrétaire d'état au département de Paris.

AMELOT. (Rue) *Voyez* rue de la Contrescarpe.

AMOUR. (Le Val-d') *Voyez* rue Glatigny.

ANASTASE, (Les Hospitalières Sainte-) dites *Filles Saint-Gervais.*

Cet hôpital fut fondé en 1171, au parvis *Saint-Gervais*, dont il a retenu le nom ; on y envoya des religieuses au quatorzième siècle, et l'on commença à construire en 1656 les bâtimens qui existent encore rue Vieille-du-Temple, nº 60, et qui sont occupés par divers particuliers depuis la suppression de ce couvent en 1790.

ANASTASE. (Rue Sainte-) *Commence* rue Turenne, et *finit* rues Saint-Gervais et Thorigny. Les numéros sont *rouges* ; le dernier impair est 13, et le dernier pair 22. — 8ᵉ Arrondissement.

Cette rue, ouverte en 1620 sur la Culture Saint-Gervais, porte le nom de *Sainte-Anastase* à cause du couvent des hospitalières de ce nom, qui étaient établies rue Vieille-du-Temple.

ANASTASE. (Rue Neuve-Sainte-) *Commence* rue Saint-Paul, et *finit* rue des Prêtres-Saint-Paul. Les numéros sont *rouges* ; le dernier impair est 5, et le dernier pair 6. — 9ᵉ Arrondissement.

On ignore l'étymologie de ce nom; on croit qu'elle portait en 1367 celui de *ruelle Saint-Paul.*

ANCRE. (Passage de l') De la rue Bourg-l'Abbé, nᵒ 54, à celle Saint-Martin, nᵉ 171. — 6ᵉ Arrondissement.

Ce long passage, garni de boutiques, tient son nom d'une enseigne. De 1793 à 1800 on le nomma de *l'Ancre national.*

ANDRÉ-DES-ARTS, ou DES-ARCS. (L'église Saint-)

Cette église fut bâtie en 1212, sur le territoire de *Laas,* dont elle a pris et altéré le nom; un acte de 1220 la nomme Saint-André en Laas (*in Laaso*). Elle fut rebâtie et agrandie en 1660, et démolie depuis quelques années. On croit qu'il existait en ce même endroit, depuis le sixième siècle, une chapelle dédiée à *saint Andéol.*

ANDRÉ-DES-ARTS. (Rue Saint-) *Commence* rue de la Vieille-Bouclerie et place du Pont-Saint-Michel, et *finit* rues de Thionville et des Fossés-Saint-Germain-des-Prés. Les numéros sont *rouges*; le dernier impair est 79, et le dernier pair 80. — 11ᵉ Arrondissement.

Elle fut ouverte en 1179, sur un territoire planté de vignes, nommé *Laas,* d'où sont venus par corruption les noms des *Arts* ou des *Arcs;* elle a aussi anciennement porté le nom de *Saint-Germain,* et la partie qui s'étend de la rue de la Vieille-Bouclerie à celle Mâcon était nommée de la *Clef.* On distingue dans cette rue l'hôtel des Colonnes, au nᵉ 55.

ANDRÉ-DES-ARTS. (Rue du Cimetière-Saint-) *Commence* place Saint-André-des-Arts, et *finit* rue de l'Eperon. Les numéros sont *noirs*; le dernier impair est 15, et le dernier pair 20. — 11ᵉ Arrondissement.

On commença à bâtir cette rue en 1179, en même temps que celle Saint-André. Sous le règne de Saint-Louis elle se nommait des *Sachettes,* à cause du voisinage d'une communauté de pauvres femmes dites *Sachettes* parce qu'elles portaient un vêtement en forme de *sac.* Le *cimetière* de la paroisse *Saint-André* y ayant été établi en 1356, elle en prit le nom; elle se nommait en même temps des *Deux-Portes,* parce qu'il y avait autrefois une porte à chaque extrémité de la rue.

ANDRÉ-DES-ARTS, (Place Saint-) rue Saint-André-des-Arts. Les numéros sont *noirs*; le côté de la rue

Saint-André porte la suite des numéros de cette rue, et le dernier numéro impair des autres côtés est 15.

C'est l'emplacement de l'église Saint-André, démolie il y a quelques années.

ANDRÉ (Rue Saint-) et du CHEVET-SAINT-ANDRÉ. *Voyez* rue Haute-Feuille.

ANDRÉ. (Rue Saint-) *Commence* rue de la Folie-Regnault, et *finit* à la barrière d'Aunay. Les numéros sont *noirs;* le dernier impair est 3, et le dernier pair 12. — 8ᵉ Arrondissement.

Cette rue, dont on ignore l'étymologie, se prolonge hors de la barrière sous le même nom.

ANDRÉ. (Barrière Saint-) *Voyez* barrière d'Aunay.

ANDRÉ-SUR-L'EAU. (Rue) *Voyez* rue Grenier-sur-l'Eau.

ANGÉLIQUE. (Rue) *Voyez* rue Regrattier.

ANGES. (Rue des Deux-) *Commence* rue Jacob, et *finit* rue Saint-Benoît. Les numéros sont *noirs;* le dernier impair est 9, et le dernier pair 18. — 10ᵉ Arrondissement.

Deux statues d'*anges,* placées aux deux extrémités de la rue, lui ont donné ce nom.

ANGES. (Rue des Deux-) *Voyez* rue Cassini.

ANGIVILLER. (Rue d') *Commence* place d'Iéna et rue des Poulies, et *finit* rue de l'Oratoire. Les numéros sont *noirs;* pas de numéros impairs, et le dernier pair est 18. — 4ᵉ Arrondissement.

Elle tient ce nom de l'hôtel du comte d'*Angiviller,* qui y était situé.

ANGLADE. (Rue de l') *Commence* rues l'Evêque et des Frondeurs, et *finit* rue Traversière. Les numéros sont *noirs;* le dernier impair est 7, et le dernier pair 4. — 2ᵉ Arrondissement.

Ce nom lui vient de Gilbert *Anglade,* qui en 1639 acheta, rue des Moulins, un terrain sur lequel on bâtit cette rue. Vers l'an 1640 c'était le chemin *Gilbert;* en 1663 la rue *Anglas.*

ANGLAIS. (Rue des) *Commence* rue Galande, et *finit* rue des Noyers. Les numéros sont *noirs;* le dernier impair est 21, et le dernier pair 16. — 12ᵉ Arrondissement.

Elle portait déjà ce nom sous le règne de Philippe-Auguste.

On croit que ce nom lui a été donné à cause du grand nombre d'*anglais*, étudians à l'Université, qui demeuraient dans cette rue.

ANGLAIS. (Le Séminaire)

Il fut établi en vertu des lettres-patentes de Louis XIV, en date de 1684; il était situé rue des Postes, où est à présent une maison particulière, n° 22.

ANGLAIS. (Cour des) *Voyez* rue du More.

ANGLAIS, (Cul-de-sac des) rue Beaubourg, entre les n°° 47 et 49. Les numéros sont *rouges*; le dernier impair est 7, et le dernier pair 4. — 7e Arrondissement.

En 1273 c'était le *cul-de-sac Petit-Sans-Tête*; en 1356 le *petit cul-de-sac près la Poterne* ou *la Fausse-Poterne-Nicolas-Hydron*, parce qu'il était situé près la potte de ce nom, faisant partie des murs de l'enceinte de Philippe-Auguste; en 1557 le *cul-de-sac du Tripot-Bertaut*, parce qu'un nommé *Bertaut* y avait établi un *tripot* ou jeu de paume; ensuite le *cul-de-sac de la rue Beaubourg*; et enfin *cul-de-sac des Anglais*, à cause de sa proximité de la *cour du More*, que l'on nommait aussi *cour des Anglais*.

ANGLAISES. (Les Religieuses)

Elles s'établirent en 1644, et furent supprimées en 1790 : ce couvent était situé rue des Anglaises, n° 20, où est à présent une filature de coton.

ANGLAISES. (Rue des) *Commence* rue de l'Oursine, et *finit* rue du Petit-Champ. Les numéros sont *noirs*; le dernier impair est 11, et le dernier pair 20. — 12e Arrondissement.

Elle tient son nom du couvent dont il est parlé à l'article précédent. Avant l'année 1792 elle se nommait des *Filles-Anglaises*.

ANGLAISES. (Rue des) *Voyez* rue Clopin.

ANGLAISES, (Les Religieuses) dites de la *Conception*.

Etablies en 1660; l'église fut bâtie de 1672 à 1679. Ce couvent, supprimé en 1790, était situé rue Moreau, n° 10, au coin de la rue de Charenton; c'est maintenant une école gratuite de demoiselles.

ANGLAISES. (Rue des Filles-) *Voyez* rue Moreau et rue des Anglaises.

ANGLAISES. (Petite rue des Filles-) *Voyez* rue Derville.

ANGOULÊME-SAINT-HONORÉ. (Rue d') *Commence* à l'avenue de Neuilly, et *finit* rue du Faubourg-du-Roule. Les numéros sont *noirs;* le seul impair est 1, et le dernier pair 18. — 1er Arrondissement.

Cette rue, percée vers l'an 1780, doit son nom à L.-A. d'Artois, duc *d'Angoulême.* De 1791 à 1805 elle se nommait de l'*Union.* On remarque au n° 8 l'hôtel Mareschalchi, ministre des relations extérieures du royaume d'Italie.

ANGOULÊME (Rue d') au Marais. *Commence* au boulevart du Temple, et *finit* rue Folie-Méricourt. Les numéros sont *noirs;* le dernier impair est 21, et le dernier pair 16. — 6e Arrondissement.

Elle fut commencée il y a une trentaine d'années; elle porte, ainsi que la précédente rue, le nom de L.-A. d'Artois, duc *d'Angoulême,* grand prieur de France.

ANGOULÊME. (Place d') Les numéros, qui sont 24, 26 et 28, sont *noirs,* et font partie de la série de la rue des *Fossés-du-Temple.* — 6e Arrondissement.

Même observation et même étymologie que l'article précédent.

ANGOUMOIS. (Rue d') *Voyez* rue Charlot.

ANIAC. (Rue) *Voyez* rue Ognard.

ANJOU-SAINT-HONORÉ. (Rue d') *Commence* rue du Faubourg-Saint-Honoré, et *finit* rue de la Pépinière. Les numéros sont *noirs;* le dernier impair est 53, et le dernier pair 54. — 1er Arrondissement.

Elle est connue sous ce nom dès la fin du seizième siècle. Un plan manuscrit la désigne sous le nom des *Morfondus,* dite *d'Anjou.* La partie qui aboutit à celle de la Pépinière a porté le nom de *Quatremère,* qu'elle tenait d'une famille. On distingue dans cette rue les hôtels Contade, n° 9, d'Espagnac, n° 11, et celui du prince de Ponte-Corvo, héréditaire de Suède, n° 28.

ANJOU (Rue d') au Marais. *Commence* rues du Grand-Chantier et des Enfans-Rouges, et *finit* rues d'Orléans et de Berry. Les numéros sont *rouges;* le dernier impair est 23, et le dernier pair 10. — 7e Arrondissement.

Elle doit son nom à l'*Anjou,* l'une des provinces de l'ancienne division de la France. Henri IV avait formé le projet de faire bâtir dans le quartier du Marais une grande place qui serait nommée *place de France;* à cette place devaient aboutir plusieurs rues portant chacune le nom d'une province : ce projet ne fut exécuté qu'en partie sous Louis XIII ; de là les noms de provinces que portent la plupart des rues de ce quartier.

ANJOU-THIONVILLE. (Rue d') *Commence* rue de Thionville, et *finit* rue de Nevers. Les numéros sont *rouges* ; le dernier impair est 11, et le dernier pair 10. — 10ᵉ Arrondissement.

Elle fut ouverte en 1607, et fut ainsi nommée l'année suivante, à la naissance de J.-B. Gaston de France, second fils d'Henri IV.

ANJOU. (Rue d')

Rue supprimée lorsqu'on bâtit l'*Hôtel Soissons*, sur l'emplacement duquel on a construit la *halle au Blé*.

ᴀɴᴊᴏᴜ. (Rue d') *Voyez* cul-de-sac des Provençaux.

ANJOU. (Quai d') *Commence* rue Blanche-de-Castille et quai de Béthune, et *finit* au pont Marie et à la rue des Deux-Ponts. Les numéros sont *rouges* ; le dernier impair est 37. — 9ᵉ Arrondissement.

Il fut construit de 1614 à 1646. La partie orientale se nomma d'*Anjou*, et l'occidentale d'*Alençon* ; en 1780 le nom d'*Anjou* prévalut dans toute l'étendue du quai ; en 1792 il prit le nom de l'*Union*, qu'il quitta en 1805 pour reprendre celui d'*Anjou*.

ANNE. (Rue Sainte-) *Commence* cour de la Sainte-Chapelle, et *finit* au quai des Orfévres. Les numéros sont *noirs* ; le dernier impair est 11, et le dernier pair 12. — 11ᵉ Arrondissement.

Elle fut ouverte en 1631, sur l'emplacement de deux maisons que l'on abattit, et prit ce nom en honneur d'*Anne* d'Autriche, alors reine de France.

ᴀɴɴᴇ. (Rue Sainte-) *Voyez* rue du Faubourg-Poissonnière, rue Helvétius et rue Saint-Claude.

ANNE. (La Chapelle Sainte-)

Construite de 1655 à 1657, était située rue du *Faubourg-Poissonnière*, entre les rues *Bleue* et *Montholon* ; elle avait donné le nom à la rue, et fut détruite au commencement du siècle dernier.

ANNE. (Porte Sainte-)

Bâtie en 1645, à l'entrée de la rue *Sainte-Anne* (maintenant du *Faubourg-Poissonnière*) ; démolie vers le commencement du siècle dernier.

ᴀɴɴᴇ. (Pont Sainte-) *Voyez* pont Royal.

ANNONCIADES CÉLESTES, (Les) dites *Filles-Bleues*.

Ce couvent, qui fut bâti en 1622 et supprimé en 1790, était situé rue Culture Sainte-Catherine, n° 23, où sont maintenant des bureaux dépendant des Droits-Réunis.

ANNONCIADES DU SAINT-ESPRIT. (Les) *Voyez* l'église succursale Saint-Ambroise.

ANQUETIL, ANQUETIN OU ANNEQUIN-LE-FAUCHE. (Rue) *Voy.* rue de la Croix-Blanche.

ANTAIN. (Rue d') *Voyez* cul-de-sac des Provençaux.

ANTIN. (Rue d') *Commence* rue Neuve-des-Petits-Champs, et *finit* rue Neuve-Saint-Augustin. Les numéros sont *noirs*; le dernier impair est 11, et le dernier pair 12. — 2ᵉ Arrondissement.

L'hôtel Richelieu, nommé autrefois d'*Antin*, situé rue Neuve-Saint-Augustin, en face de cette rue, lui a donné ce nom. On y voit, au n° 3, l'ancien hôtel Mondragon, où sont maintenant les bureaux de la mairie du deuxième arrondissement.

ANTIN. (Rue de la Chaussée-d') *Voyez* rue du Mont-Blanc.

ANTIN. (Avenue ou allée d') *Commence* au Cours-la-Reine, et *finit* à l'Etoile des Champs-Elysées. Les numéros sont *noirs*; le dernier impair est 25; du côté droit il n'y a pas de maisons; ce sont les arbres des Champs-Elysées. — 1ᵉʳ Arrondissement.

La plantation des arbres de cette allée a été faite en 1723 par les ordres du duc d'*Antin*, surintendant des bâtimens du roi.

ANTOINE, (Hôpital Saint-) rue du Faubourg-Saint-Antoine, n°ˢ 206 et 208. — 8ᵉ Arrondissement.

C'était une abbaye, fondée en 1198; l'église fut dédiée en 1233, et construite quelques années auparavant. Vers l'an 1770 tous les bâtimens ont été reconstruits sur les dessins de l'architecte Lenoir, dit le Romain. Cette abbaye, supprimée en 1790, sert maintenant d'hôpital, où les malades sont reçus comme à l'Hôtel-Dieu.

ANTOINE. (Rue Saint-) *Commence* rue des Barres et place Baudoyer, et *finit* aux boulevarts Bourdon et Saint-Antoine. Les numéros sont *noirs*; le dernier

impair est 225, et le dernier pair 232. — Du n° 1 à
99 elle est du 7ᵉ Arrondissement, du n° 101 à 223 du
8ᵉ Arrondissement; tout le côté des numéros pairs
est du 9ᵉ Arrondissement.

Elle doit son nom à l'abbaye *Saint-Antoine*, dont l'article
précède celui-ci, parce qu'elle y conduit directement. La partie
de cette rue de la rue des Barres à celle Culture-Sainte-Catherine se nommait au treizième siècle et au commencement du
quatorzième *grande rue* et *rue de la Porte-Baudeer*, parce qu'elle
conduisait à la porte de ce nom, qui était placée dans cette
rue, en face celle Culture Sainte-Catherine; dans cette même
partie elle se nomma aussi, vers le même temps, rue de l'*Aigle*,
du nom d'une maison située près cette porte. Vers le milieu du
quatorzième siècle on trouve sa prolongation de la porte *Baudeer* (ou *Baudoyer*) jusqu'à celle *Saint-Antoine* sous le nom
de rue du *Pont-Perrin*, qu'elle devait à un hôtel de ce nom. On
remarque au n° 62 l'hôtel *Beauvais*, au n° 143 l'hôtel *Bois-
gelin* ou *Turgot*, et au n° 212 l'hôtel *d'Ormesson*, ainsi que la
fontaine *Sainte-Catherine*, autrefois dite de *Biragues*, (*voyez*
place *Biragues*) en face du lycée Charlemagne.

ANTOINE. (Rue du Faubourg-Saint-) *Commence* rues
de la Roquette et de Charenton, et *finit* à la barrière
de Vincennes. Les numéros sont *rouges*; le dernier
impair est 357, et le dernier pair 280. — 8ᵉ Arrondissement.

Même étymologie que la rue Saint-Antoine. En 1633 elle
portait encore le nom de *chaussée Saint-Antoine* jusqu'à l'abbaye, aujourd'hui l'hôpital *Saint-Antoine*, et de *chemin de
Vincennes* de l'abbaye jusqu'au *Trône*, aujourd'hui la *barrière du Trône*. Entre les n°ˢ 65 et 67 est la fontaine *Tro-
gneux*, et en face de l'hôpital Saint-Antoine la fontaine de la
Petite-Halle.

ANTOINE. (Boulevart Saint-) *Commence* à la place
Saint-Antoine, et *finit* rue du Pont-aux-Choux et
boulevart des Filles-du-Calvaire. Les numéros sont
noirs; le dernier impair est 85. — 8ᵉ Arrondissement.

Ainsi nommé parce qu'il conduit à la rue et au faubourg
Saint-Antoine. On commença à le construire en 1536. La
plantation de tous les boulevarts du nord, dont celui-ci fait
partie, fut commencée en 1668 et ne fut achevée qu'en 1705.
On y remarque, au n° 2, l'hôtel *Beaumarchais*, bâti quelques années avant la révolution, sur les dessins de Lemoine, et
son jardin sur les dessins de Bellanger.

ANTOINE. (Porte Saint-)

Cette porte fit partie des murs de clôture construits sous Charles V et Charles VI, de 1367 à 1383; elle était alors située rue Saint-Antoine, entre les rues Jean-Beausire et des Tournelles; sous Henri II elle fut avancée jusqu'au-delà des fossés de la Bastille, afin d'enfermer cette forteresse dans Paris: il paraît que ce fut sous le règne de ce roi que l'on décora cette porte, du côté du faubourg, d'un arc de triomphe dont les sculptures étaient du célèbre Jean Goujon. En 1573 elle servit à l'entrée triomphale d'Henri III comme roi de Pologne; sous le règne de Louis XIV, de 1670 à 1671, elle fut restaurée de chaque côté, sur les dessins de F. Blondel, avec des emblêmes en l'honneur des victoires de ce monarque, et on y ajouta une ouverture. Elle fut démolie vers 1778, et les sculptures de Jean Goujon furent transférées au jardin Beaumarchais, où on les voit encore.

ANTOINE, (Place de la Porte-Saint-) entre les rues -Saint-Antoine et du Faubourg-Saint-Antoine. — 8ᵉ et 9ᵉ Arrondissemens.

ANTOINE, (Place de l'Hospice-Saint-) rue du Faubourg-Saint-Antoine, nᵒˢ 206 et 208. — 8ᵉ Arrondissement.

C'est la place située devant *l'hôpital Saint-Antoine*, et dont les numéros font suite à la rue du Faubourg-Saint-Antoine.

ANTOINE. (Le Petit-Saint-)

C'était une maison de chanoines dont l'établissement date de 1361. Le but primitif de cette institution était de porter des secours aux malheureux attaqués d'une maladie nommée le *feu infernal*, *le mal des ardens* et le *mal Saint-Antoine.* Cette maison, rebâtie en 1689, et détruite en 1792, était située rue Saint-Antoine, entre les numéros 67 et 69, où est à présent le passage du Petit-Saint-Antoine, dont l'article suit.

ANTOINE, (Passage du Petit-Saint-) De la rue Saint-Antoine, nᵒˢ 67 et 69, à celle du Roi-de-Sicile, nᵒ 25. — 7ᵉ Arrondissement.

Pour l'étymologie, etc., *voyez* l'article précédent.

ANTOINE à la rue de Montreuil. (Passages de la rue du Faubourg-Saint-) — 8ᵉ Arrondissement.

Premier passage, de la rue du Faubourg-Saint-Antoine, nᵒ 261, à celle de Montreuil, nᵒ 24;

Second passage, de la rue du Faubourg-Saint-Antoine, n° 269, à celle de Montreuil, n° 30.

ANTOINE. (Marché du Faubourg-Saint-) *Voyez* Marché Beauveau.

APENTIER et ARPENTIER. (Rue) *Voyez* rue Carpentier.

APOLLINE. (Rue Sainte-) *Commence* rue Saint-Martin, et *finit* rue Saint-Denis. Les numéros sont *rouges*; le dernier impair est 33, et le dernier pair 22. — 6ᵉ Arrondissement.

Nous ignorons à quelle occasion cette rue a pris ce nom. La rue Meslay, qui en fait la prolongation, portait aussi ce nom au commencement du siècle dernier. Le bureau de la direction des nourrices est au n° 18.

APOLLINE. (Rue Sainte-) *Voyez* rue Meslay.

ARAS. (Rue d') *Voyez* rue des Rats de la place Maubert.

ARBALÈTE. (Rue de l') *Commence* rue des Charbonniers, et *finit* rue Mouffetard. Les numéros sont *noirs*; le dernier impair est 25, et le dernier pair 28. — 12ᵉ Arrondissement.

Ce nom lui vient d'une enseigne de l'*Arbalète*; au milieu du seizième siècle on la trouve nommée des *Sept-Voies* et de la *Porte-de-l'Arbalète*. L'école de pharmacie est au n° 3.

ARBALÈTE. (Rue de l') *Voyez* rue du Petit-Lion et cul-de-sac des Peintres.

ARBALÈTE. (Rue de la Porte-de-l') *Voyez* rue de l'Arbalète.

ARBRE-SEC. (Rue de l') *Commence* place de l'Ecole, et *finit* rue Saint-Honoré. Les numéros sont *noirs*; le dernier impair est 51, et le dernier pair 68. — 4ᵉ Arrondissement.

Elle est ainsi nommée d'une enseigne de l'*Arbre-Sec* que l'on y voyait encore vers l'an 1660, au rapport de Sauval, sur une vieille maison près l'église Saint-Germain-l'Auxerrois. Le poëte Guillot la nomme, vers l'an 1300, de l'*Arbre-Sel*.

ARCADE. (Rue de l') *Commence* rue de la Madeleine, et *finit* rues de la Pépinière et Saint-Lazare.

Les numéros sont *noirs;* le dernier impair est 35, et le dernier pair 36. — 1ᵉʳ Arrondissement.

Elle tient son nom d'une *arcade* qui la traversait à cinquante toises environ de la rue de la Madeleine; on trouve aussi cette rue sous le nom de *la Pologne.*

ARCADE. (Rue de l') *Voyez* rue de Jérusalem.

ARCADE COLBERT. *Voyez* rue Colbert.

ARCHE-BEAU-FILS. (Rue de l') *Voyez* quai des Ormes.

ARCHE-DORÉE. (Rue de l') *Voyez* rue de l'Etoile.

ARCHE-MARION. (Rue de l') *Commence* quai de la Mégisserie et à la Seine, et *finit* rue Saint-Germain-l'Auxerrois. Les numéros sont *noirs;* le seul impair est 1, et le seul pair 2. — 4ᵉ Arrondissement.

Vers l'an 1300 c'était *l'abreuvoir Thibaut-aux-Dez;* vers 1400 la rue *des Jardins;* ensuite la ruelle qui fut *Jean-de-la-Poterne,* et la ruelle des *Etuves-aux-Femmes :* son nom actuel lui vient d'une femme nommée *Marion,* qui vers l'an 1500 y tenait des bains.

ARCHE-PEPIN. (Rue de l') *Commence* à la Seine, et *finit* rue Saint-Germain-l'Auxerrois. Elle ne contient que deux numéros *noirs,* qui sont 1 et 3. — 4ᵉ Arrondissement.

Sa situation dans l'ancien fief *Popin* lui a donné ce nom, qui se trouve altéré et changé en *Pepin* depuis près de trois siècles.

ARCHET-SAINT-MERRI. (L') *Voyez* porte Saint-Martin.

ARCHEVÊCHÉ, (L') ou le palais archi-épiscopal, attenant au côté méridional de la Cathédrale.

Ce n'est qu'en 1622 que l'évêché de Paris fut changé en *archevêché;* auparavant il était suffragant de l'archevêché de Sens. On croit que l'ancienne demeure des évêques de Paris était au chevet de l'ancienne église Saint-Etienne, où est à présent la seconde cour de l'archevêché, qui se nommait alors le *port l'Evêque.* Louis XV fit construire celui que nous voyons, et divers archevêques y firent des augmentations et embellissemens. On y remarque le grand escalier, qui fut en 1772 construit sur les dessins de Desmaisons, architecte.

ARCHIRÊTRE. (Ruelle de l') *Voyez* rue des Prêtres-Saint-Severin.

ARCIS. (Rue des) *Commence* rues Saint-Jacques-la-

2

Boucherie et de la Vannerie, et *finit* rues des Lombards et de la Verrerie. Les numéros sont *noirs;* le dernier impair est 59, et le dernier pair 64. — Tous les impairs sont du 6ᵉ Arrondissement, et tous les pairs du 7ᵉ Arrondissement.

Sauval dit qu'il est déjà fait mention de cette rue en 1130. On a écrit diversement ce nom, *Ars, Arsis* (de *Arsionibus*), *Assis, Assiz.* Plusieurs auteurs ont fait des efforts inutiles pour donner à ce nom une étymologie satisfaisante.

ARCOLE. (Rue d') *Commence* rue du Lycée, et *finit* rue Quiberon. Les numéros sont *rouges;* le dernier impair est 15, et le dernier pair 20. — 2ᵉ Arrondissement.

Ce nom lui a été donné en mémoire de la bataille d'*Arcole,* gagnée le 15 novembre 1796 sur les Autrichiens, par le général en chef Bonaparte; elle se nommait auparavant passage *Beaujolois,* et avait été alignée sur une partie de l'ancien jardin du Palais-Royal lorsque le duc d'Orléans fit bâtir les galeries de pierre.

ARCUEIL. (Barrière d') — 12ᵉ Arrondissement.

Le village d'*Arcueil,* situé à une lieue un quart sud, a donné son nom à cette barrière, qui consiste en un bâtiment à huit arcades et à deux frontons.

ARÊNES (Le clos des) était situé dans l'espace qui se trouve entre les rues Saint-Victor, Neuve-Saint-Etienne, des Fossés-Saint-Victor et des Boulangers.

C'était l'endroit où, sous les Romains et les rois de la première race, se donnait le spectacle des combats des gladiateurs et de ceux des bêtes féroces; il fut nommé par la suite le clos *Saint-Victor.*

ARGENSON, (Cul-de-sac d') rue Vieille-du-Temple, n° 24. Il ne contient pas de numéros. — 7ᵉ Arrondissement.

Ainsi nommé parce qu'il conduisait à l'hôtel qui appartenait à M. de Voyer d'*Argenson,* qui était garde des sceaux en 1722.

ARGENTEUIL. (Rue d') *Commence* rue des Frondeurs, et *finit* rue Neuve-Saint-Roch. Les numéros sont *noirs;* le dernier impair est 55, et le dernier pair 64. — 2ᵉ Arrondissement.

Elle prit ce nom parce qu'elle fut construite sur le chemin qui conduisait à *Argenteuil.* Ce chemin était à droite en sortant de l'ancienne porte Saint-Honoré, qui existait encore vers l'an 1500, sous Henri III.

ARGENTEUIL. (Rue d') *Voyez* rue Saint-Lazare.

ARGENTEUIL. (Rue Thomas et Guillaume) *Voyez* rue des Poirées.

ARGENTEUIL, (Cul-de-sac d') au coin de la rue du Rocher, n° 2, et rue Saint-Lazare, n° 134. Les numéros sont *noirs;* le dernier impair est 5, et le dernier pair 14. — 1er Arrondissement.

La rue Saint-Lazare se nommait autrefois d'*Argenteuil,* parce qu'elle se dirige sur le village de ce nom. Ce cul-de-sac en a conservé le nom.

ARIANE, (Rue de l') ou rue ARIENNE. *Voyez* rue de la Petite-Truanderie et place *Ariane.*

ARIANE, (Place) située à la réunion des rues de la Grande et de la Petite-Truanderie. — 5e Arrondissement.

La rue de la Petite-Truanderie se nommait anciennement rue de l'*Ariane.* Cette place en a conservé le nom.

ARMURIERS. (Rue des) *Voyez* rue de la Heaumerie.

ARONDALE, ARONDELLE-EN-LAAS. (Rue de l') *Voyez* rue de l'Hirondelle.

ARONGERIE. (Rue de l') *Voyez* rue de la Vieille-Harangerie.

ARRAS. (Rue d') *Commence* rue Saint-Victor, et *finit* rue Clopin. Les numéros sont *noirs;* le dernier impair est 27, et le dernier pair 20. — 12e Arrondissement.

Ainsi nommée du collége d'*Arras,* qui y fut construit en 1332. Auparavant elle se nommait *des Murs,* parce qu'elle touchait aux murs de l'enceinte de Philippe-Auguste; au commencement du seizième siècle on la trouve nommée du *Champ-Gaillard.*

ARRAS, (Collége d') rue d'Arras, n° 4.

Il fut fondé en 1327, par Nicolas le Capdrelier, abbé de Saint-Vaast d'*Arras,* en faveur de pauvres écoliers du diocèse d'*Arras;* il était originairement rue Chartière, près le clos Bruneau : il fut réuni en 1763 à celui de Louis-le-Grand. C'est à présent une maison particulière, n° 4.

ARS, ARSIS, ASSIS, ASSIZ. (Rue des) *Voyez* rue des Arcis.

ARSENAL, (L') sur le quai Morland. — 9ᵉ Arrondissement.

Henri II commença à le faire construire vers l'an 1547, sur l'emplacement des granges de l'artillerie, qui appartenaient à la ville. Les rois successeurs de Henri II y firent ajouter divers bâtimens jusqu'en 1718, époque des reconstructions nouvelles. Henri IV fit élever la grande porte du côté du quai des Célestins, et construire le jardin et le Mail. Il y a dans cet emplacement deux casernes, une bibliothèque et l'administration générale des poudres et salpêtres. C'est sur le terrain du jardin de l'Arsenal que l'on construit le *grenier de réserve*.

ARSENAL, (Port de l') sur la Seine, près de l'Arsenal.

Arrivage des bois à brûler.

ARTOIS. (Rue d') *Voyez* rue Cérutti.

ARTS, (Palais des Beaux-) quai de la Monnaie, n° 23. — 10ᵉ Arrondissement.

Ce palais est depuis 1806 le lieu des séances de l'Institut impérial des Sciences, Lettres et Arts. Ce premier corps savant du monde a remplacé en 1796 l'Académie française, celle des Belles-Lettres, celle des Sciences, celle de Peinture et Sculpture, celle d'Architecture, etc. Auparavant cet édifice était connu sous le nom de *collège Mazarin ;* il avait été fondé en vertu du testament de ce cardinal, de l'an 1661, et bâti en 1662 et années suivantes, sur une portion du terrain de l'ancien hôtel de Nesle. On le nommait aussi *des Quatre-Nations,* parce qu'il fut institué pour soixante gentilshommes ou bourgeois, 1° de Pignerol et de son territoire, 2° de l'état ecclésiastique, 3° d'Alsace et pays d'Allemagne, 4° de Flandres et de Roussillon. L'intérieur de l'église a été décoré et arrangé en 1806 par Vaudoyer, architecte, pour servir de salle à l'Institut.

ARTS, (Place du Palais-des-Beaux-) quai de la Monnaie, du n° 13 au n° 24. (Ces numéros font partie de la série du quai de la Monnaie.) — 10ᵉ Arrondissement.

Avant l'année 1806 elle se nommait place *des Quatre-Nations,* parce qu'elle est devant le collège qui portait autrefois ce nom. On remarque sur cette place les lions qui décorent la fontaine.

ARTS, (Le pont des) entre les palais du Louvre et des Beaux-Arts. La moitié, du côté du nord, est du 4ᵉ Ar-

rondissement, et l'autre moitié, du côté du midi, est du 10ᵉ Arrondissement.

Ce pont, achevé en 1804, ne sert qu'aux gens de pied. Les culées sont en pierre et les arches en fer. Ce nom lui vient du *palais des Arts* (c'est ainsi que l'on nommait alors le Louvre), parce qu'il est placé en face d'une des portes latérales de ce palais.

ARTS. (Rue des) — 6ᵉ Arrondissement.

C'est une des ruelles de l'enclos de la Trinité.

ASNE-RAYÉ. (Rue de l') *Voyez* cul-de-sac des Peintres.

ASSAS. (Rue d') *Commence* rue du Cherche-Midi, et *finit* rue de Vaugirard. Les numéros sont *noirs;* le dernier impair est 5, et le dernier pair 6. — 11ᵉ Arrondissement.

Cette rue, percée depuis peu d'années, porte le nom du brave chevalier d'*Assas*, capitaine au régiment d'Auvergne, qui fut tué en 1760, le jour de la bataille de Rhimberg.

ASTORG. (Rue d') *Commence* à la rue de la Ville-l'Evêque, et *finit* à la rue de la Pépinière. Les numéros sont *noirs;* le dernier impair est 21, et le dernier pair 12. — 1ᵉʳ Arrondissement.

Cette rue, ouverte vers l'an 1780, doit son nom à quelqu'un de la famille d'*Astorg* qui y possédait un hôtel.

AUBERT. (Passage) De la rue Saint-Denis, n° 357 et 359, à celle Sainte-Foi, n° 14. — 5ᵉ Arrondissement.

Il fut rebâti depuis quelques années par M. *Aubert*, dont il a pris le nom. Auparavant il se nommait *Sainte-Marguerite*.

AUBRY-LE-BOUCHER. (Rue) *Commence* rue Saint-Martin, et *finit* rue Saint-Denis. Les numéros sont *rouges;* le dernier impair est 57, et le dernier pair 40. — 6ᵉ Arrondissement.

Elle portait déjà ce nom en 1273. Il paraît qu'elle a pris son nom d'une famille *Aubry* (Albericus), qui y demeurait et exerçait l'état de *boucher*.

AUBUSSON. (Rue d') *Voyez* rue Croix-des-Petits-Champs.

AUDRELAS, (Cul-de-sac d') rue Mouffetard, entré les nᵒˢ 217 et 219. Les numéros sont *noirs;* il n'y en a que deux, qui sont 1 et 2. — 12ᵉ Arrondissement.

On ignore l'étymologie de ce nom.

AUDRIETTES (Rue des) et des VIEILLES-AUDRIETTES. *Voyez* Haudriettes.

AUFROY-DES-GRÈS. (Rue) (*Vicus aufridi de Gressibus.*) *Voyez* rue Pierre-au-Lard.

AUGUSTIN. (Ruelle) *Voyez* rue des Trois-Portes.

AUGUSTIN. (Rue Saint-) *Voyez* rue des Filles-Saint-Thomas et rue Neuve-Saint-Augustin.

AUGUSTIN. (Rue Neuve-Saint-) *Commence* rue Richelieu, et *finit* au boulevart des Capucines. Les numéros sont *rouges*; les impairs jusqu'au 43 compris, et les pairs jusqu'au 32 compris, sont du 2e Arrondissement; tous les autres numéros, qui ne sont pas encore régulièrement placés, parce que cette partie n'est pas encore entièrement bâtie, sont et seront du 1er Arrondissement.

Cette rue, qui date d'environ 1650, commençait, jusqu'au milieu du siècle dernier, à la rue Notre-Dame-des-Victoires, et passait le long des murs de clôture des religieux *Augustins*, dits *Petits-Pères*, dont elle tient son nom. On la trouve dans quelques anciens plans nommée rue *Saint-Augustin* jusqu'à celle Richelieu (un acte de 1663 la désigne sous le nom de *Neuve-Saint-Augustin*, jadis dite de *Saint-Victor*), et de *Saint-Augustin* et *Neuve-des-Vieux-Augustins* de celle *Richelieu* à celle *Gaillon*, où elle finissait alors. En 1718 elle fut prolongée jusqu'à celle *Louis-le-Grand*, aujourd'hui de la *Place-Vendôme*, et depuis quelques années elle a été continuée jusqu'au boulevart des Capucines, à travers une partie de l'emplacement des couvent et jardin des Capucines. On y remarque au n° 30 l'hôtel Richelieu, et au n° 23 celui de l'administration générale des Forêts.

AUGUSTINS. (Rue des Pères-) *Voyez* rue Notre-Dame-des-Victoires.

AUGUSTINS. (Rue Neuve-des-Vieux-) *Voyez* rue Neuve-Saint-Augustin.

AUGUSTINS, (L'église et le couvent des Grands-) quai des Augustins. — 11e Arrondissement.

On commença à bâtir cet édifice en 1299, sur l'emplacement de l'église et des bâtimens des frères Sachets; mais ce ne fut qu'en 1368 et années suivantes qu'on bâtit l'église, qui a duré jusqu'à nos jours. C'est sur le terrain qu'occupaient l'église et le couvent, démolis depuis une dixaine d'années, que l'on a construit le *marché à la volaille et au gibier.*

AUGUSTINS. (Rue des Grands-) *Commence* au quai des Augustins, et *finit* rue Saint-André-des-Arts. Les numéros sont *noirs;* le dernier impair est 29, et le dernier pair 30. — 11ᵉ Arrondissement.

En 1269 elle se nommait *à l'abbé de Saint-Denis,* ensuite du *collége Saint-Denis,* des *écoles et des écoliers Saint-Denis,* parce que le *collége* de ces religieux était situé en partie dans cette rue; ce n'est qu'au commencement du quatorzième siècle qu'elle prit le nom qu'elle porte aujourd'hui, du couvent qui était situé à l'une de ses extrémités. Il paraît que la partie de cette rue située près de celle *Saint-André* a pris anciennement, par intervalles, les noms *de la Barre, des Barres,* et de l'*hôtel de Nemours.*

AUGUSTINS. (Quai des) *Commence* à la place et au pont Saint-Michel, et *finit* au pont Neuf et rue de Thionville. Les numéros sont *rouges;* le dernier impair est 63. — 11ᵉ Arrondissement.

Avant l'an 1313 ce n'était qu'un terrain planté de saules, allant en pente douce jusqu'à la rivière; la ville le fit construire en 1313; en 1389 on le nommait rue de *Seine,* par où l'on va aux Augustins, ensuite rue du *Pont-Neuf,* qui va aux Augustins (le pont Saint-Michel se nommait alors le pont Neuf, car le pont Neuf d'aujourd'hui ne fut bâti que près de deux siècles après); en 1444 rue des *Augustins,* enfin quai des *Augustins.* La rue du Hurepoix, qui aboutissait au pont Saint-Michel, ayant été abattue d'un côté depuis quelques années, on le fit alors commencer au pont Saint-Michel. Au coin de la rue *Gît-le-Cœur* était l'hôtel que François Iᵉʳ avait acheté et fait orner pour la duchesse *d'Etampes;* il fut démoli en grande partie l'an 1671. De la rue des *Grands-Augustins* jusque près de la rue *Pavée* était situé l'hôtel *d'Hercule,* qui avait appartenu à Charles VIII, au chancelier Duprat et à François Iᵉʳ.

AUGUSTINS. (Couvent, jardin et église des Petits-) *Voyez* musée des Monumens français.

AUGUSTINS. (Rue des Petits-) *Commence* quai Malaquai, et *finit* rue du Colombier. Les numéros sont *noirs;* le dernier impair et 21, et le dernier pair 34. — 10ᵉ Arrondissement.

Elle fut bâtie au commencement du dix-septième siècle, sur le *petit pré aux Clercs,* et prit, jusque vers le milieu du même siècle, le nom de *Petite-Seine*, parce qu'elle fut alignée sur un canal de quatorze toises de large que l'on venait de combler, qui se nommait *la Petite-Seine.* Elle doit le nom qu'elle porte depuis cette époque aux *Augustins* réformés, dits *Petits-Augustins*, qui s'y établirent en 1613. On remarque au n° 1 l'hôtel *Chavaudon.*

AUGUSTINS. (Rue des Vieux-) *Commence* rue Coquillière, et *finit* rue Montmartre. Les numéros sont *noirs;* le dernier impair est 71, et le dernier pair 66. — 3ᵉ Arrondissement.

Elle prit ce nom des religieux dits *Grands-Augustins*, qui s'y établirent au coin de la rue Montmartre en 1250 (alors hors Paris), et qui quittèrent cette rue en 1285; elle ne porta d'abord ce nom que de la rue Pagevin à celle Montmartre, car le reste jusqu'à la rue Coquillière se nommait anciennement *Pagevin.*

AU MAIRE. (Rue) *Voyez* Maire.

AUMONT, (Cul-de-sac) rue de la Mortellerie, n° 18. — 9ᵉ Arrondissement.

Il doit son nom au petit hôtel d'*Aumont,* situé derrière, rue de Jouy.

AUNAY. (Barrière d') — 8ᵉ Arrondissement.

Cette barrière porta d'abord le nom de la *Folie-Regnault*, à cause de la proximité de la rue de ce nom; ensuite celui de *Saint-André;* elle est décorée d'un bâtiment avec deux péristyles et quatre colonnes.

AUNAY. (Chemin de ronde de la barrière d') De la barrière d'Aunay à celle des Amandiers.— 8ᵉ Arrondissement.

AUSTERLITZ. (Pont d') *Commence* aux quais Morland et de la Rapée, et *finit* à la place Walhubert, aux quais de l'Hôpital et Saint-Bernard. — La partie septentrionale est du 8ᵉ Arrondissement, et celle méridionale du 12ᵉ Arrondissement.

Ce pont, dont les arches sont en fer, fut commencé en 1802 et terminé en 1806, sur les dessins de M. Becquey-Beaupré, ingénieur. Il est ainsi nommé en mémoire de la célèbre bataille d'*Austerlitz,* gagnée le 2 décembre 1805 par l'empereur Napoléon sur les empereurs de Russie et d'Autriche.

AUSTERLITZ. (Rue d') *Commence* quai des Invalides, et *finit* rue de Grenelle-Gros-Caillou. Les numéros sont *noirs;* le dernier pair est 32. (Point de numéros impairs ; ce côté est formé pour l'esplanade des Invalides). — 10ᵉ Arrondissement.

Même étymologie que celle du pont d'*Austerlitz*.

AUSTERLITZ. (Place d') *Commence* rue des Orties-du-Louvre, et *finit* rue Fromenteau. Les numéros impairs, dont le dernier est 19, sont *noirs*, et les numéros pairs, dont le dernier est 26, sont *rouges*. — 4ᵉ Arrond.

Même étymologie que celle du pont d'*Austerlitz*. Toutes les maisons de cette place seront abattues pour exécuter la réunion des palais du Louvre et des Tuileries.

AUTRAICHE, AUTRICHE, AUTRUCHE. (Rue d') *Voyez* place d'Iéna et rue de l'Oratoire-Saint-Honoré.

AUTUN, (Collége d') dit collége du cardinal Bertrand, rue Saint-André-des-Arts, n° 30.

Il fut fondé en 1341 par le *cardinal Bertrand*, évêque d'*Autun*, et réuni au collége Louis-le-Grand en 1764. On le démolit en ce moment pour en faire une maison particulière.

AVAL. (Rue d') *Commence* rues de la Roquette et Saint-Sabin, et *finit* rue Amelot. Les numéros sont *rouges*; le dernier impair est 25, et le dernier pair 22. — 8ᵉ Arrondissement.

Nous ignorons l'étymologie du nom de cette rue, que l'on ne commença à bâtir que vers l'an 1786.

AVE-MARIA, (Religieuses de l') rue des Barres, n° 24.

Ce couvent, occupé dès le milieu du treizième siècle par des *béguines* (filles ou veuves dévotes), fut donné en 1471 aux religieuses de l'*Ave-Maria*, qui furent supprimées en 1790. En 1485 Charles VIII leur accorda deux tours de l'enceinte de Philippe-Auguste, et le mur de clôture qui joignait ce couvent. C'est maintenant une caserne.

AVERON. (Rue d') *Voyez* rue Bailleul.

AVEUGLES. (Rue des) *Commence* rues Garencière et du Petit-Lion, et *finit* place Saint-Sulpice. Les numéros sont *rouges*; le côté des impairs est formé par l'église Saint-Sulpice, et le dernier pair 6. — 11ᵉ Arrondissement.

Elle doit, selon Sauval, son nom à un *aveugle* qui y demeurait et y possédait quelques maisons.

AVIGNON. (Rue d') *Commence* rue Saint-Denis, et

finit rue de la Savonnerie. Les numéros sont *noirs*; le dernier impair est 11, et le dernier pair 10. — 6ᵉ Arrondissement.

Vers l'an 1300 une partie se nommait *Jean-le-Comte* et *Philippe-le-Comte*, et une autre partie *la Bazennerie*, suivant le poëte Guillot; depuis elle prit le nom de rue *qui Chiet en la Savonnerie*, ensuite rue *de la Galère*. Elle faisait anciennement dans celle de la Heaumerie un retour d'équerre qui subsiste encore sous le nom de *Trognon*.

AVIRON. (Rue de l') *Voyez* cul-de-sac Fourcy.

AVOINE, (Cul-de-sac Longue-) rue du Faubourg-Saint-Jacques, n° 36. Les numéros sont *noirs*; le dernier impair est 3, et le dernier pair 8. — 12ᵉ Arrondissement.

Il fut bâti depuis peu d'années sur un champ où l'on semait ordinairement de l'*avoine*.

AVOYE, (Couvent Sainte-) rue Sainte-Avoye, n° 47.

Ces religieuses s'établirent en 1288 dans la rue du Temple, qui prit par la suite le nom de *Sainte-Avoye* (Sainte-Avoye ou Sainte-Hedwige fut canonisée en 1266); elle furent supprimées en 1790. C'est maintenant une maison, n° 47, appartenant à un particulier.

AVOYE. (Rue Sainte-) *Commence* rues Neuve-Saint-Merri et Sainte-Croix-de-la-Bretonnerie, et *finit* rues des Vieilles-Haudriettes et Michel-le-Comte. Les numéros sont *noirs*; le dernier impair est 73, et le dernier pair 66. — 7ᵉ Arrondissement.

Elle se nommait anciennement *Grande rue du Temple*, et rue *du Temple*; en 1512 elle est désignée du *Temple*, autrement *Sainte-Avoye*; elle doit son nom au couvent dont il est fait mention à l'article précédent.

On remarque dans cette rue, entre les n°ˢ 40 et 42, la fontaine dite *Sainte-Avoye*; au n° 47 une synagogue; au n° 57 l'hôtel *Saint-Aignan*, où sont les bureaux de la mairie du septième arrondissement : cet hôtel fut bâti sur les dessins de Lemuet, pour M. de Mesmes, comte Davaux; M. de Beauvilliers, duc de *Saint-Aignan*, en fit depuis l'acquisition : au n° 63 l'hôtel *Montholon*; au n° 44 l'hôtel de l'*Administration générale des Droits-Réunis*, qui appartint autrefois au connétable de Montmorency, et où Henri II, roi de France, se retirait quelquefois. (L'ancien hôtel de la *Trémouille*, qui touche à celui-ci, dépend aussi de l'Administration générale des Droits-Réunis.)

B.

BABILLARDS, (Cul-de-sac des) rue Basse-Porte-Saint-Denis, entre les n°° 26 et 28. Les numéros sont *noirs*; point d'impairs; le dernier pair est 6. — 5° Arrondissement.

Il portait déjà ce nom au milieu du dix-septième siècle; nous ignorons son étymologie.

BABILLE. (Rue) *Commence* rue des Deux-Ecus, et *finit* rue de Viarmes. Les numéros sont *noirs*; le dernier impair est 3, et le dernier pair 6. — 4° Arrondissement.

Elle fut construite de 1762 à 1765, lorsqu'on bâtit la halle au Blé; elle porte le nom de M. *Babille*, alors un des échevins.

BABYLONE. (Rue de) *Commence* rue du Bac, et *finit* au boulevart des Invalides. Les numéros sont *rouges*; le dernier impair est 29, et le dernier pair 22. — 10° Arrondissement.

Elle porta anciennement les noms de *Lafresnay*, ensuite celui de la *Maladrerie*, ou *Petite rue de Grenelle*; en 1670 elle prit celui qu'elle porte de Bernard de Sainte-Thérèse, évêque de *Babylone*, qui y possédait plusieurs maisons et jardins. Au n° 23 on y remarque une *caserne* bâtie sur les dessins du corps du génie militaire, et au n° 18 l'hôtel *Barbançon*, actuellement de *Caraman*.

BABYLONE. (Rue Neuve-de-) *Commence* place de Fontenoy, et *finit* à l'avenue Villars. — 10° Arrondissement.

Cette rue, nouvellement tracée, fait la prolongation de la rue de *Babylone*, dont elle a retenu le nom; elle ne contient encore aucun bâtiment.

BAC. (Rue du) *Commence* aux quais Bonaparte et Voltaire, et *finit* rue de Sèvres. Les numéros sont *noirs*; le dernier impair est 135, et le dernier pair 142. — 10° Arrondissement.

Ce nom vient d'un *bac* qui fut établi en 1550 pour passer la rivière en face de cette rue : ce bac exista jusqu'en 1632, que l'on construisit à la même place un pont nommé *pont Rouge*; sous Louis XIV il fut remplacé par le *pont Royal*, placé un peu plus bas. Au n° 34 on remarque l'hôtel *Valbelle*, appartenant maintenant au duc d'Otrante; au n° 42 l'hôtel *Boulogne*, où est le lieu des séances et les bureaux de la Société d'Encouragement pour l'industrie nationale; au n° 84 l'hôtel du *ministère des Relations extérieures*; au n° 86 l'hôtel *Dillon*; au n° 112 l'hôtel *Clermont-Tonnerre*; au n° 132 l'hôtel de *la Vallière*, appartenant à Mme de Chastillon.

BAC. (Petite rue du) *Commence* rue de Sèvres, et *finit* rue des Vieilles-Tuileries. Les numéros sont *noirs*; le dernier impair est 17, et le dernier pair 26. — 10e Arrondissement.

Ce nom lui vient de la rue du *Bac*, dont elle fait presque la continuation; on la trouve aussi nommée du *Petit-Bac*, et anciennement du *Baril-Neuf*. On a commencé à y bâtir dans le courant du dix-septième siècle.

BADE. (Rue Simon-) *Voyez* rue des Vieilles-Garnisons.

BAFFER et **BASFER.** (Territoire de) *Voyez* rue Basfroid.

BAGAUDS ou *BAGAUDES.* (Porte des) *Bagaudarum porta.*

Ancienne porte de Paris qui était située près la place ou à la place *Baudoyer*, dont le nom paraît avoir la même étymologie. Quelques auteurs croient qu'elle était en face de la rue Geoffroy-l'Asnier.

BAGNEUX. (Rue) *Commence* rues du Petit-Vaugirard et des Vieilles-Tuileries, et *finit* rue de Vaugirard. Les numéros sont *noirs*; le dernier impair est 11, et le dernier pair 16. — 10e Arrondissement.

Serait-elle ainsi nommée parce qu'elle est dirigée vers la barrière par où l'on sort pour aller à *Bagneux?*

BAILLET. (Rue) *Commence* rue de la Monnaie, et *finit* rue de l'Arbre-Sec. Les numéros sont *rouges*; le dernier impair est 9, et le dernier pair 12. — 4e Arrond.

En 1297 elle était nommée *Dame-Gloriette*, et en 1300 *Gloriette*; elle doit son nom actuel à quelqu'un de la famille *Baillet.*

BAILLEUL. (Rue) *Commence* rue de l'Arbre-Sec, et *finit* rue des Poulies. Les numéros sont *rouges*; le dernier impair est 13, et le dernier pair 18. — 4e Arrondissement.

Pendant les treizième et quatorzième siècles on la nommait d'*Averon;* Robert de *Bailleul*, clerc des comptes, qui y demeurait en 1423, lui a donné son nom.

BAILLIF. (Rue) *Commence* rues des Bons-Enfans et Neuve-des-Bons-Enfans, et *finit* rue Croix-des-Petits-Champs. Les numéros sont *noirs*; le dernier impair est 13, et le dernier pair 12. — 4ᵉ Arrondissement.

Elle a pris ce nom d'une famille *Baliffre* qui y possédait des maisons et terrains sous le règne d'Henri IV; il ne reste plus que les nᵒˢ 11 et 13 du côté des impairs, la Banque de France ayant fait l'acquisition des autres pour agrandir son hôtel.

BAILLY. (Rue) *Commence* rue Saint-Paxant, et *finit* rue Henry. Les numéros sont *rouges*; le dernier impair est 9, et le dernier pair 10. — 6ᵉ Arrondissement.

C'est une des rues ouvertes en 1765 sur une partie du territoire dépendant de l'abbaye Saint-Martin.

BAILLY. (Passage) *Voyez* passage de la rue Au Maire.

BAINS. (Rue Geoffroy-des-) *Voy.* rue des Vieilles-Etuves.

BALCONS. (Quai des) *Voyez* quai de Béthune.

BALLETS. (Rue des) *Commence* rue Saint-Antoine, et *finit* rue du Roi-de-Sicile. Les numéros sont *noirs*; le dernier impair est 3, ét le dernier pair 8. — 7ᵉ Arrondissement.

Elle portait déjà ce nom au quinzième siècle. Quoiqu'elle soit dans l'enceinte de Philippe-Auguste, Guillot, vers l'an 1300, n'en parle point. Sauval pense que ce nom lui vient de la famille *Baillet;* cependant au quinzième siècle on écrivait *Ballays*, ce qui contrarie beaucoup cette opinion.

BANQUE DE FRANCE, (Hôtel de la) rue de la Vrillière, nᵒ 3.

Il fut bâti en 1620 par M. de *la Vrillière;* M. le comte de *Toulouse*, en ayant fait l'acquisition en 1713, le fit agrandir et décorer avec magnificence; M. le duc de *Penthièvre* en fut ensuite propriétaire jusqu'en 1793, qu'il devint propriété nationale : voilà pourquoi il porta successivement les noms de *la Vrillère*, de *Toulouse* et de *Penthièvre*. La Banque de France l'a fait restaurer, agrandir et décorer en 1811, et y a transporté au commencement de 1812 son administration et ses bureaux, qui étaient auparavant à l'hôtel *Massiac*, place des Victoires, au coin de celle des Fossés-Montmartre.

BANQUIER. (Rue du) *Commence* rue du Marché-aux-Chevaux, et *finit* rue Mouffetard. Les numéros sont *noirs;* le dernier impair est 19, et le dernier pair 8. — 12ᵉ Arrondissement.

Vers l'an 1650 ce n'était encore qu'un chemin ; dès l'an 1676 elle porte le nom du *Banquier,* dont nous ignorons l'étymologie.

BANQUIER. (Rue du Petit-) *Commence* rue du Banquier, et *finit* au boulevart de l'Hôpital. Les numéros sont *noirs;* le dernier impair est 5, et le dernier pair 4. — 12ᵉ Arrondissement.

Elle existe depuis une quinzaine d'années ; elle a tiré son nom de la rue du *Banquier,* où elle aboutit.

BARBE. (Rue Sainte-) *Commence* rue Beauregard, et *finit* au boulevart Bonne-Nouvelle. Les numéros sont *noirs;* le dernier impair est 13, et le dernier pair 18. — 5ᵉ Arrondissement.

Elle portait déjà ce nom en 1540 ; elle le doit à la vénération que les habitans de ce quartier avaient pour cette sainte, en l'honneur de laquelle on érigea une chapelle dans l'église Notre-Dame-de-Bonne-Nouvelle. C'était la chapelle de Saint-Louis et Sainte-Barbe.

BARBE. (Petite rue Sainte-) *Voyez* rue des Cholets.

BARBE, (Collége et communauté de Sainte-) rue de Reims, nᵒ 7.

Ce collége fut fondé en 1430 par Jean Hubert, et la chapelle construite en 1694. C'est maintenant une des premières institutions de Paris, sous la direction de M. Lanneau, docteur ès-lettres.

BARBELLE-SUR-L'YAUE. (Porte)

Elle était située au bout de la rue des Barrés, du côté de la rivière ; elle faisait partie de l'enceinte de Philippe-Auguste, et portait ce nom à cause de sa proximité de l'hôtel *Barbeaux.*

BARBETTE. (Rue) *Commence* rue des Trois-Pavillons, et *finit* rue Vieille-du-Temple. Les numéros sont *rouges;* le dernier impair est 13, et le dernier pair 16. — 8ᵉ Arrondissement.

Elle doit son nom à l'hôtel *Barbette,* sur l'emplacement duquel on l'ouvrit en 1563. Cet hôtel, qui avait appartenu en 1298 à Etienne *Barbette,* voyer de Paris, maître de la Monnaie et prévôt des marchands, fut nommé depuis le *petit séjour de la reine,* parce que le roi en avait fait l'acquisition. Ce fut dans cet hôtel qu'Isabelle de Bavière, femme de Charles V, accoucha en 1407. Le duc d'Orléans sortait de cet hôtel lorsqu'il fut assassisé, le 23 novembre 1407, par les ordres du duc de Bourgogne. Au n° 2 on remarque l'hôtel *Corberon.*

BARBETTE. (Porte)

Il paraît que cette porte, qui faisait partie de l'enceinte de Philippe - Auguste, était située rue Vieille-du-Temple, entre les rues de Paradis et des Francs-Bourgeois. Même étymologie que l'article précédent.

BARBETTE, VIEILLE-BARBETTE. (Rue) *Voyez* rue Vieille-du-Temple.

BARBETTE. (Rue de la Porte ou Poterne-) *Voy*. rue Vieille-du-Temple.

BARBIER. (Pont) *Voyez* pont des Tuileries.

BAC. (Rue du) *Voyez* rue Neuve-Notre-Dame-des-Champs.

BARENTIN. (Rue et cul-de-sac) *Voyez* cul-de-sac Saint-Faron.

BARIL-NEUF. (Rue du) *Voyez* petite rue du Bac.

BARILLERIE. (Rue de la) *Commence* aux quais Des-saix et de l'Horloge, et *finit* au quai des Orfévres et à la rue du Marché-Neuf. Les numéros sont *noirs;* le dernier impair est 41, et le dernier pair 32. — Tous les numéros impairs sont du 11e Arrondissement, et tous les numéros pairs du 9e.

La partie qui est du côté du pont au Change portait anciennement le nom de *Saint-Barthélemi,* parce que l'antique église paroissiale et royale *Saint-Barthélemi* y était située à l'endroit où est maintenant le théâtre de la Cité. De la rue de la Calandre au pont *Saint-Michel* on la nommait, au quatorzième siècle, du *Pont-Saint-Michel,* parce qu'elle y conduit. D'anciens plans et titres la désignent par *Barilleria, Grant Baris-zerie.*

BARILLERIE. (Rue de la) *Voyez* rue Traînée.

BARNABITES. (Les)

C'était anciennement un couvent de filles bâti avant le milieu du septième siècle, du temps de saint Eloi, sous le règne de Dagobert Ier; il a porté les divers noms de *monastère Saint-Martial, monastère Saint-Eloi, abbaye Sainte-Aure.* En 1629 on rebâtit ce couvent et l'église pour les religieux *Barnabites.* Ce couvent, supprimé en 1790, était situé entre la place du palais de Justice et la rue de la Calandre, où est maintenant le passage des *Barnabites,* qui forme l'article suivant.

BARNABITES. (Passage des) De la place du Palais-de-Justice, n° 1, à la rue de la Calandre, n° 4. — 9ᵉ Arrondissement.

Il doit son nom au couvent des Barnabites, qui était situé en cet endroit.

BAROUILLÈRE. (Rue) *Commence* rue de Sèvres, et *finit* rue du Petit-Vaugirard. Les numéros sont *noirs;* le dernier impair est 7, et le dernier pair 10. — 10ᵉ Arrondissement.

Ce nom lui vient de Nicolas-Richard de la *Barouillère,* qui vers la fin du dix-septième siècle en fit bâtir une partie sur huit arpens de terrain qu'il acheta. En 1651, lorsqu'elle n'était que projetée, elle se nommait *Saint-Michel.* Quelques plans lui donnent celui des *Vieilles-Tuileries,* dont elle fait la prolongation.

BARRE. (Rue de la) *Voyez* rues des Grands-Augustins, Hautefeuille et Scipion.

BARRE. (Porte de la)

Ancienne porte qui n'existe plus, et qui était située rue des Fossés-Saint-Marcel, près de celle des Francs-Bourgeois.

BARRE-DU-BEC. (Rue) *Commence* rue de la Verrerie, et *finit* rues Neuve-Saint-Merri et Sainte-Croix-de-la-Bretonnerie. Les numéros sont *noirs;* le dernier impair est 29, et le dernier pair 16. — 7ᵉ Arrondissement.

Elle est ainsi nommée de l'abbé du *Bec,* qui avait sa *barre* ou son siége de justice dans cette rue (où est maintenant une maison, n° 19, appartenant à M. Dabin). Vers l'an 1300 l'auteur des *Dits sur les rues de Paris* la désigne sous le nom de rue de l'*Abbeie du Bec Hellouin.*

BARRÉE. (Rue) *Voyez* rue des Barrés.

BARRÉE. (Rue Petite-) *Voyez* rue de l'Etoile.

BARRES. (Rue des) *Commence* quai de la Grève, et *finit* place Baudoyer. Les numéros sont *noirs;* le dernier impair est 17, et le dernier pair 34. — 9ᵉ Arrondissement.

Elle tient ce nom de l'hôtel des *Barres,* nommé depuis hôtel *Charny,* qui fut bâti vers l'an 1260. On la trouve anciennement nommée *rue qui va de la Seine à la porte Baudet,* et rue du *Chevet-Saint-Gervais;* au treizième siècle c'était la ruelle aux *Moulins des Barres du Temple,* parce que les *mou-*

lins qui étaient en face sur la Seine appartenaient aux *Tem-pliers ;* le bout du côté de la Seine portait au seizième siècle la dénomination de *Malivaux,* parce qu'il conduisait au moulin de ce nom situé vis-à-vis, sur la Seine. On remarque au n° 4 l'hôtel *Charny,* dont on vient de faire mention; au n° 9 l'hôtel de la *Mairie du neuvième arrondissement.*

BARRES. (Rue des) *Voyez* rue des Grands-Augustins.

BARRES. (Ruelle aux Moulins-des-) *Voyez* rue des Barres.

BARRÉS. (Rue des) *Commencé* rue Saint-Paul, et *finit* rues du Fauconnier et de l'Etoile. Les numéros sont *rouges ;* le dernier impair est 23, et le dernier pair 24. — 9ᵉ Arrondissement.

Elle fut ainsi nommée parce qu'elle conduisait au couvent des Carmes, dits *Barrés,* soit à cause de leurs vêtemens *bigarrés* ou *barrés,* soit parce qu'ils ne se laissaient voir qu'à travers des *barreaux ;* leur couvent était où furent depuis les Célestins. Elle a aussi porté les noms de *Barrée,* des *Barrières* et des *Béguines,* à cause du couvent des *Béguines* qui y était situé , et qui a *été* par suite occupé par les filles de l'Ave-Maria, qui est maintenant une caserne, n° 24.

BARRÉS. (Rue des) *Voyez* rue de l'Etoile.

BARRIÈRE. (Rue de la) *Voyez* rue du Petit-Champ.

BARRIÈRES. (Rue des) *Voyez* rue des Barrés.

BARRIÈRES. (Rue des Petites-) *Voyez* rue de l'Etoile.

BARTH. (Rue Jean-) *Commence* rue de Vaugirard, et *finit* rue de Fleurus. Les numéros sont *noirs ;* le dernier impair est 3, et le dernier pair 4. — 11ᵉ Arrondissement.

C'est une des nouvelles rues percées sur le terrain qui faisait partie du jardin du Luxembourg; ce nom lui a été donné pour perpétuer le souvenir de *Jean Barth,* célèbre marin, né à Dunkerque en 1651, et mort dans la même ville en 1702.

BARTHELEMI, (Eglise royale et paroissiale Saint-) qui était située rue de la Barillerie, presque au coin du quai Dessaix, où est maintenant le théâtre de la Cité.

La plupart des auteurs s'accordent à dire qu'il existait déjà en cet endroit, vers la fin du cinquième siècle, une chapelle dédiée à *saint Barthélemi :* cette chapelle a été alternativement celle de quelques rois de la première race et des ducs de France et comtes de Paris, dont le palais était tout près, où est actuellement le palais de Justice. Vers l'an 965 Hugues Capet, ayant fait transporter dans cette chapelle le corps de *saint Magloire*, la fit agrandir, la dédia à *saint Barthélemi* et *saint Magloire*, et y fonda une abbaye qui prit le nom de *Saint-Barthélemi* et *Saint-Magloire*. En 1138 ces religieux s'étant transportés à leur chapelle de *Saint-Georges*, sur le chemin de Saint-Denis, qu'ils nommèrent alors de *Saint-Magloire*, le nom de *Saint-Barthélemi* resta seul et devint paroisse royale, parce que les rois habitaient alors le Palais. Cette église fut rebâtie au commencement du quatorzième siècle; on y fit des réparations au commencement du dix-septième, et en 1778 elle fut restaurée, et le portail élevé sur les dessins de Cherpitel. Peu d'années après toutes ces constructions ayant été détruites, on bâtit sur cet emplacement le théâtre de la Cité.

BARTHELEMI. (Rue Saint-) *Voyez* rue de la Barillerie.

BARTHELEMI. (Rue du Prieuré-Saint-) Ancienne rue qui était près de l'église Saint-Barthélemi et de la rue de la Barillerie.

Elle existait encore en 1636.

BASFOUR, (Cul-de-sac) rue Saint-Denis, entre les n°ˢ 300 et 302. Les numéros sont *noirs*; le dernier impair est 5, et le dernier pair 4. — 6ᵉ Arrondissement.

Au quatorzième siècle c'était la *ruelle sans chef aboutissant à la Trinité*. Vers la fin du même siècle on commença à lui donner le nom de *Bas-Four*, dont nous ignorons l'étymologie.

BASFROI. (Rue) *Commence* rue Charonne, et *finit* rue de la Roquette. Les numéros sont *rouges*; le dernier impair est 41, et le dernier pair 38. — 8ᵉ Arrondissement.

Elle a tiré son nom du terrain sur lequel on l'a bâtie. En 1393 ce terrain, qui était alors planté de vignes, se nommait *Baffer*, en 1540 *Basfer* ou *Baffroi*, et depuis le *chantier du grand Basfroi*. On voit au coin de la rue de Charonne, entre les n°ˢ 63 et 65, la fontaine *Basfroi*.

BASILE. (Cour) *Voyez* rue du Bouloi.

BASOCHE. (Rue de) *Voyez* rue Contrescarpe-Saint-André.

BASSES. (Rues) *Voyez* leurs noms particuliers.

BASSINS. (Barrière des) — 1ᵉʳ Arrondissement.

Cette barrière, qui consiste en un bâtiment composé de quatre frontons surmontés d'un tambour, est ainsi nommée à cause de sa proximité des *bassins* ou *réservoirs* de la pompe à feu du quai Billi; on la désignait aussi sous le nom des *Réservoirs*.

BASSINS. (Chemin de ronde de la barrière des) De la barrière des Bassins à celle de Longchamp. — 1ᵉʳ Arrondissement.

BASTILLE. (La)

Ce nom signifie château fort, flanqué de plusieurs tours rapprochées. La Bastille fut commencée en 1370, sous Charles V, et achevée en 1382, sous Charles VI. Henri II y fit ajouter plusieurs fortifications de 1553 à 1559. Cette forteresse, bâtie pour la défense de la ville, servit ensuite à détenir les prisonniers d'état jusqu'au 14 juillet 1789, qu'elle fut assiégée et prise par le peuple de Paris, et ensuite rasée.

BASTILLE, (Place de la) entre les boulevarts Saint-Antoine et Bourdon. — 9ᵉ Arrondissement.

C'est l'emplacement de la *Bastille*. *Voyez* l'article précédent.

BASTILLE, (Cul-de-sac de la Petite-) rue de l'Arbre-Sec, entre les nᵒˢ 36 et 38. Les numéros sont *rouges*; le dernier impair est 3, et le seul pair 2. — 4ᵉ Arrondissement.

En 1540 c'était la *ruelle de Jean Charonne*. Son nom actuel lui vient de l'enseigne d'un cabaret qui existait encore en 1788.

BATAILLES. (Rue des) *Commence* rue de Longchamp, et *finit* ruelle Sainte-Marie. Les numéros sont *rouges*; le dernier impair est 41, et le dernier pair 22. — 1ᵉʳ Arrondissement.

Nous ignorons l'étymologie de ce nom. Sur un plan moderne elle est désignée par le nom de *Marie*, dite des *Batailles*.

BATAILLES. (Carrefour des) C'est la place formée à la réunion des rues des Batailles, de Chaillot, de Longchamp, des Champs et Gasté.

BATAVE. (Rue) *Commence* rue Marceau, et *finit* rue Saint-Honoré. Les numéros sont *noirs*; le dernier impair est 15, et le dernier pair 16. — 1ᵉʳ Arrond.

Elle fut bâtie vers l'an 1784, sur une partie de l'emplacement des Quinze-Vingts; elle fut nommée *de Valois*, et vers 1795 on lui donna le nom de *Batave*, en mémoire de la fondation de la République *Batave* (la Hollande). Elle sera plus de moitié abattue dans sa partie méridionale pour l'exécution du projet de réunion des deux palais des Tuileries et du Louvre.

BATAVÉ. (Cour) De la rue Saint-Denis, n° 124, au passage de Venise. — 6ᵉ Arrondissement.

Elle a été construite vers l'an 1795, sur l'emplacement et dépendances de l'église du Saint-Sépulcre ; on lui donna alors le nom de *Batave,* pour la même raison qu'à la rue *Batave* dans l'article précédent.

BATAVE. (Passage de la Cour-) De la rue Saint-Denis, n° 124, au cul-de-sac de Venise, n° 4. — 6ᵉ Arrond.

Voyez, pour son étymologie, l'article précédent.

BATAVE. (Cul-de-sac) *Voyez* cul-de-sac de Venise.

BATEAUX. (Rue des) *Voyez* rue de l'Evêché.

BATON-ROYAL. (Rue du) *Voyez* rue Traversière-Saint-Honoré.

BATTOIR-SAINT-ANDRÉ. (Rue du) *Commence* rue Hautefeuille, et *finit* rue de l'Eperon. Les numéros sont *rouges ;* le dernier impair est 21, et le dernier pair 28. — 11ᵉ Arrondissement.

Vers l'an 1300 elle se nommait de la *Plâtrière ;* en 1521 on la trouve sous le nom de *Serpente,* sans doute parce qu'elle fait la continuation de cette rue ; en 1523 c'était la *Haute-Rue,* dite du *Batouer,* autrement de la *Vieille-Plâtrière.* Ce nom *Battoir* aurait-il la même étymologie que celui de l'article suivant ? Au n° 1 est l'hospice central de *Vaccination* gratuite, où l'on peut se présenter les mardis et vendredis à deux heures.

BATTOIR-SAINT-VICTOR. (Rue du) *Commence* rue Copeau, et *finit* rue du Puits-l'Ermite. Les numéros sont *noirs ;* le dernier impair est 9. (Pas de numéros pairs.) — 12ᵉ Arrondissement.

Cette rue, bâtie vers le milieu du seizième siècle, portait en 1588 le nom de *Saint-René,* et en 1603 celui du *Battoir,* qu'elle tient d'une enseigne représentant un *Battoir,* que l'on voyait à la maison de Barthélemi Dubreuil.

BATTOIR. (Rue du) *Voyez* rue Gît-le-Cœur.

BAUBEER, BAUDAIS, BAUDEZ, BAUDIER, BAUDOIS, BAUDAYER. (Rues, porte et place) *Voyez* Baudoyer, et *voyez* aussi rue Saint-Antoine.

BAUDIN, (Cul-de-sac) rue Saint-Lazare, n° 110. Pas de numéros. — 1ᵉʳ Arrondissement.

Du nom de M. *Baudin,* qui y demeure, et qui est propriétaire d'une grande partie des maisons de ce cul-de-sac.

BAUDIN. (Ruelle) *Voyez* rue de la Tour-des-Dames.

BAUDOUIN-PRENGAIE OU BAUDOUIN-PREND-GAGE. (Ruelle) *Voyez* cul-de-sac Rolin-Prend-Gage.

BAUDOYER. (Porte) Elle était située rue Saint-Antoine, en face celle Culture-Sainte-Catherine.

Elle faisait partie de l'enceinte de Philippe-Auguste. On a écrit le nom de cette porte de diverses manières au treizième siècle; sans parler des variations latines, on trouve *Baudeer, Baudier, Baudez, Baudais, Baudois, Baudayer* et *Baudoyer.*

BAUDOYER. (Place) *Commence* rues du Pourtour et de la Tixeranderie, et *finit* rues des Barres et Saint-Antoine. Les numéros sont *noirs*; le dernier impair est 9, et le dernier pair 6. — Les impairs sont du 7e Arrondissement, et les pairs du 9e.

Nous ignorons l'étymologie de ce nom, et nous ne pouvons pas décider si c'est la place qui a donné le nom à la porte, ou si c'est la porte qui a donné le nom à la place.

BAUDROIÈRE. (Rue) *Voyez* rue Maubué.

BAUDROIRIE et BAUDRERIE. (Rue de la) *Voyez* rue du Poirier.

BAUDROYERIE, (Cul-de-sac) rue de la Corroierie, entre les n°° 7 et 9; il ne contient que deux numéros *noirs*, 1 et 3. — 7e Arrondissement.

Il tient ce nom de la rue de la *Corroierie*, où il est situé, car *baudroyer* en vieux langage signifie *corroyer.*

BAUTRU. (Rue) *Voyez* rue Neuve-des-Petits-Champs.

BAVILLE. (Rue de) *Commence* cour de Harlay, et *finit* cour Lamoignon. Pas de numéros. — 11e Arrondissement.

C'est plutôt un passage d'une cour à l'autre qu'une rue. Guillaume de *Lamoignon,* seigneur de *Baville,* nommé en 1658 premier président du Parlement de Paris, a donné un de ses noms à la cour *Lamoignon,* et l'autre à cette rue.

BAYEUX, (Collége de) rue de la Harpe, n° 93.

Il fut fondé en 1308, par Guillaume Bonnet, évêque de *Bayeux,* et réuni à l'Université en 1763. C'est maintenant une maison particulière qui communique à la rue des Maçons. On voit encore à la porte d'entrée et dans la cour des sculptures du quatorzième siècle.

BAZENNERIE. (Rue de la) *Voyez* rue d'Avignon.

BEAUBOURG. (Rue) *Commence* rue Simon-le-Franc,
et *finit* rues Michel-le-Comte et Grenier-Saint-Lazare.
Les numéros sont *noirs*; le dernier impair est 65, et
le dernier pair 64. — 7ᵉ Arrondissement.

Elle fut alignée sur le bourg appelé *Beau-Bourg*, dont le nom
lui est resté; ce bourg ne fut en partie enclavé dans Paris que sous
Philippe-Auguste, par la nouvelle enceinte bâtie de 1190 à
1210. Ce bourg existait déjà au commencement du douzième
siècle. La moitié de cette rue, qui était dans Paris, se nommait
anciennement rue de la *Poterne* et rue de la *Fausse-Poterne*,
et l'autre moitié, qui se trouvait hors de Paris, avait le nom de
rue *Outre-la-Poterne-Nicolas-Hydron*; Guillot cependant la
nomme, vers l'an 1300, *Biaubourc*.

BEAUBOURG. (Grand cul-de-sac de la rue) *Voyez* cul-de-
sac Berthaud.

BEAUBOURG. (Cul-de-sac de la rue) *Voyez* cul-de-sac des
Anglais.

BEAUCE. (Rue de) *Commence* rue d'Anjou, et *finit*
rues de la Corderie et de Bretagne. Les numéros sont
noirs; le dernier impair est 9, et le dernier pair 10.
— 7ᵉ Arrondissement.

Cette rue, ouverte vers l'an 1626, porte le nom d'une province de France. *Voyez* à quelle occasion dans l'étymologie de
la rue d'Anjou au Marais.

BEAUCE. (Rue Jean-de-) *Commence* rue de la Grande-
Friperie, et *finit* rue de la Cordonnerie. Les numéros
sont *noirs*; le dernier impair est 3, et le seul pair 2.
— 4ᵉ Arrondissement.

Elle est ainsi nommée d'un particulier de ce nom, qui y
possédait un étal. Au quinzième siècle on la trouve déjà sous
cette dénomination.

BEAU-FILS. (L'arche) *Voyez* rue de l'Etoile.

BEAUFORT, (Cul-de-sac) rue Salle-au-Comte, entre
les nᵒˢ 8 et 10. Les numéros sont *rouges*; le seul impair est 1, et le dernier pair 4. — 6ᵉ Arrondissement.

C'était anciennement la ruelle *derrière Saint-Leu et Saint-
Gilles*. L'hôtel *Beaufort*, qui existait dès l'an 1572, et qui
était situé tout près, a donné son nom au cul-de-sac et au
passage.

BEAUFORT. (Passage) De la rue Quincampoix, n° 63, au cul-de-sac Beaufort. — 6ᵉ Arrondissement.

Voyez, pour l'étymologie, l'article précédent.

BEAUHARNAIS. (Rue) *Commencera* rue des Amandiers, et *finira* rue Saint-Ambroise. — 8ᵉ Arrondissement.

Elle n'est encore que projetée.

BEAUJOLOIS. (Rues) *Voyez* rues des Alpes et Hoche.

BEAUJOLOIS. (Passage) *Voyez* rue d'Arcole.

BEAUJON, (La chapelle) rue du Faubourg-du-Roule, n° 59.

M. *Beaujon*, conseiller d'état, receveur général des finances, la fit bâtir vers l'an 1780, sur les dessins de Girardin, pour être succursale de la paroisse Saint-Philippe. Ce petit monument, d'un goût excellent, est dédié à saint Nicolas, patron de M. *Beaujon*.

BEAUJON, (L'hospice) rue du Faubourg-du-Roule, n° 54.

Il est dû à la bienfaisance de M. *Beaujon*, qui le fit construire en 1784, sur les dessins de Girardin, et le dota de 20,000 livres de rente sur l'Etat. Le Gouvernement administre maintenant cet hôpital, où l'on reçoit des malades et des blessés.

BEAUNE. (Rue de) *Commence* quai Voltaire, et *finit* rue de l'Université. Les numéros sont *noirs*; le dernier impair est 39, et le dernier pair 12. — 10ᵉ Arrondissement.

L'étymologie de ce nom nous est inconnue. Le peuple la nommait anciennement *du Pont*, parce que l'ancien pont était en face. On distingue au n° 2 l'hôtel de *Nesle* ou d'*Aumont*.

BEAUREGARD. (Rue) *Commence* rue Poissonnière, et *finit* rue Cléry et boulevart Bonne-Nouvelle. Les numéros sont *noirs*; le dernier impair est 47, et le dernier pair 62. — 5ᵉ Arrondissement.

Nous ignorons d'où vient ce nom; on la connaissait déjà avant le milieu du seizième siècle.

BEAUREGARD. (Ruelle) *Commence* rue des Martyrs, et *finit* dans les champs. — 2ᵉ Arrondissement.

Elle est seulement projetée.

BEAUREPAIRE. (Rue) *Commence* rue des Deux-

Portes, et *finit* rue Montorgueil. Les numéros sont *rouges*; le dernier impair est 31, et le dernier pair 32. — 5e Arrondissement.

En 1255 elle est désignée sous le nom de *Bellus Locus*, et en 1258 et 1275 sous celui de *Bellus Reditus*. En 1313 on avait traduit ce latin par le mot *Beaurepaire*, qui en vieux langage signifie *belle demeure* ou *belle retraite*.

BEAUSIRE. (Rue Jean-) *Commence* rue Saint-Antoine, et *finit* au boulevart Saint-Antoine. Les numéros sont *noirs*; le dernier impair est 25, et le dernier pair 22 (compris les numéros du cul-de-sac du même nom). — 8e Arrondissement.

Au quatorzième siècle c'était la rue d'*Espagne*. Le plan de Boisseau la désigne sous le nom du *Rempart*, à cause de sa proximité de l'ancien *rempart*. Au commencement du seizième siècle elle se nommait déjà *Jean-Beausire*.

BEAUSIRE, (Cul-de-sac Jean-) rue Jean-Beausire. Les numéros sont compris dans la série de la rue Jean-Beausire. — 8e Arrondissement.

Voyez l'article précédent.

BEAUSIRE. (Rue Jean-) *Voyez* rue des Tournelles.

BEAUTREILLIS. (Rue) *Commence* rues Neuve-Saint-Paul et des Trois-Pistolets, et *finit* rue Saint-Antoine. Les numéros sont *noirs*; le dernier impair est 21, et le dernier pair 20. — 9e Arrondissement.

Le jardin de l'hôtel *Beautreillis*, dépendant de l'hôtel royal *Saint-Paul*, était ainsi nommé à cause de ses *belles treilles*. Cette rue, qui fut bâtie sur cet emplacement vers l'an 1552, en a conservé le nom.

BEAUVAIS. (Rue de) De la rue du Coq-Saint-Honoré à la rue Fromenteau.

Au treizième siècle elle se nommait *Biauvoir*, en 1372 *Beauvoir*, en 1450 et depuis *Beauvais*. On en a abattu une partie en 1784, et le reste depuis peu d'années; elle était où sont maintenant les places d'*Austerlitz* et de *Marengo*.

BEAUVEAU. (Marché) De la rue d'Aligre à celle Lenoir. (On y entre aussi par les rues Beauveau, Trouvée et Decotte.) Les numéros sont *noirs*; le dernier impair est 13, et le dernier pair 12. — 8e Arrond.

Ce marché, qui est ouvert tous les jours, se nomme aussi

du Faubourg-Saint-Antoine, parce qu'il est le lieu principal de l'approvisionnement du faubourg ; il a été construit en 1779, sur les dessins de Lenoir-le-Romain, architecte, et tient son nom de Mme *de Beauveau-Craon*, alors abbesse de Saint-Antoine. Au milieu de ce marché on remarque une fontaine.

BEAUVEAU. (Rue) *Commence* rue de Charenton, et *finit* au marché Beauveau. Les numéros sont *noirs* ; pas de numéros impairs ; le dernier pair est 10. — 8e Arrondissement.

Même *étymologie* que le marché *Beauveau*, auquel elle aboutit.

BEAUVEAU. (Place du Marché-) De la rue Trouvée à la rue Decotte. — 8e Arrondissement.

Voyez le marché *Beauveau*.

BEAUVEAU, (Place) rue du Faubourg-Saint-Honoré, du n° 86 au n° 92 ; c'est la suite de la série des numéros de la rue du Faubourg-Saint-Honoré. — 1er Arrondissement.

Elle est ainsi nommée parce qu'elle est en face de l'hôtel *Beauveau*.

BEAUVILLIERS. (Passage) De la rue Quiberon, n° 19, à la rue Richelieu, n° 26. — 2e Arrondissement.

Ainsi nommé du nom de M. *Beauvilliers*, restaurateur, qui y demeure.

BEAUVOIR. (Rue) *Voyez* place de Marengo.

BEC-HELLOUIN. (Rue de l'Abbaye-du-) *Voyez* rue Barre-du-Bec.

BEC-OYE. (Cul-de-sac de) *Voyez* cul-de-sac du Bœuf.

BEGON. (Rue Robert-) *Voyez* rue Chapon.

BEGUINES. (Rue des) *Voyez* rue des Barrés.

BÉGUINES. (Porte des)

Elle était située à l'extrémité sud-est de la rue des Barrés, et faisait partie de la clôture de Paris construite sous Philippe-Auguste ; elle est ainsi nommée parce que le couvent des *Béguines*, remplacé par les Filles de l'*Ave-Maria*, était dans cette rue.

BEHAIGNE, ou de la *VIEILLE-BEHAIGNE.* (Rue)

Elle était située anciennement près de l'hôtel Soissons (aujourd'hui la halle au Blé), qui se nommait hôtel *Behaigne* ou *Bohême*, parce qu'il appartenait à Jean de Luxembourg, roi de *Bohême*.

BEL-AIR, (Avenue du) près de la barrière du Trône. — 8ᵉ Arrondissement.

Cette avenue, un peu élevée et découverte, mérite le nom qu'elle porte.

BELLECHASSE. (Rue) *Commence* quai Bonaparte, et *finit* rue Saint-Dominique. Les numéros sont *noirs*; le dernier impair est 21, et le dernier pair 28. — 10ᵉ Arrondissement.

Ainsi nommée parce qu'elle a été percée sur un terrain qui portait le nom de *Bellechasse*.

BELLECHASSE. (Rue Neuve-) *Commence* rue Saint-Dominique, et *finit* rue de Grenelle. Les numéros sont *noirs*; le dernier impair est 5, et le dernier pair 10. — 10ᵉ Arrondissement.

Elle fut percée depuis peu d'années, sur une portion de terrain dépendant des religieuses de *Bellechasse*; elle doit ce nom à la rue *Bellechasse*, qu'elle prolonge.

BELLECHASSE. (Les religieuses de) *Voyez* les chanoinesses du Saint-Sépulcre.

BELLEFOND. (Rue) *Commence* rue du Faubourg-Poissonnière, et *finit* rue Rochechouard. Les numéros sont *rouges*; le dernier impair est 39, et le dernier pair 32. — 2ᵉ Arrondissement.

On croit qu'elle se nomme ainsi de madame de *Bellefond*, abbesse de Montmartre.

BELLEVILLE. (Barrière de) — La moitié vers le nord est du 5ᵉ Arrondissement, et l'autre moitié du 6ᵉ Arrondissement.

Ce nom lui vient du village de *Belleville*, dont le territoire s'étend jusqu'aux murs de clôture; elle consiste en deux bâtimens avec colonnades et arcades.

BELLEVILLE. (Chemin de ronde de la barrière de) De la barrière de Belleville à celle de la Chopinette. — 5ᵉ Arrondissement.

BÉNÉDICTINES-DE-LA-VILLE-L'ÉVÊQUE ou *ANGLAISES*, (Les) dites le Petit-Montmartre, ou le prieuré de Notre-Dame-de-Grâce.

Ce couvent, qui a la même origine que celle des *Bénédictins anglais*, dont l'article suit, fut fondé en 1613, et bâti rue de la Madeleine, au coin nord-est de cette rue et de celle de Surène; il fut supprimé en 1790. Divers particuliers y ont fait bâtir des maisons.

BÉNÉDICTINS-ANGLAIS, (Les) rue Saint-Jacques, n° 269.

Les Bénédictins anglais, forcés de s'expatrier sous le règne de Henri VIII, roi d'Angleterre, vinrent en France, et eurent provisoirement divers domiciles; ils s'établirent enfin rue Saint-Jacques en 1632 : l'église et les bâtimens furent construits de 1674 à 1677. Ce couvent fut supprimé en 1790. C'est à présent une filature de coton.

BENOIT, (Église Saint-) rue Saint-Jacques, n° 96, et cloître Saint-Benoît, n° 19. — 11e Arrondissement.

Selon l'opinion des écrivains les plus éclairés il existait en cet endroit, dès les sixième ou septième siècles, une chapelle dédiée à *Saint-Bacq* ou *Saint-Bache*. Cette église est déjà nommée *Saint-Benoît* au douzième siècle, époque où elle fut érigée en paroisse. Elle a été rebâtie en partie sous François Ier, et réparée et augmentée en 1680. Quoiqu'elle ne soit plus ni paroisse ni succursale, elle est encore ouverte jusqu'à midi, et l'on y dit la messe.

BENOIT et SAINT-BENOIT-LE-BESTOURNET. (Grande rue Saint-) *Voyez* rue Saint-Jacques.

BENOIT. (Rue du Cloître-Saint-) *Commence* rue des Mathurins, et *finit* au passage Saint-Benoît. Les numéros sont *noirs*; le dernier impair est 23, et le dernier pair 26. — 11e Arrondissement.

Ainsi nommée, parce qu'elle conduit de la rue des Mathurins à l'église *Saint-Benoît*.

BENOIT. (Place du Cloître-Saint-) Ce sont les nos 13, 15, 17, 19 et 21 de la rue du Cloître-Saint-Benoît. — 11e Arrondissement.

C'était autrefois le cloître *Saint-Benoît*.

BENOIT. (Cloître Saint-) *Voyez* place du Cloître-Saint-Benoît.

BENOIT-SAINT-JACQUES. (Passage Saint-) De la rue Saint-Jacques, entre les nos 94 et 96, à la rue de Sorbonne, n° 7. — 11e Arrondissement.

Il doit ce nom à sa proximité de l'église *Saint-Benoît*.

BENOIT. (Rue du Cimetière-Saint-) *Commence* rue

Fromentel, et *finit* rue Saint-Jacques. (Ruelle étroite sans numéros.) — 12ᵉ Arrondissement.

Cette ruelle, qui sert de passage entre le collège de France et celui Duplessis par la rue Fromentel, conduisait autrefois au *cimetière* de la paroisse *Saint-Benoît*, dont elle a retenu le nom. On croit que c'est elle que Guillot, vers l'an 1300, nomme de l'*Oseroie;* elle a aussi porté celui de *Breneuse* ou *Sale;* Sauval lui donne celui des *Poirées.*

BENOIT-SAINT-GERMAIN. (Rue Saint-) *Commence* rue Jacob, et *finit* rue Taranne et carrefour Saint-Benoît. Les numéros sont *noirs;* le dernier impair est 23, et le dernier pair 36. — 10ᵉ Arrondissement.

Avant l'année 1640 c'était la rue de l'*Egout* ou des *Egouts,* à cause de l'*égout* qui y passait, et dont la rue qui en fait la prolongation a conservé le nom; en 1640 elle prit le nom des *Fossés-Saint-Germain,* parce qu'elle fût bâtie sur l'emplacement des *Fossés,* qui avaient été comblés; l'année suivante on lui donna celui de *Saint-Benoît,* à cause des religieux de l'ordre de *Saint-Benoît,* qui occupaient l'abbaye Saint-Germain.

BENOIT-SAINT-GERMAIN. (Passage Saint-) De la rue Saint-Benoît, nº 15, à la place de l'Abbaye, nº 8. — 10ᵉ Arrondissement.

Même étymologie que l'article précédent.

BENOIT. (Carrefour Saint-) Place formée par la rencontre des rues Saint-Benoît, de l'Egout, Sainte-Marguerite et Taranne. — 10ᵉ Arrondissement.

BENOIT-SAINT-MARTIN. (Rue Saint-) *Commence* rue Royale, et *finit* rue Saint-Vannes. Les numéros sont *noirs;* le dernier impair est 5, et le dernier pair 8. — 6ᵉ Arrondissement.

Elle fut bâtie vers l'an 1765, en même temps que le marché Saint-Martin, sur une partie du terrain appartenant au prieuré de l'abbaye Saint-Martin-des-Champs; elle porte le nom de *Saint-Benoît,* particulièrement honoré dans l'église de cette abbaye.

BENOIT, (Cul-de-sac Saint-) rue de la Tacherie, entre les nᵒˢ 12 et 14. (Pas de numéros.) — 7ᵉ Arrond.

Anciennement c'était la ruelle des *Bons-Enfans.* La Caille, sur son plan, le nomme de la *Petite-Tacherie,* à cause de sa situation dans la rue de ce nom. Nous ignorons pourquoi il porte le nom de *Saint-Benoît.*

BERCY-AU-MARAIS. (Rue de) *Commence* rue Vieille-du-Temple, et *finit* rue Bourtibourg et place du Marché-Saint-Jean. Les numéros sont *rouges*; le dernier impair est 15, et le dernier pair 20. — 7ᵉ Arrond.

Vers l'an 1350 elle se nommait du *Hoqueton*, et ensuite de la *Réale*. Nous n'avons pu découvrir à quelle occasion elle a pris le nom qu'elle porte aujourd'hui.

BERCY-SAINT-ANTOINE. (Rue de) *Commence* rue de la Contrescarpe, et *finit* à la barrière de Bercy. Les numéros sont *rouges*; le dernier impair est 67, et le dernier pair 76. — 8ᵉ Arrondissement.

Elle a pris ce nom du village et du château de *Bercy*, où elle conduit; on la trouve dans quelques plans du siècle dernier sous le nom de rue de la *Rapée*, parce qu'elle est à une petite distance du quai de ce nom, auquel elle est parallèle. *Voyez* Rapée.

BERCY. (Barrière de) — 8ᵉ Arrondissement.

Cette barrière, dont l'étymologie du nom est la même que celle de la rue de *Bercy*, est ornée de deux bâtimens ayant chacun deux péristyles et douze colonnes.

BERCY. (Chemin de ronde de la barrière de) De la barrière de Bercy à celle de Marengo. — 8ᵉ Arrondissement.

BERGÈRE. (Rue) *Commence* rue du Faubourg-Poissonnière, et *finit* rue du Faubourg-Montmartre. Les numéros sont *rouges*; le dernier impair est 23, et le dernier pair 26. — 2ᵉ Arrondissement.

Cette rue, qui se nommait déjà *Bergère* en 1652, fut percée sur le *Clos aux Halliers*. On voit, sur le plan gravé en 1734 par les ordres de M. Turgot, prevôt des marchands, qu'il n'existait alors dans cette rue que trois maisons, et qu'elle n'était ouverte que sur la moitié de sa longueur actuelle du côté de la rue du Faubourg-Poissonnière, et que l'autre moitié consistait en jardins potagers. On y distingue, au n° 9, l'hôtel *Boulainvillier*, au n° 2 celui du *Conservatoire de Musique*, et au n° 15 celui de la *Douane impériale*.

BERNARD. (Rue Saint-) *Commence* rue du Faubourg-Saint-Antoine, et *finit* rue de Charonne. Les numéros sont *rouges*; le dernier impair est 41, et le dernier pair 34. — 8ᵉ Arrondissement.

Cette rue, située presque en face de l'abbaye Saint-Antoine, porte ce nom en l'honneur de *Saint-Bernard*, dont cette abbaye suivait la règle.

BERNARD. (Rue Saint-) *Voyez* rue des Grands-Degrés.

BERNARD. (Rue des Fossés-Saint-) *Commence* aux quais Saint-Bernard et de la Tournelle, et *finit* rue Saint-Victor. Les numéros sont *noirs*; le dernier impair est 47, et le dernier pair 32. — 12ᵉ Arrondissement.

Elle doit son nom aux *fossés* sur l'emplacement desquels on l'a ouverte. Ces *fossés*, creusés sous Charles V le long des murs de l'enceinte de Philippe-Auguste, furent comblés au commencement du dix-septième siècle; quelques plans anciens la nomment des *Fossés* et *Neuve-des-Fossés-Saint-Bernard*. Du côté de la rue Saint-Victor elle fut bâtie sous Louis XIII, et de l'autre côté elle fut commencée en 1660. On voit dans cette rue, entre les nᵒˢ 32 et 47, une fontaine dite *Saint-Bernard*, dont les eaux viennent de la pompe Notre-Dame.

BERNARD. (Quai Saint-) *Commence* au pont d'Austerlitz et à la place Walhubert, et *finit* au quai de la Tournelle et à la rue des Fossés-Saint-Bernard. Les numéros sont *rouges*; le dernier impair est 87. — 12ᵉ Arrondissement.

Son ancien nom est le *vieux chemin d'Ivry*, parce qu'il se dirige sur le village d'*Ivry*; il prit ensuite le nom de *Saint-Bernard*, à cause du couvent des religieux *Bernardins*, qui était situé rue des *Bernardins*, à une petite distance.

BERNARD, (Porte Saint-) qui était située sur le quai de la Tournelle, à une très-petite distance au-dessus du pont de la Tournelle.

Elle fut entièrement abattue vers la fin du règne de Louis XVI. C'était une des portes de l'enceinte de Philippe-Auguste, bâtie entre 1190 et 1210; elle fut rebâtie en 1606; de 1670 à 1674 on la démolit en partie, et on lui donna, sur les dessins de Blondel, la forme d'un arc de triomphe, en l'honneur de Louis XIV.

BERNARD. (Port Saint-) *Voyez* quai de la Tournelle.

BERNARD, (Cul-de-sac Saint-) rue Saint-Bernard, entre les nᵒˢ 10 et 12. Pas de numéros, puisqu'il est à présent fermé. — 8ᵉ Arrondissement.

Son premier nom était du *Petit-Jardinet*; son second nom *Sainte-Marguerite*, à cause de sa proximité de l'église de ce nom, et son dernier nom *Saint-Bernard*, à cause de sa situation dans la rue de ce nom.

BERNARDINS, (Couvent des) rue de Pontoise, n° 13.

Ce fut vers 1244 que ce couvent fut construit sur le clos du Chardonnet ; en 1338 on commença à bâtir la nouvelle église. On en a fait un dépôt de farines.

BERNARDINS. (Rue des) *Commence* rue de la Tournelle, et *finit* rue Saint-Victor. Les numéros sont *noirs* ; le dernier impair est 23, et le dernier pair 44. — 12e Arrondissement.

Cette rue, percée en 1246 sur un terrain dit le *Clos du Chardonnet*, prit son nom du couvent des *Bernardins*, que l'on avait commencé à bâtir deux années auparavant. En 1427 on la trouve nommée *Saint-Nicolas-du-Chardonnet*, dont elle est la continuation.

BERNARDINS. (Cloître des) De la rue de Pontoise, n° 10, à celle des Bernardins, n° 23. Les numéros sont *rouges* ; le dernier impair est 11, et le dernier pair 8. — 12e Arrondissement.

Passage pratiqué depuis une quinzaine d'années à travers le ci-devant cloître des *Bernardins*.

BERRY. (Rue de) *Commence* aux rues de Poitou et d'Anjou, et *finit* à la rue de Bretagne.

Elle porte le nom du Berry, province de France, et fut ouverte vers 1626. *Voyez* pour l'étymologie la rue d'Anjou au Marais.

BERRY. (Rue Neuve-de-) *Commence* à l'avenue de Neuilly, et *finit* rue du Faubourg-du-Roule. Les numéros sont *noirs* ; le dernier impair est 3, et le dernier pair 8. — 1er Arrondissement.

Elle fut ouverte vers l'an 1778, époque de la naissance d'un fils du comte d'Artois, nommé duc de *Berry*, dont on lui donna le nom. On remarque au n° 3 la maison d'institution de M. Lemoine.

BERTAUT-QUI-DORT. (Rue) *Voyez* rue de Venise.

BERTHAUD, (Cul-de-sac) rue Beaubourg, entre les n°⁵ 32 et 34. Les numéros sont *noirs* ; le dernier impair est 5, et le dernier pair 22. — 7e Arrondissement.

En 1273 c'était le *cul-de-sac Sans-Chef;* comme il fut prolongé depuis, et qu'il communiqua avec un cul-de-sac de la rue Geoffroy-Langevin, on le nommait en 1342 rue *Agnès-aux-Truyes*, et en 1386 rue *aux Truyes;* en 1723 on le trouve encore sous le nom de rue des *Truyes,* ou *grand cul-de-sac de la rue Beaubourg.* Son nom actuel lui vient d'un nommé *Berthaud* qui tenait un jeu de paume dans ce quartier.

BERTHE OU BERTRET. (Rue) *Voyez* rue des Trois-Chandeliers.

BERTIN-POIRÉE. (Rue) *Commence* rue Saint-Germain-l'Auxerrois, et *finit* rues Thibautaudé et des Bourdonnais. Les numéros sont *noirs;* le dernier impair est 15, et le dernier pair 24. — 4e Arrondissement.

Elle doit son nom à un particulier nommé *Bertin-Porée,* qui y résidait au commencement du treizième siècle.

BETHIZY. (Rue) *Commence* rues des Bourdonnais et Boucher, et *finit* rue du Roule. Les numéros sont *rouges;* le dernier impair est 21, et le dernier pair 30. — 4e Arrondissement.

Elle se prolongeait autrefois jusqu'à la rue de l'Arbre-Sec; la partie qui se nomme aujourd'hui des *Fossés-Saint-Germain-l'Auxerrois* se nommait rue *au Comte de Ponthieu* (Guillot dit, en son vieux langage de l'an 1300, rue *au Quens de Pontis*), parce que ce comte y avait un hôtel; de la rue Tirecharpe à la rue des Bourdonnais on la nommait, au treizième siècle, de *la Charpenterie.* Son nom actuel lui vient de Jacques ou Jean de *Bethisy.* On voit au n° 20 l'hôtel *Coligny,* présentement *Montbazon :* c'est là que l'amiral Coligny fut tué le 24 août 1572, jour de Saint-Barthélemi, par une troupe d'assassins qui avaient le duc de Guise à leur tête.

BETHISY. (Carrefour) C'est la place formée par la rencontre des rues Bethisy, Bertin-Poirée, Thibautaudé, Boucher et des Bourdonnais. — 4e Arrondissement.

BÉTHUNE. (Quai de) *Commence* rue Blanche-de-Castille et quai d'Anjou, et *finit* au pont de la Tournelle et rue des Deux-Ponts. Les numéros sont *rouges;* le dernier pair est 28. — 9e Arrondissement.

Il fut construit de 1614 à 1646, et nommé d'abord *Dauphin* ou des *Balcons,* et ensuite de *Béthune;* en 1792 de *la Liberté,* et en 1806 il reprit son nom de *Béthune.*

BEURRIÈRE. (Rue) *Commence* rue du Four, et *finit* rue du Vieux-Colombier. Les numéros sont *noirs;* le

dernier impair est 21, et le dernier pair 8. — 11ᵉ Arrondissement.

Au dix-septième siècle elle portait le nom de la *Petite-Corne*. On croit que c'est elle qui est désignée en 1636 sous celui de *petite rue Cassette*.

BIBLIOTHÈQUE. (Rue de la) *Commence* place de Marengo, et *finit* rue Saint-Honoré. Les numéros sont *noirs*; le dernier impair est 27, et le dernier pair 20. — 4ᵉ Arrondissement.

Cette rue, qui dès son origine se nomma du *Champ-Fleuri*, fut ouverte sur le jardin nommé le *Parc*, dépendant de l'ancien château du *Louvre*. Sous Philippe-Auguste ce terrain était encore hors de Paris, et cette rue aura pris son nom des *champs fleuris* ou jardins qui existaient en cet endroit, ainsi que la rue *Croix-des-Petits-Champs*, qui se trouve en face. Comme cette rue conduit au Louvre, et qu'un décret du 21 mars 1801 ordonna que la *Bibliothèque impériale* sera placée dans ce palais, on lui a donné en 1806, lors du nouveau numérotage des rues, le nom de *la Bibliothèque*. Une portion de sa partie méridionale sera abattue pour exécuter la réunion des palais du Louvre et des Tuileries.

BIBLIOTHÈQUES PUBLIQUES. *Voyez* leurs noms particuliers.

BICHES-SAINT-MARCEL. (Rue du Pont-aux-) *Commence* rue Censier, et *finit* rue Fer-à-Moulin. Les numéros sont *noirs*; point de numéros impairs; le dernier pair est 8. — 12ᵉ Arrondissement.

Ce nom vient d'un *pont* jeté sur la Bièvre, qui passe au milieu de cette rue; elle porta aussi celui de la *Miséricorde*, de l'hôpital Notre-Dame de la *Miséricorde*, dit les *Cent Filles*, qui y fut établi en 1627. En 1603, et sur quelques plans du dernier siècle, elle ne faisait qu'une même rue avec celle *Vieille-Notre-Dame*, alors nommée *Notre-Dame*.

BICHES-SAINT-MARTIN. (Rue du Pont-aux-) *Commence* rues Neuve-Saint-Laurent et du Vertbois, et *finit* rues Notre-Dame-de-Nazareth et Neuve-Saint-Martin. Les numéros sont *noirs*; le dernier impair est 7; point de numéros pairs. — 6ᵉ Arrondissement.

Un *pont* sur l'égout, et l'enseigne des *biches* qui se rencontrait dans cette rue, lui ont donné cette dénomination.

BICHES. (Cul-de-sac du Pont-aux-)

Il était situé rue Neuve-Saint-Martin, n° 2, en face de la rue du Pont-aux-Biches, dont il tenait le nom; il est fermé depuis quelques années.

BIENFAISANCE. (Rue de la) *Commence* rue du Rocher, et *finit* dans les champs. Les numéros sont *rouges*; le dernier impair est 15, et le dernier pair 14. — 1er Arrondissement.

Cette rue, commencée il y a environ vingt ans, porte le nom de *Bienfaisance* parce que M. Goetz, médecin, habile innoculateur, qui y demeure au n° 5, et y possède plusieurs maisons, est révéré dans tout ce quartier par ses actes de *bienfaisance*.

BIERNE, BIERRE, BIÈVRE. (Rue de) *Voyez* cul-de-sac de Venise.

BIÈVRE. (Rue de) *Commence* rues des Grands-Degrés et de la Tournelle, et *finit* rue Saint-Victor et place Maubert. Les numéros sont *noirs*; le dernier impair est 41, et le dernier pair 40. — 12e Arrondissement.

Elle portait déjà ce nom avant le milieu du treizième siècle; elle le tient de la rivière de *Bièvre*, qui, aux douzième et treizième siècles, passait près de cette rue, et se jetait dans la Seine par la rue des Grands-Degrés, en face de la pointe de l'île de la Cité. A la fin du treizième siècle on changea le cours de ce ruisseau, en lui donnant la direction qu'il a aujourd'hui, direction qu'il avait déjà avant le douzième siècle, selon quelques historiens judicieux.

BIÈVRE. (Rue de) *Voyez* rue des Gobelins.

BIÈVRE. (Pont de la) — 12e Arrondissement.
Petit pont jeté sur la *Bièvre* au quai de l'Hôpital.

BIGOT. (Rue) *Voyez* rue de Fréjus.

BILLETTES, (Les Carmes dits) rue des Billettes, n°ᵈ 16 et 18.

En 1295 Reinier Flaming fit bâtir une chapelle sur l'emplacement de la maison du juif Jonathas, qui fut condamné au feu pour avoir, le jour de Pâques 1290, commis le sacrilège de faire bouillir la sainte hostie, qui fut conservée par *miracle*; on la nomma *chapelle des Miracles*. On y introduisit en 1299 des religieux, qui desservirent un hôpital dit le *Collège des Miracles de la charité Notre-Dame*, dits *Billettes*, attenant à la chapelle. En 1347 succédèrent des religieux de la règle de saint Augustin, qui firent agrandir la chapelle et bâtir un cloître. Au quinzième siècle on reconstruisit tous les bâtimens. En 1631 les carmes de l'Observance prirent la place des religieux de saint Augustin. En 1754 l'église fut rebâtie sur les dessins de frère Claude. Les *carmes Billettes* furent supprimés en 1790, et de-

puis quelques années elle sert de *temple* à la *religion protes-
tante de la confession d'Augsbourg,* dite *luthérienne.*

BILLETTES. (Rue des) *Commence* rue de la Verrerie,
et *finit* rue Sainte-Croix-de-la-Bretonnerie. Les numéros sont *noirs;* le dernier impair est 21, et le dernier
pair 22. — 7ᵉ Arrondissement.

Pendant le treizième siècle elle portait le nom des *Jardins;* au
quinzième siècle on la trouve sous la dénomination de *rue où
Dieu fut bouilli,* et *rue du Dieu bouliz :* voyez-en l'étymologie dans l'article précédent. Quant au nom qu'elle porte,
elle le tient du couvent des *Billettes,* qui y est situé depuis
la fin du treizième siècle.

BILLETTES. (Cul-de-sac des) *Voyez* cul-de-sac Sainte-
Croix.

BILLI. (La tour de)

Elle était située près de la rivière, à l'endroit où était le bastion
de l'Arsenal ; elle fut détruite par le tonnerre le 19 juillet 1538.
C'était la limite de l'enceinte de Paris sous Charles V et Charles VI.

BILLY. (Quai) *Commence* à l'allée des Veuves et au
cours la Reine, et *finit* à la barrière de Passy. Les
numéros sont *rouges;* le dernier pair est 72 *bis.* —
1ᵉʳ Arrondissement.

Il se nommait auparavant de la *Conférence,* de *Chaillot*
parce qu'il est sur le territoire de *Chaillot,* et des *Bons-Hommes*
à cause de la proximité du couvent de ce nom. Par décret du 10
janvier 1807 il porte le nom du général *de Billy,* mort glorieusement à la bataille d'Iéna. On admire au n° 4 la pompe
à feu de MM. Perrier frères, machine utile et curieuse qui
fournit de l'eau dans les quartiers septentrionaux de Paris. A
une petite distance de cette pompe on remarque la jolie maison bâtie en 1783 par M. Chevalier, architecte.

BINGNE. (Ruellette Jehan-) *Voyez* rue de la Réale.

BIRAGUE, (Place et fontaine) rue Saint-Antoine,
en face du lycée Charlemagne.

Le cardinal *de Birague,* chancelier de France, né à Milan,
et mort à Paris en 1583, ayant fait construire en 1577 la
fontaine qui est au milieu de cette place, la fontaine et la
place prirent le nom de *Birague.* La fontaine fut reconstruite
en 1627 et en 1707. Anciennement le *cimetière des Anglais*
était sur cette place.

BIRON. (Rue) *Commence* rue de la Santé, et *finit* rue
du Faubourg-Saint-Jacques. Les numéros doivent être

rouges; il n'y en a encore qu'un seul, qui est 1. — 12ᵉ Arrondissement.

Elle fut percée vers l'an 1784. Nous ignorons pourquoi elle porte ce nom.

BISSI. (Rue)

C'est le nom que l'on donnait autrefois à l'entrée du marché Saint-Germain du côté de la rue du Four, parce que ce marché fut construit en 1726, par les ordres du cardinal de *Bissi,* abbé de Saint-Germain : on l'a nommée aussi rue du *Préau,* parce qu'elle conduit au *préau* de la foire. Cette entrée ne porte maintenant aucun nom particulier.

BIZET, (Cul-de-sac) rue Saint-Lazare, n° 106. Point de numéros. — 1ᵉʳ Arrondissement.

Il tient ce nom d'un particulier nommé *Bizet,* qui y fit bâtir une maison.

BLAISE et *SAINT-LOUIS* (La chapelle Saint-) était située rue Saint-Julien-le-Pauvre, près de l'église Saint-Julien, dont elle dépendait.

En 1476 les maçons y avaient établi leur confrérie; elle fut détruite en 1765, et le service transféré à la chapelle Saint-Yves.

BLANCHE. (Rue) *Commence* rue Saint-Lazare, et *finit* à la barrière Blanche. Les numéros sont *noirs;* le dernier impair est 33, et le dernier pair 30. — 2ᵉ Arrondissement.

Elle conduit à la barrière *Blanche,* et se nommait autrefois de la *Croix-Blanche,* sans doute à cause d'une enseigne.

BLANCHE. (Barrière) — 2ᵉ Arrondissement.

Elle portait autrefois le nom de la *Croix-Blanche.* (*Voyez* l'article précédent.) Elle consiste en un bâtiment avec trois arcades au rez-de-chaussée.

BLANCHE. (Chemin de ronde de la barrière) De la barrière Blanche à celle de Clichy. — 2ᵉ Arrondissement.

BLANCHE-DE-CASTILLE. (Rue) *Commence* aux quais de Béthune et d'Anjou, et *finit* aux quais d'Orléans et d'Alençon. Les numéros sont *rouges;* le dernier impair est 79, et le dernier pair 104. — 9ᵉ Arrondissement.

Cette rue, qui fut construite de 1614 à 1643, fut nommée *Pa-*

latine dans une partie, et *Carelle* dans l'autre, ainsi que *Marie* dans toute son étendue, du nom de *Marie*, l'un des entrepreneurs des bâtimens de cette île; elle porta ensuite le nom de *Saint-Louis* à cause de l'église *Saint-Louis* qui y est située. En 1806, lors du nouveau numérotage des rues pour la facilité publique, on diminua le nombre des rues *Saint-Louis*, et on donna à celle-ci le nom de *Blanche de Castille*, mère de saint Louis. On distingue au n° 2 l'hôtel *Lambert*, bâti sur les dessins de Leveau; en face l'hôtel *Fénélon*, et au n° 45 l'hôtel *Chenisot*.

BLANCHE-OIE. (Rue) *Voyez* rue du Four-Saint-Germain.

BLANCHISSEUSES. (Rue des) *Commence* quai Billy, et *finit* rue de Chaillot. Les numéros sont *noirs*; le dernier impair est 5, et le dernier pair 10. — 1er Arrondissement.

Petite rue nouvelle habitée en partie par des *blanchisseuses*, dont elle tient son nom. De la rue des Gourdes à celle de Chaillot c'est simplement une ruelle sans numéros, qui se nommait auparavant du *Tourniquet*.

BLANCHISSEUSES, (Cul-de-sac des) rue des Blanchisseuses, n° 5. Les numéros sont *noirs*; pas de numéros pairs; le dernier impair est 5. — 1er Arrondissement.

Son premier nom était des *Gourdes*; son nom actuel vient de la rue où il est situé.

BLANCS-MANTEAUX, (Eglise des) première succursale de la paroisse Saint-Merri, rue des Blancs-Manteaux, entre les n°s 12 et 16, et rue de Paradis. — 7e Arrondissement.

En 1258 les religieux serfs de sainte Marie, mère de Jésus-Christ, s'établirent à l'endroit où est maintenant cette église, dans la rue de la *Parcheminerie*, depuis dite des *Blancs-Manteaux*, parce que ces moines portaient des *manteaux blancs*. Cet ordre ayant été aboli en 1274, les *Guillelmites*, ou *Ermites de Saint-Guillaume*, prirent leur place en 1297; les religieux Bénédictins de la Congrégation de Saint-Maur furent substitués aux Guillelmites en 1618, et supprimés en 1790. Cette église, ainsi que le monastère, furent rebâtis en 1685.

BLANCS-MANTEAUX. (Rue des) *Commence* rue Vieille-du-Temple, et *finit* rue Sainte-Avoie. Les numéros sont *rouges*; le dernier impair est 43, et le dernier pair 46. — 7ᵉ Arrondissement.

Au treizième siècle elle avait le nom de la *Parcheminerie*, de la *Petite-Parcheminerie*, et ensuite de la *Vieille-Parcheminerie*, qu'elle portait concurremment avec celui des *Blancs-Manteaux*, à cause des religieux de ce nom qui s'y étaient établis en 1258. (*Voyez* l'article précédent.) On remarque dans cette rue, au n° 10, la fontaine dite des *Blancs-Manteaux*, dont les eaux viennent de la pompe Notre-Dame.

BLANCS-MANTEAUX. (Cul-de-sac des) *Voyez* rue Pecquay.

BLÉ (Halle au), Farines, Grains et Graines de toute espèce, rue de Viarmes. — 4ᵉ Arrondissement.

Cette belle halle, qui est ouverte les mercredis et samedis pour les grains et grenailles, et tous les jours pour les farines, fut bâtie de 1763 à 1767, sur les dessins de Camus de Mézières, architecte, sur l'emplacement de l'hôtel *Soissons*.

La coupole fut incendiée en 1802 : on travaille maintenant à la rétablir en fer fondu.

L'hôtel *Soissons* appartenait, au commencement du treizième siècle, aux seigneurs de *Nesle*, et se nommait hôtel *de Nesle*; en 1232 il fut donné à saint Louis et à la reine Blanche sa mère; en 1296 le roi le céda à Charles, comte de Valois, son frère, et en 1325 il devint la propriété de Jean de Luxembourg, roi de *Bohême*, et prit alors le nom de *Behagne*, *Behaigne*, etc.; on voulait dire *Bohême*. Les *Filles pénitentes* en ayant ensuite pris possession, on le nomma la *Maison des Filles pénitentes*. En 1572 Catherine de Médicis, en ayant fait l'acquisition, le fit rebâtir; il porta alors le nom *d'hôtel de la Reine*, et ensuite celui des *Princesses*. Il fut cédé en 1604 à Charles de *Soissons*, fils aîné de Louis de Bourbon, premier prince de Condé, et fut alors nommé *Soissons*, nom qu'il conserva jusqu'en 1748 et 1749, qu'il fut entièrement démoli, excepté la colonne construite en 1572 par Bullant, architecte, et à la base de laquelle on a pratiqué une fontaine. En 1755 la ville de Paris en acheta le terrain.

BLÉ, (Port au) sur le quai de la Grève.

C'est là que, dès le treizième siècle, arrivent et se vendent le blé, l'avoine et les autres grains.

BLÉ. (Ruelle du port au) *Voyez* rue Pernelle.

BLEUE. (Rue) *Commence* rue du Faubourg-Poissonnière, et *finit* rue Cadet. Les numéros sont *rouges*; le dernier impair est 27, et le dernier pair 18. — 2ᵉ Arrondissement.

Son nom le plus ancien est *Saint-Lazare*; elle se nomma

ensuite d'*Enfer*. M. Story ayant obtenu en 1802 un brevet pour la fabrication des boules *bleues*, établit sa manufacture dans cette rue, qui prit le nom de *Bleue* à cause de ses boules *bleues*.

BLOMET. (Rue) *Voyez* rue Plumet.

BŒUF, (Cul-de-sac du) rue Saint-Merri, entre les n°ˢ 10 et 12.

Il fut anciennement nommé *Bec-Oye*, ensuite *Buef et Oë*, depuis *Bœuf et Ouë*, et cul-de-sac de la rue *Neuve-Saint-Merri*, enfin cul-de-sac *du Bœuf*; il est maintenant fermé par une grille.

BŒUFS, (Cul-de-sac des) rue des Sept-Voies, entre les n°ˢ 1 et 3. Les numéros sont *noirs*; le dernier impair est 3, et le dernier pair 4. — 12ᵉ Arrondissement.

Au seizième siècle c'était la rue *aux Bœufs*; il y a une quarantaine d'années la *cour aux Bœufs*, nom qu'elle doit sans doute à quelques bouchers qui y possédaient des étables.

BOHÈME. (Rue de) *Voyez* rue d'Orléans-Saint-Honoré.

BOILIAUE.(Rue Ermeline-) *Voyez* cul-de-sac Putigneux.

BOIS, (Abbaye aux) première succursale de la paroisse Saint-Thomas-d'Aquin, rue de Sèvres, n° 16. — 10ᵉ Arrondissement.

C'était l'église d'une abbaye de filles de l'ordre de Citaux, qui furent supprimées en 1790. En 1640 elle fut occupée par des religieuses de l'*Annonciade*; en 1669 les religieuses de *Notre-Dame-aux-Bois* s'y établirent; en 1718 on posa la première pierre de l'église que nous voyons aujourd'hui. Son nom lui vient parce que l'abbaye de ces religieuses fut fondée en 1207, au milieu des *bois*, dans le diocèse de Noyon.

BOISSEAU. (Rue Guérin-) *Commence* rue Saint-Martin, et *finit* rue Saint-Denis. Les numéros sont *rouges*; le dernier impair est 49, et le dernier pair 52. — 6ᵉ Arrondissement.

Elle est connue dès le treizième siècle, et fut ainsi nommée du nom d'un de ses habitans : anciennement on écrivait *Guérin-Boucel*.

BOISSI (Le collége de) était rue du Cimetière-Saint-André.

Il fut fondé en 1358 par Etienne Vide, natif de *Boissi-le-Sec*. Ayant été réuni en 1764 à l'Université, il fut aussitôt vendu. C'est maintenant une maison particulière, n° 3.

BONAPARTE. (Rue) *Commence* rues Jacob et du Colombier, et *finit* place Saint-Germain-des-Prés. Les numéros sont *noirs*; le dernier impair est 5, et le dernier pair 10. — 10ᵉ Arrondissement.

Cette rue porte ce nom parce qu'elle fut percée sous le consulat de *Bonaparte*, sur une partie de l'emplacement des bâtimens et jardin de l'abbaye Saint-Germain. Au n° 10 est l'hôtel de l'administration de la poste aux chevaux.

BONAPARTE. (Quai) *Commence* rue du Bac et au pont des Tuileries, et *finit* au palais du Corps-Législatif et au pont de la Concorde. Les numéros sont *rouges*; le dernier impair est 85. — 10ᵉ Arrondissement.

Son plus ancien nom est la *Grenouillère* et quai de la *Grenouillère*, parce que ce bord était anciennement marécageux et peuplé de *grenouilles*. En 1708 une partie de ce quai du côté du pont des Tuileries fut commencé tandis que M. Boucher d'*Orçay* était prevôt des marchands; il fut en conséquence nommé d'*Orçay*. Ce projet fut bientôt abandonné; il était réservé au héros qui illustre la France, et qui chaque jour embellit Paris, d'entreprendre cent ans après et de terminer en peu de temps cet utile et bel ouvrage. On voit sur ce quai la caserne impériale, au coin de la rue de Poitiers, et les bains Poitevins.

BONAPARTE, (Port) au milieu du quai de ce nom. — 10ᵉ Arrondissement.

Il fut construit en même temps que le quai *Bonaparte*. *Voyez* l'article précédent.

BONAPARTE, (Lycée) rue Sainte-Croix, en face de la rue Joubert. — 1ᵉʳ Arrondissement.

C'était un couvent de Capucins, construit en 1782 sur les dessins de M. Brongniart, architecte; ce couvent fut supprimé en 1790. En 1800 le gouvernement y fit faire, sous la direction du même architecte, les changemens nécessaires, et en vertu de la loi du 1ᵉʳ mai 1802 on y établit un des quatre Lycées de Paris. Il se nomme *Bonaparte* à cause de Napoléon *Bonaparte*, son illustre fondateur.

BONCONSEIL. (Rue) *Voyez* rue Mauconseil.

BONCOURT (Le collége) était situé rue Bordet, n° 21, au coin de celle Clopin.

Il fut fondé en 1357 par Pierre de *Becoud*, sieur de Fléchinel, dont on a altéré le nom en le changeant en *Boncourt*; il fut réuni en 1638 au collége de Navarre : c'est maintenant une propriété qui appartient au gouvernement. On y a placé les bureaux de l'école Polytechnique.

BONDY. (Rue de) *Commence* rue du Faubourg-du-Temple et boulevart Saint-Martin, et *finit* rue du Faubourg-Saint-Martin et boulevart Saint-Martin. Les numéros sont *rouges*; le dernier impair est 25, et le dernier pair 72. — 5e Arrondissement.

Son nom le plus ancien est celui de *chemin de la Voierie*, parce qu'il conduisait à une *voierie*; ensuite elle fut nommée rue *Basse-Saint-Martin*, étant plus *basse* et parallèle au boulevart de ce nom; elle fut alignée en 1770, et on lui donna le nom de *Bondy* l'année suivante, sans doute parce qu'elle se dirige sur le village de *Bondy*. L'une des quarante-huit sections se nomme de *Bondy* à cause de cette rue. On remarque au n° 34 l'hôtel d'*Aligre*, et l'on admirait au coin occidental de la rue de l'Ancry la jolie façade du théâtre des Jeunes-Artistes, qui vient d'être transformé en une maison particulière.

BONHOMME. (Place au)

Nom que portait en 1322 une place qui a servi depuis de cimetière, et que l'on a en 1735 employée à agrandir l'église Saint-Jean-en-Grève.

BONNEFILLE. (Ruelle Jehan-)

Cette rue, qui n'existe plus depuis longtemps, conduisait, au quatorzième siècle, de la rue de la Turie à la rivière; *Jehan Bonnefille*, maître des bouchers, qui y demeurait, lui a donné son nom : on la trouve aussi anciennement nommée des *Moulins*, parce qu'elle était en face de quelques moulins situés sur la Seine.

BONNE-NOUVELLE. (Boulevart) *Commence* rue Saint-Denis et à la porte Saint-Denis, et *finit* rues Poissonnière et du Faubourg-Poissonnière. Les numéros sont *rouges*; le dernier impair est 41, et le dernier pair 12. — Les numéros impairs sont du 5e Arrondissement, et les pairs du 3e.

Ce nom lui vient de sa proximité de l'église *Notre-Dame-de-Bonne-Nouvelle*. Les boulevarts du nord, dont celui-ci fait partie, furent tracés en 1536; on commença à les planter en 1668, et ne furent achevés qu'en 1705.

BON-PASTEUR (Les Filles du) étaient rue du Cherche-Midi, n° 36.

Ces religieuses s'établirent en cet endroit en 1688, et furent supprimées en 1790. C'est maintenant un entrepôt de subsistances pour les troupes.

BONS-ENFANS. (Rue des) *Commence* rue Saint-Honoré, et *finit* rues Baillif et Neuve-des-Bons-Enfans. Les numéros sont *noirs*; le dernier impair est 33, et le dernier pair 36. — Les numéros impairs sont du 2ᵉ Arrondissement, et les pairs du 4ᵉ.

Avant le treizième siècle c'était le *chemin qui va à Clichy;* au commencement du treizième siècle elle portait les noms de *ruelle par où l'on va au collége des Bons-Enfans*, et de *rue aux Écoliers Saint-Honoré*, parce que l'on y avait construit un collége pour l'éducation de treize pauvres écoliers que l'on nommait alors *boni pueri, bons enfans*, et ce nom était commun à d'autres colléges. On remarque dans cette rue, au nᵒ 19, l'hôtel de la *Chancellerie*, où était, avant l'année 1789, la *chancellerie* du duc d'Orléans.

BONS-ENFANS. (Rue des) *Voyez* rue Portefoin.

BONS-ENFANS. (Rue Neuve-des-) *Commence* rues Baillif et des Bons-Enfans, et *finit* rues Neuve-des-Petits-Champs et de la Vrillière. Les numéros sont *noirs;* le dernier impair est 37, et le dernier pair 4. — Les impairs sont du 2ᵉ Arrondissement, et les pairs du 4ᵉ.

On commença à la bâtir en 1640; comme elle fait la prolongation de la rue des *Bons-Enfans*, elle en a conservé le nom.

BONS-ENFANS. (Passage de la rue Neuve-des-) De la rue Neuve-des-Bons-Enfans, nᵒ 9, à la rue du Lycée, nᵒ 24. — 2ᵉ Arrondissement.

Même étymologie que la rue des *Bons-Enfans* ci-dessus.

BONS-ENFANS. (Ruelle des) *Voyez* cul-de-sac Saint-Benoît.

BONS-ENFANS, (Le collége des) nommé aussi le *séminaire de la Mission*, ou le *séminaire Saint-Firmin*, rue Saint-Victor, nᵒ 68.

Fondé vers le milieu du treizième siècle. En 1624 cette maison, ayant été réunie à la congrégation de la Mission, devint un *séminaire;* il fut supprimé en 1790: c'est maintenant une filature de coton dite de *Saint-Firmin*, du nom que ce séminaire portait.

BONS-HOMMES, (Couvent des) rue des Bons-Hommes.

Ces religieux *Minimes*, dits de *Nigeon* ou *Bons-Hommes* (nom qui leur resta parce que Louis XI donnait le nom de *bon-homme* à saint François-de-Paul, qui était de cet ordre, ou plutôt parce que c'était ainsi qu'on appelait généralement les ermites), s'établirent à Chaillot à la fin du quinzième siècle, par la munificence d'Anne de Bretagne, femme de Charles VIII, qui leur donna son *manoir de Nigeon*, dit l'hôtel de Bretagne, et un autre hôtel contigu ; ils furent supprimés en 1790, et ce couvent étant devenu propriété nationale, fut vendu, et ses vastes bâtimens furent arrangés pour une filature de coton qui est toujours en activité.

BONS-HOMMES. (Rue des) *Commence* quai Billy, et *finit* à la barrière Franklin. Les numéros sont *rouges* ; le dernier impair est 3, et point de numéros pairs. — 1ᵉʳ Arrondissement.

Cette rue, tracée depuis peu d'années, est ainsi nommée du couvent des *Bons-Hommes*. *Voyez* l'article précédent.

BONS-HOMMES. (Barrière des) *Voyez* barrière de Passy.

BONS-HOMMES. (Quai des) *Voyez* quai Billy.

BONT, (Chapelle Saint-) rue Saint-Bont, n° 8.

L'époque de sa fondation est inconnue ; elle existait déjà au treizième siècle ; elle fut supprimée en 1792, et servit ensuite de corps-de-garde ; depuis quelques années elle a été transformée en une maison particulière, sous le n° 8.

BONT. (Rue Saint-) *Commence* rue Jean-Pain-Mollet, et *finit* rue de la Verrerie. Les numéros sont *noirs* ; le dernier impair est 13, et le dernier pair 16. — 7ᵉ Arrondissement.

Ainsi nommée à cause de la chapelle Saint-Bont. (*Voyez* l'article précédent.) Guillot, en 1300, ne nomme cependant pas cette rue.

BONT. (Ruelle Saint-) *Voyez* rue de la Lanterne-des-Arcis.

BOREL. (Rue du) *Voyez* rue des Fossés-Saint-Germain-l'Auxerrois.

BORDELLE, BOURDELLE, BOURDET. (Rue) *Voyez* rue Bordet.

BORDET. (Porte) *Voyez* porte Saint-Marcel.

BORDET. (Rue) *Commence* rue de la Montagne-Sainte-Geneviève, et *finit* rues Fourcy et des Fossés-Saint-Victor. Les numéros sont *noirs*; le dernier impair est 53, et le dernier pair 32. — 12ᵉ Arrondissement.

Dès l'an 1259 on la trouve sous ce nom, parce qu'elle conduisait à la porte Saint-Marcel, que l'on nommait aussi porte *Bordet* à cause de la famille de *Bordelles*, très-connue au treizième siècle. Ce nom a varié en *Bourdet, Bourdelle* et *Bordelle.* Guillot, dans son *Dit des rues de Paris*, écrit vers l'an 1300, la nomme *de la porte Saint-Marcel. Voyez* l'article *porte Saint-Marcel.*

BORDET. (Carrefour de la Porte-) C'est la place formée par la réunion des rues Bordet, Mouffetard, Fourcy et de Fossés-Saint-Victor. — 12ᵉ Arrondissement.

C'était là qu'était située la *porte Bordet* ou *Saint-Marcel. Voyez porte Saint-Marcel.*

BORNES. (Rue des Trois-) *Commence* rue de la Folie-Méricourt, et *finit* rue Saint-Maur. Les numéros sont *noirs*; le dernier impair est 35, et le dernier pair 30. — 6ᵉ Arrondissement.

Elle doit vraisemblablement son nom à des *bornes.* C'était un chemin tracé depuis la fin du dix-septième siècle : ce n'est que depuis une trentaine d'années que l'on a commencé à y bâtir.

BOSSUET. (Rue) *Commence* quais Napoléon et Catinat, et *finit* rue Chanoinesse et place Fénélon. Les numéros sont *rouges*; le seul impair est 1, et le dernier pair 2. — 9ᵉ Arrondissement.

Ce nom a été donné à cette rue, percée depuis peu d'années, en mémoire de *Bossuet*, évêque de Meaux, écrivain et prédicateur célèbre, né à Dijon en 1627, et mort à Meaux en 1704; il a souvent fait retentir de son éloquence apostolique les voûtes du vaste édifice religieux près duquel cette rue est située.

BOUCHER. (Rue) *Commence* rue de la Monnaie, et *finit* rues Thibautodé et Béthizy. Les numéros sont *noirs*; le dernier impair est 11, et le dernier pair 16. — 4ᵉ Arrondissement.

Elle fut ouverte en 1778, sur l'emplacement de l'ancien hôtel des Monnaies, et doit son nom à M. *Boucher*, échevin.

BOUCHERAT. (Rue) *Commence* rues des Filles-du-Calvaire et rue Vieille-du-Temple, et *finit* rue Charlot.

Les numéros sont *noirs*; le dernier impair est 25, et le dernier pair 34. — 6° Arrondissement.

Ainsi nommée de M. *Boucherat*, qui était chancelier en 1699, lorsque cette rue fut commencée. Au n° 25, au coin de la rue Charlot, est la fontaine *Boucherat*, dont les eaux viennent de la pompe à feu de Chaillot.

BOUCHERIE-DES-INVALIDES. (Rue de la) *Commence* quai des Invalides, et *finit* rue Saint-Dominique, au Gros-Caillou. Les numéros sont *noirs*; le dernier impair est 31, et le dernier pair 20. — 10° Arrondissement.

La *boucherie des Invalides*, dont elle tient ce nom, est située en face, rue Saint-Dominique, au Gros-Caillou.

BOUCHERIE. (Rue de la) *Voyez* rues de la Bûcherie et du Cœur-Volant.

BOUCHERIE. (Rue de la Grande-) *Voyez* rue Saint-Jacques-la-Boucherie.

BOUCHERIE. (Rue de la Petite-) *Voyez* rue du Poirier.

BOUCHERIE. (Rue de la Vieille-) *Voyez* rue de la Vieille-Bouclerie.

BOUCHERIE. (Rue de la Voierie-de-la-) *Voyez* rue du Cœur-Volant.

BOUCHERIE. (Passage de la Petite-) De la rue Neuve-de-l'Abbaye à la place Sainte-Marguerite, n° 8. Les numéros sont *noirs*; le dernier impair est 7; pas de numéros pairs. — 10° Arrondissement.

C'était autrefois la rue *Abbatiale*, qui fut ouverte en 1699; sur quelques plans elle est nommée *Saint-Symphorien*, sans doute à cause de la chapelle de ce nom qui était située tout près : une *boucherie* que l'on y voit encore lui a donné son nom actuel.

BOUCHERIES-SAINT-GERMAIN. (Rue des) *Commence* au carrefour de l'Odéon et rue des Fossés-Saint-Germain-des-Prés, et *finit* rues du Four et Bussi. Les numéros sont *rouges*; le dernier impair est 65, et le dernier pair 64. — Les impairs sont du 11° Arrondissement, et les pairs du 10°.

Un grand nombre d'étaux de *boucherie* que l'abbaye Saint-Germain avait fait construire dans cette rue lui ont donné ce nom. En 1274 il y avait seize étaux, outre quelques autres qui s'y trouvaient déjà d'ancienneté.

BOUCHERIES-SAINT-HONORÉ. (Rue des) *Commence* rue Saint-Honoré, et *finit* rue Richelieu. Les numéros sont *noirs*; le dernier impair est 19, et le dernier pair 12. — 2° Arrondissement.

Elle tire son nom de la *boucherie* dite des Quinze-Vingts, qui est située rue Saint-Honoré, en face.

BOUCHERIES. (Rue des) *Voyez* rue de la Montagne-Sainte-Geneviève et rue des Petits-Carreaux.

BOUCHERIES-DU-TEMPLE. (Rue des) *Voyez* rue de Braque et rue de la Roche.

BOUCHERS-DU-TEMPLE. (Rue des) *Voyez* rue de Braque.

BOUCLERIE. (Rue de la) *Voyez* rue de la Vieille-Bouclerie.

BOUCLERIE. (Rue de la Grande-) *Voyez* rue Mâcon.

BOUCLERIE. (Rue de la Petite-) *Voyez* rues du Poirier et de la Vieille-Bouclerie.

BOUCLERIE. (Rue de la Vieille-) *Commence* rues Saint-André-des-Arts et de la Huchette, et *finit* rues Mâcon et Saint-Severin. Les numéros sont *noirs*; le dernier impair est 23, et le dernier pair 24. — 11° Arrondissement.

Au treizième siècle elle est désignée sous les divers noms de *Bouclerie, Vieille-Bouclerie, Vieille-Boucherie, l'Abreuvoir Mâcon;* vers l'an 1800 Guillot la nomme la *Petite-Bouclerie;* en 1439 c'était la rue de la *Porte-Bouclerière,* ou rue *Neuve outre le pont Saint-Michel;* en 1574 rue de l'*Abreuvoir-Mâcon,* dite la *Vieille-Boucherie.* Quelques historiens ont pensé que ce nom venait des *boucliers* que l'on y fabriquait anciennement.

BOUCLERIE. (Rue de la Porte-) *Voyez* rue de la Vieille-Bouclerie.

BOUDREAU. (Rue) *Commence* rue Trudon, et *finit* rue Caumartin. Les numéros sont *rouges*; le dernier impair est 5, et le dernier pair 4. — 1er Arrondissement.

Rue bâtie vers l'an 1780, et qui doit son nom à M. *Boudreau,* alors greffier de la ville.

BOUE, BOURDE. (Rue de la) *Voyez* rue de la Bourbe.

BOULAINVILLIER. (Marché) On y entre par les rues du Bac, n° 13; de Beaune, n° 4; de Lille, n° 51, et de Verneuil, n° 54 *bis*. — 10° Arrondissement.

Ce marché, qui est ouvert tous les jours, a été construit sur l'emplacement de l'hôtel des mousquetaires Gris, qui l'avait été lui-même sur l'emplacement de la halle du Pré-aux-Clercs, autrement dite la halle Barbier. L'hôtel des mousquetaires Gris, qui avait été achevé en 1671, et rebâti au commencement du dix-huitième siècle, fut acheté vers l'an 1780 par M. *de Boulain-villier,* qui fit construire ce marché.

BOULAINVILLIER, (Passages du Marché-) rue du Bac, n° 15; rue de Beaune, n° 4; rue de Lille, n° 5, et rue de Verneuil, n° 54 *bis*. — 10° Arrondissement.

Voyez le marché de ce nom dans l'article précédent.

BOULANGERS. (Rue des) *Commence* rue Saint-Victor, et *finit* rue des Fossés-Saint-Victor. Les numéros sont *noirs;* le dernier impair est 23, et le dernier pair 58. — 12° Arrondissement.

Ainsi nommée parce qu'une partie des *boulangers* du quartier s'y étaient anciennement établis; elle a porté auparavant le nom de *Neuve-Saint-Victor.*

BOULE-BLANCHE. (Passage de la) De la rue de Charenton, n° 51, à celle du Faubourg-Saint-Antoine, n° 52. — 8° Arrondissement.

BOULE-ROUGE, (Cul-de-sac de la) rue du Faubourg-Montmartre, n° 20. Pas de numéros. — 2° Arrondissement.

Il tient ce nom d'une enseigne, ainsi que le passage.

BOULE-ROUGE. (Passage de la) De la rue du Faubourg-Montmartre, n° 22, à celle Richer, n° 27. — 2° Arrondissement.

BOULES. (Rue des Deux-) *Commence* rue des Lavandières, et *finit* rue Bertin-Poirée. Les numéros sont *rouges;* le dernier impair est 15, et le dernier pair 14. — 4° Arrondissement.

Au douzième siècle et au commencement du treizième on la nommait *Mauconseil* ou *Male-Parole;* aux treizième et quatorzième siècles *Guillaume Porée,* du nom d'un particulier qui y demeurait; ensuite *Guillaume-Porée,* autrement *Male-*

Parole ; au seizième siècle *Guillaume Porée*, dite des *Deux-Boules* ; enfin des *Deux-Boules*, dite *Male-Parole* ou *Guillaume Porée* : son nom actuel lui vient sans doute d'une enseigne.

BOULETS. (Rue des) *Commence* rue de Montreuil, et *finit* rue de Charonne. Les numéros sont *rouges* ; le dernier impair est 29, et le dernier pair 40. — 8ᵉ Arrondissement.

Elle fut ouverte sur un terrain connu, dès le seizième siècle, sous le nom des *Boulets*, anciennement les *Basses-Vignolles*.

BOULIERS, (Rue des et aux) et rue au BOULOIR. *Voyez* rue d'Orléans-Saint-Marcel.

BOULLIERS. (Rue aux) *Voyez* rue du Bouloi.

BOULOGNE. (Passage du Bois-de-) De la rue Neuve-d'Orléans, n° 32, à celle du Faubourg-Saint-Denis, n° 12. — 5ᵉ Arrondissement.

Ainsi nommé parce qu'il existait il y a vingt-cinq ans dans ce passage une maison de danse connue sous le nom de *Bois-de-Boulogne.*

BOULOGNE. (Rue du Comte-de-) *Voy.* rue Fer-à-Moulin.

BOULOI. (Rue du) *Commence* rue Croix-des-Petits-Champs, et *finit* rue Coquillière. Les numéros sont *noirs* ; le dernier impair est 29, et le dernier pair 26. — 4ᵉ Arrondissement.

Au quatorzième siècle elle est désignée sous les noms du *Bouloir*, aux *Boulliers*, aux *Bulliers*, dite la *cour Bazile.* On croit que c'est un hôtel du *Bouloi* qui lui a donné ce nom. On remarque au n° 2 l'hôtel *Quatremer*.

BOURBE. (Rue de la) *Commence* rues Saint-Jacques et du Faubourg-Saint-Jacques, et *finit* rue d'Enfer. Les numéros sont *rouges* ; le dernier impair est 5, et le dernier pair 12. — 12ᵉ Arrondissement.

Nous ignorons cette étymologie ; quelques titres la nomment de la *Boue* et de la *Bourde*.

BOURBON. (Rue) *Voyez* rues de Lille et Meslay.

BOURBON-LE-CHATEAU. (Rue) *Voyez* rue de l'Abbaye.

BOURBON-VILLENEUVE. (Rue) *Voyez* rue d'Aboukir.

BOURBON. (Quai) *Voyez* quais d'Alençon et de l'Ecole.

BOURBON (Le Petit-) et rue du PETIT-BOURBON. *Voyez* place d'Iéna et rue du Petit-Lion-Saint-Sulpice.

BOURDALOUE. (Rue) *Commence* quai Catinat, et *finit* place Fénélon. Les numéros sont *noirs*; le dernier impair est 3, et le dernier pair 6. — 9° Arrondissement.

Nouvellement percée près de la cathédrale; elle porte le nom du célèbre *Bourdaloue*, jésuite, né à Bourges en 1633, et mort en 1704.

BOURDON (Rue Adam-) et rue GUILLAUME-BOURDON. *Voyez* rue des Bourdonnais.

BOURDON. (Boulevart) *Commence* quai Morland, et *finit* rue Saint-Antoine. — 9° Arrondissement.

Ce boulevart conduit de la rue Saint-Antoine au pont d'Austerlitz; il fut planté il y a cinq à six ans, et porte le nom de *Bourdon*, qui est celui d'un officier mort glorieusement à la bataille d'*Austerlitz*.

BOURDONNAIS. (Rue des) *Commence* rues Béthizy et Bertin-Poirée, et *finit* rue Saint-Honoré. Les numéros sont *noirs*; le dernier impair est 15, et le dernier pair 16. — 4° Arrondissement.

Au treizième siècle elle se nommait *Adam-Bourdon* et *Guillaume-Bourdon*; en 1300 les *Dits des rues de Paris* de Guillot la désignent sous le nom de *à Bourdonnas*, et depuis cette époque elle a toujours porté le nom *des Bourdonnais*. C'était dans cette rue qu'était située la *maison des Carneaux*, qui avait il y a quarante ans pour enseigne la *Croix d'Or*; elle s'étendait le long de la rue Béthizy jusqu'à la rue Tirecharpe: en 1363 elle appartenait au duc d'Orléans, frère du roi Jean; en 1398 à Guy de la Trémoille; ensuite au chancelier Dubourg et au président de Bellièvre.

BOURDONNAIS, (Cul-de-sac des) rue des Bourdonnais, entre les n°ˢ 19 et 21. Les numéros sont *rouges*; le dernier impair est 5, et le dernier pair 8. — 4° Arrondissement.

Cet endroit, où il y avait très-anciennement une voirie hors de la seconde enceinte de Paris, se nommait le *marché aux Pourceaux*, la *place aux Chats*, la *Fosse aux Chiens*; en 1421 on le désignait simplement par *rue du Cul-de-Sac*, et en 1423 par *ruelle qui aboutit en la rue des Bourdonnais*; au quinzième siècle c'était la *rue de la Fosse-aux-Chiens*; depuis peu d'années il porte le nom *des Bourdonnais*, à cause de la rue où il est situé.

BOURDONNAYE. (Rue La) *Commence* à l'avenue Tourville, et *finit* à l'avenue Lowendal. Il n'y a encore que deux numéros *noirs*, qui sont 1 et 3. — 10° Arrondissement.

Rue nouvellement percée, et à laquelle on a donné ce nom à cause de Mahé de *La Bourdonnaye*, négociant, guerrier, gouverneur général des îles de France et Bourbon, né à Saint-Malo en 1699, et mort en 1754.

BOURDONNAYE. (Avenue La) De la rue de l'Université, au Gros-Caillou, à l'avenue Lamotte-Piquet. — 10° Arrondissement.

Même observation qu'à l'article précédent.

BOURG-L'ABBÉ. (Rue) *Commence* rue aux Ours, et *finit* rue Greneta. Les numéros sont *noirs*; le dernier impair est 43, et le dernier pair 56. — 6° Arrondissement.

Le *bourg l'Abbé*, qui était hors de Paris, existait déjà sous les rois de la seconde race; il fut enfermé dans Paris sous Philippe-Auguste, de 1190 à 1210, et la principale rue de ce *bourg* a retenu son nom.

BOURGOGNE. (Rue de) *Commence* quai Bonaparte, et *finit* rue de Varennes. Les numéros sont *noirs*; le dernier impair est 45, et le dernier pair 46. — 10° Arrondissement.

Nous ignorons pourquoi elle porte ce nom; elle fut ouverte en 1707, et terminée en 1725.

BOURGOGNE. (Rue de) *Voyez* rues des Bourguignons et Française.

BOURGOGNE OU BOURGOIGNE. (Rue au Duc-de-) *Voyez* rue de Reims.

BOURGOGNE (Le collège de) était rue de l'Ecole-de-Médecine, où est maintenant l'école de Chirurgie.

Il fut fondé en 1331, en exécution du testament de Jeanne, comtesse de *Bourgogne*, en faveur de vingt pauvres écoliers de la province et comté de *Bourgogne*, dont il a retenu le nom. En 1764 il fut réuni à l'Université, et vendu en 1769. C'est sur cet emplacement et sur celui de quatre maisons voisines que l'on a construit l'école de Chirurgie.

BOURGUIGNONS. (Rue des) *Commence* rue de l'Oursine, et *finit* rue des Capucins. Les numéros sont *noirs*, et devraient être *rouges*; le dernier impair est 39, et le dernier pair 30. — 12ᵉ Arrondissement.

Nous ignorons l'étymologie du nom de cette rue, qui est nommée de *Bourgogne* sur quelques plans.

BOURSE, (La) rue Vivienne, dans la partie qui va se prolonger de la rue des Filles-Saint-Thomas à celle Faydeau.

On bâtit maintenant ce vaste et bel édifice d'après les dessins de M. Brongniart, architecte, sur l'emplacement des couvent, église et jardins des Filles-Saint-Thomas. La *Bourse* fut établie en 1724 rue Vivienne, où était l'ancien palais Mazarin (c'est maintenant une dépendance attenant à l'hôtel du ministre du Trésor public); elle fut, au commencement de la révolution, transportée dans l'église des Petits-Pères; depuis quelques années elle est au Palais-Royal, dans la galerie Virginie, en attendant que son nouvel hôtel soit achevé.

BOURTIBOURG. (Rue) *Commence* rue de Bercy et au marché Saint-Jean, et *finit* rue Sainte-Croix-de-la-Bretonnerie. Les numéros sont *noirs*; le dernier impair est 27, et le dernier pair 30. — 7ᵉ Arrondissement.

Dès l'an 1220 elle se nommait *Bourtibou*, et en 1300 *Bourg-Tiboud* et *Bourc-Tibout;* on la trouve depuis écrite de diverses manières, *Bourgthiboud*, *Beautibourg* et *Bourgthiébault*. Elle doit sans doute ce nom à un petit *bourg* nommé *Thiboud*, qui était hors de Paris avant l'époque de la seconde enceinte de Paris. Au n° 21 était l'hôtel *Nicolaï*, nommé depuis d'*Argouges*, parce qu'il fut occupé par M. d'Argouges, lieutenant civil.

BOUT-DU-MONDE. (Rue du) *Voyez* rue du Cadran.

BOUT-DU-MONDE. (Cul-de-sac de la rue du) *Voyez* cul-de-sac Saint-Claude.

BOUTEBRIE. (Rue) *Commence* rue de la Parcheminerie, et *finit* rue du Foin. Les numéros sont *noirs*; le dernier impair est 7, et le dernier pair 20. — 11ᵉ Arrondissement.

Ce nom lui vient d'un particulier nommé *Erembourg de Brie*, qui y demeurait en 1284. Effectivement Guillot la désigne, vers l'an 1300, sous le nom de *Erembourc de Brie:* ce nom, en traversant cinq siècles, a fini, d'altération en altération, par être *Boutebrie;* on trouve *Bourg de Brie*, *Bout de Brye , Bout de Brie, Bouttebrie ,* etc. Au quatorzième siècle c'était la rue des *Enlumineurs ,* parce que les *enlumineurs* jurés de l'Université y demeuraient.

BOUTEILLE, (Cul-de-sac de la) rue Montorgueil, n° 33, près celle Tiquetone. Point de numéros. — 3° Arrondissement.

Il touchait aux murs de l'enceinte de Philippe-Auguste. Au dix-septième siècle c'était la rue de la *Cueiller,* d'une maison dite de la *Cueiller.* Son nom actuel lui vient de l'enseigne de la *Bouteille.*

BOUTEILLES. (Rue des Trois-) *Voyez* rue des Teinturiers.

BOUTICLES. (Rue et port des) *Voyez* rue des Trois-Chan-deliers.

BOUTICLES. (Rue des) *Voyez* place du Châtelet.

BOUTIQUES. (Rue des) *Voyez* rue de la Triperie.

BOUVART, (Cul-de-sac) rue Saint-Hilaire, entre les n°ˢ 8 et 10. Point de numéros. — 12ᵉ Arrondissement.

En 1380 c'était la *longue Allée ;* aux quatorzième et quinzième siècles là *ruelle Josselin,* Jousselin et *Jusseline,* et en 1539 la *ruelle Saint-Hilaire ;* enfin le *cul-de-sac Bouvard,* dont le nom lui vient sans doute de quelques étables à *bœufs* qui y étaient situés.

BOUVETINS. (Rue à)

C'est ainsi que le poëte Guillot, vers l'an 1300, nomme une rue que nous croyons être le *cul-de-sac du Bœuf,* situé dans la rue Saint-Merri.

BOYAUTERIE. (Rue de la) *Commence* à la barrière du Combat, et *finit* à la rue du Faubourg-Saint-Martin. Les numéros sont *rouges ;* le dernier impair est 11, et le dernier pair 26. — 5ᵉ Arrondissement.

Son premier nom est *Dubois ;* une filature de *boyaux* qui y est établie lui a donné sa dénomination actuelle.

BOYAUTERIE. (Barrière de la) — 5ᵉ Arrondissement.

Elle consiste en un bâtiment surmonté d'un dôme et en une guérite. Même étymologie que l'article précédent.

BOYAUTERIE. (Chemin de ronde de la barrière de la) De la barrière de la Boyauterie à celle de Pantin. — 5ᵉ Arrondissement.

BOYER. (Rue) *Voyez* rue Neuve-Saint-Sauveur.

BRAQUE. (Rue de) *Commence* rue du Chaume, et *finit* rue du Temple. Les numéros sont *rouges*; le dernier impair est 11, et le dernier pair 14. — 7ᵉ Arrondissement.

Son premier nom était des *Bouchers*, des *Boucheries-du-Temple*, à cause des *boucheries* que les *Templiers* y avaient fait construire en 1182; elle se prolongeait alors jusqu'à la rue Vieille-du-Temple. Arnoul de *Braque* y ayant fait bâtir une chapelle en 1348, qui fut depuis appelée *la Mercy*, et Nicolas de *Braque* son fils, maître-d'hôtel de Charles V, y ayant fait construire son hôtel, elle prit alors le nom de *Braque*. Au nᵒ 2 on y remarque l'hôtel *de la Michodière*.

BRAQUE, (Rue de) rue de la CHAPELLE-DE-BRAQUE et rue du VIEUX-BRAQUE. *Voyez* rue du Chaume.

BRAQUE ou BRAQUE-LATIN. (Carrefour de) *Voyez* place de l'Estrapade.

BRASSERIE. (Rue de la) *Voyez* rue Traversière-Saint-Honoré.

BRASSERIE. (Cul-de-sac de la) De la rue Traversière, près celle de l'Anglade, à la cour Saint-Guillaume. Les numéros sont *noirs*; le dernier impair est 9, et le dernier pair 12. — 2ᵉ Arrondissement.

La maison dite de la *Brasserie*, qui fait partie de ce cul-de-sac, lui a donné ce nom.

BRAVE. (Rue du) *Commence* rue des Quatre-Vents, et *finit* rue du Petit-Lion. Les numéros sont *noirs*; le dernier impair est 5, et le dernier pair 6. — 11ᵉ Arrondissement.

Nous ignorons d'où vient ce nom. Dans un acte de 1626 elle est nommée du *Petit-Brave*.

BRENEUSE. (Rue) *Voyez* rues Pagevin, du Petit-Reposoir et Verdelet.

BRÈRE-PAR-DEVERS-SAINT-JOSSE. (Rue) *Voyez* cul-de-sac de Venise.

BRET, ou plutôt d'*ALBRET*. (Rue du Pressoir-du-)

Ancienne rue qui n'existe plus depuis quelques siècles; elle était située entre les rues du Four et des Vieilles-Etuves, et était ainsi nommée parce que la maison du connétable d'Albret y était située.

BRETAGNE. (Rue de) *Commence* rue Vieille-du-Temple, et *finit* rues de la Corderie et de Beauce. Les numéros sont *rouges* ; le dernier impair est 45, et le dernier pair 60. — Les numéros impairs sont du 7ᵉ Arrondissement, et les pairs du 6ᵉ.

Elle fut bâtie sous le règne de Louis XIII, et porte le nom d'une ancienne province de France. *Voyez*, pour l'étymologie, rue d'Anjou au Marais.

BRETAGNE. (Rue Neuve-de-) *Commence* au boulevart des Filles-du-Calvaire, et *finit* rue Turenne. Les numéros sont *noirs* ; le dernier impair est 13, et le dernier pair 6. — 8ᵉ Arrondissement.

Elle n'existe que depuis une dixaine d'années, ayant été percée sur une partie du terrain qu'occupaient les bâtimens et jardins des Filles du Calvaire ; elle a pris ce nom parce qu'elle prolonge la rue de Bretagne jusqu'au boulevart.

BRETAGNE (La place de la Petite-) était anciennement située près de la galerie du Louvre où était le cul-de-sac Matignon, dont on vient d'abattre toutes les maisons.

BRETEUIL. (Rue) *Commence* rue Royale, et *finit* place Saint-Vannes. Les numéros sont *noirs* ; le dernier impair est 11, et le dernier pair 8. — 6ᵉ Arrondissement.

Cette petite rue fut percée vers l'an 1765, sur un terrain dépendant autrefois du prieuré de Saint-Martin-des-Champs, tandis que M. le Tonnellier, baron de *Breteuil*, était ministre.

BRETEUIL. (Avenue) De la place Vauban à la barrière de Sèvres. Les numéros sont *noirs* ; le dernier impair est 9, et le dernier pair 58. — 10ᵉ Arrondissement.

Elle porte le nom de Louis le Tonnellier, baron de *Breteuil*, mort à Paris en 1808 ; il était ministre de la maison de Louis XV. Ce fut sous son ministère que l'on commença à abattre les maisons sur les ponts.

BRETEUIL, (Place) située au point de réunion des avenues Breteuil et de Saxe.

Voyez l'étymologie à l'article précédent.

BRETONNERIE, (Rue de la Grande et de la Petite-) et rue aux *BRETONS*. Ces deux rues étaient parallèles, et étaient situées entre la rue Saint-Jacques et l'emplacement où a été bâti depuis le Panthéon.

Elles ont été abattues lorsqu'on a agrandi la place que nous voyons aujourd'hui.

BRETONS (La rue aux) aboutissait au quinzième siècle à la rue de la Mortellerie, entre celles Geoffroy-l'Asnier et des Barres.

Nous ignorons en quel temps elle a été supprimée.

BRETONVILLIERS. (Rue) *Commence* quai de Béthune, et *finit* rue Blanche-de-Castille. Les numéros sont *noirs*; le dernier impair est 5, et le dernier pair 6. — 9ᵉ Arrondissement.

Elle fut bâtie de 1614 à 1643, et porte le nom de M. le Ragois de *Bretonvilliers*, président de la chambre des Comptes, qui y fit construire, sur les dessins de Ducerceau, un bel hôtel qui porte toujours le nom de *Bretonvilliers*, sous le n° 2.

BRIARE, (Cul-de-sac) rue Rochechouard, entre les nᵒˢ 7 et 9. Les numéros sont *noirs*; point de numéros impairs, et le dernier pair est 8. — 2ᵉ Arrondissement.

Ainsi nommé parce que M. *Briare*, entrepreneur, a fait bâtir plusieurs maisons dans ce cul-de-sac et dans le quartier.

BRISEMICHE. (Rue) *Commence* cloître Saint-Merri, et *finit* rue Neuve-Saint-Merri. Les numéros sont *noirs*; le dernier impair est 3, et le dernier pair 14. — 7ᵉ Arrondissement.

Cette rue, ouverte au quinzième siècle, tire vraisemblablement son nom des pains ou *miches* de chapitre que l'on distribuait aux chanoines de la collégiale de Saint-Merri. La rue *Taillepain*, sa voisine, doit avoir la même étymologie.

BRISEPAIN. (Rue) *Voyez* rue Taillepain.

BRISSET (La cour) était anciennement située rue de la Mortellerie, entre les rues Pernelle et de Longpont.

BRODEURS. (Rue des) *Commence* rue Babylone, et *finit* rue de Sèvres. Les numéros sont *noirs*; le dernier impair de la *première série* est 5, et le dernier impair de la *seconde série* est 19; le seul pair de la *première* *série* est 2, et le dernier pair de la *seconde série* est 28. — 10ᵉ Arrondissement.

En 1644 on la trouve sous le nom de *du Lude*, et en 1676 sous ceux des *Brodeurs* ou du *Lude*. Vers 1790 elle prit celui de *Pochet*, et en 1786 on lui redonna son ancien nom des *Brodeurs*.

BRUNEAU. (Le clos)

C'est ainsi que se nommait anciennement le terrain sur lequel la rue Condé et environs ont été bâtis. A la fin du quinzième siècle tout cet espace était encore en jardins et vergers. Le terrain où l'on a bâti les rues Saint-Jean-de-Beauvais et du Mont-Saint-Hilaire se nommait aussi *clos Brunel* ou *Bruneau*.

BRUNEAU. (Rue du Clos-) *Voyez* rue Saint-Jean-de-Beauvais et rue Condé.

BRUNETTE. (Rue) *Voyez* rue Gasté.

BRUTUS, (Cul-de-sac) rue Coquenard, entre les nᵒˢ 20 et 22. Les numéros sont *noirs*; le seul impair est 1, et le dernier pair 20. — 2ᵉ Arrondissement.

Il fut ainsi nommé vers l'an 1792, époque où le nom de *Brutus* était en vénération.

BUCHERIE. (Rue de la) *Commence* place Maubert, et *finit* rue du Petit-Pont. Les numéros sont *rouges*; le dernier impair est 41, et le dernier pair 22. — 12ᵉ Arrondissement.

Elle fut ouverte au commencement du treizième siècle, sur le clos Mauvoisin, et prit le nom de *Bûcherie* parce que le port aux bois ou aux *bûches* était tout près. (Cette *bûcherie* existait encore en 1415.) Au treizième siècle on la nommait de la *Bûcherie* ou de la *Boucherie*, à cause d'une *boucherie* qui y était établie. Guillot, vers l'an 1300, la nomme la *Bûcherie*.

BUEF *et* oë, OU BOEUF *et* ouë. (Cul-de-sac) *Voyez* cul-de-sac du Bœuf.

BUFFAULT. (Rue) *Commence* rue du Faubourg-Montmartre, et *finit* rue Coquenard. Les numéros sont *noirs*; le dernier impair est 25, et le dernier pair 24. — 2ᵉ Arrondissement.

Rue commencée vers l'an 1782, et qui doit son nom à la famille *Buffault*, qui y possédait plusieurs maisons.

BUFFETERIE. (Rue de la) *Voyez* rue des Lombards.

BUFFON. (Rue) *Commence* boulevart de l'Hôpital, et *finit* rue du Jardin-des-Plantes. Les numéros sont *noirs*; le dernier impair est 23; pas de numéros pairs. — 12ᵉ Arrondissement.

Cette rue, qui longe le jardin des Plantes, porte ce nom en mémoire du comte de *Buffon*, intendant du jardin des Plantes, célèbre naturaliste, éloquent écrivain, né en 1697, et mort en 1788.

BUISSON-SAINT-LOUIS. (Rue du) *Commence* rue Saint-Maur, et *finit* à la barrière de la Chopinette. Les numéros sont *noirs*; Le dernier impair est 11, et le dernier pair 22. — 5ᵉ Arrondissement.

Rue percée depuis une quinzaine d'années, et qui a pris une partie de son nom de sa proximité de l'hôpital *Saint-Louis*.

BUISSON, (Cul-de-sac du Vert-) rue de l'Université, au Gros-Caillou, entre les nᵒˢ 53 et 55. Les numéros sont *noirs*; pas de numéros impairs, et le dernier pair est 6. — 10ᵉ Arrondissement.

Un grand terrain, situé près de cette rue, et entouré d'une haie de *buissons*, lui a donné ce nom.

BULLIERS. (Rue aux) *Voyez* rue du Bouloi.

BUREAUX. (Isle aux) *Voyez* place de Thionville.

BUSSI, (Porte) ou plutôt *BUCI.*

C'était une des portes de l'enceinte de Philippe-Auguste, située rue Saint-André-des-Arts, près de la rue Contrescarpe. En 1209, avant qu'elle fût achevée, elle fut vendue aux religieux de l'abbaye Saint-Germain, et se nomma *Saint-Germain*. En 1350 ces religieux la cédèrent à M. de *Buci*, premier président au parlement de Paris, dont elle prit le nom. Elle fut abattue en 1672.

BUSSI. (Rue) *Commence* rues Mazarine et des Fossés-Saint-Germain-des-Prés, et *finit* rues Sainte-Marguerite et des Boucheries. Les numéros sont *rouges*; le dernier impair est 45, et le dernier pair 44. — 10ᵉ Arrondissement.

Son premier nom est du *Pilori*, parce que les religieux de l'abbaye Saint-Germain y avaient un *pilori* et des fourches patibulaires. Au milieu du quatorzième siècle Simon de *Buci* acheta la porte *Saint-Germain*, qui changea alors son nom en porte *Buci*, et la rue qui conduisait à cette porte se nomma aussi *Buci*, et par altération *Bussi*.

BUSSI-A-LA-SEINE, ou AU-PRÉ-AUX-CLERCS. (Rue de la Porte-de-) *Voyez* rue de Seine-Saint-Germain.

BUSSI. (Carrefour) C'est la place formée par la rencontre des rues de Thionville, Mazarine, Bussi, des Fossés-Saint-Germain-des-Prés et Saint-André-des-Arts. — 10° Arrondissement.

BUTTE. (Rue de la) *Voyez* rue Saint-Guillaume.

BUTTES. (Rue des) *Commence* rue de Reuilly, et *finit* rue de Picpus. Les numéros sont *noirs*; le dernier impair est 5, et le dernier pair 6. — 8° Arrondissement.

Elle doit son nom aux *inégalités* ou *buttes* qui existent sur le terrain où elle est percée.

BUTTES. (Rue des) *Voyez* rue Mazarine.

BUVETTE. (Ruelle de la) *Commence* à l'allée des Veuves, et *finit* dans des marais ou jardins potagers.

C'est plutôt un chemin qu'une ruelle. Les guinguettes ou *buvettes* établies dans ce quartier lui ont donné ce nom.

C.

CADET. (Rue) *Commence* rue du Faubourg-Montmartre, et *finit* rues Montholon et Coquenard. Les numéros sont *noirs*; le dernier impair est 19, et le dernier pair 40. — 2° Arrondissement.

Un particulier nommé *Cadet* a donné son nom à un clos, dit *clos Cadet*, qui était près de cette rue, et ce clos a donné le sien à la rue; il y a environ quarante ans qu'on la nommait de la *voierie*.

CADIER. (Rue de la Traverse-) *Voyez* Traverse-Cadier.

CADRAN. (Rue du) *Commence* rues des Petits-Carreaux et Montorgueil, et *finit* rue Montmartre. Les numéros sont *rouges*; le dernier impair est 45, et le dernier pair 50. — 3° Arrondissement.

En 1489 on la nommait *ruelle des Aigoux* (des Egouts), la rue où soulaient être les *égouts* de la ville, à cause d'un *égout* qui y passe encore à découvert. Une enseigne qui existait encore dans cette rue vers la fin du dix-septième siècle, représentant un *os*, un *bouc*, un *duc* (espèce d'oiseau) et un globe, figure du *monde*, avec cette inscription : *Os, bouc, duc, monde*, la fit nommer du *Bout-du-Monde*, nom qu'elle a conservé jusqu'en 1806, qu'elle prit celui du *Cadran*, à cause du *cadran* d'une horloge qui sonne les heures avec carillon depuis plusieurs années devant l'atelier d'un serrurier-mécanicien.

CAFÉ-DE-FOI. (Passage du) De la rue de Quiberon à celle Richelieu, n° 46. — 2ᵉ Arrondissement.

Il conduit effectivement de la rue Richelieu au *café de Foi*, qui est aux galeries de pierre du Palais-Royal.

CAFÉ-DE-MALTE. (Passage du) De la rue Saint-Martin, n° 260, au boulevart Saint-Martin, n° 57. — 6ᵉ Arrondissement.

Il tire son nom du café dit *de Malte*, situé à côté.

CAFÉ-DU-PARNASSE. (Passage du) Du quai de l'Ecole, n° 10, à la rue des Prêtres-Saint-Germain-l'Auxerrois, n° 7. — 4ᵉ Arrondissement.

Le *café du Parnasse*, auquel a succédé le café du Pont-Neuf, a donné le nom à ce passage parce qu'il était situé à côté.

CAGNARD. (Le)

Ce nom, qui signifie en vieux langage *encognure*, lieu malpropre, était celui qu'a porté jusque dans ces derniers temps une ruelle sale et étroite par où l'on descendait de la rue de la Huchette à la rivière, tout près du pont Saint-Michel; il avait aussi porté le nom d'*abreuvoir Mâcon*. *Voyez* ce dernier nom.

CAILLOU. (Le Gros-)

C'est ainsi qu'on nomme l'espace qui est compris entre la rivière, l'avenue Lamotte-Piquet, le Champ-de-Mars et l'esplanade des Invalides; il doit ce nom, dit Piganiol, à un *gros caillou* qui servait d'enseigne à une maison de débauche. Jaillot dit que ce *gros caillou* était une borne qui servait de limite entre les seigneuries de Saint-Germain-des-Prés et de Sainte-Geneviève.

CAILLOU. (Rue du Gros-) *Voyez* rue du Marché-aux-Chevaux.

CAIRE. (Rue du) *Commence* rue Saint-Denis, et *finit* place du Caire et rue Damiette. Les numéros sont *noirs;* le dernier impair est 35, et le dernier pair 36.

Elle fut percée en 1798, sur l'emplacement du couvent et du jardin des Filles-Dieu, et le nom du *Caire* lui fut donné en mémoire de l'entrée victorieuse des troupes françaises au Caire, le 23 juillet de la même année 1798, sous les ordres du général Bonaparte.

CAIRE. (Passage de la Foire-du-) De la rue Saint-Denis, nᵒˢ 331 et 333, à la rue du Caire, nᵒˢ 24 et 34.

Bâti en 1798. *Voyez* rue du *Caire.*

CAIRE, (Place du) rues d'Aboukir et du Caire. Les numéros sont *noirs;* les deux impairs sont 33 et 35, faisant partie de la série de ceux de la rue du Caire, et le dernier pair 4. — 5ᵉ Arrondissement.

Construit en 1798. *Voyez* rue du *Caire.*

CALANDRE. (Rue de la) *Commence* rues du Marché-Palu et de la Juiverie, et *finit* rue de la Barillerie. Les numéros sont *rouges;* le dernier impair est 55, et le dernier pair 54. — 9ᵉ Arrondissement.

Avant le treizième siècle on l'appelait *rue qui va du petit Pont à la place Saint-Michel.* (C'était la place devant la chapelle Saint-Michel-du-Palais.) Il est très-vraisemblable qu'elle doit son nom actuel à l'enseigne de la *Calandre* (machine à presser et lustrer les draps); quelques-uns pensent qu'elle pourrait devoir ce nom à la famille de la *Kalendre,* qui était connue très-anciennement dans ce quartier : le poëte Guillot, vers l'an 1300, la désigne sous le nom de *Kalendre.*

CALONNE. (Rue) *Voyez* rue du Contrat-Social.

CALVAIRE, (Les religieuses du) rue de Vaugirard, nᵒ 23.

Elles s'y établirent en 1622; on commença à construire la chapelle en 1625, et elles furent supprimées en 1790. L'église sert maintenant de remises, et dépend des bâtimens du palais du Sénat.

CALVAIRE. (Les religieuses du)

Ce couvent était situé rue des *Filles-du-Calvaire;* il occupait un grand espace de terrain sur lequel on a percé il y a quelques années les rues Neuve-de-Bretagne et Neuve-de-Ménilmontant. La construction de l'église et du couvent fut achevée en 1637, époque où ces religieuses en prirent possession; elles furent supprimées en 1790.

CALVAIRE. (Rue des Filles-du-) *Commence* rues Boucherat et Turenne, et *finit* boulevarts des Filles-du-Calvaire et du Temple. Les numéros sont *noirs;* le dernier impair est 29, et le dernier pair 18. — Les numéros impairs sont du 6ᵉ Arrondissement, et les pairs du 8ᵉ.

Cette rue, percée en 1698, prit le nom du couvent des Filles-du-Calvaire, qui y avait été construit depuis une soixantaine d'années.

CALVAIRE. (Boulevart des Filles-du-) *Commence* rue du Pont-aux-Choux et boulevart Saint-Antoine, et *finit* rue des Filles-du-Calvaire et au boulevart du Temple. Les numéros sont *noirs;* le dernier impair est 19; pas de numéros pairs. — 8ᵉ Arrondissement.

Ce boulevart fut tracé en 1536, en même temps que les

autres boulevarts du nord. On commença à le planter en 1668, et il fut achevé en 1705. Il prit son nom du couvent des *Filles-du-Calvaire,* qui régnait le long de ce boulevart.

CALVAIRE. (Carrefour des Filles-du-) C'est la place formée par la rencontre des rues des Filles-du-Calvaire, Boucherat, de Normandie, de Bretagne, Vieille-du-Temple, Turenne et Neuve-de-Bretagne. — 6ᵉ, 7ᵉ et 8ᵉ Arrondissemens.

CALVI, (Le collége de) dit la *Petite-Sorbonne.*

C'est sur l'emplacement de ce collége qu'une partie de l'église Sorbonne fut construite ; il avait été achevé en 1271.

CALVINISTES OU RÉFORMÉS. *Voyez* leurs temples à l'Oratoire et à la Visitation.

CAMBRAI (Le cul-de-sac Jean-de-) était situé rue Saint-Victor, où sont maintenant les cabanes des animaux du jardin des Plantes.

Il fut supprimé il y a plus d'un siècle, et devait son nom à un particulier qui y avait sa maison. Il avait aussi porté le nom du *Tondeur.*

CAMBRAY. (Place) De la rue Saint-Jean-de-Latran à la rue Saint-Jacques. Les numéros sont *rouges ;* le dernier impair est 9, et le dernier pair 14. — 12ᵉ Arrond.

Elle fut construite au commencement du dix-septième siècle, sur un terrain qui servait anciennement de cimetière et sur une partie de la rue Saint-Jean-de-Latran, qui s'étendait alors jusqu'à celle Saint-Jacques ; elle porte ce nom parce que la maison de l'évêque de *Cambray,* changée depuis en collége du même nom (à présent le collége de France), y était située. On y remarque la fontaine dite de Saint-Benoît, construite en 1624, dont les eaux proviennent de la pompe Notre-Dame.

CANETTES. (Rue des) *Commence* rue du Four, et *finit* place Saint-Sulpice et rue du Vieux-Colombier. Les numéros sont *noirs ;* le dernier impair est 27, et le dernier pair 34. — 11ᵉ Arrondissement.

Elle a porté les noms de *Saint-Sulpice* et *Neuve-Saint-Sulpice,* parce qu'elle conduit à cette église. Son nom actuel lui vient d'une enseigne des *Trois Canettes.*

CANETTES. (Rue des Trois-) *Commence* rue Saint-Christophe, et *finit* rue de la Licorne. Les numéros sont *noirs ;* le dernier impair est 17, et le dernier pair 4. — 9ᵉ Arrondissement.

Il parait que cette rue est celle que Guillot, vers l'an 1300, nomme *de la Pomme;* en 1480 elle est désignée par les deux noms de la *Pomme-Rouge* et des *Canettes.* Sauval dit que son nom actuel lui vient de deux maisons dites les *Grandes* et *Petites Canettes.*

CANETTES. (Rue des Trois-) Petite rue qui descendait de la rue de la Huchette à la rivière, entre la rue des Trois-Chandeliers et celle du Chat-qui-Pêche.

Elle fut supprimée en 1767, à cause d'un accident fatal qui arriva par l'écroulement d'une maison. Elle avait porté le nom *du Harpeur.*

CANIVET. (Rue du) *Commence* rue Servandoni, et *finit* rue Férou. Les numéros sont *rouges;* le dernier impair est 3, et le dernier pair. 6. — 11ᵉ Arrondissement.

On la trouve aussi nommée du *Ganivet.* Nous ignorons l'étymologie du nom de cette rue, dont il est déjà fait mention en 1636.

CAPUCINES (Le couvent des) était situé rue Neuve-des-Capucines, où sont à présent la rue Napoléon et la prolongation de la rue Neuve-Saint-Augustin de la rue de la Place-Vendôme à celle Napoléon.

Ce couvent fut bâti la première fois de 1604 à 1606; celui que nous avons vu, et qui a été démoli il y a une dixaine d'années, avait été élevé de 1686 à 1688. Cet ordre fut supprimé en 1790.

CAPUCINES. (Rue Neuve-des-) *Commence* rue Napoléon et place Vendôme, et *finit* boulevart de la Madeleine. Les numéros sont *rouges;* le dernier impair est 17, et le dernier pair 14. — 1ᵉʳ Arrondissement.

Elle tient son nom du couvent des *Capucines,* qui y était situé; *voyez* l'article précédent. Au n° 10 on remarque l'hôtel du ministre du Trésor public.

CAPUCINES. (Boulevart des) *Commence* rue de la Place-Vendôme et boulevart des Italiens, et *finit* rue Neuve-des-Capucines et boulevart de la Madeleine. Les numéros sont *rouges;* le dernier impair est 15. — 1ᵉʳ Arrondissement.

Il avait été tracé et commencé en 1536, ainsi que tous les boulevarts du nord; on commença à le planter en 1668, et il fut achevé en 1705. Ce nom vient du couvent des *Capucines,* dont le jardin aboutissait jusqu'à ce boulevart. Au n° 15 on remarque l'hôtel du prince de Neuchâtel.

CAPUCINS (Eglise des) de la chaussée d'Antin, première succursale de la paroisse de la Madeleine, rue Sainte-Croix. — 1er Arrondissement.

Cette église fut achevée en 1782, sur les dessins de M. Brongniart, architecte. Ces religieux s'y transportèrent de leur ancien couvent de la rue Saint-Jacques en 1783, et furent supprimés en 1790.

CAPUCINS, (Couvent des) rue Saint-Honoré.

Ces religieux s'y établirent en 1576; le couvent fut reconstruit en 1603, et leur église fut rebâtie de 1603 à 1610. Ils furent supprimés en 1790. L'église et le couvent furent démolis, et sur cet emplacement on a percé les rues Castiglione, du Mont-Thabor, et bâti la salle de spectacle dite Cirque Olympique.

CAPUCINS, (Eglise, couvent et jardin des) rues du Perche et d'Orléans, au Marais.

On commença à bâtir ce couvent en 1622; il fut supprimé en 1790. L'église existe toujours rue du Perche, n° 13, sous l'invocation de Saint-François-d'Assise (*voyez* l'article de cette église), et les couvent et jardins ont été vendus à un particulier.

CAPUCINS (Les) de la rue Saint-Jacques. *Voyez* l'hôpital des Vénériens.

CAPUCINS. (Rue des) *Commence* rue des Bourguignons, et *finit* rues Saint-Jacques et du Faubourg-Saint-Jacques. — 12e Arrondissement.

Cette rue, qui n'est encore que tracée, se nomme ainsi parce qu'elle longe l'ancien couvent des *Capucins*, à présent l'hôpital des Vénériens.

CAPUCINS. (Rue du Champ-des-) *Commence* rue des Bourguignons, et *finit* rues Saint-Jacques et du Faubourg Saint-Jacques. — 12e Arrondissement.

Elle n'est point encore bâtie; elle est percée sur le *champ des Capucins*, près de leur ancien couvent, qui est à présent l'hôpital des Vénériens.

CAPUCINS. (Rue Neuve-des-) *Voyez* rue Joubert.

CARCAISSONS, CARCUISSONS, CARQUILLONS. (Rue des) *Voyez* rue des Cargaisons.

CARDINALE. (Rue) *Voyez* rue Guntzbourg.

CARELLE. (Rue) *Voyez* rue Blanche-de-Castille.

CARÊME-PRENANT. (Rue du) *Commence* rue du Faubourg-du-Temple, et *finit* rues Grange-aux-Belles et de l'Hôpital-Saint-Louis. Les numéros sont *rouges*; le dernier impair est 21, et le dernier pair 22. — 5ᵉ Arrondissement.

Elle a conservé le nom du territoire sur lequel on l'a percée, qui se nommait *Carême-Prenant*. En 1465 ce territoire s'appelait le *clos Jaqueline d'Epernon*, autrement dit *Carême-Prenant*.

CARGAISONS. (Rue des) *Commence* rue du Marché-Neuf, entre les nᵒˢ 24 et 26, et *finit* rue de la Calandre, entre les nᵒˢ 21 et 23. — 9ᵉ Arrondissement.

C'est plutôt un passage qu'une rue. (Point de numéros.) On la trouve dans divers temps sous le nom des *Carcuissons*, des *Carcaisons*, des *Carquillons*, d'*Escarcuissons*, etc. Nous en ignorons l'étymologie.

CARMELITES, (Le couvent des) rue d'Enfer, nᵒ 67.

Quelques historiens prétendent, mais sans preuves, que ce couvent était bâti sur l'emplacement d'un temple dédié ou à Cérès, ou à Mercure, ou à Isis. (On trouva en 1630 et depuis, en fouillant ce terrain, des antiquités romaines.) A ce temple, s'il a existé, succéda le prieuré de Notre-Dame-des-Champs, occupé primitivement par les religieux de Marmoutiers, de l'ordre de Saint-Benoît, qui y demeuraient dès le dixième siècle. Les Carmelites s'y établirent en 1604, et la reine Marie de Médicis fit construire et décorer une partie des bâtimens. Elles furent supprimées en 1790. L'église est démolie, et le reste est devenu maison particulière.

CARMELITES, (Le couvent des) rue Chapon, du nᵒ 17 au nᵒ 25.

Ces religieuses s'établirent en cet endroit l'an 1619; elles demeuraient déjà rue Chapon, dans un autre hôtel, dès 1617. Ayant été supprimées en 1790, tout cet emplacement fut vendu, et l'on y bâtit différentes maisons particulières.

CARMELITES, (Le couvent des) rue de Grenelle-Saint-Germain, nᵒ 128.

Ces religieuses, qui demeuraient rue du Bouloi dès l'an 1663, prirent possession de ce couvent en 1687, et furent supprimées en 1790. C'est à présent une caserne.

CARMELITES, (Cul-de-sac des) rue Saint-Jacques, entre les nᵒˢ 284 et 286. Il n'y a que deux numéros impairs, qui sont 1 et 3. — 12ᵉ Arrondissement.

Il est situé près de l'endroit où était le couvent des *Carmelites,* dont il a pris le nom.

CARMES, (Le couvent des) rue des Carmes, n° 1.

Ces religieux arrivèrent à Paris en 1254, et demeurèrent jusqu'en 1318 où furent depuis les Célestins; ils s'établirent la même année en cet endroit, où ils restèrent jusqu'en 1790, qu'ils furent supprimés. L'église que nous avons vue jusqu'à nos jours fut achevée en 1353. Cette propriété appartient toujours au Gouvernement.

CARMES-DÉCHAUSSÉS, (Le couvent des) rué de Vaugirard, n° 70.

Ils s'y établirent en 1610, et furent supprimés en 1790; l'église fut achevée en 1620; elle existe encore, et appartient à une société de dames qui y font dire la messe; le reste appartient à divers particuliers.

CARMES-BILLETTES. (Les) *Voyez* Billettes.

CARMES. (Rue des) *Commence* rue des Noyers, et *finit* rues Saint-Hilaire et des Sept-Voies. Les numéros sont *noirs*; le dernier est 27, et le dernier pair 38. — 12e Arrondissement.

Cette rue, ouverte sur le clos Bruneau, se nomma d'abord *Saint-Hilaire,* parce qu'elle conduisait à l'église *Saint-Hilaire*; les *Carmes* s'y étant établis en 1318, elle changea alors de nom.

CARMES. (Rue des) *Voyez* rue du Regard.

CARMES. (Carrefour des) — 12e Arrondissement.

Place formée par la rencontre des rues de la Montagne-Sainte-Geneviève, des Noyers, Saint-Victor et de Bièvre, ainsi que de la place Maubert.

CARNEAU (La rue du) communiquait de la rue de la Bûcherie à la rivière.

Elle n'existe plus depuis une vingtaine d'années. Au treizième siècle c'était un endroit qu'on nommait la *Poissonnerie*; effectivement Guillot, vers l'an 1300, lui donne ce nom. On la trouve, en 1313 et 1398, sous le nom des *Porrées où l'on vend le poisson d'eau douce*; au dix-septième siècle c'était la *place aux Poissons*; elle prit ensuite le nom du *Petit-Carneau,* du *Carneau* ou du *Port à maître Pierre* : le nom du *Carneau* lui vient sans doute de sa proximité du petit Châtelet, dont les *carneaux* ou *créneaux* donnaient sur cette rue.

CARON. (Rue) *Commence* marché Sainte-Catherine, et *finit* rue Jarente. Les numéros sont *noirs*; le seul impair est 1, et le seul pair 2. — 8e Arrondissement.

Elle fut ouverte en 1788, sur une partie du terrain qu'occupaient les bâtimens de *Sainte-Catherine-du-val-des-Ecoliers.*

6

CARPENTIER. (Rue) *Commence* rue du Gindre, et *finit* rue Cassette. Les numéros sont *rouges ;* lé dernier impair est 11, et le dernier pair 8. — 11ᵉ Arrondissement.

On la trouve aussi, dans quelques anciens plans et titres, sous les noms de *Charpentier, Charpentière, Apentier, Arpentier,* dont nous ne connaissons pas l'étymologie.

CARREAUX, (Rue des Petits-) ou rue du **PETIT-CARREAU.** *Commence* rues du Cadran et Saint-Sauveur, et *finit* rue Cléry. Les numéros sont *noirs ;* le dernier impair est 49, et le dernier pair 50. — Les impairs sont du 3ᵉ Arrondissement, et les pairs du 5ᵉ.

Elle se nommait anciennement *Montorgueil,* parce qu'elle conduit sur la petite élévation que les anciens titres désignent sous le nom de *mont Orgueilleux* (mons Superbus); on la trouve en 1637 sous celui des *Boucheries,* à cause de la *boucherie* qui y était établie : elle doit peut-être son nom actuel à une enseigne des *petits carreaux* à carreler qui existe encore devant la maison d'un marchand de vins, n° 29.

CARREFOURS. *Voyez* leurs noms particuliers.

CARRIÈRES. (Rue des) *Voyez* rues des Champs, Poliveau et des Saussaies.

CARROUSEL. (Place du) Les bâtimens qui la bordent à l'orient *commencent* rue des Orties, et *finissent* rue Saint-Nicaise. Les numéros sont *noirs ;* le dernier pair est 34. — 1ᵉʳ Arrondissement.

Ainsi nommée du magnifique *Carrousel* donné les 5 et 6 juin 1662 par Louis XIV. On s'occupe à présent à démolir une partie de ces maisons pour continuer la galerie septentrionale qui joindra les palais des Tuileries et du Louvre. On y voit encore, au n° 14, l'hôtel de la Secrétairerie d'Etat, ci-devant l'hôtel d'Elbeuf ; au n° 16 celui des écuries de l'Empereur, ci-devant Longueville. On admire sur cette place l'arc de triomphe élevé en 1806, sur les dessins de M. Fontaine, architecte de l'Empereur.

CARROUSEL (La rue du) n'existe plus ; elle *commençait* place du Carrousel, et *finissait* rue Saint-Nicaise.

CASSEL. (Rue) *Voyez* rues Cassette, du Vieux-Colombier et Guillemain.

CASSETTE. (Rue) *Commence* rue du Vieux-Colombier, et *finit* rue de Vaugirard. Les numéros sont *noirs*; le dernier impair est 37, et le dernier pair 38. — 11ᵉ Arrondissement.

Ce nom lui vient de l'hôtel *Cassel*, qui occupait une grande partie de cette rue. En 1456 elle se nommait encore *Cassel;* par altération on a fini par dire et écrire *Cassette*.

CASSETTE. (Petite rue) *Voyez* rue Beurrière.

CASSINI. (Rue) *Commence* rue du Faubourg-Saint-Jacques, et *finit* rue d'Enfer. Les numéros sont *noirs*; le seul impair est 1, et le dernier pair 8. — 12ᵉ Arrondissement.

Les premiers noms de cette rue, située à côté de l'*Observatoire*, étaient *Maillet*, du *Maillet*, des *Deux-Maillets*, des *Deux-Anges*; on lui donna il y a quelques années le nom de *Cassini*, en mémoire de Jean-Dominique *Cassini*, né à Périnaldo en 1625, et mort en 1712; il fit plusieurs découvertes en astronomie; il continua la méridienne de l'*Observatoire* de Paris, commencée par Picart. Le fils de *Cassini*, son petit-fils et son arrière petit-fils, le comte de *Cassini*, ont rendu ce nom célèbre par les progrès qu'ils ont fait faire à l'astronomie et à la géographie.

CASSINI, (Cul-de-sac) rue Cassini, en face du n° 4. Les numéros sont *noirs*; il n'y a qu'un seul impair, qui est 1, et un seul pair 2. — 12ᵉ Arrondissement.

Même étymologie que l'article précédent. On remarque près le n° 2 un château d'eau contenant le premier départ des eaux d'Arcueil.

CASTEX. (Rue) *Commence* rue de la Cerisaie, et *finit* rue Saint-Antoine. Les numéros seront *rouges*. — 9ᵉ Arrondissement.

Cette rue, nouvellement tracée, n'est encore ni passagère ni bâtie; elle porte le nom d'un officier mort glorieusement à la bataille d'Austerlitz.

CASTIGLIONE. (Rue de) *Commence* rue Saint-Honoré, et *finit* rue de Rivoli. Les numéros seront *noirs*. — 1ᵉʳ Arrondissement.

Cette rue, percée depuis quelques années sur une partie de l'emplacement du couvent des Feuillans, porte ce nom pour perpétuer le souvenir de la bataille de *Castiglione*, gagnée par le général en chef Bonaparte sur le général Wurmser, le 5 août 1796. Il n'y a encore que deux maisons bâties.

CATHERINE (L'hôpital Sainte-) était situé rue Saint-Denis, n° 53 et 55, au coin méridional de la rue des Lombards.

Sa fondation, sous le nom d'*Hôpital des Pauvres de Sainte-Opportune*, est incertaine ; les historiens varient sur l'époque de l'an 884 à l'an 1184. Il fut démoli au commencement de la révolution ; des maisons particulières se sont élevées sur cet emplacement.

CATHERINE-DU-VAL-DES-ECOLIERS. (Les chanoines réguliers de Sainte-) Leur couvent était rue Saint-Antoine, où est maintenant le marché Sainte-Catherine.

En 1201 quelques professeurs de l'Université de Paris, pour fuir le monde, se retirèrent dans une *vallée* déserte de la Champagne ; des *écoliers* y furent attirés pour le même motif, et se mirent sous la protection de *Sainte-Catherine* : de là vient le nom que cette congrégation porta. Vers l'an 1229 une de ces congrégations s'établit à Paris dans un endroit cultivé que l'on nommait alors *couture* (culture) ; ils se nommèrent pour cette raison les chanoines de la *Couture Sainte-Catherine*. Ce fut la même année 1229 que leur église fut achevée. En 1767 ils furent transférés au couvent des Jésuites, rue Saint-Antoine, et sur cet emplacement on bâtit le *marché Sainte-Catherine*.

CATHERINE. (Rue Sainte-) *Commence* rue Saint-Thomas, et *finit* rue Saint-Dominique. Les numéros sont *noirs* ; le seul impair est 1, et le dernier pair 6. — 11° Arrondissement.

Nous ignorons pourquoi ce nom lui fut donné ; quelques plans anciens la nomment de *la Madeleine*.

CATHERINE, (Rue Sainte-) nom d'une rue qui, au dix-septième siècle, a été détruite pour agrandir l'hôpital Sainte-Catherine, rue Saint-Denis.

Cette rue se nommait en 1268 *Garnier Maufet* ; au quatorzième et quinzième siècles *ruelle aux Vifs* : on croit qu'elle a aussi porté les noms de *ruelle Vichignon* et de *cul-de-sac Vergnon*.

CATHERINE (La rue Sainte-) était située anciennement près la rue Saint-Antoine, et conduisait à la porte de ce nom.

CATHERINE. (Rue Culture-Sainte-) *Commence* place Birague, rue Saint-Antoine, et *finit* rue du Parc-Royal. Les numéros sont *noirs* ; le dernier impair est

37, et le dernier pair 62. — Les impairs de 1 à 25 sont du 7ᵉ Arrondissement; tous les autres numéros sont du 8ᵉ.

On la trouve nommée tantôt *Culture* et tantôt *Couture-Sainte-Catherine;* de la rue des Francs-Bourgeois à celle du Parc-Royal elle se trouve, dans quelques plans, sous le nom *du Val.* Elle doit son nom au couvent des chanoines réguliers de *Sainte-Catherine-du-Val-des-Ecoliers*, dit de la *Couture-Sainte-Catherine.* (*Voyez* l'article ci-dessus.) Au n° 19 était le spectacle dit du Marais; au n° 27 l'hôtel de Carnavalet, où demeuraient Mᵐᵉ de Sévigné et sa fille, la comtesse de Grignan; on y admire les statues de la Force et de la Vigilance, produites par le ciseau du célèbre Jean Goujon; et au n° 35 l'hôtel Saint-Fargeau ou Jonquière. C'est dans cette rue que fut assassiné, en 1392, le connétable de Clisson, par les ordres de Pierre de Craon.

CATHERINE. (Rue Culture-Sainte-) *Voyez* rue des Trois-Pavillons.

CATHERINE. (Rue Neuve-Sainte-) *Commence* rues Turenne et de l'Egout, et *finit* rue Payenne. Les numéros sont *rouges;* le dernier impair est 23, et le dernier pair 18. — 8ᵉ Arrondissement. (L'espace qui se trouve de la rue Culture-Sainte-Catherine à celle Pavée, à gauche, et qui n'a point de numéros, est du 7ᵉ Arrondissement.)

Ce nom lui vient du prieuré de *Sainte-Catherine-du-Val-des-Ecoliers*, le long du terrain duquel on l'a bâtie. Vers la fin du dernier siècle la partie qui s'étend de la rue Culture-Sainte-Catherine à celle Payenne prit le nom de *Neuve-Sainte-Catherine;* c'était auparavant la prolongation de celle des *Francs-Bourgeois.*

CATHERINE. (Rue de l'Egout-Sainte-) *Commence* rue Saint-Antoine, et *finit* rues Neuve-Sainte-Catherine et de l'Echarpe. Les numéros sont *noirs;* le dernier impair est 23, et le dernier pair 18. — 8ᵉ Arrond.

Ainsi nommée d'un *égout* qui passait sur le terrain *Sainte-Catherine*, près de l'endroit où elle a été ouverte. Cet égout fut couvert au commencement du dix-septième siècle.

CATHERINE. (Cul-de-sac Sainte-) *Voyez* cul-de-sac Saint-Dominique et cour Sainte-Catherine.

CATHERINE. (Cour Sainte-) rue Saint-Denis, n° 313. — 5ᵉ Arrondissement.

Elle tient ce nom de la maison dite du Pressoir, que les religieuses de l'*hôpital Sainte-Catherine* achetèrent en 1641 dans cette *cour* : on la nommait aussi *cul-de-sac Sainte-Catherine.*

CATHERINE, (Marché Sainte-) rues d'Ormesson et Caron. — 8ᵉ Arrondissement.

Ce marché, qui est ouvert tous les jours, est ainsi nommé des couvent, église et jardin des chanoines de *Sainte-Catherine-du-Val-des-Écoliers*, sur l'emplacement desquels il a été construit; la première pierre en fut posée par M. d'Ormesson, contrôleur général des finances, le 20 août 1783.

CATHERINE. (Place du Marché-Sainte-) *Commence* rue d'Ormesson, et *finit* rue Caron. Les numéros sont *noirs*; le dernier impair est 9, et le dernier pair 8. — 8ᵉ Arrondissement.

C'est l'entrée du *marché Sainte-Catherine* du côté de la rue Saint-Antoine.

CATHOLIQUES, (Les Nouvelles-) rue Helvétius, n° 63.

Ces religieuses étaient en 1634 rue des Fossoyeurs (aujourd'hui Servandoni); en 1647 elles étaient encore rue Pavée, au Marais; ensuite rue Sainte-Avoie, et en 1651 rue Neuve-Saint-Eustache; elles s'établirent rue Sainte-Anne (aujourd'hui Helvétius) en 1672. Ayant été supprimées en 1790, quelques années après ce couvent fut vendu par le Gouvernement, et ensuite transformé en maison particulière.

CATINAT. (Quai) *Commence* pont de la Cité et rue Bossuet, et *finit* Pont-au-Double et rue de l'Evêché. — 9ᵉ Arrondissement.

Ce quai, commencé depuis quelques années, et dont les travaux s'avancent, porte le nom du brave *Catinat,* maréchal de France, né à Paris en 1637, et mort à sa terre de Saint-Gratien en 1712. Une partie de ce quai, à la pointe de l'île, se nommait en 1258 *la motte aux Papelards,* et un siècle après le *Terrain,* qui fut par suite enfermé dans le jardin des chanoines de Notre-Dame.

CAUMARTIN. (Rue) *Commence* rue Basse-du-Rempart, et *finit* rue Neuve-des-Mathurins. Les numéros sont *noirs*; le dernier impair est 45, et le dernier pair 34. — 1ᵉʳ Arrondissement.

Elle fut ouverte il y a environ trente ans, et doit son nom à la famille *Caumartin.* (En 1790 M. *Caumartin* Saint-Ange, maître des requêtes, était intendant de la Franche-Comté.)

CAUVIN. (Rue) *Voyez* rue de l'Eperon.

CAVATERIE, CAVETERIE, CHAVATERIE. (Rue de la) *Voyez* rue Saint-Eloi.

CÉLESTINS, (Les) quai Morland, n° 4, et rue du Petit-Musc, n° 2.

Ces religieux sont ainsi nommés parce qu'ils ont été institués, vers le milieu du treizième siècle, par le pape *Célestin V.* Ce fut en 1352 qu'ils s'établirent sur le quai depuis nommé des *Célestins*; en 1367 Charles V posa la première pierre de leur église, et leur donna une partie des jardins de l'hôtel Saint-Paul; en 1539 on commença à reconstruire le cloître. Cet ordre fut supprimé en France en 1778. On a fait il y a quelques années une caserne d'une partie des bâtimens.

CÉLESTINS. (Rue des) *Voyez* rue du Petit-Musc.

CÉLESTINS. (Quai des) *Commence* pont Grammont et rue du Petit-Musc, et *finit* quai Saint-Paul et rue Saint-Paul. Les numéros sont *rouges*; le dernier pair est 30. — 9° Arrondissement.

Ce nom lui vient des religieux *Célestins*, qui s'y établirent en 1352. Ce quai fut refait et pavé en 1705. (*Voyez* l'article *Célestins* ci-dessus.) On remarque au n° 10 l'hôtel Mareuil.

CENDRÉE. (Rue de la) *Voyez* rues Poliveau et du Cendrier.

CENDRIER. (Rue du) *Commence* rue du Marché-aux-Chevaux, et *finit* rue des Fossés-Saint-Marcel. Les numéros sont *noirs*; le dernier impair est 31, et le seul pair 2. — 12° Arrondissement.

Il y avait anciennement dans ce quartier un *locus cinerum*, l'endroit aux *cendres*, que l'on croit avoir été remplacé par la rue Poliveau, qui se nommait autrefois rue de la *Cendrée*. La rue du *Cendrier* est une rue nouvelle qui paraît ainsi nommée pour conserver cette ancienne étymologie.

CENDRIER, (Cul-de-sac) situé passage Cendrier, près la rue Basse-du-Rempart. Pas de numéros. — 1ᵉʳ Arrondissement.

Ainsi nommé du nom d'un particulier qui y demeure.

CENDRIER. (Passage) De la rue Basse-du-Rempart, n° 38, à la rue Neuve-des-Mathurins, n° 5. — 1ᵉʳ Arrondissement.

Même étymologie que l'article précédent.

CENSÉE. (Rue) *Voyez* rues Censier et Fourcy.

CENSIER. (Rue) *Commence* rue du Jardin-des-Plantes, et *finit* rue Mouffetard. Les numéros sont *noirs;* le dernier impair est 45, et le dernier pair 20. — 12ᵉ Arrondissement.

Son premier nom est *Sans-Chef* (c'était un cul-de-sac); ensuite, par corruption, on la nomma *Sencée, Censée, Centier,* et enfin *Censier.* Sur divers plans anciens on lui donne les noms de *Vieille rue Notre-Dame, Saint-Jacques, Saint-Jean* et *des Treilles.*

CENT-FILLES. (L'hôpital des) *Voyez* l'hôpital Notre-Dame-de-la-Miséricorde.

CENTIER, CENTIÈRE. (Rue) *Voyez* rue du Sentier.

CERF. (Rue du) *Voyez* rue de la Monnaie.

CERF. (Passage du Grand-) De la rue du Ponceau, n° 38, à celle Saint-Denis, n° 350. — 6ᵉ Arrondissement.

Il tient ce nom de l'enseigne du *Grand Cerf.*

CERF. (Passage de l'Ancien-Grand-) De la rue Saint-Denis, n° 237, à la rue des Deux-Portes-Saint-Sauveur, n° 6. — 5ᵉ Arrondissement.

Il doit son nom à une enseigne.

CERISAIE. (Rue de la) *Commence* rue Lesdiguière et cour des Salpêtres, et *finit* rue du Petit-Musc. Les numéros sont *rouges;* le dernier impair est 37, et le dernier pair 16. — 9ᵉ Arrondissement.

Vers l'an 1516 François Iᵉʳ vendit une grande partie des bâtimens et jardins de l'hôtel royal Saint-Paul, bâti par Charles V; sur cet emplacement plusieurs rues furent percées, et entre autres celle de la *Cerisaie,* qui le fut dans le jardin, sur une allée de *cerisiers,* dont elle porte le nom.

CERISAIE. (Rue Neuve-de-la-) *Commence* boulevart Bourdon, et *finit* rue Lesdiguière et cour des Salpêtres. Elle ne porte encore que le n° 2, qui devrait être *rouge.*

On vient de donner ce nom à cette courte rue parce qu'elle prolonge la rue de la Cerisaie.

CERNAY. (Rue aux Moines-de-) *Voyez* rue du Foin-Saint-Jacques.

CÉRUTTI. (Rue) *Commence* boulevart des Italiens;

et *finit* rue de Provence. Les numéros sont *noirs;* le dernier impair est 13, et le dernier pair 40. — 2° Arrondissement.

Elle fut ouverte vers l'an 1770, sur les jardins de M. de Laborde, et fut nommée d'*Artois.* En 1792 la ville lui donna le nom de *Cérutti,* en mémoire de J.-A.-J. *Cérutti,* né à Turin le 13 juin 1738, et mort à Paris en février 1792. On distingue dans cette rue plusieurs beaux hôtels; au n° 1er l'hôtel Cérutti; au n° 3 l'hôtel Choiseul-Stainville, appartenant depuis long-temps à M. Est; au n° 7 l'hôtel de la reine Hortense; au n° 13 l'hôtel de l'Empire, etc.

CHABANNAIS. (Rue) *Commence* rue Neuve-des-Petits-Champs, et *finit* rue Helvétius. Les numéros sont *noirs;* le dernier impair est 15, et le dernier pair 18. — 2° Arrondissement.

Nous ignorons pourquoi ce nom fut donné à cette rue; elle forme un équerre, et fut ouverte en 1777 sur un jardin.

CHAILLOT. (Rue de) *Commence* rue de Longchamp, et *finit* avenue de Neuilly. Les numéros sont *noirs;* le dernier impair est 109, et le dernier pair 80. — 1er Arrondissement.

C'est la principale rue de *Chaillot,* village très-ancien qui fut enclavé dans Paris par la dernière clôture construite sous le règne de Louis XVI; il avait déjà été érigé en faubourg de Paris l'an 1659, sous le nom de *faubourg de la Conférence.*

CHAILLOT. (Rue Basse-de-) *Voy.* rue Basse-Saint-Pierre.

CHAILLOT. (Quai de) *Voyez* quai Billy.

CHAISE. (Rue de la) *Commence* rue de Grenelle, et *finit* rue de Sèvres. Les numéros sont *noirs;* le dernier impair est 11, et le dernier pair 28. — 10° Arrondissement.

Anciennement c'était le *chemin* ou la *petite rue de la Maladrerie,* ou rue des *Teigneux,* parce que l'hôpital où l'on recevait les personnes attaquées de la teigne y était situé, tout près des Petites-Maisons. Sauval dit qu'elle portait le nom de la *Chaise,* à cause d'une enseigne, avant celui des *Teigneux.* Au n° 7 est l'hôtel du prince Aldo-Brandini-Borghèse.

CHAISE. (Passage de la Petite-) De la rue Planche-Mibrai, n° 15, à celle Saint-Jacques-la-Boucherie, n° 3. — 7° Arrondissement.

Deux petites chaises peintes à l'une de ses entrées lui ont donné ce nom.

CHALONS. (Rue de) *Voyez* rue Transnonain.

CHAMPS DE L'ALOUETTE, D'ALBIAC, DES CAPUCINS, etc.
Voyez leurs noms particuliers.

CHAMP-AUX-FEMMES. (Le) *Voyez* rue Poissonnière.

CHAMP-FLEURI. (Rue du) *Voyez* rue de la Bibliothèque.

CHAMP-DE-LA-FOIRE. (Ruelle du) *Voyez* rue Tournon.

CHAMP-GAILLARD. (Rue du) *Voyez* rues d'Arras et Clopin.

CHAMP-MALOUIN. (Rue du) *Voyez* rue Saint-Romain.

CHAMP-DE-MARS, (Le) entre le pont d'Iéna et l'école
Militaire. — 10ᵉ Arrondissement.

Cet endroit, qui en 1770 n'était encore occupé que par des
maraichers cultivant des légumes pour la consommation de Paris,
est maintenant un vaste *champ* en face de l'Ecole-Militaire, où
les enfans de *Mars* vont s'exercer. Le 15 juillet 1790 plus de
six cent mille citoyens assistèrent à la Fédération, qui eut
lieu sur cette place, et où Louis XVI prêta serment à la
constitution. Le 10 novembre 1804 l'empereur Napoléon y
reçut serment de fidélité des députations des départemens et
de tous les corps d'armée.

CHAMP. (Rue du Petit-) *Commence* rue du Champ-
de-l'Alouette, et *finit* rue de la Glacière. Les numéros
sont *noirs*; le dernier impair est 3; pas de numéros
pairs. — 12ᵉ Arrondissement.

Son plus ancien nom est rue *Payen*, du nom du propriétaire
du clos *Payen*, qui y est situé. Dès l'an 1636 elle se nommait
de la *Barrière*, parce qu'elle conduit à la *barrière* de l'Oursine.
Elle doit sans doute son nom actuel au *champ* sur lequel on l'a
bâtie.

CHAMP. (Rue du Petit-) *Voyez* rue de l'Epée-de-Bois.

CHAMP-DU-REPOS. (Rue du) *Voyez* rue des Martyrs.

CHAMPIN. (Rue) *Voyez* rue du Rempart.

CHAMPS. (Rue des) *Commence* rue de Longchamp,
et *finit* dans les champs. Les numéros sont *noirs*; le
dernier impair est 7, et le dernier pair 10. — 1ᵉʳ Arrondissement.

Son premier nom est celui des *Carrières*: comme elle aboutit
dans les *champs*, on lui en a donné le nom.

CHAMPS. (Rue des) *Voyez* rue du Jardinet.

CHAMPS ÉLYSÉES. (Les) Espace limité au *sud* par le quai de la Conférence, au *nord* par les jardins de la rue du faubourg Saint-Honoré, à l'*est* par la place de la Concorde, et à l'*ouest* par l'allée des Veuves.

Cet endroit charmant est ainsi nommé pour faire allusion à l'*Elysée* ou aux *Champs Elysiens*, séjour heureux des ombres vertueuses dans la religion des Gaulois, des Grecs et des Romains. La première plantation en fut faite sous Louis XIV; ils furent en partie replantés vers l'an 1770. On remarque près de la rue Marigny l'hôtel des Colonnes.

CHAMPS-ÉLYSÉES. (Rue des) *Commence* place de la Concorde, et *finit* rue du Faubourg-Saint-Honoré. Les numéros sont *noirs*; le dernier impair est 9, et le dernier pair 8. — 1er Arrondissement.

Anciennement elle se nommait de l'*Abreuvoir-l'Evêque*; au commencement du dix-huitième siècle de *la Bonne-Morue*; en 1769 elle prit celui qu'elle porte aujourd'hui, parce qu'elle conduit de la rue du Faubourg-Saint-Honoré à l'entrée des *Champs Elysées*. Au n° 6 on remarque l'hôtel du duc d'Abrantès.

CHAMPS-ÉLYSÉES. (Avenue des) De la place de la Concorde à l'Etoile des Champs Elysées. — 1er Arrondissement.

Ainsi nommée parce qu'elle traverse les *Champs Elysées*.

CHAMPS. (Rue des Petits-)*Commence* rue Beaubourg, et *finit* rue Saint-Martin. Les numéros sont *rouges*; le dernier impair est 25, et le dernier pair 12. — 7e Arrondissement.

Elle portait déjà en 1273 ce nom, qu'elle doit sans doute aux *champs* sur lesquels on l'a percée.

CHAMPS. (Rue des Petits-) *Voyez* rues Mignon et Croix-des-Petits-Champs.

CHAMPS. (Rue Croix-des-Petits-) *Commence* rue Saint-Honoré, et *finit* place des Victoires. Les numéros sont *noirs*; le dernier impair est 55, et le dernier pair 54. — Les n°s 50, 52 et 54 sont du 3e Arrondissement, et tous les autres sont du 4e.

Cette rue, dont il est déjà fait mention au quatorzième siècle, fut percée sur un terrain qui consistait en jardins, en *petits champs*, dont elle a tiré son nom; une *croix* placée près de la seconde maison après la rue du Pélican a completté son nom.

Ayant été prolongée de la rue Coquillière à la place des Victoires, cette partie porta pendant quelque temps le nom d'*Aubusson*, qu'elle tenait du vicomte d'*Aubusson*, maréchal de la Feuillade, qui fit alors bâtir la place des Victoires. On la trouve souvent sous la simple dénomination des *Petits-Champs*.

CHAMPS. (Rue Neuve-des-Petits-) *Commence* rue Neuve-des-Bons-Enfans et passage des Petits-Pères, et *finit* place Vendôme et rue Napoléon. Les numéros sont *rouges*; le dernier impair est 103, et le dernier pair 80. — Du n° 68 à 80 compris elle est du 1er Arrondissement; du n° 1 à 103 et du n° 8 à 66 elle est du 2e; les n°s 2, 4 et 6 seulement sont du 3e.

Ainsi nommée à cause des *champs*, marais et jardins potagers sur lesquels on l'a construite. Comme elle aboutissait autrefois à la rue des *Petits-Champs*, depuis *Croix-des-Petits-Champs*, et qu'elle a été bâtie après cette dernière, on lui donna le nom de *Neuve-des-Petits-Champs*. La partie située entre le passage des Petits-Pères et la rue Vivienne a porté le nom de *Bautru*, de l'hôtel de ce nom, qui était au coin de la rue Vivienne, où est maintenant un hôtel dépendant du ministère du Trésor public. Ce n'est qu'en 1806, lors du nouveau numérotage des rues, qu'elle a été prolongée jusqu'à la rue Napoléon; auparavant le côté entre la rue de la place Vendôme et la rue Napoléon se nommait *Neuve-des-Capucines*. Aux n°s 6 et 8 est l'hôtel du ministère du Trésor public; au n° 40 celui du ministère des Finances, et au n° 42 celui de l'administration générale de la Loterie.

CHANAC, (Le collége de) rue de Bièvre.

Ce collége, que l'on a aussi nommé *Saint-Michel* et *Pompadour*, fut fondé vers le milieu du quatorzième siècle, par Guillaume de *Chanac*, évêque de Paris. Le nom de *Saint-Michel* est celui du saint en l'honneur duquel il fut fondé, et le nom de *Pompadour* celui de la personne qui épousa, en 1355, l'unique héritière de la maison *Chanac*.

CHANDELIÈRE. (Rue) *Voyez* rue des Trois-Chandeliers.

CHANDELIERS. (Rue des Trois-) *Commence* rue de la Huchette, et *finit* au bord de la rivière. Un seul numéro *noir*, qui est 2. — 11e Arrondissement.

En 1366 c'était là rue et le port des *Bouticles*; en 1442 la rue *Berthe*, dite *des Boaticles*; ensuite la rue *Bertret*, par altération de nom: elle se nomma aussi *Chandelière*, et enfin des *Trois-Chandeliers*, à cause d'une enseigne dont il est déjà fait mention en 1366.

CHANDELLES. (Rue des Trois-)*Commence* rue Mont-
gallet, et *finit* ruelle des Quatre-Chemins. Pas de numéros. — 8ᵉ Arrondissement.

Ce n'est qu'un chemin, sur le bord duquel il n'y a pas encore
de maisons.

CHANGE, (Le pont au) sur le grand bras de la Seine,
aboutit du côté du *nord* aux quais de Gèvres et de la
Mégisserie, et du côté du *midi* aux quais Dessaix et
de l'Horloge. — Au *nord* il est moitié du 4ᵉ Arrondissement et moitié du 7ᵉ, et au *midi* moitié du 9ᵉ
et moitié du 11ᵉ.

Il existe de temps immémorial, et le plus ancien nom qu'on
lui connaisse est celui de *grand Pont*. Ce pont et le *petit
Pont* étaient anciennement les deux seuls ponts pour entrer dans
l'île. En 1141 Louis VII, dit le Jeune, établit le *change* sur
ce pont; de là viennent les noms de *pont au Change*, aux
Changeurs et de la *Marchandise*, qu'il porta. Ayant été enlevé
plusieurs fois par les inondations, il fut bâti en divers temps,
tantôt en pierre, tantôt en bois. Au onzième siècle il était
partie en bois et partie en pierre; en 1296 il était en pierre, et
en 1621, lorsqu'il fut consumé par un incendie, il était construit en bois; il fut rebâti en pierre de 1639 à 1647, tel que
nous le voyons, par les propriétaires incommutables des maisons
que l'on construisit dessus; il fut encore incendié en 1739, et
enfin débarrassé de ses maisons en 1788.

CHANGE. ((Rue du Pont-au-) *Voyez* rue de la Joaillerie.

CHANOINES. (Rue des) *Voyez* rue Saint-Thomas-du-
Louvre.

CHANOINESSE, (Rue) *Commence* rues Bossuet et du
Cloître-Notre-Dame, et *finit* rue de la Colombe. Les
numéros sont *noirs*; le dernier impair est 11, et le
dernier pair 22. — 9ᵉ Arrondissement.

Ainsi nommée parce qu'étant située près de la cathédrale,
elle était habitée en partie par des *chanoines*.

CHANTERELLE et **CHANTEREINE.** (Rue) *Voyez* rue de la
Victoire.

CHANTIER. (Rue du) *Voyez* rue du Sentier.

CHANTIER-DU-TEMPLE. (Rue du) *Voyez* rues du Chaume,
des Enfans-Rouges et du Grand-Chantier.

CHANTIER. (Rue du Grand-) *Commence* rues des

Vieilles-Audriettes et des Quatre-Fils, et *finit* rues Pastourelle et d'Anjou. Les numéros sont *noirs ;* le dernier impair est 7, et le dernier pair 18. — 7ᵉ Arrondissement.

Les *chantiers* qui étaient dans cette rue, et qui appartenaient aux Templiers, lui ont donné ce nom. Elle se prolongeait anciennement, sous ce même nom, de la rue des Blancs-Manteaux jusqu'aux murs du Temple. On la trouve aussi sous la dénomination du *Chantier du Temple.*

CHANTIER-DE-L'ÉCU. (Passage du) De la rue Basse-du-Rempart, nᵒ 76, au cul-de-sac de la Ferme-des-Mathurins, nᵒ 1. — 1ᵉʳ Arrondissement.

Ce nom lui vient de l'enseigne d'un chantier.

CHANTIER-DE-TIVOLI. (Passage du Grand-) De la rue Saint-Nicolas, entre les nᵒˢ 48 et 50, à la rue Saint-Lazare, nᵒ 97. — 1ᵉʳ Arrondissement.

Ainsi nommé parce qu'il y a des *chantiers,* et qu'il aboutit presque en face du jardin nommé *Tivoli.*

CHANTIER, (Cour du) rue Guérin-Boisseau, nᵒ 24. — 1ᵉʳ Arrondissement.

Il y avait autrefois un *chantier.*

CHANTIERS. (Rue des) *Voyez* rue Traversière-Saint-Antoine.

CHANTRE. (Rue du) *Commence* place d'Austerlitz, et *finit* rue Saint-Honoré. Les numéros sont *noirs ;* le dernier impair est 27, et le dernier pair 30. — 4ᵉ Arrondissement.

Elle portait déjà ce nom en 1313 ; on croit qu'elle le tient d'un *chantre* de Saint-Honoré qui y faisait sa résidence. Plus de la moitié de cette rue du côté du Louvre sera démolie pour l'exécution de la grande galerie septentrionale qui réunira les palais du Louvre et des Tuileries.

CHANTRES. (Rue des) *Commence* quai Napoléon, et *finit* rue Chanoinesse. Un seul numéro *noir*, qui est 1. — 9ᵉ Arrondissement.

Ce nom lui a été donné parce que la plupart des *chantres* de Notre-Dame y demeuraient autrefois.

CHANVERRERIE. (Rue de la) *Commence* rue Saint-Denis, et *finit* rue Mondétour. Les numéros sont *rouges ;*

le dernier impair est 27, et le dernier pair 28. — Les impairs sont du 4ᵉ Arrondissement, et les pairs du 5ᵉ.

Dès l'an 1218 on la trouve désignée sous les divers noms suivans : *Chanverie, Chanvrerie, Chanvoirerie, Champverrerie, Chanverrerie, Champvoirie, Champvoirerie, Chanvoirie,* etc. Ce nom vient-il d'un *champ* où il y avait une *verrerie*, ou bien parce que l'on y vendait du *chanvre* ou de la filasse ? Les historiens ne sont pas d'accord : nous pensons qu'il vient de *chanvre*, car les titres du treizième siècle la nomment *Cannaberia, Channaberie* et *Cannaberie.*

CHAPELLE. (Rue de la) *Commence* rue Château-Landon, et *finit* chemin de ronde de la barrière des Vertus. Les numéros sont *noirs ;* le dernier impair est 17, et le dernier pair 12. — 5ᵉ Arrondissement.

Comme elle se dirige sur le village de la *Chapelle,* elle en a pris le nom. Il y a une voirie près de cette rue.

CHAPELLE, (La Sainte) dans l'enceinte du palais de Justice. — 11ᵉ Arrondissement.

Ce bel édifice gothique fut commencé en 1245, et fini en 1248, sous le règne de saint Louis ; Pierre de Montereau, ou de Montreuil, en fut l'architecte. En 1711 le poëte Boileau y fut enterré dans la chapelle basse. Elle sert maintenant de dépôt d'archives.

CHAPELLE. (Cour de la Sainte-) *Commence* rue de la Barillerie, et *finit* rue de Nazareth. Les numéros sont *rouges ;* le dernier impair est 13, et le dernier pair 4. — 11ᵉ Arrondissement.

Elle est ainsi nommée parce que la *Sainte Chapelle* y est située. On y voit, entre les nᵒˢ 11 et 13, la fontaine *Sainte-Anne,* au coin de la rue *Sainte-Anne ;* elle reçoit ses eaux de la pompe Notre-Dame.

CHAPELLES DIVERSES. *Voyez* leurs noms particuliers.

CHAPERON, CHAPON, CHAPRON. (Rue) *Voyez* rue de l'Eperon.

CHAPITRE (La rue du) n'existe plus depuis une vingtaine d'années ; elle s'étendait de la porte du Cloître-Notre-Dame jusqu'au coin de la rue Chanoinesse.

CHAPON. (Rue) *Commence* rue du Temple, et *finit* rue Transnonain. Les numéros sont *rouges ;* le dernier impair est 23, et le dernier pair 32. — Les impairs sont du 7ᵉ Arrondissement, et les pairs du 6ᵉ.

En 1293 c'était la **rue** *Robert-Begon*, ou *Beguon*, ou *Capon*. Le continuateur de Dubreuil la **nomme** *du Coq*. Nous ignorons son étymologie.

CHARBONNIERS. (Rue des) *Commence* rues de l'Arbalète et des Lyonnais, et *finit* rue des Bourguignons. Les numéros sont *noirs*; le dernier impair est 13, et le dernier pair 22. — 8ᵉ Arrondissement.

En 1640 cet endroit se nommait déjà le *chemin des Charbonniers*.

CHARBONNIERS. (Rue des) *Commence* rue de Bercy, et *finit* rue de Charenton. Les numéros sont *noirs*; le dernier impair est 17; pas de numéros pairs. — 8ᵉ Arrondissement.

C'était anciennement le *port au Plâtre*, la rue *Clochepin*.

CHARBONNIERS, (Cul-de-sac des) rue des Charbonniers, nᵒ 15. Pas de numéros. — 8ᵉ Arrondissement.

Il tient son nom de la rue où il est situé.

CHARDEPORC. (Rue) *Voyez* cul-de-sac Courbaton.

CHARENTON. (Rue de) *Commence* rues de la Contrescarpe et du Faubourg-Saint-Antoine, et *finit* à la barrière de Marengo. Les numéros sont *rouges*; le dernier impair est 187, et le dernier pair 198. — 8ᵉ Arrondissement.

Elle se dirige sur le village de *Charenton*, dont elle a pris le nom; elle se nommait autrefois *de la Planchette* de la petite rue de Reuilly à celle de Mongallet, et *de la Vallée de Fecamp* de la rue Mongallet jusqu'à la barrière.

CHARENTON. (Barrière de) *Voyez* barrière de Marengo.

CHARITÉ, (Hôpital de la) rue des Saints-Pères, nᵒ 45.

Les frères de la *Charité*, sous le nom de congrégation de Saint-Jean-de-Dieu, s'établirent à Paris en 1602, rue des Petits-Augustins, où est maintenant le musée des Monumens français; en 1606 ils vinrent occuper le local que nous voyons aujourd'hui. L'église, par Decotte, fut achevée en 1733; le portail extérieur et la salle furent construits sur les dessins d'Antoine. Les malades et les blessés sont reçus dans cet hôpital comme à l'Hôtel-Dieu.

CHARITÉ-NOTRE-DAME (L'hôpital de la) était rue de la Chaussée-des-Minimes, au coin du cul-de-sac des Hospitalières, n° 2.

Il fut bâti en 1629; il était desservi par des religieuses suivant la règle de saint Augustin, dites Hospitalières de la Charité Notre-Dame : il y a maintenant une filature de coton en faveur des indigens.

CHARITÉ (Les Filles ou Sœurs de la) étaient rue du Faubourg-Saint-Denis, n° 112, en face les bâtimens de Saint-Lazare, au coin sud-ouest de la rue Saint-Laurent.

Cette institution, due à saint Vincent-de-Paul, datait du commencement du dix-septième siècle: il était le chef-lieu de toutes les maisons des sœurs de charité. C'est maintenant une caserne.

CHARITÉ. (Rue de la) *Commence* rue Saint-Laurent, et *finit* rue de la Fidélité. Les numéros sont *noirs;* le seul impair est 1, et le seul pair 2. — 5e Arrond.

Elle est ainsi nommée depuis une quinzaine d'années, parce qu'elle a été percée derrière les bâtimens et jardin des sœurs de la *Charité*. *Voyez* l'article précédent.

CHARITÉ. (Rue de l'Hôpital ou de l'Hôtel-Dieu-de-la-) *Voyez* rue des Saints-Pères.

CHARLEMAGNE, (Lycée) rue Saint-Antoine, n° 120. — 9e Arrondissement.

C'était autrefois la maison professe des Jésuites. (*Voyez* l'église Saint-Louis et Saint-Paul.) On y a établi un des quatre Lycées créés par la loi du 1er mai 1802. L'illustre nom de *Charlemagne* lui fut donné en mémoire de ce célèbre empereur, fondateur en 881 d'une école qui fut le berceau de l'Université de Paris.

CHARLES. (Rue Neuve-Saint-) *Voyez* rue de la Pépinière.

CHARLES, (Pont Saint-) dans l'intérieur de l'Hôtel-Dieu, sur le petit bras de la Seine. — 9e Arrondissement.

La salle *Saint-Charles,* construite en 1606, lui donna ce nom; il existait déjà auparavant.

CHARLES. (Le séminaire Saint-) *Voyez* les Prêtres de la Mission.

CHARLES-LE-CHAUVE (Le pont de) traversait les deux bras de la Seine, en commençant au midi entre les rues Payée et Gît-le-Cœur, et finissant au nord près du coin occidental de la rue de la Saunerie ; d'autres disent en face de l'ancien fort l'Evêque, qui était situé entre l'arche Marion et la rue des Fuseaux.

Il fut construit sous *Charles-le-Chauve*, vers l'an 860, pour garantir Paris des incursions des Normands ; il était en bois, assis sur des piles de maçonnerie, et défendu à ses extrémités par deux grosses tours ou châteaux de bois : il restait encore, au commencement du quatorzième siècle, des vestiges de la partie de ce pont sur le petit bras de la Seine ; il se nommait le *Petit-Pont* (le Petit-Pont d'aujourd'hui portait alors le nom de *Vieil-Petit-Pont*, puisqu'il était plus ancien que celui-ci). La partie de ce pont sur le grand bras de la Seine est sans doute celle qui en 1296 est désignée sous le nom de *Vieux grand pont de pierre ;* ensuite *pont aux Colombes* ou à *Coulons*, parce que l'on y vendait des pigeons : on lui donna depuis le nom de *Pont-aux-Meuniers*, à cause des *moulins* qui étaient dessous. Une innondation l'emporta en 1596; un entrepreneur nommé *Marchand* le reconstruisit de 1598 à 1609, et lui donna son nom ; on le nomma peu de temps après le *pont aux Oiseaux*, parce que l'on avait peint sur chaque maison qui était dessus un oiseau sur un cartouche servant d'enseigne; il fut brûlé en 1621, ainsi que le pont au Change son voisin.

CHARLOT. (Rue) *Commence* rue de Bretagne, et *finit* boulevart du Temple. Les numéros sont *noirs* ; le dernier impair est 47, et le dernier pair 26. — 6e Arrondissement.

Elle fut percée en 1626, et se nommait alors d'*Angoumois*, nom d'une province de France, comme la plupart des rues de ce quartier. Claude *Charlot*, qui de pauvre paysan du Languedoc devint riche financier, y fit bâtir plusieurs maisons ; de là vient le nom de *Charlot*.

CHARLOT. (Petite rue) *Voyez* rue des Oiseaux.

CHARONNE. (Rue de) *Commence* rue du Faubourg-Saint-Antoine, et *finit* barrière Fontarabie. Les numéros sont *noirs* ; le dernier impair est 203, et le dernier pair 184. — 8e Arrondissement.

Ainsi nommée parce qu'elle se dirige sur la barrière par où l'on sort pour aller au village de *Charonne*. Au n° 47 est l'hôtel de Mortagne, et au n° 165 l'hôtel Chabannais.

CHARONNE. (Ruelle Jean-de-) *Voyez* cul-de-sac de la Petite-Bastille.

CHARONNE, OU LE-CHARRON. (Rue Arnoul, ou Raoul-de-) *Voyez* cul-de-sac des Provençaux.

CHARONNE. (Barrière de) *Voyez* barrière de Fontarabie.

CHAROST. (Passage du Petit-Hôtel-) De la rue des Vieux-Augustins, n° 6o, à la rue Montmartre, n° 63.

Ce nom lui vient du petit hôtel *Charost*, au travers duquel il passe.

CHAROUI. (En) *Voyez* rue de Perpignan.

CHARPENTERIE. (Rue de la) *Voyez* rue Béthizy.

CHARPENTIER et CHARPENTIÈRE. (Rue) *Voyez* rue Carpentier.

CHARRETERIE, CHARRIÈRE, DES CHARRETTES. (Rue) *Voyez* rue Chartière.

CHARRONNERIE. (Rue de la) *Voyez* rue de la Ferronnerie.

CHARTIER. (Rue du) *Voyez* cul-de-sac des Provençaux.

CHARTIÈRE. (Rue) *Commence* rue Saint-Hilaire, et *finit* rue de Reims. Les numéros sont *noirs*; le dernier impair est 11, et le dernier pair 14. — 12° Arrondissement.

Elle se nommait en 13oo de la *Chareterie*, en 1328 de la *Charrière*, en 1421 des *Charrettes*.

CHARTIÈRE (La ruelle) aboutissait rue des Postes; elle n'existe plus.

CHARTRES. (Rue de) *Voyez* rues de Mantoue et de Malte-Saint-Honoré.

CHARTRES. (Barrière de) — 1er Arrondissement.

C'est une rotonde fort jolie surmontée d'un dôme; elle est située vers le milieu du jardin de Mouceau, et porte le nom du duc de *Chartres*, depuis duc d'Orléans, qui avait fait planter ce jardin. C'est à tort que cette rotonde est désignée comme barrière, puisque l'on n'y passe pas.

CHARTREUX (Le couvent des) était rue d'Enfer, n° 46, et les jardins et pépinière le long de la partie méridionale du jardin du Luxembourg.

Ces religieux en venant en France s'établirent en premier lieu au village de Gentilly, l'an 1257, et ensuite (selon quelques historiens), en 1259, au palais ou à l'hôtel de *Vauvert* ou

Valvert, qui appartenait au roi saint Louis, où ils restèrent jusqu'en 1790, époque de leur suppression en France. Cet hôtel *Vauvert*, que ces religieux avaient demandé au roi, était, selon le bruit populaire, habité par des démons, qui ne manquèrent pas de s'enfuir à l'aspect des vénérables cénobites. Il avait été construit au commencement du onzième siècle, sous Robert II, fils d'Hugues Capet : les Chartreux le changèrent en un couvent, qui fut démoli il y a une quinzaine d'années. Le vaste emplacement de ces bâtimens, jardins et pépinières, vont agrandir le jardin du Sénat.

CHARTREUX. (Rue des) *Voyez* rue d'Enfer.

CHARTREUX. (Passage des) De la rue de la Tonnellerie, n° 61, à la rue Traînée, n°ˢ 7 et 9. — 3ᵉ Arrondissement.

Nous ignorons d'où lui vient ce nom.

CHARTRON. (Rue de) *Voyez* rue des Mauvais-Garçons.

CHASSE-MIDI. (Rue du) *Voyez* rue du Cherche-Midi.

CHATAIGNER et CHASTINIÈRE. (Rue) *Voy.* rue des Poules.

CHAT-BLANC, (Rue du) rue Saint-Jacques-la-Boucherie, entre les n°ˢ 42 et 44. Les numéros sont *noirs*; pas de numéros impairs; les pairs sont 2, 4, 6 et 8. — 6ᵉ Arrondissement.

Vers l'an 1300 on la nommait *Jehan-Chat-Blanc* et *Charblanc*; ensuite *Gilles-Chat-Blanc*; en 1498 *Guichard-le-Blanc*. Dechuye la désigne sous le nom de *petite rue des Rats*. Elle doit sans doute ce nom à *Gilles Chablanc*, qui en 1315 était boucher de la grande boucherie.

CHAT-QUI-PÊCHE. (Rue du) Du bord de la rivière à la rue de la Huchette. — 11ᵉ Arrondissement.

C'est un passage étroit qui en 1540 se nommait la *ruelle des Etuves*, ensuite la rue du *Renard*.

CHATS. (Rue aux et place aux) *Voyez* rues des Bourdonnais et de la Limace.

CHATEAU-D'EAU, place et en face le Palais-Royal.

Cet édifice ou réservoir des eaux de la Seine et d'Arcueil fut élevé en 1719, sur les dessins de Robert de Cotte, premier architecte du roi.

CHATEAU-D'EAU. (Premier départ des eaux d'Arcueil.) *Voyez* rue Cassini.

CHATEAU-D'EAU, sur le boulevart Saint-Martin.

Les eaux qui viennent du bassin de la Villette ont commencé à jaillir le 16 août 1811, jour de l'inauguration. —

CHATEAU-FRILEUX. (Rue) *Voyez* rue Frileuse.

CHATEAU-LANDON. (Rue) *Commence* rue du Faubourg-Saint-Martin, et *finit* barrière des Vertus. Les numéros sont *noirs*; le dernier impair est 21, et le dernier pair 22. — 5ᵉ Arrondissement.

Nous ne connaissons pas l'étymologie de ce nom.

CHATELET (Le grand) était situé au bout du pont au Change, où est à présent la place du Châtelet.

On croit généralement que cette fortification a été bâtie du temps de Jules-César, vers l'an 27 avant l'ère chrétienne, pour contenir les Parisiens, qu'il venait de réduire sous sa domination. En 886, sous le règne de Charles-le-Gros, les Normands furent arrêtés dans leurs dévastations par cette forteresse, dont ils ne purent se rendre maîtres. Sous Louis IX, de l'an 1242 à 1265, cet édifice fut agrandi et réparé; de l'an 1460 à 1506, et en 1684, on y fit aussi des réparations et reconstructions, et en 1802 il fut démoli. *Voyez* place du Châtelet.

CHATELET (Le petit) était situé à l'extrémité méridionale du Petit-Pont.

Il n'y avait que deux ponts pour entrer dans l'ancienne *Lutèce*, le grand, depuis nommé pont au Change, et le *petit*, qui n'a point changé de nom. Il est indubitable que ces deux forteresses ou *Châtelets* ont été bâtis dans le même temps pour la sûreté de la ville, dont ils étaient les deux seules entrées. Si le *grand Châtelet* a été construit pour la première fois du temps de Jules-César, on ne peut point assigner d'autre époque à l'origine du *petit Châtelet*; cependant le plus ancien titre qui fasse mention de cette forteresse est en date de l'an 1222, sous Philippe-Auguste. Il fut rebâti en 1369. En 1402 c'était le logement du prévôt de Paris: au dix-huitième siècle il servit de prison, jusqu'en 1782, qu'il fut entièrement démoli. Il ne faut point confondre, comme l'a fait Sauval, cette forteresse avec celle en bois qui était à la tête méridionale du pont de Charles-le-Chauve, à peu près en face de la rue Pavée actuelle. *Voyez* le pont de *Charles-le-Chauve*.

CHATELET. (Rue du ou devant le) *Voyez* place du Châtelet.

CHATELET. (Place du) *Commence* quais de la Mégisserie et de Gèvres, et *finit* rues Saint-Denis, de la Joaillerie et du Pied-de-Bœuf. Les numéros sont *noirs*; le dernier impair est 3, et le dernier pair 22. — Les impairs sont du 4ᵉ Arrondissement, et les pairs du 7ᵉ.

Ainsi nommée parce qu'elle est formée 1° en grande partie de l'emplacement du *grand Châtelet*, qui fut démoli en 1802; 2° de la rue *Saint-Leufroi* (à cause de la chapelle Saint-Leufroi), qui se nommait en 1313 du *Châtelet* ou *devant le Châtelet*; 3° d'un côté de la rue de la *Joaillerie*, ainsi que de la rue *Trop va qui dure*, *Qui trop va si dure*, et *Qui mi trouva si dure*, dont nous ignorons l'étymologie. Cette dernière rue, qui était située entre le grand Châtelet et la rivière, était connue anciennement sous le nom de *Grant rue le long de la Seine* ou la *Vallée de misère*; en 1524 sous celui *des Bouticles près et joignant Saint-Leufroi*; en 1540 sous celui de la *Tournée du pont*, et en 1636 sous le nom de la *Descente de la Vallée de misère*. On admire au milieu de cette place une charmante fontaine élevée quelques années après la démolition du Châtelet; les eaux lui sont fournies par la pompe Notre-Dame.

CHATIAU-FESTU. (Rue du) *Voyez* rue Saint-Honoré.

CHAUCHAT. (Rue) *Commence* rue de Provence, et *finit* rue de la Victoire. Les numéros sont *noirs*; le dernier impair est 7, et le dernier pair 10. — 2ᵉ Arrondissement.

Elle tient ce nom de M. *Chauchat*, échevin en 1779, qui en fit alors bâtir une grande partie.

CHAUDRON. (Rue du) *Commence* rue du Faubourg-Saint-Martin, et *finit* rue Château-Landon. Les numéros sont *rouges*; le dernier impair est 3, et le dernier pair 8. — 5ᵉ Arrondissement.

Une enseigne du *Chaudron* qui existe encore lui a donné ce nom.

CHAUDRON. (Rue au) *Voyez* rue d'Ecosse.

CHAUME. (Rue du) *Commence* rue des Blancs-Manteaux, et *finit* rues des Vieilles-Haudriettes et des Quatre-Fils. Les numéros sont *noirs*, le dernier impair est 25, et le dernier pair 14. — 7ᵉ Arrondissement.

Il est déjà fait mention en 1290 de cette rue, qui aboutissait à la *porte du Chaume*; on la trouve sous les divers noms de la *Porte-Neuve*, de *Neuve-Poterne*, d'*Outre-la-Porte-Neuve*, de la *Porte-du-Chaume*, du *Vieil-Braque*, de la *Chapelle-de-Braque*, de *Grande rue de Braque*, parce que la chapelle de *Braque* y était située; du *Chantier-du-Temple*, parce que les *Templiers* y avaient un *chantier*.

CHAUMOND. (Le grand et le petit Saint-) *Voyez* Union-Chrétienne.

CHAUMOND. (Passage et cour des Dames-Saint-) De la rue Saint-Denis, n° 374, à la rue du Ponceau, n° 18. — 6° Arrondissement.

Ce nom lui vient de la communauté des Filles de l'Union-Chrétienne, dite de Saint-Chaumond, qui était située où est maintenant ce passage.

CHAUSSETTERIE. (Rue de la) *Voyez* rue Saint-Honoré.

CHAVETIERS, (Rue à) ancienne rue qui était située rue de la Verrerie, près de l'église Saint-Merri.

Guillot en fait mention vers l'an 1300.

CHEMIN-GAILLARD. (Rue du) *Voyez* rue Clopin.

CHEMIN HERBU. (Le) *Voyez* rues Notre-Dame-des-Victoires, Saint-Pierre-Montmartre et Neuve-Notre-Dame-des-Champs.

CHEMIN-VERT. (Rue du) *Commence* rue Amelot, et *finit* rue de Popincourt. Les numéros sont *noirs*; le dernier impair est 39, et le dernier pair 16. — 8° Arrondissement.

Vers le milieu du dix-septième siècle cet endroit n'était encore qu'un *chemin* traversant un marais couvert d'herbage pour l'approvisionnement de Paris : de là vient son nom.

CHEMIN-VERT. (Rue du) *Voyez* rue Verte.

CHEMINÉES, (Carrefour des Quatre-) place formée par la rencontre des rues de l'Anglade, Helvétius, de l'Evêque, d'Argenteuil et des Frondeurs. — 2° Arrondissement.

CHEMINS. (Ruelle des Quatre-) *Commence* chemin de ronde de la barrière de Marengo, et *finit* rue de Reuilly. Deux seuls numéros *noirs*, qui sont 1 et 3. — 8° Arrondissement.

Ce n'est encore qu'un chemin.

CHENET. (Rue du Gros-) *Commence* rue Cléry, et *finit* rues des Jeuneurs et Saint-Roch. Les numéros sont *noirs*; le dernier impair est 25, et le dernier pair 10. — 3ᵉ Arrondissement.

L'enseigne du *Chenet*, qui était au coin de la rue Saint-Roch, lui a donné ce nom vers la fin du dix-septième siècle. D'anciens plans la nomment du *Sentier*, dont elle est la prolongation.

CHERCHE-MIDI, (Le prieuré de Notre-Dame de Consolation, dit du) rue du Cherche-Midi, n° 25.

Ces religieuses s'établirent dans cette rue en 1644, et furent supprimées en 1790. Deux particuliers ont fait construire des maisons sur cet emplacement.

CHERCHE-MIDI. (Rue du) *Commence* carrefour de la Croix-Rouge et rue du Vieux-Colombier, et *finit* rues du Regard et des Vieilles-Tuileries. Les numéros sont *noirs*; le dernier impair est 39, et le dernier pair 40. — Les impairs sont du 11ᵉ Arrondissement, et les pairs du 10ᵉ.

Sauval dit qu'elle doit ce nom à un cadran près duquel on avait peint des gens qui *cherchaient midi* à quatorze heures : or, la trouve aussi sous le nom altéré de *Chasse-Midi*. On la nommait anciennement des *Vieilles-Tuileries*, dont elle fait la prolongation. Au n° 39 est l'hôtel de Toulouse.

CHERCHE-MIDI. (Rue du) *Voyez* rues du Petit-Vaugirard et des Vieilles-Tuileries.

CHEVAL-VERT. (Rue du) *Voyez* rue des Irlandais.

CHEVALIER-DU-GUET. (Rue du) *Commence* rue de la Vieille-Harengerie et place du Chevalier-du-Guet, et *finit* rue des Lavandières. Les numéros sont *rouges*; le dernier impair est 7, et le dernier pair 12. — 4ᵉ Arrondissement.

Ce nom lui vient du *chevalier* ou commandant *du guet* qui y logeait au commencement du quinzième siècle.

CHEVALIER-DU-GUET. (Rue du) *Voyez* rues Deniau-le-Breton et Perrin-Gasselin.

CHEVALIER-DU-GUET, (Place du) entre les rues Perrin-Gasselin et du Chevalier-du-Guet. Les numéros sont *noirs*; le dernier impair est 5, et le dernier pair 8. — 4ᵉ Arrondissement.

Même étymologie que la rue du *Chevalier-du-Guet*. Les bureaux de la mairie du 4ᵉ arrondissement sont au n° 4.

CHEVALIER-DU-GUET, (Cul-de-sac du) place du Chevalier-du-Guet, entre les n°' 5 et 8. Les numéros sont *noirs ;* le dernier impair est 9, et le dernier pair 12. — 4ᵉ Arrondissement.

Voyez pour l'étymologie la rue du Chevalier-du-Guet.

CHEVALIER, DU CHEVALIER, DU CHEVALIER-HONORÉ. (Rue) *Voyez* rue Honoré-Chevalier.

CHEVAUX, (Marché aux) rue du Marché-aux-Chevaux, près le boulevart de l'Hôpital. — 12ᵉ Arrondissement.

Ce marché, qui était auparavant où est à présent le boulevart des Cupucines, fut transféré en 1642 où il est maintenant ; il tient tous les mercredis et samedis, et l'on y vend et achète des *chevaux*, des ânes et des mulets.

CHEVAUX. (Rue du Marché-aux-) *Commence* rue Poliveau, et *finit* boulevart de l'Hôpital. Les numéros sont *noirs ;* le dernier impair est 17, et le dernier pair 24. — 12ᵉ Arrondissement.

Son premier nom est le *chemin de Gentilly ;* de 1737 à la fin du dix-huitième siècle on la trouve nommée du *Gros-Caillou ;* son nom actuel lui fut donné parce qu'elle conduit aux marché aux Chevaux.

CHEVAUX, (Cul-de-sac du Marché-aux-) rue du Marché-aux-Chevaux, près du n° 16. Les numéros sont *noirs ;* le dernier impair est 7 ; pas de numéros pairs. — 12ᵉ Arrondissement.

Ainsi nommé de la rue où il est situé.

CHEVAUX. (Avenue du Marché-aux-) Du boulevart de l'Hôpital à la rue du Marché-aux-Chevaux. — 12ᵉ Arrondissement.

Elle tient cette dénomination du *marché aux Chevaux,* où elle conduit.

CHEVERT. (Rue) *Commence* avenue Lamotte-Piquet, et *finit* avenue Tourville. Les numéros sont *rouges ;* le dernier impair est 11, et le dernier pair 16. — 10ᵉ Arrondissement.

Cette rue, nouvellement percée, est ainsi nommée en mémoire du brave *Chevert,* né à Verdun-sur-Meuse en 1695, et mort à Paris en 1769.

CHEVERT. (Petite rue) *Commence* rue Chevert, et *finit* avenue Lamotte-Piquet. Les numéros sont *noirs;* le dernier impair est 3, et le seul pair 2. — 10ᵉ Arrondissement.

Même étymologie que la rue *Chevert.*

CHEVILLI. (Rue) *Voyez* rue Basse-du-Rempart.

CHEVREUSE. (Rue) *Commence* boulevart du Mont-Parnasse, et *finit* rue Notre-Dame-des-Champs. Les numéros sont *noirs;* le dernier impair est 3, et le dernier pair 6. — 11ᵉ Arrondissement.

Cette petite rue, percée depuis une quinzaine d'années, serait-elle ainsi nommée parce qu'elle se dirige sur la barrière par où l'on sort pour aller à *Chevreuse,* petite ville à six lieues S.-O. de Paris?

CHIENS. (Rue des) *Voyez* rue Jean-Hubert.

CHIENS. (Cour des) *Voyez* cour des Deux-Sœurs.

CHIEURS. (Rue des) *Voyez* rue Jean-Hubert.

CHILDEBERT. (Rue) *Commence* rue d'Erfurth, et *finit* rue Sainte-Marthe. Les numéros sont *rouges;* le dernier impair est 13, et le dernier pair 10. — 10ᵉ Arrondissement.

Cette rue, ouverte en 1715 près l'église Saint-Germain, porte le nom de *Childebert Iᵉʳ,* roi de Paris, d'Orléans et de Bourgogne, mort en 558, et inhumé à Paris dans l'église Saint-Vincent (aujourd'hui Saint-Germain-des-Prés), qu'il avait fondée. On remarque au nº 1 une fontaine dite de l'Abbaye-Saint-Germain, dont les eaux viennent de la pompe à feu du Gros-Caillou.

CHILPERIC. (Rue) *Commence* rue de l'Arbre-Sec, et *finit* place Saint-Germain-l'Auxerrois. Les numéros sont *rouges;* le seul impair est 1, et le dernier pair 24. (Les nᵒˢ 20, 22 et 24 sont place Saint-Germain-l'Auxerrois.) — 4ᵉ Arrondissement.

Elle faisait partie du cloître Saint-Germain-l'Auxerrois; elle porte depuis peu d'années le nom de *Chilpéric Iᵉʳ,* roi de Soissons, mort en 584, auquel on attribue la fondation de l'église Saint-Germain-l'Auxerrois.

CHOISEUL. (Rue) *Commence* rue Neuve-Saint-Augustin, et *finit* boulevart des Italiens. Les numéros

sont *noirs*; le dernier impair est 23, et le dernier pair
12. — 2ᵉ Arrondissement.

Cette rue, ouverte en 1780, porte le nom de *Choiseul-Stainville*, qui fut ministre de la Guerre et ministre des Affaires étrangères. Il était né en 1719, et mourut à Paris en 1785. Au nº 2 l'on remarque l'hôtel de l'administration générale de l'Enregistrement et des Domaines.

CHOLETS, (Le collége des) rue des Cholets, nº 2.

Il fut fondé vers l'an 1292, en exécution du testament du cardinal *Jean Chollet*, et réuni en 1763 à l'Université. C'est une propriété appartenant au Gouvernement.

CHOLETS. (Rue des) *Commence* rue de Reims, et *finit* rue Saint-Étienne-des-Grès. Les numéros sont *noirs*; un seul impair, qui est 1, et un seul pair 2. — 12ᵉ Arrondissement.

Son premier nom est *Saint-Symphorien-des-Vignes*, parce qu'elle avait été percée sur un clos planté de vignes; à la fin du treizième siècle elle prit celui qu'elle porte du collége des *Cholets*, qui y fut alors construit. On la trouve au dix-septième siècle nommée *petite rue Sainte-Barbe*, à cause de sa proximité du collége de ce nom.

CHOLETS. (Passage des) De la rue Saint-Jacques, nº 129, à l'ancien collége des *Cholets*. — 12ᵉ Arrondissement.

CHOPINETTE. (Barrière de la) — 5ᵉ Arrondissement.

Elle a tiré son nom des guinguettes des environs, où le peuple va particulièrement le dimanche vider de nombreuses *Chopines ou Chopinettes*. Elle consiste en un bâtiment avec deux arcades entourées chacunes de six colonnes.

CHOPINETTE. (Chemin de ronde de la barrière de la) De la barrière de la Chopinette à celle du Combat. — 5ᵉ Arrondissement.

CHOPINETTE. (Rue du Chemin-de-la-) *Commence* rue Saint-Maur, et *finit* barrière de la Chopinette. Les numéros sont *noirs*; le dernier impair est 5, et le dernier pair 12. — 5ᵉ Arrondissement.

Cette rue, où l'on a commencé à bâtir depuis peu d'années, conduit à la barrière de la *Chopinette*.

CHOUX. (Pont aux) *Voyez* pont Saint-Louis.

CHOUX. (Rue du Pont-aux-) *Commence* boulevarts

des Filles-du-Calvaire et Saint-Antoine, et *finit* rue Turenne. Les numéros sont *rouges*; le dernier impair est 27, et le dernier pair 24. — 8ᵉ Arrondissement.

Un *pont* sur l'égoût aujourd'hui couvert par la rue Turenne, les *choux* et autres légumes que l'on cultivait sur le terrein où cette rue a été bâtie, lui ont donné cette dénomination vers le commencement du dix-septième siècle.

CHRISTINE. (Rue) *Commence* rue des Grands-Augustins, et *finit* rue de Thionville. Les numéros sont *rouges*; le dernier impair est 11, et le dernier pair 12. — 11ᵉ Arrondissement.

Elle fut ouverte en 1607, sur une partie de l'emplacement de l'hôtel et des jardins de Saint-Denis; elle tient son nom de *Christine*, seconde fille d'Henri IV et de Marie de Médicis, née à l'époque où l'on commença à la bâtir.

CHRISTOPHE (L'Eglise Saint-) était située au coin de la rue Saint-Christophe et de la place du Parvis-Notre-Dame.

On croit qu'elle existait déjà au septième siècle; elle fut érigée en paroisse au douzième siècle, rebâtie de 1494 à 1510, et démolie en 1747.

CHRISTOPHE. (Rue Saint-) *Commence* rues de la Juiverie et du Marché-Palu, et *finit* place du Parvis-Notre-Dame. Les numéros sont *rouges*; le dernier impair est 7, et le dernier pair 18. — 9ᵉ Arrondissement.

En 1218, 1248 et 1265, on la trouve nommée *la Regraterie*; Guillot, vers l'an 1300, l'appelle le *Grand Saint-Christophe*, nom qu'elle tient de l'église de ce nom qui y était située.

CHRISTOPHE. (Ruelle Saint-) *Voyez* rue de Venise en la Cité.

CIMETIÈRE. (Rues du) *Voyez* rues du Pourtour, Palatine et des Deux-Eglises.

CIMETIÈRE-SAINT-ANDRÉ, SAINT-BENOIT, etc. (Rues du) *Voyez* leurs noms particuliers.

CINGNE. (Rue au) *Voyez* rue du Cygne.

CINQUAMPOIT. (Rue) *Voyez* rue Quincampoix.

CIRQUE OLYMPIQUE, spectacle de voltige et pantomimes, rue Saint-Honoré, n° 355, et rue du Mont-Thabor. — 1ᵉʳ Arrondissement.

Avant-scène............ 5 fr.		c.
Loges fermées........... 4		
Premières Loges......... 3		
Loges de côté........... 2	40
Secondes.............. 1	80
Troisièmes............. 1	20

PRIX DES PLACES en 1812.

CIRQUE-OLYMPIQUE. (Passage du) De la rue Saint-Honoré, n° 355, à celle du Mont-Thabor. — 1ᵉʳ Arrondissement.

Ainsi nommé parce qu'il sert d'entrée au *Cirque Olympique*.

CISALPINE. (Rue) *Commence* rues de Courcelles et de Mantoue, et *finit* rue du Rocher. Les numéros sont *noirs*; le dernier impair est 19, et le dernier pair 30. — 1ᵉʳ Arrondissement.

Cette rue, qui longe le parc de Mouceau au sud-est, porta jusqu'en 1797 le nom de *Valois*; elle prit alors celui de *Cisalpine*, en mémoire de la république *Cisalpine*, qui fut fondée à cette époque.

CISEAUX. (Rue des) *Commence* rue Sainte-Marguerite, et *finit* rue du Four. Les numéros sont *noirs*; le dernier impair est 11, et le dernier pair 10. — 10ᵉ Arrondissement.

Un hôtel dit des *Ciseaux*, situé dans cette rue, et mentionné dans divers titres anciens, lui a donné ce nom. On la trouve aussi sous celui des *Fossés-Saint-Germain*.

CITÉ, (Pont de là) servant de communication entre l'île dite de la *Cité*, dont il a pris le nom, et l'île Saint-Louis. — 9ᵉ Arrondissement.

Il fut construit en bois vers l'an 1630, et se nommait simplement le *pont de Bois*. Ayant été endommagé par les glaces en 1709, il fut abattu en 1710, et rebâti en 1717 sous le nom de *pont Rouge*, parce qu'il était en bois peint en rouge. Il fut de nouveau emporté au commencement de la révolution : on acheva en 1804 de le rebâtir, et on lui donna le nom qu'il porte aujourd'hui. Les culées et les piles sont en pierre, et le ceintre en fer, revêtu en bois; il ne sert qu'aux gens de pied, et chaque passant paie cinq centimes.

CITÉ. (La) *Voyez* l'île du Palais.

CITÉ, (Théâtre de la) rue de la Barillerie, n° 7.

Il fut bâti quelques années avant la révolution, sur l'emplacement de l'antique église Saint-Barthélemi. Cet édifice, qui ne sert plus depuis plusieurs années de salle de spectacle, appartient à un particulier. On y donne des bals au Carnaval; les francs-maçons y ont une loge.

CITÉ. (Passage du Théâtre-de-la-) De la rue de la Barillerie, n° 7, à la rue de la Vieille-Draperie, n° 30.

Ainsi nommé à cause du *théâtre de la Cité* qu'il traverse.

CITOYENNES. (Rue des) *Voyez* rue Madame.

CLAIR. (La chapelle Saint-) *Voyez* le collége des Bons-Enfans.

CLAIRVAUX, (Cul-de-sac) rue Saint-Martin, entre les n° 106 et 108. Les numéros sont *noirs*; le dernier impair est 3, et le seul pair 2. — 7ᵉ Arrondissement.

En 1338 c'était la *ruelle de la Petite-Troussevache*. Au commencement du quinzième siècle il prit le nom qu'il porte encore aujourd'hui, parce que les abbés de *Clairvaux* y avaient alors un hôtel.

CLAMART, (Carrefour de la Croix-) place formée à la jonction des rues du Jardin-des-Plantes, Fer-à-Moulin, des Fossés-Saint-Marcel, du Marché-aux-Chevaux et Poliveau. — 12ᵉ Arrondissement.

Ainsi nommé de l'hôtel *Clamart*, qui existait encore près de ce carrefour en 1646; près de là était aussi le cimetière de *Clamart*. On remarque dans ce carrefour la fontaine dite du Jardin-des-Plantes, qui est alimentée par la pompe Notre-Dame.

CLAUDE AU MARAIS. (Rue Saint-) *Commence* boulevart Saint-Antoine, et *finit* rue Turenne. Les numéros sont *rouges*; le dernier impair est 13, et le dernier pair 20. — 8ᵉ Arrondissement.

Elle fut ouverte au commencement du dix-septième siècle, sur un terrain qui, en 1481, se nommait le *clos Margot*; elle doit son nom à une enseigne ou une statue de *saint Claude*; d'autres disent à *Claude* Guénégaut, qui y fit élever un hôtel.

CLAUDE, (Rue Saint-) près la porte Saint-Denis. *Commence* rue Sainte-Foi, et *finit* rue Cléry. Les numéros sont *noirs;* le dernier impair est 5, et le dernier pair 10. — 5ᵉ Arrondissement.

Cette rue, percée vers l'an 1660, fut d'abord nommée *Sainte-Anne;* elle tient son nom actuel de l'image *Saint-Claude,* que l'on voyait au coin de celle d'Aboukir.

CLAUDE-MONTMARTRE. (Cul-de-sac Saint-) De la rue Montmartre, en face celle du Cadran, au passage du Vigan. Les numéros sont *noirs;* le dernier impair est 5, et le dernier pair 4. — 3ᵉ Arrondissement.

Son plus ancien nom est celui de rue du *Rempart,* parce qu'il était situé près des remparts de la ville (clôture de Charles V et Charles VI), qui passaient où est à présent la rue des Fossés-Montmartre; il se nomma ensuite rue du *Puits;* vers le milieu du dix-septième siècle cul-de-sac de la *Rue-du-Bout-du-Monde,* parce qu'il est situé en face de la rue de ce nom (maintenant du Cadran), et enfin cul-de-sac *Saint-Claude,* qu'il tient d'une enseigne.

CLAUDE AU MARAIS, (Cul-de-sac Saint-) rue Saint-Claude, entre les nᵒˢ 8 et 10. Pas de numéros. — 8ᵉ Arrondissement.

Il tient son nom de la rue *Saint-Claude,* où il est situé.

CLAUDE, FAUBOURG SAINT-ANTOINE, (Cul-de-sac Saint-) rue de Bercy, entre les nᵒˢ 34 et 36. Les numéros sont *noirs;* le dernier impair est 11, et le dernier pair 8. — 8ᵉ Arrondissement.

Nous ignorons à quelle occasion ce nom lui fut donné.

CLAUDE. (Cul-de-sac Saint-) *Voy.* cul-de-sac de l'Etoile.

CLEF. (Rue de la) *Commence* rue d'Orléans-Saint-Victor, et *finit* rue Copeau. Les numéros sont *noirs;* le dernier impair est 29, et le dernier pair 14. — 12ᵉ Arrondissement.

Le premier nom que nous lui connaissons est celui de *Saint-Médard,* parce qu'elle conduit à cette église; elle prit ensuite le nom de *la Clef,* à cause de l'enseigne de *la Clef* qui était celle d'une maison qui, à la fin du seizième siècle, appartenait à Charles Duchesne.

CLEF. (Rue de la) *Voyez* rue Saint-André-des-Arts.

CLER-CHANTIER. (Rue du) *Voyez* rue Traversière-Saint-Antoine.

CLERCS. (Le chemin aux) *Voyez* rue du Colombier.

CLÉRY. (Rue) *Commence* rue Montmartre, et *finit* rue Beauregard et boulevart Bonne-Nouvelle. Les numéros sont *noirs*; le dernier impair est 97, et le dernier pair 106. — Du n° 1 au n° 29, et du n° 2 au n° 44, 3ᵉ Arrondissement; du n° 31 au n° 97, et du n° 46 au n° 106, 5ᵉ Arrondissement.

Cette rue, ouverte en 1633, en vertu d'une délibération de Louis XIII, tient son nom de l'hôtel *Cléry*, qui était dans cette rue ou auprès, et dont il est fait mention en 1540. La partie située du côté de la porte Saint-Denis se trouve anciennement nommée quelquefois *Mouffetard*. On remarque au n° 19 l'hôtel Lebrun, où sont maintenant les bureaux du Cadastre, et au n° 27 l'hôtel Leblanc.

CLICHY. (Rue de) *Commence* rue Saint-Lazare, et *finit* barrière de Clichy. Les numéros sont *noirs*; le dernier impair est 55, et le dernier pair 54. — Les numéros impairs sont du 1ᵉʳ Arrondissement, et les pairs du 2ᵉ.

Ainsi nommée parce qu'elle se dirige sur le village de *Clichy*. Avant qu'elle fût bâtie c'était le chemin de *Clichy*. On la trouve, vers le milieu du siècle dernier, sous le nom *du Coq*, à cause de l'hôtel *du Coq*, dit aussi des Porcherons, qui était situé rue Saint-Lazare, en face la rue de *Clichy*, et sur la porte duquel on lisait : *Hôtel Coq*, 1320. Au n° 6 est une caserne; au n° 19 l'hôtel de Tivoli; au n° 30 l'hôtel d'Ogny, et au n° 50 l'hôtel Laboissière, appartenant à présent à M. Grefulhe.

CLICHY. (Chemin qui va à) *Voyez* rue des Bons-Enfans.

CLICHY. (Barrière de) — La moitié, à l'ouest, du 1ᵉʳ Arrondissement, et l'autre moitié, à l'est, du 2ᵉ.

Ainsi nommée parce qu'elle sert de sortie pour aller au village de *Clichy*, distant de trois quarts de lieue. Elle est ornée d'un bâtiment avec deux péristyles de six colonnes.

CLICHY. (Chemin de ronde de la barrière de) De la barrière de Clichy à celle de Mouceau. — 1ᵉʳ Arrond.

CLIGNY. (Rue à l'Abbé-de-) *Voyez* rue Cluny.

CLOCHE-PERCE. (Rue) *Commence* rue Saint-Antoine, et *finit* rue du Roi-de-Sicile. Les numéros sont *noirs*; le dernier impair est 15, et le dernier pair 18. — 7ᵉ Arrondissement.

L'abbé Lebœuf pense que cette rue est celle dont parle Guillot vers l'an 1300, en la désignant sous le nom de *Pute-y-Muce*; en 1636 elle est nommée de la *Cloche-Percée*, parce qu'elle doit son nom à l'enseigne d'une *cloche percée*.

CLOCHE-PERCÉE. (Rue) *Voyez* rue Cloche-Perce.

CLOCHEPIN. (Rue) *Voyez* rue des Charbonniers.

CLOPIN. (Rue) *Commence* rue des Fossés-Saint-Victor, et *finit* rue Bordet. Les numéros sont *noirs*; le dernier impair est 9, et le dernier pair 12. — 12ᵉ Arrond.

La grande maison *Clopin*, bâtie dans cette rue en 1253, lui a donné son nom. La partie de cette rue entre celles d'Arras et des Fossés-Saint-Victor a porté pendant quelque temps le nom des *Anglaises*, parce qu'elle aboutit à ce couvent; ainsi cette portion n'existe que depuis le commencement du dix-septième siècle, lors de la démolition des murs de clôture de Philippe-Auguste, qui passaient près la rue d'Arras ou des Murs. Dès le commencement du seizième siècle elle est aussi désignée sous les noms de *Champ-Gaillard* et de *Chemin-Gaillard*.

CLOS-GEORGEAU, PAYEN, etc. (Rues du) *Voyez* les divers noms particuliers.

CLOTILDE. (Rue) *Commence* rue Clovis, et *finit* rue de la Vieille-Estrapade. Elle n'a point encore de numéros. — 12ᵉ Arrondissement.

Cette rue, qui n'est point encore bâtie, et qui règnera le long de l'ancienne abbaye Sainte-Geneviève, où est maintenant le lycée Napoléon, est ainsi nommée en mémoire de *Clotilde*, femme de Clovis Iᵉʳ, roi de France, morte à Tours, et inhumée vers l'an 545, près de Clovis, dans l'église Sainte-Geneviève. *Voyez* l'article suivant.

CLOVIS. (Rue) *Commence* rue Bordet, et *finit* rues Clotilde et des Sept-Voies. Les numéros sont *rouges*; le dernier impair est 5, et le dernier pair 12. — 12ᵉ Arrondissement.

Cette rue, percée depuis quelques années sur une partie de l'emplacement de l'abbaye Sainte-Geneviève, porte ce nom en mémoire de *Clovis*, premier roi chrétien en France. Vers l'an 500 ce monarque, à la sollicitation de la reine Clotilde, son épouse, fit bâtir l'église Saint-Pierre et Saint-Paul, nommée depuis Sainte-Geneviève (où est maintenant le lycée Napoléon). *Clovis*, mort au palais des Thermes (dont les restes antiques se voient encore rue de la Harpe) l'an 511, a été inhumé dans l'église Saint-Pierre et Saint-Paul, ainsi que sainte Geneviève, morte quelques années après. C'est en faisant des fouilles pour le percement de cette rue, le 10 mai 1807, que l'on découvrit les tombeaux de *Clovis* et de *Clotilde* ; ils sont conser-vés au musée des Monumens français.

CLUNY, (Le collége de) rue des Grès, n° 16, et place Sorbonne, n° 3.

Il fut fondé en 1269, par Yves de Vergy, abbé de *Cluny,* en faveur des religieux de *Cluny* ; il exista jusqu'en 1790, qu'il devint propriété nationale ; il fut alors vendu : c'est mainte-nant une maison particulière.

CLUNY. (Rue de) *Commence* place Sorbonne, et *finit* rue des Grès. Les numéros sont *noirs;* le dernier impair est 3, et le dernier pair 4. — 11ᵉ Arrondisse-ment.

Elle porte ce nom parce qu'elle est située derrière le collége de Cluny, fondé en 1269 par un abbé *de Cluny;* aussi Guillot la nomme-t-elle, vers l'an 1300, rue *à l'Abbé-de-Cligny.*

CLUNY. (Passage de) De la place Sorbonne, n° 3, à la rue des Grès, n° 10. — 11ᵉ Arrondissement.

Ainsi nommé parce qu'il traverse l'ancien collége de Cluny.

COCATRIX. (Rue) *Commence* rue Saint-Pierre-aux-Bœufs, et *finit* rue des Trois-Canettes.

Ce nom lui vient du fief *Cocatrix,* qui était situé entre les rues Saint-Pierre-aux-Bœufs et des Deux-Hermites, et qui con-tenait par conséquent la rue *Cocatrix.* En 1300 un nommé *Cocatrix* y demeurait, et Guillot à la même époque la nomme *Cocatrix.*

COCEREL ou **COTEREL** (La rue) aboutissait an-ciennement rue des Mathurins, en séparant le palais des Thermes de l'église et du couvent des Mathurins.

COCHES, (Ancienne cour des) entre les rues du Fau-bourg-Saint-Honoré et de Surène. — 1ᵉʳ Arrond.

Il paraît qu'anciennement il y avait un bureau ou un dépôt de *coches* en cet endroit.

COCHES. (Passage de la Cour-des-) De la rue du Fau-bourg-Saint-Honoré, n° 30, à la rue de Surène, n° 15. — 1ᵉʳ Arrondissement.

Voyez l'article précédent.

COCHIN, (Hospice) rue du Faubourg-Saint-Jacques, entre les nᵒˢ 45 et 47. — 12ᵉ Arrondissement.

Les malades et les blessés y sont reçus comme à l'Hôtel-Dieu.

Cet établissement porte le nom de son fondateur, M. *Cochin*, curé de Saint-Jacques-du-Haut-Pas, né à Paris en 1726, et mort en 1783.

COCHON. (Rue du) *Voyez* cul-de-sac du Jardin-du-Roi.

COÇONNERIE. (Rue de la) *Voyez* rue de la Cossonnerie.

CŒUR-VOLANT. (Rue du) *Commence* rue des Boucheries, et *finit* rue des Quatre-Vents. Les numéros sont *noirs*; le dernier impair est 11, et le dernier pair 22. — 11ᵉ Arrondissement.

Avant le quinzième siècle on la trouve sous les noms de la *Tuerie*, de la *Voirie*, de la *Boucherie*; elle tient son nom actuel d'une enseigne représentant un *cœur ailé* ou un *cœur volant*.

COIFFERIE, (Rue de la) ancienne rue qui était située près de celle de la Tannerie.

Guillot en parle dans son *Dit des Rues de Paris*.

COIPEAUX, COPEAU, GOUPEAU. (Rue) *Voyez* rue du Jardin-des-Plantes.

COLBERT. (Rue) *Commence* rue Vivienne, et *finit* rue Richelieu. Les numéros sont *rouges*; le dernier impair est 5, et le dernier pair 6. — 2ᵉ Arrondissement.

Ce nom lui a été donné en mémoire du grand *Colbert*, né à Reims en 1619, et mort à Paris en 1683; son hôtel était rue Vivienne, au coin de celle Neuve-des-Petits-Champs. En 1666 la bibliothèque royale fut transportée par son ordre rue Vivienne, en face de la rue Colbert. C'est pendant le ministère de ce grand homme que cette rue fut ouverte, sur une partie de l'emplacement du palais Mazarin. On la nomme aussi *arcade Colbert*, parce que du côté de la rue Richelieu elle est terminée par une *arcade*. Entre les nᵒˢ 2 et 4 est la fontaine dite *Colbert*, dont les eaux sont fournies par la pompe à feu de Chaillot.

COL-DE-BAÇON. (Rue) *Voyez* rue Courbaton.

COLISÉE. (Rue du) *Commence* avenue de Neuilly, et *finit* rue du Faubourg-Saint-Honoré. — 1ᵉʳ Arrondissement.

Cette rue, tracée, et que l'on n'a pas encore commencé à bâtir, est ainsi nommée parce qu'elle est alignée sur l'emplacement du *Colisée*. C'était un établissement délicieux qui attirait tout Paris; musique, danse, feux d'artifice, joûtes, courses de chevaux, boutiques de curiosités, de modes, de bijoux, cafés, spectacles, etc., tout y était charmant; il a été détruit quelques années avant la révolution.

COLLÉGES DIVERS. *Voyez* leurs noms particuliers.

COLLÉGIALE.(Place de la) *Commence* rue des Francs-Bourgeois-Saint-Marcel, et *finit* rue Pierre-Lombart. — 12ᵉ Arrondissement.

Ainsi nommée parce qu'elle est située devant la ci-devant église *collégiale* Saint-Marcel.

COLOMBE. (Rue de la) *Commence* quai Napoléon et rue Basse-des-Ursins, et *finit* rues Chanoinesse et des Marmousets. Les numéros sont *noirs*; pas de numéros impairs; le dernier pair est 10. — 9ᵉ Arrondissement.

En 1223 elle portait déjà ce nom, dont nous ignorons l'étymologie.

COLOMBES. (Pont aux) *Voyez* le pont de Charles-le-Chauve.

COLOMBIER. (Rue du) *Commence* rue de Seine, et *finit* rues Bonaparte et des Petits-Augustins. Les numéros sont *rouges*; le dernier impair est 29, et le dernier pair 32. — 10ᵉ Arrondissement.

Son premier nom est le *chemin aux Clercs*, parce qu'il conduisait aux *prés aux Clercs*; en 1640 et suivantes cette rue fut bâtie sur ce chemin, et prit son nom d'un *colombier* qui appartenait à l'abbaye Saint-Germain.

COLOMBIER. (Rue Neuve-du-) *Commence* rue Saint-Antoine, et *finit* rue d'Ormesson. Les numéros sont *noirs*; le dernier impair est 5, et le dernier pair 4.— 8ᵉ Arrondissement.

Cette rue, ouverte vers 1788 sur une partie du terrain qu'occupaient les bâtimens des chanoines de Sainte-Catherine-du-Val-des-Ecoliers, est ainsi nommée à cause de Marchant du Colombier, qui était propriétaire du terrain d'une partie du marché.

COLOMBIER. (Rue du Vieux-) *Commence* place Saint-Sulpice et rue des Canettes, et *finit* rues du Four et du Cherche-Midi. Les numéros sont *rouges*; le dernier impair est 33, et le dernier pair 36. — 11ᵉ Arrondissement.

Au quinzième siècle c'était la rue Cassel, parce qu'elle conduisait à l'hôtel *Cassel*, dont il est fait mention à l'article rue *Casselle*; de la rue Férou à celle du Pot-de-Fer elle se nommait du *Puits-Mauconseil*, à cause d'un *puits* public que l'on y voyait ; le plan de Mérian la désigne sous le nom de *la Pelleterie*. Au dix-septième siècle elle prit le nom qu'elle porte d'un *colombier* que les religieux de Saint-Germain y avaient fait construire, et l'on ajouta *Vieux*-Colombier pour la distinguer de celle du *Colombier*, qui ne fut bâtie qu'en 1640. Au n° 29 sont les bureaux de la mairie du onzième arrondissement.

COLONNADE. (Place de la) *Voyez* place d'Iéna.

COLONNES. (Rue des) *Commence* rue Feydeau, et *finit* rue des Filles-Saint-Thomas. Les numéros sont *noirs*; le dernier impair est 13, et le dernier pair 12. — 2ᵉ Arrondissement.

Cette rue, percée vers l'an 1790, doit son nom aux *colonnes* qui règnent de chaque côté d'un bout de la rue à l'autre.

COMBAT. (Barrière du) — 5ᵉ Arrondissement.

Le *combat* du taureau, dont le spectacle se donnait près et hors de cette barrière, a occasionné cette dénomination. Sa décoration consiste en un propylée couronné d'un dôme. Elle portait auparavant le nom de *Pantin*, parce que c'est par-là que l'on sort de Paris pour aller à *Pantin*.

COMBAT. (Chemin de ronde de la barrière du) De la barrière du combat à celle de la Boyauterie. — 5ᵉ Arrondissement.

COMBAULT. (Rue) *Voyez* rue des Quatre-Vents.

COME et *SAINT-DAMIEN,* (L'église Saint-) rue de l'Ecole-de-Médecine, n° 1, au coin de celle de la Harpe.

Elle fut achevée et érigée en paroisse en 1212 ; elle fut supprimée en 1790, et sert maintenant d'atelier de menuiserie.

COME. (Rue Saint-) *Voyez* rues d'Aboukir et Neuve-Saint-Eustache.

COMÉDIE. (Rue de la) *Voyez* rue des Fossés-Saint-Germain-des-Prés.

COMÉDIE. (Passage de la) De la rue Saint-Honoré, n° 216, à celle Richelieu, n° 6. — 2ᵉ Arrondissement.

Il est ainsi nommé parce qu'il conduit au théâtre Français.

COMÈTE. (Rue de la) *Commence* rue Saint-Dominique-Gros-Caillou, et *finit* rue de Grenelle-Gros-

Caillou. Les numéros sont *noirs*; le dernier impair est 17, et le dernier pair 16. — 10ᵉ Arrondissement.

Nous ignorons l'étymologie du nom de cette rue, que l'on commença à bâtir vers l'an 1784.

COMMANDERESSES. (Rue des) *Voy.* rue de la Coutellerie.

COMMERCE, (Tribunal de) cloître Saint-Merri, n° 4. — 7ᵉ Arrondissement.

Les *juges consuls* s'établirent au cloître Saint-Merri en 1570, après avoir acheté et disposé convenablement les maisons du président Baillet : de 1563, époque de la création de cette juridiction, jusqu'en 1570, ils tinrent leurs audiences à l'auditoire Saint-Magloire. On construit maintenant sur l'emplacement du couvent des Filles-Saint-Thomas, troisième arrondissement, un édifice qui contiendra la Bourse et le tribunal de Commerce. *Voyez* l'article *Bourse.*

COMMERCE. (Rue du) — 6ᵉ Arrondissement.

C'est une des ruelles de l'enclos de la Trinité.

COMMERCE, (Cour du) ou PASSAGE DE LA COUR-DU-COMMERCE. De la rue Saint-André-des-Arts, n° 71, à celle de l'Ecole-de-Médecine, n° 30, et au cul-de-sac de la Cour-Rohan.

Elle fut percée en 1776, sur l'emplacement de plusieurs jeux de paume que l'on nommait *Manus.* Comme on y bâtit des boutiques de chaque côté dans toute sa longueur, on lui donna le nom de *cour du Commerce.*

COMMERCE (Le passage du) communique à la rue Phelipeaux, n° 27, à la rue Frepillon, n° 14, et à la rue des Gravilliers, n° 28. — 6ᵉ Arrondissement.

COMMERCE. (Passage du) De la rue Phelipeaux, n° 14, au cul-de-sac du Puits-de-Rome. — 6ᵉ Arrondissement.

COMMISSAIRES (Le cul-de-sac des) était situé rue Montmartre, en face du cul-de-sac Saint-Pierre.

Le premier nom qu'on lui connaisse était rue de l'*Arche*, à cause de sa situation sur le fief de l'*Arche.* Lorsque la rue fut bouchée on le nomma cul-de-sac de l'*Epée-Royale*, à cause d'une enseigne qui existait en 1647; ensuite il se nomma *Ragouleau*, du nom d'un particulier; enfin il porta celui de rue ou cul-de-sac des *Commissaires* jusque vers le milieu du dernier siècle, qu'il fut bouché.

COMMUNE. (Rue) *Voyez* rue des Écrivains et cul-de-sac de la Bouteille.

COMPTES, (Hôtel de la Cour des) cour de la Sainte-Chapelle, n° 4. — 11e Arrondissement.

Il fut bâti sous Louis XI, d'après les dessins de Jean Joconde. Un incendie l'ayant consumé en 1737, il fut entièrement reconstruit en 1740, par Gabriel, architecte.

COMTE-DE-DAMMARTIN. (Rue au) *Voyez* rue Salle-au-Comte.

COMTE. (Rue Jean-le-) *Voyez* rue d'Avignon.

COMTESSE-D'ARTOIS, (Rue) rue au COMTE-D'ARTOIS, et rue de la PORTE-A-LA-COMTESSE-D'ARTOIS. *Voyez* rue Montorgueil.

CONCEPTION, (Les Filles de la) rue Saint-Honoré, au coin occidental de la rue Neuve-Luxembourg.

Ces religieuses s'établirent en cet endroit l'année 1635; elles furent supprimées en 1790, et sur cet emplacement l'on bâtit depuis des maisons particulières.

CONCEPTION, (Les Religieuses de l'Immaculée) dites *Récollettes*, rue du Bac, n° 75, au coin septentrional de la rue de la Planche.

Elles s'établirent en 1637, et en 1693 on commença à bâtir leur église; elles furent supprimées en 1790. Ce couvent est devenu depuis une maison particulière.

CONCEPTION. (Les Religieuses de la) *Voy*. les Religieuses Anglaises.

CONCORDE, (Place de la) située entre le jardin des Tuileries, les Champs Elysées, le pont et la rue de la Concorde. — 1er Arrondissement.

Elle fut commencée en 1763, sur les dessins de Gabriel, et ne fut entièrement achevée qu'en 1772. On la nomma *Louis XV*, parce que l'on y éleva au milieu la statue équestre de ce roi, qui fut renversée en 1792; elle prit alors le nom de la *Révolution*. On plaça sur le piédestal où était la statue du monarque la statue colossale de la Liberté, devant laquelle, pendant plus de deux ans, périrent sur l'échafaut un grand nombre de victimes de la révolution. Louis XVI, dernier roi de la troisième dynastie, y fut décapité le 21 janvier 1793. Au commencement du règne de Napoléon Ier, qui ramena la *Concorde* chez les Français, on lui donna le nom de la *Concorde*.

CONCORDE. (Rue de la) *Commence* place de la Concorde, et *finit* rue Saint-Honoré. Les numéros sont *noirs;* le dernier impair est 17, et le dernier pair 12. — 1er Arrondissement.

Son premier nom est rue *Royale,* qu'elle porta jusqu'en 1792, pour prendre celui de la *Révolution,* parce qu'elle conduit à la place qui portait alors ce nom ; depuis une dixaine d'années elle a pris, ainsi que la place, celui de la *Concorde. Voyez* l'article précédent.

CONCORDE, (Pont de la) entre les quais des Tuileries et de la Conférence au nord, et les quais Bonaparte et des Invalides au midi. — La moitié au nord est du 1er Arrondissement, et l'autre moitié au midi est du 10e.

Ce beau pont fut commencé en 1787, et achevé en 1791, sur les dessins de M. Perronnet; il prit le nom de *Louis XVI,* parce qu'il fut construit sous son règne : en 1792 on lui donna le nom de la *Révolution,* et au commencement du règne de Napoléon celui de la *Concorde. Voyez* place de la *Concorde.*

CONDÉ. (Rue) *Commence* rue des Quatre-Vents et carrefour de l'Odéon, et *finit* rue de Vaugirard. Les numéros sont *noirs;* le dernier impair est 21, et le dernier pair 34. — 11e Arrondissement.

Elle fut percée sur le clos *Bruneau,* vers l'an 1500, et prit pendant quelque temps le nom de rue du *Clos-Bruneau;* ensuite ceux de rue *Neuve, Neuve-de-la-Foire, Neuve-Saint-Lambert,* et en 1612 celui de *Condé,* parce qu'alors Henri de Bourbon, prince de *Condé,* y fit l'acquisition d'un superbe et vaste hôtel. En 1792 on lui donna celui de l'*Egalité,* nom analogue à la révolution; elle le quitta en 1805, pour reprendre celui de *Condé.*

CONFÉRENCE. (Barrière de la) *Voyez* barrière de Passy.

CONFÉRENCE. (Faubourg de la) *Voyez* rue de Chaillot.

CONFÉRENCE, (Port de la) en face de l'allée d'Antin.

Il n'existe plus. C'était là que se déchargeaient autrefois les pierres de Saint-Leu.

CONFÉRENCE. (Porte de la)

Elle terminait l'enceinte de Paris commencée sous Charles IX, et achevée sous Louis XIII; elle était située entre la rivière et l'extrémité ouest de la terrasse des Tuileries ; on la démolit en 1730. Nous ignorons à quelle occasion ce nom lui fut donné.

CONFÉRENCE. (Quai de la) *Commence* place et pont de la Concorde, et *finit* allée des Veuves et quai de Billy. — 1ᵉʳ Arrondissement.

Voyez l'article précédent.

CONFÉRENCE. (Quai de la) *Voyez* quai de Billy.

CONFRÉRIE-NOTRE-DAME-DE-PARIS. (Rue de la) *Voyez* rue des Deux-Ermites.

CONQUÊTES. (Place des) *Voyez* place Vendôme.

CONSTANTINOPLE, (Le collége de) ou le *COLLÉGE GREC,* était anciennement situé cul-de-sac d'Amboise, près la place Maubert.

Il fut fondé en 1206. On croit qu'on lui a donné ces noms parce qu'il s'agissait à cette époque (deux ans après la prise de *Constantinople*) de réunir les églises grecque et latine, et que l'on envoya à cet effet des professeurs à *Constantinople;* en 1362 il prit le nom de la *Petite-Marche,* parce qu'il fut acheté par Jean de la *Marche;* en 1420 il fut réuni au collége de la Marche, que l'on construisit rue de la Montagne-Sainte-Geneviève. *Voyez* le collége de la *Marche.*

CONSULS. (Rue des) *Voyez* cloître Saint-Merri.

CONTI. (Quai) *Voyez* quai de la Monnaie.

CONTRAT-SOCIAL. (Rue du) *Commence* rue de la Tonnellerie, et *finit* rue des Prouvaires. Les numéros sont *rouges;* le dernier impair est 7, et le dernier pair 8. — 3ᵉ Arrondissement.

Elle fut percée vers l'an 1786, et nommée *Calonne,* parce que M. de *Calonne* était à cette époque ministre des Finances; en 1790 on lui donna le nom de *Lafayette,* du général de *Lafayette,* qui était alors en grand crédit; en 1792 elle prit la dénomination de *Contrat-Social,* titre d'un des ouvrages de J.-J. Rousseau, qui demeura longtemps dans ce quartier. *Voyez* rue J.-J.-Rousseau.

CONTRESCARPE-SAINT-ANDRÉ. (Rue) *Commence* rue de Thionville, et *finit* rue Saint-André-des-Arts. Les numéros sont *noirs;* le dernier impair est 9, et le dernier pair 12. — 11ᵉ Arrondissement.

Ce nom lui vient de son ancienne situation près de la *contrescarpe* (terme de fortification) des murs de l'enceinte de Philippe-Auguste : on la trouve en 1636 sous le nom de *Basoche.*

CONTRESCARPE-SAINT-MARCEL. (Rue) *Commence* rue Mouffetard, et *finit* rue Neuve-Sainte-Geneviève. Les numéros sont *noirs*; le dernier impair est 25, et le dernier pair 12. — 12ᵉ Arrondissement.

Même étymologie que la rue précédente, puisqu'elle était située de même près les murs de l'enceinte de Philippe-Auguste. Par arrêt de 1685 les maisons de cette rue furent reprises de quinze pieds sous œuvre.

CONTRESCARPE. (Rue de la) *Commence* place Mazas, et *finit* rue de Charenton et place Saint-Antoine. Les numéros sont *noirs*; pas de numéros impairs (ce côté est formé par les fossés de la Bastille); le dernier pair est 72. — 9ᵉ Arrondissement.

Ainsi nommée pour la même cause que les deux rues précédentes, puisqu'elle régnait le long des fossés et fortifications; elle s'étendait autrefois, sous cette dénomination, jusqu'à la rue Ménilmontant : elle a aussi porté le nom des *Fossés-Saint-Antoine.*

CONTRESCARPE. (Chemin de la) *Voyez* rue Saint-Pierre au 8ᵉ Arrondissement.

CONVALESCENS, (Les) rue du Bac, nᵒ 98.

Cet établissement, fondé en 1650, époque de la construction de la chapelle, fut supprimé vers l'an 1789. Cette maison appartient encore au Gouvernement, qui la loue à divers particuliers.

CONVENTION. (Rue de la) *Commence* rue de Rivoli, et *finit* rue Saint-Honoré. Les numéros sont *noirs*; le dernier impair est 15, et le dernier pair 14. — 1ᵉʳ Arrondissement.

Le plus ancien nom que nous lui connaissons est celui de rue *Saint-Vincent*, ou cul-de-sac *Saint-Vincent*; en 1744 on lui donna celui de rue du *Dauphin*, parce que le *Dauphin* y avait passé pour aller à la messe à Saint-Roch; en 1792 elle prit celui qu'elle porte aujourd'hui, parce qu'elle conduisait à la *Convention nationale*, qui siégeait tout près, à l'endroit dit le Manége, depuis le 21 septembre 1792 jusqu'au 26 octobre 1795.

COPEAU. (Rue) *Commence* rues Saint-Victor et du Jardin-des-Plantes, et *finit* rue Mouffetard. Les numéros sont *noirs*; le dernier impair est 57, et le dernier pair 34. — 12ᵉ Arrondissement.

Cette rue, percée sur la terre de *Cupels* ou *Coupeaulx*, en prit le nom : on la nommait anciennement la *chauciée Cou-peaulx*. Dès le douzième siècle il existait sur la Bièvre un moulin dit de *Cupels*.

COPIEUSE. (Rue) *Voyez* rue du Sabot.

COQ-SAINT-JEAN. (Rue du) *Commence* rue de la Tixeranderie, et *finit* rue de la Verrerie. Les numéros sont *noirs*; le dernier impair est 7, et le dernier pair 12. — 7ᵉ Arrondissement.

Aux treizième et quatorzième siècles elle se nommait *André Malet;* elle tient son nom actuel d'une enseigne.

COQ-SAINT-HONORÉ. (Rue du) *Commence* place Marengo, et *finit* rue Saint-Honoré. Les numéros sont *noirs*; le dernier impair est 15, et le dernier pair 10. — 4ᵉ Arrondissement.

Au quatorzième siècle elle se nommait de *Richebourg*, qu'elle tenait de la famille de ce nom qui y demeurait. Son nom actuel vient-il de l'enseigne du *coq* ou de la famille *Le Coq* ? Les opinions sont partagées. Elle fut élargie il y a une trentaine d'années.

COQ. (Rues du) *Voyez* rues de Clichy et Chapon.

COQHÉRON. (Rue) *Commence* rue Coquillière, et *finit* rues Pagevin et Verdelet. Les numéros sont *noirs*; le dernier impair est 15, et le dernier pair 18. — 3ᵉ Arrondissement.

En 1298 c'était un cul-de-sac nommé *Coquehéron :* les copistes ont quelquefois défiguré ce nom en écrivant *Maqueron, Moquehéron*. Elle s'étendait autrefois sous le nom de *Coqhéron* jusqu'à la rue Montmartre, puisque la rue de la Jussienne se nommait *Coqhéron*, dite de l'*Egyptienne*. On remarque au n° 3 l'hôtel Chamillard, appartenant depuis longtemps à M. Delessert, banquier; au n° 5 l'hôtel Enfantin, et au n° 18 l'hôtel qui dépend de l'administration générale des Postes.

COQHÉRON. (Rue) *Voyez* rue de la Jussienne.

COQUENARD. (Rue) *Commence* rues Rochechouard et Cadet, et *finit* rues du Faubourg-Montmartre et des Martyrs. Les numéros sont *rouges;* le dernier impair est 35, et le dernier pair 60. — 2ᵉ Arrondissement.

Ainsi nommée parce qu'elle a été bâtie sur le territoire dit *Coquenard* ou *Coquemard*. Au commencement du dix-septième siècle elle porta le nom de *Notre-Dame-de-Lorette*, parce que l'on y construisit à cette époque la chapelle de *Notre-Dame de Lorette*, dite des Porcherons. Vers l'an 1792 elle reprit son ancien nom. Au n° 6 on remarque le *grand Salon*, ainsi nommé d'une salle qui peut contenir environ huit cents personnes assises : c'est la guinguette la plus vaste de Paris ; c'est là que l'observateur peut aller au Carnaval observer la *grosse joie :* quelques princes, dit-on, avant la révolution, ne manquaient aucune année de s'y rendre masqués.

COQUERÉE (Rue) et de la COQUERRIE. *Voyez* cul-de-sac Coquerelle.

COQUERELLE, (Cul-de-sac) rue des Juifs, au bout de la rue des Rosiers. Les numéros sont *rouges ;* le dernier impair est 7, et le dernier pair 10. — 7ᵉ Arrondissement.

Le premier nom que nous lui connaissons est celui de la *Lamproie ;* il aboutissait alors à la rue Culture-Sainte-Catherine. En 1415 c'était la rue *Coquerée*, et en 1540 la rue *Coquerée* ou de la *Coquerric*.

COQUILLES. (Rue des) *Commence* rue de la Tixeranderie, et *finit* rue de la Verrerie. Les numéros sont *noirs ;* le dernier impair est 9, et le dernier pair 4. — 7ᵉ Arrondissement.

Dès l'an 1300 elle porta le nom de ruelle ou rue *Gentien* ou *Gencien*, Jean *Gentien*, Jacques *Gentien*, qui sont les noms de deux particuliers qui y possédaient des maisons : elle tient son nom actuel des *coquilles* qui ornaient la porte et les fenêtres d'un hôtel que l'on y bâtit à la fin du quinzième siècle.

COQUILLIER (La porte au) était située rue Coquillière, entre les rues Jean-Jacques-Rousseau et du Jour.

Elle faisait partie de l'enceinte de Philippe-Auguste, et tenait son nom de la famille *Coquillier* ou *Coquillière*.

COQUILLIÈRE. (Rue) *Commence* rues du Jour et du Four, et *finit* rue Croix-des-Petits-Champs. Les numéros sont *rouges ;* le dernier impair est 47, et le dernier pair 48. — 3ᵉ Arrondissement.

Le premier nom de cette rue, qui était hors de l'enceinte de Philippe-Auguste, fut rue de la *Porte-au-Coquillier*, parce qu'elle conduisait à la porte de ce nom. Cette dénomination lui vient de la famille *Coquillier* ou *Coquillière*, qui était opulente au treizième siècle.

CORBEL. (Rue O) (Rue *AU CORBEAU.*)

C'est ainsi que Guillot, dans son *Dit des Rues de Paris*,

mme une rue qui existait vers l'an 1300, et qui était située près les rues de Cluny et des Poirées.

CORDÈLES. (Rue des) *Voy.* rue de l'Ecole-de-Médecine.

CORDELIÈRES, (Le couvent des) rue de l'Oursine, n° 95.

Il fut fondé en 1287 par la reine Marguerite, femme de saint Louis. Les bâtimens sont presque tous démolis, et il est devenu une propriété particulière.

CORDELIÈRES. (Rue des) *Voyez* rue de l'Oursine.

CORDELIERS. (Rue des) *Voyez* rue de l'Ecole-de-Médecine.

CORDELIERS. (Place des) *Voyez* place de l'Ecole-de-Médecine.

CORDELIERS, (Le couvent des) dits *Frères Mineurs*, ou le *grand couvent de l'Observance de saint François*, était situé rue de l'Ecole-de-Médecine, au coin occidental de celle de l'Observance.

Ce couvent fut bâti pour la première fois sur l'emplacement d'un château dit d'*Hautefeuille*, en 1230. Ces religieux quittèrent la même année la montagne Sainte-Geneviève, où ils demeuraient dès l'an 1216, pour venir l'habiter. L'église, bâtie par les libéralités de saint Louis, fut dédiée en 1262; un incendie ayant consumé cet édifice en 1580, on le rebâtit de 1582 à 1606. Le cloître fut reconstruit de 1673 à 1683. Cet ordre ayant été supprimé en France en 1790, l'église fut démolie quelques années après; ce qui reste du couvent est habité par des particuliers.

CORDERIE-SAINT-HONORÉ. (Rue de la) *Commence* rue Neuve-Saint-Roch, et *finit* marché des Jacobins. Les numéros sont *rouges*; le dernier impair est 5, et le dernier pair 20. — 2° Arrond.

C'était anciennement le cul-de-sac *Péronelle*, du nom d'une pièce de terre sur laquelle on l'avait bâti; dès 1655 il se nommait cul-de-sac de la *Corderie*; en 1787 on le perça quand on construisit le marché des Jacobins.

CORDERIE AU MARAIS. (Rue de la) *Commence* rues de Bretagne et de Beauce, et *finit* rue du Temple. Les numéros sont *rouges*; le dernier impair est 23; l'autre côté est sans numéros, et formé par les murs du Temple. — Les numéros impairs sont du 7° Arrondissement, et le côté opposé du 6°.

Ce nom lui vient des *cordiers* qui travaillaient le long des murs du Temple. Au n° 11 est une caserne dite des Enfans-Rouges.

CORDERIE. (Rues de la) *Voyez* cul-de-sac Mauconseil et rue Neuve-Saint-Sauveur.

CORDERIE. (Cul-de-sac de la) *Voyez* rues de la Corderie-Saint-Honoré et Thévenot.

CORDERIES. (Rue des) *Voyez* rues Neuve-Saint-Sauveur et Sainte-Foi.

CORDERIES (Le cul-de-sac des) était situé rue des Postes, presque en face de la rue des Irlandais.

Il porta anciennement les divers noms de rue *Saint-Severin,* des *Poteries,* des *Poteries-Saint-Severin,* des *Vignes,* de la *Corne.* Il fut fermé en 1693 à ses deux extrémités, à cause des accidens, et fut nommé cul-de-sac *Coupe-Gorge,* et ensuite des *Corderies,* jusqu'en 1759, qu'il fut entièrement fermé.

CORDIÈRE. (Rue) *Voyez* cul-de-sac Mauconseil.

CORDIERS. (Rue des) *Commence* rue Saint-Jacques, et *finit* rue de Cluny. Les numéros sont *rouges;* le dernier impair est 23, et le dernier pair 14. — 11e Arrondissement.

Elle portait déjà ce nom à la fin du treizième siècle ; elle le doit aux *cordiers* qui y travaillaient anciennement.

CORDIERS. (Rue des) *Voyez* culs-de-sac Mauconseil et du Puits-de-Rome, et rue Thévenot.

CORDONNERIE. (Rue de la) *Commence* rue du Marché-aux-Poirées, et *finit* rue de la Tonnellerie. Les numéros sont *rouges;* le dernier impair est 23, et le dernier pair 34. — 4e Arrondissement.

Elle a pris ce nom à cause des *cordonniers* et marchands de cuirs qui y demeuraient. On écrivait anciennement rue de la *Cordouannerie,* véritable nom primitif, parce que le premier cuir dont on se servit en France pour faire des souliers venait de la ville de *Cordoue,* et se nommait *Cordouan.*

CORDONNERIE (Rues de la) et de la VIEILLE-CORDONNERIE. *Voyez* rues des Fourreurs et de la Tabletterie.

CORDOUAGNERS. (Rue des)

C'est ainsi qu'en 1220 l'on nommait une rue située derrière l'ancienne église Saint-Barthélemi, aujourd'hui le théâtre de la Cité.

CORDOUANNERIE. (Rue de la) *Voyez* rues des Fourreurs et de la Tabletterie.

corne. (Rue de la) *Voyez* cul-de-sac des Corderies et rue Neuve-Guillemain.

corne. (Rue de la Petite-) *Voyez* rue Beurrière.

CORNEILLE. (Rue) *Commence* place de l'Odéon, et *finit* rue de Vaugirard. Les numéros sont *noirs*; le dernier impair est 5; pas encore de numéros pairs. — 11ᵉ Arrondissement.

Cette rue, percée en 1782 pour servir d'avenue au théâtre Français (aujourd'hui l'Odéon), porte le nom de Pierre Corneille, père de la tragédie française, né à Rouen en 1606, et mort en 1684.

CORNES. (Rue des) *Commence* rue du Banquier, et *finit* rue des Fossés-Saint-Marcel. — 12ᵉ Arrondissement.

Son premier nom était rue *Creuse*; on n'y a pas encore bâti.

CORNOUAILLE, (Le collége de) rue du Plâtre-Saint-Jacques, n° 20.

Il fut fondé en exécution du testament de Galeras Nicolas ou Nicolaï, en faveur de pauvres écoliers du diocèse de *Cornouaille* ou Quimper. C'est en 1380 qu'il fut transporté du collége du Plessis à la rue du Plâtre; il fut réuni à l'Université en 1763; c'est maintenant une maison particulière.

CORPS LÉGISLATIF, (Palais du) quai Bonaparte, en face du pont de la Concorde. — 10ᵉ Arrondissement.

Ce palais, que l'on nomma *Bourbon* jusqu'en 1793, commencé en 1722 par la duchesse de *Bourbon*, sur les dessins de Girardini, fut continué sur ceux de Lassurance, et successivement sur ceux de Gabriel père et autres. En 1796 la salle fut construite par Gisors, architecte, et en 1807 fut élevé, d'après les dessins de Poyet, ce péristyle magnifique qui fait face au temple de la Gloire, dont les travaux sont commencés.

CORPS-LÉGISLATIF. (Place du) *Commence* rue de l'Université, et *finit* rue de Bourgogne. Ce sont les numéros *rouges* 93, 95, 97, 99 et 101, faisant partie de la série de ceux de la rue de l'Université. — 10ᵉ Arrondissement.

CORROIERIE. (Rue de la) *Commence* rue Beaubourg, et *finit* rue Saint-Martin. Les numéros sont *rouges*; le

dernier impair est 19, et le dernier pair 28. — 7ᵉ Arrondissement.

On croit que c'est celle que Guillot, vers l'an 1300, désigne sous le nom de *Lingarière*; cependant au treizième siècle et en 1300 on la trouve nommée de la *Plâtrière*. En 1313 elle se nommait de la *Corroierie*; au quinzième siècle c'était la rue de la *Plastaye*: on écrivait anciennement *Courroierie, Courroier*; elle doit sans doute ce nom aux corroyeurs qui l'habitaient lorsqu'elle était à l'extrémité de Paris.

COSME. (Rue Saint-) *Voyez* rue de la Harpe.

COSME et SAINT-DAMIEN. (Rue Saint-) *Voyez* rue de l'Ecole-de-Médecine.

COSSONNERIE. (Rue de la) *Commence* rue Saint-Denis, et *finit* marché aux Poirées et rue des Piliers-Potiers-d'Etain. Les numéros sont *rouges*; le dernier impair est 43, et le dernier pair 44. — 4ᵉ Arrondissement.

Selon Sauval *Cossonnerie* signifie en vieux langage poulaillerie: dans cette rue on étalait effectivement et l'on vendait autrefois de la volaille, etc. On la trouve aussi sous les noms de *Quoconnerie* et de *Coçonnerie*.

COTTE. (Rue) *Commence* marché Beauveau, et *finit* rue Saint-Antoine. Les numéros sont *noirs*; le dernier impair est 21, et le dernier pair 16. — 8ᵉ Arrondissement.

Cette rue fut ouverte en 1779, lorsque l'on construisit le marché Beauveau.

COUCHANT. (Rue du) *Voyez* rue de l'Ouest.

COULDRAIE. (Rue de la) *Voyez* rue des Saussaies.

COULONS (La rue aux) aboutissait aux rues Notre-Dame et Saint-Christophe.

En 1254 elle est désignée par le nom de ruelle *au Chevet de sainte Geneviève la petite* (c'était sainte Geneviève des Ardens). Vers l'an 1300 Guillot la nomme *à Coulons*; en 1434 c'était la rue du *Coulon*. (Coulon signifie pigeon, colombe.) Nous ignorons à quelle époque elle a été supprimée.

COUP ou COP-DE-BATON. (Rue) *Voyez* cul-de-sac Courbaton.

COUPEAULX. (La chaussiée) *Voyez* rue Copeau.

COUPE-GORGE ou *COUPE-GUEULE* (La rue) était située entre les murs de l'enceinte de Philippe-Auguste, qui passaient rue Saint-Hyacinthe, et le jardin des Jacobins de la rue Saint-Jacques.

Elle fut donnée par Louis XII aux Jacobins pour agrandir leur jardin ; elle était ainsi nommée parce qu'il s'y commettait des assassinats à cause de son isolement.

COUPE-GORGE. (Cul-de-sac) *Voyez* cul-de-sal des Cordiers.

COUR-AU-VILAIN. (Rue) *Voyez* rue Montmorency.

COUR FERRI DE PARIS. (La) *Voy.* rue des Deux-Ermites.

COUR-TRICOT. (Passage de la) *Voyez* passage de la Jussienne.

COURBATON, (Cul-de-sac) rue de l'Arbre-Sec, entre les n°° 23 et 25. — 4° Arrondissement.

Il communiquait en 1251 au cul-de-sac Sourdis, et se nommait rue *Chardeporc*, du nom d'Adam *Chardeporc*, qui possédait à cette époque plusieurs maisons à côté sur le fossé Saint-Germain-l'Auxerrois. En 1300 et 1313 elle avait pris le nom de *Col-de-Bacon*, et en 1340 celui de *Bacon*, que l'on changea en *cop* ou *coup de bâton*, et enfin en *Courbaton*, (*Bacon* signifie en vieux langage *chair de porc.*)

COURCELLES. (Rue de) *Commence* rue de la Pépinière, et *finit* rues de Mouceau et Cisalpine. Les numéros sont *noirs* ; le dernier impair est 29, et le dernier pair 16. — 1er Arrondissement.

Elle se nommait autrefois le *chemin de Villiers*, la rue *de Villiers*, parce qu'elle conduit à *Villiers-la-Garenne* ; on la nomma ensuite *chemin de Courcelles*, et vers 1730 rue *de Courcelles*, parce qu'elle se dirige sur *Courcelles* (à une petite lieue de la barrière), dans la commune de Clichy-la-Garenne.

COURCELLES. (Barrière de) — 1er Arrondissement.

Elle est décorée d'un bâtiment dont le pourtour est orné de vingt-quatre colonnes. Pour l'étymologie *voyez* l'article précédent.

COURCELLES. (Chemin de ronde de la barrière de) De la barrière de Courcelles à celle du Roule. — 1er Arrondissement.

COURONNE. (Rue de la) *Voyez* rue du Chevet-Saint-Landry.

9

COURONNE. (Passage de la) De la rue des Bourdonnais, n° 11, à celle Tirecharpe, n° 10. — 4ᵉ Arrond.

Ainsi nommé parce qu'il traverse la maison qui portait pour enseigne la *Couronne d'Or,* et non pas la *Croix d'Or,* comme nous l'avons dit par erreur à l'article de la rue des Bourdonnais. *Voyez* l'article rue des *Bourdonnais.*

COURONNES-SAINT-MARCEL. (Rue des Trois-) *Commence* rue Mouffetard, et *finit* rue Saint-Hippolyte. Point de numéros; l'inscription de la rue est en *noir.* — 12ᵉ Arrondissement.

Au dix-septième siècle elle n'était pas distinguée de la rue Saint-Hippolyte, dont elle fait la prolongation.

COURONNES-DU-FAUBOURG-DU-TEMPLE. (Rue des) *Commence* rue Saint-Maur, et *finit* barrière des Trois-Couronnes. Les numéros sont *noirs;* le dernier impair est 29, et le dernier pair 42. — 6ᵉ Arrondissement.

COURONNES. (Barrière des Trois-) — 6ᵉ Arrondissement.

Elle consiste en un bâtiment avec arcades et colonnes.

COURONNES. (Chemin de ronde de la barrière des Trois-) De la barrière des Trois-Couronnes, à celle Ramponeau. — 6ᵉ Arrondissement.

COURROIERIE. (Rue de la) *Voyez* rues de la Corroierie et des Cinq-Diamans.

COURROIERIE. (Rue de la Vieille-) *Voyez* rue des Cinq-Diamans.

COURS DIVERSES. *Voyez* leurs noms particuliers.

COURS LA REINE. *Commence* place de la Concorde, et *finit* allée des Veuves et quai de Billy. — 1ᵉʳ Arrondissement.

Ce *Cours* ou cette avenue d'arbres, plantée en 1616 par les ordres de la *reine* Marie de Médicis, fut replantée en 1723.

COURT-PIERRE-LA-PIE. (Rue) *Voyez* rue Trognon.

COURTALON. (Rue) *Commence* rue Saint-Denis, et *finit* place Sainte-Opportune. Les numéros sont *noirs;*

le seul impair est 1, et le seul pair 2. — 4° Arrondissement.

On croit que cette rue est celle qui est désignée dans le *Dit des Rues de Paris*, vers l'an 1300, sous le nom de rue à *Petits soulers de bazenne*. On ne sait si l'étymologie de son nom actuel vient d'une enseigne ou de Guillaume *Courtalon*, qui y possédait, vers le milieu du seizième siècle, deux maisons au coin de la rue des Lavandières.

COURTILLE. (Rues de la) *Voy*. rues Taranne et de l'Egout-Saint-Germain.

COURTY. (Rue) *Commence* rue de Lille, et *finit* rue de l'Université. Les numéros sont *noirs;* le dernier impair est 7, et le dernier pair 8. — 10° Arrondissement.

Elle fut percée vers l'an 1780. Nous ignorons d'où lui vient ce nom.

COUTELLERIE. (Rue de la) *Commence* rues Jean-de-l'Epine et Jean-l'ain-Mollet, et *finit* rue de la Vannerie. Les numéros sont *rouges;* le dernier impair est 27, et le dernier pair 26. — 7° Arrondissement.

Au treizième siècle c'était la rue *Vieille - Oreille*, et par altération *Guignoreille;* vers l'an 1300 la rue des *Commanderesses* ou *Recommanderesses;* vers la fin du quinzième siècle elle prit le nom qu'elle porte aujourd'hui de la grande quantité de *couteliers* qui s'y établirent à cette époque.

COUVREUSE. (Ruelle) *Voyez* cul-de-sac des Filles-Dieu.

COYPEL. (Cul-de-sac) *Voyez* cour des Deux-Sœurs.

CRÉBILLON. (Rue) *Commence* rue Condé, et *finit* place de l'Odéon. Les numéros sont *noirs;* le dernier impair est 7; pas de numéros pairs. — 11° Arrondissement.

C'est une des rues qui sert d'avenue au théâtre Français (aujourd'hui l'Odéon); elle fut percée en 1782, et porte le nom de Prosper Jolyot de *Crébillon*, célèbre auteur tragique, né à Dijon en 1674, et mort en 1762.

CRENAUX. (Rue des) *Voyez* rue de la Vieille-Tannerie.

CREUSE. (Rue) *Voyez* rue des Cornes.

CROC. (Rue du) *Voyez* rue Jean-Pain-Mollet.

CROISSANT. (Rue du) *Commence* rue du Gros-Chenet,

et *finit* rue Montmartre. Les numéros sont *rouges*; le dernier impair est 13, et le dernier pair 24. — 3° Arrondissement.

Une enseigne lui a donné ce nom; elle est connue dès l'année 1612. Au n° 16 on remarque l'hôtel Colbert.

CROIX, (L'église Sainte-) rue de la Vieille-Draperie, au coin oriental de la rue Sainte-Croix.

Elle fut érigée en paroisse en 1107 (époque où la vraie *Croix* fut apportée à Paris); elle fut rebâtie de 1450 à 1529. Elle fut démolie vers l'an 1797; c'est maintenant une maison particulière sous le n° 6.

CROIX EN LA CITÉ. (Rue Sainte-) *Commence* rue Gervais-Laurent, et *finit* rues de la Vieille-Draperie et Saint-Pierre-des-Arcis. Les numéros sont *noirs*; le dernier impair est 5, et le dernier pair 6. — 9° Arrondissement.

Elle est connue sous ce nom dès le douzième siècle; elle le doit à l'église *Sainte-Croix*, qui y était située.

CROIX-CHAUSSÉE-D'ANTIN. (Rue Sainte-) *Voy.* rue Sainte-Croix.

CROIX. (Rue de la) *Commence* rue Phelipeaux, et *finit* rues Neuve-Saint-Laurent et du Vertbois. Les numéros sont *noirs*; pas de numéros impairs, le dernier pair est 20. — 6° Arrondissement.

Elle fut percée sur un canton de la Courtille Saint-Martin nommé la *Croix-Neuve*, dont elle a pris le nom : on la trouve effectivement désignée en 1546 sous le nom de rue de la *Croix-Neuve*.

CROIX, (Les Filles de la) rue de Charonne, n° 86.

Ces religieuses, de l'ordre de saint Dominique, s'établirent dans cette rue en 1641, et furent supprimées en 1790. Cette propriété appartient au Gouvernement.

CROIX, (Les Filles de la) cul-de-sac Guéméné, n° 4.

Cette congrégation s'établit en cet endroit en 1643; les bâtimens furent construits sur une portion de l'emplacement de l'hôtel des Tournelles. Leur suppression eut lieu en 1790; c'est maintenant une maison particulière.

CROIX, (Les Filles de la) rue d'Orléans-Saint-Marcel, n° 11.

Les bâtimens de ce couvent furent construits en 1656, sur une partie de l'emplacement du petit Séjour d'Orléans. Ces religieuses s'y établirent à cette époque, et furent supprimées en 1790. C'est maintenant une maison particulière occupée par un maître de pension.

CROIX, (Les Filles de la Congrégation de la) rue des Barres, n° 14.

Etablissement en 1664, et suppression en 1790. Depuis cette époque ce couvent a été changé en maison particulière.

CROIX-BLANCHE. (Rue de la) *Commence* rue Vieille-du-Temple, et *finit* rue Bourtibourg. Les numéros sont *rouges*; le dernier impair est 7, et le dernier pair 4. — 7ᵉ Arrondissement.

A la fin du treizième siècle elle était connue sous le nom d'*Augustin Lefaucheur*, que l'on a altéré en *Anquetil, Huguetin, Annequin, Hennequin, Otin le Fauche, du Hoqueton*. Au commencement du quinzième siècle elle prit le nom de la *Croix-Blanche*, qu'elle tient d'une enseigne.

CROIX-BLANCHE. (Rue de la) *Voyez* rue Blanche.

CROIX-BLANCHE. (Passage de la) De la rue Saint-Denis, nᵒˢ 222 et 224, à celle Bourg-l'Abbé, nᵒˢ 11 et 13. — 6ᵉ Arrondissement.

Ce nom lui vient d'une enseigne.

CROIX-BOISSIÈRE. (Rue de la) *Commence* rue de Longchamp, et *finit* dans les champs. Les numéros sont *noirs*; le dernier impair est 13; pas de numéros pairs. — 1ᵉʳ Arrondissement.

Cette rue, nouvellement tracée, doit son nom à une *croix* dite *Boissière*, plantée sur le terrain où elle a été construite: on voit encore cette *croix* figurer sur les plans de la fin du dernier siècle.

CROIX-DE-LA-BRETONNERIE, (Les chanoines de Sainte-) rue Sainte-Croix-de-la-Bretonnerie, nᵒˢ 39 et 41.

Ils s'établirent en 1258 dans la rue de la *Bretonnerie*, dont ils prirent le surnom. Après leur suppression, en 1790, on a bâti sur cet emplacement deux maisons particulières, et pratiqué un large passage qui communique au cul-de-sac *Sainte-Croix*.

CROIX-DE-LA-BRETONNERIE. (Rue Sainte-) *Commence* rue Vieille-du-Temple, et *finit* rue Sainte-

Avoie. Les numéros sont *rouges*; le dernier impair est
. 53, et le dernier pair 62. — 7ᵉ Arrondissement.

En 1232 elle se nommait de *Lagny*, dite la *grande Bretonnerie*, parce qu'elle était située en partie sur le fief de Saint-Pierre de *Lagny*, et qu'elle avait été ouverte sur le territoire dit le *champ aux Bretons*, ou la *Bretonnerie* (nom qu'il tenait vraisemblablement de la famille *Breton*). Vers l'an 1300 on la désignait seulement par le nom *de la Bretonnerie*. Les chanoines de *Sainte-Croix* s'y étant établis en 1258, on lui donna quelque temps après les deux noms de *Sainte-Croix-de-la-Bretonnerie*. Au quatorzième siècle la partie du côté de la rue Sainte-Avoie portait le nom d'*Agnès-la-Buschère*.

CROIX, (Cul-de-sac Sainte-) rue des Billettes, entre les nᵒˢ 13 et 15. *Les numéros sont rouges; le dernier impair est 3, et le dernier pair 4.* — 7ᵉ Arrondissement.

Son premier nom est des *Billettes*, à cause de la rue où il est situé. Depuis une vingtaine d'années on lui donne celui de *Sainte-Croix*, parce qu'il touchait à l'église et au couvent des chanoines de *Sainte-Croix-de-la-Bretonnerie*.

CROIX. (Passage Sainte-) De la rue Sainte-Croix-de-la-Bretonnerie, nᵒˢ 39 et 41, au cul-de-sac Sainte-Croix. Les numéros sont *noirs*; le dernier impair est 13, et le dernier pair 10. — 7ᵉ Arrondissement.

Ce passage, large comme une rue ordinaire, a été pratiqué, depuis une vingtaine d'années, sur l'emplacement du couvent des chanoines de *Sainte-Croix-de-la-Bretonnerie*, dont il a retenu le nom.

CROIX-CADET. (Rue) *Voyez* rue Cadet.

CROIX-DU-ROULE. (Rue de la) *Voyez* rue de Milan.

CROIX-DU-TIROUER. (Rue de la) *Voyez* rue Saint-Honoré.

CROIX-FAUBIN. (Cul-de-sac de la) *Voyez* cul-de-sac Delaunay.

CROIX-NEUVE. (Rues de la) *Voyez* rues de la Croix et Traînée.

CROIX-ROUGE. (Carrefour de la) C'est la place qui existe à la rencontre des rues de Sèvres, du Four, du Cherche-Midi, de Grenelle, du Sépulcre et de Vieux-Colombier. — Les numéros impairs 1, 3 et 5 du la rue du Cherche-Midi sont du 11ᵉ Arrondissement, et les pairs 2 et 4 de la rue de Sèvres du 10ᵉ.

Son premier nom était de la *Maladrerie*, parce qu'il est situé près de l'hôpital qui portait ce nom; celui de *Croix-Rouge* lui vient d'une *croix rouge* qui y était plantée.

CROULEBARBE. (Rue de) *Commence* rue Mouffetard, et *finit* boulevart des Gobelins. Les numéros sont *noirs;* le dernier impair est 25, et le dernier pair 38. — 12ᵉ Arrondissement.

Dès l'an 1214 il est fait mention du moulin de *Croulebarbe*, et en 1243 des *vignes de Croulebarbe;* elle doit donc son nom au moulin ou au territoire.

CROULEBARBE. (Barrière de) — 12ᵉ Arrondissement.

Aucun bâtiment ne décore cette barrière, qui a la même étymologie que la rue Croulebarbe.

CROULEBARBE, (Pont de) sur **la rivière de Bièvre, au** boulevart des Gobelins.

Voyez pour l'étymologie la rue Croulebarbe.

CRUCIFIX. (Rue du Petit-) *Commence* rue Saint-Jacques-la-Boucherie, et *finit* place Saint-Jacques-la-Boucherie. Les numéros sont *noirs;* le dernier impair est 7, et le dernier pair 6. — 6ᵉ Arrondissement.

En 1270 elle est désignée sous le nom de *Petite rue en face le portail de l'église Saint-Jacques;* on la nomma depuis du *Porce* ou *Porche-Saint-Jacques.* Elle prit le nom qu'elle porte du fief du *Crucifix,* dont la principale maison, qui avait un *crucifix* pour enseigne, faisait le coin de cette rue et de celle Saint-Jacques-la-Boucherie. Cette dernière rue se nommait anciennement du *Crucifix.*

CRUCIFIX. (Rue du) *Voyez* rue du Petit-Crucifix.

CRUCIFIX. (Ruelle du) *Voyez* cul-de-sac de l'Etoile.

CRUSSOL. (Rue) *Commence* rue des Fossés-du-Temple, et *finit* rue de la Folie-Méricourt. Les numéros sont *noirs;* le dernier impair est 17, et le dernier pair 16. — 6ᵉ Arrondissement.

Cette rue, ouverte en 1788, a pris son nom de M. de *Crussol,* alors grand bailli du Temple.

CUEILLER. (Rue de la) *Voyez* cul-de-sac de la Bouteille.

CUIRS, VEAUX et PEAUX, (Halle aux) rue Mauconseil, entre les n°º 36 et 38, et rue Française, n° 5.

Elle est ouverte tous les jours. En 1780 elle était encore rue de la Lingerie.

CULOIR. (Rue du) *Voyez* rue l'Evêque.

CULS-DE-SAC DIVERS. *Voyez* leurs noms particuliers.

CUNETTE, (Barrière de la) sur la rive gauche de la Seine, en face celle de Passy. — 10ᵉ Arrondissement.

Elle tire son nom de l'espèce de fortification que l'on nomme *cunette*, qui consiste en un fossé pratiqué au milieu d'un autre pour la défense d'une place; elle est décorée d'un bâtiment à deux façades avec arcades, colonnes et frontons.

CYGNE. (Rue du) *Commence* rue Saint-Denis, et *finit* rue Mondétour. Les numéros sont *rouges;* le dernier impair est 25, et le dernier pair 28. — 5ᵉ Arrond.

Ce nom lui vient d'une enseigne, car au treizième siècle on connaissait la maison *au Cingne.* Guillot, vers l'an 1300, la nomme *au Cingne;* en 1313 elle est appelée au *Cygne.*

CYGNES. (Rue des) *Voyez* rue Saint-Jean-Gros-Caillou.

CYGNES (L'île des) *commençait* vis-à-vis la rue de la Pompe, et *finissait* entre le champ de Mars et la barrière de la Cunette. — 10ᵉ Arrondissement.

Cette île, formée anciennement des deux îles dites des Vaches et des Treilles, fut comblée il y a environ trente ans; elle était nommée anciennement *Maquerelle*, dont on ignore l'étymologie. Au commencement du dix-huitième siècle on y mit des *cygnes*, et le nom lui en est resté.

D.

DACE (Le collége de) touchait au collége de Laon, rue des Carmes.

Il paraît qu'il fut fondé en 1275 par un Danois, pour les écoliers du royaume de *Dace* (Danemarck). Il a été vendu aux Carmes en 1384, qui l'incorporèrent aux bâtimens de leur couvent.

DAGOURI. (Ruelle) *Voyez* cul-de-sac Saint-Louis.

DAINVILLE, (Le collége) rue de l'Ecole-de-Médecine, n° 4.

Fondé en 1380 par Michel de *Dainville;* réuni en 1763 à l'Université, et changé depuis en maison particulière. On voit encore à la porte d'entrée et dans les bâtimens du fond de la cour des vestiges de son ancienne architecture.

DAME-GLORIETTE. (Rue) *Voyez* rue Baillet.

DAMES (Le cul-de-sac du For-aux-) était situé rue de la Heaumerie.

Il tenait son nom des *Dames* religieuses de Montmartre, qui ont eu en cet endroit, jusqu'en 1674, leur *for*, qui signifie en vieux langage *juridiction*.

DAMIETTE. (Rue) *Commence* rue des Forges et cour des Miracles, et *finit* rue d'Aboukir et place du Caire. Les numéros sont *noirs*; le dernier impair est 5, et le dernier pair 6. — 5ᵉ Arrondissement.

Cette rue, percée en 1798, en même temps que celle du Caire, porte le nom de *Damiette*, grande ville d'Egypte, parce qu'à cette époque les Français firent la conquête de ce pays sous le général en chef Bonaparte.

DAMMARTIN. (Rue au Comte-de-) *Voyez* rue Salle-au-Comte.

DAMPIERRE. (Rue Alain-de-) *Voyez* rue de l'Aiguillerie.

DARNETAL ou D'ARNETAL. (Rue) *Voyez* rue Greneta.

DAUPHIN. (Rue du) *Voyez* rue de la Convention.

DAUPHIN. (Quai) *Voyez* quai de Béthune.

DAUPHINE. (Rue) *Voyez* rues de Thionville et de Seine-Saint-Germain.

DÉCHARGEURS. (Rue des) *Commence* rue des Mauvaises-Paroles, et *finit* rues de la Ferronnerie et Saint-Honoré. Les numéros sont *noirs*; le dernier impair est 19, et le dernier pair 20. — 4ᵉ Arrondissement.

En 1300 et 1313 c'était le *siége aux déchargeurs*, que Guillot écrit *o siege à descarcheeurs*; on la nomma depuis du *Siége* et *du vieil siége aux Déchargeurs*, et enfin simplement des *Déchargeurs*.

DEGRÉS. (Rue des) *Commence* rue Beauregard, entre les nᵒˢ 52 et 54, et *finit* rue Cléry, entre les nᵒˢ 87 et 89. Pas de numéros. — 5ᵉ Arrondissement.

Ce n'est qu'un passage, un escalier ou *degrés* qui servent de communication entre la rue Cléry et celle Beauregard.

DEGRÉS. (Rue des Grands-) *Commence* rue de Bièvre et à l'égout, et *finit* place Maubert et à l'abreuvoir. Les numéros sont *rouges*; le dernier impair est 15, et le dernier pair 24. — 12ᵉ Arrondissement.

En 1366 elle se nommait *Saint-Bernard*, à cause de la proximité du couvent de ce nom; ensuite *Pavée*, sans doute parce qu'elle faisait suite à la rue Pavée (aujourd'hui place Maubert). Ce n'est qu'au commencement du dix-huitième siècle qu'elle a pris le nom qu'elle porte, et qu'elle tient du *grand degré* ou escalier en pierre par où l'on descendait à la rivière, où est maintenant l'égout.

DEGRÉS (La rue des Petits-) était située autrefois en face de la rue des Rats.

C'était une descente de la rue de la Bûcherie à la rivière; elle est maintenant bouchée.

DELAUNAY, (Cul-de-sac) rue de Charonne, entre les nᵒˢ 121 et 123. Les numéros sont *noirs*; le dernier impair est 15, et le dernier pair 6. — 8ᵉ Arrondissement.

Il se nommait autrefois de la *Croix-Faubin*, du nom d'une *croix* plantée vis-à-vis. La *Croix-Faubin* était anciennement un hameau qui comprenait quelques habitations dans les environs de ce cul-de-sac.

DELORME. (Galerie) De la rue de Rivoli, nᵒ 14, à la rue Saint-Honoré, nᵒ 287. — 1ᵉʳ Arrondissement.

C'est une galerie charmante, couverte d'un vitrage et ornée de boutiques de chaque côté. M. *Delorme*, dont elle a pris le nom, l'a fait construire il y a quelques années.

DEMI-SAINT. (Rue du) *Commence* rue Chilpéric, et *finit* rue des Fossés-Saint-Germain-l'Auxerrois. Pas de numéros. — 4ᵉ Arrondissement.

En 1271 elle portait le nom de *Tronc-de-Bernard* (*truncus Bernardi*); en 1300 et 1313 celui de *Trou-Bernart*; à la fin du quinzième siècle elle prit celui de *Demi-Saint*, parce que l'on avait placé à son entrée une statue de *saint* à *demi* mutilée pour en interdire le passage aux animaux. Ce n'est aujourd'hui qu'un passage, qui se ferme d'un côté par une grille, et de l'autre par une porte.

DENIAU-LE-BRETON. (Ruelle) *Voyez* ruelle des Trois-Poissons.

DENIS. (Rue Saint-) *Commence* place du Châtelet et rue Pierre-à-Poissons, et *finit* boulevarts Saint-Denis et Bonne-Nouvelle. Les numéros sont *noirs*; le dernier impair est 395, et le dernier pair 408. — Les numéros impairs du nᵒ 1 au nᵒ 145 sont du 4ᵉ Arrondissement;

du n° 147 au n° 395, du 5°; les numéros pairs 2 et 4 sont du 7°, et du n° 6 au n° 408 du 6°.

C'est la route qui conduit directement du pont au Change à la ville de *Saint-Denis*, dont elle a pris le nom. Saint-Denis a quatre mille deux cent cinquante toises; au nord de la cathédrale était l'ancien *Catalocum*, nommé depuis *Saint-Denis*, à cause de ce saint, qui vint prêcher la foi chrétienne dans les Gaules vers l'an 245, et qui y fut inhumé. C'est au bord de cette route qu'ont été sans doute construites les premières maisons des Parisiens lorsqu'ils commencèrent à sortir de leur île du côté du nord. La partie entre la rivière et la rue de la Ferronnerie, c'est à dire ce qui était compris de cette rue dans la seconde enceinte de Paris, se nommait en 1284 la *Sellerie de Paris*, en 1293 la *Sellerie de la grand'rue*, et en 1311 la *Grand'rue des Saints-Innocens*, parce qu'elle conduisait directement à l'église de ce nom. Vers l'an 1300, dans le *Dit des Rues de Paris*, elle est désignée par *grand'rue* dans sa partie méridionale, et par rue *Saint-Denis* de la rue des Lombards à la porte de l'enceinte de Philippe-Auguste, qui était en face du cul-de-sac des Peintres. En 1310 c'était la *grand'rue de Paris*; on la nomma ensuite dans toute son étendue la *grant chaussiée de monsieur saint Denis*, la *grand'rue Saint-Denis*, et enfin la rue *Saint-Denis*. On remarque au n° 124 la cour Batave (*voyez* les chanoines du saint Sépulcre); entre les n°ˢ 322 et 324, au coin de la rue du Ponceau, la fontaine dite du Ponceau, et entre les n°ˢ 379 et 381, près la rue Sainte-Foy, la fontaine Saint-Denis, toutes deux alimentées par la pompe Notre-Dame.

DENIS-FAUBOURG-SAINT-ANTOINE. (Rue Saint-) *Commence* rue du Faubourg-Saint-Antoine, et *finit* rue de Montreuil. Les numéros sont *noirs*; le seul impair est 1, et le dernier pair 8. — 8ᵉ Arrondissement.

Son premier nom est rue du *Trône*, parce qu'elle conduit à la place du *Trône*; il y a environ quinze ans qu'on la nomme *Saint-Denis*, sans doute parce qu'elle se dirige sur la ville de ce nom.

DENIS. (Rue Basse-Porte-Saint-) *Commence* rue du Faubourg-Saint-Denis, et *finit* rue Hauteville. Les numéros sont *rouges*; pas de numéros impairs (c'est le côté du boulevart Saint-Denis); le dernier pair est 30. — 3ᵉ Arrondissement.

On l'a nommée autrefois *Basse-Villeneuve*, *Neuve-des-Filles-Dieu*, des *Fossés-Saint-Denis*. Son nom actuel lui fut donné parce qu'elle est plus *basse* que le boulevart, et qu'elle est près de la *porte Saint-Denis.*

DENIS. (Rue à l'Abbé-Saint-) *Voyez* rue des Grands-Augustins.

DENIS. (La grant chaussiée de monsieur saint) *Voyez* rue Saint-Denis.

DENIS. (Rue du Chemin-Saint-) *Voyez* rue Saint-Maur.

DENIS. (Rue du Collége-Saint-) *Voyez* rue des Grands-Augustins.

DENIS. (Rue des Ecoliers-Saint-) *Voyez* rue des Grands-Augustins.

DENIS. (Rue du Faubourg-Saint-) *Commence* rues Basse-Porte-Saint-Denis et Neuve-d'Orléans, et *finit* barrière Saint-Denis. Les numéros sont *noirs*; le dernier impair est 193, et le dernier pair 214. — Les impairs sont du 3ᵉ Arrondissement, et les pairs du 5ᵉ.

Ainsi nommée parce qu'elle prolonge la rue *Saint-Denis*, qu'elle traverse le *faubourg* de ce nom, et qu'elle se dirige sur la ville de *Saint-Denis.* Du n° 117 (Saint-Lazare) jusqu'à la barrière elle portait autrefois le nom du *Faubourg-Saint-Lazare* et du *Faubourg-de-Gloire*, nom qui lui venait d'un terrain nommé *Gloire*, situé dans ce faubourg. Entre les nᵒˢ 114 et 116 est la fontaine dite Saint-Lazare, dont les eaux viennent de Belleville et du pré Saint-Gervais, et au n° 117 est la prison Saint-Lazare, servant à détenir les femmes condamnées.

DENIS. (Rue des Fossés-Saint-) *Voyez* rue Basse-Porte-Saint-Denis.

DENIS. (Rue Neuve-Saint-) *Commence* rue Saint-Martin, et *finit* rue Saint-Denis. Les numéros sont *rouges;* le dernier impair est 29, et le dernier pair 42. — 6ᵉ Arrondissement.

Sous Charles IX les portes Saint-Denis et Saint-Martin furent placées aux deux bouts de cette rue du côté du nord; elle porta en conséquence, jusqu'au milieu du dix-septième siècle, le nom des *Deux-Portes;* elle quitta ce nom lorsque ces deux portes furent reculées jusqu'à l'endroit où elles sont aujourd'hui, et prit le nom de *Neuve-Saint-Denis,* parce qu'elle aboutit dans la rue *Saint-Denis.*

DENIS-DE-LA-CHARTRÉ (L'église du prieuré

Saint-) était rue de la Lanterne, au coin septentrional de la rue du Haut-Moulin, en face de la rue de la Pelleterie (maintenant le quai Desaix).

Cette église, qui existait déjà au commencement du onzième siècle, fut rebâtie au quatorzième, et démolie en 1810.

DENIS-DE-LA-CHARTRE. (Rue de la Place-Saint-) *Voyez* rue de la Lanterne en la cité.

DENIS-DE-LA-CHARTRE. (Rues Saint et Neuve-Saint-) *Voyez* rue du Haut-Moulin en la Cité.

DENIS-DE-LA-CHARTRE. (Rue au Chevet-Saint-) *Voyez* rue Glatigny.

DENIS. (Rue devant la Croix-Saint-) *Voyez* rue de la Lanterne en la Cité.

DENIS-DU-PAS (L'église Saint-) était située au chevet de la Cathédrale.

Le temps de sa fondation est inconnu; elle fut réparée en 1148; en 1749 elle devint, par la réunion de Saint-Jean-le-Rond, la paroisse du cloître Notre-Dame, sous le nom de *Saint-Denis* et *Saint-Jean-Baptiste* elle fut démolie quelques années avant la révolution.

DENIS, (Porte Saint-) entre les rues Saint-Denis et du Faubourg-Saint-Denis, et les boulevarts Saint-Denis et Saint-Martin. — 5ᵉ Arrondissement.

Cette porte, ou plutôt cet arc de triomphe, fut élevé en 1672, en l'honneur des triomphes de Louis XIV, sur les dessins de F. Blondel. Ce chef-d'œuvre fut restauré il y a quelques années, sous la conduite de M. Cellerier, architecte. La *porte Saint-Denis* de la seconde enceinte de Paris était rue Saint-Denis, aux environs de la rue de la Ferronnerie; celle de Philippe-Auguste se trouvait placée rue Saint-Denis, en face le cul-de-sac des Peintres, et celle de l'enceinte de Charles V et Charles VI fut reculée dans la rue Saint-Denis, jusqu'au coin septentrional de la rue des Deux-Portes, maintenant nommée rue Neuve-Saint-Denis; enfin, sous Louis XIV, elle fut placée où nous l'admirons aujourd'hui.

DENIS. (Marché de la Porte-Saint-) rue Saint-Denis, entre le boulevart et la rue Sainte-Foi. — A gauche, 5ᵉ Arrondissement, et à droite, 6ᵉ Arrondissement.

Ce marché, qui tient tous les jours, est le seul qui obstrue encore l'une des rues les plus passagères de Paris.

DENIS. (Boulevart Saint-) *Commence* rue et porte Saint-Martin, et *finit* rue et porte Saint-Denis. Les numéros sont *rouges*; le dernier impair est 19; pas de numéros pairs (c'est la rue Neuve-d'Orléans.) — Tous les numéros impairs, c'est à dire le côté du midi, sont du 6ᵉ Arrondissement, et le côté du nord est du 5ᵉ.

Il fut tracé en 1536, ainsi que tous les boulevarts du nord; on commença à le planter en 1668, et il fut achevé en 1705. Ainsi nommé des rues *Saint-Denis* et du *Faubourg-Saint-Denis*, près desquels il se trouve placé.

DENIS. (Barrière Saint-) — La moitié à l'occident est du 3ᵉ Arrondissement, et l'autre moitié à l'orient est du 5ᵉ.

Ainsi nommée parce qu'elle est placée à l'extrémité de la rue du *Faubourg-Saint-Denis* qui conduit directement à la ville de *Saint-Denis;* elle est décorée d'un bâtiment à quatre façades, d'un attique et d'un couronnement.

DENIS. (Chemin de ronde de la barrière Saint-) De la barrière Saint-Denis à celle Poissonnière. — 3ᵉ Arrondissement.

L'enclos Saint-Lazare étant en-deçà des murs, ce chemin de ronde est en-dehors.

DENIS-LE-COFFRIER. (Rue) *Voyez* rue Tiquetonne.

DENTELLE. (Rue de la) *Voyez* rue de la Lanterne-des-Arcis.

DÉPÔT. (Boulevart du) *Voyez* boulevart des Italiens.

DERVILLÉ. (Rue) *Commence* rue du Champ-de-l'Alouette, et *finit* rue des Filles-Anglaises. Pas encore de numéros. — 12ᵉ Arrondissement.

Son premier nom est rue des *Filles-Anglaises*, à cause de la proximité du couvent de ce nom. Le nom de *Dervillé* lui vient d'un particulier qui y demeurait en 1765.

DESAIX. (Rue) *Commence* avenue Suffren, et *finit* barrière de Grenelle. Les numéros sont *rouges;* le dernier impair est 5, et le dernier pair 6. — 10ᵉ Arrondissement.

Cette rue, tracée depuis peu d'années sur le territoire de Grenelle, est ainsi nommée en mémoire du général *Desaix*, né en 1768, et mort glorieusement le 14 juin 1800, à la célèbre bataille de Marengo, au gain de laquelle il a puissamment contribué.

DESAIX. (Quai) *Commence* pont Notre-Dame et rue de la Lanterne, et *finit* pont au Change et rue de la Barillerie. Les numéros seront *rouges*; ils ne sont pas encore placés, parce que les façades des maisons ne sont point encore achevées. — 9ᵉ Arrondissement.

Ce quai, construit depuis quelques années sur l'emplacement de la rue de la *Pelleterie*, dont les maisons aboutissaient à la rivière, porte le nom du général *Desaix*. (*Voyez* rue Desaix.) La rue de la *Pelleterie* fut ainsi nommée vers l'an 1183, époque de l'expulsion des Juifs, qui l'habitaient auparavant, et dont dix-huit maisons furent données à des *pelletiers* pour exercer leur état le long de la rivière.

DÉSIR. (Passage du) De la rue du Faubourg-Saint-Martin, n° 87, à la rue du Faubourg-Saint-Denis, n° 88. — 5ᵉ Arrondissement.

DIAMANS. (Rue des Cinq-) *Commence* rue des Lombards, et *finit* rue Aubry-le-Boucher. Les numéros sont *noirs*; le dernier impair est 29, et le dernier pair 28. — 6ᵉ Arrondissement.

Elle se nommait anciennement de la *Courroirie*, de la *Vieille-Courroirie*, parce qu'elle était habitée par des corroyeurs; elle doit à une enseigne le nom des *Cinq-Diamans*, qu'elle porte depuis le commencement du seizième siècle.

DIANE. (Rue) *Voyez* rue des Trois-Pavillons.

DIEU-BOULIZ. (Rue du) *Voyez* rue des Billettes.

DIX-HUIT (Le collége Notre-Dame-des-) était situé où est à présent le jardin de la Sorbonne.

Ce collége, le plus ancien de Paris, fut fondé par Josse de Londonna, en faveur de *dix-huit* pauvres écoliers. Les historiens varient sur la date de cette fondation; les uns prétendent qu'elle est de l'an 1099, et d'autres de 1268; mais il paraît que la date la plus certaine est celle de l'an 1171. Il fut démoli à l'époque où l'on rebâtit la Sorbonne.

DIX-HUIT. (Rue des) *Voyez* rue de Venise en la Cité.

DOCTRINE-CHRÉTIENNE, (Les Prêtres de la) rue des Fossés-Saint-Victor, n° 57.

Leurs bâtimens furent construits en 1633 et suivans, sur l'emplacement de l'hôtel Verberie; ils sont maintenant occupés par des particuliers.

DOCTRINÉ-CHRÉTIENNE. (Rue des Pères-de-la-) *Voyez* rue des Fossés-Saint-Victor.

DOMINIQUE-SAINT-GERMAIN (Rue Saint-) et rue SAINT-DOMINIQUE-GROS-CAILLOU. *Commence* rue des Saints-Pères, et *finit* avenue La Bourdonnaie. Les numéros sont *rouges* : le dernier impair de la première série est 111, et le dernier impair de la seconde série est 81. (La seconde série commence à l'esplanade des Invalides, et on la nomme *Saint-Dominique-Gros-Caillou.*) Le dernier pair de la première série est 108, et le dernier pair de la seconde série est 96. — 10e Arrondissement.

En 1542 et antérieurement ce n'était qu'un chemin nommé *aux Vaches;* c'est par-là que l'on conduisait ces animaux paître à la plaine de Grenelle et au pré aux Clercs : on le nommait aussi le *chemin de la Justice,* parce que la *justice* de l'abbaye Saint-Germain-des-Prés était située à l'extrémité de ce chemin. Les Jacobins de l'ordre de *saint Dominique,* s'y étant fixés en 1631, firent placer en 1643, aux deux bouts de ce chemin, une inscription qui portait : *Rue Saint-Dominique, jadis des Vaches.* Au n° 11 on remarque l'hôtel Matignon, présentement d'Osambray; au n° 33 celui de Luynes; au n° 63 celui de la Tremoille, maintenant occupé par les bureaux du Génie et des Fortifications; au n° 65 celui de Guerchy, appartenant à Mme d'Aussonville; au n° 69 celui d'Aguesseau, maintenant au général comte Legrand; au n° 73 celui de Poitiers, à présent à M. Gatteaux; au n° 87 celui de Lignerac, présentement à M. le baron Corvisart, premier médecin de l'Empereur; au n° 93 celui de Rome, appartenant à Mme de Chalais-Périgord; au n° 95 celui de Seignelay, actuellement à M. Demonville; au n° 103 celui du général Valter; au n° 107 l'hôtel Monaco, maintenant au prince d'Eckmulh; au n° 104 l'hôtel Mirepoix, aujourd'hui à M. Andrianne; au n° 100 celui de Caraman; aux nos 88 et 90 celui de Madame Mère; au n° 82 celui de Saint-Joseph, occupé par les bureaux de la Guerre; aux nos 70 et 72 celui de Broglie, maintenant à M. Chaptal, comte de Chanteloup; aux nos 58, 60 et 62 les hôtels Molé et du Jura, qui sont à présent le palais du prince archichancelier; au n° 54 celui de Conti, qui est maintenant au maréchal duc de Valmy, et au n° 52 celui de Boulogne, appartenant à présent à M. Barras. Entre les nos 73 et 75, seconde série, est la fontaine dite du Gros-Caillou, alimentée par la pompe à feu du Gros-Caillou.

DOMINIQUE-D'ENFER. (Rue Saint-) *Commence* rue Saint-Jacques, et *finit* rue d'Enfer. Les numéros sont *rouges;* le dernier impair est 23, et le dernier pair 20. — Les impairs sont du 12ᵉ Arrondissement, et les pairs du 11ᵉ.

Elle fut percée et bâtie de 1550 à 1585, sur un clos de vignes appartenant aux *Dominicains*, dits Jacobins; de là lui vient le nom de *saint Dominique*, fondateur de cet ordre.

DOMINIQUE, (Cul-de-sac Saint-) rue Saint-Dominique-d'Enfer, entre les nᵒˢ 15 et 17. Les numéros sont *noirs;* pas de numéros impairs; le dernier pair est 6. — 12ᵉ Arrondissement.

Son premier nom est *de la Madeleine;* le second de *Sainte-Catherine,* parce qu'il fait la prolongation de la rue de ce nom, et depuis peu d'années il se nomme *Saint-Dominique,* parce qu'il est situé rue *Saint-Dominique.*

DORÉ. (Rue) *Commence* rue Turenne, et *finit* rue Saint-Gervais. Les numéros sont *rouges;* le dernier impair est 11, et le dernier pair 10. — 8ᵉ Arrondissement.

Cette rue, percée en 1620, fut d'abord nommée *Saint-François* et *Françoise.* Le buste *doré* de Louis XIII, placé à l'une de ses extrémités, lui fit donner le nom de *Roi doré,* et depuis 1792 celui de *Doré* seulement.

DORMANS-BEAUVAIS (Le collége de) était situé rue Jean-de-Beauvais, où est maintenant une partie des bâtimens de celui de Lisieux.

Il avait été fondé en 1370, 1371 et 1372, par Jean de *Dormans, évêque de Beauvais.*

DOUBLE, (Pont au) sur le petit bras de la Seine de la rue de la Bûcherie à celle de l'Evêché. — La moitié au nord est du 9ᵉ Arrondissement, et la moitié au midi du 12ᵉ.

Il fut achevé en 1634; il fut alors ordonné que les gens de pied qui y passeraient paieraient un *double* tournois : cette taxe, qui équivalait à deux deniers, fut cause qu'on le nomma au *Double.* On paya depuis un liard, parce que le *double* avait cessé d'avoir cours. Cet impôt cessa en 1789.

DOYENNÉ (La rue du) et le *CUL-DE-SAC DU DOYENNÉ* étaient situés entre les rues des Orties, Impériale et Saint-Thomas-du-Louvre.

Ainsi nommés parce qu'ils avaient été ouverts au milieu de la maison et de la tour du *doyen* de Saint-Thomas. Ils seront bientôt entièrement démolis pour exécuter la jonction des palais du Louvre et des Tuileries.

DRAGON. (Rue du) *Commence* rue Taranne, et *finit* rues de Grenelle et du Four-Saint-Germain. Les numéros sont *noirs;* le dernier impair est 37, et le dernier pair 44. — 10ᵉ Arrondissement.

Elle se nomma d'abord du *Sépulcre*, à cause d'une maison dite le petit *Sépulcre* que les chanoines du *Saint-Sépulcre* y possédaient dès le commencement du quinzième siècle; en 1806 on lui donna le nom du *Dragon*, à cause de la cour du *Dragon* qui y est située. *Voyez* l'article suivant.

DRAGON. (Cour et passage de la Cour-du-) De la rue du Dragon, n° 7, à celle de l'Egout, n° 2.

Cette cour, ou plutôt ce passage, est situé en face de la rue *Sainte-Marguerite.* Un *dragon* sculpté à l'entrée de ce côté, par allusion au *dragon* que l'on place ordinairement sous les pieds de *sainte Marguerite*, lui a donné le nom qu'il porte.

DRAPERIE. (Rue de la Vieille-) *Commence* rues de la Juiverie et de la Lanterne, et *finit* place du Palais-de-Justice. Les numéros sont *rouges;* le dernier impair est 33, et le dernier pair 32. — 9ᵉ Arrondissement.

Avant l'année 1182 elle était habitée par des Juifs, qui furent chassés à cette époque; des *drapiers* qui s'y établirent depuis lui donnèrent le nom de *Draperie*. En 1313 elle prit celui de *Vieille-Draperie*, qu'elle a conservé jusqu'à nos jours.

DRAPS ET TOILES. (Halle aux) Elle forme le côté droit de la rue de la Poterie et le côté gauche de la rue de la Petite-Friperie. — 4ᵉ Arrondissement.

Elle tient tous les jours pour les *draps;* elle est ouverte pour les *toiles* pendant cinq jours consécutifs, à commencer du premier lundi de chaque mois. Elle a été construite vers l'an 1786, sur les dessins de MM. Molinos et Legrand.

DROIT, (L'école de) place du Panthéon, n° 8, et rue Saint-Etienne-des-Grès, n° 1. — 12ᵉ Arrondissement.

Cet édifice fut construit en 1771, sur les dessins de Soufflot; elle était auparavant rue Saint-Jean-de-Beauvais.

DROITS-DE-L'HOMME. (Rue des) *Voyez* rue du Roi-de-Sicile.

DUBOIS. (Rue) *Voyez* rue de la Boyauterie.

DUGAY-TROUIN. (Rue) *Commence* rue de Fleurus,

et *finit* rue Madame. Les numéros sont *noirs;* le dernier impair est 3, et le dernier pair 8. — 11ᵉ Arrondissement.

Rue percée depuis une dixaine d'années, sur le terrain qui a été retranché, il y a environ vingt-cinq ans, du jardin du Luxembourg. Le nom qu'elle porte lui fut donné en mémoire du célèbre Dugay-Trouin, lieutenant-général des armées navales de France, né à Saint-Malo en 1673, et mort à Paris en 1736.

DUMESNIL. (Ruelle Jean-) *Voyez* rue des Fuseaux.

DUPHOT. (Rue) *Commence* rue Saint-Honoré, et *finit* boulevart de la Madeleine. Les numéros sont *noirs;* le dernier impair est 11, et le dernier pair 12. — 1ᵉʳ Arrondissement.

Elle fut percée depuis quelques années, sur l'emplacement du couvent des Filles de la Conception; elle porte le nom du général *Duphot,* né à Lyon, et assassiné à Rome en 1797, dans un attroupement populaire.

DUPLEIX. (Rue) *Commence* rue Kléber, et *finit* place Dupleix. Les numéros sont *noirs;* le dernier impair est 7, et le dernier pair 10. — 10ᵉ Arrondissement.

Cette rue, nouvellement alignée sur le territoire de Grenelle, est ainsi nommée en mémoire de Joseph *Dupleix,* célèbre négociant français, rival de La Bourdonnaie dans l'Inde, mort à Paris vers l'an 1755.

DUPLEIX, (Place) devant le château de Grenelle, au bout de la rue Dupleix. Les numéros sont *noirs;* le dernier impair est 9, et le dernier pair 8. — 10ᵉ Arrondissement.

Pour l'étymologie *voyez* l'article précédent.

DUPONT. (Rue) *Commence* rue Basse-Saint-Pierre, et *finit* rue de Chaillot. Les numéros sont *noirs;* le dernier impair est 5, et le dernier pair 6. — 1ᵉʳ Arrondissement.

DURAS. (Rue) *Commence* rue du Faubourg-Saint-Honoré, et *finit* rue du Marché. Les numéros sont *noirs;* le dernier impair est 9, et le dernier pair 10. — 1ᵉʳ Arrondissement.

Elle a pris son nom de l'hôtel *Duras,* le long duquel elle est située.

DURNSTEIN. (Rue de) *Commence* rue de Seine-Saint-Germain, et *finit* rue Sainte-Marguerite. Les numéros sont *noirs*; le dernier impair est 29, et le dernier pair 26. — 10ᵉ Arrondissement.

En 1541 c'était la *ruelle qui va du guichet de l'Abbaye à la rue de Seine*; ensuite le *cul-de-sac du Guichet* et la rue de *l'Echaudé*; elle a changé en 1806 ce dernier nom contre celui qu'elle porte, en mémoire de la fameuse bataille remportée sur les Autrichiens à *Durnstein* ou *Diernstein*, le 11 novembre 1805.

DUVERGER, (Rue Henry-) et rue DUVERGER. *Voyez* rue du Pot-de-Fer-Saint-Sulpice.

E.

ÉCHARPE. (Rue de l') *Commence* place des Vosges, et *finit* rues Turenne et de l'Egout. Les numéros sont *rouges*; le seul impair est 1, et le dernier pair 4. — 8ᵉ Arrondissement.

Son premier nom fut *Henri IV*, parce que la place des Vosges (autrefois Royale), à laquelle elle aboutit, fut construite sous le règne de ce monarque. Vers l'an 1636 une enseigne de l'*Echarpe blanche* lui donna le nom de l'*Echarpe blanche*, et par suite seulement de l'*Echarpe*.

ÉCHARPE. (Carrefour de l') C'est la place formée à la rencontre des rues de l'Echarpe, Turenne, de l'Egout et de l'une des entrées à la place des Vosges. — 8ᵉ Arrondissement.

ÉCHARPE-BLANCHE. (Rue de l') *Voyez* rue de l'Echarpe.

ÉCHAUDÉ. (Rue de l') *Commence* rue de Poitou, et *finit* rue Vieille-du-Temple. Les numéros sont *noirs*; le seul impair est 1, et le seul pair 2. — 7ᵉ Arrondissement.

Jaillot dit que l'on nomme *échaudé* une île de maisons en forme de triangle qui donne sur trois rues; celle-ci doit donc son nom à sa position, formant un triangle avec les rues Vieille-du-Temple et de Poitou.

ÉCHAUDÉ. (Rue de l') *Voyez* rues de Durnstein, Lenoir et Saint-Louis-Saint-Honoré.

ÉCHELLE. (Rue de l') *Commence* rue de Rivoli, et *finit* rue Saint-Honoré. Les numéros sont *noirs*; le dernier impair est 13, et le dernier pair 8. — 1ᵉʳ Arrondissement.

Au milieu du dix-septième siècle la barrière des Sergens du For-l'Evêque était placée au coin de cette rue, où vraisemblablement les évêques de Paris avaient une *échelle* patibulaire qui aura donné le nom à cette rue. On y remarque, au coin de la rue Saint-Louis, la fontaine dite du Diable, reconstruite en 1759, dont les eaux lui sont fournies par la pompe de la Samaritaine.

ÉCHELLE-DU-TEMPLE. (Rue de l') *Voyez* rues des Vieilles-Haudriettes et des Quatre-Fils.

ÉCHIQUIER. (Rue de l') *Commence* rue du Faubourg-Saint-Denis, et *finit* rue du Faubourg-Poissonnière. Les numéros sont *rouges*; le dernier impair est 41, et le dernier pair 48. — 3ᵉ Arrondissement.

Elle fut ouverte vers l'an 1785, en vertu d'une délibération de 1772, sur un terrain qui appartenait aux Filles-Dieu, et prit le nom qu'elle porte d'une maison nommée de l'*Echiquier*.

ÉCHIQUIER, (Cul-de-sac de l') rue du Temple, entre les nᵒˢ 24 et 26. Les numéros sont *rouges*; le dernier impair est 3, et le seul pair 2. — 7ᵉ Arrondissement.

Une enseigne de l'*Echiquier* lui a donné ce nom. Sauval croit que c'est le restant d'une rue dite des *Noyers* qui a été bouchée.

ÉCOLE (Rue de l') et rue des ÉCOLIERS. *Voyez* rue du Fouarre.

ÉCOLE. (Place de l') *Commence* quai de l'Ecole, et *finit* rue des Prêtres-Saint-Germain-l'Auxerrois. Les numéros sont *noirs*; le dernier impair est 5, et le dernier pair 8. — 4ᵉ Arrondissement.

On la nommait, aux quatorzième et quinzième siècles, *place aux Marchands.* Voyez *quai de l'Ecole* pour l'étymologie de ce nom. On y remarque au milieu une jolie fontaine alimentée par la pompe de la Samaritaine.

ÉCOLE. (Quai de l') *Commence* pont Neuf et place des Trois-Maris, et *finit* place d'Iéna et quai du Louvre. Les numéros sont *rouges*; le dernier pair est 34. — 4ᵉ Arrondissement.

Il tient ce nom de l'*Ecole* Saint - Germain, une des plus anciennes de Paris, qui était située sur ce quai, où elle a existé jusqu'au treizième siècle. Ce quai se nommait en 1290 la *grand'rue de l'Ecole Saint-Germain*, en 1298 la rue dite l'*Ecole Saint-Germain*, et Guillot, vers l'an 1300, la nomme simplement l'*Escole*. Il fut dressé, élargi et pavé sous le règne de François Ier, et en 1719 sa partie occidentale a porté le nom de *Bourbon*, à cause de la rue du *Petit-Bourbon* (maintenant place d'Iéna) qui y aboutit.

ÉCOLE, (Port de l') en face du quai de l'Ecole. — 4e Arrondissement.

On y vend tous les jours des charbons, cotrets, fagots, etc. Même étymologie que le quai de l'*Ecole*.

ÉCOLES DE MÉDECINE, MILITAIRE, POLYTECHNIQUE, etc. *Voyez* leurs noms particuliers.

ÉCORCHERIE. (Rues de l') *Voy.* rues des Mauvais-Garçons-Saint-Germain, de la Vieille-Lanterne, de la Tannerie, et quai Malaquai.

É COSSAIS, (Le collége des) rue des Fossés-Saint-Victor, n°s 25 et 27.

Il fut fondé en 1325, par David, évêque de Murray en *Ecosse*, pour quatre étudians de la nation *écossaise*, et ensuite par Jacques de Bethwn, archevêque de Glascow, ambassadeur en France. Il était autrefois rue des Amandiers-Sainte-Geneviève; ce n'est que de 1662 à 1665 que l'on bâtit ce collége sur les fossés Saint-Victor. C'est maintenant deux maisons particulières qui appartiennent toujours aux Irlandais, *Ecossais* et Anglais réunis, et qui sont occupées par une pension.

ÉCOSSE. (Rue d') *Commence* rue Saint-Hilaire, et *finit* rue du Four. Les numéros sont *noirs*; le dernier impair est 7, et le dernier pair 8. — 12e Arrondissement.

En 1313 on la nommait au *Chaudron*, à cause d'une enseigne. Nous ignorons à quelle occasion son nom actuel lui fut donné; nous présumons cependant qu'elle le tient de la proximité du collége des *Ecossais*, qui, avant l'an 1662, était situé rue des Amandiers.

ÉCOUFFES. (Rue des) *Commence* rue du Roi-de-Sicile, et *finit* rue des Rosiers. Les numéros sont *noirs*; le dernier impair est 29, et le dernier pair 28. — 7e Arrondissement.

Au treizième siècle c'était la rue de l'*Ecofle*; au quatorzième de l'*Escoufle*, des *Escoufles*; au quinzième des *Escofles*; au seizième des *Escloffes*, et depuis des *Ecouffes*. Nous ne connaissons pas l'étymologie de ce nom. *Escoffle* signifie en vieux langage vêtement ou ornement de cuir ou de peau; *Escofles* signifie aussi un milan, un oiseau de proie.

ÉCRIVAINS. (Rue des) *Commence* rue des Arcis et place Saint-Jacques-la-Boucherie, et *finit* rues de la Vieille-Monnaie et de la Savonnerie. Les numéros sont *rouges*; le dernier impair est 7, et le dernier pair 30. — 6ᵉ Arrondissement.

Au treizième siècle c'était la rue *Commune*. Sauval dit qu'en 1300 elle se nommait de la *Parcheminerie*; Guillot, vers l'an 1300, n'en parle pas, à moins que ce ne soit la *Lormerie*. Au quatorzième siècle, de la rue de la Savonnerie à celle du Crucifix, c'était la *Pierre-au-Lait*; en 1439 on commence à la trouver sous le nom *des Ecrivains*, à cause des *écrivains* qui s'y établirent dans des échoppes le long de l'église Saint-Jacques-la-Boucherie.

ÉCRIVAINS. (Rue des) *Voyez* rue de la Parcheminerie.

ÉCURIES. (Rue des Petites-) *Commence* rue du Faubourg-Saint-Denis, et *finit* rue du Faubourg-Poissonnière. Les numéros sont *rouges*; le dernier impair est 55, et le dernier pair 52. — 3ᵉ Arrondissement.

On commença à la construire vers l'an 1782. Les *petites écuries* du roi, qui étaient dans cette rue, au coin de celle du faubourg Saint-Denis, lui ont donné cette dénomination.

ÉCURIES. (Passage des Petites-) De la rue des Petites-Ecuries, entre les nᵒˢ 15 et 17, à la rue du Faubourg-Saint-Denis, entre les nᵒˢ 65 et 67. — 3ᵉ Arrondissement.

Même étymologie que la rue contenue dans l'article précédent.

ÉCUS. (Rue des Deux-) *Commence* rue des Prouvaires, et *finit* rues de Grenelle et Mercier. Les numéros sont *rouges*; le dernier impair est 35, et le dernier pair 48. — Les numéros impairs de 1 à 11, et les pairs de 2 à 10 sont du 3ᵉ Arrondissement; les numéros impairs de 13 à 35, et les pairs de 12 à 48 sont du 4ᵉ.

Au quinzième siècle, de la rue des Prouvaires à celle des Vieilles-Etuves, elle portait le nom de *Traversaine*, *Traversane* et *Traversine*, et de la rue des Vieilles-Etuves à celle d'Orléans, celui de la *Hache* et des *Deux-Haches*. Quant à la partie qui s'étend de la rue d'Orléans à celle de Grenelle, elle ne fut ouverte qu'à la fin du seizième siècle; elle tient son nom actuel de l'enseigne des *Deux Ecus*.

ÉGALITÉ. (Rue de l') *Voyez* rue de Condé.

ÉGALITÉ. (Rue Neuve-) *Voyez* rue d'Aboukir.

ÉGALITÉ. (Quai de l') *Voyez* quai d'Orléans.

ÉGALITÉ. (Passage de l') *Voyez* passage de la Reine-de-Hongrie.

ÉGLISE. (Rue de l') *Commence* rue Saint-Dominique-Gros-Caillou; et *finit* rue de Grenelle-Gros-Caillou. Les numéros sont *noirs;* le dernier impair est 11, et le dernier pair 6. — 10ᵉ Arrondissement.

Cette rue, que l'on a nommée aussi *Neuve*, conduit de la rue de Grenelle en face de l'*église* Saint-Pierre (maintenant démolie), dont elle tient son nom.

ÉGLISES DIVERSES. *Voyez* leurs noms particuliers.

ÉGLISES. (Rue des Deux-) *Commence* rue du Faubourg-Saint-Jacques, et *finit* rue d'Enfer. Les numéros devraient être *rouges;* le seul impair est 1, et le dernier pair 10. — 12ᵉ Arrondissement.

Il y a quelques années ce n'était encore qu'un passage qui se fermait la nuit; il fut ouvert en 1567, et se nommait *ruelle Saint-Jacques-du-Haut-Pas*, parce qu'il passe le long de l'église de ce nom, et *ruelle du Cimetière*, parce qu'il conduisait à un *cimetière* qui existait alors. Son nom actuel lui vient parce qu'elle se trouve entre les deux *églises* Saint-Jacques-du-Haut-Pas et Saint-Magloire.

ÉGOUT-SAINT-GERMAIN. (Rue de l') *Commence* rue Sainte-Marguerite, et *finit* rue du Four. Les numéros sont *noirs;* le seul impair est 1, et le dernier pair 10. — 10ᵉ Arrondissement.

Son premier nom est *Forestier;* ensuite elle se nomma de la *Courtille*, parce qu'elle conduit à la *Courtille*, ou clos de l'abbaye *Saint-Germain*. Au quinzième siècle c'était la rue *Tarennes*, à cause de son voisinage de l'hôtel *Tarennes*, qui a donné depuis les noms aux deux rues *Taranne*. L'*égout* qui y passe lui a donné son nom actuel au commencement du dix-septième siècle.

ÉGOUT. (Rues de l') *Voyez* rues Saint-Benoît-Saint-Germain, des Sansonnets et Turenne.

ÉGOUT-GAILLON. (Rue de l') *Voyez* rue du Mont-Blanc.

ÉGOUT-SAINT-NICOLAS. (Rue de l') *Voyez* rue Saint-Nicolas.

ÉGOUT-DU-TEMPLE. (Rue de l') *Voyez* rue Vieille-du-Temple.

ÉGOUT. (Rues de l') *Voyez* rues Saint-Benoît-Saint-Germain, du Cadran et du Ponceau.

ÉGOUT, (Cul-de-sac de l') rue du Faubourg-Saint-Martin, entre les n°s 21 et 23. Les numéros sont *rouges*; pas de numéros impairs; le dernier pair est 6. — 5e Arrondissement.

Ainsi nommé parce qu'une branche du grand *égout* passe tout près.

ÉGYPTIENNE-DE-BLOIS. (Rue de l') *Voyez* rue de la Jussienne.

ÉLÈVES DE LA PATRIE. (Hospice des) *Voyez* hospice de la Pitié.

ÉLISABETH, (L'église Sainte-) rue du Temple, entre les n°s 107 et 109. — 6e Arrondissement.

Cette église, qui est la seconde succursale de la paroisse Saint-Nicolas-des-Champs, a été bâtie de 1628 à 1630; elle était celle des religieuses de *Sainte-Elisabeth*, du tiers ordre de Saint-François, qui s'établirent à Paris quelques années avant la construction de cette église, et qui furent supprimées en 1790.

ÉLOI, (La chapelle Saint-) rue des Orfévres, n°s 4 et 6.

Elle fut bâtie à la fin du quatorzième siècle par les orfévres, et a subsisté jusque vers 1786. C'est maintenant une maison particulière.

ÉLOI. (Rue Saint-) *Commence* rue de la Vieille-Draperie, et *finit* rue de la Calandre. Les numéros sont *noirs*; le dernier impair est 29, et le dernier pair 28. — 9e Arrondissement.

En 1280 on la nommait la *Cavaterie*; en 1300 la *Chavaterie*; en 1343 et 1367 la *Cavaterie*, la *Saveterie*, la *Savaterie* (ce dernier nom se trouve encore dans un plan de 1738); ensuite elle prit le nom de *Saint-Eloi*. Ce saint, né à Cadillac en 588, mourut en 659; il était orfévre et trésorier du roi Dagobert Ier; il demeurait en face du Palais, où est maintenant cette rue, et où il fit bâtir un monastère : c'est pour honorer sa mémoire que l'on a donné son nom à cette rue.

ÉLOI (La ruelle Saint-) aboutissait anciennement dans la rue de la Barillerie.

Voyez pour l'étymologie l'article précédent.

ÉLOI. (Ceinture Saint-) C'est ainsi que l'on nommait anciennement l'espace entre les rues de la Barillerie, de la Calandre, aux Fèves et de la Vieille-Draperie.

Même étymologie que la rue Saint-Eloi.

ÉLYSÉE-NAPOLÉON, (Palais de l') rue du Faubourg-Saint-Honoré, n° 59.

Cet hôtel fut construit en 1718 pour le comte d'Evreux; madame de Pompadour en fit l'acquisition et l'habita jusqu'à sa mort; Louis XV, l'ayant acheté à cette époque, le destina pour les ambassadeurs extraordinaires; il devint en 1773 la propriété de M. Beaujon, qui y fit des embellissemens et des dépenses considérables. Il fut occupé, il y a cinq à six ans, par le prince Joachim Murat, à présent roi de Naples. Depuis quelques années, qu'il est habité de temps en temps par l'Empereur, il a pris le nom de *palais de l'Elysée*, parce que son jardin touche aux *Champs Elysées*.

ÉLYSÉES. (Les Champs et rue des Champs-) *Voy*. Champs Elysées.

ÉMAURI-DE-ROISSI. (Rue) *Voyez* rue Ogniard.

EMPEREUR. (Cul-de-sac et ruelle de l') *Voyez* cul-de-sac Mauconseil.

EMPEREUR. (Passage de l') De la rue Saint-Denis, n° 41, à la rue de la Vieille-Harangerie, n° 2. — 4ᵉ Arrondissement.

Il doit son nom à une enseigne.

ENFANS, (Hôpital des) rue de Sèvres, n° 3, au-delà du boulevart.

Cette maison, spécialement destinée à recevoir les *enfans malades*, fut fondée, vers l'an 1735, par M. Languet, curé de Saint-Sulpice, en faveur des filles et femmes indigentes de sa paroisse; elle portait alors le nom de *Communauté des Filles de l'Enfant-Jésus* ou des *Filles du curé de Saint-Sulpice*.

ENFANS. (Bons-) *Voyez* Bons-Enfans, et *voyez* aussi au Supplément.

ENFANS-ROUGES (L'hospice des) était situé sur l'emplacement où se trouve aujourd'hui la rue Molay.

Il fut fondé par François Iᵉʳ, et supprimé en 1772.

ENFANS-ROUGES. (Rue des) *Commence* rues Pastourelle et d'Anjou-au-Marais, et *finit* rues Portefoin et

Molay. Les numéros sont *noirs ;* le dernier impair est 13, et le dernier pair 10. — 7ᵉ Arrondissement.

Elle se nommait anciennement du *Chantier-du-Temple,* parce qu'elle faisait la prolongation de la rue de ce nom ; elle prit ensuite le nom qu'elle porte de l'hôpital des *Enfans-Rouges,* en face duquel elle aboutissait. Au n° 2 est l'hôtel Talard.

ENFANS-ROUGES. (Rue des) *Voyez* rue Portefoin.

ENFANS-ROUGES, (Marché des) entre les rues de Bretagne, n°ˢ 39 et 41, celle des Oiseaux et celle de Berry. Les numéros sont *noirs ;* le dernier impair est 7, et le dernier pair 4. — 7ᵉ Arrondissement.

Ce marché, qui tient tous les jours, est ainsi nommé à cause du voisinage de l'hospice des *Enfans-Rouges.* On y voit une fontaine alimentée par la pompe Notre-Dame.

ENFANS-TEIGNEUX, (Les) rue de la Chaise, n° 26.

Cet établissement date de vers l'an 1650 ; ces bâtimens ayant été réunis aux Petites-Maisons, les *Enfans teigneux* sont maintenant traités dans la même rue, n° 8.

ENFANS-TROUVÉS, (L'hôpital des) parvis Notre-Dame, n° 2.

Construit en 1747, sur les dessins de Boffrand. C'est maintenant le bureau central d'Admission des Enfans trouvés.

ENFANS-TROUVÉS, (L'hôpital des) rue du Faubourg-Saint-Antoine. *Voyez* hospice des Orphelins.

ENFANT-JÉSUS, (Cul-de-sac de l') rue de Vaugirard, passé la barrière, entre les nˢ 6 et 8. Les numéros sont *noirs ;* le dernier impair est 3, et le seul pair 2. — 10ᵉ Arrondissement.

Ce nom lui vient du voisinage de l'hôpital de l'*Enfant-Jésus* (à présent l'hôpital des Enfans).

ENFER. (Rue d') *Commence* place Saint-Michel et rue des Francs-Bourgeois, et *finit* barrière d'Enfer. Les numéros sont *noirs ;* le dernier impair est 109, et le dernier pair 104. — Les numéros impairs de 1 à 13, et les pairs de 2 à 30 sont du 11ᵉ Arrondissement ; les numéros impairs de 15 à 109, et les pairs de 32 à 104 sont du 12ᵉ.

Il y a deux opinions sur l'étymologie du nom de cette rue. Quelques-uns prétendent que la rue Saint-Jacques portait anciennement le nom de rue *Supérieure,* et celle-ci celui de rue *Inférieure* (*via infera*) ; de là rue d'*Enfer :* d'autres historiens rapportent que le palais de Vauvert, bâti par le roi Robert au commencement du neuvième siècle, ayant été abandonné par ses successeurs, se trouva au treizième siècle (suivant le bruit populaire) occupé par des revenans, des diables; à cette époque saint Louis le céda aux Chartreux, qui chassèrent ces habitans d'*enfer*. Le nom seul de la rue qui conduisait à ce château ne disparut point. Elle a porté anciennement, à diverses époques, les noms de *chemin d'Issy, chemin de Venves*, de *rue Vauvert, chemin Vauvert*, de *rue de la Porte-Gibart*, de *rue des Chartreux*, de *rue Saint-Michel* et de *rue du Faubourg-Saint-Michel*; il est facile d'assigner à chacun de ces noms sa véritable étymologie, puisque cette rue commençait à la *porte Saint-Michel*, autrefois *Gibart*; qu'elle conduisait au château de *Vauvert*, qui fut par suite habité par les *Chartreux*, et qu'elle est la route pour aller aux villages de *Venves* et d'*Issy*. Au n° 32 on remarque l'hôtel du duc de Dantzick, et au n° 44 l'hôtel Vendôme, maintenant occupé par divers particuliers.

ENFER. (Rues d') *Voyez* quai Napoléon et rues Basse-des-Ursins et Bleue.

ENFER (La porte d') était située à l'extrémité méridionale de la rue de la Harpe, où est maintenant une fontaine.

Cette porte, qui avait été bâtie vers l'an 1200, faisait partie de l'enceinte de Philippe-Auguste. Au quatorzième siècle et antérieurement elle se nommait *Gibart*, et par altération *Gilbert* et *Gibert*; elle portait aussi le nom de *porte d'Enfer*, puisqu'en 1246 elle est désignée par *Hostium ferti*; en 1246 par *Hostium ferri*; en 1311 par *Porta inferni*, et en 1379 par *Porta ferri*. Jaillot pense de là que l'on devrait dire *Porte de fer*; en général on croit qu'elle doit avoir la même étymologie que la rue d'*Enfer*, au bout de laquelle elle se trouvait placée. A la fin du quatorzième siècle elle prit le nom de *porte Saint-Michel*, parce qu'elle fut réparée en 1394, époque de la naissance de *Michelle*, fille de Charles VI. Elle fut abattue en 1684.

ENFER. (Barrière d') — 12ᵉ Arrondissement.

Elle consiste en deux pavillons, et tient son nom de la rue d'Enfer, à l'extrémité de laquelle elle est située.

ENFER. (Chemin de ronde de la barrière d') Du boulevart d'Enfer à la barrière du Mont-Parnasse.— 11ᵉ Arrondissement.

ENFER. (Boulevart d') *Commence* boulevart du Mont-Parnasse, et *finit* barrière d'Enfer. Les numéros sont *noirs;* le dernier impair est 9, et le dernier pair 8. — Du boulevart Mont-Parnasse à la rue Lacaille, 11ᵉ Arrondissement, et de la rue Lacaille à la barrière d'Enfer, du 12ᵉ.

On acheva de planter ce boulevart en 1761. Il tient son nom de la rue d'*Enfer*, parce qu'il est situé à l'extrémité méridionale de cette rue.

ENGHIEN. (Rue d') *Voyez* rue Mably.

ENGRONERIE. (Rue de l') *Voyez* rue Grosnière.

ENLUMINEURS. (Rue des) *Voyez* rue Boutebrie.

ÉPÉE-DE-BOIS. (Rue de l') *Commence* rue Gracieuse, et *finit* rue Mouffetard. Les numéros sont *noirs;* le dernier impair est 9, et le dernier pair 6. — 12ᵉ Arrondissement.

Quelques plans anciens lui donnent le nom du *Petit-Champ,* parce qu'elle conduit au *champ* d'Albiac; elle tient d'une enseigne le nom qu'elle porte.

ÉPÉE-ROYALE. (Cul-de-sac de l') *Voyez* cul-de-sac des Commissaires.

ÉPERON. (Rue de l') *Commence* rue Saint-André-des-Arts, et *finit* rue du Jardinet. Les numéros sont *noirs;* le dernier impair est 11, et le dernier pair 10. — 11ᵉ Arrondissement.

En 1269 on la nommait *Gaugain;* Guillot, en 1300, écrit *Cauvain :* le nom de *Gaugain* a été souvent altéré par les divers copistes. Au quinzième siècle c'était la rue *Chapron, Chaperon* ou *Chapon;* en 1636 elle portait déjà le nom de l'*Eperon,* qu'elle tient d'une enseigne.

ÉPINE. (Rue Jean-de-l') *Commence* rue de la Vannerie et place de l'Hôtel-de-Ville, et *finit* rues de la Coutellerie et de la Tixeranderie. Les numéros sont *noirs;* le dernier impair est 23, et le dernier pair 22. — 7ᵉ Arrondissement.

Elle portait déjà ce nom en 1284; au quinzième siècle on la trouve sous celui de *Philippe-de-l'Epine.*

ÉREMBOURG OU ÉREMBOURC-DE-BRIE. (Rue) *Voy.* rue Boutebrie.

ÉREMBOURG-LA-TREFILIÈRE. (Rue) *Voyez* rue de Venise.

ERFURTH. (Rue d') *Commence* rue Childebert, et

finit rue Sainte-Marguerite. Les numéros sont *noirs;* le dernier impair est 5, et le dernier pair 6. — 10e Arrondissement.

Cette rue, percée en 1715, se nommait *petite rue Sainte-Marguerite*, parce qu'elle aboutit à la rue *Sainte-Marguerite*. En 1806 elle prit le nom qu'elle porte en mémoire de la célèbre capitulation d'*Erfurth*, faite le 16 octobre 1806.

ERMELINE-BOILIAU. (Rue) *Voyez* cul-de-sac Putigneux.

ERRANCIS. (Rue des) *Voyez* rue du Rocher.

ESCARCUISSONS. (Rue d') *Voyez* rue des Cargaisons.

ESCHALART. (La Folie-)

Nom que portait le terrain qui, par la suite, a été destiné au marché aux Chevaux.

ESCOUFLES, ESCOFLES, ESCLOFFLES. (Rue des) *Voyez* rue des Ecouffes.

ESCUILLERIE. (Rue de l') *Voyez* rue de l'Aiguillerie.

ESCULLERIE. (Rue de l') *Voyez* cul-de-sac Saint-Faron.

ESCUREUL, (Rue de l') et rue des ESCUREUX. *Voyez* rue du Jardinet.

ESPAGNE. (Rue d') *Voyez* rue Jean-Beausire.

ESPAULARD. (Rue) *Voyez* rue Pierre-au-Lard.

ESPRIT. (Rue du Saint-) *Voyez* rue des Vieilles-Garnisons.

ESPRIT (L'hôpital du Saint-) était situé place de Grève, au nord de l'Hôtel-de-Ville.

Il fut fondé en 1362; l'église fut construite en 1406. Depuis plusieurs années les bâtimens que l'on a reconstruits font partie de l'hôtel de la Préfecture.

ESPRIT (Séminaire du Saint-) et de l'*IMMACU-LÉE-CONCEPTION*, rue des Postes, n° 26.

Ce séminaire fut d'abord établi rue Neuve-Sainte-Geneviève en 1703, et transporté rue des Postes en 1731 : les nouveaux bâtimens furent commencés en 1769. Ayant été supprimé en 1790, il est devenu maison particulière, maintenant occupée par un chef d'institution.

ESSAI. (Rue de l') *Commence* boulevart de l'Hôpital, et *finit* rue l'oliveau. Les numéros sont *noirs;* pas de numéros impairs; le dernier pair est 14. — 12ᵉ Arrondissement.

Elle fut percée au dix-septième siècle, et prit le nom de *Maquignone*, à cause des *maquignons* qui fréquentent le marché aux Chevaux. Depuis quelques années elle prit celui qu'elle porte à cause de l'*essai* que l'on y fait des chevaux, au marché desquels elle conduit.

EST. (Rue de l') *Commence* rue d'Enfer, et *finit* boulevart du Mont-Parnasse. Point encore de maisons bâties. — Le côté à l'est est du 12ᵉ Arrondissement, et le côté qui est à l'ouest est du 11ᵉ.

Elle est ainsi nommée parce qu'elle est à l'*est* de la prolongation du jardin du palais du Sénat : on l'avait d'abord appelée du *Levant.*

ESTABLE-DU-CLOITRE. (Rue de l') *Voyez* rue Taillepain.

ESTAMPES. (Rue Pierre, Perriau, Perrot ou Perreau-d') *Voyez* rue des Singes.

ESTRAPADE. (Rue de la Vieille-) *Commence* rues Neuve-Sainte-Geneviève et Fourcy, et *finit* place de l'Estrapade. Les numéros sont *rouges*; le dernier impair est 29, et le dernier pair 4. — 12ᵉ Arrondissement.

Cette rue fut bâtie sur l'emplacement des *fossés* de l'enceinte de Philippe-Auguste, et prit en conséquence le nom des *Fossés-Saint-Marcel ;* elle fut ensuite nommée de l'*Estrapade,* parce qu'à la place de l'*Estrapade,* à l'extrémité de cette rue, l'on a fait bien longtemps subir le supplice de l'*estrapade* aux soldats; ce n'est que lors du commencement de la construction de la nouvelle Sainte-Geneviève (aujourd'hui le Panthéon) que cette place cessa d'être destinée à cette exécution.

ESTRAPADE, (Place de l') à la réunion des rues des Postes, de la Vieille-Estrapade et des Fossés-Saint-Jacques. Un seul numéro *noir.* — 12ᵉ Arrondissement.

Il paraît que c'est l'ancien carrefour de *Braque* ou *Braque latin. Voyez* pour l'étymologie l'article précédent.

ÉTIENNE. (Rue) *Commence* rue Boucher, et *finit* rue Béthizy. Les numéros sont *noirs*; le dernier impair est 7, et le dernier pair 6. — 4ᵉ Arrondissement.

Cette rue fut achevée en 1778, sur l'emplacement de l'ancien hôtel des Monnaies; elle porte le nom de M. *Etienne,* ancien bâtonnier des avocats, qui était alors échevin.

ÉTIENNE-DES-GRÈS (L'église Saint-) était **rue** Saint-Etienne-des-Grès, n° 11.

Il n'est fait mention de cette église d'une manière authentique qu'en 995; on la croit cependant plus ancienne : elle a été démolie au commencement de la révolution. Cet emplacement est maintenant partie rebâti en maison particulière, partie en terrain.

ÉTIENNE-DES-GRÈS. (Rue Saint-) *Commence* place du Panthéon, et *finit* rue Saint-Jacques. Les numéros sont *rouges;* le dernier impair est 11, et le dernier pair 16. — 12° Arrondissement.

En 1230 elle est désignée sous le nom de *rue par où l'on va de l'église Sainte-Geneviève à celle Saint-Etienne;* en 1243 sous celui de rue *des Grès;* vers l'an 1300, par Guillot, sous celui de rue *Saint-Etienne,* parce que l'église *Saint-Etienne-des-Grès* y était située.

ÉTIENNE-DES-GRÈS. (Grand'rue Saint-) *Voyez* rue Saint-Jacques.

ÉTIENNE-DU-MONT, (L'église paroissiale Saint-) rues de la Montagne-Sainte-Geneviève et Clovis. — 12° Arrondissement.

Cette église paroissiale existait déjà au commencement du treizième siècle, sous le pontificat d'Honorius III; elle fut agrandie et rebâtie en 1491, en 1538 et en 1606; le portail ne fut élevé qu'en 1610.

ÉTIENNE. (Rue Saint-) *Voyez* rue Saint-Sébastien.

ÉTIENNE-SAINT-MARCEL. (Rue Neuve-Saint-) *Commence* rue Copeau, et *finit* rue Contrescarpe. Les numéros sont *noirs;* le dernier impair est 33, et le dernier pair 20. — 12° Arrondissement.

Elle a porté anciennement les noms de *chemin du Moulin à vent,* parce qu'elle conduisait à un moulin ; de rue *du Puits de fer,* à cause d'un *puits* public qui y existait en 1539; de rue *des Morfondus,* à cause d'une maison dite des *morfondus* ou *réchauffés,* et de rue *Tiron,* parce qu'elle se dirigeait sur le clos *Tiron.* Elle tient son nom actuel de la proximité de l'église *Saint-Etienne-du-Mont,* et on la nomma *Neuve* pour la distinguer d'une rue *Saint-Etienne* qui traversait anciennement la rue des Postes.

ÉTIENNE-BONNE-NOUVELLE. (Rue Neuve-Saint-) *Commence* rue Beauregard, et *finit* boulevart Bonne-Nouvelle. Les numéros sont *noirs;* le dernier impair est 17, et le dernier pair 18. — 5° Arrondissement.

Cette rue, qui existait déjà au seizième siècle, fut rebâtie en

1630, en même temps que toutes celles de ce quartier, dit la Ville-Neuve : on la nommait rue *Saint-Etienne à la Ville-Neuve.*

ÉTIENNE-A-LA-VILLE-NEUVE. (Rue Saint-) *Voy.* rue Neuve-Saint-Etienne-Bonne-Nouvelle.

ÉTIENNE, (Rue Saint-) et NEUVE-SAINT-ÉTIENNE. *Voyez* cul-de-sac des Vignes.

ÉTIENNE, (Cul-de-sac Saint-) rue de la Montagne-Sainte-Geneviève, entre les n°ˢ 84 et 86. Les numéros sont *noirs;* pas de numéros impairs; le dernier pair est 4. — 12ᵉ Arrondissement.

Ainsi nommé à cause de sa proximité de l'église *Saint-Etienne-du-Mont.*

ÉTOILE. (Rue de l') *Commence* quais des Ormes et Saint-Paul, et *finit* rues des Barrés et de la Mortellerie. Les numéros sont *noirs;* le dernier impair est 3, et le dernier pair 6. — 9ᵉ Arrondissement.

Cette rue a porté anciennement les divers noms suivans : des *Barrés,* dont elle fait la prolongation; des *Petites-Barrières, de petite ruelle descendant au chantier du Roi,* de *petite Barrée, Tillebarrée,* de l'*Arche dorée* et de l'*Arche Beaufils.* Une maison nommée le château de l'*Etoile,* située dans cette rue, lui a donné le nom qu'elle porte.

ÉTOILE-BONNE-NOUVELLE. (Cul-de-sac de l') De la rue Thévenot, entre les n°ˢ 26 et 28, à la cour des Miracles, entre les n°ˢ 4 et 5. Les numéros sont *noirs;* le dernier impair est 11, et le dernier pair 8. (Là même série de numéros continue de ce cul-de-sac dans la cour des Miracles.) — 5ᵉ Arrondissement.

En 1622 et 1646 c'était la *ruelle du Crucifix;* depuis le cul-de-sac *du petit Jésus,* le cul-de-sac *Saint-Claude;* en 1768 il avait repris son nom du *Crucifix,* qu'il changea en celui de l'*Etoile.* Tous ces noms viennent d'enseignes substituées les unes aux autres.

ÉTOILE-GROS-CAILLOU, (Cul-de-sac de l') rue Saint-Dominique-Gros-Caillou, entre les n°ˢ 10 et 12. Les numéros sont *noirs;* le seul impair est 1, et le dernier pair 10. — 10ᵉ Arrondissement.

C'était auparavant la rue de l'*Etoile,* parce qu'elle était percée et allait en retour d'équerre à la rue de la Boucherie-des-

Invalides : depuis qu'elle a été fermée du côté de la rue de la Boucherie elle n'est plus qu'un cul-de-sac ; nous ignorons à quelle occasion il fut ainsi nommé.

ÉTOILE. (Passage de l') Du cul-de-sac de l'Etoile, n°ˢ 5 et 7, à la rue du Petit-Carreau, n°ˢ 32 et 34.

Voyez cul-de-sac de l'*Etoile-Bonne-Nouvelle*.

ÉTOILE. (Barrière de l') *Voyez* barrière de Neuilly.

ÉTOILE DES CHAMPS ÉLYSÉES, (L') ou place de L'ETOILE. — 1ᵉʳ Arrondissement.

C'est une grande place circulaire à l'extrémité ouest des Champs Elysées, à laquelle les avenues des Champs Elysées et de Neuilly, et les allées des Veuves et d'Antin, qui y aboutissent, donnent la forme d'une *étoile*.

ÉTUVES. (Rue aux) *Voyez* rue des Vieilles-Etuves.

ÉTUVES. (Ruelles des) *Voyez* rue du Chat-Qui-Pêche et cul-de-sac des Peintres.

ÉTUVES-AUX-FEMMES. (Ruelle des) *Voyez* rue de l'Arche-Marion.

ÉTUVES-SAINT-MARTIN. (Rue des Vieilles-) *Commence* rue Beaubourg, et *finit* rue Saint-Martin. Les numéros sont *rouges* ; le dernier impair est 19, et le dernier pair est 16. — 7ᵉ Arrondissement.

En 1300 c'était la rue des *Estuves* ; vers l'an 1350 la rue *Gooffroi-des-Bains* ou des *Etuves :* ce nom lui vient des bains ou étuves qui étaient alors dans cette rue, au coin de celle Beaubourg.

ÉTUVES-SAINT-HONORÉ. (Rue des Vieilles-) *Commence* rue Saint-Honoré, et *finit* rue des Deux-Ecus. Les numéros sont *noirs* ; le dernier impair est 13, et le dernier pair 16. — 4ᵉ Arrondissement.

Au commencement du quatorzième siècle elle portait le nom des *Estuves*, et au milieu du même siècle elle se nommait déjà des *Vieilles-Etuves*. Les étuves ou bains de femmes situés très-anciennement dans cette rue lui ont donné cette dénomination.

ÉTUVES, (Cul-de-sac des) rue Marivaux, entre les n°ˢ 21 et 23. Pas de numéros. — 6ᵉ Arrondissement.

Au quinzième siècle c'était une rue qui aboutissait dans celle de la Vieille-Monnaie ; elle fut fermée du côté de cette rue, et devint un cul-de-sac, où il y avait des bains ou *étuves*, dont il prit le nom.

EUDISTES, (La communauté des) rue des Postes ; n° 20.

Cette communauté, destinée à diriger les séminaires et à faire des missions, s'établit en 1671 près Saint-Josse ; ensuite cour du Palais, d'où ils desservaient la basse Sainte-Chapelle ; ils prirent possession en 1727 de la maison rue des Postes, et furent supprimés en 1790. C'est actuellement une pension de demoiselles qui occupe ce local.

EUSTACHE, (L'église Saint-) rues Traînée et du Jour. — 3ᵉ Arrondissement.

En 1213 c'était une chapelle nouvellement bâtie, dédiée à *sainte Agnès ;* elle fut vers l'an 1223 érigée en cure, en prenant le nom de *Saint-Eustache.* L'église que nous voyons fut commencée en 1532, et ne fut achevée qu'en 1642 ; le portail, commencé en 1754, sur les dessins de Mansard de Jouy, fut continué, jusqu'en 1788, par Moreau, architecte.

EUSTACHE, (Ruelle au Curé-de-Saint-) en vieux langage **HUYSTACE.** *Voyez* rue Traînée.

EUSTACHE. (Rue Neuve-Saint-) *Commence* rue Montmartre, et *finit* rue du Petit-Carreau. Les numéros sont *noirs ;* le dernier impair est 45, et le dernier pair 56. — 3ᵉ Arrondissement.

Cette rue, bâtie vers l'an 1633 sur l'emplacement des fossés de l'enceinte de Paris faite sous Charles V et Charles VI, se nomma d'abord *Saint-Côme* ou *du milieu des Fossés ;* en 1641 elle prit le nom de *Neuve-Saint-Eustache,* sans doute parce qu'elle est située entre l'église *Saint-Eustache* et l'église Saint-Joseph (maintenant le marché Saint-Joseph), qui s'appelait anciennement le petit *Saint-Eustache.* Au n° 5 est le lieu des séances de l'Athénée des Etrangers.

EUSTACHE. (Passage Saint-) De la rue Montmartre, entre les numéros 1 et 3, jusqu'à la porte latérale de l'église Saint-Eustache. Les numéros sont *noirs ;* le dernier impair est 3 ; pas de numéros pairs. — 3ᵉ Arrondissement.

Il se nommait autrefois cul-de-sac *Saint-Eustache.*

EUSTACHE. (Place de la Pointe-Saint-) *Commence* rue de la Tonnellerie, et *finit* rues Montorgueil et Traînée. Les numéros sont *noirs ;* le dernier impair est 15, et le dernier pair 12. — Les numéros impairs sont du 3e Arrondissement, et les pairs, qui sont la suite de la série de ceux de la rue Montorgueil, sont du 5e.

L'angle ou *pointe* formée par l'église Saint-Eustache à la rencontre des rues Montmartre et Trainée lui ont fait donner cette dénomination. Elle fut élargie en 1786 et 1788. Sur cette place, entre les rues Montmartre et Montorgueil, est la fontaine dite de la *Pointe-Saint-Eustache*, dont les eaux viennent de la pompe à feu de Chaillot.

ÉVÊCHÉ. (Rue de l') *Commence* pont aux Doubles, et *finit* place du Parvis-Notre-Dame. Pas de numéros. — 9e Arrondissement.

En 1282 c'était la rue du *Port-l'Evéque* ou des *Bateaux*; elle se nomma ensuite rue de l'*Evéque*, à cause de sa proximité du palais de l'*évéque* (depuis archevêque); elle n'a pris le nom de l'*Evéché* que depuis peu d'années.

ÉVÊQUE. (Rue de l') *Commence* rues de l'Anglade et des Frondeurs, et *finit* rue des Orties. Les numéros sont *noirs*; le dernier impair est 25, et le dernier pair 20. — 2e Arrondissement.

Elle existait dès le commencement du règne de Louis XIII, et se nommait du *Culoir*. Son nom actuel viendrait-il de ce que les *évéques* avaient une *échelle* patibulaire en face, au coin de la rue de l'*Echelle? Voyez* cette dernière rue.

ÉVÊQUE. (Rues de l') *Voyez* rues de la Madeleine et de l'Evêché.

ÉVÊQUE. (Rues de l'Abreuvoir-l') *Voyez* rues de la Madeleine et des Champs-Elysées.

ÉVÊQUE. (Rue du Port-l') *Voyez* rue de l'Evêché.

ÉVÊQUE. (Rue de la Ville-l') *Voyez* rue de la Ville-l'Evêque.

ÉVÊQUES. (Collége des Trois-) *Voyez* collége de France.

F.

FAIN. (Rues au) *Voyez* rue du Foin-Saint-Jacques et place des Trois-Maries.

FARON, FAROU, FAROULS. (Rue) *Voyez* rue Férou.

FARON, (Cul-de-sac Saint-) rue de la Tixeranderie,

n° 40. Les numéros sont *noirs*; le dernier impair est 7,
et le dernier pair 4. — 7ᵉ Arrondissement.

En 1300 c'était l'*Escullerie*; en 1313 la rue de la *Violette*;
ensuite rue et cul-de-sac *des Juifs*, et ruelle ou cul-de-sac
Barentin : il tient le nom qu'il porte aujourd'hui de l'hôtel des
abbés de *Saint-Faron*, qui était situé tout près.

FAUCONNIER. (Rue du) *Commence* rues des Barrés
et du Figuier, et *finit* rue des Prêtres-Saint-Paul. Les
numéros sont *noirs*; le dernier impair est 13, et le seul
pair 2. — 9ᵉ Arrondissement.

Il est déjà fait mention de cette rue en 1265. Vers l'an 1300
Guillot la met dans le rang de celles qui étaient habitées par des
filles publiques; elle était alors près des murs de l'enceinte de Philippe-Auguste.

FAUBOURG-SAINT-ANTOINE, **SAINT-DENIS**, etc. (Rues du)
Voyez les noms particuliers de chaque faubourg.

FAVART. (Rue) *Commence* rue Grétry, et *finit* boulevart des Italiens. Les numéros sont *noirs*; le dernier
impair est 3, et le dernier pair 12. — 2ᵉ Arrondissement.

C'est une des rues percées en 1784 sur l'emplacement de l'hôtel
Choiseul. Comme elle est située près de l'ancienne salle de
l'*Opéra-Comique*, on lui donna le nom de *Favart*, en mémoire
de *Favart*, auteur de plusieurs excellens *opéras comiques*, né
à Paris en 1710, et mort dans la même ville en 1793.

FEBVRES. (Rue aux) *Voyez* rue aux Fèves.

FEMME-SANS-TÊTE. (Rue de la) *Commence* rue
Blanche-de-Castille, et *finit* quai d'Alençon. Les numéros sont *noirs*; le dernier impair est 3, et le dernier pair 8. — 9ᵉ Arrondissement.

Cette rue, construite de 1614 à 1646, en même temps que
toutes celles de l'île Saint-Louis, prit d'abord le nom de *Regrattier*, parce que le sieur *Regrattier* était l'un des entrepreneurs
des bâtimens de cette île. Une enseigne pendant devant l'une
des maisons de cette rue, et représentant une *femme sans tête*,
lui a donné le nom qu'elle porte.

FEMMES. (Le champ aux) *Voyez* rue Poissonnière.

FÉNÉLON. (Place) De la rue Bossuet au chevet de la
Cathédrale. Les numéros sont *rouges*; le dernier im-

pair est 9; pas de numéros pairs. — 9ᵉ Arrondissement.

Depuis quelques années on a donné à cette partie de l'ancien cloître Notre-Dame le nom du célèbre *Fénélon*, archevêque de Cambrai, auteur de Télémaque, né en 1651 au château de *Fénélon* en Quercy, et mort en 1715. On va démolir le n° 3 pour agrandir le jardin archi-épiscopal.

FENNERIE. (Rue de la) *Voy*. rue du Foin-Saint-Jacques.

FER. (Rue du) *Voyez* rue des Fossés-Saint-Marcel.

FER-A-CHEVAL. (Rue du) *Voyez* rue Servandoni.

FER-A-MOULIN. (Rue) *Commence* rues du Jardin-des-Plantes et des Fossés-Saint-Marcel, et *finit* rue Mouffetard. Les numéros sont *noirs*; le dernier impair est 5, et le dernier pair 38. — 12ᵉ Arrondissement.

Cette rue, qui, aux douzième et treizième siècles, contenait de beaux hôtels, se nommait du *Comte-de-Boulogne*, parce que les comtes de ce nom y demeuraient; elle était alors hors de Paris, dans le bourg Saint-Marcel : pendant le siècle dernier la partie de cette rue qui est entre celle du Pont-aux-Biches et celle du Jardin-des-Plantes portait le nom de la *Muette*. Nous ne connaissons pas l'étymologie du nom de *Fer-à-Moulin*.

FERDINAND. (Rue) *Commence* rue des Trois-Couronnes, et *finit* rue de l'Orillon. Les numéros sont *rouges*; le dernier impair est 27, et le dernier pair 12. — 6ᵉ Arrondissement.

Cette rue, ouverte depuis une douzaine d'années, doit sans doute son nom à un particulier nommé *Ferdinand*.

FERMES, (L'hôtel des) rue de Grenelle-Saint-Honoré, n° 55, et rue du Bouloi, n° 24. — 4ᵉ Arrondissement.

Cet hôtel appartenait, au milieu du seizième siècle, à Isabelle Gaillard, femme du président Baillet; en 1573 à Françoise d'Orléans, veuve de Louis de Bourbon; en 1605 à Henri de Bourbon; en 1612 à Roger de Saint-Larri, duc de Bellegarde; en 1634 au chancelier Séguier (l'Académie française y tint ses séances jusqu'en 1673), et aux fermiers-généraux à la fin du dix-septième siècle : c'est à cette époque qu'il prit le nom qu'il porte encore aujourd'hui, quoiqu'il soit devenu maison particulière.

FERMES. (Passage de l'Hôtel-des-) De la rue de Grenelle-Saint-Honoré, n° 55, à la rue du Bouloi, n° 24. — 4° Arrondissement.

Ainsi nommé parce qu'il traverse l'hôtel des *Fermes*.

FÉROU. (Rue) *Commence* rue Palatine et place Saint-Sulpice, et *finit* rue de Vaugirard. Les numéros sont *noirs* ; le dernier impair est 19, et le dernier pair 30. — 11° Arrondissement.

Elle doit son nom à Etienne *Férou*, qui y possédait quelques maisons et jardins. Les divers noms de *Faron, Farou, Farouls, Ferron*, qui lui sont donnés dans divers plans, sont des erreurs de copistes.

FÉROU, (Cul-de-sac) rue Féron, entre les n°² 22 et 24. Les numéros sont *rouges* ; le dernier impair est 7, et le dernier pair 10. — 11° Arrondissement.

Il a porté anciennement le nom de rue des *Prêtres*, étant particulièrement alors habité par les prêtres de Saint-Sulpice. Sauval dit qu'on l'a aussi nommé rue *Saint-Pierre*. Le nom qu'il porte lui vient de la rue *Férou*, à laquelle il aboutit.

FERPILLON, FERPEILLON, FRIPILLON. (Rue) *Voyez* rue Frépillon.

FERRAILLE. (Quai de la) *Voyez* quai de la Mégisserie.

FERRAND. (Rue) *Voyez* rue Laval.

FERRON, FERROU. (Rue) *Voyez* rue Férou.

FERRONNERIE. (Rue de la) *Commence* rue Saint-Denis, et *finit* rues de la Lingerie et des Déchargeurs. Les numéros sont *rouges* ; le dernier impair est 39, et le dernier pair 14. — 4° Arrondissement.

Saint Louis ayant permis à de pauvres *ferronniers* (marchands de fer, ferrailleurs) d'occuper les places le long du charnier des Innocens, cette rue fut nommée de la *Ferronnerie*. Elle a aussi porté anciennement celui de la *Charronnerie*; elle était fort étroite et embarrassée lorsque Henri IV y fut assassiné, au coin de celle Saint-Honoré, par François Ravaillac, le 14 mai 1610, à quatre heures du soir. En 1671 elle fut considérablement élargie.

FERRONNERIE ou de la FERRAILLE. (Quai de la) *Voyez* quai de la Mégisserie.

FERS. (Rue aux) *Voyez* place du Marché-des-Innocens.

FEUILLADE. (Rue de la) *Commence* place des Victoires, et *finit* rues de la Vrillière et Neuve-des-Petits-

Pères. Les numéros sont *rouges* ; le dernier impair est 5, et le dernier pair 8. — Les numéros impairs sont du 4ᵉ Arrondissement, et les numéros pairs du 3ᵉ.

Son premier nom est des *Jardins* ; on lui donna en 1685 celui qu'elle porte pour perpétuer la mémoire de François, vicomte d'Aubusson, duc de la *Feuillade*, qui commença à cette époque à faire construire la place des Victoires.

FEUILLANS (Le couvent des) était situé où est maintenant la rue de Castiglione.

Il est ainsi nommé de Jean de la Barrière, abbé commandataire de l'abbaye Notre-Dame de *Feuillans*, leur fondateur ; il fut construit en 1587, rebâti en 1601, et le portail qui était en face de la place Vendôme avait été élevé en 1676. Ces religieux furent supprimés en 1790 ; les bâtimens furent démolis il y a quelques années. *Voyez* rue Castiglione.

FEUILLANS, (Le couvent des) rue d'Enfer, nᵒ 43.

La première pierre de ce couvent fut posée en 1633, et l'église ne fut achevée qu'en 1659. Cet ordre fut aboli en France en 1790. C'est à présent une maison particulière occupée par un sculpteur.

FEUILLANTINES (Le couvent des) était où est maintenant le nᵒ 12, cul-de-sac des Feuillantines.

Ces religieuses s'établirent ici en 1623. Les bâtimens et la chapelle furent construits de 1713 à 1719, et cet ordre fut supprimé en 1790. C'est maintenant une maison particulière occupée par divers locataires.

FEUILLANTINES, (Cul-de-sac des) rue Saint-Jacques, entre les nᵒˢ 261 et 263. Les numéros sont *noirs* ; pas de numéros impairs ; le dernier pair est 14. — 12ᵉ Arrondissement.

Il conduit de la rue Saint-Jacques à la maison où était avant l'année 1790 le couvent des *Feuillantines*, dont il tient son nom.

FEURE. (Rue au) *Voyez* place du Marché-des-Innocens.

FÈVES. (Rue aux) *Commence* rue de la Vieille-Draperie, et *finit* rue de la Calandre. Les numéros sont *noirs* ; le dernier impair est 25, et le dernier pair 20. — 9ᵉ Arrondissement.

En 1291, 1300, 1313, pendant le quatorzième siècle, et dans plusieurs titres des siècles suivans, elle est nommée rue aux *Fèves* (*vicus fabarum*), parce que l'on prétend qu'on y vendait des *fèves* ; d'autres croient que c'est la rue aux *Febvres* ou *Fèvres* (*vicus fabrorum*), en s'appuyant sur d'anciens titres et plans, parce qu'elle était habitée par divers *fevres* ou fabricans. Guillot paraît justifier, vers l'an 1300, les deux étymologies, en disant *rue à Feves par deçà la maison o fevre.*

FÈVES, (Rue aux) et rue aux FÈVRES. *Voyez* place du Marché-des-Innocens.

FEYDEAU. (Rue) *Commence* rue Montmartre, et *finit* rue Richelieu. Les numéros sont *rouges*; le dernier impair est 25, et le dernier pair 34. — 2ᵉ Arrond.

En 1675 on la nommait des *Fossés-Montmartre,* et ensuite *Neuve-des-Fossés-Montmartre,* parce qu'elle a effectivement été bâtie sur les *fossés Montmartre,* car en 1654 la porte Montmartre était encore rue Montmartre, près celle des Jeuneurs, où est maintenant la fontaine; elle prit à la fin du dix-septième siècle le nom de *Feydeau,* à cause de la famille de ce nom, qui remplissait à cette époque les premières places de la magistrature.

FEYDEAU. (Passage) De la rue des Filles-Saint-Thomas, entre les nᵒˢ 10 et 12, à la rue Feydeau, nᵒ 19, et à la rue des Colonnes, nᵒ 8. — 2ᵉ Arrondissement.

Ainsi nommé parce qu'il aboutit à la rue Feydeau.

FIACRE. (Rue Saint-) *Commence* rue des Jeuneurs, et *finit* boulevart Poissonnière. Les numéros sont *noirs*; le dernier impair est 9, et le dernier pair 16. — 3ᵉ Arrondissement.

Elle était déjà connue en 1630, époque où elle touchait aux remparts de la ville; elle doit son nom au ci-devant fief *Saint-Fiacre,* sur lequel elle est située : quelques plans anciens la nomment *du Figuier.* En 1784 elle se fermait encore par des portes à ses extrémités.

FIACRE, (Cul-de-sac Saint-) rue Saint-Martin, entre les nᵒˢ 23 et 25. Pas de numéros. — 6ᵉ Arrondissement.

Aux quatorzième et quinzième siècles on lui donnait le nom de *ruelle Saint-Fiacre.*

FIDÉLITÉ. (Rue de la) *Commence* rue du Faubourg-Saint-Martin, et *finit* rue du Faubourg-Saint-Denis. Les numéros sont *rouges*; le dernier impair est 13. et le dernier pair 26. — 5ᵉ Arrondissement.

Elle fut percée il y a une douzaine d'années. Nous ignorons pourquoi ce nom lui fut donné.

FIDÉLITÉ, (Place de la) rue de la Fidélité, derrière l'église Saint-Laurent. — 5ᵉ Arrondissement.

FIGUIER. (Rue du) *Commence* rues du Fauconnier et de la Mortellerie, et *finit* rue des Prêtres-Saint-Paul. Les numéros sont *noirs*; le dernier impair est 17, et le dernier pair 24. — 9e Arrondissement.

Elle portait déjà ce nom en 1300. Nous en ignorons l'étymologie. Au n° 1 est l'hôtel de Sens.

FIGUIER. (Rue du) *Voyez* rue Saint-Fiacre.

FILLES-BLEUES. (Les) *Voyez* les Annonciades-Célestes.

FILLES-DIEU (Le couvent des) était rue Saint-Denis.

Ces religieuses s'établirent en 1225 hors de Paris, sur le terrain Saint-Lazare, sans doute sur l'emplacement qu'occupent aujourd'hui le cul-de-sac des *Filles-Dieu* et la rue Basse-Porte-Saint-Denis, qui se nommait anciennement rue *Neuve-des-Filles-Dieu*; en 1360 elles furent transférées dans Paris, et habitèrent un hôpital près la porte Saint-Denis, qui avait été fondé en 1316, par Imbert de Lyons; en 1494 les religieuses de Fontevrault succédèrent aux *Filles-Dieu*, dont elles prirent le nom, et en 1495 on construisit la chapelle. La rue et les passages du Caire ont été bâtis en 1798, sur l'emplacement des bâtimens et jardins de ce couvent, qui furent alors démolis.

FILLES-DIEU. (Rue des) *Commence* rue Saint-Denis, et *finit* rue d'Aboukir. Les numéros sont *rouges*; le dernier impair est 57, et le dernier pair 22. — 5e Arrondissement.

En 1530 c'était la rue *Neuve-de-l'Ursine, aliàs des Filles-Dieu*; en 1643 elle se nommait en partie rue *Saint-Guillaume*. Son nom lui vient du couvent des *Filles-Dieu*, qui était situé tout près.

FILLES-DIEU. (Rue Neuve-des-) *Voyez* rue Basse-Porte-Saint-Denis.

FILLES-DIEU, (Cul-de-sac des) rue Basse-Porte-Saint-Denis, entre les n°s 22 et 24. Les numéros sont *noirs*; le dernier impair est 3, et le dernier pair 4. — 3e Arrondissement.

Ainsi nommé parce que la rue Basse-Porte-Saint-Denis, où il est situé, portait le nom de *Neuve-des-Filles-Dieu.* (*Voyez* rue des Filles-Dieu.) En 1675 on le trouve sous le nom de *ruelle Couvreuse.*

FILLES-PÉNITENTES, FILLES-REPENTIES. (Rue des) *Voyez* rue d'Orléans-Saint-Honoré.

FILLES-ANGLAISES, FILLES-DU-CALVAIRE, FILLES-SAINT-THOMAS, etc. (Rue des) *Voy.* leurs noms particuliers.

FILS. (Rue des Quatre-) *Commence* rues du Grand-Chantier et du Chaume, et *finit* rue Vieille-du-Temple. Les numéros sont *rouges;* le dernier impair est 23, et le dernier pair 22. — 7e Arrondissement.

Dans des actes anciens elle est nommée de l'*Echelle-du-Temple*, parce qu'elle prolongeait la rue qui portait alors ce nom; en 1358 et vers l'an 1450 on la trouve sous le nom des *Deux-Portes;* peu de temps après elle prit celui des *Quatre fils Aimon*, à cause d'une enseigne; on finit par la désigner par rue des *Quatre-Fils* seulement.

FILS AIMON. (Rue des Quatre) *Voyez* l'article précédent.

FINET. (Ruelle Simon-) *Commence* rue de la Tannerie, et *finit* à la rivière. Pas de numéros. — 7e Arrondissement.

C'est le nom d'un particulier qui existait en 1481, et qui avait obtenu la permission de planter quatre pieux dans la Seine pour soutenir le quai, derrière sa maison, qui était au bout de cette rue.

FIRMIN. (Le séminaire Saint-) *Voyez* le collége des Bons-Enfans.

FLEURS ET ARBUSTES, (Marché aux) Dans toute la longueur du quai Desaix. — 9e Arrondissement.

Ce marché, qui tient les mercredis et samedis, a été transféré, il y a quelques années, du quai de la Mégisserie.

FLEURUS. (Rue de) *Commence* rue Madame, et *finit* rue Neuve-Notre-Dame-des-Champs. Les numéros sont *rouges;* le dernier impair est 21, et le dernier pair 22. — 11e Arrondissement.

C'est une des nouvelles rues construites sur le terrain que l'on retrancha, vers l'an 1780, au jardin du Luxembourg : on lui a donné ce nom en mémoire de la célèbre bataille de *Fleurus*, gagnée sur les coalisés le 26 juin 1794, par le général Jourdan.

FLORENTIN. (Rue Saint-) *Commence* rue de Rivoli et place de la Concorde, et *finit* rue Saint-Honoré. Les numéros sont *noirs;* le dernier impair est 17, et le dernier pair 16. — 1er Arrondissement.

Elle fut alignée en 1640; en 1651 elle portait le nom de *rue ou cul-de-sac de l'Orangerie*, à cause de l'orangerie du roi, qui était en face, au jardin des Tuileries. Sauval la nomme *Petite rue des Tuileries*, parce qu'elle conduit au jardin des *Tuileries*. Le duc de la Vrillière, ministre et secrétaire d'état, connu sous le nom de *Saint-Florentin*, y fit construire son hôtel en 1767; c'est alors qu'elle prit le nom qu'elle porte aujourd'hui. Au n° 2 est cet hôtel, maintenant de l'Infantado.

FLORENTINE. (Rue) *Voyez* rue Poulletier.

FOIN-SAINT-JACQUES. (Rue du) *Commence* rue Saint-Jacques, et *finit* rue de la Harpe. Les numéros sont *rouges*; le dernier impair est 27, et le dernier pair 30. — 11e Arrondissement.

A la fin du treizième siècle c'était la rue *O Fain*; en 1332 de la *Fenner'e*; en 1383 *aux Moines de Cernay*, parce que les abbés des Vaux de *Cernay* y avaient leur hôtel.

FOIN-AU-MARAIS. (Rue du) *Commence* rue de la Chaussée, et *finit* rue Turenne. Les numéros sont *rouges*; le dernier impair est 5, et le dernier pair 8. — 8e Arrondissement.

Elle fut ouverte à la fin du seizième siècle, sur un terrain dépendant du parc des Tournelles.

FOIN. (Rue du Port-au-) *Voy.* place des Trois-Maries.

FOIRE. (Ruelles descendant à la) *Voyez* rues du Petit-Lion-Saint-Sulpice et des Quatre-Vents.

FOIRE. (Rue du Champ-de-la-) *Voyez* rue Tournon.

FOIRE. (Rue Neuve-de-la-) *Voyez* rue Condé.

FOIRE. (Cul-de-sac de la) *Voyez* cul-de-sac des Quatre-Vents.

FOIRES DIVERSES. *Voyez* leurs noms particuliers.

FOLIE-MÉRICOURT, RENAULT, etc. (Rues de la) *Voyez* leurs noms particuliers.

FONTAINE. (Rue) *Commence* rues de la Folie-Méricourt et du Faubourg-du-Temple, et *finit* rue Saint-Maur. Les numéros sont *noirs*; le dernier impair est 53, et le dernier pair 56. — 6e Arrondissement.

Son premier nom est *chemin du Mesnil*, parce que c'était un chemin qui conduisait à Ménilmontant; jusqu'en 1792 on la nomma des *Fontaines-du-Roi*, ou *Fontaine-au-Roi*; à cette époque on lui donna le nom de *Fontaine-Nationale*, et en 1806 seulement celui de *Fontaine* : elle doit sans doute son nom à quelques tuyaux de *fontaine* qui y conduisaient les eaux de Belleville, ou à quelque réservoir.

FONTAINE-AU-ROI et **FONTAINE-NATIONALE.** (Rue) *Voyez* rue Fontaine.

FONTAINE. (Rue de la) *Commence* rue d'Orléans-Saint-Marcel, et *finit* rue du Puits-l'Ermite. Les numéros sont *noirs*; le dernier impair est 9, et le dernier pair 2. — 12ᵉ Arrondissement.

On croit qu'elle a porté anciennement les noms de *Jean-Mesnard* et de *Jean-Molé*. Vers le milieu du dix-septième siècle elle prit celui qu'elle porte d'une maison située au coin, et nommée la *Grande-Fontaine*.

FONTAINE. (Rue de la) *Voyez* rue du Port-Mahon.

FONTAINE. (Rue Neuve-de-la) *Voyez* rue des Vieilles-Audriettes.

FONTAINEBLEAU. (Barrière de) *Voyez* barrière d'Italie.

FONTAINES. (Rue des) *Commence* rue du Temple, et *finit* rue de la Croix. Les numéros sont *rouges*; le dernier impair est 27, et le dernier pair 16. — 6ᵉ Arrondissement.

Elle portait déjà ce nom au commencement du quinzième siècle; quelques plans la nomment des *Madelonettes*, parce que les filles de la Madeleine, dites *Madelonettes*, s'y étaient établies en 1620.

FONTAINES-DU-ROI. (Rue des) *Voyez* rue Fontaine.

FONTAINES. (Passage des) De la rue de Vaugirard, n° 19, au jardin du Sénat. — 11ᵉ Arrondissement.

Deux *fontaines*, l'une dans ce passage et l'autre près de ce passage dans le jardin, lui ont donné ce nom.

FONTAINES. (Cour ou passage des) De la rue des Bons-Enfans, entre les n°ˢ 11 et 13, à celle du Lycée, entre les n°ˢ 4 et 6. Les numéros sont *noirs*; le dernier impair est 7, et le dernier pair 6. — 2ᵉ Arrondissement.

Cette cour, dont nous ignorons l'étymologie du nom, dépendait autrefois du Palais-Royal. L'ancien Opéra y était situé.

FONTARABIE. (Barrière de) — 8ᵉ Arrondissement.

Cette barrière consiste en un bâtiment à trois arcades; elle se nommait auparavant de *Charonne*, parce qu'elle est située à l'extrémité de la rue de *Charonne*. Nous ignorons d'où vient le mot *Fontarabie*.

FONTARABIE. (Chemin de ronde de la barrière de) De la barrière de Fontarabie à celle des Rats. — 8ᵉ Arrondissement.

FONTENOI, (Place de) derrière l'Ecole Militaire. *Commence* avenue Lowendal à l'est, et *finit* même avenue à l'ouest. Les numéros sont *rouges*; le dernier impair est 39, et le dernier pair 22. — 10ᵉ Arrondissement.

Ce nom lui fut donné en mémoire de la bataille de *Fontenoi*, gagnée par les Français sur les alliés, le 8 mai 1745, sous les ordres du maréchal de Saxe et en présence de Louis XV.

FOR-LE-ROI (Le) était rue Saint-Germain-l'Auxerrois, en face du For-l'Evêque.

Ce tribunal existait encore au quatorzième siècle.

FOR-AUX-DAMES. *Voy*. Dames. (cul-de-sac du For-aux-)

FOR-L'ÉVÉQUE (Le) était situé rue Saint-Germain-l'Auxerrois, où est à présent le n° 65.

Ce *for*, qui signifie *juridiction*, *tribunal*, fut construit vers le commencement du douzième siècle; il est ainsi nommé parce que les évêques y exerçaient leur justice. Il fut rebâti en 1652, par J.-F. de Gondi, *archevéque* de Paris. La porte qui fut conservée paraissait être du treizième siècle. De 1675 à 1780, époque où il fut démoli, cet édifice a servi de prison aux détenus pour dettes.

FORCE, (Prisons de la Grande et de la Petite-) rue du Roi-de-Sicile, n° 2, et rue Pavée-au-Marais, n° 22. — 7ᵉ Arrondissement.

En 1265 cet hôtel appartenait au frère de saint Louis, Charles, *roi* de Naples et de *Sicile*, dont la rue où il est situé a retenu le nom; en 1292 Charles de Valois et d'Alençon, fils de Philippe-le-Hardi, en fit l'acquisition; il fut cédé en 1389 au roi Charles VI, qui le céda ensuite à Robert et Charles de Bausson; les rois de Navarre, le comte de Tancarville en furent depuis propriétaires; le cardinal de Meudon et le cardinal de Biragues le firent rebâtir au seizième siècle; en 1583 le maréchal de Roquelaure en devint propriétaire; ayant été vendu au comte de *Saint-Paul*, il porta le nom d'hôtel *Saint-Paul*; il passa à M. de Chavigny, ministre, secrétaire d'état, et ensuite à M. *de La Force*, dont il a retenu le nom jusqu'à nos jours.

Au commencement du dix-huitième siècle il fut divisé en deux parties; l'une forme l'hôtel de Brienne, dit la *Petite-Force*, dont l'entrée est par la rue Pavée, n° 22, et l'autre partie est la *Grande-Force*, rue du Roi de Sicile, n° 2, acquise par MM. Pâris de Montmartel et du Vernai, qui la revendirent à Mlle Toupel, de qui le comte d'Argenson l'acheta en 1754 pour l'Ecole Militaire. A la *Grande-Force* sont détenus les prévenus de délits, et à la *Petite-Force* les prostituées.

FORESTIER. (Rue) *Voyez* rues Taranne et de l'Egout-Saint-Germain.

FORESTIER (La ruelle Jean-le-) descendait de la rue de la Tannerie à la rivière.

Elle existait en 1369; nous ignorons l'époque de sa suppression.

FOREZ. (Rue du) *Commence* rue Charlot, et *finit* rue des Alpes et enclos du Temple. Les numéros sont *rouges;* pas de numéros impairs; le dernier pair est 12. — 6e Arrondissement.

Elle porte le nom d'une des anciennes provinces de France; elle fut tracée en 1626. *Voyez* pour l'étymologie la rue d'Anjou-au-Marais.

FORGE-ROYALE, (Cul-de-sac de la) rue du Faubourg-Saint-Antoine, entre les n°s 177 et 179. Les numéros sont *noirs;* le dernier impair est 7, et le dernier pair 6. — 8e Arrondissement.

Il doit son nom à une enseigne.

FORGES. (Rue des) *Commence* rue Damiette et cour des Miracles, et *finit* place du Caire. Les numéros sont *noirs;* le seul impair est 1, et le dernier pair 4. — 5e Arrondissement.

Nouvelle petite rue percée depuis peu d'années sur une partie de l'emplacement de la cour des Miracles, et qui doit son nom aux *forges* qui y avaient été établies au commencement de la révolution.

FORGIER OU FROGIER-L'ASNIER. (Rue) *Voy.* rue Geoffroy-l'Asnier.

FORTET, (Le collége) rue des Sept-Voies, n° 27.

Il fut fondé en 1397, en exécution du testament de Pierre *Fortet,* chanoine de l'église de Paris, mort en 1394; il fut reconstruit en 1560 : c'est maintenant une maison occupée par des particuliers.

FORTUNE. (Rue de) *Voyez* rue du Bon-Puits.

FOSSE-AUX-CHIENS. (Rue de la Place-de-la- et cul-de-sac de la) *Voyez* cul-de-sac des Bourdonnais.

FOSSE-AUX-CHIENS. (Passage de la) *Voyez* passage du Panier-Fleuri.

FOSSÉ. (Rue du) *Voyez* rues des Fossés-Montmartre et Mazarine.

FOSSÉ. (Rues du Milieu-du-) *Voyez* rues d'Aboukir et Neuve-Saint-Eustache.

FOSSÉS. (Rues des) *Voyez* rues des Fossés-Montmartre, Mazarine, Saint-Hyacinthe et des Fossés-Saint-Bernard.

FOSSÉS-SAINT-ANTOINE, SAINT-BERNARD, etc. (Rues des) *Voyez* leurs noms particuliers.

FOSSOYEURS. (Rue des) ou rue FOSSOYEUR. *Voyez* rue Servandoni.

FOUARRE. (Rue du) *Commence* rue de la Bûcherie, et *finit* rue Galande. Les numéros sont *noirs;* le dernier impair est 19, et le dernier pair 18. — 12ᵉ Arrondissement.

Cette rue, percée en 1202 sur le clos *Garlande* ou *Mauvoisin,* se nommait au treizième siècle de l'*Ecole* et des *Ecoliers.* Comme les écoliers étaient anciennement, en prenant leurs leçons, assis sur de la paille, en vieux langage *feurre* ou *fouarre,* et que les écoles de l'Université se tenaient dans cette rue, elle prit le nom de *Fouarre,* qu'elle a conservé jusqu'à nos jours.

FOUARRE. (Rue du) *Voyez* place du Marché-des-Innocens.

FOULONS (La ruelle aux) aboutissait rue de la Mortellerie.

FOUR-SAINT-GERMAIN. (Rue du) *Commence* rues Sainte-Marguerite et des Boucheries-Saint-Germain, et *finit* rues de Sèvres et du Vieux-Colombier. Les numéros sont *noirs;* le dernier impair est 81, et le dernier pair 92. — Les numéros impairs sont du 11ᵉ Arrondissement, et les pairs du 10ᵉ.

Ainsi nommée parce que le *four* bannal de l'abbaye Saint-Germain y était situé, au coin de la rue Neuve-Guillemain. La partie de cette rue de celle Sainte-Marguerite à celle des Canettes est désignée par le nom de *Blanche - Oie* sur quelques plans et titres anciens.

FOUR-SAINT-HONORÉ. (Rue du) *Commence* rue Saint-Honoré, et *finit* rues Traînée et Coquillière. Les numéros sont *noirs*; le dernier impair est 47, et le dernier pair 46. — Les numéros impairs sont du 4ᵉ Arrondissement, et les pairs du 5ᵉ.

Elle tient son nom d'un *four* bannal qui, en 1255, se nommait *le four de la Couture de l'Evéque*.

FOUR-SAINT-JACQUES. (Rue du) *Commence* rue des Sept-Voies, et *finit* rue d'Ecosse. Les numéros sont *rouges*; le dernier impair est 7, et le dernier pair 8. — 12ᵉ Arrondissement.

Cette rue, qui portait déjà ce nom en 1248, le tient du *four* bannal appartenant à l'église Saint-Hilaire, qui y était situé.

FOURCY-SAINT-ANTOINE. (Rue) *Commence* rues de Jouy et des Prêtres, et *finit* rue Saint-Antoine. Les numéros sont *noirs*; le dernier impair est 5, et le dernier pair 18. — 9ᵉ Arrondissement.

Elle doit son nom à Henri de *Fourcy*, qui fut prévôt des marchands de 1684 à 1692, et dont l'hôtel était rue de Jouy, au coin du cul-de-sac de *Fourcy*; elle fut ouverte à cette époque.

FOURCY-SAINTE-GENEVIÈVE. (Rue) *Commence* rues Bordet et Mouffetard, et *finit* rues Neuve-Sainte-Geneviève et de la Vieille-Éstrapade. Les numéros sont *noirs*; le dernier impair est 11, et le dernier pair 4. — 12ᵉ Arrondissement.

Cette rue, bâtie sur les fossés que l'on combla en exécution d'un arrêt du conseil de 1685, prit le nom de *Fourcy* parce qu'alors Henri de *Fourcy* était prévôt des marchands.

FOURCY, (Cul-de-sac) rue de Jouy, entre les nᵒˢ 13 et 15. Les numéros sont *noirs*; le seul impair est 1, et le seul pair 2. — 9ᵉ Arrondissement.

Au quatorzième siècle il a porté successivement les noms de ruelle *Sans-Chief*, rue *Sans-Chef*, rue *Censée* et *Sansée*, et de ruelle *qui fut jadis Hélie-Hannot*; au commencement du dix-septième siècle c'était la rue de l'*Aviron*, et vers le milieu du même siècle il fut nommé *Fourcy*, à cause de l'hôtel *Fourcy*, qui y était situé. *Voyez* rue Fourcy-Saint-Antoine.

FOURCY, (Marché de la rue) rue Fourcy-Sainte-Geneviève. — 12ᵉ Arrondissement.

On y vend tous les jours des fourrages; il se tient rue *Fourcy*.

FOURNEAUX. (Rue des) *Commence* rue de Vaugirard, et *finit* barrière des Fourneaux. Les numéros sont *noirs*; le dernier impair est 25, et le dernier pair 26. — 11ᵉ Arrondissement.

Cette rue, ouverte à la fin du siècle dernier, conduit à la barrière des *Fourneaux*.

FOURNEAUX. (Barrière des) — 11ᵉ Arrondissement.

Elle a aussi porté le nom de barrière de la *Voirie*, à cause de la *voirie* qui était dans le voisinage. Elle consiste en deux bâtimens avec colonnes, surmontés d'un tambour. Nous ignorons l'étymologie du nom qu'elle porte.

FOURNEAUX. (Chemin de ronde de la barrière des) De la barrière des Fourneaux à celle de Vaugirard. — 11ᵉ Arrondissement.

FOURRAGES, (Marché aux) rue du Faubourg-Saint-Martin, n° 174, près la fontaine des Récollets.

Il tient tous les jours.

FOURREURS. (Rue des) *Commence* rue des Lavandières et place Sainte-Opportune, et *finit* rue des Déchargeurs. Les numéros sont *noirs*; le dernier impair est 19, et le dernier pair 22. — 4ᵉ Arrondissement.

Aux treizième, quatorzième et quinzième siècles elle se nommait de la *Cordouannerie*; ensuite de la *Cordonnerie* et de la *Vieille-Cordonnerie*; au dix-septième siècle elle prit le nom qu'elle porte aujourd'hui, parce qu'une grande quantité de *fourreurs* s'y établirent. (La confrérie des pelletiers y avaient une maison en 1489.) Au milieu du siècle dernier on la trouve sous le nom de *Petite rue Sainte-Opportune*, qu'elle portait concurremment avec celui des *Fourreurs*.

FOY. (Rue Sainte-) *Commence* rue des Filles-Dieu, et *finit* rue Saint-Denis. Les numéros sont *noirs*; le dernier impair est 31, et le dernier pair 30. — 5ᵉ Arrondissement.

Son plus ancien nom est celui du *Rempart*, parce qu'elle était près des *remparts* du mur de clôture achevé sous Charles VI ; elle prit ensuite celui des *Corderies*, et au milieu du dix-septième siècle celui de *Sainte-Foy*. Nous ignorons pourquoi on lui a donné le nom de cette *sainte*, dont on célèbre la fête le 6 octobre.

FOY. (Passage Sainte-) De la place du Caire, n° 2, à la rue des Filles-Dieu, n° 35. — 5ᵉ Arrondissement.

Ainsi nommé à cause de sa proximité de la rue *Sainte-Foy*.

FRANC-MOURIER, MORIER et MEURIER. (Rue du) *Voyez* rue de Moussi.

FRANÇAIS, (Théâtre) rue Richelieu, nᵒ 6. — 2ᵉ Arrondissement.

Avant le milieu du seizième siècle on ne jouait que des mystères ou des farces indignes de porter le nom de comédies *françaises*. Ce théâtre s'établit en 1548 à l'hôtel de Bourgogne, rue Mauconseil ; en 1669 rue Mazarine ; en 1689 rue des Fossés-Saint-Germain-des-Prés ; en 1770 au château des Tuileries ; en 1782 à la salle dite aujourd'hui l'*Odéon*, jusqu'en 1799, époque de son incendie ; quelque temps après au Palais-Royal, où il est maintenant. Ce théâtre fut construit de 1787 à 1790, sur les dessins de Moreau ; on y avait établi un spectacle dit des *Variétés*, qui y resta jusqu'au moment où les comédiens *français* en prirent possession.

PRIX DES PLACES en 1812.		
Premières, Orchestre, Balcons...	6 fr.	60 c.
Première Galerie et secondes Loges.	4	40
Troisièmes et petites Loges......	3	30
Parterre..................	2	20
Seconde Galerie.............	1	80

FRANÇAIS. (Rue du Théâtre-) *Voyez* rue de l'Odéon.

FRANÇAISE. (Rue) *Voyez* rues Françoise et du Puits-l'Ermite.

FRANCE. (La chaussée de la Nouvelle-) *Voyez* rue du Faubourg-Poissonnière.

FRANCE, (Le collége de) place Cambrai, n° 1. — 12ᵉ Arrondissement.

Ce collége ayant été fondé par François Iᵉʳ, les professeurs enseignèrent dans le collége de Cambrai et autres. En 1610 on commença l'édifice que nous voyons sur l'emplacement des colléges de *Treguier*, de *Cambrai* et des *Trois-Evéques*. On né construisit alors qu'une partie des bâtimens ; en 1774 et années suivantes les nouveaux bâtimens furent élevés sur les dessins de

Chalgrin, architecte. Il a porté le nom de *Collége royal* jusqu'en 1792.

FRANCHISE. (Rue de) *Voyez* rue de l'Oursine.

FRANÇOIS-D'ASSISE, (Eglise Saint-) rue du Perche, n° 13, et rue d'Orléans-au-Marais. — 7ᵉ Arrondissement.

Cette église, qui est maintenant la seconde succursale de la
paroisse Saint-Merri, fut bâtie en 1622 sur l'emplacement d'un
jeu de paume, ainsi que le couvent des Capucins dont elle dépendait. L'ordre des capucins ayant été supprimé en France en
1790, cette église fut par la suite conservée au culte catholique.

FRANÇOIS. (Rue Saint-) *Voyez* rue Doré.

FRANÇOIS. (Rue Neuve-Saint-) *Commence* rue Tu-renne, et *finit* rue Vieille-du-Temple. Les numéros sont *rouges;* le dernier impair est 11, et le dernier pair 18. — 8ᵉ Arrondissement.

Elle porte le prénom de *François* Lefèvre de Mormans, président des trésoreries de France, qui en donna l'alignement en
1620.

FRANÇOIS. (Rue Neuve-Saint-) *Voyez* rue Française.

FRANÇOIS, (Cour du Roi-) rue Saint-Denis, n° 328. — 6ᵉ Arrondissement.

On croit que les écuries de François Iᵉʳ étaient anciennement
où est cette *cour*, à laquelle le nom en est resté.

FRANÇOISE. (Rue) *Commence* rue Mauconseil, et *finit* rue Pavée. Les numéros sont *noirs;* le dernier impair est 11, et le dernier pair 14. — 5ᵉ Arrondissement.

Elle fut ouverte en 1543, sur une partie de l'emplacement de
l'hôtel de *Bourgogne;* c'est pourquoi on la trouve quelquefois
nommée de *Bourgogne:* on lui donna d'abord le nom de rue
Neuve; ensuite de *Neuve-Saint-François;* enfin de *Françoise*,
sans doute parce qu'elle fut percée sous le règne de *François* Iᵉʳ;
on ne devrait donc pas écrire *Française*.

FRANÇOISE. (Rue) *Voyez* rues Doré et du Puits-l'Ermite.

FRANCS-BOURGEOIS-AU-MARAIS. (Rue des) *Com-mence* rues Payenne et Pavée, et *finit* rue Vieille-du-Temple. Les numéros sont *rouges;* le dernier impair

est 25, et le dernier pair 24. — Les numéros impairs sont du 7ᵉ Arrondissement, et les pairs du 8ᵉ.

Il paraît que le plus ancien nom qu'on lui connaisse est celui des *Poulies*; elle a pris le nom des *Francs-Bourgeois* au quatorzième siècle, parce que l'on y construisit un hôpital contenant vingt-quatre chambres pour loger quarante-huit pauvres *bourgeois* qui donnaient treize deniers en entrant, et un denier par semaine. On nomma cet asile la maison des *Francs-Bourgeois*, parce qu'ils étaient *francs* d'impôts. Vers la fin du dernier siècle elle se prolongeait jusqu'à la rue Culture-Sainte-Catherine. Au n° 7 est l'hôtel d'Albret, et au n° 10 l'hôtel Saint-Cyr.

FRANCS-BOURGEOIS-SAINT-MARCEL. (Rue des) *Commence* rue des Fossés-Saint-Marcel, et *finit* cloître Saint-Marcel. Les numéros sont *noirs*; le dernier impair est 11, et le dernier pair 14. — 12ᵉ Arrondissement.

Ce nom lui vient sans doute de ce que les habitans du faubourg Saint-Marcel étaient, par arrêt du parlement de 1296, *francs* des taxes auxquelles les *bourgeois* de Paris étaient imposés, comme ne faisant point partie des faubourgs de la ville.

FRANCS-BOURGEOIS-SAINT-MICHEL. (Rue des) *Commence* rues Monsieur-le-Prince et de Vaugirard, et *finit* place Saint-Michel et rue d'Enfer. Les numéros sont *noirs*; le dernier impair est 15, et le dernier pair 16. — 11ᵉ Arrondissement.

Elle tient ce nom de la confrérie aux *bourgeois* qui avait acheté une portion du terrain du clos aux *Bourgeois*, sur lequel on l'a construite. Au dix-septième siècle elle n'est point distinguée de la rue Monsieur-le-Prince, dont elle fait la prolongation.

FRANCS-BOURGEOIS. (Rue des) *Voyez* rue Neuve-Sainte-Catherine.

FRANKLIN. (Barrière) — 1ᵉʳ Arrondissement.

Cette barrière, qui n'est encore ornée d'aucun monument d'architecture, porte le nom du célèbre Benjamin *Franklin*, né à Boston en 1706, et mort à Philadelphie en 1790. Ce nom lui fut donné parce que ce grand homme, qui arriva à Paris en 1776, et qui ne quitta cette capitale qu'en 1785, logeait à Passy, à une petite distance de cette barrière.

FRANKLIN. (Chemin de ronde de la barrière) De la barrière Franklin à celle de Passy. — 1ᵉʳ Arrondissement.

FRAPAULT, FREPAUT et FRIPAUX. (Rue) *Voyez* rue Phelipeaux.

FRATERNITÉ, (Marché de la) rue Blanche-de-Castille. — 9ᵉ Arrondissement.

Il tient tous les jours, et doit son nom à la division de la *Fraternité*, au milieu de laquelle il est établi.

FRÉJUS. (Rue de) *Commence* rue de Babylone, et *finit* rue Plumet. les numéros sont *noirs*; le dernier impair est 15, et le dernier pair 12. — 10ᵉ Arrondissement.

Son premier nom est *Monsieur,* et le second *Bigot; elle porte* depuis quelques années le nom de *Fréjus,* pour perpétuer le nom de ce port dans le département du Var, où le général en chef Bonaparte aborda en revenant d'Egypte, le 9 octobre 1799, accompagné des généraux Berthier, Murat, Lannes, Andreossy, Marmont, et des savans Monge et Berthollet. Au n° 8 est l'ancien hôtel Condé, maintenant occupé par une pension, et au n° 12 l'hôtel Montesquiou.

FRÉMENTEL, FREMANTEAU, FRESMANTEL, FROITMANTEL, FROIDMANTEAU. (Rue) *Voyez* rues Froidmanteau et Froidmentel.

FREPILLON. (Rue) *Commence* cul-de-sac de Rome et rue au Maire, et *finit* rue Phelipeaux. Les numéros sont *noirs;* le dernier impair est 19, et le dernier pair 26. — 6ᵉ Arrondissement.

C'est le nom d'une famille qui y demeurait au treizième siècle. Les copistes ont écrit ce nom de diverses manières; on trouve *Ferpillon, Ferpeillon, Serpillon, Fripilon,* etc.

FREPILLON. (Passage de la rue) Du passage du Commerce, n° 14, à la rue Phelipeaux, n° 27. — 6ᵉ Arrondissement.

Ainsi nommé à cause du voisinage de la rue *Frépillon.*

FRÈRES. (Rue des Trois-) *Commence* rue de la Victoire, et *finit* rue Saint-Lazare. Les numéros sont *noirs;* le dernier impair est 25, et le dernier pair 10. — 2ᵉ Arrondissement.

Ce nom lui vient de *trois frères* jardiniers qui y firent, vers l'an 1784, bâtir la première maison.

FRÈRES, (Cul-de-sac des Trois-) rue Traversière, faubourg Saint-Antoine, entre les numéros 16 et 18.

Les numéros sont *noirs*; le seul impair est 1, et le dernier pair 6. — 8ᵉ Arrondissement.

Nous ignorons l'étymologie de ce nom.

FRESNAY. (Rue de la) *Voyez* rue de Babylone.

FRILEUSE. (Rue) *Commence* quai de la Grève, et *finit* rue de la Mortellerie. Pas de numéros. — 9ᵉ Arrondissement.

On la trouve dans divers plans anciens sous les noms de la *Pétaudière* et de *Château-Frileux* : ce n'est qu'un passage bien étroit.

FRIPERIE. (Rue de la Grande-) *Commence* rues du Marché-aux-Poirées et de la Petite-Friperie, et *finit* rue de la Tonnellerie. Les numéros sont *rouges*; le dernier impair est 27, et le dernier pair 32. — 4ᵉ Arrondissement.

Ce nom lui fut donné à cause de la grande quantité de *fripiers* qui l'habitaient et l'habitent encore.

FRIPERIE. (Rue de la Petite-) *Commence* rues de la Grande-Friperie et de la Lingerie, et *finit* rue de la Tonnellerie. Les numéros sont *rouges*; pas de numéros impairs; le dernier pair est 30. — 4ᵉ Arrond.

Même observation que pour la rue de la Grande Friperie.

FROIDMANTEAU. (Rue) *Commence* place d'Austerlitz, et *finit* rue Saint-Honoré. Les numéros sont *noirs*; le dernier impair est 19, et le dernier pair 32. — Les numéros impairs sont du 1ᵉʳ Arrondissement, et les pairs du 4ᵉ.

On trouve sur les plans et actes anciens les variations suivantes : *Frementel, Froitmantel, Froitmantyau, Fremanteau, Fromenteau.* Les actes latins anciens disent *frigidum mantellum.* Nous ignorons pourquoi ce nom lui fut donné.

FROMAGERIE. (Rue de la) *Commence* rue du Marché-aux-Poirées, et *finit* rue de la Tonnellerie. Les numéros sont *noirs*; le dernier impair est 19; pas de numéros pairs. — 4ᵉ Arrondissement.

Ce nom lui est venu des marchands de fromages qui y demeuraient anciennement : on la nommait autrefois de la *Vieille-Fromagerie.*

FROMENTEL. (Rue) *Commence* rue Chartière, et

finit rue du Cimetière-Saint-Benoît. Les numéros sont *noirs*. Pas de numéros impairs; le dernier pair est 6. — 12ᵉ Arrondissement.

En 1243 et 1250 on la nommait *Frigidum Mantellum*, *Froid-Manteau*; en 1300 *Fresmantel*; en 1313 *Fretmantel*, et dans les siècles suivans *Fresmantel, Froitmantel* et *Fromentel*, qui lui est resté. On voit par-là que son étymologie, inconnue, doit être la même que celle de la rue *Froidmanteau* ci-dessus.

FROMENTEL. (Rue) *Voyez* rue Saint-Hilaire.

FRONDEURS. (Rue des) *Commence* rue Saint-Honoré, et *finit* rues de l'Anglade et de l'Evêque. Les numéros sont *noirs*; le dernier impair est 7, et le dernier pair 6. — 2ᵉ Arrondissement.

On croit qu'elle doit son nom aux *frondeurs* qui troublèrent la tranquillité publique en 1648.

FRUITS, (Marché aux) quai de la Tournelle. — 12ᵉ Arrondissement.

Il tient tous les jours, et l'on y vend des poires, des pommes, des châtaignes et du raisin.

FURSTENBERG. (Rue) *Voyez* rue Wertinghen.

FUSEAUX. (Rue des) *Commence* quai de la Mégisserie, et *finit* rue Saint-Germain-l'Auxerrois. Pas de numéros. — 4ᵉ Arrondissement.

Cette ruelle, ou passage formé par les gros murs des maisons voisines, portait au quatorzième siècle le nom de ruelle *Jean-Dumesnil*, qui est celui d'un particulier qui y demeurait. La maison des *Deux Fuseaux*, qui occupait l'espace entre celle-ci et celle des Quenouilles, lui a donné le nom qu'elle porte.

FUSÉES. (Rue des) *Voyez* rue du Parc-Royal.

G.

GAIETÉ, (Théâtre de la) boulevart du Temple, nᵒˢ 68 et 70. — 6ᵉ Arrondissement.

PRIX DES PLACES en 1812.		
Avant-Scène, Loges grillées.....	3 fr.	60 c.
Premières et secondes Loges en face	2	40
Orchestre, première Galerie.....	1	80
Seconde Galerie en face........	1	50
Parquet, seconde Galerie de côté.	1	20
Troisième Amphithéâtre........		75

GAIETÉ. (Passage du Théâtre-de-la-) Du boulevart du Temple, n° 70, à la rue des Fossés-du-Temple, n° 59.

GAILLARD. (Rue) *Voyez* rue de Lappe.

GAILLARD-BOIS. (Rue du) *Voyez* rue du Vertbois.

GAILLARD. (Rue du Champ-) *Voyez* Champ-Gaillard.

GAILLON. (Rue) *Commence* rue Neuve-des-Petits-Champs, et *finit* rue Neuve-Saint-Augustin. Les numéros sont *noirs*; le dernier impair est 25, et le dernier pair 22. — 2ᵉ Arrondissement.

En 1495 c'était la rue ou ruelle *Michaut-Riegnaut;* en 1521 la rue *Michaut-Regnaut*, à cause d'un voiturier de ce nom qui y possédait une grande maison et un jardin; en 1578 elle prit le nom qu'elle porte à cause de l'hôtel *Gaillon*, qui était situé où est à présent l'église Saint-Roch; elle commençait alors sous ce nom à la rue Saint-Honoré, et finissait à la porte *Gaillon*, près de l'endroit où est maintenant le boulevart. En 1700 cette porte fut abattue, et l'on raccourcit la rue *Gaillon*, qui ne s'étend plus que jusqu'à la rue Neuve-Saint-Augustin. La partie entre la rue Saint-Honoré et celle Neuve-des-Petits-Champs prit, au dix-septième siècle, le nom de *Lorges*, à cause de l'hôtel de *Lorges*, qui était situé au coin nord-est de cette rue et de celle Neuve-Saint-Augustin, et ensuite celui de Neuve-Saint-Roch, parce que l'église Saint-Roch y est située.

GAILLON. (Rue ou ruelle) *Voyez* rue Neuve-Saint-Roch.

GAILLON. (Chaussée) *Voyez* rue du Mont-Blanc.

GAILLON (La porte) était située rue Gaillon, au coin du Boulevart.

Elle fut abattue en 1700. *Voyez* rue Gaillon.

GAILLON. (Carrefour) C'est la place formée à la jonction des rues Gaillon, Neuve-Saint-Augustin, de la Michodière et du Port-Mahon. — 2ᵉ Arrondissement.

GALANDE. (Rue) *Commence* place Maubert et rue des Lavandières, et *finit* rues Saint-Jacques et du Petit-Pont. Les numéros sont *rouges*; le dernier impair est 79, et le dernier pair 60. — 12ᵉ Arrondissement.

Cette rue, percée au commencement du treizième siècle sur le clos et la seigneurie de *Garlande*, porte par altération le nom de *Galande*.

GALÈRE. (Rues de la) *Voyez* rues d'Avignon et Trognon.

GALIACE. (Rue) *Voyez* rue des Deux-Portes.

GALILÉE. (Rue de) *Voyez* rue de Nazareth.

GANAY. (Rue du Clos-) *Voyez* rue de l'Oursine.

GANIVET. (Rue du) *Voyez* rue du Canivet.

GANTERIE. (Rue de la) *Voyez* rue de la Lingerie.

GARANCE et GARANCÉE. (Rue) *Voyez* rue Garancière.

GARANCIÈRE. (Rue) *Commence* rues du Petit-Lion et des Aveugles, et *finit* rue de Vaugirard. Les numéros sont *noirs*; le dernier impair est 19, et le dernier pair 12. — 11e Arrondissement.

Elle se nommait anciennement ruelle *Saint-Sulpice*; elle doit son nom à l'hôtel *Garancière*, qui était en masure en 1457, et qui ne fut pas rebâti. Quelques plans la nomment *Garence* et *Garancée*.

GARÇONS-SAINT-GERMAIN. (Rue des Mauvais-) *Commence* rue Bussy, et *finit* rue des Boucheries. Les numéros sont *noirs*; le dernier impair est 21, et le dernier pair 18. — 10e Arrondissement.

En 1254 ce n'était encore qu'un chemin hors de la ville et presque parallèle aux murs de Philippe-Auguste; peu de temps après on commença à y bâtir, et elle fut nommée la *Folie-Reinier*, nom qu'elle tenait d'une enseigne; ensuite l'*Ecorcherie*, qui désigne qu'elle était habitée par des bouchers; elle prit depuis le nom qu'elle porte, sans doute à cause des aventuriers français et des bandes d'Italiens sous le nom de *mauvais garçons* qui désolèrent Paris et les environs en 1525, lors de la captivité de François Ier. Jaillot pense que ce nom lui vient des *garçons* bouchers qui l'habitaient, et qui au quinzième siècle excitèrent souvent des troubles.

GARÇONS-SAINT-JEAN. (Rue des Mauvais-) *Commence* rue de la Tixeranderie, et *finit* rue de la Verrerie. Les numéros sont *noirs*; le dernier impair est 13, et le dernier pair 26. — 7e Arrondissement.

C'était anciennement la rue *Chartron*. En 1539 elle se nommait déjà *Chartron*, dite des *Mauvais-Garçons*. Ce changement de nom, qui eut lieu à cette époque, annonce qu'elle a la même étymologie que la rue des *Mauvais-Garçons-Saint-Germain*.

GARDE-MEUBLE. (Le) *Voyez* l'hôtel du Ministère de la Marine.

GARLANDE. (Clos) *Voyez* clos Mauvoisin.

GARNELLE, GUARNELLES, GUERNELLES. *Voyez* Grenelle.

GARNETAL, GRENETAL, GUERNETAL. (Rue) *Voyez* rue Greneta.

GARNIER-SAINT-LAZARE. (Rue) *Voyez* rue Grenier-Saint-Lazare.

GARNIER-MARCEL. (Rue) *Voyez* quai Desaix.

GARNIER-MAUFET. (Rue) *Voyez* rue Sainte-Catherine, près la rue Saint-Denis.

GARNIER-SUR-L'YAUE. (Rue) *Voy.* rue Grenier-sur-l'Eau.

GARNISONS. (Rue des Vieilles-) *Commence* place du Sanhédrin, et *finit* rue de la Tixeranderie. Les numéros sont *noirs*; le dernier impair est 7, et le dernier pair 22. — 9° Arrondissement.

Au treizième siècle c'était la rue du *Marteret, Martrai* ou *Martroi-Saint-Jean.* (*Voyez* rue du Martroi.) Dès le milieu du quinzième siècle elle prit le nom qu'elle porte, sans doute à cause du *maître des garnisons,* qui avait encore en 1482 une maison rue de la Tixeranderie, au coin de celle Simon-Bade, près de cette rue. Sauval dit qu'elle fut anciennement nommée *Jehan-Savary;* elle porta aussi le nom de *Saint-Esprit,* à cause des bâtimens de l'hôpital de ce nom qui étaient contigus.

GARE. (Barrière de la) — 12° Arrondissement.

Elle consiste en un seul bâtiment, et tient son nom d'une *gare* à moitié achevée, et dont le projet est abandonné. Cette *gare,* située hors de Paris, près de cette barrière, était destinée à *garer* des glaces les bateaux.

GASTÉ. (Rue) *Commence* rue Basse-Saint-Pierre, à Chaillot, et *finit* rue des Batailles. Pas de numéros. — 1er Arrondissement.

Rue tracée et non bâtie. Son premier nom était *Brunette.*

GASTINE, (Place) rue Saint-Denis, n°s 75 et 77. Les numéros sont *noirs.* — 4° Arrondissement.

Cette place fut formée sous Charles IX par la démolition d'une maison appartenant à Philippe de *Gastine,* qui fut pendu et sa maison rasée pour avoir, contre les ordonnances, prêté sa maison pour servir au prêche des protestans.

GAUGAIN. (Rue) *Voyez* rue de l'Eperon.

GAUTIER OU DES MASURES. (Le clos) *Voyez* rue Saint-Pierre-Montmartre.

GAUTIER-RENAUD. (Rue) *Voyez* rue Mouffetard.

GENEVIÈVE (Ancienne église Sainte-) et ABBAYE SAINTE-GENEVIÈVE. *Voyez* les rues Clovis et Clotilde, le Lycée Napoléon, la nouvelle église Sainte-Geneviève, dont l'article suit.

GENEVIÈVE, (La nouvelle église Sainte-) dite le *Panthéon*, place du Panthéon. — 12ᵉ Arrondissement.

Clovis Iᵉʳ fit construire sur le *mont Locutius*, au commencement du sixième siècle, une église en l'honneur de Saint-Pierre et Saint-Paul, où il fut inhumé en 512; elle fut, en 1148, dédiée à *sainte Geneviève*, qui y avait été aussi inhumée quelques années après Clovis. Cette église antique, qui avait été rebâtie en 1175, menaçait ruine, et l'on forma le projet d'en construire une nouvelle à une petite distance, à l'ouest de celle-ci. On en commença les travaux en 1757, sur les dessins de Soufflot; ils furent continués par Brevillon, et depuis la fin de 1770 par M. Rondelet, architecte, sous la direction duquel ils s'achèvent maintenant. Par décret du 4 avril 1791 cette église fut nommée *Panthéon*, et destinée à recevoir les cendres des grands hommes; un autre décret du 20 février 1806 lui rend son premier nom de *Sainte-Geneviève*, et la destine à la sépulture des grands dignitaires, des grands Officiers de l'Empire et de la Couronne, des Sénateurs, des grands officiers de la Légion d'Honneur, et, en vertu de décrets impériaux, des citoyens qui auront rendu d'éminens services à la patrie. Les cendres de Voltaire, de J.-J. Rousseau et de Descartes y reposent. Elle est desservie par le chapitre métropolitain de Notre-Dame.

GENEVIÈVE-DES-ARDENS (L'église Sainte-) était située rue Neuve-Notre-Dame, où sont maintenant les troisième et quatrième maisons à gauche en entrant par la rue du Marché-Palu.

On ignore l'époque de la fondation de cette église, qui se nommait aussi *Sainte-Geneviève-la-Petite* et *Notre-Dame-la-Petite*. Elle doit son nom à une maladie nommée *le feu sacré* ou le *mal des ardens*, qui désola Paris en 1129 et 1130, parce qu'une partie de ceux qui en étaient attaqués étaient guéris, selon la croyance vulgaire, par l'intercession de *sainte Geneviève*. Elle fut érigée en paroisse au commencement du treizième siècle; le portail fut reconstruit en 1402, et elle fut démolie en 1747.

GENEVIÈVE, GENEVIEVE-LA-GRANT, GENEVIÈVE-DU-MONT.
(Rue Sainte-) *Voyez* rue de la Montagne-Sainte-Geneviève.

GENEVIÈVE, (Rue Sainte-) à Chaillot. *Commence* rue de Chaillot, et *finit* dans les champs. Les numéros sont *noirs ;* le seul impair est 1, et le seul pair 2. — 1er Arrondissement.

Cette rue, percée vers l'an 1792, porta d'abord le nom d'*Hébert ;* ensuite celui de *Sainte-Périne,* parce qu'elle est située le long de l'ancien couvent de *Sainte-Périne,* occupé maintenant par des vieillards. Depuis quelques années on lui a donné le nom de *Sainte-Geneviève,* pour conserver le souvenir de l'abbaye *Sainte-Geneviève,* fondée à Nanterre en 1638, transférée à Chaillot en 1659, et qui ne changea son nom en *Sainte-Périne* qu'en l'année 1746, parce qu'à cette époque on y réunit l'abbaye Sainte-Périne, qui était auparavant à la Villette. *Voyez Institution de Sainte-Périne* pour les vieillards.

GENEVIÈVE. (Ruellette Sainte-) *Voyez* rue des Prêtres-Saint-Etienne-du-Mont.

GENEVIÈVE. (Rue de la Montagne-Sainte-) *Commence* rues des Noyers et Saint-Victor, et *finit* rues Clovis et des Prêtres. Les numéros sont *noirs ;* le dernier impair est 87, et le dernier pair 86. — 12e Arrondissement.

Ce double nom lui est venu parce qu'elle conduit à l'église *Sainte-Geneviève,* située sur une élévation ou *montagne ;* elle s'est nommée anciennement *Sainte-Geneviève, Sainte-Genevieve-la-Grant, Sainte-Geneviève-du-Mont,* et des *Boucheries,* à cause de plusieurs étaux de *boucheries* qui y furent établis à la fin du douzième siècle ; de 1793 à 1805 elle porta le nom *de la Montagne* seulement. En face des rues Bordet et des Amandiers est la fontaine dite *Sainte-Geneviève,* dont les eaux viennent d'Arcueil.

GENEVIÈVE. (Rue Neuve-Sainte-) *Commence* rues de la Vieille-Estrapade et Fourcy, et *finit* rue des Postes. Les numéros sont *noirs ;* le dernier impair est 29, et le dernier pair 30. — 12e Arrondissement.

Cette rue, bâtie hors de l'enceinte de Philippe-Auguste, près du clos *Sainte-Geneviève,* en prit le nom ; elle fut désignée par le mot *Neuve* pour la distinguer de la rue de la Montagne-Sainte-Geneviève, qui se nommait anciennement *Sainte-Geneviève.*

GENEVIÈVE, (Rues Sainte et Neuve-Sainte-) en la Cité. *Voyez* rue Neuve-Notre-Dame.

GENEVIÈVE. (Le carré Sainte-)

C'est ainsi que l'on nommait encore, il y a une dixaine d'années, la place qui est devant l'ancienne église *Sainte-Geneviève* (aujourd'hui rue Clovis) et celle Saint-Etienne-du-Mont. C'est en 1355 et années suivantes que l'on y bâtit les maisons dont une partie existe encore aujourd'hui.

GENEVIÈVE. (Place Sainte-) *Voyez* place du Panthéon.

GENEVIÈVE, (Les Filles-Sainte-) rue Clovis.

Cette communauté, fondée en 1670 près l'ancienne église *Sainte-Geneviève*, fut supprimée en 1790. Les bâtimens sont maintenant occupés par le Lycée Napoléon.

GENTIEN OU GENCIEN, JEAN-GENTIEN, JACQUES-GENTIEN. (Rue ou ruellette) *Voyez* rue des Coquilles.

GENTILLY. (Rue du Petit-) *Commence* rue Mouffetard, et *finit* boulevart des Gobelins. Les numéros sont *noirs;* le seul impair est 1, et le dernier pair 14. — 12ᵉ Arrondissement.

Elle est ouverte depuis environ vingt-cinq ans, et se nomme ainsi parce qu'elle se dirige sur le village du *Petit-Gentilly*, qui n'est qu'à une très-petite distance de la barrière.

GENTILLY. (Chemin de) *Voyez* rue de la Santé.

GENTY. (Passage) Du quai de la Rapée, n° 21, à la rue de Bercy, n° 48. Les numéros sont *noirs;* le dernier impair est 5, et le dernier pair 4. — 8ᵉ Arrondissement.

Ce nom lui vient de M. *Genty,* marchand de bois, qui y a son chantier.

GEOFFROY-L'ANGEVIN. (Rue) *Commence* rue Sainte-Avoie, et *finit* rue Beaubourg. Les numéros sont *rouges;* le dernier impair est 23, et le dernier pair 34. — 7ᵉ Arrondissement.

Elle portait déjà ce nom au milieu du treizième siècle; nous en ignorons l'étymologie. On la trouve diversement écrite, *Gefroi-Langevin, Giefroi-l'Angevin,* etc.

GEOFFROY-L'ASNIER. (Rue) *Commence* quai de la Grève, et *finit* rue Saint-Antoine. Les numéros sont

noirs; le dernier impair est 35, et le dernier pair 44.
— 9ᵉ Arrondissement.

Au quatorzième siècle elle se nommait *Frogier* ou *Forgier-l'Asnier.* (*Frogié* est l'anagramme de *Gefroi.*) Vers le milieu du quinzième siècle elle prit le nom qu'elle porte; nous ignorons pourquoi elle se nomme ainsi.

GEORGEAU. (Rue du Clos-) *Commence* rue Traversière-Saint-Honoré, et *finit* rue Helvétius. Les numéros sont *rouges;* le dernier impair est 7, et le dernier pair 6. — 2ᵉ Arrondissement.

Elle fut ouverte, au commencement du dix-septième siècle, sur le clos d'un particulier nommé *Georgeau.*

GEORGES. (Rue Saint-) *Commence* rue de Provence, et *finit* rue Saint-Lazare. Les numéros sont *noirs;* le dernier impair est 31, et le dernier pair 34. — 2ᵉ Arrondissement.

Nous ignorons pourquoi ce nom lui fut donné. Il existait déjà en 1734 une ruelle *Saint-Georges,* qui s'étendait de la rue des Porcherons (aujourd'hui Saint-Lazare) à la ruelle Baudin. Au nº 13 on remarque l'hôtel bâti en 1788 par M. Belanger, architecte, et qui appartient maintenant à M. Henri Grand, et aux nᵒˢ 32 et 34 l'hôtel Hasten, appartenant à présent à M. Darjuzon, son gendre.

GÉRARD-BEAUQUET. (Rue) *Commence* rues Neuve-Saint-Paul et des Trois-Pistolets, et *finit* rue des Lions. Les numéros sont *noirs;* le dernier impair est 7, et le dernier pair 4. — 9ᵉ Arrondissement.

Le nom de cette rue a subi les variations suivantes : *Gérard-Boquet, Girard-Bouquet* et *Gérard-Baquet.* On croit que c'est le nom d'un particulier. Quelques plans anciens la nomment *du Pistolet.*

GERMAIN-DES-PRÉS, (Église et abbaye Saint-) place Saint-Germain-des-Prés. — 10ᵉ Arrondissement.

Cette église, qui est maintenant la première succursale de la paroisse Saint-Sulpice, était celle de l'abbaye *Saint-Germain-des-Prés,* fondée en 543 par Childebert Iᵉʳ, fils de Clovis. Les bâtimens ayant été achevés en 557, selon quelques historiens, sur les débris d'un temple d'*Isis,* elle fut dédiée en 558, jour de la mort de Childebert, à la sainte Croix et à saint Vincent, par *saint Germain,* évêque de Paris. Dès le septième siècle on la nomma la *Basilique de Saint-Germain,* la *Basilique de*

Saint-Vincent, ou la *Basilique de Saint-Vincent et de Saint-Germain,* parce que le corps de *saint Germain* y fut inhumé dans la chapelle de saint Symphorien, que ce saint évêque avait fait construire au midi et près de cette basilique, et d'où il fut transféré en la grande église en 754. (Cette chapelle n'a été démolie que vers l'an 1793.) En 845 et 858 les Normands pillèrent cette église et ce monastère, et ils y mirent le feu en 861. L'abbé Gozlin les fit rebâtir en 869; ils furent de nouveau ruinés par les Normands en 885, et ne furent entièrement rebâtis qu'en 990 (selon quelques historiens en 1014), tandis que Morard était abbé. En 1227 on construisit un nouveau cloître; en 1239 le réfectoire et les murs de l'abbaye; en 1273 le chapitre et le dortoir, et en 1684 divers autres bâtimens. En 1653 on fit à l'église des réparations considérables, et en 1704 on posa la première pierre du grand autel, construit sur les dessins d'Oppenord. Le nom *des prés* fut ajouté, depuis six à sept siècles, pour la distinguer de Saint-Germain-l'Auxerrois, et parce qu'elle se trouvait alors hors de Paris et au milieu *des prés.* Sur la tour de la principale porte de l'église une statue de la déesse Isis a été conservée jusqu'au commencement du seizième siècle, par respect pour son antiquité; en 1514 l'abbé de Saint-Germain la fit ôter et briser, parce qu'une femme, la prenant pour la vierge Marie, avait fait brûler devant cette statue des chandelles en son honneur.

GERMAIN-DES-PRÉS. (Rue Saint-) *Voy.* rues Saint-André-des-Arts et de l'École-de-Médecine.

GERMAIN-DES-PRÉS. (Rue des Fossés-Saint-) *Commence* rues Bussy et Saint-André-des-Arts, et *finit* rues des Boucheries-Saint-Germain et de l'École-de-Médecine. Les numéros sont *noirs;* le dernier impair est 31, et le dernier pair 28. — Les numéros impairs sont du 11ᵉ Arrondissement, et les pairs du 10ᵉ.

Elle fut ouverte en 1560, sur les *fossés* qui régnaient le long de la clôture de Philippe-Auguste, entre les portes Bussi et *Saint-Germain.* Les comédiens du roi s'y étant établis en 1688, et ne l'ayant quitté qu'en 1770, on la nommait aussi de la *Comédie.* Au nº 18 est l'hôtel Fautrière.

GERMAIN-DES-PRÉS. (Rues des Fossés-Saint-) *Voy.* rues Monsieur-le-Prince, des Ciseaux et Saint-Benoit-Saint-Germain.

GERMAIN (La porte Saint-) était située rue de l'École-de-Médecine, entre la rue du Paon et la cour du Commerce, où est maintenant une fontaine.

C'était une des portes de l'enceinte de Philippe-Auguste. Le premier nom que nous lui connaissons est celui des *Cordèles* (des Cordeliers) ou des *Frères mineurs*, parce qu'elle était près du couvent de ce nom; elle ne prit le nom de *Saint-Germain* qu'en 1350, lorsque la porte Bussi quitta celui de *Saint-Germain*. *Voyez* porte Bussi.

GERMAIN-DES-PRÉS, (Place Saint-) au bout de la rue Bonaparte, en face l'église Saint-Germain-des-Prés. Les numéros sont *noirs*; deux impairs, qui sont 7 et 9 de la rue Bonaparte, et deux pairs, qui sont 8 et 10 de la même rue. — 10e Arrondissement.

GERMAIN, (Enclos de la Foire-Saint-) entre les rues du Four-Saint-Germain et du Petit-Lion-Saint-Germain. — 10e Arrondissement.

Cette foire était déjà connue au milieu du douzième siècle; en 1398 elle fut transférée sur l'emplacement du jardin de l'hôtel Navarre, à l'endroit où sont encore à présent les débris de cet établissement; en 1486 les religieux de *Saint-Germain* y firent construire trois cent quarante loges, qui furent rebâties en 1511, et qui subsistèrent jusqu'en 1762, qu'un incendie les détruisit. On admirait la charpente de cet édifice; il était percé de neuf rues couvertes qui se coupaient à angles droits, et portaient les noms de rues des *Orfévres*, des *Merciers*, des *Drapiers*, des *Peintres*, des *Tabletiers*, des *Faïenciers*, des *Lingers*, etc.; il y avait une chapelle où l'on disait la messe dans le temps de la foire. On rebâtit en 1762 une partie de ces loges, mais d'une manière moins solide et moins commode, puisque les rues n'étaient point couvertes : on en voit encore aujourd'hui quelques tristes débris. A cette foire, qui n'a cessé qu'en 1786, on voyait spectacles, jeux, danses de corde, cafés, etc., qui attiraient la foule, particulièrement le soir.

GERMAIN. (Passage de la Foire-Saint-) De la rue du Four-Saint-Germain, nos 1 et 13, à la rue du Brave, n° 4. — 11e Arrondissement.

Il traverse l'emplacement de l'ancienne foire *Saint-Germain*.

GERMAIN, (Marché de l'Abbaye-Saint-) entre la rue du Four et l'enclos de la Foire-Saint-Germain. — 10e Arrondissement.

Il tient tous les jours, et doit son nom au voisinage de l'abbaye *Saint-Germain*, dont il dépendait.

GERMAIN-L'AUXERROIS, (Eglise Saint-) place

13

Saint-Germain-l'Auxerrois, en face de la colonnade du Louvre. — 4ᵉ Arrondissement.

On croit généralement que cette église paroissiale fut bâtie vers l'an 580, sous le règne de Chilpéric Iᵉʳ, roi de Soissons. Quelques-uns l'attribuent à Childebert, qui l'aurait fondée sous le nom de *Saint-Vincent*, et qui aurait pris depuis le nom de *Saint-Germain*, évêque d'Auxerre. Saint Landry, évêque de Paris, y fut inhumé en 655 ou 656. Aux neuvième, dixième, onzième et douzième siècles on la nommait *Saint-Germain-le-Rond*, sans doute à cause de la forme qu'avait alors l'église. Le grand portail, qui avait été construit au commencement du onzième siècle, sous le roi Robert II, fut reconstruit en 1435; de 1607 à 1623, et en 1746, elle fut encore réparée et décorée.

GERMAIN-L'AUXERROIS. (Rue Saint-) *Commence* rue Saint-Denis, et *finit* rue de la Monnaie et place des Trois-Maries. Les numéros sont *rouges*; le dernier impair est 93, et le dernier pair 90. — 4ᵉ Arrond.

Jaillot dit qu'un diplôme de Louis-le-Débonnaire, en date de 820, fait mention d'un chemin qui conduisait du grand pont, aujourd'hui le pont au Change, à l'église *Saint-Germain-l'Auxerrois* : c'est sur ce chemin que l'on commença à bâtir cette rue. En 1300 c'était rue *Saint-Germain à Couroiers*, sans doute parce qu'il y avait alors des *corroyeurs* le long de la rivière; on la trouve aussi anciennement sous les noms de *Saint-Germain*, de *grand'rue Saint-Germain*; depuis le milieu du quinzième siècle on l'a toujours distinguée par le surnom de l'*Auxerrois*. Au nᵒ 42 est, depuis l'an 1698, le *grenier à sel*; il était anciennement près le grand Châtelet.

GERMAIN-L'AUXERROIS. (Rue Saint-) *Voyez* rue des Prêtres-Saint-Germain-l'Auxerrois.

GERMAIN-A-COUROIERS. (Rue Saint-) *Voyez* rue Saint-Germain-l'Auxerrois.

GERMAIN-L'AUXERROIS. (Ruelle du Cloître-Saint-) *Voyez* rue des Prêtres-Saint-Germain-l'Auxerrois.

GERMAIN. (Grand'rue de l'Ecole-Saint-) *Voyez* quai de l'Ecole.

GERMAIN-L'AUXERROIS. (Rue des Fossés-Saint-) *Commence* rue de la Monnaie, et *finit* place d'Iéna. Les numéros sont *rouges*; le dernier impair est 47, et le dernier pair 44. — 4ᵉ Arrondissement.

On croit que cette rue fut bâtie sur l'emplacement du *fossé* du côté du nord, que firent creuser les Normands en 886 autour de l'église *Saint-Germain*, pour y établir leur camp. En 1702 la partie entre les rues du Roule et de l'Arbre-Sec, qui se nommait du *Borel*, prit aussi le nom des *Fossés-Saint-Germain*, en en faisant la prolongation.

GERMAIN-L'AUXERROIS (La ruelle de la Fabrique-Saint-) conduisait du quai en face l'église Saint-Germain-l'Auxerrois.

Nous ignorons dans quel temps on supprima cette petite rue, qui existait au treizième siècle.

GERMAIN-L'AUXERROIS. (Cloître Saint-) *Voyez* rue Chilpéric et place Saint-Germain-l'Auxerrois.

GERMAIN-L'AUXERROIS, (Place Saint-) entre la rue des Prêtres et celle Chilpéric. Les numéros sont *rouges*; les impairs sont de 27 à 43, et font partie de ceux de la rue des Prêtres, et les pairs de 20 à 24 sont la suite de la série de la rue Chilpéric. — 4ᵉ Arrond.

GERMAIN-LE-VIEUX (L'église Saint-) était rue du Marché-Neuf, nᵒˢ 6 et 8.

On croit que cette église était, dès le milieu du cinquième siècle, une chapelle baptismale sous le titre de *Saint-Jean-Baptiste*. En 885, pendant les incursions et dévastations des Normands, les religieux de l'*abbaye Saint-Germain-des-Prés* s'y réfugièrent avec le corps de *saint Germain*. Par reconnaissance de cet asile, ces religieux firent don à cette église d'un bras de *saint Germain :* ce n'est qu'à cette époque qu'elle prit le nom de ce saint. Cette église, qui était paroisse dès l'an 1368, fut agrandie en 1458 et en 1560, et démolie vers l'an 1802; deux maisons particulières rue du Marché-Neuf, nᵒˢ 6 et 8, l'ont remplacée.

GERMAIN-LE-VIEUX. (Passage Saint-) De la rue du Marché-Neuf, nᵒˢ 6 et 8, à celle de la Calandre, nᵒˢ 11 et 13. — 9ᵉ Arrondissement.

Ainsi nommé parce qu'il traverse l'emplacement où était l'église *Saint-Germain-le-Vieux.*

GERVAIS, (L'église Saint-) rue du Monceau et du Pourtour. — 9ᵉ Arrondissement.

Cette église, la plus ancienne de la partie septentrionale de Paris, est maintenant la seconde succursale de la paroisse Notre-Dame. Elle existait déjà au milieu du sixième siècle; elle était renfermée dans la seconde enceinte de Paris, puisqu'il y avait une porte à la place Baudoyer, près la rue Geoffroy-l'Asnier. Cet édifice fut reconstruit en 1212, dédié en 1420, agrandi et décoré en 1581. C'est en 1616 que l'on commença à élever le beau portail que nous voyons, sur les dessins de J. Desbrosses.

GERVAIS. (Rue Saint-) *Commence* rue des Coutures-Saint-Gervais, et *finit* rue Neuve-Saint-François. Les numéros sont *noirs*. Pas de numéros impairs; le dernier pair est 8. — 8ᵉ Arrondissement.

Elle fut ouverte en 1620, sur la culture *Saint-Gervais*, dont elle retint le nom. Comme elle conduisait au chantier des sieurs *Morin*, on la trouve aussi sur quelques plans sous le nom *des Morins*.

GERVAIS. (Rue Saint-) *Voyez* rue du Pourtour.

GERVAIS et SAINT-JEAN. (Rue entre Saint-) *Voyez* rue du Monceau-Saint-Gervais.

GERVAIS. (Rue du Chevet-Saint-) *Voyez* rue des Barres.

GERVAIS. (Rue du Cimetière-Saint-) *Voyez* rue du Monceau-Saint-Gervais.

GERVAIS. (Rue des Coutures-Saint-) *Commence* rues Thorigny et Saint-Gervais, et *finit* rue Vieille-du-Temple. Les numéros sont *rouges*; le dernier impair est 5, et le dernier pair 24. — 8ᵉ Arrondissement.

Elle fut ouverte en 1620, sur le terrain que l'on nommait *Couture* ou *Culture Saint-Gervais*, dont elle a pris le nom ; jusqu'en 1653 on ne la connaissait que sous celui de l'*Hôpital Saint-Gervais*.

GERVAIS. (Rue de la Culture et de l'Hôpital-Saint-) *Voyez* l'article précédent.

GERVAIS. (Rue du Monceau-Saint-) *Commence* rue du Martroi, et *finit* rues de Longpont et du Pourtour. Les numéros sont *noirs*; le dernier impair est 17, et le dernier pair 14. — 9ᵉ Arrondissement.

Ainsi nommée parce qu'elle conduit à l'église *Saint-Gervais*, située sur une élévation que l'on nommait anciennement *monceau*. Ce *monceau* (*moncellum*) était un fief qualifié de prévôté, dont il est fait mention en 1141, sous Louis-le-Jeune. Au treisième siècle on la nommait rue *entre Saint-Gervais et Saint-Jean*, rue du *Cimetière-Saint-Gervais*, parce qu'on la confondait avec celle du Pourtour.

GERVAIS. (Rue Neuve-Saint-) *Voyez* rue Thorigny.

GERVAIS. (Rue du Port-Saint-) *Voyez* rue de Longpont.

GERVAIS. (Ruelle du Petit-Port-Saint-) *Voyez* rue des Plumets.

GERVAIS. (Les Filles-Saint-) *Voyez* les Hospitalières-Sainte-Anastase.

GERVAIS. (Passage des Dames-Saint-) De la rue des Rosiers, n° 40, à celles des Francs-Bourgeois au Marais, n° 23, et Vieille-du-Temple, n° 60. — 7° Arrond.

Il fut ouvert en 1792, à travers les bâtimens des Hospitalières Sainte-Anastase, dites *Filles Saint-Gervais*. *Voyez* Hospitalières Sainte-Anastase.

GERVAIS, (Le collège de Maître-) dit *Notre-Dame-de-Bayeux,* rue du Foin, n° 14. — 11° Arrondissement.

Il fut fondé en 1370, par maître *Gervais* Chrétien, chanoine des églises de *Bayeux* et de Paris, premier physicien, c'est à dire médecin de Charles V; il a été réuni à l'Université en 1763. C'est maintenant une caserne dite du collège de *Maître-Gervais*.

GERVAIS-LAURENT. (Rue) *Commence* rue de la Lanterne, et *finit* rues Sainte-Croix et Saint-Pierre-des-Arcis. Les numéros sont *rouges*; le dernier impair est 7, et le dernier pair 8. — 9° Arrondissement.

En 1248, 1250, etc., c'était la rue *Gervais-Loorand* (*vicus Gervasii Loorandi, vicus de Leorens et Lohorrens*); en 1300 et 1313 *Gervese-Lorens,* et depuis *Gervais-Laurent.* C'est sans doute le nom d'un particulier.

GÈVRES. (Rue de) *Voyez* quai de Gèvres.

GÈVRES. (Ruelle de) *Voyez* rue Saint-Jérôme.

GÈVRES. (Quai de) *Commence* pont Notre-Dame et rue Planche-Mibray, et *finit* pont au Change et à la place du Châtelet. Les numéros sont *rouges;* le dernier pair est 34. — 7° Arrondissement.

Avant l'année 1642 ce quai ne présentait qu'un terrain allant en pente jusqu'à la rivière, en partie couvert par les rues de la Tuerie et de l'Écorcherie. A cette époque le marquis de *Gèvres,* dont il a retenu le nom, le fit construire, couvrir et garnir de petites boutiques, qui ne furent supprimées qu'en 1786; alors la rue de *Gèvres,* qui était au nord du quai, disparut pour se confondre avec le quai et l'élargir tel que nous le voyons.

GIBARD. (Rue de la Porte-) *Voyez* rue d'Enfer.

GIBARD, GIBERT et GILBERT. (Porte) *Voyez* porte d'Enfer.

GILBERT. (Rue) *Voyez* rue de l'Anglade.

GILLES. (Rues Saint-) *Voyez* rues Saint-Magloire et Neuve-Saint-Gilles.

GILLES. (Rue Jean-) *Voyez* rue de la Réale.

GILLES. (Rue ou ruelle Jean-) *Voyez* rue Moudétour.

GILLES. (Rue Neuve-Saint-) *Commence* boulevart Saint-Antoine, et *finit* rue Turenne. Les numéros sont *rouges*; le dernier impair est 15, et le dernier pair 22. — 8ᵉ Arrondissement.

Elle fut percée vers l'an 1640, et a porté le nom de *Saint-Gilles*, à cause d'une statue de ce saint qu'on y avait placée.

GILLES. (Petite rue Neuve-Saint-) *Commence* rue Neuve-Saint-Gilles, et *finit* boulevart Saint-Antoine. Les numéros sont *noirs*; le dernier impair est 5, et le dernier pair 6. — 8ᵉ Arrondissement.

Cette rue, bâtie quelques années avant la précédente, a la même étymologie.

GILLES-COEUR et **GILLES-QUEUX.** (Rue) *Voyez* rue Gît-le-Cœur.

GINARD, GÉRARD et **GUIARD-AUX-POITEVINS.** (Rue) *Voyez* rue des Poitevins.

GINDRE. (Rue du) *Commence* rue du Vieux-Colombier, et *finit* rue de Mézière. Les numéros sont *noirs*; le dernier impair est 11, et le dernier pair 14. — 11ᵉ Arrondissement.

Nous ignorons l'étymologie du nom de cette rue.

GIPECIENNE. (Rue de la) *Voyez* rue de la Jussienne.

GIRARD-BOUQUET. (Rue) *Voyez* rue Gérard-Beauquet.

GIT-LE-COEUR. (Rue) *Commence* quai des Augustins, et *finit* rue Saint-André-des-Arts. Les numéros sont *noirs*; le dernier impair est 19, et le dernier pair 16. — 11ᵉ Arrondissement.

Il paraît qu'elle n'existait pas encore en 1300, puisque Guillot n'en parle pas. Pendant le quatorzième siècle on la trouve nommée *Gilles-Queux* et *Gui-le-Queux*, qui signifie en vieux langage *Gilles* ou *Gui le cuisinier* ou *le traiteur;* quelques-uns prétendent cependant que c'est le nom du plus notable de ses habitans. Par corruption on l'a nommée par la suite *Gui-le-Preux*, le *Queux*, *Villequeux*, *Gui-le-Comte*, *Gilles-le-Cœur*, et enfin *Gît-le-Cœur*. Le continuateur de Dubreul lui donne le nom des *Deux-Moutons*, et d'Heulant, dans son plan de 1639, celui du *Battoir*.

GLACES. (Manufacture des) *Voyez* rue de Reuilly.

GLACIÈRE. (Rue de la) *Commence* boulevarts Saint-

Jacques et des Gobelins, et *finit* rue de l'Oursine. Les numéros sont *noirs*; le dernier impair est 9, et le dernier pair 8. — 12ᵉ Arrondissement.

Ainsi nommée parce qu'elle conduit à une *glacière* et au hameau nommé la *Glacière*, à deux cents toises sud de la barrière de la *Glacière* (à présent barrière Saint-Jacques).

GLACIÈRE. (Boulevart de la) *Voy.* boulevart des Gobelins.

GLACIÈRE. (Barrière de la) *Voyez* barrière de l'Oursine.

GLATIGNY. (Rue) *Commence* quai Napoléon, et *finit* rue des Marmousets. Les numéros sont *noirs*; le dernier impair est 9, et le dernier pair 8. — 9ᵉ Arrondissement.

Elle doit vraisemblablement son nom à la famille *Glatigny*, qui possédait en 1241 dans cette rue la maison dite de *Glatigny*. Au commencement du quatorzième siècle Guillot la nomme *Glateingni* ou *Bonne-Gens maignent* (demeurent), et *dames o cors gent* (joli), etc., etc.; aussi la nommait-on en même temps le *Val d'amour*, parce qu'elle était habitée par des filles publiques. En 1380 on la trouve sous celui du *Chevet Saint-Denis de la Chartre*, à cause de sa position au *chevet* de cette église. Elle portait ces noms concurremment avec celui de *Glatigny* qu'elle a toujours conservé.

GLOIRE, (Le temple de la) boulevart de la Madeleine, en face du palais du Corps-Législatif. — 1ᵉʳ Arrondissement.

Cet emplacement, qui était destiné à bâtir la nouvelle église de la Madeleine, dont la première pierre avait été posée en 1764, va servir au *Temple de la Gloire*, dont la construction est commencée.

GLOIRE. (Rue du Faubourg-de-) *Voy.* rue du Faubourg-Saint-Denis.

GLORIETTE et DAME-GLORIETTE. (Rue) *Voyez* rue Baillet.

GLORIETTE (Le cul-de-sac) était situé rue du Petit-Pont, à l'extrémité de la rue de la Huchette, et communiquait à la rivière.

On croit qu'il portait ce nom parce qu'il était sur le fief *Gloriette*. Ce nom ne viendrait-il pas de *gloriettes*, qui signifient en vieux langage *petites boucheries*, car on le nommait aussi *Trou-Punets* ou *Punais*, parce qu'il y avait une *boucherie*, et que le sang des animaux s'écoulait par-là dans la rivière? On nommait encore, il y a une trentaine d'années, place *Gloriette* la place qui est devant le petit Pont.

GOBELINS, (Manufacture impériale de Tapisseries, dite des) rue Mouffetard, n° 270. — 12° Arrondissement.

Ce nom, ainsi que ceux de la rue et du boulevart des *Gobelins*, lui vient de Gilles *Gobelin*, qui excellait dans la teinture en laine, et qui s'établit sous le règne de François I*er* dans une maison sur la Bièvre, que l'on nomma la *Folie-Gobelin*, et qui devint en 1666 manufacture royale. (La famille *Gobelin* possédait déjà des maisons, jardins et prés sur la Bièvre dès l'an 1450.) Cette manufacture, connue de l'Europe entière, et dont l'art et la réputation est portée au plus haut degré de perfection, s'occupe à exécuter des tableaux destinés à décorer les palais impériaux.

GOBELINS. (Rue des) *Commence* rue Mouffetard, et *finit* rivière de Bièvre. Les numéros sont *noirs*; le dernier impair est 19; pas de numéros pairs. — 12° Arrondissement.

On la trouve anciennement sous le nom de rue de *Bièvre*, puisqu'elle conduit à la rivière de ce nom. Ce ne fut que vers l'an 1636 que l'on commença à la nommer *des Gobelins*. *Voyez* l'article précédent.

GOBELINS. (Ruelle des) *Voyez* rue Croulebarbe.

GOBELINS. (Boulevart des) *Commence* rue Mouffetard et barrière d'Italie, et *finit* rue de la Glacière et barrière de l'Oursine. Pas de numéros. — 12° Arrondissement.

Voyez pour l'étymologie l'article *Manufacture des Gobelins*. Il a aussi porté le nom de *boulevart de la Glacière; voyez* rue de la *Glacière*.

GOURDAINE OU GOURDINE (Isle à la) *Voy*. place de Thionville.

GOURDES. (Rue des) *Commence* rue des Blanchisseuses, et *finit* avenue de Neuilly. Les numéros sont *noirs;* le dernier impair est 5, et le dernier pair 28. — 1*er* Arrondissement.

Elle fut tracée, depuis une dixaine d'années, à travers des jardins et marais.

GOURDES. (Cul-de-sac des) *Voyez* cul-de-sac des Blanchisseuses.

GOURTIN et SAINT-PIERRE-GOURTIN. (Cul-de-sac) *Voyez* cul-de-sac Saint-Pierre.

GRACIEUSE. (Rue) *Commence* rue d'Orléans-au-Marais, et *finit* rue Copeau. Les numéros sont *noirs*; le dernier impair est 17, et le dernier pair 26. — 12ᵉ Arrondissement.

Ce nom lui vient sans doute de la famille *Gracieuse*, car Jean *Gracieuse* y possédait une maison en 1243 : on la trouve aussi sous le nom de *Gracieuse* ou *du Noir*, et en 1589 sous celui de *Saint-Médard*.

GRAMMONT. (Rue) *Commence* rue Neuve-Saint-Augustin, et *finit* boulevart des Italiens. Les numéros sont *noirs*; le dernier impair est 27, et le dernier pair 26. — 2ᵉ Arrondissement.

Cette rue, ouverte en 1767 sur l'emplacement de l'hôtel *Grammont*, en a retenu le nom. Au nº 13 est l'hôtel Lafarge.

GRAMMONT. (Pont) Du quai des Célestins à l'île Louviers. — 9ᵉ Arrondissement.

Ce pont de bois a été construit aux frais de la ville, vers la fin du dix-septième siècle, et élargi en 1736.

GRAND-MONT. (Le collége de) *Voyez* le collége Mignon.

GRAND'RUE. (La) *Voyez* rue Saint-Denis.

GRAND'RUE. — 6ᵉ Arrondissement.

C'est une des ruelles de l'enclos de la Trinité.

GRANGE-BATELIÈRE. (Rue) *Commence* boulevarts Montmartre et des Italiens, et *finit* rue du Faubourg-Montmartre. Les numéros sont *noirs*; le dernier impair est 23, et le dernier pair 34. — 2ᵉ Arrondissement.

La *Grange* dite *Batelière*, qui existait dès le douzième siècle au milieu des prés et des terres labourables, était située près de l'endroit où l'on a percé cette rue, qui en a retenu le nom. La partie qui aboutit au boulevart ne fut ouverte qu'en 1704; l'autre partie en retour d'équerre, que l'on a aussi nommée *Neuve-Grange-Batelière*, avait été construite auparavant. Au nº 3 est l'hôtel du ministère des manufactures et du commerce (auparavant hôtel Choiseul); au nº 1 l'hôtel Vindé; au nº 2 l'hôtel Délaage, et au nº 6 l'hôtel d'Ogny.

GRANGE-AUX-BELLES. (Rue) *Commence* rue des Marais, et *finit* rues des Récolets et de Carême-Prenant. Les numéros sont *noirs*; le dernier impair est 15, et le dernier pair 32. — 5ᵉ Arrondissement.

Nous ignorons d'où vient le nom de cette rue, qui n'a été

percée que depuis une trentaine d'années. Au n° 2 sont les bureaux de la Mairie du cinquième arrondissement.

GRASSINS, (Le collége des) rue des Amandiers-Sainte-Geneviève, n° 14.

Il fut fondé en 1569 par Pierre *Grassin*, sieur d'Ablon, conseiller au parlement, et construit les années suivantes sur une partie de l'emplacement de l'hôtel d'Albret; il est maintenant occupé par divers artistes.

GRATE-C... (Rue) *Voyez* rue des Deux-Portes-Saint-Sauveur.

GRAVILLIERS. (Rue des) *Commence* rue du Temple, et *finit* rue Transnonain. Les numéros sont *rouges*; le dernier impair est 51, et le dernier pair 66. — 6° Arrondissement.

En 1250 elle se nommait *Gravelier* ou *du Gravelier*, qui est son véritable nom primitif, dont nous ne connaissons pas l'étymologie; elle conservait ce nom jusqu'à la rue Saint-Martin, la rue *Jean-Robert* n'ayant pris son nom qu'au commencement du dix-huitième siècle. *Voyez* rue Jean-Robert.

GREFFIÈRE et GUÉFFIÈRE. (Porte) *Voyez* passage de la Treille.

GRENELLE-SAINT-HONORÉ. (Rue de) *Commence* rue Saint-Honoré, et *finit* rue Coquillière. Les numéros sont *noirs*; le dernier impair est 63, et le dernier pair 48. — 4° Arrondissement.

Elle doit son nom à Henri de *Guernelles* ou à quelqu'un de sa famille qui y demeurait au commencement du treizième siècle; elle était alors hors de Paris, et longeait les murs de l'enceinte de Philippe-Auguste; elle a subi les variations suivantes : *Guarnales*, *Guarnelle* et *Garnelles*. Au n° 55 est l'hôtel des Fermes. *Voyez-en* l'article à *Fermes*. (Hôtel des)

GRENELLE-SAINT-GERMAIN (Rue de) et rue de GRENELLE-GROS-CAILLOU. *Commence* rues du Dragon et du Four-Saint-Germain, et *finit* avenue La Bourdonnaie. Les numéros sont *rouges*; le dernier impair de la première série est 125, et le dernier impair de la seconde est 43; le dernier pair de la première série est 142, et le dernier pair de la seconde est 54. (La seconde série commence à l'esplanade des

Invalides, et finit avenue La Bourdonnaie, et se nomme *Grenelle-Gros-Caillou*. — 10° Arrondissement.

Ce nom lui vient d'une *garenne* (*garanella*) appartenant à l'abbaye Sainte-Geneviève, laquelle *garenne* était située près de l'endroit où est maintenant le château de *Grenelle*. On a écrit *Garnelle*, *Guarnelles* et *Guernelles*; elle était anciennement le *Chemin neuf* ou le chemin de *Grenelle*. Entre les n°s 57 et 59 est l'élégante fontaine *Grenelle*, bâtie en 1739, et sculptée par Bouchardon; les eaux lui viennent de la pompe à feu du Gros-Caillou. On remarque au n° 7 l'hôtel Feuquière, autrefois petit hôtel Créquy, dont le comte l'Espinasse est propriétaire; au n° 9 l'hôtel Crequy, occupé par le baron Boyer, premier chirurgien de l'Empereur; au n° 67 l'hôtel Castellane, maintenant en garni; au n° 79 l'hôtel d'Harcourt, à présent au duc de Feltre; au n° 83 l'hôtel Lasalle, maintenant occupé par le comte Maret, conseiller d'état; au n° 87 l'hôtel Flamarin, dont M. Lanchère est devenu propriétaire; au n° 101 le grand hôtel Conti, où sont les bureaux du ministère de l'Intérieur; au n° 103 le petit hôtel Conti, où est maintenant l'administration générale des Bâtimens civils; au n° 121 l'hôtel du Châtelet, occupé par le duc de Cadore; au n° 138 l'hôtel Bezenval, appartenant à présent à M. de Chabrillant; au n° 136 l'hôtel de Sens, dont Mlle Mormand est propriétaire; au n° 126 l'hôtel Chabrillant; aux n°s 122 et 124 l'hôtel Brissac, trois numéros occupés par le ministre de l'Intérieur; au n° 116 l'hôtel Rochechouard, depuis hôtel du duc de Montebello, dont le maréchal duc de Castiglione est maintenant propriétaire.

GRENELLE. (Petite rue de) *Voyez* rue de Babylone.

GRENELLE, (Cul-de-sac) rue de Grenelle-Gros-Caillou, entre les numéros 8 et 10. Les numéros sont *noirs*; le dernier impair est 9, et le dernier pair 10. — 10° Arrondissement.

Il doit son nom à la rue où il aboutit.

GRENELLE. (Place de) *Voyez* place Desaix.

GRENELLE. (Barrière de) — 10° Arrondissement.

Cette barrière, consistant en deux bâtimens avec péristyle à pilastres carrés, doit son nom au territoire de *Grenelle*, sur lequel elle est située; elle se nommait auparavant *des Ministres*.

GRENELLE. (Chemin de ronde de la barrière de) De la barrière de Grenelle à celle de la Cunette. — 10° Arrondissement.

GRENELLE. (Isle de)

C'est le nom d'une petite île qui a été réunie anciennement à celle des Cygnes.

GRENETA. (Rue) *Commence* rue Saint-Martin, et *finit* rue Saint-Denis. Les numéros sont *rouges*; le dernier impair est 63, et le dernier pair 52. — 6e Arrondissement.

Les titres du treizième siècle lui donnent le nom de *Darnetal* et d'*Arnetal*, qui était sans doute celui d'un particulier; elle était alors hors de Paris; par corruption on écrivit dans la suite *Garnetal, Grenetal, Guernetal* et *Greneta :* on la trouve nommée de la *Trinité* dans un acte de 1236, parce que la principale entrée de l'hôpital de la Trinité était dans cette rue. Au coin de la rue, entre les nos 262 et 264 de celle Saint-Denis, est la fontaine *Greneta*, bâtie en 1733, alimentée par la pompe Notre-Dame.

GRENETA, (Cul-de-sac) rue du Commerce, n° 4. Pas de numéros. — 6e Arrondissement.

C'est un cul-de-sac situé dans une des ruelles de l'enclos de la Trinité, et qui est ainsi nommé à cause de la proximité de la rue *Greneta.*

GRENIER-SAINT-LAZARE. (Rue) *Commence* rues Beaubourg et de la Tixeranderie, et *finit* rue Saint-Martin. Les numéros sont *rouges*; le dernier impair est 37, et le dernier pair 36. — 7e Arrondissement.

La famille *Garnier*, connue dès la fin du douzième siècle, lui a donné le nom de *Garnier-Saint-Lazare*, que l'on a changé dans la suite en *Grenier-Saint-Ladre* et en *Grenier-Saint-Lazare.*

GRENIER-SUR-L'EAU. (Rue) *Commence* rue Geoffroy-l'Anier, et *finit* rue des Barres. Les numéros sont *rouges*; le dernier impair est 11, et le dernier pair 12. — 9e Arrondissement.

Ce nom, qu'elle portait déjà au treizième siècle, lui est venu d'un particulier nommé *Garnier.* Sauval dit qu'en 1257 on la nommait *André-sur-l'eau*; Guillot, vers l'an 1300, dit *Garnier-sus-l'Yaue.*

GRENIER DE RÉSERVE, (Le) boulevart Bourdon. — 9e Arrondissement.

Cet édifice, dont la première pierre a été posée en 1807,

s'élève sur l'emplacement du jardin de l'Arsenal, d'après les dessins de M. Delannoy, architecte.

GRENOUILLÈRE. (Quai de la) *Voyez* quai Bonaparte.

GRÈS. (Rue des) *Commence* rue Saint-Jacques, et *finit* rue de la Harpe. Les numéros sont *rouges*; le dernier impair est 19, et le dernier pair 10. — 11ᵉ Arrondissement.

Rue percée depuis peu d'années sur le passage et les bâtimens des Jacobins. Pour l'étymologie de ce nom *voyez* rue Saint-Etienne-des-Grès.

GRESILLONS. (Rue des) *Commence* rue du Rocher, et *finit* rue Miromesnil. Les numéros sont *rouges*; le dernier impair est 29, et le dernier pair 22. — 1ᵉʳ Arrondissement.

Elle fut ouverte en 1788. Nous ne savons pas pourquoi on lui a donné ce nom. La voirie dite des *Gresillons* est dans cette rue.

GRÉTRY. (Rue) *Commence* rue Favart, et *finit* rue Grammont. Les numéros sont *rouges*; le dernier impair est 5, et le dernier pair 4. — 2ᵉ Arrondissement.

Elle fut ouverte en 1782, sur l'emplacement de l'hôtel Choiseul; comme elle est voisine de l'ancien théâtre de l'Opéra-Comique, on lui donna le nom de M. *Grétry*, auteur vivant, célèbre compositeur de musique, dont les nombreux et excellens opéras comiques ont fait les délices de la France, et enchantent toujours les amateurs de la bonne musique.

GRÈVE. (Quai de la) *Commence* rue Geoffroy-l'Asnier et quai des Ormes, et *finit* place de l'Hôtel-de-Ville. Les numéros sont *rouges*. Pas de numéros impairs; le dernier pair est 88. — 9ᵉ Arrondissement.

En 1254 ce quai est désigné sous le nom de rue aux *Merrains* (bois de charpente). *Grève* signifie un endroit uni, couvert de grenier, sur le bord de la mer ou d'une rivière : avant que la place de *Grève*, aujourd'hui la place de l'Hôtel-de-Ville, fût haussée, et que ce quai fût pavé, cet endroit était réellement une *grève*.

GRÈVE. (Place de) *Voyez* place de l'Hôtel-de-Ville.

GRÈVE, (Port de la) quai de la Grève. — 9ᵉ Arrondissement.

Arrivage des blés, avoines, sel, charbons de bois, et diverses marchandises. *Voyez* quai de la *Grève*.

GRIL. (Rue du) *Commence* rue d'Orléans-au-Marais, et *finit* rue Censier. Pas de numéros. — 12° Arrond.

On la trouve aussi sous le nom de *Gril-Fleury*, qui lui vient sans doute d'une enseigne.

GRILLÉ. (Passage) De la rue Basse-du-Rempart, n° 72, à celle Neuve-des-Mathurins, entre les n°° 27 et 29. — 1er Arrondissement.

Une *grille* qui le fermait lui a donné cette dénomination.

GROGNERIE (La rue de la) ou *GROSNIÈRE* était située entre les rues de la Grande-Friperie et de la Cordonnerie, et aboutissait d'un côté rue Jean-de-Beauce.

On la trouve aussi sous les noms de l'*Engronnerie*, *Langronnerie*, et sous celui de *petite rue Saint-Martin*.

GROGNET. (Rue) *Voyez* rue Pastourelle.

GROS-CHENET. (Rue du) *Voyez* Chenet (Gros-) et rue du Sentier.

GROS-CAILLOU. (Le) *Voyez* Caillou. (Gros-)

GROSSE-TÊTE, (Cul-de-sac de la) rue Saint-Spire, entre les n°° 2 et 4. Les numéros sont *rouges* ; le dernier impair est 13, et le dernier pair 10. — 5° Arrondissement.

Ce nom lui vient-il de Jean *Grosse-Tête*, qui y possédait une maison en 1341, ou de l'enseigne de la *Grosse-Tête ?*

GUARNALES, GUARNELLES et GARNELLES. (Rues de) *Voyez* rues de Grenelle-Saint-Honoré et Saint-Germain.

GUÉMÉNÉ, (Cul-de-sac) rue Saint-Antoine, entre les n°° 183 et 185. Les numéros sont *noirs* ; le dernier impair est 13, et le dernier pair 10. — 8° Arrondissement.

Sauval le nomme du *Ha, Ha,* expression qui échappe à celui qui, étant dans un cul-de-sac, se voit forcé de rebrousser chemin. En 1646 c'était la rue *Royale*. La maison Rohan *Guéméné,* qui fit l'acquisition de l'hôtel Lavardin, touchant à ce cul-de-sac, lui donna le nom qu'il porte.

GUÉNÉGAUD. (Rue) *Commence* quai de la Monnaie, et *finit* rue Mazarine. Les numéros sont *noirs* ; le dernier impair est 35, et le dernier pair 24. — 10° Arrondissement.

Elle tient son nom de Henri de *Guénégaud*, ministre et secrétaire d'état, qui en 1641 (époque où elle fut ouverte sur l'emplacement de l'ancien hôtel de Nesle) y fit bâtir un hôtel. Le mur de clôture de Philippe-Auguste la traversait à l'endroit où est l'égout.

GUÉNÉGAUD. (Quai) *Voyez* quai de la Monnaie.

GUEPINE, (Cul-de-sac) rue de Jouy, entre les n°ˢ 23 et 25. Les numéros sont *noirs;* le dernier impair est 5, et le dernier pair 6. — 9ᵉ Arrondissement.

Il en est déjà fait mention en 1266 et 1313, sous le nom de rue à *la Guepine;* cependant Guillot, qui écrivait son *Dit des Rues de Paris* vers l'an 1300, ne le nomme pas.

GUÉRIN-BOISSEAU OU GUÉRIN-BOUCEL. (Rue) *Voy.* Boisseau. (Guérin-)

GUI-D'AUXERRE. (Cul-de-sac) *Voyez* rue de la Monnaie.

GUICHARD-LE-BLANC. (Rue) *Voyez* rue du Chat-Blanc.

GUICHET-DE-L'ABBAYE A LA RUE DE SEINE-SAINT-GERMAIN. (Rue qui va du) *Voyez* rue de Durnstein.

GUICHET. (Cul-de-sac du) *Voyez* rue de Durnstein.

GUIENNE. (Rue) *Voyez* rue Payenne.

GUIGNOREILLE. (Rue) *Voyez* rue de la Coutellerie.

GUI-DE-HAM. (Rue) *Vicus Guidonis de Ham. Voyez* cul-de-sac de la Treille.

GUILLAUME. (Rue) *Commence* quai d'Orléans, et *finit* rue Blanche-de-Castille. Les numéros sont *noirs;* le dernier impair est 13, et le dernier pair 18. — 9ᵉ Arrondissement.

Elle fut construite de 1614 à 1646, en même temps que les rues et quais de l'île Saint-Louis. Celle-ci a pris le nom de *Guillaume* père, l'un des entrepreneurs des bâtimens de cette île.

GUILLAUME. (Rue Saint-) *Commence* rue des Saints-Pères, et *finit* rue de Grenelle-Saint-Germain. Les numéros sont *rouges;* le dernier impair est 31, et le dernier pair 40. — 10ᵉ Arrondissement.

Cette rue, formant équerre de la rue des Saints-Pères à celle Saint-Dominique, se nommait anciennement *de la Butte,* parce qu'elle tournait une *butte* où il y avait des moulins aux quatorzième, quinzième et seizième siècles. La partie qui s'étend de la rue Saint-Dominique à celle de Grenelle portait le nom de *Neuve-des-Rosiers,* ensuite *des Rosiers,* parce qu'elle fut alignée sur une plantation de *rosiers*. Ce n'est que depuis peu d'années que cette partie a pris le nom de *Saint-Guillaume*: nous ignorons pourquoi elle porte le nom de ce *saint*. On remarque au n° 18 l'hôtel Mortemart, appartenant à présent à Mme de Montmorenci; au n° 20 celui de Béthune.

GUILLAUME. (Rue Saint-) *Voyez* rue des Filles-Dieu.

GUILLAUME. (Cour et passage Saint-) De la rue Richelieu, n° 19, à celle Traversière, n° 16. — 2e Arrond.

GUILLAUME ou GUILLEMINS. (Les Ermites Saint-) *Voyez* Blancs-Manteaux.

GUILLEMIN. (Rue Neuve-) *Commence* rue du Four, et *finit* rue du Vieux-Colombier. Les numéros sont *noirs*; le dernier impair est 23, et le dernier pair 28. — 11e Arrondissement.

Elle a porté anciennement le nom de *la Corne*, à cause d'une *corne* de cerf qui servait d'enseigne; celui de *Cassel* en 1456, parce qu'elle conduisait à l'hôtel *Cassel*; ensuite celui de *Guillemin*, qu'elle tient d'un particulier de ce nom qui y possédait un jardin.

GUILLEMITES. (Rue des) *Commence* rue des Blancs-Manteaux, et *finit* rue de Paradis-au-Marais. Les numéros sont *noirs*; le dernier impair est 3, et le dernier pair 6. — 7e Arrondissement.

Cette rue fut ouverte, il y a quelques années, sur le jardin des ci-devant religieux *Guillemites*, dont elle a retenu le nom. Ces religieux étaient mal à propos connus sous le nom de Blancs-Manteaux, parce que les Bénédictins, dits Blancs-Manteaux, avaient habité ce monastère avant les *Guillemites*.

GUILLERI-BERTIN. (Rue) *Voyez* rue Hillerin-Bertin.

GUILLERI ou GUILLORI, (Carrefour) place formée à la rencontre des rues de la Coutellerie, Jean-Pain-Mollet, Jean-de-l'Epine, de la Poterie et de la Tixeranderie. — 7e Arrondissement.

La rue de la Coutellerie se nommait en 1228 de la *Vieille-Oreille*; on altéra ce nom en *Guigne-Oreille*, en *Guillori*, et enfin en *Guilleri*, que l'on ne donna plus qu'à ce carrefour.

GUI-LE-QUEUX, GUI-LE-PREUX, GUI-LE-COMTE. (Rue) *Voyez* rue Gît-le-Cœur.

GUI-LE-QUEUX. (Rue) *Voyez* rue des Poitevins.

GUISARDE. (Rue) *Commence* foire Saint-Germain, et *finit* rue des Canettes. Les numéros sont *rouges*; le

dernier impair est 25, et le dernier pair 20. — 11ᵉ Arrondissement.

Cette rue, dont nous ignorons l'étymologie, fut ouverte en 1630, sur une partie de l'emplacement de l'ancien hôtel de Roussillon.

GUNTZBOURG. (Rue de) *Commence* rue Wertinghen, et *finit* rue Neuve-de-l'Abbaye. Les numéros sont *noirs*; le dernier impair est 7, et le dernier pair 6. — 10ᵉ Arrondissement.

Son premier nom est *Cardinale,* parce qu'elle fut ouverte en 1699, lorsque le *cardinal* Furstenberg était abbé de Saint-Germain; en 1806 on lui donna le nom qu'elle porte pour perpétuer le souvenir du combat de *Guntzbourg,* à six lieues d'Ulm, donné le 9 octobre 1805, où les Français, commandés par le maréchal Ney, mirent les Autrichiens en déroute.

GUYET-LÉPINE. (Rue) *Voyez* rue de la Sourdière.

H.

HACHE (Rue de la) et des **DEUX-HACHES.** *Voyez* rue des Deux-Ecus.

HA, HA. (Cul-de-sac du) *Voyez* cul-de-sac Guéméné.

HALLES, (Les) entre la rue Saint-Denis, près celle Aubry-le-Boucher, l'église Saint-Eustache et les rues Saint-Honoré et de la Tonnellerie.

Lorsque Paris était presque tout entier dans l'île du Palais, dite la Cité, les *halles* et marchés étaient dans les environs de la rue du Marché-Palu, qui en a retenu le nom. Il paraît qu'avant le règne de Louis VI, dit le Gros, il y avait un marché où est maintenant la place de Grève. L'emplacement actuel des *halles,* qui se nommait *Champeau,* et qui était dans un faubourg de Paris, fut choisi vers l'an 1136 par Louis-le-Gros pour y établir un *marché;* il y avait aussi des changeurs et des merciers. Philippe-Auguste, de 1180 à 1183, y fit construire des *halles,* qui subsistèrent jusqu'au règne de François Iᵉʳ, époque où l'on commença à les reconstruire; elles ne furent cependant achevées que sous Henri II, et en 1553 furent percées les rues qui sont aux environs de la *halle* aux Draps, et dont les noms de la *Tonnellerie,* de la *Cordonnerie,* de la *Friperie,* de la *Poterie,* de la *Lingerie,* des *Potiers-d'Etain,* etc., attestent que plusieurs professions y avaient anciennement leurs *halles.* On distingue aujourd'hui sur cet emplacement le *Carreau de la Halle,* dont l'article suit; les *halles* au Blé, aux Draps

14

et Toiles, à la Marée, aux Suifs, à la Viande, aux Fruits, aux Légumes, au Pain, au Beurre, etc. L'Empereur, voulant donner à Paris une marque de sa prédilection et faciliter les approvisionnemens de cette grande capitale de l'Europe, a arrêté qu'une *halle* spacieuse, salubre et commode, serait construite et étendue de la rue Saint-Denis et du marché dit des Innocens jusqu'à la *halle* au Blé. En conséquence une partie des rues de la Tonnellerie et des Deux-Ecus, toutes les petites rues autour de la halle aux Draps et Toiles, les rues du Contrat-Social, des Prouvaires, du Four, seront abattues; quelques maisons de la rue des Prouvaires sont déjà en démolition pour exécuter cet utile projet.

HALLE, (Carreau de la) entre les rues de la Tonnellerie, du Marché-aux-Poirées et des Piliers-Potiers-d'Etain. — 4ᵉ Arrondissement.

HALLES DIVERSES. *Voyez* leurs noms particuliers.

HALLIERS, (Le clos aux) nom d'un territoire qui est en partie occupé par la rue Bergère. *Voyez* aussi rue Poissonnière.

HANOVRE. (Rue d') *Commence* rue Choiseul, et *finit* rue du Port-Mahon. Les numéros sont *rouges*; le dernier impair est 21, et le dernier pair 16. — 2ᵉ Arrond.

Cette rue, qui fut d'abord nommée *Projetée-Michodière*, doit le nom qu'elle porte depuis peu d'années au pavillon d'*Hanovre*, que le maréchal de Richelieu fit construire sur le boulevart avec le produit des contributions qu'il avait fait lever sur le pays d'*Hanovre* lors de la guerre de 1756 et 1757; le jardin de l'hôtel Richelieu s'étendait alors jusqu'à ce pavillon, et c'est sur une partie de ce jardin que cette rue fut percée vers l'an 1792.

HANTERIE. (La) *Voyez* rue de la Tabletterie.

HARANGERIE. (Rue de la Vieille-) *Commence* rues du Chevalier-du-Guet et Perrin-Gasselin, et *finit* rue de la Tabletterie et place Sainte-Opportune. Les numéros sont *noirs*; le dernier impair est 11, et le dernier pair 8. — 4ᵉ Arrondissement.

En 1300 c'était la *Herengerie*; en 1313 et au siècle suivant on a écrit *Harengerie* et *Arongerie*; au seizième siècle *Haucherie*, et enfin *Vieille-Harangerie* : ce nom peut lui avoir été donné parce qu'on y vendait anciennement des *harengs*.

HARCOURT, (Le collége d') rue de la Harpe, n° 94.

Il fut fondé en 1280 par *Raoul d'Harcourt*, chanoine de

Paris; la chapelle et le portail furent reconstruits en 1675. Il est destiné pour être l'un des quatre nouveaux lycées.

HARCOURT. (Rue aux Hoirs-d') *Voyez* rue de la Harpe.

HARLAY-AU-MARAIS. (Rue) *Commence* boulevart Saint-Antoine, et *finit* rue Saint-Claude. Les numéros sont *rouges*; le dernier impair est 11, et le dernier pair 12. — 8ᵉ Arrondissement.

Cette rue, ouverte vers l'année 1720, tient son nom d'un hôtel que M. *de Harlay* y fit bâtir à cette époque; auparavant c'était un cul-de-sac.

HARLAY-DU-PALAIS. (Rue) *Commence* quai de l'Horloge, et *finit* quai des Orfèvres. Les numéros sont *noirs*; le dernier impair est 29, et le dernier pair 20. — 11ᵉ Arrondissement.

Elle porte le nom d'*Achilles de Harlay*, premier président au parlement de Paris, à qui Henri IV avait donné en 1607 la partie occidentale de la Cité, qui formait alors deux îles, à la charge de combler les bras de rivière et d'y bâtir des maisons.

HARLAY, (Cour) rue Harlay. Vingt-deux numéros anciens d'une seule série. — 11ᵉ Arrondissement.

Voyez l'article précédent.

HARPE. (Rue de la) *Commence* rues Saint-Severin et Mâcon, et *finit* place Saint-Michel et rue Saint-Hyacinthe. Les numéros sont *noirs*; le dernier impair est 129, et le dernier pair 110. — 11ᵉ Arrondissement.

Elle tient ce nom, qu'elle portait déjà en 1247, d'une enseigne qui pendait à la deuxième maison, à droite au-dessus de la rue Mâcon. Sa partie septentrionale se nommait aussi la *Juiverie*, la rue aux *Juifs*, parce que les *juifs* y avaient leurs écoles. De la rue de l'École-de-Médecine à la place Saint-Michel elle a porté les noms de *Saint-Côme*, à cause de l'église de ce nom, et *aux Hoirs d'Harcourt*, parce que le collège d'*Harcourt* y est situé. Au milieu du dix-septième siècle elle prit dans toute sa longueur le nom de *la Harpe*.

HASARD. (Rue du) *Commence* rue Traversière, et *finit* rue Helvétius. Les numéros sont *rouges*; le dernier impair est 17, et le dernier pair 8. — 2ᵉ Arrond.

Elle portait dès le commencement du dix-septième siècle ce nom, dont nous ignorons l'étymologie.

HAUCHERIE. (Rue de la) *Voyez* rue de la Vieille-Harangerie.

HAUDRIETTES (La chapelle des) était située où est maintenant le n° 1, rue des Haudriettes.

Elle fut fondée en 1306 par *Etienne Haudry*, pannetier de Philippe-le-Bel. Ces religieuses quittèrent cet endroit en 1622. (*Voyez* l'église paroissiale de la Madeleine.) C'est maintenant une maison particulière depuis plus de trente ans.

HAUDRIETTES. (Rue des) *Commence* quai de la Grève, et *finit* rue de la Mortellerie. Un seul numéro *noir,* qui est 1. — 9ᵉ Arrondissement.

Ainsi nommée parce que la chapelle et l'hôpital des religieuses *Haudriettes* y étaient situés. *Voyez* l'article précédent.

HAUDRIETTES. (Rue des Vieilles-) *Commence* rues du Grand-Chantier et du Chaume, et *finit* rue du Temple. Les numéros sont *rouges;* le dernier impair est 9, et le dernier pair 14. — 7ᵉ Arrondissement.

En 1290 c'était la rue *Jehan-l'Huilier,* qu'elle tenait d'un particulier de ce nom; elle prit depuis le nom des *Haudriettes,* et ensuite des Vieilles-*Haudriettes,* parce que les *Hospitalières* fondées par *Etienne Haudry* y possédaient quelques maisons. On la trouve aussi nommée de l'*Echelle-du-Temple,* parce que les *Templiers* y avaient fait élever une *échelle* patibulaire, qui existait encore au commencement du siècle dernier. En 1636 c'était la rue de la *Fontaine-Neuve,* à cause de la *fontaine* qui fut alors établie au coin de cette rue et de celle du Chaume, et qui fut rebâtie en 1762, sur les dessins de Moreau et de Mignot. Vers l'an 1650 elle a repris le nom des *Vieilles-Haudriettes,* qu'elle n'a plus quitté.

HAUMARD. (Rue) *Voyez* rue Ogniard.

HAUTE-RUE. (Rue) *Voyez* rue du Battoir-Saint-André.

HAUTEFEUILLE. (Rue) *Commence* rue Poupée et place Saint-André, et *finit* rue de l'Ecole-de-Médecine. Les numéros sont *noirs;* le dernier impair est 23, et le dernier pair 30. — 11ᵉ Arrondissement.

On la trouve déjà sous ce nom dès l'an 1252; on croit qu'elle le tient du château d'*Hautefeuille,* sur l'emplacement duquel le couvent des Cordeliers fut construit en 1230. Avant cette époque elle devait se prolonger jusqu'aux murs de l'enceinte de Philippe-Auguste, qui étaient situés où est maintenant la rue Monsieur-le-Prince. De la rue Saint-André-des-Arts à celles Percée et des Poitevins elle se nommait anciennement de la *Barre,* de *Saint-André,* du *Chevet-Saint-André,* parce qu'elle passait derrière cette église.

HAUTEFORT, (Cul-de-sac) rue des Bourguignons, entre les n°² i4 et i6. Pas de numéros. — 12° Arrond.

HAUTEVILLE. (Rue) *Commence* rue Basse-Porte-Saint-Denis, et *finit* rue de Paradis. Les numéros sont *noirs*; le dernier impair est 37, et le dernier pair 48. — 3° Arrondissement.

Elle fut ouverte sur un terrain appartenant aux Filles-Dieu; elle porta le nom de *Michodière* jusqu'en 1790, parce qu'elle fut ouverte en 1772, M. de la *Michodière* étant alors prévôt des marchands. Nous ignorons pourquoi elle a pris le nom qu'elle porte aujourd'hui.

HEAUMERIE. (Rue de la) *Commence* rues de la Vieille-Monnaie et de la Savonnerie, et *finit* rue Saint-Denis. Les numéros sont *rouges*; le dernier impair est i5, et le dernier pair 22. — 6° Arrondissement.

Elle est ainsi nommée parce qu'elle était anciennement habitée par des fabricans d'*heaumes* (*heaume* où *hiaume* signifie casque en vieux langage). En i3oo et i3i3 ou la trouve sous le nom de *Hiaumerie* et *Hyaumerie*; les registres de la paroisse Saint-Jacques-la-Boucherie la désignent souvent sous celui des *Armuriers*.

HEAUMERIE, (Cul-de-sac de la) rue de la Heaumerie, entre les n°ˢ 4 et 6. Les numéros sont *noirs*; un seul impair qui est i, et un seul pair qui est 2. — 6° Arrondissement.

Ainsi nommé de la rue où il aboutit. Jaillot croit que c'est *la Lormerie* dont fait mention Guillot en i3oo.

HÉBERT. (Rue) *Voyez* rue Sainte-Geneviève.

HELDER. (Rue du) *Commence* boulevart des Italiens, et *finit* rue Taitbout. Les numéros sont *noirs*; le dernier impair est 27, et le dernier pair 20. — 2° Arrond.

Elle fut percée en 1799, et porte ce nom pour perpétuer le souvenir de la ville et fort du *Helder*, en Hollande, où les Anglais débarquèrent 20,000 hommes le 26 août de la même année, et où ils furent battus et forcés de se rembarquer.

HÉLIE-HANNOT. (Ruelle qui fut jadis) *Voyez* cul-de-sac Fourcy.

HÉLIOT-DE-BRIE (La rue) existait au treizième siècle, et était située rue de la Verrerie, entre les rues Saint-Bont et de la Poterie.

HELVÉTIUS. (Rue) *Commence* rue de l'Anglade,

et *finit* rue Neuve-Saint-Augustin. Les numéros sont *noirs;* le dernier impair est 79, et le dernier pair 68. — 2ᵉ Arrondissement.

Cette rue, que l'on commença à bâtir vers l'an 1633, sous le règne d'*Anne d'Autriche,* femme de Louis XIII, porta le nom de Sainte-Anne, patrone de cette reine; celui d'*Helvétius* ne lui fut donné qu'en 1792, en mémoire du célèbre *Helvétius,* auteur du livre de l'Esprit, etc. : il était né à Paris en 1715, et mort en 1771. Le haut de cette rue jusqu'à celle Clos-Georgeau se nomma d'abord *des Moulins* et du *Terrain-aux-Moulins,* parce qu'elle conduisait à une butte où étaient des *moulins.* La partie entre les rues Neuve-des-Petits-Champs et Neuve-Saint-Augustin portait à la fin du dix-septième siècle le nom de *Lionne,* à cause de l'hôtel de M. de *Lionne,* secrétaire d'état, qui était situé rue Neuve-des-Petits-Champs, au coin de cette rue.

HENDEBOURG et HÉRAMBOURG-LA-TREFILIÈRE. (Rue) *Voyez* rue de Venise.

HENNEQUIN-LE-FAUCHE. (Rue) *Voyez* rue de la Croix-Blanche.

HENRI. (Rue) *Commence* rue Bailly, et *finit* rue Royale. Les numéros sont *noirs;* le dernier impair est 5, et le dernier pair 4. — 6ᵉ Arrondissement.

Cette petite rue, bâtie en 1765, en même temps que le marché Saint-Martin, sur le terrain qui dépendait autrefois du prieuré Saint-Martin, porta d'abord le nom de *Henri Iᵉʳ,* pour perpétuer la mémoire de ce roi, qui ordonna par son diplôme de l'an 1060 de reconstruire l'abbaye Saint-Martin, qui avait été détruite par les Normands.

HENRI IV. (Rue) *Voyez* rue de l'Echarpe.

HENRI IV. (Place) *Voyez* place du Pont-Neuf.

HERENGERIE. (Rue de l') *Voyez* rue de la Vieille-Harangerie.

HÉRITIER. (Ruelle de l') *Voyez* rue des Vinaigriers.

HÉRIVAULT. (Ruelle) *Voyez* rue de Magdebourg.

HERMITAGE. (Rue de l') *Voyez* rue du Sabot.

HERMITES. (Rue des Deux-) *Commence* rue des Marmousets, et *finit* rue Cocatrix. Les numéros sont *noirs;* le dernier impair est 11, et le dernier pair 4. — 9ᵉ Arrondissement.

En 1220 c'était la *Cour Ferri de Paris;* en 1300 rue de la *Confrérie-Notre-Dame;* au seizième siècle elle prit le nom des *Deux-Hermites*, à cause d'une enseigne. On a écrit depuis, en divers temps, de l'*Armite*, des *Hermites*, des *Deux-Serviteurs*.

HEULEU et HULEU. (Rue du) *Voy.* rue du Grand-Hurleur.

HIAUMERIE. (Rue de la) *Voyez* rue de la Heaumerie.

HILAIRE, (L'église Saint-) rue du Mont-Saint-Hilaire, n° 2.

Le plus ancien titre où il soit question de cette église est une bulle d'Adrien IV de 1158, où elle est qualifiée de chapelle *Saint-Hilaire-du-Mont;* elle fut rebâtie en 1300, en 1470, et réparée au commencement du dix-huitième siècle. Nous ignorons l'époque où elle fut érigée en paroisse. Elle fut démolie vers l'an 1795, et devint maison particulière.

HILAIRE. (Rue Saint-) *Commence* rues des Sept-Voies et des Carmes, et *finit* rues Chartière et Saint-Jean-de-Beauvais. Les numéros sont *rouges;* le dernier impair est 11, et le dernier pair 18. — 12° Arrondissement.

Cette rue, percée sur le *clos Bruneau*, porta le nom de *Saint-Hilaire* dès le commencement du treizième siècle, à cause de l'église *Saint-Hilaire*, qui y était située. Elle fut depuis nommée *Fromentel*, parce qu'elle fait la continuation de cette rue; du *Mont-Saint-Hilaire*, parce qu'elle est sur une élévation, et du *Puits-Certain*, à cause d'un puits public construit à l'entrée de cette rue aux frais de *Robert Certain*, curé de Saint-Hilaire.

HILAIRE. (Rue Saint-) *Voyez* rue des Carmes.

HILAIRE. (Ruelle Saint-) *Voyez* cul-de-sac Bouvart.

HILAIRE. (Rue du Mont-Saint-) *Voy.* rue Saint-Hilaire.

HILDEVERT, (La chapelle Saint-) rue de la Vieille-Draperie.

Au douzième siècle l'église Sainte-Croix était dédiée à *Saint-Hildevert.*

HILLERIN-BERTIN. (Rue) *Commence* rue de Grenelle-Saint-Germain, et *finit* rue de Varenne. Les numéros sont *noirs;* le dernier impair est 13, et le dernier pair 12. — 10° Arrondissement.

Ce nom lui vient d'un particulier nommé *Hillerin* qui possédait dans ce quartier plusieurs pièces de terre, dont il vendit une partie au Gouvernement pour la construction de l'hôtel des Invalides. Ce nom a été estropié dans divers plans; on trouve *Villeran, Guilleri-Bertin, Hillorai-Bertin, Vallerun, Hillorain.*

Villerin; elle a aussi porté les noms des *Bohémes* et de *Saint-Sauveur.*

HIPPOLYTE, (L'église Saint-) rue Saint-Hippolyte, n° 8.

Il est fait mention de la chapelle *Saint-Hippolyte* en 1158; elle fut érigée en paroisse au commencement du treizième siècle, et démolie pendant la révolution; l'emplacement est aujourd'hui un terrain rue Saint-Hippolyte, n° 8.

HIPPOLYTE. (Rue Saint-) *Commence* rues des Trois-Couronnes et Pierre-Assis, et *finit* rue de l'Oursine. Les numéros sont *noirs;* le dernier impair est 19, et le dernier pair 20. — 12° Arrondissement.

Elle tient son nom de l'église *Saint-Hippolyte,* qui ... situés. La partie qui avoisine la rue de l'Oursine ... si nommée des *Teinturiers,* à cause des *teintures* ... ent sur la rivière de Bièvre.

HIPPOLYTE. (Rue Saint-) *Voy.* rue des Trois-Couronnes.

HIPPOLYTE (Le carrefour Saint-) est la place qui se forme à la rencontre des rues Saint-Hippolyte, des Trois-Couronnes et Pierre-Assis. — 12° Arrond.

HIRONDELLE. (Rue de l') *Commence* place du Pont-Saint-Michel, et *finit* rue Gît-le-Cœur. Les numéros sont *rouges;* le dernier impair est 33, et le dernier pair 26. — 11° Arrondissement.

En 1200 on la nommait de l'*Arondale-en-Laas;* Guillot en 1300 écrit *Herondalle :* elle doit sans doute ce nom à une enseigne de l'*Hirondelle* (en vieux langage *Arondale* et *Arondelle*). *Laas* était le nom que portait ce quartier. *Voyez* Saint-André-des-Arts.

HOCHE. (Rue) *Commence* rue de Malte, et *finit* rue Batave. Les numéros sont *rouges;* le seul impair est 1, et le dernier pair 4. — 1er Arrondissement.

Cette rue, construite vers l'an 1780, sur l'emplacement de l'hôpital des Quinze-Vingts, porta le nom de *Beaujolais,* à cause du comte de *Beaujolais,* fils du duc d'Orléans; vers l'an 1798 on lui donna le nom de *Hoche,* en mémoire du général de ce nom, né à Versailles en 1768, et mort en 1797. Elle doit être démolie pour exécuter le projet de la jonction des palais du Louvre et des Tuileries.

HOIGNARD. (Rue) *Voyez* rue Ogniard.

HOIRS-D'HARCOURT. (Rue aux) *Voyez* rue d'Harcourt.

HOIRS-DE-SABONNES. (Rue aux) *Voyez* rue de Sorbonne.

HOMME-ARMÉ. (Rue de l') *Commence* rue Sainte-Croix-de-la-Bretonnerie, et *finit* rue des Blancs-Manteaux. Les numéros sont *noirs*; le dernier impair est 5, et le dernier pair 4. — 7ᵉ Arrondissement.

L'étymologie de ce nom nous est inconnue.

HOMME-SAUVAGE (La rue de l') était dans la Cité, près la rue des Trois-Canettes.

Il en est fait mention en 1421.

HONORÉ, (L'église Saint-) rue Saint-Honoré, entre les nᵒˢ 178 et 186.

On jeta les fondations de cette église en 1204; on l'agrandit en 1579, et elle fut démolie en 1792. Sur cet emplacement l'on a bâti les boutiques du passage du cloître Saint-Honoré, du côté de la rue Saint-Honoré.

HONORÉ. (Rue Saint-) *Commence* rues de la Lingerie et des Déchargeurs, et *finit* rue de la Concorde et boulevart de la Madeleine. Les numéros sont *rouges*; le dernier impair est 389, et le dernier pair 420. — Les numéros impairs de 1 à 231, et les numéros pairs de 2 à 34, et de 76 à 192, sont du 4ᵉ Arrondissement; les numéros pairs de 36 à 74 sont du 3ᵉ; les numéros pairs de 194 à 354 sont du 2ᵉ; les numéros impairs de 233 à 389, et les pairs de 356 à 420, sont du 1ᵉʳ.

En 1300 et 1313 la partie de cette rue qui s'étend de la rue Tirecharpe à celle de l'Arbre-Sec se nommait *Châtiau-Festu*; de la rue de la Lingerie à celle de la Tonnellerie elle porta jusqu'au dix-huitième siècle le nom de la *Chaussetterie*; de la rue de l'Arbre-Sec à la porte *Saint-Honoré*, qui dans l'enceinte de Philippe-Auguste était entre les rues de l'Oratoire et du Coq, elle était désignée, aux treizième et quatorzième siècles, par le nom de la *Croix-du-Tirouer*; cependant Guillot, en sortant de la rue d'Osteriche (à présent rue de l'Oratoire), entre dans la rue *Saint-Honoré*. De cette ancienne porte à celle qui fut bâtie sous Charles V, près de la rue du Rempart, elle se nommait chaussée *Saint-Honoré*, et ensuite rue *Saint-Honoré*, à cause de l'église Saint-Honoré, qui y était située depuis l'an 1204. De cette porte jusqu'à celle qui a existé jusqu'en 1733 près le boulevart, en face de la rue de la Concorde, elle était désignée en 1407 et au siècle suivant sous le nom de *Neuve-Saint-Louis hors la porte Saint-Honoré*, et *grand'rue Saint-Louis*, à cause de l'hôpital des Quinze-Vingts, fondé par *saint* Louis vers l'an 1260, qui était situé près de la porte Saint-Honoré, bâtie sous Charles V. Au nᵒ 123 est l'hôtel d'Aligre; au nᵒ 325 l'hôtel de Boulogne;

au n° 335 l'hôtel de Noailles, occupé maintenant par le prince duc de Plaisance, architrésorier de l'Empire; au n° 348 l'hôtel Savalette; au n° 359 est l'école impériale d'Equitation; au n° 351 la fontaine dite des Capucins, alimentée par la pompe à feu de Chaillot, et au n° 111 la fontaine du Trahoir, reconstruite en 1776 sur les dessins de Soufflot, et alimentée par la pompe de la Samaritaine.

HONORÉ. (La chaussée Saint-) *Voyez* rue Saint-Honoré.

HONORÉ. (Rue aux Ecoliers-Saint-) *Voyez* rue des Bons-Enfans.

HONORÉ. (Rue du Faubourg-Saint-) *Commence* rue de la Concorde et boulevart de la Madeleine, et *finit* rues d'Angoulême et de la Pépinière. Les numéros sont *rouges*; le dernier impair est 127, et le dernier pair 136. — 1er Arrondissement.

Ainsi nommée parce qu'elle fait suite à la rue *Saint-Honoré*, et qu'elle traverse le faubourg qui en porte le nom. En 1635 c'était la chaussée du *Roule*, parce qu'elle conduit au village du *Roule*, maintenant rue du Faubourg-du-Roule. On remarque dans cette rue une suite d'hôtels magnifiques dont les jardins touchent aux Champs-Elysées; au n° 29 l'hôtel de M. Raymond-Saint-Sauveur; au n° 31 l'ancien hôtel Marbeuf, appartenant à présent à Mme de Saligny; au n° 33 l'hôtel Amelin; au n° 39 celui du prince Borghèse; au n° 41 celui de Ségur; au n° 43 celui de Lepelletier-de-Morfontaine; au n° 51 l'hôtel de Brunoy, appartenant à présent à M. le comte de Beurnonville; au n° 55 celui du comte Sébastiani; au n° 59 l'Elysée-Napoléon (*voyez* cet article à *Elysée*); au n° 69 celui de Michel Simons; au n° 73 celui du général Moncey, duc de Conegliano; au n° 99 celui de la Vaupalière, appartenant à présent au comte Roederer; au n° 90 celui de Beauveau, et au n° 64 l'ancien hôtel de Duras.

HONORÉ. (Porte Saint-) Placée, vers l'an 1200, rue Saint-Honoré, aux environs de l'endroit où est maintenant l'Oratoire; sous Charles V, près de la rue du Rempart; en 1631 en face du boulevart et de la rue de la Concorde, où elle fut démolie en 1732.

HONORÉ, (Cloître Saint-) entre les rues Saint-Honoré, Montesquieu, des Bons-Enfans et Croix-des-Petits-Champs. Les numéros sont *noirs*; le dernier impair est 17, et le dernier pair 18. — 4e Arrondissement.

Il tient son nom de l'église *Saint-Honoré*, qui y était située, et qui fut démolie en 1792.

HONORÉ, (Passages du Cloître-Saint-) rue des Bons-Enfans, entre les n°ˢ 8 et 10; rue Croix-des-Petits-Champs, n° 9, et rue Saint-Honoré, n°ˢ 178 et 186. — 4ᵉ Arrondissement.

Voyez pour l'étymologie l'article précédent.

HONORÉ-CHEVALIER. (Rue) *Commence* rue du Pot-de-Fer, et *finit* rue Cassette. Les numéros sont *rouges*; le dernier impair est 17, et le dernier pair 14. — 11ᵉ Arrondissement.

Elle tient son nom d'un particulier de ce nom qui, au milieu du seizième siècle, était propriétaire de trois maisons rue du Pot-de-Fer, et de grands jardins sur lesquels on perça alors cette rue: on la trouve nommée *Chevalier*, du *Chevalier* et du *Chevalier-Honoré*.

HOPITAL. (Boulevart de l') *Commence* place Walhubert, et *finit* rue Mouffetard et barrière d'Italie. Les numéros sont *noirs*; le dernier impair est 11, et le dernier pair 50. — 12ᵉ Arrondissement.

On acheva de le planter en 1761, ainsi que tous les boulevarts du midi; il doit son nom au voisinage de l'*hôpital* dit de la Salpêtrière.

HOPITAL, (Place de l') rue Poliveau, en face de l'hôpital de la Salpêtrière. — 12ᵉ Arrondissement.

HOPITAL, (Port de l') sur la Seine, près de l'hôpital de la Salpêtrière. — 12ᵉ Arrondissement.

Arrivages des grains et fourrages.

HOPITAL. (Quai de l') *Commence* barrière de la Garre, et *finit* boulevart de l'Hôpital et pont d'Austerlitz. Les numéros sont *rouges*; le dernier impair est 41. — 12ᵉ Arrondissement.

Voyez pour l'étymologie le boulevart de l'Hôpital.

HÔPITAUX DIVERS. *Voyez* leurs noms particuliers.

HOQUETON. (Rues du) *Voyez* rues de Bercy et de la Croix-Blanche.

HORLOGE. (Quai de l') *Commence* pont au Change et rue de la Barillerie, et *finit* pont Neuf. Les numéros sont *rouges*; le dernier impair est 81. — 11ᵉ Arrondissement.

Ce nom lui vient de l'*horloge* du Palais qui était placée à la tour en face du pont au Change. Ce fut la première *horloge* que l'on vit en France ; elle fut construite par Henri de Vic, qui vint en France sous Charles V, en 1370. Ce quai a aussi porté le nom des *Morfondus*, à cause de sa situation exposée au vent du nord. On le nomme aussi vulgairement des *Lunettes*, à cause de la quantité d'opticiens et *lunetiers* qui y sont établis.

HOSPITALIÈRES, (Cul-de-sac des) rue de la Chaussée des Minimes, n° 4. Les numéros sont *rouges* ; un seul impair qui est 1, et le dernier pair 4. — 8ᵉ Arrond.

Ce cul-de-sac, qui prolongeait autrefois la rue du Foin-au-Marais, tient son nom des *Hospitalières* de la charité Notre-Dame, qui s'y établirent en 1629.

HOTEL-DIEU, parvis Notre-Dame, n° 4. — 9ᵉ Arrond.

On croit généralement, mais sans preuves authentiques, que l'on doit cet établissement à saint Landry, qui était évêque de Paris au milieu du septième siècle. Sous le règne de saint Louis il fut rebâti et considérablement augmenté ; en 1511 la rue du Sablon, qui longeait la rivière, fut fermée pour faire partie de cet édifice ; il fut encore agrandi en 1531, 1606, 1625 et 1714, et en 1806 le portail que l'on voit à présent fut élevé sur les dessins de Clavareau. Il fut incendié en 1737 et 1772.

HÔTEL-DIEU. (Rues de l') *Voyez* rues du Mont-Blanc et des Saints-Pères.

HOTEL DE VILLE, sur la place de ce nom, au coin de la rue du Martroi. — 9ᵉ Arrondissement.

En 1357 la ville de Paris acheta cette maison, qui avait porté en 1212 le nom de *maison de Grève*, et depuis ceux de *maison aux Piliers* et de *maison aux Dauphins*. C'est sur l'emplacement de cette maison que l'*Hôtel de Ville* fut construit en 1533, d'après les dessins de Dominique Cortonne ; et achevé seulement en 1606. Avant l'année 1357 les officiers municipaux s'assemblaient à la Vallée de Misère, dans la *maison de la Marchandise* ; ensuite près le grand Châtelet, au *parloir aux Bourgeois*, et depuis près la place Saint-Michel, au *parloir aux Bourgeois*. C'est maintenant l'hôtel de la Préfecture.

HOTEL-DE-VILLE. (Place de l') *Commence* quais Pelletier et de la Grève, et *finit* rues du Mouton et de la Vannerie. Les numéros sont *noirs* ; le dernier impair est 39, et le dernier pair 10. — Les numéros impairs sont du 7ᵉ Arrondissement, et les pairs du 9ᵉ.

On la nommait et on la nomme encore vulgairement place de Grève. (*Voyez* quai de la Grève.) De temps immémorial on y exécute les criminels. Elle est maintenant nommée de l'*Hôtel-de-Ville*, parce qu'elle est en face de cet hôtel.

HOUGNARD. (Rue) *Voyez* rue Ogniard.

HOUSSAIE. (Rue du) *Commence* rue de Provence, et *finit* rue de la Victoire. Les numéros sont *noirs*; le seul impair est 1, et le dernier pair 6. — 2ᵉ Arrondissement.

Cette rue, bâtie il y a une trentaine d'années, doit sans doute son nom à un particulier.

HOUSSAIE. (Rue du) *Voyez* passage Lemoine.

HUBANT ou de l'*AVE-MARIA*, (Le collége d') rue de la Montagne-Sainte-Geneviève, n° 88.

Il fut fondé en 1336 par Jean *Hubant*, et réuni au collége Louis-le-Grand en 1767. C'est maintenant une maison particulière.

HUBERT. (Rue Jean-) *Commence* rue des Sept-Voies, et *finit* rue des Cholets. Les numéros sont *rouges*; le dernier impair est 3, et le seul pair 2. — 12ᵉ Arrond.

On croit que c'est celle que Guillot, vers l'an 1300, nomme *du Moine*. En 1416 c'était la rue *Maître-Jeharre*, et depuis rue *des Chieurs* et *des Chiens*; en 1806, lors du nouveau numérotage des rues, on lui donna celui qu'elle porte en mémoire de *Jean Hubert*, qui fonda en 1430 le collége de Sainte-Barbe, attenant à cette rue.

HUCHETTE. (Rue de la) *Commence* rue du Petit-Pont, et *finit* rue de la Vieille-Bouclerie et place du Pont-Saint-Michel. Les numéros sont *rouges*; le dernier impair est 39, et le dernier pair 44. — 11ᵉ Arrondissement.

Son premier nom fut *de Laas*, parce qu'elle fut bâtie à la fin du douzième siècle sur le territoire de *Laas*. En 1284 et 1287 elle portait déjà le nom de la *Huchette* : la maison dite la *Huchette*, qui appartenait en 1388 au chapitre Notre-Dame, tient-elle son nom de la rue, ou le lui a-t-elle donné?

HUCHETTE. (Rue de la) *Voyez* rue du Parvis.

HUGUETIN-LE-FAUCHE. (Rue) *Voyez* rue de la Croix-Blanche.

HUGUES (La ruelle allant aux chambres de Maître) conduisait de la rue de la Tannerie à la Seine.

Cette ruelle, dont Corrozet fait mention, conduisait à des

moulins appartenant en 1307 à *maître Hugues Restoré,* dont elle avait retenu le nom.

HUGUES. (Rue Saint-) *Commence* rue Bailly, et *finit* rue Royale. Les numéros sont *noirs;* le dernier impair est 5, et le dernier pair 6. — 6ᵉ Arrondissement.

Elle fut ouverte en 1765, en même temps que le marché Saint-Martin, sur une portion de terrain appartenant à l'abbaye Saint-Martin; elle porte le nom de *saint Hugues,* abbé de Cluny, qui fut chargé en 1079 de substituer dans cette abbaye les religieux de son ordre aux chanoines qui y étaient auparavant.

HUIDELON (La porte Nicolas-) était située rue Beaubourg, près des rues Michel-le-Comte et Grenier-Saint-Lazare.

Elle faisait partie de l'enceinte de Philippe-Auguste.

HUNGART. (Rue) *Voyez* rue Ogniard.

HUREPOIX. (Rue du) *Voyez* quai des Augustins.

HURLEUR. (Rue du Grand-) *Commence* rue Saint-Martin, et *finit* rue Bourg-l'Abbé. Les numéros sont *rouges;* le dernier impair est 33, et le dernier pair 26. — 6ᵉ Arrondissement.

Nous ne pouvons découvrir d'une manière certaine l'étymologie du nom de *Hurleur,* que l'on a écrit de différentes manières, car on trouve *Heuleu, Huleu, Hue-Leu.* Les rues du *Grand* et du *Petit-Hurleur* son situées vers le milieu de l'ancien Bourg-l'Abbé, au-delà des murs de l'enceinte de Philippe-Auguste. Quelques-uns prétendent que ce quartier étant habité par des filles publiques, on *huait* ceux qui entraient dans ces rues; d'autres croient que ce nom vient d'un particulier nommé *Hue Leu* (ou Hugues Loup) qui vivait au douzième siècle, et était frère de Clémence, abbesse d'Hières. En 1253 elle est désignée sous le nom de *Heuleu* et *Huleu;* quelques vieux titres la nomment du *Pet* et des *Innocens,* autrement dite du *Grand-Heuleu.*

HURLEUR. (Rue du Petit-) *Commence* rue Bourg-l'Abbé, et *finit* rue Saint-Denis. Les numéros sont *rouges;* le dernier impair est 7, et le dernier pair 14. — 6ᵉ Arrondissement.

En 1242, 1265, 1313, et même en 1540, c'était la rue *Jean-Palée* ou rue *Palée,* nom qu'elle tenait sans doute de *Jean Palée,* fondateur de l'hôpital de la Trinité, à une petite distance de cette rue. Quant au nom de *Hurleur*, elle l'aura pris de la proximité de la rue du *Grand-Hurleur*. *Voyez* l'article précédent.

HYACINTHE. (Ruelle) *Commence* quai de la Grève, n° 6 et 8, et *finit* rue de la Mortellerie, n° 75 et 77. Pas de numéros. — 9° Arrondissement.

HYACINTHE-SAINT-HONORÉ. (Rue Saint-) *Commence* rue de la Sourdière, et *finit* rue du Marché-des-Jacobins. Les numéros sont *rouges*; le dernier impair est 3, et le dernier pair 8. — 2° Arrond.

Elle doit son nom à sa proximité du couvent des Jacobins, dont *saint Hyacinthe* est un des principaux saints. Par la démolition du couvent des Jacobins, vers l'an 1797, elle fut ouverte et transformée en rue; auparavant ce n'était qu'un cul-de-sac.

HYACINTHE-SAINT-MICHEL. (Rue Saint-) *Commence* place Saint-Michel et rue de la Harpe, et *finit* rue Saint-Jacques. Les numéros sont *noirs*; le dernier impair est 35, et le dernier pair 34. — 11° Arrond.

Elle fut bâtie sur l'emplacement des *fossés* de l'enceinte de Philippe-Auguste, et se nomma d'abord *sur le Rempart*; ensuite des *Fossés* et des *Fossés-Saint-Michel*. Les Jacobins ayant fait construire des maisons du côté de leur clos, elle prit alors le nom de *saint Hyacinthe*, l'un des principaux saints de ces religieux. L'ancien parloir aux Bourgeois y était anciennement situé du côté de la rue des Grès.

HYACINTHE. (Passage Saint-) De la rue Saint-Hyacinthe-Saint-Michel, n° 10 et 12, à celle Saint-Thomas, n° 12. — 11° Arrondissement.

Ainsi nommé à cause de la rue Saint-Hyacinthe, où il aboutit.

I.

IÉNA. (Rue d') *Commence* quai des Invalides, et *finit* rue de Grenelle et esplanade des Invalides. Les numéros sont *noirs*; le dernier impair est 19; l'autre côté est formé par l'esplanade des Invalides. — 10° Arrondissement.

Ce nom lui fut donné en 1806, en mémoire de la célèbre bataille d'*Iéna*, gagnée le 14 octobre de la même année par l'Empereur des Français sur l'armée prussienne. Cette rue, qui n'est bâtie que d'un côté, n'avait point encore reçu de nom auparavant.

IÉNA. (Place d') *Commence* quais de l'Ecole et du Louvre, et *finit* rues d'Angeviller et des Poulies. Les numéros sont *noirs*. Pas de numéros impairs; le dernier pair est 24. — 4ᵉ Arrondissement.

En 1300 et 1313 on nomme *Osteriche* une rue qui passait devant l'ancien Louvre et aboutissait au quai; on l'a nommée depuis, ainsi que le quartier, *Autraiche, Autriche, Autruche.* C'est dans cette rue, en face de la grande porte du Louvre, qu'était le palais dit le *Petit-Bourbon*, parce qu'il était la résidence des ducs de *Bourbon;* c'est pourquoi la rue d'Autriche prit par la suite le nom de *Petit-Bourbon*, qu'elle a porté jusqu'en 1792. Ce palais, bâti au treizième siècle, fut en partie démoli en 1527. En 1650 la chapelle et la galerie existaient encore : Louis XIV en ordonna la démolition en 1665, lorsqu'il jeta les fondemens de la colonade du Louvre. En 1806 on lui donna le nom de place d'*Iéna. Voy.* pour l'étymologie rue d'*Iéna.*

IÉNA, (Pont d') en face du champ de Mars, de l'école Militaire et de l'emplacement où sera le palais du roi de Rome. — Le côté du champ de Mars est du 10ᵉ Arrondissement, et le côté de la barrière de Passy du 1ᵉʳ.

Ce beau pont, commencé en 1806, est presque entièrement achevé. Les gens de pied y passent dès le commencement de 1812. *Voyez* pour l'étymologie la rue d'*Iéna* ci-dessus.

IGNY (La rue au Seigneur-d') était située près des rues de Cluny et des Poirées.

Nous pensons que cette rue, dont Guillot fait mention en 1300, a été détruite lorsque l'on bâtit la Sorbonne.

ÎLES DU PALAIS, SAINT-LOUIS, LOUVIERS, etc. *Voyez* leurs noms particuliers.

IMAGE. (Rue de l') *Voyez* rue Haute-des-Ursins.

IMPÉRATRICE, (Théâtre de l') en face de la rue de l'Odéon. — 11ᵉ Arrondissement.

Cet édifice, construit en 1781 sur une partie de l'emplacement de l'hôtel Condé, d'après les dessins de MM. Peyre aîné et Wailly, architectes, se nommait alors *Comédie-Française, théâtre Français*, parce qu'il fut la salle de spectacle de la comédie Française de 1782 à 1799, qu'il fut incendié.

(*Voyez* théâtre Français.) Il fut depuis nommé *Odéon*, à l'imitation de l'*Odéon* d'Athènes. En 1807 il fut réparé par Chalgrin, architecte, et les comédiens de l'*Impératrice* s'y installèrent en 1808.

PRIX DES PLACES en 1812.	Avant-Scène et Premières de face..	6 f.	
	Premières de côté, Rez-de-Chaussée.	4	
	Orchestre et Galeries...........	3	
	Secondes....................	2	50 c.
	Troisièmes et Cintre...........	1	50
	Parterre....................	1	30
	Amphithéâtre...............	1	

IMPÉRATRICE, (Ancien théâtre de l') dit aussi *théâtre Louvois*, rue Louvois, n° 8. — 2ᵉ Arrond.

Ce théâtre, construit à la fin du siècle dernier, sur les dessins de M. Brongniard, architecte, servit de salle de spectacle aux comédiens de l'*Impératrice* jusqu'en 1808, qu'ils s'installèrent à l'ancien théâtre Français. (*Voyez* l'article précédent.) C'est à présent le magasin de l'Académie impériale de Musique, qui y communique depuis peu par un pont en fer qui traverse la rue Louvois.

IMPÉRIAL, (Lycée) rue Saint-Jacques, n° 123. — 12ᵉ Arrondissement.

C'était originairement un grand hôtel nommé la *cour de Langres*, où Guillaume Duprat, évêque de *Clermont*, y avait fondé le collége de *Clermont* en 1560. Les jésuites, l'ayant acquis en 1563, en firent un collége que l'on nomma de *Clermont de la société de Jésus*; il fut agrandi en 1578 et 1582, reconstruit en 1628, et de nouveau agrandi en 1682, par l'acquisition du collége du Mans. Les libéralités de Louis XIV envers cet établissement le firent nommer en 1681 de *Louis-le-Grand*, nom qu'il porta jusqu'en 1792. A cette époque on le nomma *collége de l'Egalité;* en 1800 *Prytanée*, et en 1802 *Lycée impérial.*

IMPÉRIALE. (Rue) *Commence* place d'Austerlitz, et *finit* place du Carrousel. Pas de numéros. — 1ᵉʳ Arrondissement.

Elle fut percée en 1808 pour établir une communication directe entre les palais du Louvre et des Tuileries, en attendant que l'on fasse disparaître toutes les maisons qui existent encore entre ces deux palais.

On parle du projet d'une rue *impériale* digne de la grande capitale; elle se dirigerait en droite ligne de la colonnade du Louvre à la place de la Bastille, et de cette place, en faisant un angle peu sensible, à la barrière de Vincennes.

15

IMPÉRIALE, (Bibliothèque) rue Richelieu, n° 58. —
2° Arrondissement.

Cet édifice fut disposé en 1721 pour recevoir la bibliothèque
royale; c'était auparavant l'*hôtel de la Banque*, et plus anciennement l'hôtel de Nevers.

Saint Louis, en 1255, avait fait copier un grand nombre de
manuscrits des saintes Écritures et des saints pères, et les avait
placés au trésor de la Sainte-Chapelle, où les gens de lettres
pouvaient les consulter. Ce prince par son testament laissa
cette bibliothèque aux Jacobins, aux Cordeliers et à l'abbaye
de Royaumont, qui en firent le partage. Le roi Jean, qui régna
de 1350 à 1364, n'avait que *six volumes* d'histoire de sciences,
et *trois ou quatre de dévotion;* le président Hénault dit qu'il
avait à peine *vingt volumes*. Charles V, son fils, possédait en
1373 *neuf cent dix volumes*, qu'il avait fait placer dans une des
tours du Louvre, que l'on nomma *tour de la Librairie*. On dit
que le duc de Bedfort, qui prenait le titre de régent du royaume
pour le roi d'Angleterre, de 1422 à 1427, acheta cette bibliothèque,
et la fit transporter à Londres. Louis XI, dont le règne commença en 1461, à l'époque où parurent les premiers livres imprimés, en fit une collection. En 1544, vers la fin du règne de
François Ier, la bibliothèque royale, qui avait appartenu au
duc d'Orléans, était à Blois, et contenait *dix-huit cent quatre-
vingt-dix volumes;* elle fut ensuite transportée à Fontainebleau.
En 1556 on présenta à Henri II un projet à l'effet d'ordonner aux
libraires de fournir à sa bibliothèque un exemplaire en vélin et
relié de chaque livre dont on leur accordait le privilége; en
1599 Henri IV fit réunir la bibliothèque de Catherine de Médicis à la bibliothèque royale, qui était déjà au collége de Clermont, où est maintenant le Lycée impérial; en 1604 elle fut
placée au couvent des Cordeliers, et quelques années après rue
de la Harpe, entre l'église Saint-Côme et le collége de Justice,
dans une maison dépendant de ce couvent; en 1617 Louis XIII
ordonna qu'il serait déposé à cette bibliothèque trois exemplaires
de chaque ouvrage qui paraîtrait. Vers le milieu du règne de
Louis XIII on y comptait *quatre mille manuscrits*, et moins de
livres imprimés; en 1661, sous Louis XIV, elle contenait *six
mille quatre-vingt-huit manuscrits* et *dix mille six cent cin-
quante-huit livres imprimés*, et à la fin de son règne, en 1715,
soixante-dix mille volumes. En 1666 elle fut, par les ordres de
Colbert, transportée de la rue de la Harpe vers le milieu de la
rue Vivienne, presque en face de l'arcade Colbert, d'où elle a
été transférée en 1721 et années suivantes où elle est maintenant.
A cette époque on y voyait *soixante-dix mille volumes imprimés*, et *douze mille manuscrits;* en 1779 le nombre des volumes
imprimés s'était élevé à *cent cinquante mille*, et celui des ma-

nuscrits à *cinquante mille*. Elle contient aujourd'hui au moins trois cent mille *volumes imprimés*, et *soixante-dix mille manuscrits*.

Près de cette immense collection de livres, la plus riche et la plus nombreuse du monde, sont deux conservateurs-administrateurs pour les livres imprimés, trois pour les manuscrits, deux pour les médailles antiques et les pierres gravées, et un pour les estampes et planches gravées; une école spéciale pour le persan et malay, pour l'arabe vulgaire et littéral, pour le turc et tartare de Crimée, et un cours d'archéologie (discours sur les monumens antiques).

Elle est ouverte pour les lecteurs de dix heures à deux heures, les dimanches et fêtes exceptés, et pour les curieux les mardis et vendredis aux mêmes heures. Il y a vacance du 1er septembre au 15 octobre.

INCURABLES-HOMMES, (L'hospice des) rue du Faubourg-Saint-Martin, n° 166. — 5ᵉ Arrondissement.

Cet établissement est destiné aux *hommes* indigens attaqués d'infirmités graves ou *incurables*. C'était l'église et le couvent des religieux *Récollets*, qui s'y établirent en 1603, et qui furent en 1790 supprimés en France.

INCURABLES-FEMMES, (L'hospice des) rue de Sèvres, n° 54. — 10ᵉ Arrondissement.

On y reçoit les *femmes* indigentes affligées d'infirmités graves ou *incurables*. Il fut fondé en 1637 par le cardinal de la Rochefoucault et autres bienfaiteurs.

INDIVISIBILITÉ. (Place de l') *Voyez* place des Vosges.

INNOCENS (L'église des Saints-) était située place du Marché-des-Innocens, en face de la rue Aubry-le-Boucher.

Il paraît que cette église fut bâtie vers le commencement du douzième siècle : Jaillot présume qu'il existait déjà alors en cet endroit une chapelle dédiée aux saints Innocens : elle fut reconstruite en 1445, et démolie en 1785.

INNOCENS. (Le cimetière des Saints-) *Voyez* place du Marché-des-Innocens.

INNOCENS. (Rue des) *Voyez* rue du Grand-Hurleur.

INNOCENS. (Rue des Saints-) *Voyez* rue Saint-Denis.

INNOCENS. (Place du Marché-des-) Commence rue Saint-Denis, et *finit* marché aux Porées et rue de la Lingerie. Les numéros sont *rouges*; le dernier im-

pair est 25, et le dernier pair 5o. — 4ᵉ Arrondissement.

Elle a été formée par la démolition de l'église et du cimetière des Innocens, dont elle a retenu le nom, et par la suppression de la moitié des rues aux Fers et de la Lingerie, et d'une portion de la rue Saint-Denis. La rue aux *Fers* se nommait, vers l'an 1300, au *Fèvre* : ce nom a varié; on le trouve écrit, en divers temps, aux *Fers*, au *Ferre*, aux *Fèvres*, au *Feure*, et du *Fouarre*.

INNOCENS, (Le marché des) sur la place du Marché-des Innocens. — 4ᵉ Arrondissement.

On y vend *en gros* des fruits, légumes et herbages le matin, et le reste de la journée *en détail*.

INNOCENS, (La fontaine des) au milieu de la place du Marché-des-Innocens. — 4ᵉ Arrondissement.

Cette fontaine, d'un goût exquis, due au ciseau de Jean Goujon en 1551, était autrefois au coin de cette place et des rues Saint-Denis et aux Fers, et n'avait alors que trois arcades; elle fut transportée au milieu de cette place vers l'an 1785, lorsque l'église des Saints-Innocens fut démolie, et l'on y ajouta à cette époque une arcade dont les sculptures, imitées de Jean Goujon, sont de M. Pajou. En 1788 on la décora en y ajoutant les bassins et les lions. L'eau, qui s'élance et tombe en superbes cascades, vient du canal de l'Ourcq.

INNOCENS. (Passage du Charnier-des-) De la rue Saint-Denis à celle de la Lingerie, et longeant la place du Marché-des-Innocens, sous les maisons. — 4ᵉ Arrondissement.

Il prend son nom du charnier des Innocens, qui y était autrefois situé.

INSTITUTION DES PÈRES DE L'ORATOIRE. *Voyez* hospice de la Maternité.

INSTRUCTION-CHRÉTIENNE. (Les Filles de l') *Voyez* le séminaire Saint-Sulpice.

INVALIDES, (Hôtel impérial des) entre les rues de Grenelle-Saint-Germain et de Grenelle-Gros-Caillou. — 10ᵉ Arrondissement.

Cet édifice magnifique, l'un des chefs-d'œuvres de l'architecture française, commencé en 1671, sous le règne de Louis XIV, exécuté d'après les dessins de Libéral Bruant, fut achevé par Jules Hardouin Mansard, à qui l'on doit le dôme, qui ne fut terminé qu'en 1706, après trente ans de travail. Le mausolée et les restes de Turenne furent en 1800 apportés dans cette église.

INVALIDES, (Bibliothèque des) à l'hôtel des Invalides.

Elle est composée d'environ vingt mille volumes, et ouverte tous les jours aux militaires *invalides*, les dimanches et fêtes exceptés, depuis neuf heures jusqu'à trois.

INVALIDES (La cour impériale des) est la grande cour entourée de portiques et d'arcades, en face de l'église.

INVALIDES, (Place des) entre l'hôtel et l'esplanade.— 10ᵉ Arrondissement.

INVALIDES, (Place de l'Esplanade-des-) entre la place des Invalides, la Seine et les rues d'Austerlitz et d'Iéna. — 10ᵉ Arrondissement.

Cette vaste esplanade est entourée d'arbres à l'est et à l'ouest. On remarque au milieu une fontaine exécutée en 1804, sur les dessins de M. Trepsat, au haut de laquelle on a placé le lion de Saint-Marc, apporté de Venise.

INVALIDES. (Boulevart des) *Commence* rue de Grenelle-Saint-Germain, et *finit* rue de Sèvres. Les numéros sont *noirs*; le dernier impair est 31, et le dernier pair 18. — 10ᵉ Arrondissement.

Il tient son nom de sa proximité de l'hôtel des *Invalides* : on acheva de le planter en 1761, ainsi que tous les boulevarts du midi. Au nº 16 est l'hôtel Richepanse.

INVALIDES. (Quai des) *Commence* pont de la Concorde et rue de Bourgogne, et *finit* pont d'Iéna. — 10ᵉ Arrondissement.

On travaille avec activité à le construire; il est maintenant (juin 1812) achevé jusqu'en face de la rue de la Boucherie-des-Invalides. Un décret du 21 mars 1812 ordonne que les palais de l'Université et de l'école des Beaux-Arts seront construits entre le pont de la Concorde et celui d'Iéna, sur le *quai de la rive gauche de la Seine*. Nous le nommons *quai des Invalides*, en attendant que le Gouvernement confirme ou change ce nom.

INVALIDES, (Port des) quai des Invalides. — 10ᵉ Arrondissement.

Il sert au tirage de bois flotté et aux déchargemens de fourrages.

IRAIGNE. (Rue de l') *Voyez* rue de la Triperie.

IRLANDAIS. (Rue des) *Commence* rue de la Vieille-Estrapade, et *finit* rue des Postes. Les numéros sont *noirs*; le dernier impair est 3, et le seul pair 2. — 12° Arrondissement.

Son premier nom est du *Cheval-Vert*, qui lui venait d'une enseigne. Le nom qu'elle porte lui a été donné depuis quelques années à cause du collége des *Irlandais*, qui y est situé. *Voyez* l'article suivant.

IRLANDAIS, ANGLAIS ET ÉCOSSAIS RÉUNIS, (Collége des) rue des Irlandais, n° 3. — 12° Arrondissement.

Ce collége, établi par arrêtés du 19 fructidor an 9, 24 vendémiaire an 11, 3 messidor an 11, et 28 floréal an 13, est sous la surveillance de l'Université par décision de l'Empereur du 11 décembre 1808.

ISSY. (Le chemin d') *Voyez* rue d'Enfer.

ITALIE. (Barrière d') — 12° Arrondissement.

Elle a porté le nom de *Moufetard* parce qu'elle est à l'extrémité de la rue de ce nom, et celui de *Fontainebleau* parce que l'on sort par cette barrière pour aller dans cette ville : le nom qu'elle porte lui fut donné depuis quelques années, parce qu'elle est sur la direction de l'*Italie*. Elle est décorée de deux bâtimens élégans, ayant chacun cinq arcades de face avec colonnes.

ITALIENS. (Théâtre des Comédiens-) *Voyez* Opéra-Comique.

ITALIENS. (Boulevart des) *Commence* rues Richelieu et Grange-Batelière, et *finit* rues de la Place-Vendôme et du Mont-Blanc. Les numéros sont *rouges*; le dernier impair est 27, et le dernier pair 28. — 2° Arrondissement.

Son premier nom est *boulevart du Dépôt*, parce que le *dépôt* des gardes Françaises y fut placé en 1764, au coin de la rue du Mont-Blanc; il prit celui qu'il porte parce que le théâtre des *Italiens* y fut construit en 1782, sur les dessins d'Heurtier. (*Voyez* théâtre de l'Opéra-Comique.) Au n° 25 sont les bains Chinois, et au n° 27 le pavillon d'Hanovre.

ITALIENS, (Place des) entre les rues Grétry, Marivaux et Favart. Les numéros appartiennent à ces trois rues, excepté le n° 1 *rouge*. — 2° Arrondissement.

Ainsi nommé parce qu'il est en face du théâtre des *Italiens*, nommé depuis Opéra-Comique.

IVRY. (Rue d') *Commence* rue du Banquier, et *finit* boulevart de l'Hôpital. Un seul numéro *noir*, qui est 1. — 12ᵉ Arrondissement.

Petite rue nouvellement percée, qui conduit à la barrière par laquelle on sort pour aller au village d'*Ivry*.

IVRY. (Barrière d') — 12ᵉ Arrondissement.

Cette barrière, qui n'est encore décorée d'aucun bâtiment, porte ce nom parce que c'est par-là que l'on sort pour aller à *Ivry*.

IVRY. (Le vieux chemin d') *Voyez* quai Saint-Bernard.

J.

JACINTHE. (Rue) *Commence* rue des Trois-Portes, et *finit* rue Galande. Les numéros sont *noirs*; le dernier impair est 3, et le dernier pair 4. — 12ᵉ Arrondissement.

On la trouve au quatorzième siècle sous le nom de ruelle *Augustin*. Nous ignorons d'où lui vient le nom de *Jacinthe*.

JACOB. (Rue) *Commence* rues Bonaparte et des Petits-Augustins, et *finit* rue des Saints-Pères. Les numéros sont *rouges*; le dernier impair est 25, et le dernier pair 28. — 10ᵉ Arrondissement.

Elle doit son nom à l'autel *Jacob*, que la reine Marguerite de Valois, première femme de Henri IV, avait fait vœu d'ériger; vœu qui fut accompli par la construction du couvent et de l'église des Petits-Augustins : cette rue fut bâtie à cette époque. Le plan de Bullet la nomme du *Bon-Jacob*.

JACOBINS, (Le couvent des) rue des Grès, n° 11.

Ce fut en 1218 que ces religieux, *frères prêcheurs Dominicains*, connus sous le nom de *Jacobins*, dont quelques-uns étaient déjà à Paris dès l'année précédente, se logèrent près des murs de la ville, dans l'hôpital du doyen de Saint-Quentin. Dans cet hôpital il y avait une chapelle sous l'invocation de *saint Jacques*, d'où les *Jacobins* et la rue *Saint-Jacques* ont tiré leur nom. Saint Louis fit achever l'église qu'ils avaient commencée, et en 1556 le cloître fut reconstruit. Cet ordre ayant été supprimé en France en 1790, les bâtimens depuis cette époque appartiennent au Gouvernement, et n'ont encore aucune destination.

JACOBINS. (Passage des) *Voyez* rue des Grès.

JACOBINS (Le couvent des) était situé rue Saint-Honoré, où est maintenant le marché des Jacobins.

En 1611 l'on commença à construire le couvent et l'église de ces religieux, qui furent supprimés en 1790. L'église fut le lieu des séances du fameux club dit des *Jacobins*, en 1792, 1793 et 1794, jusqu'au 27 juillet (veille de la mort de Robespierre), qu'il fut fermé par Legendre, membre de la Convention.

JACOBINS. (Rue du Marché-des-) *Commence* rue Saint-Honoré, et *finit* rue Neuve-des-Petits-Champs. Les numéros sont *noirs;* le dernier impair est 3, et le dernier pair 6. — 2ᵉ Arrondissement.

Cette rue, qui traverse le marché des Jacobins, percée il y a quelques années sur l'emplacement du couvent des *Jacobins*, en a pris le nom. *Voyez* l'article précédent.

JACOBINS, (Marché des) rue du Marché-des-Jacobins. — 2ᵉ Arrondissement.

Il tient tous les jours, et porte ce nom parce qu'il fut construit, il y a quelques années, sur l'emplacement du couvent des *Jacobins*. On y voit une fontaine dont les eaux proviennent de la pompe à feu de Chaillot.

JACOBINS. (Couvent et église des) *Voyez* l'église Saint-Thomas-d'Aquin.

JACOBINS. (Passage des) *Voy*. rue Saint-Thomas-d'Aquin.

JACOBINS-RÉFORMÉS. (Rue des) *Voyez* rue des Saints-Pères.

JACQUES. (Rue Saint-) *Commence* rues Saint-Severin et Galande, et *finit* rues de la Bourbe et des Capucins. Les numéros sont *noirs;* le dernier impair est 309, et le dernier pair 358. — Les impairs du n° 1 à 309, et les pairs du n° 204 à 358, sont du 12ᵉ Arrondissement; les numéros pairs de 2 à 202 sont du 11ᵉ.

Au douzième siècle c'était la *Grand'rue* et *grand'rue du Petit-Pont;* au treizième siècle elle porta en ses diverses parties les noms de grand'rue *Saint-Jacques des Prêcheurs* (c'est à dire des Jacobins), grand'rue *Saint-Etienne-des-Grès*, grand'rue *près Saint-Benoît-le-Bestournet*, grand'rue *près du chevet de l'église Saint-Severin*, grand'rue *outre Petit-Pont*, grand'rue *vers Saint-Mathelin*, grand'rue *Saint-Benoît*, etc., enfin grand'rue *Saint-Jacques*, nom qu'elle tient de la chapelle *Saint-Jacques*, où les religieux Dominicains, frères prêcheurs (dits depuis *Jacobins* à cause de cette chapelle), s'établirent en 1218. Ce n'est que depuis peu d'années que ce nom lui a été donné jusqu'à la rue de la Bourbe; elle ne le portait auparavant que jusqu'aux rues Saint-Hyacinthe et des Fossés-Saint-Jacques. Au n° 2 est la fontaine Saint-Severin, bâtie en 1624, et alimentée par la pompe Notre-Dame; au n° 254 l'institution des Sourds et Muets; au n° 262 les bureaux de la mairie du douzième arrondissement, et entre les n°s 284 et 286 la fontaine des Carmelites, alimentée par les eaux d'Arcueil.

JACQUES. (Rue du Faubourg-Saint-) *Commence* rues des Capucins et de la Bourbe, et *finit* boulevart Saint-Jacques. Les numéros sont *noirs*; le dernier impair est 59, et le dernier pair 36. — 12° Arrondissement.

Une chapelle de *saint Jacques* (*voyez* rue Saint-Jacques) ayant donné son nom, au treizième siècle, à la rue *Saint-Jacques*, cette rue, qui la prolonge dans le faubourg, prit le même nom; elle commençait aux rues Saint-Hyacinthe et des Fossés-Saint-Jacques, à l'endroit où était la porte Saint-Jacques : depuis quelques années on la fait commencer seulement aux rues des Capucins et de la Bourbe.

JACQUES. (Rue des Fossés-Saint-) *Commence* rue Saint-Jacques, et *finit* rues de la Vieille-Estrapade et des Postes. Les numéros sont *noirs*; le dernier impair est 19, et le dernier pair 34. — 12° Arrondissement.

Elle fut bâtie sur les *fossés* du quartier *Saint-Jacques* qui entouraient les murs de clôture de Philippe-Auguste. Au n° 32 est une caserne.

JACQUES. (Boulevart Saint-) *Commence* barrière de l'Oursine et rue de la Glacière, et *finit* rue et barrière d'Enfer. Les numéros sont *noirs*; le dernier impair est 5, et le dernier pair 16. — 12° Arrondissement.

On acheva de planter ce boulevart en 1761, ainsi que les autres boulevarts du midi. Son nom lui vient de la rue du Faubourg et du faubourg *Saint-Jacques*, à l'extrémité desquels il est situé.

JACQUES. (Barrière Saint-) *Voyez* barrière d'Arcueil.

JACQUES (La porte Saint-) était située rue Saint-Jacques, entre les rues Saint-Hyacinthe et des Fossés-Saint-Jacques.

Cette porte, construite vers l'an 1200, qui tenait son nom de la rue où elle était située, et qui faisait partie de l'enceinte de Philippe-Auguste, fut abattue en 1684.

JACQUES-LA-BOUCHERIE, (L'église Saint-) rue des Arcis. — 6° Arrondissement.

On ignore l'époque de la fondation de cette église; elle était déjà paroisse au commencement du douzième siècle : le surnom de la *Boucherie* lui est venu du voisinage de la grande *Boucherie*, ou parce que ce quartier était principalement habité par des *bouchers*. L'église a été construite sous le règne de François Ier, et démolie au commencement de la révolution ; la tour existe encore, et appartient à un particulier.

JACQUES-LA-BOUCHERIE. (Rue Saint-) *Commence* rues Planche-Mibray et des Arcis, et *finit* rue Saint-Denis. Les numéros sont *rouges* ; le dernier impair est 41, et le dernier pair 52. — Les numéros impairs sont du 7e Arrondissement, et les pairs du 6e.

En 1300, 1313 et 1364 elle portait déjà ce nom, quoique vers la fin de ce même siècle on la trouve aussi nommée de la *Vannerie*, parce que l'on ne la distinguait pas de cette dernière rue, qu'elle prolonge. Quelques titres anciens la nomment la *grande Boucherie*, parce que la *grande boucherie* y était située. Son nom lui vient de cette *grande boucherie* et de la proximité de l'église *Saint-Jacques*.

JACQUES-LA-BOUCHERIE. (Place Saint-) Du passage Saint-Jacques-la-Boucherie à la rue des Ecrivains. Les numéros sont *noirs* ; le dernier impair est 9, et le dernier pair 4. — 6e Arrondissement.

Elle doit son nom à l'église *Saint-Jacques-la-Boucherie*, dont la tour existe encore.

JACQUES-LA-BOUCHERIE. (Passage Saint-) De la rue Saint-Jacques-la-Boucherie, n° 12, à la place Saint-Jacques-la-Boucherie. — 6e Arrondissement.

Même étymologie que l'article précédent.

JACQUES. (Rue du Porche-Saint-) *Voy.* rue du Crucifix.

JACQUES-DU-HAUT-PAS, (L'église Saint-) rue Saint-Jacques, entre les n°s 252 et 254. — 12e Arrondissement.

Cette église, qui est maintenant la seconde succursale de la paroisse Saint-Etienne-du-Mont, était un hôpital en 1320 ; elle fut érigée en paroisse en 1666 : l'édifice que nous voyons fut commencé en 1630, et achevé en 1684, sur les dessins de Gittard.

JACQUES-DU-HAUT-PAS. (Ruelle Saint-) *Voyez* rue des Deux-Eglises.

JACQUES-L'HOPITAL, (L'église Saint-) au coin

de la rue Saint-Denis, n° 193, et de celle Mauconseil, n° 1.

Cette église et l'hôpital attenant furent construits vers l'an 1320 pour y recevoir les pélerins qui feraient le voyage de *Saint-Jacques* de Compostelle, ou qui en reviendraient, ainsi que les pauvres passans. L'église, qui ne sert plus au culte, est maintenant occupée par un magasin de bouteilles et un d'épicerie.

JACQUES-L'HOPITAL. (Cloître et passage Saint-) De la rue Mauconseil, n°ˢ 1 et 13, à la rue du Cygne, n°ˢ 10 et 26. — 5ᵉ Arrondissement.

Pour l'étymologie *voyez* l'article précédent.

JACQUES. (Vieille rue Saint-) *Voyez* rue Censier.

JAQUELINE-D'ÉPERNON. (Le clos) *Voyez* rue de Carême-Prenant.

JARDINET. (Rue du) *Commence* rue Mignon, et *finit* cul-de-sac de la Cour-Rohan et rue de l'Eperon. Les numéros sont *rouges*; le dernier impair est 13, et le dernier pair 12. — 11ᵉ Arrondissement.

Elle se prolongeait anciennement jusqu'à la rue Haute-Feuille, et la partie qui n'existe plus se nommait des *Petits-Champs* (il paraît que c'est la rue du *Champ-Petit*, nommée par Guillot vers l'an 1300); on donna ensuite ce nom à la rue entière : depuis on la nomma de l'*Escureul* et des *Escureux*. Le nom qu'elle porte aujourd'hui lui vient sans doute du *jardin* de l'hôtel et collége de Vendôme, qui était situé entre cette rue et celle du Battoir.

JARDINET. (Cul-de-sac du Petit-) *Voyez* cul-de-sac Saint-Bernard.

JARDINIERS, (Ruelle des) rue de Charenton, entre les n°ˢ 172 et 174. — 8ᵉ Arrondissement.

C'est un chemin tracé sur des *jardins* ou marais.

JARDINIERS, (Cul-de-sac des) rue Amelot. Pas de numéros. — 8ᵉ Arrondissement.

JARDINS DIVERS. *Voyez* leurs noms particuliers.

JARDINS. (Rue des) *Commence* rue des Prêtres-Saint-Paul, et *finit* rue des Barrés. Les numéros sont *noirs*; le dernier impair est 35, et le dernier pair 22. — 9ᵉ Arrondissement.

Elle existait déjà sous ce nom au treizième siècle; elle a

été ouverte sur des *jardins* qui aboutissaient aux murs de l'enceinte de Philippe-Auguste.

JARDINS. (Rues des) *Voyez* rues des Billettes, de la Feuillade, de l'Arche-Marion, de Paradis-au-Marais et du Pot-de-Fer-Saint-Sulpice.

JARENTE. (Rue) *Commence* rue de l'Egout-Sainte-Catherine, et *finit* rue Culture-Sainte-Catherine. Les numéros sont *rouges*; le dernier impair est 9, et le dernier pair 14. — 8ᵉ Arrondissement.

Rue percée vers l'an 1784, sur l'emplacement des bâtimens et jardins de Sainte-Catherine du Val-des-Ecoliers, lorsque l'on travaillait à la construction du marché Sainte-Catherine.

JAVIAUX. (L'île des) *Voyez* l'île Louviers.

JEAN (L'église Saint-) était située rue du Martroi, derrière l'hôtel de Ville.

Elle était primitivement la chapelle *baptismale* de la paroisse Saint-Gervais; elle fut érigée en paroisse en 1212, agrandie en 1255, 1326 et 1735. Elle fut démolie au commencement de la révolution, et son emplacement a servi a étendre les bâtimens qui dépendent de l'hôtel-de-ville.

JEAN-EN-GRÈVE. (Rue Saint-) *Voyez* rue du Martroi.

JEAN. (Rue du Chevet-Saint-) *Voyez* rues du Martroi et du Sanhédrin.

JEAN. (Rue du Cloître-Saint-) *Voyez* rue du Sanhédrin.

JEAN-SUR-LA-RIVIÈRE. (Rue Saint-) *Voy.* rue du Martroi.

JEAN-VOIE-A-PORTE. (Ruelle Qui-de-Saint-) *Voyez* rue du Sanhédrin.

JEAN. (Place du Marché-Saint-) *Commence* rue Regnault-Lefèvre, et *finit* rues de Bercy et de la Verrerie. Les numéros sont *noirs*; le dernier impair est 37, et le dernier pair 24. — 7ᵉ Arrondissement.

En 1280 c'était le *Cimetière Saint-Jean;* en 1300 place *du vieux Cimetière-Saint-Jean;* en 1313 il y avait déjà un *marché* sur cette place. Nous ignorons à quelle époque cet endroit cessa de servir à la sépulture des paroissiens de l'église *Saint-Jean.*

JEAN, (Marché Saint-) sur la place du Marché-Saint-Jean, entre la place Baudoyer et la rue de la Verrerie. — 7ᵉ Arrondissement.

Ce marché, qui tient tous les jours, existait déjà en 1318.

(*Voyez* l'article précédent.) Au milieu est une fontaine alimentée par la pompe Notre-Dame.

JEAN. (Le vieux cimetière Saint-) *Voy.* place du Marché-Saint-Jean.

JEAN-AU-GROS-CAILLOU. (Rue Saint-) *Commence* rue de l'Université, et *finit* rue Saint-Dominique-Gros-Caillou. Les numéros sont *noirs*; le dernier impair est 5, et le dernier pair 14. — 10ᵉ Arrondissement.

Elle se nomma d'abord des *Cygnes*, parce qu'elle conduisait à l'île des *Cygnes*; le nom de *Saint-Jean* lui fut donné en 1738, époque où l'église Saint-Pierre, qui était près de cette rue et qui n'existe plus, fut bénite sous le titre de l'Assomption de la Vierge.

JEAN. (Rue Saint-) *Voyez* rue Censier.

JEAN. (Rue Neuve-Saint-) *Commence* rue du Faubourg-Saint-Martin, et *finit* rue du Faubourg-Saint-Denis. Les numéros sont *rouges*; le dernier impair est 17, et le dernier pair 8. — 5ᵉ Arrondissement.

Nous ignorons pourquoi l'on a donné ce nom à cette rue étroite, ouverte vers l'an 1780 sur le grand égoût.

JEAN-BAPTISTE. (Rue Saint-) *Commence* rue de la Pépinière, et *finit* rue Saint-Michel. Les numéros sont *noirs*; le dernier impair est 11, et le dernier pair 10. — 1ᵉʳ Arrondissement.

Elle fut ouverte en 1788. Nous ne savons pas à quelle occasion ce nom lui fut donné.

JEAN-DE-BEAUVAIS. (Rue Saint-) *Commence* rue des Noyers, et *finit* rues Saint-Jean-de-Latran et Saint-Hilaire. Les numéros sont *noirs*; le dernier impair est 31, et le dernier pair 42. — 12ᵉ Arrondissement.

Son premier nom est du *Clos-Bruneau*, parce qu'elle fut ouverte sur le clos de ce nom; en 1370 on la nommait déjà du *Clos-Bruneau*, autrement dite *Jean-de-Beauvais*. On croit qu'elle doit ce nom à un libraire nommé *Jean de Beauvais*, qui y demeurait près la rue des Noyers; on ignore pourquoi l'on a ajouté le mot *saint*. Le collége *Dormans-Beauvais*, qui y fut fondé en 1370, ne serait-il pas plutôt la cause de cette dénomination ?

JEAN-DE-JÉRUSALEM. (Rue Saint-) *Voy.* rue Saint-Jean-de-Latran.

JEAN-DE-LATRAN, (La commanderie de Saint-) place Cambrai, n° 2.

Les hospitaliers de Saint-Jean de Latran étaient établis en cet endroit dès l'an 1171; les *Templiers* leur succédèrent; après l'abolition de cet ordre (l'an 1312) on céda cette commanderie à l'ordre de Malte, qui en fut propriétaire jusqu'en 1792, époque de sa suppression : ces bâtimens ont été vendus à divers particuliers.

JEAN-DE-LATRAN. (Rue Saint-) *Commence* rues Saint-Jean-de-Beauvais et Fromentel, et *finit* place Cambrai. Les numéros sont *rouges;* le dernier impair est 9, et le dernier pair 8. — 12° Arrondissement.

Le plus ancien nom que l'on connaisse à cette rue est celui de *l'Hôpital,* à cause des *Hospitaliers de Saint-Jean de Jérusalem,* depuis nommés de *Saint-Jean de Latran,* qui y étaient établis dès l'an 1171. Pendant le quatorzième siècle c'était la rue *Saint-Jean-de-l'Hôpital* ou *Saint-Jean-de-Jérusalem,* ensuite *Saint-Jean-de-Latran. Voyez* aussi place *Cambrai.*

JEAN-DE-LATRAN. (Enclos et passage Saint-) De la place Cambrai, n° 2, à la rue Saint-Jean-de-Beauvais, n° 34. — 12° Arrondissement.

C'était l'enclos de la Commanderie de Saint-Jean-de-Latran. *Voyez* l'article ci-dessus.

JEAN-LE-ROND (L'église Saint-) était située cloître Notre-Dame, à l'angle septentrional du grand portail de la Cathédrale.

On ne connaît pas l'époque de la fondation de cette petite église ; elle existait déjà au commencement du douzième siècle, et servait anciennement de baptistaire à la cathédrale; son nom lui venait de sa forme *ronde.* Elle fut démolie en 1748.

JENVAU OU JOIENVAL. (Rue aux Moines-de-) *Voyez* rue des Orfèvres.

JÉROME. (Rue Saint-) *Commence* quai de Gèvres, et *finit* rues de la Vieille-Lanterne et de la Vieille-Tannerie. Un seul numéro *noir* qui est 2. — 7° Arrond.

Elle a porté le nom de *Merderet,* à cause de sa mal-propreté; celui de *Gèvres,* parce qu'elle aboutit au quai de ce nom; elle porte maintenant celui de *Saint-Jérôme,* à cause d'une statue de ce saint qui était placée à l'un de ses angles.

JÉROME. (Rue Saint-) *Voyez* rue Vivienne.

JÉRUSALEM. (Rue de) *Commence* quai des Orfèvres, et *finit* rue de Nazareth. Les numéros sont *noirs*; le dernier impair est 7; pas de numéros pairs. — 11ᵉ Arrondissement.

Cette dénomination lui vient sans doute parce que les pélerins qui allaient à *Jérusalem* ou qui en revenaient étaient logés dans cette rue; quelques-uns croient que ce nom lui a été donné parce que le palais était anciennement un asile pour les juifs. Au siècle dernier elle portait le nom de l'*Arcade*, à cause d'une *arcade* qui traverse la rue.

JÉRUSALEM, (Cul-de-sac de) rue Saint-Christophe, n° 5. Les numéros sont *noirs*; pas de numéros impairs; le dernier pair est 4. — 9ᵉ Arrondissement.

Nous ignorons à quelle occasion ce nom lui fut donné.

JÉRUSALEM. (Passage du Cul-de-sac-de-) De la rue Neuve-Notre-Dame, n° 4, au cul-de-sac de Jérusalem, n° 4. — 9ᵉ Arrondissement.

JÉSUITES. (La maison professe des) *Voyez* l'église paroissiale Saint-Louis et Saint-Paul.

JÉSUITES. (Le collége des) *Voyez* lycée Impérial.

JÉSUITES, (Maison du Noviciat-des-) rue du Pot-de-Fer, nᵒˢ 12 et 14.

Ce noviciat fut établi en cet endroit en 1610, et l'église fut construite de 1630 à 1642. Depuis la fin du siècle dernier ce sont deux maisons particulières.

JÉSUITES. (Rue des) *Voyez* rue du Pot-de-Fer-Saint-Sulpice.

JÉSUS. (Cul-de-sac du Petit-) *Voyez* cul-de-sac de l'Etoile.

JEUNEURS. (Rue des) *Commence* rues du Sentier et du Gros-Chenet, et *finit* rue Montmartre. Les numéros sont *rouges*; le dernier impair est 19, et le dernier pair 22. — 3ᵉ Arrondissement.

Elle portait déjà le nom de *Jeux-Neufs* dès l'an 1643, à cause de deux *jeux* de boules qui existaient auparavant sur cet emplacement, situé alors près la porte Montmartre; ce nom fut changé en *Jeuneurs,* et l'usage a prévalu.

JEUX-GYMNIQUES, (La salle des) boulevart Saint-Martin, entre les nᵒˢ 16 et 18, près la porte Saint-Martin. — 5ᵉ Arrondissement.

Cet édifice, bâti en 1781, fut le théâtre de l'Académie impériale de Musique, dite l'*Opéra*, jusqu'en 1794.

	Avant-Scène et Loges grillées....	4 fr.	
	Premières Loges et Loges de première Galerie..............	3	30
PRIX DES PLACES en 1812.	Première Galerie et Ceintre.....	2	50
	Orchestre, Baignoires, secondes Loges et seconde Galerie......	2	
	Parquet....................	1	20
	Amphithéâtre		75

JEUX-NEUFS. (Rue des) *Voyez* rue des Jeuneurs.

JOAILLERIE. (Rue de la) *Commence* place du Châtelet, et *finit* rue Saint-Jacques-la-Boucherie. Les numéros sont *noirs*; pas de numéros impairs; le dernier pair est 4. — Le côté sans numéros est du 4ᵉ Arrondissement, et les numéros pairs sont du 7ᵉ.

En 1300 et 1313 elle se nommait du *Chevet-Saint-Leufroi*, parce qu'elle passait près du *chevet* de la chapelle de ce nom; ensuite du *Pont-au-Change*, parce qu'elle conduit à ce pont. Après l'incendie du pont au Change, en 1621, plusieurs *joailliers* qui demeuraient sur ce pont vinrent s'établir dans cette rue, qui prit alors le nom qu'elle porte encore. Avant la démolition du grand Châtelet elle se prolongeait jusqu'au quai. *Voyez* place du Châtelet.

JOLIVET. (Rue) *Voyez* rue Marlboroug.

JONGLEURS, JUGLEOURS et **JUGLEURS.** (Rue des) *Voyez* rue des Ménétriers.

JOQUELET. (Rue) *Commence* rue Montmartre, et *finit* rue Notre-Dame-des-Victoires. Les numéros sont *rouges*; le dernier impair est 9, et le dernier pair 12. — 3ᵉ Arrondissement.

Ce nom, qu'elle portait déjà dès l'an 1622, lui vient d'un particulier de ce nom qui y demeurait.

JOSEPH (La chapelle Saint-) était située rue Montmartre, nᵒ 144, au coin de celle Saint-Joseph.

Cette chapelle, construite en 1640, fut démolie au commencement de la révolution. Molière y fut inhumé en 1673, et La Fontaine en 1695; leurs tombeaux furent transportés au musée des Monumens français au commencement de la révolution. *Voyez* l'article suivant.

JOSEPH, (Marché Saint-) rue Montmartre, n° 144, et rues Saint-Joseph et du Croissant. — 3e Arrondissement.

Ce marché, qui fut achevé à la fin de 1794, est ouvert tous les jours et tient son nom de la chapelle *Saint-Joseph*, sur l'emplacement de laquelle il fut construit. *Voyez* l'article précédent.

JOSEPH. (Rue Saint-) *Commence* rue du Gros-Chenet, et *finit* rue Montmartre. Les numéros sont *rouges*; le dernier impair est 21, et le dernier pair 26. — 3e Arrondissement.

Elle se nommait anciennement du *Temps perdu*, dont nous ignorons l'étymologie; ce ne fut qu'en l'an 1640 qu'elle commença à porter le nom de *Saint-Joseph*, à cause de la chapelle de ce nom, qui à cette époque y fut construite au coin de la rue Montmartre.

JOSEPH ou DE LA PROVIDENCE (Le couvent des Filles-Saint-) était situé rue Saint-Dominique, n° 82.

Elles s'établirent en cet endroit en 1640. L'objet de cette institution était d'instruire les orphelines. Elles furent supprimées en 1790. La chapelle, qui sert de magasin, existe encore; le reste des bâtimens est occupé par les bureaux de la guerre.

JOSEPH, (Cour Saint-) rue de Charonne, n° 37. — 8e Arrondissement.

Sur un plan de 1790 elle est indiquée sous le nom de cul-de-sac Saint-Joseph. Nous ignorons pourquoi elle porte ce nom.

JOSSE (L'église Saint-) était située à l'angle sud-est formé par les rues Aubry-le-Boucher et Quincampoix.

On présume qu'elle était déjà une chapelle au dixième siècle. En 1260 elle devint paroisse; elle fut reconstruite en 1679, et démolie en 1791 : sur cet emplacement on a bâti une maison rue Quincampoix, n° 1.

JOSSE. (Rue Guillaume-) *Voyez* rue des Trois-Maures.

JOSSELIN, JOUSSELIN. (Rue) *Voyez* cul-de-sac Bouvart.

JOUBERT. (Rue) *Commence* rue du Mont-Blanc, et *finit* place Sainte-Croix. Les numéros sont *rouges*; le dernier impair est 45, et le dernier pair 32. — 1er Arrondissement.

Cette rue, ouverte en 1780, porta d'abord le nom de *Neuve-des-Capucins*, parce qu'elle conduit en face de leur couvent (aujourd'hui le lycée Bonaparte). Vers l'an 1800 on lui donna le nom qu'elle porte aujourd'hui en mémoire du général *Joubert*, né à Pont-de-Vaux, département de l'Ain, et mort à la bataille de Novi en 1799.

JOUEURS-DE-VIOLON. (Rue aux) *Voy.* rue des Ménétriers.

JOUR. (Rue du) *Commence* rue Coquillière et portail de l'église Saint-Eustache, et *finit* rue Montmartre. Les numéros sont *noirs*; le dernier impair est 33, et le dernier pair 10. — 3e Arrondissement.

Cette rue, qui touchait à l'intérieur de l'enceinte de Philippe-Auguste, se nommait, en 1256, 1258 et 1300, *Raoul Roessolle*; par erreur, en 1313, on a écrit *Raoul Rossette*; ensuite *Jean-le-Mire*, du nom d'un particulier qui y possédait quelques maisons. Charles V, vers l'an 1370, y ayant fait construire, de la rue Montmartre à celle Coquillière, un manége, des écuries et autres bâtimens nommés *le Séjour* du roi, elle prit alors le nom du *Séjour* que le peuple changea par la suite en *Jour*, qui lui est resté.

JOUY. (Rue de) *Commence* rues Fourcy et des Nonaindières, et *finit* rue Saint-Antoine. Les numéros sont *rouges*; le dernier impair est 29, et le dernier pair 20. — 9e Arrondissement.

L'hôtel que l'*abbé de Jouy* possédait dans cette rue au treizième siècle lui fit donner le nom de l'*abbé de Joy*. Comme elle se prolongeait anciennement jusqu'aux murs de l'enceinte de Philippe-Auguste, et qu'elle était terminée par une *fausse porte* ou *petite porte* de Paris, on la nomma aussi de la *Fausse-Poterne*. Au no 9 est l'hôtel d'Aumont, où sont établis les bureaux de la mairie du neuvième arrondissement.

JOUY. (Rue de) *Voyez* rue des Prêtres-Saint-Paul.

JOUY (Le carrefour de) est une place formée par la rencontre des rues de Jouy, Saint-Antoine, Geoffroy-l'Asnier et Tiron. — 7e et 9e Arrondissemens.

JOY. (Rue à l'Abbé-de-) *Voyez* rue de Jouy.

JUBIN (La ruelle du) aboutissait rue Censier, vis-à-vis l'hôpital Notre-Dame-de-Miséricorde.

Elle existait au seizième siècle.

JUDAS. (Rue) *Commence* rue de la Montagne-Sainte-Geneviève, et *finit* rue des Carmes. Les numéros sont *rouges*; le dernier impair est 19, et le dernier pair 14. — 12ᵉ Arrondissement.

Elle était habitée par les juifs au douzième siècle. Il est probable que le nom de *Judas*, qu'elle portait dès l'an 1243, lui fut donné par dérision après l'expulsion des juifs du royaume en 1182, au commencement du règne de Philippe-Auguste.

JUGLEOURS, JUGLEURS, JONGLEURS. (Rue des) *Voyez* rue des Ménétriers.

JUIFS. (Rue des) *Commence* rue du Roi-de-Sicile, et *finit* rue des Rosiers. Les numéros sont *noirs*; le dernier impair est 23, et le dernier pair 28. — 7ᵉ Arrondissement.

Son premier nom était *des Rosiers*, parce qu'elle faisait la prolongation de la rue de ce nom en retour d'équerre; ce n'est que vers la fin du seizième siècle qu'elle prit le nom qu'elle porte. En 1528 une statue de la Vierge y fut mutilée; François Iᵉʳ, en grande cérémonie, la fit remplacer par une d'argent, qui fut volée en 1545; une de bois y fut brisée en 1551, et enfin remplacée par une en marbre. En voilà assez pour faire conjecturer l'étymologie du nom de cette rue, parce que le peuple ne manqua pas d'attribuer à des *juifs* ces vols sacriléges.

JUIFS. (Rue des) *Voyez* rue de la Harpe et cul-de-sac Saint-Faron.

JUIFS. (Cul-de-sac des) *Voyez* cul-de-sac Saint-Faron.

JUIVERIE. (Rue de la) *Commence* rues des Marmousets et de la Vieille-Draperie, et *finit* rues de la Calandre et Saint-Christophe. Les numéros sont *noirs*; le dernier impair est 33, et le dernier pair 38. — 9ᵉ Arrondissement.

Les *juifs* les plus riches occupaient cette rue au douzième siècle; c'est de là que vient son étymologie. En 1507 elle fut élargie. Il y avait anciennement un passage dit du *Four-Basset* qui communiquait à la rue aux Fèves et au marché au Blé, dit *Halle de Beauce*, qui existait déjà sous Philippe-Auguste.

JUIVERIE OU JUIRIE et JURRIE. (Rue de la) *Voyez* rue de la Lanterne en la Cité.

JUIVERIE. (La) *Voyez* rue de la Harpe.

JUIVERIE, JUIVERIE-SAINT-BONT et VIEILLE-JUIVERIE. (Rue de la) *Voyez* rue de la Tacherie.

JUIVERIE, (Cour de la) rue de la Contrescarpe-Saint-Antoine, entre les n° 70 à 72. Les numéros sont *noirs;* le dernier impair est 7, et le dernier pair 16. — 8° Arrondissement.

Ainsi nommée parce qu'elle a été habitée par des *juifs.*

JULES. (Rue Saint-) *Commence* rue du Faubourg-Saint-Antoine, n° 2, et *finit* rue de Montreuil, n° 237. Pas de numéros. — 8° Arrondissement.

JULIEN-LE-PAUVRE (Le prieuré Saint-) était situé rue Saint-Julien-le-Pauvre, n° 13.

Au rapport de l'historien Grégoire de Tours il existait une église de ce nom avant l'an 580. Depuis le onzième siècle jusqu'en 1657 ce prieuré appartenait aux chanoines de Long-pont; il fut supprimé au commencement de la révolution, et ses bâtimens servent maintenant de magasins à l'Hôtel-Dieu.

JULIEN-LE-PAUVRE. (Rue Saint-) *Commence* rue de la Bûcherie, et *finit* rue Galande. Les numéros sont *noirs;* le dernier impair est 13, et le dernier pair 16. — 12° Arrondissement.

Elle doit son nom au prieuré Saint-Julien-le-Pauvre, qui y était situé. *Voyez* l'article précédent.

JULIEN-LE-PAUVRE, (Cloître Saint-) rue Saint-Julien-le-Pauvre, n° 13. — 12° Arrondissement.

JULIEN-DES-MÉNÉTRIERS (L'église Saint-) était située rue Saint-Martin, n° 96.

Elle fut fondée en 1330, par deux *ménétriers* ou joueurs d'instrumens, et démolie au commencement de la révolution; c'est maintenant une maison particulière.

JULIEN. (Rue ou ruelle Saint-) *Voyez* rue du Maure.

JUSSELINE. (Rue) *Voyez* cul-de-sac Bouvart.

JUSSIENNE (La chapelle de la) était située rue de la Jussienne, n° 25, au coin de la rue Montmartre, à l'angle oriental.

Cette chapelle, dédiée à *sainte Marie-Egyptienne*, dite par corruption *Jussienne*, fut construite au quatorzième siècle, et démolie vers l'an 1792; c'est maintenant une maison particulière.

JUSSIENNE. (Rue de la) *Commence* rues Verdelet et Pagevin, et *finit* rue Montmartre. Les numéros sont *noirs;* le dernier impair est 25, et le dernier pair 20. — 3ᵉ Arrondissement.

Elle doit son nom à la chapelle de *sainte Marie-Egyptienne,* dite par altération *Jussienne.* (*Voyez* l'article précédent.) Il paraît que son premier nom fut *Coq-Héron,* parce qu'elle fait la prolongation de la rue de ce nom. On la trouve depuis sous les divers noms de *sainte Marie-Egyptienne,* de l'*Égyptienne-de-Blois,* de *Gipecienne,* et enfin de la *Jussienne.*

JUSSIENNE. (Cour et passage de la) De la rue de la Jussienne, n° 23, à la rue Montmartre, n° 53. — 3ᵉ Arrondissement.

Elle a aussi porté le nom de *cour Tricot* et passage de la *Cour-Tricot.* Pour son nom actuel, même étymologie que la rue de la *Jussienne.*

JUSTICE, (Le palais de) rue de la Barillerie. — 11ᵉ Arrondissement.

On croit qu'il y avait déjà sur cet emplacement un palais dans le temps de la domination des Romains; ensuite les rois, princes, comtes et gouverneurs de Paris l'habitèrent : cependant Clovis I, Childebert et Chilpéric demeuraient au palais des Thermes. Le roi Eudes, qui fut auparavant comte de Paris, l'occupa à la fin du neuvième siècle; Hugues-Capet et ses successeurs y firent leur demeure habituelle; Saint-Louis y fit bâtir la chambre qui porte son nom, la grand'chambre et la Sainte-Chapelle; Philippe-le-Bel y ordonna de grandes augmentations, qui furent terminées en 1313; sous le règne de son fils, Louis X, dit le Hutin, le parlement commença à y tenir ses séances, et cependant les rois continuèrent à y faire leur résidence. Charles V le quitta en 1364 pour habiter l'hôtel Saint-Paul; Charles VI y demeurait en 1383; sous Louis XII il fut entièrement destiné à l'administration de la justice, et cependant François Iᵉʳ y demeura en 1531. La grand'salle, détruite par l'incendie de 1618, fut reconstruite en 1622, sur les dessins de J.-J. Desbrosse; la grand'chambre fut rebâtie sous Louis XII, restaurée et décorée en 1722 par l'architecte Boffrand. Un incendie ayant en 1776 consumé la partie de ce palais que s'étend de la galerie des prisonniers jusqu'à la Sainte-Chapelle, on éleva quelques années après la grande façade que nous voyons, sur les dessins de Desmaisons, et l'on ferma ensuite la première cour par la magnifique grille que nous admirons. C'est le siége des cours de Cassation, des Comptes et Impériale, et du tribunal de première Instance. La prison dite la Couciergerie, où sont détenus les accusés, est dans une des cours de ce palais.

JUSTICE, (Cour du Palais-de-) entre la grille et la façade de ce palais. — 11ᵉ Arrondissement.

JUSTICE. (Passage du Palais-de-) De la cour Harlay à la place du Palais-de-Justice. — 11ᵉ Arrondissement.

JUSTICE. (Place du Palais-de-) *Commence* rue de la Vieille-Draperie, et *finit* rue de la Barillerie. Les numéros sont *rouges*; le dernier impair est 5, et le dernier pair 6. — 9ᵉ Arrondissement.

Cette place fut construite quelque temps avant la révolution, lorsque l'on bâtit la façade du *palais de Justice.*

JUSTICE. (Rue de la) *Voyez* rue Princesse.

JUSTICE. (Chemin de la) *Voyez* rue Saint-Dominique-Saint-Germain.

JUSTICE (Le collége de) était rue de la Harpe, n° 84.

Il fut fondé en 1354, en exécution du testament de *Jean de Justice,* chanoine de l'église de Paris, dont il a retenu le nom. En 1764 on le réunit à l'Université; il est maintenant occupé par une institution dont le chef est M. Ruinet.

K.

KLÉBER. (Rue) *Commence* au quai, près de la barrière de la Cunette, et *finit* avenues Suffren et Lamothe-Piquet. Les numéros sont *noirs*; le dernier impair est 5, et le dernier pair 24. — 10ᵉ Arrondissement.

Cette rue, percée depuis quelques années à l'ouest du Champ-de-Mars, sur le territoire de Grenelle, porte le nom du célèbre général *Kleber,* né à Strasbourg en 1750, et assassiné au Cair en 1800 par le turc Soleyman.

L.

LAAS ou LIAS. (Rue et territoire de) *Voyez* rues Saint-André-des-Arts, de la Huchette et Poupée.

LACAILLE. (Rue) *Commence* boulevart d'Enfer, et

finit rue d'Enfer. Les numéros sont *noirs;* le dernier impair est 3, et le seul pair 2. — 12° Arrondissement.

Ce nom a été donné à cette rue, percée depuis quelques années près de l'Observatoire, en mémoire du célèbre astronome *Lacaille,* né à Rumigny en 1713, et mort à Paris en 1762.

LACUÉE. (Rue) *Commencera* place Mazas, au cul-de-sac Saint-Claude, et *finira* rue du Faubourg-Saint-Antoine, près celle Traversière. — 8° Arrondissement.

Cette rue n'est encore que projetée, et porte le nom du général *Lacuée,* mort glorieusement au champ d'honneur il y a quelques années.

LAFAYETTE. (Rue) *Voyez* rue du Contrat-Social.

LAGNY. (Rue de) *Voyez* rue Sainte-Croix-de-la-Bretonnerie.

LAGNY. (Rue du Chemin-de-) *Commence* avenue des Ormeaux, et *finit* rue du Faubourg-Saint-Antoine. Les numéros sont *rouges;* le dernier impair est 15; pas de numéros pairs. — 8° Arrondissement.

LAITERIE. (Rue de la) *Commence* rue du Commerce, et *finit* rue des Arts. — 6° Arrondissement.

C'est une des ruelles de l'enclos de la Trinité.

LAMBERT. (Rue Neuve-Saint-) *Voyez* rue Condé.

LAMOIGNON, (Cour) entre le quai de l'Horloge et la rue Harlay. Trente-neuf numéros d'une seule série. — 11° Arrondissement.

Ce nom lui vient de Guillaume de *Lamoignon,* marquis de Basville, nommé premier président au parlement de Paris en 1658, et mort en 1677.

LAMOIGNON. (Passage de la Cour-) Du quai de l'Horloge, entre les n° 43 et 45, à la cour Harlay et rue Basville. — 11° Arrondissement.

Voyez pour l'étymologie l'article précédent.

LAMPERIE (La) était située rue Saint-Martin, entre les rues des Lombards et Saint-Merri.

Guillot en fait mention vers l'an 1300. Il paraît que c'est une portion de la rue Saint-Martin, ou le cul-de-sac Saint-Fiacre.

LAMPROIE. (Rue de la) *Voyez* cul-de-sac Coquerelle.

LANCRY. (Rue) *Commence* rue de Bondy, et *finit* rue

des Marais. Les numéros sont *noirs*; le dernier impair est 33, et le dernier pair 30. — 5° Arrondissement.

Elle tient son nom d'un particulier nommé *Lancry*, qui était propriétaire du terrain sur lequel était construit, en 1761, le Wauxhall du sieur Torré, qui fut le premier qui ait introduit en France un établissement de ce genre. C'est sur l'emplacement de ce Wauxhall que cette rue fut percée.

LANDRY (L'église Saint-) était rues Saint-Landry, n° 1, et du Chevet-Saint-Landry, n° 2.

Elle était paroisse au douzième siècle; elle fut rebâtie vers la fin du quinzième siècle : c'est maintenant l'atelier d'un teinturier.

LANDRY. (Rue Saint-) *Commence* quai Napoléon, et *finit* rue des Marmousets. Les numéros sont *noirs*; le dernier impair est 9, et le dernier pair 12. — 9° Arrondissement.

Elle se nommait anciennement *port Notre-Dame* ou *port Saint-Landry*. Ce n'est qu'au commencement du treizième siècle qu'elle prit le nom de *Saint-Landry*, nom de l'église qui y était située.

LANDRY. (Rue du Chevet-Saint-) *Commence* quai Napoléon, et *finit* rue des Marmousets. Les numéros sont *noirs*; le dernier impair est 9, et le dernier pair 8. — 9° Arrondissement.

Ainsi nommée dès le treizième siècle, parce qu'elle est située au *chevet* de l'église *Saint-Landry*. En 1451 elle a aussi porté le nom de la *Couronne*. *Voyez* aussi rue de Glatigny.

LANDRY, (Cul-de-sac Saint-) rue du Chevet-Saint-Landry, entre les n°° 5 et 7. Pas de numéros. — 9° Arrondissement.

LANDRY. (Port Saint-)

Il était au douzième siècle à l'extrémité de la rue *Saint-Landry*, qui en portait le nom; au commencement du dix-septième siècle il se nommait aussi *quai des ormes Blondei*; il était alors entre la rue des Chantres et la rue de la Colombe, où il fut supprimé entièrement lorsque l'on commença à construire le quai Napoléon. C'est de ce port que partit sur un batelet sans appareil, pour être déposé à Saint-Denis, le corps d'Isabelle de Bavière, femme de Charles VI, morte dans l'opprobre et justement haïe des Français.

LANGLOIS. (Rue Alexandre-) *Voyez* rue du Paon.

LANGLOIS. (Rue Alexandre ou Gilbert-) *Voyez* rue de la Monnaie.

LANGRONNERIE. (Rue) *Voyez* rue Grosnière.

LANTERNE-EN-LA-CITÉ. (Rue de la) *Commence* quai Desaix, et *finit* rue de la Vieille-Draperie. Les numéros sont *noirs*; le dernier impair est 17, et le dernier pair 18. — 9ᵉ Arrondissement.

Elle a porté anciennement les noms de *place Saint-Denis de la Chartre*, *devant la croix Saint-Denis*, *devant la place et l'église Saint-Denis*, parce qu'elle passe effectivement devant l'église Saint-Denis de la Chartre, maintenant démolie; elle a aussi porté celui de la *Jusrie* et *Juirie*, parce qu'elle prolonge la rue de la *Juiverie*, et celui du *Pont-Notre-Dame*, parce qu'elle conduit directement au pont de ce nom. Dès l'an 1326 elle se nomme de la *Lanterne*, à cause d'une enseigne.

LANTERNE-DES-ARCIS. (Rue de la) *Commence* rue Saint-Bont, et *finit* rue des Arcis. Les numéros sont *rouges*; le dernier impair est 7, et le dernier pair 4. — 7ᵉ Arrondissement.

En 1273 c'était la ruelle *Saint-Bont*, à cause de la chapelle de ce nom qui était en face. Depuis le commencement du quinzième siècle elle se nomme de la *Lanterne*, sans doute à cause d'une enseigne : c'est probablement par erreur qu'elle est désignée sur quelques plans sous le nom de la *Dentelle*.

LANTERNE. (Rue de la Vieille-) *Commence* rues Saint-Jérôme et de la Vieille-Tannerie, et *finit* rue de la Vieille-Place-aux-Veaux. L'inscription de la rue est *rouge*; pas de numéros. — 7ᵉ Arrondissement.

Au treizième siècle c'était l'*Ecorcherie*; vers l'an 1300 la rue de l'*Escorcherie*; en 1512 la rue de l'*Ecorcherie* ou des *Lessives* : on voit qu'elle était alors habitée par les *bouchers* de la grande boucherie, qui était tout près, et par des blanchisseuses. Nous ignorons dans quel temps et pourquoi elle a pris le nom qu'elle porte.

LANTIER. (Rue Jean-) *Commence* rue des Lavandières-Sainte-Opportune, et *finit* rue Bertin-Poirée. Les numéros sont *rouges*; le dernier impair est 3, et le dernier pair 8. — 4ᵉ Arrondissement.

Aux douzième et treizième siècles elle se nommait *Jean-Lointier*, et au quinzième *Philippe-Lointier*. Il paraît que c'est par corruption que l'on a écrit par la suite *Lantier*, et qu'elle doit son nom à un particulier.

LAON, (Le collège de) rue de la Montagne-Sainte-Geneviève, n° 22.

Il fut fondé en 1313, par Gui, chanoine de *Laon*, et Raoul de Presle, et réuni en 1763 au collège Louis-le-Grand. C'est maintenant une maison occupée par divers particuliers.

LAONNOIS. (Rue des) *Voyez* rue des Lyonnais.

LAPPE. (Rue) *Commence* rue de la Roquette, et *finit* rue de Charonne. Les numéros sont *rouges*; le dernier impair est 55, et le dernier pair 48. — 8ᵉ Arrondissement.

Ce nom lui vient de Girard de *Lappe*, qui possédait en 1635 des jardins et marais sur lesquels on l'a depuis percée; elle a aussi porté le nom de *Gaillard*, de l'abbé *Gaillard*, qui y avait fondé une communauté pour apprendre à lire et à écrire aux pauvres enfans du faubourg Saint-Antoine.

LARD. (Rue au) *Commence* rue de la Lingerie, et *finit* rue Lenoir. Les numéros sont *rouges*; le dernier impair est 9, et le dernier pair 12. — 4ᵉ Arrondissement.

Ainsi nommée parce que l'on y vendait du *lard* et de la charcuterie.

LARD, (Cul-de-sac au) rue Lenoir, entre les n°ˢ 1 et 3. Les numéros sont *rouges*; le dernier impair est 3, et le seul pair 2. — 4ᵉ Arrondissement.

Même étymologie que la rue au *Lard*, tout près de ce cul-de-sac.

LARDERIE. (Rue de la) *Voyez* rue Pierre-à-Poisson.

LAURENT, (L'église paroissiale Saint-) rue du Faubourg-Saint-Martin, n° 123, et rue de la Fidélité. — 5ᵉ Arrondissement.

Au commencement du sixième siècle, sous les règnes de Clovis ou de Childebert son fils, il existait déjà une église *Saint-Laurent* près Paris; elle fut détruite par les Normands : on n'est pas d'accord sur son emplacement; nos annales n'en font plus mention qu'au douzième siècle. Elle fut reconstruite au quinzième siècle, augmentée en 1548, rebâtie en grande partie en 1595, et réparée et décorée en 1622 du portail qui existe encore aujourd'hui.

LAURENT. (Rue Saint-) *Commence* rue du Faubourg-Saint-Denis, et *finit* rue du Faubourg-Saint-Martin. Les numéros sont *rouges*; le dernier impair est 19, et le dernier pair 32. — 5° Arrondissement.

Ainsi nommée parce qu'elle est près de l'église *Saint-Laurent*.

LAURENT. (Rue Neuve-Saint-) *Commence* rue du Temple, et *finit* rues de la Croix et du Pont-aux-Biches. Les numéros sont *rouges*; le dernier impair est 29, et le dernier pair 34. — 6° Arrondissement.

Cette rue, bâtie sur la courtille ou jardin Saint-Martin, portait déjà, dès le commencement du quinzième siècle, ce nom, dont nous ignorons l'origine. En 1546 on la nommait *Neuve-Saint-Laurent*, dite du *Vertbois*, sans doute parce qu'elle fait la prolongation de cette dernière rue.

LAURENT. (Rues Neuve-Saint-) *Voyez* cul-de-sac Saint-Laurent et rue du Vertbois.

LAURENT. (Rue du Faubourg-Saint-) *Voyez* rue du Faubourg-Saint-Martin.

LAURENT, (Cul-de-sac Saint-) rue Basse-Porte-Saint-Denis, entre les n°ˢ 14 et 16. Les numéros sont *noirs*; le dernier impair est 3, et le dernier pair 6. — 3° Arrondissement.

Il tire sans doute son nom du territoire de la paroisse *Saint-Laurent,* où il est situé; aucun plan ne l'indique avant l'année 1700; dans quelques-uns il est nommé rue *Neuve-Saint-Laurent.*

LAURENT (La foire Saint-) était entre les rues du Faubourg-Saint-Denis, du Faubourg-Saint-Martin au nord, et près de la rue Saint-Laurent, dans un endroit qui se nomme encore *enclos de la Foire-Saint-Laurent.* — 5° Arrondissement.

Cette foire, établie au commencement du douzième siècle, sous le règne de Louis-le-Gros, se tenait anciennement à découvert dans le *champ Saint-Laurent,* et ne durait d'abord qu'un jour (le jour de *Saint-Laurent*). On prolongea successivement sa durée de huit jours, de quinze jours; enfin en 1662, époque où elle fut transférée dans l'endroit où elle a existé jusqu'en 1775, on la fixa à trois mois, depuis le 1ᵉʳ juillet jusqu'au 30 septembre. Elle tomba en dessuétude vers l'an 1775. La quantité de marchands, les spectacles divers, les limonadiers y attiraient la foule. On y voit encore les restes des boutiques et loges qui furent construites en 1662.

LAVAL. (Rue) *Commence* rue Pigale, et *finit* dans

les champs, près de la rue des Martyrs. Les numéros sont *rouges*; pas de numéros impairs; le dernier pair est 10. — 2ᵉ Arrondissement.

Elle fut ouverte en 1777, sous le nom de *Ferrand*. Nous ignorons à quelle occasion elle a changé de nom.

LAVANDIÈRES-SAINTE-OPPORTUNE. (Rue des)

Commence rue Saint-Germain-l'Auxerrois, et *finit* cloître Sainte-Opportune et rue des Fourreurs. Les numéros sont *noirs*; le dernier impair est 41, et le dernier pair 30. — 4ᵉ Arrondissement.

Elle portait déjà ce nom au treizième siècle, parce qu'elle était habitée en partie par des *lavandières* ou blanchisseuses, que le voisinage de la rivière y avait attiré.

LAVANDIÈRES-PLACE-MAUBERT. (Rue des)

Commence rue Galande et place Maubert, et *finit* rue des Noyers. Les numéros sont *noirs*; le dernier impair est 11, et le dernier pair 18. — 12ᵉ Arrondissement.

Elle était déjà connue sous ce nom en 1238. Même étymologie que l'article précédent.

LAZARE, (L'église Saint-) rue du Faubourg-Saint-Denis, nº 117. — 3ᵉ Arrondissement.

Elle est maintenant succursale de la paroisse Saint-Laurent. *Voyez* l'article suivant.

LAZARE, (La Maison Saint-) rue du Faubourg-Saint-Denis, nº 117.

La leproserie dite de *Saint-Lazare*, et populairement de *Saint-Ladre*, nom du pauvre *Lazare*, couvert d'ulcères, dont parle l'Evangile, existait déjà au onzième siècle, et servit à loger les lépreux jusqu'à la fin du seizième siècle. Louis-le-Gros, en 1110, lui accorda une foire, et en 1124 visita cet établissement en allant à Saint-Denis prendre l'oriflamme. Saint Vincent-de-Paul commença à gouverner cette maison en 1632. Elle sert maintenant de prison aux femmes condamnées à la réclusion; il y a des filatures et des ateliers de couture et de broderie.

LAZARE. (Rue Saint-)

Commence rues du Faubourg-Montmartre et des Martyrs, et *finit* rue de l'Arcade et cul-de-sac d'Argenteuil. Les numéros sont *rouges*; le dernier impair est 103, et le dernier pair 134. — Les numéros impairs de 61 à 103, et les numéros pairs de 76 à 134, sont du 1ᵉʳ Arrondissement; les numéros impairs de 1 à 59, et les pairs de 2 à 74, sont du 2ᵉ.

Au commencement du dix-huitième siècle elle était nommée des *Porcherons*; ensuite d'*Argenteuil*, parce qu'elle se dirige sur *Argenteuil*. En 1734 il n'y avait encore que peu de maisons bâties, et seulement de la rue du Faubourg-Montmartre à la ruelle Saint-Georges. Vers l'an 1770 elle prit le nom qu'elle porte, sans doute parce qu'elle conduit directement à *Saint-Lazare*, par les rues Coquenard, Bleue et de Paradis. (*Voyez* ces deux dernières rues, qui ont aussi porté le nom de *Saint-Lazare*.) Au nº 56 on remarque l'hôtel Valentinois, appartenant à M. Jalabert, notaire; au nº 60 l'hôtel de Mᵉ Vaudemont; au nº 78 l'entrée du jardin de Tivoli; au nº 88 l'hôtel des Eaux thermales et minérales de MM. Tryaire et Jurine, et au nº 57 l'hôtel Saint-Germain, bâti en 1772 sur les dessins de Ledoux.

LAZARE. (Rue du Faubourg-Saint-) *Voyez* rue du Faubourg-Saint-Denis.

LAZARE, (Cul-de-sac Saint-) rue du Faubourg-Saint-Denis, entre les nᵒˢ 170 et 172. Les numéros sont *rouges*; pas de numéros impairs; le dernier pair est 4. — 5ᵉ Arrondissement.

Ce cul-de-sac, qui n'existe que depuis une dixaine d'années, a pris ce nom de sa situation en face le clos *Saint-Lazare*.

LECLERC. (Rue) *Commence* rue du Faubourg-Saint-Jacques, et *finit* boulevart Saint-Jacques. Les numéros sont *noirs*; le dernier impair est 3, et le seul pair 2. — 12ᵉ Arrondissement.

LECOMTE. (Rue Jean- et Philippe-) *Voyez* rue d'Avignon.

LEFAUCHEUR. (Rue Augustin-) *Voyez* rue de la Croix-Blanche.

LÉGAT. (Place du) *Voyez* marché aux Pommes de terre.

LÉGION D'HONNEUR, (Palais de la) rue de Lille; nº 70.

Ce charmant palais fut construit en 1786, sur les dessins de Rousseau, pour le prince de *Salm*; il porta le nom d'hôtel de *Salm* jusqu'en 1802, époque de l'institution de la *Légion d'Honneur,* dont il devint alors le *palais*.

LEMIRE. (Rue Jean-) *Voyez* rue du Jour.

LEMOINE, (Le collége du cardinal), rue Saint-Victor, n° 76.

Il fut fondé en 1302, par le cardinal Jean *Lemoine*, et bâti sur l'emplacement de maison, chapelle et cimetière qui avaient appartenu aux religieux Augustins. En 1757 on y fit des réparations et reconstructions considérables. Les bâtimens sont maintenant occupés par des manufactures, et le jardin par des chantiers de bois à brûler.

LEMOINE. (Passage) De la rue Saint-Denis, n° 380, au passage de la Longue-Allée, n° 2. — 6° Arrondissement.

Il paraît que c'était autrefois la rue du *Houssaie*, du nom d'Etienne *Houssaie*, qui y fit en 1658 l'acquisition d'une maison dite la *Longue-Allée*; son second nom fut de la *Longue-Allée*, nom que le passage voisin de celui-ci a conservé. M. *Lemoine*, qui en est maintenant propriétaire, lui a donné son nom.

LENOIR-SAINT-HONORÉ. (Rue) *Commence* rue Saint-Honoré, et *finit* rue de la Poterie. Les numéros sont *noirs*; le dernier impair est 3, et le dernier pair 4. — 4° Arrondissement.

Cette rue, ouverte en 1787, prit le nom de M. *Lenoir*, lieutenant de police. La partie qui s'étend de la rue au Lard à celle de la Poterie n'était auparavant qu'un petit passage que l'on nommait rue de l'*Echaudé*.

LENOIR-FAUBOURG-SAINT-ANTOINE. (Rue) *Commence* marché Beauveau, et *finit* rue du Faubourg-Saint-Antoine. Les numéros sont *noirs*; le dernier impair est 19, et le dernier pair 20. — 8° Arrondissement.

Cette rue fut ouverte en 1779, en même temps que le marché Beauveau, sur les dessins de *Lenoir*, dit le Romain, architecte, dont elle porte le nom. Cet architecte, à qui l'on doit l'abbaye Saint-Antoine, la halle aux Veaux, le théâtre des Jeux gymniques, le marché Beauveau, les Bains chinois, etc., était né en 1726, et mourut en 1810.

LENOSTRE. (Rue) *Commence* allée des Veuves, et *finit* rue du Colisée. — 1er Arrondissement.

Cette rue, qui n'est encore que tracée, porte le nom du célèbre *Lenostre*, intendant des jardins des Tuileries, contrôleur général des bâtimens du roi, né à Paris en 1613, et mort dans la même ville en 1700.

LEPELLETIER. (Rue) *Commence* boulevart des Italiens, et *finit* rue de Provence. Les numéros sont *noirs*; le dernier impair est 13, et le dernier pair 40. — 2° Arrondissement.

Elle fut ouverte en 1786, et porte le nom de *Lepelletier* de Morfontaine, qui était alors prévôt des marchands.

LEPELLETIER. (Rue Neuve-) *Voyez* rue Rameau.

LÉPINE-GUYET. (Rue) *Voyez* rue de la Sourdière.

LESCOT. (Rue Pierre-) *Commence* place d'Austerlitz, et *finit* rue Saint-Honoré. Les numéros sont *noirs*; le dernier impair est 27, et le dernier pair 24. — 4° Arrondissement.

Il est déjà fait mention de cette rue en 1267 (elle était alors hors de Paris), sous le nom de *Jean-Saint-Denis*, qu'elle tenait sans doute de quelqu'un de la famille des *saints Denis*. (Jacques de Saint-Denis était chanoine de Saint-Honoré en 1258.) En 1806, lors du nouveau numérotage des rues, on lui donna, à cause de sa proximité du palais du Louvre, celui qu'elle porte, en mémoire de *Pierre Lescot*, seigneur de Clagny près Versailles, et de Clermont, conseiller au parlement et chanoine de Paris, célèbre architecte sous les règnes de François Ier et Henri II. Le vieux Louvre, c'est à dire la galerie occidentale, a été construite sur ses dessins, et ornée des sculptures du célèbre Jean Goujon; il était né en 1510, et mourut à Paris en 1578.

LESDIGUIÈRES. (Rue) *Commence* rue de la Cerisaie, et *finit* rue Saint-Antoine. Les numéros sont *noirs*; le dernier impair est 15, et le dernier pair 18. — 9° Arrondissement.

C'était un passage, que l'on ouvrit en 1765; vers l'an 1792 elle devint une rue. Ce nom lui vient de l'hôtel du duc de *Lesdiguières*, connétable de France, qui était situé rue de la Cerisaie, en face de cette rue. Cet hôtel, qui n'existe plus depuis près de cinquante ans, avait été bâti sous le règne de Henri IV, par Zamet, et vendu ensuite au duc de *Lesdiguières*. Le czar Pierre-le-Grand y logea en 1717.

LESSIVES. (Rue des) *Voyez* rue de la Vieille-Lanterne.

LEU ET SAINT-GILLES, (L'église Saint-) rue Saint-Denis, entre les n° 182 et 184. — 6° Arrondissement.

Cette église, qui est maintenant la première succursale de la paroisse Saint-Nicolas-des-Champs, fut bâtie vers l'an 1235; ce n'était alors qu'une chapelle : elle fut reconstruite vers l'an 1320 et à la fin du quinzième siècle; en 1611 le chœur fut rebâti et l'église agrandie : ce ne fut qu'en 1617 qu'elle fut érigée en paroisse. En 1727 elle fut réparée et décorée.

LEU. (Rue Saint-) *Voyez* rue Saint-Magloire.

LEU ET SAINT-GILLES. (Ruelle derrière Saint-) *Voyez* cul-de-sac Beaufort.

LEU. (Cour Saint-) *Voyez* rue Salle-au-Comte.

LEUFROY (La chapelle Saint-) était située vers le milieu de la place du Châtelet.

On croit que cette chapelle fut bâtie au onzième siècle ; il en est fait mention en 1113 ; elle est qualifiée de cure en 1246, et elle fut démolie en 1684 pour agrandir les bâtimens du grand Châtelet. *Voyez* place du Châtelet.

LEUFROY OU LIEUFROY. (Rue du Chevet-Saint-) *Voyez* rue de la Joaillerie.

LEVANT. (Rue du) *Voyez* rue de l'Est.

LEVEILLIER, LESGULLIER, LEGOULIER, GOLIER. (Rue Jean-) *Voyez* rue des Trois-Visages.

LEVRETTE. (Rue de la) *Commence* rue de la Mortellerie, et *finit* rue du Martroi. Les numéros sont *noirs* ; le dernier impair est 3 ; pas de numéros pairs. — 9ᵉ Arrondissement.

En 1491 c'était la ruelle *aux Poissons* ; en 1552 la rue des *Trois-Poissons* ; au dix-septième siècle elle prit le nom de *Pernelle*, qu'elle portait de la rue du Martroi jusque sur le quai : ce nom est encore conservé de la rue de la Mortellerie au quai. (*Voyez* rue *Pernelle*.) Nous ignorons pourquoi elle se nomme de la *Levrette*.

LHUILLIER. (Rue Jean-) *Voyez* rue des Vieilles-Haudriettes.

LIAS. (Rue de) *Voyez* rue Poupée.

LIBERTÉ. (Rue de la) *Voyez* rue Monsieur-le-Prince.

LIBERTÉ. (Quai de la) *Voyez* quai de Béthune.

LIBERTÉ. (Place de la) *Voyez* place de Marengo.

Pendant la révolution on donnait aussi ce nom à la place de la Bastille.

LICORNE. (Rue de la) *Commence* rue des Marmousets, et *finit* rue Saint-Christophe. Les numéros sont *noirs* ; le dernier impair est 17, et le dernier pair 20. — 9ᵉ Arrondissement.

On la nommait en 1269 rue *près le chevet de la Madeleine*.

parce qu'elle passait derrière le *chevet* de l'église de ce nom ; en 1300 et même antérieurement c'était la rue des *Oubloyers*, c'est à dire des pâtissiers, faiseurs d'*oublies*, que l'on a écrit de diverses manières, *Oublayers*, *Oblayers*, *Oublieurs*, etc. : on la trouve aussi nommée *vicus Nebulariorum* ; on a sans doute voulu dire, en mauvais latin, rue des *Oubloyers*. Une enseigne de la *Licorne*, connue dès l'an 1397, lui a donné le nom qu'elle porte.

LILAS (La ruelle des) aboutit petite rue Saint-Pierre, n° 8. — 8ᵉ Arrondissement.

Elle n'est encore que tracée.

LILLE. (Rue de) *Commence* rue des Saints-Pères, et *finit* rue de Bourgogne. Les numéros sont *rouges* ; le dernier impair est 105, et le dernier pair 96. — 10ᵉ Arrondissement.

Cette rue, percée en 1640, sur le grand pré aux Clercs dépendant de l'abbaye Saint-Germain, prit le nom de *Bourbon* en l'honneur de Henri de *Bourbon*, alors abbé de Saint-Germain. Le 27 octobre 1792, le nom qu'elle porte lui fut donné par un arrêté de la commune de Paris, en mémoire de la valeureuse défense que fit la ville de *Lille*, bombardée par les Autrichiens depuis le 22 septembre jusqu'au 8 octobre 1792. Au n° 1 est l'hôtel du comte Réal ; au n° 3 l'hôtel Montmorenci, à présent au général du Muy ; au n° 17 l'hôtel Lauraguais, occupé par MM. Treuttel et Wurtz, libraires ; au n° 51 l'hôtel Valentinois, appartenant à M. Mandat ; au n° 53 l'hôtel d'Ozambray, à présent au général comte Nansouty ; au n° 55 l'hôtel Carvoisin, maintenant à M. Mangourit ; au n° 87 l'hôtel Périgord, à présent au général comte Klein ; au n° 94 l'hôtel Massena, duc de Rivoli ; au n° 90 l'hôtel Montmorenci, présentement au maréchal Mortier, duc de Trevise ; au n° 86 l'hôtel du ministère de la Guerre, ci-devant d'Avray ; au n° 84 l'hôtel Charost ; au n° 82 l'hôtel Villeroi, maintenant au prince vice-roi d'Italie ; au n° 74 l'hôtel du maréchal Ney, duc d'Elchingen ; au n° 70 le palais de la Légion d'Honneur (*voyez* cet article), et au n° 54 l'hôtel Praslin, maintenant au général comte d'Harville.

LILLE. (Ruelle Simon-de- et Jean-de-) *Voyez* ruelle des Quenouilles.

LIMACE. (Rue de la) *Commence* rue des Déchargeurs, et *finit* rue des Bourdonnais. Les numéros sont *rouges* ; le dernier impair est 9, et le dernier pair 26. — 4ᵉ Arrondissement.

Il paraît que c'est celle que Guillot nomme, vers l'an 1300, la *Mancherie*. En 1412 elle portait déjà celui de la *Limace*, dont nous ignorons l'étymologie. Comme elle faisait anciennement partie de la *place aux Pourceaux*, nommée depuis *place aux Chats*, on la trouve nommée rue *aux Chats*, rue de la *Place-aux-Chats*. En 1575 c'était la *place aux Pourceaux*, autrement dite de la *Limace*, et de la *vieille place aux Pourceaux*.

LIMACE (Le carrefour de la) est la place formée à la rencontre des rues de la Limace et des Bourdonnais, en face le cul-de-sac des Bourdonnais. — 4ᵉ Arrondissement.

LIMOGES. (Rue de) *Commence* rue de Poitou, et *finit* rue de Bretagne. Les numéros sont *noirs*; le dernier impair est 11, et le dernier pair 14. — 7ᵉ Arrondissement.

L'alignement de cette rue fut donné en 1626; elle porte le nom d'une ancienne province de France. *Voyez-en* l'étymologie à la rue d'Anjou-au-Marais.

LINGARIÈRE. (Rue) *Voyez* rue de la Corroierie.

LINGE, (Halle au Vieux-) dans l'enclos du Temple. — 6ᵉ Arrondissement.

Elle est ouverte tous les jours; elle fut commencée en 1809, sur les dessins de M. Molinos, et achevée en 1811.

LINGERIE. (Rue de la) *Commence* rue Saint-Honoré, et *finit* rue de la Grande-Friperie et place du Marché-des-Innocens. Les numéros sont *noirs*; le dernier impair est 15; pas de numéros pairs. — 4ᵉ Arrondissement.

Elle est ainsi nommée depuis que saint Louis permit à des pauvres *lingères* d'étaler le long du cimetière des Innocens. Le côté opposé au cimetière se nommait la *Ganterie*, parce qu'il était habité par des *gantiers*; aussi Guillot, vers l'an 1800, dit :

« Tantost trouvai la *Ganterie*;
« A l'encontre est la *Lingerie*. »

Depuis que le cimetière des Innocens a été détruit, l'ancien côté seul de la *Ganterie* est resté, et se nomme de la *Lingerie* depuis plusieurs siècles. *Voyez* le marché des Innocens.

LION. (Rue au et du) *Voyez* rue du Petit-Lion-Saint-Sauveur.

LION. (Rue du Grand-) *Voyez* rue du Petit-Lion-Saint-Sauveur.

LION-SAINT-SAUVEUR. (Rue du Petit-) *Commence*

rue Saint-Denis, et *finit* rues des Deux-Portes et Pavée. Les numéros sont *rouges*; le dernier impair est 23, et le dernier pair 28. — 5ᵉ Arrondissement.

En 1360 cette rue, qui était hors de Paris et le long des murs de l'enceinte de Philippe-Auguste, se nommait du *Lion d'or outre la porte Saint-Denis*. Sauval dit qu'elle se nommait anciennement de l'*Arbalète*, parce que les arbalétriers s'exerçaient près de cette rue, le long des murs ou dans les fossés. Au quatorzième siècle on la trouve nommée au *Lion* et du *Lion*; en 1474 les deux enseignes du *grand* et du *petit Lion* qui s'y voyaient lui donnèrent d'abord le nom du *Grand-Lion*, et ensuite du *Petit-Lion*.

LION-SAINT-SULPICE. (Rue du Petit-) *Commence* rue Condé, et *finit* rue des Aveugles. Les numéros sont *rouges*; le dernier impair est 29, et le dernier pair 30. — 11ᵉ Arrondissement.

On la nommait anciennement *ruelle descendant de la rue neuve à la Foire*, et *ruelle allant à la Foire*. Au commencement du dix-septième siècle elle prit le nom du *Petit-Lion* à cause d'une enseigne. Avant l'année 1792 la partie de cette rue qui s'étend de la rue Tournon à celle des Aveugles portait le nom du *Petit-Bourbon*, parce que Louis de *Bourbon*, duc de Montpensier, y avait son hôtel.

LION-D'OR. (Rue du) *Voyez* rue du Petit-Lion-Saint-Sauveur.

LION-PUGNAIS (La ruelle du) existait en 1490, et aboutissait à la rue de la Bûcherie et à la rivière.

LIONNE. (Rue de) *Voyez* rues Helvétius et Ventadour.

LIONNOIS. (Rue des) *Voyez* rue des Lyonnois.

LIONS. (Rues des) *Commence* rue du Petit-Musc, et *finit* rue Saint-Paul. Les numéros sont *rouges*; le dernier impair est 13, et le dernier pair 18. — 9ᵉ Arrondissement.

Cette rue fut bâtie de 1551 à 1564, sur l'emplacement de l'hôtel royal Saint-Paul; elle prit le nom qu'elle porte parce qu'elle fut percée sur le bâtiment et les cours de cet hôtel, où étaient auparavant enfermés les grands et petits *lions* du roi. Entre les nᵒˢ 14 et 16 est la fontaine dite du Regard-des-Lions, alimentée par la pompe Notre-Dame.

LISIEUX, (Le collége de) rue Saint-Jean-de-Beauvais, nᵒ 5.

Fondé en 1336 par Gui de Harcour, évêque de *Lisieux*; il

fut d'abord établi rue des Prêtres-Saint-Severin ; ensuite rue Saint-Etienne-des-Grès, et en 1764 il fut tranféré rue Saint-Jean-de-Beauvais, au collége Dormans-Beauvais. Il appartient toujours au Gouvernement.

LODI. (Rue du Pont-de-) *Commence* rue des Grands-Augustins, et *finit* rue de Thionville. Les numéros sont *rouges* ; le dernier impair est 7, et le dernier pair 10. — 11ᵉ Arrondissement.

Elle fut percée vers l'an 1797, sur une partie de l'emplacement du couvent des Grands-Augustins. Ce nom lui fut donné pour rappeler le souvenir de la bataille du *pont de Lodi*, gagnée le 10 mai 1796 par le général en chef Bonaparte sur les Autrichiens.

LOI. (Rue de la) *Voyez* rue Richelieu.

LOINTIER. (Rue Jean- et Philippe-) *Voyez* rue Jean-Lantier.

LOMBARD. (Rue Pierre-) *Commence* rue Mouffetard, et *finit* enclos du Cloître-Saint-Marcel. Pas de numéros. — 12ᵉ Arrondissement.

Rue ouverte il y a une quarantaine d'années, et nommée *petite rue Saint-Martin*, parce qu'elle conduisait à l'église *Saint-Martin*, qui était située au cloître Saint-Marcel. Il y a quelques années on lui donna celui qu'elle porte en mémoire de *Pierre Lombard*, surnommé le maître des sentences, évêque de Paris, mort en 1164, et inhumé dans l'église Saint-Marcel, maintenant démolie, vers laquelle cette petite rue se dirigeait.

LOMBARDS. (Rue des) *Commence* rues Saint-Martin et des Arcis, et *finit* rue Saint-Denis. Les numéros sont *rouges* ; le dernier impair est 59, et le dernier pair 54. — 6ᵉ Arrondissement.

Vers l'an 1300 elle se nommait de la *Buffeterie* ; en 1511 des *Lombards* et de la *Buffeterie* ; en 1612 et 1636 de la *Pourpointerie* ; cependant le continuateur de Dubreul distingue en 1639 les rues des *Lombards* et de la *Pourpointerie*, en les nommant toutes deux. Elle tire son nom actuel des usuriers *lombards* qui vinrent s'établir à Paris vers la fin du douzième siècle, et dont une grande partie habitait cette rue au commencement du quatorzième siècle.

LOMBARDS, (Le collége des) rue des Carmes, n° 23.

Ce collége, qui se nomma aussi d'*Italie* et de *Tournai*, fut fondé en 1333 par Ghini, florentin, évêque de *Tournai*, et depuis cardinal, et par trois autres *Italiens ;* il dépend maintenant du collége des Irlandais, Anglais et Ecossais réunis.

LONGCHAMP. (Rue de) *Commence* rue des Batailles, et *finit* barrière de Longchamp. Les numéros sont *noirs ;* le dernier impair est 29, et le dernier pair 30. — 1er Arrondissement.

Ainsi nommée parce qu'elle aboutit à la barrière de *Long-champ,* et qu'elle se dirige sur *Longchamp,* distant de mille six cents toises à l'ouest. On commença à bâtir cette rue sous le règne de Louis XVI, lorsque le village de Chaillot fut enfermé dans Paris.

LONGCHAMP. (Barrière de) — 1er Arrondissement.

Elle est décorée d'un bâtiment à quatre frontons et quatre arcades. *Voyez* pour l'étymologie l'article précédent.

LONGCHAMP. (Chemin de ronde de la barrière de) De la barrière de Longchamp à celle Sainte-Marie. — 1er Arrondissement.

LONGPONT. (Rue de) *Commence* quai de la Grève, et *finit* rues du Monceau-Saint-Gervais et du Pourtour. Les numéros sont *noirs ;* le dernier impair est 15, et le dernier pair 8. — 9e Arrondissement.

Elle tient son nom des moines de *Longpont,* qui y avaient un hospice : on la trouve aussi anciennement sous les noms des *moines de Longpont,* du *port Saint-Gervais,* autrement de *Longpont.*

LONGUE-ALLÉE (Le cul-de-sac de la) était anciennement rue de la Mortellerie, entre les rues des Nonaindières et Geoffroy-l'Asnier.

LORCINE et LURCINE. (Rue de) *Voyez* rue de Lourcine.

LORGES. (Rue de) *Voyez* rue Gaillon.

LORMERIE. (La) *Voyez* cul-de-sac de la Heaumerie.

LOUIS-DU-LOUVRE (L'église Saint-) était située à l'extrémité méridionale de la rue Saint-Thomas-du-Louvre.

Elle fut fondée vers la fin du douzième siècle, sous l'invocation de saint Thomas, martyr. On achève de démolir la nouvelle église, qui avait été achevée et dédiée en 1744 à *saint Louis.*

LOUIS-EN-L'ISLE, (L'église Saint-) rue Blanche-de-Castille, entre les nos 13 et 15. — 9e Arrond.

Cette église, maintenant première succursale de la paroisse

Notre-Dame, était primitivement une petite chapelle bâtie en 1600, et agrandie en 1622 : on commença à la bâtir en 1664, telle que nous la voyons, sur les dessins de L. Levau ; elle fut continuée sur ceux de G. Leduc, et achevée en 1725.

LOUIS ET SAINT-PAUL, (L'église Saint-) rue Saint-Antoine, n°ˢ 118 et 120. — 9ᵉ Arrondissement.

Cette église, maintenant troisième succursale de la paroisse Notre-Dame, fut construite, ainsi que la maison professe des Jésuites dont elle dépendait, sur l'emplacement des hôtels Rochepot et Danville. Louis XIII en posa la première pierre en 1627, et le portail fut élevé en 1634. Depuis la démolition de l'église *Saint-Paul* on a joint *Saint-Paul à Saint-Louis*.

LOUIS. (Rue Saint-) *Commence* rue de l'Echelle, et *finit* rue Saint-Honoré. Les numéros sont *noirs*; le dernier impair est 9, et le dernier pair 8. — 1ᵉʳ Arrondissement.

Ainsi nommée à cause de sa proximité de l'hôpital des Quinze-Vingts, fondé par *saint Louis.* Sur d'anciens plans et titres on la trouve nommée de l'*Echaudé, Saint-Louis*, autrement des *Tuileries.*

LOUIS. (Grande rue Saint-) *Voyez* rues Saint-Honoré et Turenne.

LOUIS. (Rues Saint-) *Voyez* rues Turenne, Blanche-de-Castille, du Champ-de-l'Alouette et quai des Orfévres.

LOUIS. (Rue Neuve-Saint-) *Voyez* rues Saint-Honoré et Turenne.

LOUIS-LE-GRAND. (Rue) *Voyez* rue de la Place-Vendôme.

LOUIS, (L'hôpital Saint-) rue de Carême-Prenant, près du n° 22, et rue de l'Hôpital-Saint-Louis, n° 2. — 5ᵉ Arrondissement.

Cet édifice, primitivement établi pour les maladies contagieuses, et maintenant destiné à la guérison des maladies chroniques, des ulcères, scrophules, dartres, teignes et galles, fut bâti de 1607 à 1610, sur les dessins de Villefaux, et, selon Legrand, de Claude Chatillon ; il porte le nom de *Saint-Louis* parce que ce monarque mourut d'une maladie contagieuse devant Tunis, le 25 août 1270.

LOUIS. (Rue de l'Hôpital-Saint-) *Commence* rues des Récollets et de Carême-Prenant, et *finit* barrière du Combat. Les numéros sont *noirs*; le dernier impair est 33, et le dernier pair 10. — 5ᵉ Arrondissement.

Elle tient son nom de l'hôpital *Saint-Louis*, qui y est situé.

LOUIS, (Cul-de-sac Saint-) rue de Carême-Prenant, entre les n°˚ 18 et 20. Les numéros sont *noirs; pas de numéros impairs; le dernier pair est 14. — 5° Arrondissement.

Depuis l'an 1740 il a porté successivement les noms de ruelle *Dagouri*, de rue *Notre-Dame* et de ruelle *des Postes*. Son nom lui vient de sa proximité de l'hôpital *Saint-Louis*.

LOUIS, (Isle Saint-) entre l'île du Palais ou la Cité, l'île Louvier et les quais de la Tournelle et des Ormes. — 9° Arrondissement.

Avant l'année 1614 il y avait deux îles séparées par un bras de la Seine à l'endroit où est à présent l'église Saint-Louis; la plus grande, du côté de l'ouest ou de la Cité, nommée *Notre-Dame*, parce qu'elle appartenait à l'église *Notre-Dame*, et l'autre, à l'est, du côté de l'île Louvier, nommée *aux Vaches*, parce qu'on y menait paître les bestiaux. On commença à réunir ces deux îles et à y construire en 1614; elle ne fut couverte de maisons et les trois ponts ne furent achevés qu'en 1646 : on lui donna alors le nom de *Saint-Louis*, à cause de l'église de ce nom, qui y fut bâtie en 1664, sur l'emplacement d'une chapelle élevée en 1600. Trois ponts, nommés Marie, de la Tournelle et de la Cité (*voyez* l'article de chacun à son nom particulier), conduisent à cette île. Il paraît qu'il y avait au nord et au midi des ponts de bois qui furent emportés par le débordement de l'an 1296. En 1370 il est question d'un pont qui fut planchéié, et en 1637 le pont de la Tournelle, qui était en bois, fut emporté par les eaux.

LOUIS-LÉ-GRAND. (Collége) *Voyez* lycée Impérial.

LOUIS-LE-GRAND. (Place) *Voyez* place Vendôme.

LOUIS XV. (Place) *Voyez* place de la Concorde.

LOUIS XVI. (Pont) *Voyez* pont de la Concorde.

LOUIS. (Le pont Saint-)

Ce pont ou ponceau, que l'on nommait aussi le *pont aux Choux*, était au dix-septième siècle situé sur un égont au coin des rues *Saint-Louis* (aujourd'hui Turenne) et du pont *aux Choux*. (Voyez *Choux*. (Rue du Pont-aux-)

LOUIS (La porte Saint-) était située rue Saint-Louis-au-Marais (aujourd'hui Turenne).

Elle était connue dès l'an 1637, et a été abattue en 1760.

LOUIS, (Le séminaire Saint-Pierre et Saint-) rue d'Enfer, n° 8.

Il fut tranféré en cet endroit, l'an 1687, de la rue du Pot-de-Fer, où il était depuis quelques années. Le séminaire est maintenant une caserne de vétérans, et l'église un magasin.

LOURCINE. (Rue de) *Commence* rue Moufetard, et *finit* rue de la Santé. Les numéros sont *noirs*; le dernier impair est 117, et le dernier pair 122. — 12ᵉ Arrondissement.

En 1182 le territoire sur lequel on l'a bâtie se nommait *Laorcine* (*de Laorcinis*); en 1248 et 1250 les titres de Sainte-Geneviève disent *in Lorcinis, de Laorcinis*, et en 1260 *apud Lorcinos* : on a depuis écrit ce nom des diverses manières suivantes : *Lourcine, Loursine, l'Ourcine, Lorsine, l'Orsine, l'Ursine.* Sauval dit qu'en 1404 on l'appelait *la ville de Loursine lès-Saint-Marcel*, et depuis la rue du *Clos-Ganay*, à cause du chancelier de ce nom qui y possédait une maison de plaisance; il ajoute qu'on lui donne aussi quelquefois le nom de *Franchise* parce qu'étant située sur le fief de *Lourcine*, appartenant alors à Saint-Jean-de-Latran, les compagnons artisans y pouvaient travailler sans que les maîtres y pussent mettre obstacle. Le plan de Dheulland la nomme des *Cordelières*, à cause du couvent de ces religieuses qui y était situé. Au nᵒ 62 est la caserne dite de *Lourcine*.

LOURCINE. (Barrière de) — 12ᵉ Arrondissement.

Ainsi nommée parce qu'elle est située près de l'extrémité de la rue de *Lourcine*; elle a aussi porté le nom de la *Glacière*, du nom de la rue qui y conduit directement. Elle est décorée d'un bâtiment avec deux péristyles chacun de trois colonnes.

LOUVIER, (L'île) le long du quai Morland. — 9ᵉ Arrondissement.

En 1370 c'était l'île aux *Javiaux*; en 1445 l'île aux *Meules des Javeaux*; ensuite l'île *aux Meules.* (*Javeau* signifie île formée de sable et de limon par un débordement d'eau.) Au dix-septième siècle on la nommait d'*Antrague*, parce qu'elle appartenait à un particulier de ce nom; elle prit ensuite celui de *Louvier*, qui est vraisemblablement celui d'un de ses propriétaires. En 1714 elle servait de dépôt pour le foin, le fruit, les bois de charpente et de menuiserie, et peu d'années après elle est devenue un dépôt de bois à brûler.

LOUVOIS. (Rue) *Commence* rue Richelieu, et *finit* rue Helvétius. Les numéros sont *rouges*; le dernier impair est 7, et le dernier pair 10. — 2ᵉ Arrond.

Elle prit ce nom parce qu'elle fut ouverte, en 1788, sur l'emplacement de l'hôtel *Louvois*, dont l'entrée était par la rue Richelieu, et dont le jardin s'étendait jusqu'à la rue Helvétius.

LOUVRE. (Palais impérial du)

Son étymologie est incertaine. Ce nom vient-il de *lupara*, lieu propre à la chasse au *loup*, parce qu'anciennement cet endroit était couvert par une forêt, ou de *louer, lower* ou *louvear*, mot saxon qui signifie château ? Aurait-on bâti ce monument sur un terrain appartenant à un seigneur de *Louvres* ? Dirait-on *louvre* pour l'*ouvre*, qui en vieux langage veut dire l'*œuvre*, et par extension l'*œ* par excellence, le *chef-d'œuvre* ? Ce palais ne fut enfermé dans Paris que par l'enceinte de Charles V et Charles VI, commencée en 1367, et terminée en 1383.

Un diplôme rapporté dans l'histoire de l'Université, et dont on révoque en doute l'authenticité, prouverait qu'il y avait déjà en cet endroit une maison royale au milieu du septième siècle, sous le règne de Dagobert Ier; elle aurait été détruite par les Normands au neuvième siècle. Au douzième siècle, sous Louis-le-Jeune, il y avait un château bâti en cet endroit, et le territoire se nommait *Louvre*. Philippe-Auguste, quatre ans après avoir achevé les murs de l'enceinte de Paris, c'est à dire en 1214, acheva de bâtir, ou plutôt de rebâtir ou réparer le *Louvre;* il fut rehaussé sous Charles V. On démolit le vieux palais, on jeta les fondemens du corps de bâtiment dit le *vieux Louvre* à la fin du règne de François Ier. Sous Henri II, d'après les dessins de Pierre Lescot, abbé de Clagny, et avec les sculptures du célèbre Jean Goujon, cette partie fut achevée. Charles IX, Henri III et Henri IV firent continuer ce palais; Louis XIII y fit aussi travailler, sur les dessins de Jacques Lemercier; Louis XIV jeta en 1665 les fondemens de la façade principale, dite la colonade, qui fut achevée en 1670, sur les dessins de Claude Perrault, médecin; Louis XV fit continuer les travaux pendant quelque temps, sous la direction de Gabriel, architecte. Après quarante ans de cessation de travaux, sous le règne de Napoléon-le-Grand, d'après les dessins de Fontaine, architecte, ce magnifique édifice s'embellit, se termine, et va se joindre à celui des Tuileries par deux galeries qui en feront le plus vaste et le plus beau palais du monde.

LOUVRE. (Galeries du)

Celle qui est située du côté de la Seine, commencée sous Charles IX, presque achevée sous Henri IV, sur les dessins d'Etienne du Perac, et terminée sous Louis XIII sur ceux de Clément Mezeau, renferme l'immense collection des tableaux et les nombreux chefs-d'œuvres des sculpteurs de l'antiquité. La galerie qui sera parallèle est déjà à moitié construite, quoiqu'elle ne soit commencée que depuis quelques années, sous le règne de Napoléon. La chapelle Saint-Napoléon, qui est parallèle au musée Napoléon, en face des rues Pierre-Lescot et du Chantre, commence à s'élever.

LOUVRE. (Rue du) *Voy.* rue de l'Oratoire-Saint-Honoré.

LOUVRE. (Rue des Galeries-du-) *Voyez* rues des Orties.

LOUVRE. (Place du) *Voyez* place d'Austerlitz.

LOUVRE. (Quai du) *Commence* place d'Iéna et quai de l'Ecole, et *finit* pont des Tuileries et grille du jardin des Tuileries. Pas de numéros. — De la place d'Iéna au guichet en face de la rue Fromenteau il est du 4ᵉ Arrondissement, et de ce guichet à la grille du jardin des Tuileries il est du 1ᵉʳ.

Ainsi nommé parce qu'il commence au *Louvre*, qu'il longe la grande galerie du Louvre, et finit au palais des Tuileries. Pendant la révolution il se nommait du *Muséum.*

LOWENDAL. (Avenue) *Commence* avenue de l'Ecole-Militaire, et *finit* barrière de l'Ecole-Militaire. — 10ᵉ Arrondissement.

C'est le nom de *Lowendal*, maréchal de France, né à Hambourg en 1700, et mort en 1755.

LUBECK. (Rue de) *Commence* rue de Longchamp, et *finit* barrière Sainte-Marie. Les numéros sont *noirs;* le dernier impair est 5; pas de numéros pairs. — 1ᵉʳ Arrondissement.

Cette rue, qui se trouve sur l'emplacement du palais du roi de Rome, dont on prépare maintenant les fondations, est ainsi nommée en mémoire de la fameuse bataille gagnée par les Français sur les Prussiens dans *Lubeck*, les 6 et 7 novembre 1806.

LUDE. (Rue du) *Voyez* rue des Brodeurs.

LULLI. (Rue) *Commence* rue Rameau, et *finit* rue Louvois. Les numéros sont *noirs;* le dernier impair est 3; pas de numéros pairs. — 2ᵉ Arrondissement.

Cette petite rue, qui s'est trouvée formée lorsque l'on construisit le théâtre de l'Académie impériale de Musique, porte le nom de *Lulli*, musicien renommé au dix-septième siècle, né à Florence en 1633, et mort à Paris en 1687.

LUNE. (Rue de la) *Commence* boulevart de Bonne-Nouvelle, et *finit* rue Poissonnière. Les numéros sont *rouges;* le dernier impair est 45, et le dernier pair 42. — 5ᵉ Arrondissement.

Elle fut bâtie de 1630 à 1640, et doit vraisemblablement son nom à une enseigne.

LUNETTES. (Quai des) *Voyez* quai de l'Horloge.

LUTHÉRIENS OU PROTESTANS DE LA CONFESSION D'AUSBOURG. *Voyez* leur temple aux Carmes dits *Billettes*.

LUXEMBOURG. (Palais du) *Voyez* palais du Sénat-Conservateur.

LUXEMBOURG. (Rue) *Voyez* rue de Vaugirard.

LUXEMBOURG. (Rue Neuve-) *Commence* rue de Rivoli, et *finit* boulevart de la Madeleine. Les numéros sont *noirs;* le dernier impair est 37, et le dernier pair 30. — 1ᵉʳ Arrondissement.

Cette rue, qui a été prolongée il y a quelques années de la rue Saint-Honoré à celle de Rivoli, fut percée vers l'an 1725, en partie sur l'emplacement d'un hôtel qu'avait fait construire le maréchal de *Luxembourg*, dont l'entrée était par la rue Saint-Honoré.

LYCÉE. (Rue du) *Commence* rue Saint-Honoré, et *finit* rue d'Arcole. Les numéros sont *noirs;* le dernier impair est 43, et le dernier pair 48. — 2ᵉ Arrond.

Cette rue, construite en 1782 et suivantes, sur une partie de l'ancien jardin du Palais-Royal, lorsque l'on bâtit les galeries dites de pierre, prit alors le nom de *passage Valois*. En 1792 on lui donna le nom qu'elle porte à cause du *Lycée* nommé aujourd'hui l'Athénée de Paris, qui y continue toujours à tenir ses séances au n° 2.

LYCÉE. (Passage du) De la rue des Bons-Enfans, n° 25, à la rue du Lycée, n° 16. — 2ᵉ Arrondissement.

Ainsi nommé de la rue du *Lycée*, où il aboutit.

LYONNAIS. (Rue des) *Commence* rue de Lourcine, et *finit* rue des Charbonniers. Les numéros sont *noirs;* le dernier impair est 21, et le dernier pair 34. — 12ᵉ Arrondissement.

Nous ne connaissons point l'étymologie du nom de cette rue, qui fut ouverte au commencement du dix-septième siècle; on la trouve aussi écrite des *Lionnais* et des *Laonnais*.

M.

MABLY. (Rue) *Commence* rue du Faubourg-Saint-Denis, et *finit* rue du Faubourg-Poissonnière. Les numéros sont *rouges;* le dernier impair est 41, et le dernier pair 22. — 3ᵉ Arrondissement.

On ne commença à construire cette rue que vers l'an 1785,

quoiqu'on en eût déjà ordonné le percement en 1772 : on lui donna alors le nom d'*Enghien*, qui était celui d'un des fils du prince de Condé. En 1792 elle fut nommée *Mably*, en mémoire du célèbre abbé de ce nom, né à Grenoble en 1709, et mort à Paris en 1785.

MICHEL, MACOLIO, MAROLIO, MATEL, MATHOLIO. (Rue) *Voyez* rue du Cloître-Saint-Benoit.

MACHEPAIN. (Rue) *Voyez* rue Taillepain.

MACON. (Rue) *Commence* rue Saint-André-des-Arts, et *finit* rues de la Vieille-Bouclerie et de la Harpe. Les numéros sont *noirs*; le dernier impair est 15, et le dernier pair 18. — 11ᵉ Arrondissement.

En 1300 c'était la *grande Bouclerie*; elle tient son nom actuel de l'hôtel des comtes de *Macon*, qui y était situé dès le commencement du douzième siècle. Les chevaux de ce comte allaient boire près le pont Saint-Michel, à l'abreuvoir *Macon*, dit le *Cagniard*, à présent en démolition pour commencer le quai.

MACON. (Rue de l'Abreuvoir-) *Voyez* rue de la Vieille-Bouclerie.

MAÇONS. (Rue des) *Commence* rue des Mathurins, et *finit* place Sorbonne et rue Neuve-Richelieu. Les numéros sont *noirs*; le dernier impair est 23, et le dernier pair 32. — 11ᵉ Arrondissement.

En 1254 on la trouve sous le nom de *vicus Cæmentariorum*, et en 1263, 1270, 1296, etc., sous celui de *vicus Lathomorum*; ces deux noms signifient également rue des *Maçons* : cependant Guillot, vers l'an 1300, ne la nomme pas. Doit-elle ce nom à des *maçons* qui l'habitaient, ou à un nommé *le Masson* qui y résidait au treizième siècle?

MADAME. (Rue) *Commence* rue de Vaugirard, et *finit* rue de l'Ouest. Les numéros sont *noirs*; le dernier impair est 17, et le dernier pair 10. — 11ᵉ Arrondissement.

Elle fut alignée, il y a environ trente ans, sur la portion du terrain que l'on retrancha alors au jardin du Luxembourg : on lui donna ce nom à cause de *Madame*, épouse du comte de Provence, dit *Monsieur*, frère du roi. Elle prit en 1793 celui des *Citoyennes*; vers l'an 1800 elle reprit son premier nom. Au n° 11 on remarque l'hôtel du comte Clément de Ris.

MADELEINE, (Eglise paroissiale de la) (ci-devant

l'église de l'*Assomption*) rue Saint-Honoré, entre les n°s 369 et 371. — 1er Arrondissement.

L'église paroissiale de la *Madeleine* était située à l'angle des rues de l'Arcade et de la Ville-l'Evêque. C'était originairement une chapelle fondée par Charles VIII; elle devint paroisse en 1639; l'on commença à bâtir l'église en 1660, et elle fut démolie au commencement de la révolution. L'emplacement qui devait servir à construire la nouvelle église de la *Madeleine* étant destiné à élever le Temple de la Gloire (*voyez* l'article *Temple de la Gloire*), cette paroisse fut transférée à l'*Assomption*. Cette église, commencée en 1670, et achevée en 1676, sur les dessins d'Errard, peintre du roi, était celle des religieuses de l'ordre de saint Augustin, connues anciennement sous le nom d'*Haudriettes*, et ensuite sous celui des Filles de l'Assomption. Elles quittèrent en 1622 leur maison de la rue des *Haudriettes*, près la Grève (*voyez* cette rue), et s'établirent rue Saint-Honoré, où elles firent bâtir leur couvent, et par suite élever cet édifice nommé l'*Assomption*, parce que le dôme, peint par Charles Lafosse, représente l'*assomption* de la Vierge.

MADELEINE. (Rue de la) *Commence* rue du Faubourg-Saint-Honoré, et *finit* rue de l'Arcade. Les numéros sont *noirs*; le dernier impair est 33, et le dernier pair 32. — 1er Arrondissement.

On la trouve anciennement sous les noms de l'*Evêque*, de l'*abreuvoir l'Evêque*, parce qu'elle est située sur le territoire dit de l'*Evêque* ou la *Ville-l'Evêque*. Le nom qu'elle porte lui est venu parce qu'elle conduit directement de la rue du Faubourg-Saint-Honoré à l'ancienne église de la *Madeleine*.

MADELEINE. (Rue de la) *Voyez* rue Sainte-Catherine.

MADELEINE. (Cul-de-sac de la) *Voyez* culs-de-sac Saint-Dominique et Monsieur-Saugé.

MADELEINE. (Boulevart de la) *Commence* rue Neuve-Luxembourg et boulevart des Capucines, et *finit* rues Saint-Honoré et du Faubourg-Saint-Honoré. Les numéros sont *rouges*; le dernier impair est 27, et le dernier pair 16. — 1er Arrondissement.

Ainsi nommé parce que la nouvelle église de la *Madeleine* (aujourd'hui le Temple de la Gloire) y est située.

MADELEINE EN LA CITÉ (L'église de la) était

située rue de la Juiverie, n° 5, où est le passage de la Madeleine.

C'était originairement une synagogue, qui fut changée en église en 1183, l'année qui suivit l'expulsion des juifs du royaume ; elle était déjà érigée en paroisse au siècle suivant. Elle fut démolie au commencement de la révolution.

MADELEINE. (Rue près du chevet de la) *Voyez* rue de la Licorne.

MADELEINE. (Passage de la) De la rue de la Juiverie, n° 5, à celle de la Licorne, n° 2. Il y a deux numéros *rouges*, qui sont 1 et 2. — 9ᵉ Arrondissement.

Ainsi nommé parce qu'il traverse l'emplacement de l'église de la *Madeleine*, dont l'article précède.

MADELEINE. (Les Filles de la) *Voyez* les Madelonettes.

MADELEINE-DE-TRAINEL (Les Filles de la) étaient rue de Charonne, n° 88.

Ces religieuses s'établirent en cet endroit en 1654, et furent supprimées en 1790. Les bâtimens sont maintenant occupés par la belle filature de coton de MM. Richard et Lenoir-Dufresne.

MADELONETTES, (La prison des) rue des Fontaines, entre les n°ˢ 14 et 16. — 6ᵉ Arrondissement.

Cette maison, instituée en 1620, fut destinée à réunir des filles pénitentes, dites de la *Madeleine* ou *Madelonettes ;* ainsi nommée de *sainte Madeleine*, pénitente. Elle sert maintenant de prison aux femmes prévenues de délits.

MADELONETTES. (Rue des) *Voyez* rue des Fontaines.

MAGDEBOURG. (Rue de) *Commence* quai Billy, et *finit* rue des Batailles. Pas de numéros. — 1ᵉʳ Arrondissement.

Cette ruelle ou passage se nommait *Hérivault.* En 1806, lors du nouveau numérotage des rues, on lui donna celui qu'elle porte en mémoire de la prise de *Magdebourg* par le maréchal Ney, le 8 novembre 1806.

MAGLOIRE (Les Religieuses Saint-) étaient rue Saint-Magloire, n°ˢ 166.

C'est en 1138 que les religieux de *Saint-Magloire* quittèrent Saint-Barthélemi en la Cité pour s'établir en cet endroit, qu'ils abandonnèrent en 1572 pour habiter le séminaire *Saint-Magloire*, rue Saint-Jacques, près l'église Saint-Jacques-du-Haut-Pas. (*Voyez* l'église Saint-Barthélemi et ci-après le séminaire

Saint-Magloire.) Les Filles pénitentes, qui prirent le nom de *Saint-Magloire*, succédèrent à ces religieux dans leur couvent, rue Saint-Denis, et furent supprimées en 1790. L'église et le couvent furent en partie démolis quelques années après; ce qui en reste est occupé par un aubergiste.

MAGLOIRE (Le séminaire Saint-) était situé rue Saint-Jacques, n°s 254, 256 et 258.

C'était dès le douzième siècle un *hôpital* dit *du Haut-Pas.* Les religieux de *Saint-Magloire*, en quittant la rue Saint-Denis, vinrent l'habiter en 1572. (*Voyez* l'article précédent.) En 1618 ce couvent devint séminaire sous la direction des pères de l'Oratoire, et le dernier religieux de *Saint-Magloire* mourut en 1669. Ce séminaire fut supprimé au commencement de la révolution. Les bâtimens sont maintenant occupés par l'institution des Sourds et Muets, et l'église sert de magasin.

MAGLOIRE. (Rue Saint-) *Commence* rue Salle-au-Comte et cul-de-sac Saint-Magloire, et *finit* rue Saint-Denis. Les numéros sont *rouges*; le dernier impair est 3, et le dernier pair 6. — 6e Arrondissement.

En 1426 elle se nommait *Saint-Leu*, ensuite *Saint-Gilles*, parce qu'elle passe près de l'église dédiée à ces deux saints. En 1585 c'était la rue *Neuve-Saint-Magloire*; en 1632 la ruelle de la *Prison-Saint-Magloire*; en 1640 elle était un cul-de-sac; en 1737 elle fut élargie. Son nom lui vient de ce qu'elle longeait l'un des côtés de l'église *Saint-Magloire*, maintenant démolie.

MAGLOIRE. (Rue de la Prison-Saint-) *Voyez* rue Saint-Magloire.

MAGLOIRE. (Rue Neuve-Saint-) *Voy.* rue Saint-Magloire.

MAGLOIRE, (Cul-de-sac Saint-) rue Saint-Magloire, n° 1, et rue Salle-au-Comte, n° 2. Les numéros sont *noirs*; le dernier impair est 7, et le seul pair 2. — 6e Arrondissement.

Ainsi nommé parce qu'il est situé rue *Saint-Magloire.*

MAGLOIRE. (Passage Saint-) Du cul-de-sac Saint-Magloire, n° 7, à celle Saint-Denis, entre les n°s 102 et 106. — 6e Arrondissement.

Ainsi nommé de sa proximité de l'église *Saint-Magloire*, maintenant démolie.

MAGLOIRE. (Les Masures Saint-) *Voyez* rue Poissonnière.

MAI (La place ou cour du) a été remplacée par la cour de la Sainte-Chapelle.

Le *mai* qui était planté au milieu de cette cour, en vertu d'un droit qu'avaient MM. de la Bazoche, lui avait donné ce nom.

MAIL. (Rue du) *Commence* place des Petits-Pères et rue Vide-Gousset, et *finit* rue Montmartre. Les numéros sont *noirs*; le dernier impair est 37, et le dernier pair 38. — 3ᵉ Arrondissement.

Cette rue fut construite de 1633 à 1636, sur l'emplacement d'un long jeu de *mail* dont elle a pris le nom.

MAIL. (Quai du) *Voyez* quai Morland.

MAILLET. (Rue) *Voyez* rue Cassini.

MAINE. (Barrière du) — 11ᵉ Arrondissement.

Ce nom lui fut donné parce que l'on sort par cette barrière pour aller dans l'ancienne province du *Maine*; elle consiste en deux bâtimens avec colonnes et décorations en sculpture.

MAINE. (Chemin de ronde de la barrière du) De la barrière du Maine à celle des Fourneaux. — 11ᵉ Arrondissement.

MAINE. (Avenue ou chaussée du) De la rue de Vaugirard à la barrière du Maine. — 11ᵉ Arrondissement.

Ainsi nommée parce qu'elle se dirige sur la barrière de ce nom et sur l'ancienne province du *Maine*.

MAIRE. (Rue au) *Commence* rue Frépillon et cul-de-sac de Rome, et *finit* rue Saint-Martin. Les numéros sont *rouges*; le dernier impair est 63, et le dernier pair 52. — 6ᵉ Arrondissement.

Cette rue, connue dès le treizième siècle, est ainsi nommée parce que le *maire* ou le bailli de Saint-Martin-des-Champs y demeurait et y donnait ses audiences.

MAIRE. (Passage de la rue au) De la rue au Maire, n° 32, à la rue Bailly, entre les nᵒˢ 5 et 7. — 6ᵉ Arrond.

Il se nomme aussi *Bailly*, et tient ces deux noms des deux rues auxquelles il aboutit.

MAISON-NEUVE. (Rue) *Commence* rue de la Pépinière, et *finit* rue de la Voirie. Les numéros sont *noirs*; le dernier impair est 17, et le dernier pair 12. — 1ᵉʳ Arrondissement.

Elle n'existe que depuis un petit nombre d'années.

MAISONS. (Rue de l'Hôpital-des-Petites-) *Voyez* rue de Sèvres.

MAITRE-JEHARRE. (Rue) *Voyez* rue Jean-Hubert.

MALADERIE OU MALADRERIE. (Rue de la) *Voyez* rues des Saints-Pères, de Sèvres et de Babylone.

MALADRERIE. (Chemin ou petite rue de la) *Voyez* rue de la Chaise.

MALADRERIE. (Carrefour de la) *Voyez* carrefour de la Croix-Rouge.

MALAQUAIS. (Quai) *Commence* rue de Seine et pont des Arts, et *finit* rue des Saints-Pères et quai Voltaire. Les numéros sont *rouges*; le dernier impair est 23. — 10ᵉ Arrondissement.

Avant que ce quai fût construit le bord de la Seine se nommait en cet endroit le port *Malaquest*, et une partie de l'espace qui forme le quai portait les noms de l'*Ecorcherie* et de la *Sablonnerie*. En 1641 c'était le quai de la reine *Marguerite*, parce que le palais de cette reine, première femme de Henri IV, morte à Paris en 1610, y était situé au coin de la rue de Seine, où est maintenant l'hôtel Mirabeau; il fut démoli au dix-septième siècle, après la mort de cette reine. On commença à y bâtir au commencement du seizième siècle; il fut pavé en 1670. Au nº 11 est l'hôtel de Juigné, maintenant occupé par le ministère de la Police générale; au nº 17 l'hôtel de Bouillon, et au nº 23 les bureaux de l'Octroi municipal et du Poids public.

MALDESTOR, MAUDÉTOUR et MAUDESTOUR. (Rue) *Voyez* rue Mondétour.

MALE-PAROLE. (Rue) *Voyez* rues des Mauvaises-Paroles et des Deux-Boules.

MALET. (Rue André-) *Voyez* rue du Coq-Saint-Jean.

MALIVAUX. (Rue) *Voyez* rue des Barres.

MALOUIN. (Rue du Champ-) *Voyez* rue Saint-Romain.

MALTE-SAINT-HONORÉ. (Rue de) *Commence* place du Carrousel, et *finit* rue Saint-Honoré, place du Palais-Royal. Les numéros sont *noirs*; le dernier impair est 25, et le dernier pair 16. — 1ᵉʳ Arrondissement.

Cette rue, percée vers l'an 1780, sur l'emplacement de l'ancien hospice des Quinze-Vingts, fut nommée de *Chartres* à cause du duc de *Chartres*, fils aîné du duc d'Orléans. On lui donna en

1798 le nom qu'elle porte en mémoire de la prise de *Malte*, le 12 juin 1798, par le général en chef Bonaparte, lors de son départ pour l'expédition d'Egypte. F'' : sera entièrement démolie pour l'exécution du projet de la réunion des palais du Louvre et des Tuileries. On y remarque le théâtre du Vaudeville. *Voyez* Vaudeville.

MALTE-FAUBOURG-DU-TEMPLE. (Rue de) *Commence* rue de Menilmontant, et *finit* rue de la Tour. Les numéros sont *rouges*; le dernier impair est 55, et le dernier pair 14. — 6ᵉ Arrondissement.

Son premier nom est des *Marais-du-Temple*. En 1739 il n'y avait encore que quelques maisonnettes au milieu des jardins potagers ou *marais*. On commença à la bâtir vers l'an 1780, et on lui donna à cette époque le nom de *Malte* à cause de L. A. d'Artois, commandeur de *Malte*, duc d'*Angoulême*, et *grand prieur de France. Voyez* les rues d'*Angoulême* et du *Grand-Prieur*, construites à la même époque et dans le même quartier.

MANCHERIE. (Rue de la) *Voyez* rue de la Limace.

MANDAR. (Rue) *Commence* rue Montorgueil, et *finit* rue Montmartre. Les numéros sont *rouges*; le dernier impair est 13, et le dernier pair 18. — 3ᵉ Arrondissement.

Cette rue, bâtie vers l'an 1790, porta pendant quelques années le nom de *cour Mandar*, parce qu'elle se fermait à ses deux extrémité par des grilles de fer. Ce nom lui fut donné parce qu'elle fut bâtie sur les dessins de M. *Mandar*, qui y demeure au n° 9.

MANDÉ. (Avenue de Saint-) De la ruelle de Saint-Mandé à la barrière de Saint-Mandé. — 8ᵉ Arrondissement.

Ainsi nommée parce qu'elle se dirige sur le village de *Saint-Mandé*, qui est à huit cents toises de la barrière de *Saint-Mandé*.

MANDÉ. (Ruelle de Saint-) *Commence* avenue de Saint-Mandé, et *finit* rue de Picpus. Pas de numéros. — 8ᵉ Arrondissement.

MANDÉ. (Barrière de Saint-) — 8ᵉ Arrondissement.

Elle est décorée d'un bâtiment avec deux façades. Même étymologie que l'avenue de *Saint-Mandé* ci-dessus.

MANDÉ. (Chemin de ronde de la barrière de Saint-) De la barrière de Saint-Mandé à celle de Vincennes. — 8ᵉ Arrondissement.

MANÉGE. (Passage du) De la rue des Vieilles-Tuileries, n° 21, à celle de Vaugirard, n° 96. — 10° Arrondissement.

Un *manége* qui existait près de ce passage a occasionné cette dénomination.

MANS, (Le collége du) rue d'Enfer, n° 2.

Il fut fondé rue de Reims, en exécution du testament du cardinal Philippe de Luxembourg, évêque du *Mans*, en date de 1519; il fut transporté rue d'Enfer en 1683, sur l'emplacement de l'hôtel Marillac, et réuni à l'Université en 1764. C'est actuellement un hôtel garni.

MANTOUE. (Rue de) *Commence* rues de Mouceaux et Cisalpine, et barrière de Courcelles. Les numéros sont *noirs;* le dernier impair est 23, et le dernier pair 4. — 1ᵉʳ Arrondissement.

Son premier nom fut de *Chartres*, parce qu'elle règne le long du parc de Mouceaux, qui appartenait avant la révolution au duc d'Orléans, dont le fils aîné était alors duc de *Chartres*. Le nom qu'elle porte lui fut donné en mémoire de la prise de *Mantoue* par les Français, en 1797. C'est au n° 4 de cette rue qu'est l'entrée du jardin délicieux de *Mouceaux*, construit en 1778 par le duc d'Orléans; il appartient maintenant au Gouvernement.

MAQUERELLE. (Isle) *Voyez* île des Cygnes.

MAQUIGNONE. (Rue) *Voyez* rue de l'Essai.

MARAIS-SAINT-GERMAIN. (Rue des) *Commence* rue de Seine, et *finit* rue des Petits-Augustins. Les numéros sont *rouges;* le dernier impair est 23, et le dernier pair 26. — 10° Arrondissement.

Elle fut ouverte vers l'an 1540, sur le petit pré aux Clercs, où il y avait des *marais* qui lui ont donné ce nom.

MARAIS-FAUBOURG-DU-TEMPLE. (Rue des) *Commence* rue du Faubourg-du-Temple, et *finit* rue du Faubourg-Saint-Martin. Les numéros sont *rouges;* le dernier impair est 53, et le dernier pair 76. — 5° Arrondissement.

Elle tient ce nom des *marais* sur lesquels on l'a construite au commencement du siècle dernier.

MARAIS. (Rue des) *Voyez* rues des Terres-Fortes, Verte et du Haut-Moulin-du-Temple.

MARAIS. (Rue du Petit-) *Voyez* rue Pavée-au-Marais.

MARAIS. (Ruelle des) *Voyez* rues des Gourdes et du Haut-Moulin-du-Temple.

MARAIS-ROUGES, (Cul-de-sac des) rue des Récollets, entre les n°ˢ 24 et 26. Pas de numéros. — 5ᵉ Arrondissement.

Ce n'est que depuis peu d'années qu'il porte ce nom, qu'il tient sans doute de la couleur des terres.

MARC. (Rue Saint-) *Commence* rues Montmartre et Feydeau, et *finit* rue Richelieu. Les numéros sont *rouges*; le dernier impair est 33, et le dernier pair 26. — 2ᵉ Arrondissement.

Elle fut bâtie vers le milieu du dix-septième siècle, et doit sans doute son nom à une enseigne. On remarque au n° 10 l'hôtel Montmorenci, à présent à M. Thayer.

MARC. (Rue Neuve-Saint-) *Commence* rue Richelieu, et *finit* rue Favart. Les numéros sont *rouges*; le dernier impair est 11, et le dernier pair 10. — 2ᵉ Arrondissement.

C'est une des rues percées vers l'an 1784, sur l'emplacement de l'hôtel Choiseul; elle prit ce nom parce qu'elle prolonge la rue Saint-Marc, bâtie au siècle précédent.

MARC. (Carrefour Saint-) Place formée à la rencontre des rues Saint-Marc, Montmartre et Feydeau. — 2ᵉ Arrondissement.

MARCAUT, MAURICAUT, MAURICAUTE, MORICOURT, MAURICOURT. (Rue de la Folie-) *Voyez* rue de la Folie-Méricourt.

MARCEAU. (Rue) *Commence* rue de Malte-Saint-Honoré, et *finit* rue Saint-Honoré. Les numéros sont *noirs*; le dernier impair est 29, et le dernier pair 32. — 1ᵉʳ Arrondissement.

Cette rue, percée vers l'an 1780, sur l'emplacement de l'ancien hôpital des Quinze - Vingts, fut nommée *Rohan* à cause du cardinal de *Rohan*, alors grand aumônier de France. En 1796 elle prit celui qu'elle porte pour perpétuer le souvenir du général *Marceau*, né à Chartres en 1769, et mort de la suite d'une blessure en 1796.

MARCEL, (L'église Saint-) au bout de la rue des Francs-Bourgeois, où est maintenant la place Saint-Marcel.

En 436 *saint Marcel*, évêque de Paris, fut inhumé en ce lieu.

Une chapelle, qui s'éleva probablement par la suite sur son tombeau, fut l'origine du bourg *Saint-Marcel* ; cependant la plus ancienne mention faite d'une manière authentique de cette église date de l'an 811. L'église fut rebâtie au onzième siècle ; l'on y a fait depuis diverses réparations ; elle est entièrement démolie depuis plusieurs années, et ne forme plus qu'une place.

MARCEL. (Rue Saint-) *Commence* rue Moufetard, et *finit* place Saint-Marcel. Les numéros sont *noirs* ; le dernier impair est 7 ; pas de numéros pairs. — 12ᵉ Arrondissement.

Elle a succédé à la porte *Saint-Clément* ; elle est ainsi nommée parce qu'elle conduit à la place *Saint-Marcel*, avec laquelle elle se confond.

MARCEL, (Rue Saint-) GRAND'RUE SAINT-MARCEAU et VIEILLE RUE SAINT-MARCEAU. *Voyez* rue Moufetard.

MARCEL. (Rue des Fossés-Saint-) *Commence* rue Moufetard, et *finit* rue de la Muette. Les numéros sont *noirs* ; le dernier impair est 49, et le dernier pair 58. — 12ᵉ Arrondissement.

Ainsi nommée parce qu'elle a été bâtie sur les *fossés* qui entouraient autrefois le territoire de *Saint-Marcel*. De la rue de la Muette à celle des Francs-Bourgeois elle a porté le nom de rue *de Fer* ; le reste portait anciennement ceux des *fossés* ou des *hauts fossés Saint-Marcel. Voyez* aussi rue de la Vieille-Estrapade.

MARCEL. (Place Saint-) De la rue des Francs-Bourgeois à la rue Saint-Marcel. (*Voyez* les numéros de la rue Saint-Marcel.) — 12ᵉ Arrondissement.

Ainsi nommée parce qu'elle contient la *place* et le *cloître Saint-Marcel*, et l'emplacement où était l'église *Saint-Marcel*, maintenant démolie.

MARCEL (La porte Saint-) était située rue Bordet, au coin de celle des Fossés-Saint-Victor.

C'était une des portes de l'enceinte de Philippe-Auguste, construite vers l'an 1200 ; elle est ainsi nommée parce qu'elle touchait au bourg *Saint-Marcel*, situé alors hors de Paris ; elle a aussi porté les noms de *Bordet* ou *Bordelle*, de la famille de *Bordelle*, très-connue au treizième siècle. Elle fut abattue en 1683.

MARCEL (La fausse porte Saint-) était située rue des Fossés-Saint-Marcel, au coin de celle Moufetard.

C'était la porte du bourg *Saint-Marcel*, qui fut entouré de fossés. En 1304 elle est nommée *Poupeline*.

MARCHAND. (Pont) *Voyez* pont Charles-le-Chauve.

MARCHAND. (Passage) De la rue Saint-Honoré, n° 178, au cloître Saint-Honoré, n° 16. — 4ᵉ Arrondissement.

Quand on l'a ouvert, après la démolition de l'église Saint-Honoré, on lui a donné ce nom parce que l'on crut qu'il deviendrait *marchand*.

MARCHANDISE. (Pont de la) *Voyez* pont au Change.

MARCHANDS. (Place aux) *Voyez* place de l'Ecole.

MARCHE. (Rue de la) *Commence* rue de Poitou, et *finit* rue de Bretagne. Les numéros sont *noirs*; le dernier impair est 15, et le dernier pair 18. — 7ᵉ Arrondissement.

Elle fut ouverte en 1626, et doit son nom à la *Marche*, ancienne province de France. *Voyez* rue d'Anjou-au-Marais.

MARCHE, (Le collége de la) rue de la Montagne-Sainte-Geneviève, n° 37.

Il fut fondé en 1420, par Guillaume de la *Marche*, qui le tenait de son oncle Jean de la *Marche*, et par Beuve de Winville. Il appartient au Gouvernement, et il est occupé actuellement par M. Wastier, chef d'institution.

MARCHÉ. (Rue du) *Commence* rue d'Aguesseau, et *finit* rue des Saussaies. Les numéros sont *rouges*; le dernier impair est 17, et le dernier pair 16. — 1ᵉʳ Arrondissement.

Elle tire son nom de l'ancien *marché* d'Aguesseau, où elle conduisait. Ce marché fut en 1746 transporté plus près de l'ancienne porte Saint-Honoré, où nous le voyons aujourd'hui.

MARCHÉS DIVERS. *Voyez* leurs noms particuliers.

MARCOUL. (Rue Saint-) *Commence* rue Bailly, et *finit* rue Royale. Les numéros sont *noirs*; le dernier impair est 5, et le dernier pair 6. — 6ᵉ Arrondissement.

C'est une des ruelles bâties en 1765 sur une partie du terrain dépendant de l'abbaye Saint-Martin. *Saint Marcoul* est un saint qui était particulièrement honoré dans cette abbaye.

MARENGO. (Barrière de) — 8ᵉ Arrondissement.

Cette barrière, qui consiste en deux bâtimens ayant chacun deux péristyles de six colonnes, se nommait de *Charenton*, du village de *Charenton*, qui en est à la distance de quinze cents toises; elle prit le nom de *Marengo* lorsque l'Empereur, alors premier consul, rentra dans Paris par cette barrière, le 3 juillet 1800, après la célèbre bataille qu'il gagna à *Marengo*, le 14 juin 1800, sur les Autrichiens.

MARENGO. (Chemin de ronde de la barrière de) De la barrière de Marengo à celle de Reuilly. — 8e Arrondissement.

MARENGO. (Place) *Commence* rue du Coq-Saint-Honoré, et *finit* rue de la Bibliothèque. Les numéros sont *rouges*; pas de numéros impairs (c'est le Louvre); le dernier pair est 6. — 4e Arrondissement.

Au treizième siècle c'était une partie de la rue de *Biauvoir*, dite *Beauvoir* au quatorzième siècle, et *Beauvais* au quinzième siècle, jusque vers l'an 1784, qu'elle a été abattue. *Voyez* barrière de Marengo ci-dessus pour l'étymologie du nom qu'elle porte depuis l'an 1806, lors du nouveau numérotage des rues.

MARGOT. (Le clos) *Voyez* rue Saint-Claude-au-Marais.

MARGUERITE, (L'église paroissiale Sainte-) rue Saint-Bernard, nos 28 et 30, faubourg Saint-Antoine. — 8e Arrondissement.

Elle était originairement une chapelle bâtie en 1625; elle fut érigée en succursale de Saint-Paul vers l'an 1630, devint paroisse en 1712, et fut réparée et agrandie vers 1736 et en 1765.

MARGUERITE - FAUBOURG - SAINT - ANTOINE. (Rue Sainte-) *Commence* rue du Faubourg-Saint-Antoine, et *finit* rue de Charonne. Les numéros sont *noirs*; le dernier impair est 43, et le dernier pair 58. — 8e Arrondissement.

Ce nom lui vient de l'église *Sainte-Marguerite*, près de laquelle elle est située.

MARGUERITE-SAINT-GERMAIN. (Rue Sainte-) *Commence* rues Bussi et du Four, et *finit* carrefour Saint-Benoît et rue de l'Egout. Les numéros sont *rouges*; le dernier impair est 43, et le dernier pair 42. — 10e Arrondissement.

Antérieurement à l'année 1368 c'était la rue *Madame de Valence*. A cette époque elle fut détruite, et l'on creusa sur son emplacement une partie du fossé qui entourait l'abbaye Saint-Germain. Ce fossé ayant été comblé en 1636, on y construisit la rue *Sainte-Marguerite* : nous ignorons pourquoi ce nom lui fut donné. Au no 10 est la prison militaire dite de l'Abbaye. Le *pilori* de l'abbaye était encore dans cet endroit en 1522; il fut remplacé par une barrière des sergens, sur l'emplacement de laquelle fut construite cette prison.

MARGUERITE. (Petite rue Sainte-) *Voyez* rue d'Erfurth.

MARGUERITE. (Cul-de-sac Sainte-) *Voy.* cul-de-sac Saint-Bernard.

MARGUERITE-SAINT-GERMAIN, (Place Sainte-) rue Sainte-Marguerite-Saint-Germain, en face la prison militaire. — 10ᵉ Arrondissement.

MARGUERITE-SAINT-ANTOINE, (Place Sainte-) rue Saint-Bernard, en face de l'église paroissiale Sainte-Marguerite. — 8ᵉ Arrondissement.

MARGUERITE. (Passage Sainte-) *Voyez* passage Aubert.

MARGUERITE. (Les Filles Sainte-) *Voyez* les Filles Notre-Dame-des-Vertus.

MARGUERITE. (Quai de la Reine-) *Voyez* quai Malaquais.

MARIE. (Rue) *Voyez* rue Blanche-de-Castille.

MARIE, (Pont) sur le bras septentrional de la Seine, pour communiquer du quai des Ormes à l'île Saint-Louis. — 9ᵉ Arrondissement.

Il fut commencé en 1614 par *Marie,* entrepreneur général des ponts de France, dont il porte le nom, et achevé en 1635. En 1658 un débordement de la rivière en emporta deux arches et fit tomber vingt-deux maisons bâties dessus; les vingt-huit autres maisons qui restèrent construites sur ce pont furent démolies il y a environ vingt-cinq ans. *Voyez* aussi le pont de la Tournelle.

MARIE-SAINT-GERMAIN. (Rue Sainte-) *Commence* rue de Lille, et *finit* rue de Verneuil. Les numéros sont *noirs;* le dernier impair est 3, et le seul pair 2. — 10ᵉ Arrondissement.

On la perça vers la fin du dix-septième siècle, sur l'emplacement d'une chapelle dédiée à la vierge *Marie,* dont elle a retenu le nom.

MARIE A CHAILLOT. (Rue Sainte-) *Commence* rue de Lubeck, et *finit* rue des Batailles. Les numéros sont *noirs;* le seul impair est 1, et le dernier pair 4. — 1ᵉʳ Arrondissement.

Elle est ainsi nommée parce qu'elle longe au nord-est l'enclos du couvent de *Sainte-Marie* ou de la Visitation, établi à Chaillot en 1652, dont l'emplacement, ainsi que celui de cette rue, vont servir pour la construction du palais du roi de Rome.

MARIE. (Ruelle Sainte-) *Commence* quai Billy, et *finit* rue des Batailles. Deux numéros *noirs*, qui sont 1 et 3. — 1er Arrondissement.

Même étymologie et même observation qu'à l'article précédent.

MARIE. (Passage Sainte-) De la rue du Bac, n° 58, à celle de Grenelle-Saint-Germain, n° 86. — 10e Arrondissement.

Il traverse le couvent de la Visitation, dit des Filles *Sainte-Marie*, dont il prend le nom.

MARIE. (Barrière Sainte-) — 1er Arrondissement.

Cette barrière, ainsi nommée à cause de sa proximité du ci-devant couvent des Filles *Sainte-Marie*, consiste en deux bâtimens avec façade couronnée d'un ceintre.

MARIE-MÈRE-DE-DIEU. (Les Religieux serfs Sainte-) *Voy.* les Blancs-Manteaux.

MARIE A CHAILLOT, OU DE LA VISITATION. (Le couvent Sainte-) *Voyez* couvent de la Visitation.

MARIE-ÉGYPTIENNE. (La chapelle Sainte-) *Voyez* la chapelle de la Jussienne.

MARIE-ÉGYPTIENNE. (Rue Sainte-) *Voyez* rue de la Jussienne.

MARIE-DE-POISSY. (Rue) *Voyez* rue Ogniart.

MARIES. (Place des Trois-) *Commence* quais de l'Ecole et de la Mégisserie, et *finit* rues Saint-Germain-l'Auxerrois et des Prêtres. Les numéros sont *noirs*; le dernier impair est 7, et le dernier pair 6. — 4e Arrondissement.

Au quatorzième siècle on la nommait au *Fain* et du *port au Foin*, parce qu'elle conduisait au *port au Foin*, alors situé en face, où l'on a construit le pont Neuf; au dix-septième siècle on la trouve nommée du *Pont-Neuf*, parce qu'elle y conduit; une maison qui, dès l'an 1564, avait les *trois Maries* pour enseigne, lui a donné ce nom.

MARIETTES et MARIONETTES. (Rue des) *Voyez* rue des Marmousets-Saint-Marcel.

MARIGNY. (Rue) *Commence* rue du Faubourg-Saint-

Honoré, et *finit* avenue des Champs-Elysées. Deux numéros *noirs*, qui sont 1 et 2. — 1er Arrondissement.

C'est plutôt une allée qu'une rue ; elle fut bordée d'arbres par M. de *Marigny*, directeur général des bâtimens et jardins, dont elle a retenu le nom.

MARINE (L'église Sainte-) était située cul-de-sac Sainte-Marine, n° 6.

Le plus ancien titre qui fasse mention de cette église, qui était la paroisse du palais archiépiscopal, est de l'an 1036; la carcasse de l'église est maintenant l'atelier d'une raffinerie de sucre.

MARINE, (Cul-de-sac Sainte-) rue Saint-Pierre-aux-Bœufs, entre les n°s 3 et 5. Les numéros sont *noirs ;* le seul impair est 1, et le dernier pair 8. — 9e Arrondissement.

Au douzième siècle et au quatorzième c'était la ruelle et la rue *Sainte-Marine;* ce ne fut qu'en 1417 qu'il devint cul-de-sac, parce que l'on ferma cette rue par un bout ; il doit son nom à l'église *Sainte-Marine,* qui y était située.

MARINE. (Passage du cul-de-sac Sainte-) Du cul-de-sac Sainte-Marine, n° 2, à la rue du Cloître-Notre-Dame, n° 26. — 9e Arrondissement.

MARINE, (Hôtel du Ministère de la) rue de la Concorde, n° 2, et rue Saint-Florentin, n° 1. — 1er Arrondissement.

Il fut construit vers l'an 1760, sur les dessins de Gabriel, architecte, ainsi que l'hôtel en face, de l'autre côté de la rue, pour décorer la place Louis XV, et pour être le *garde-meuble de la couronne.*

MARIONNETTES (La rue des) existait au dix-septième siècle, et conduisait de la rue Saint-Jacques à la rue de l'Arbalète, le long de la partie septentrionale du Val-de-Grâce.

MARIVAS. (Rue) *Voyez* rue Marivaux-des-Lombards.

MARIVAS ou MARIVAUX. (Rue) *Voyez* rue Pavée-au-Marais.

MARIVAUX-DES-ITALIENS. (Rue) *Commence* rue Grétry, et *finit* boulevart des Italiens. Les numéros sont *noirs ;* le dernier impair est 13, et le seul pair 2. — 2e Arrondissement.

Cette rue, percée vers l'an 1784, sur l'emplacement de l'hôtel

Choiseul, près de la salle de l'ancien théâtre de l'Opéra-Comique, porte le nom de *Marivaux*, de l'Académie Française, qui composa un grand nombre de pièces excellentes pour ce théâtre. *Marivaux*, né à Paris en 1688, y mourut en 1763.

MARIVAUX-DES-LOMBARDS. (Rue) *Commence* rue des Ecrivains, et *finit* rue des Lombards. Les numéros sont *noirs*; le dernier impair est 33, et le dernier pair 22. — 6e Arrondissement.

En 1254 et 1273 le terrain sur lequel cette rue et la petite rue *Marivaux* sont bâties se nommait *Marivas*. Guillot, en 1300, fait mention du *grand* et du *petit Marivaux*. Au coin de cette rue et de celle des Ecrivains demeurait le fameux Nicolas Flamel, écrivain de profession, natif de Pontoise, mort à Paris en 1418.

MARIVAUX. (Petite rue) *Commence* rue de la Vieille-Monnaie, et *finit* rue Marivaux. Pas de numéros. — 6e Arrondissement.

Voyez pour l'étymologie l'article précédent. Corrozet, dans les *Antiquités de Paris*, la nomme *des Prêtres*.

MARIVAUX. (Rue du Petit-) *Voyez* rue Pavée-au-Marais.

MARLBOROUG. (Rue) *Voyez* rue Pétrelle.

MARLE. (Petite rue de) *Voyez* rue des Batailles.

MARMITE. (Passage ou cour de la) De la rue des Gravilliers, n° 28, au cul-de-sac de Rome, n° 1. — 6e Arrondissement.

Ce nom lui vient d'une enseigne de la *Marmite* qui est encore rue Phelipeau, en face de ce passage.

MARMOUSETS-EN-LA-CITÉ. (Rue des) *Commence* rues de la Colombe et Chanoinesse, et *finit* rues de la Lanterne et de la Juiverie. Les numéros sont *rouges*; le dernier impair est 35, et le dernier pair 40. — 9e Arrondissement.

En 1206 il est fait mention d'une maison des *Marmousets*, située dans cette rue; il y avait aussi anciennement une porte des *Marmousets*.

MARMOUSETS-SAINT-MARCEL. (Rue des) *Commence* rue des Gobelins, et *finit* rue Saint-Hippolyte. Les numéros sont *rouges*; le dernier impair est 3, et le dernier pair 8. — 12e Arrondissement.

Elle portait déjà en 1540 ce nom, qu'elle doit à une enseigne; on la trouve aussi anciennement sous les noms des *Marionnettes* et des *Mariettes*.

MARMOUSETS. (Cul-de-sac des) *Voyez* cul-de-sac Saint-Pierre.

MARTEL. (Rue) *Commence* rue des Petites-Ecuries, et *finit* rue de Paradis. Les numéros sont *noirs*; le dernier impair est 15, et le dernier pair 16. — 3ᵉ Arrondissement.

Cette rue, que l'on commença à bâtir vers l'an 1780, porte le nom de M. *Martel*, alors échevin.

MARTERET, MARTRAI, MARTROI-SAINT-JEAN. (Rue du) *Voyez* rue des Vieilles-Garnisons.

MARTHE, (Les Filles Sainte-) rue de la Muette, n° 10.

Cette communauté s'établit en cet endroit en 1719, et fut supprimée en 1790; une maison particulière l'a remplacée.

MARTHE. (Rue Sainte-) *Commence* passage Saint-Benoît, et *finit* rue Childebert. Les numéros sont *noirs*; le dernier impair est 9, et le dernier pair 4. — 10ᵉ Arrondissement.

Elle fut ouverte en 1715, et porte le nom de Denis de *Sainte-Marthe*, alors général de la congrégation de Saint-Maur, dont les religieux ont habité l'abbaye Saint-Germain depuis l'an 1631 jusqu'en 1790.

MARTIAL (L'église Saint-) était située rue Saint-Eloi, près du cul-de-sac Saint-Martial.

Elle fut bâtie sous le règne de Dagobert Iᵉʳ, devint paroisse vers l'an 1107, et fut démolie et supprimée en 1722.

MARTIAL, (Cul-de-sac Saint-) rue Saint-Eloi, entre les nᵒˢ 9 et 11. Les numéros sont *noirs*; le dernier impair est 7, et le dernier pair 8. — 9ᵉ Arrondissement.

En 1398 c'était la ruelle *Saint-Martial*; en 1404 la ruelle du *Porche-Saint-Martial*, et en 1459 la rue *Saint-Martial*; il doit son nom à l'église *Saint-Martial*, qui était située tout près, et qui fut démolie en 1722.

MARTIAL. (Rue Saint- et ruelle du Porche-Saint-) *Voyez* cul-de-sac Saint-Martial.

MARTIN, (L'abbaye Saint-) rue Saint-Martin, entre les nᵒˢ 208 et 210.

Au sixième ou au septième siècle il y avait déjà près de Paris une chapelle dédiée à *saint Martin*. Les historiens ne sont pas d'accord sur le lieu où elle était située. Ayant été détruite par les Normands au neuvième siècle, Henri Ier, roi de France, la fit rebâtir vers le milieu du onzième siècle. En 1130 elle fut entourée de murs et fortifiée; on la reconstruisit ou répara en 1273. Le cloître, commencé en 1702, fut achevé en 1720, et le grand dortoir fut fini en 1742. De 1775 à 1780 on ne cessa point de la réparer et de l'embellir : elle fut supprimée en 1790. Les bâtimens sont occupés depuis plusieurs années par le Conservatoire des Arts et Métiers : on y voit les nombreux originaux des instrumens et machines inventés ou perfectionnés; on y voit aussi les bureaux de la mairie du sixième arrondissement. On croit que l'on y établira sous peu l'un des quatre nouveaux Lycées.

MARTIN (L'église Saint-) était située faubourg Saint-Marcel, où est maintenant une partie de la place collégiale, au coin septentrional de la rue des Francs-Bourgeois.

C'était primitivement une chapelle, dont il est fait mention dès le commencement du douzième siècle, et qui fut érigée en paroisse vers l'an 1200; le chœur fut rebâti en 1544. En 1678 on y fit des constructions et des réparations considérables. Elle fut démolie il y a quelques années.

MARTIN. (Rue Saint-) *Commence* rues de la Verrerie et des Lombards, et *finit* boulevarts Saint-Martin et Saint-Denis. Les numéros sont *noirs*; le dernier impair est 317, et le dernier pair 262. — Les numéros impairs de 1 à 317, et les pairs de 162 à 262, sont du 6e Arrondissement; les numéros pairs de 2 à 160 sont du 7e.

Elle doit son nom à l'abbaye *Saint-Martin-des-Champs,* où elle conduit. En 1231 on la nommait déjà rue *Saint-Martin-des-Champs.* Au n° 48 est la fontaine Maubuée, alimentée par la pompe Notre-Dame; entre les nos 105 et 107 le théâtre Molière, bâti au commencement de la révolution et abandonné depuis plusieurs années; aux nos 208 et 210, à l'abbaye Saint-Martin, les bureaux de la mairie du sixième arrondissement; entre les nos 232 et 234 la fontaine Saint-Martin, dont les eaux lui sont fournies par la pompe Notre-Dame.

MARTIN. (Petite rue Saint-) *Voyez* rue Pierre-Lombard.

MARTIN (La rue du Four-Saint- ou du Petit-Saint-) était une petite rue située anciennement entre les rues de la Cordonnerie et de la Petite-Friperie.

MARTIN. (Petite rue Saint-) *Voyez* rue Grosnière.

MARTIN. (Rue Basse-Saint-) *Voyez* rue de Bondy.

MARTIN. (Rue du Faubourg-Saint-) *Commence* rues Neuve-d'Orléans et de Bondy, et *finit* barrière de la Villette. Les numéros sont *noirs*; le dernier impair est 261, et le dernier pair 308. — 5ᵉ Arrondissement.

C'est la prolongation de la rue *Saint-Martin* à travers le *faubourg* Saint-Martin. De l'église Saint-Laurent à la barrière elle se nommait encore il y a vingt ans du *Faubourg-Saint-Laurent*, à cause de l'église de ce nom qui y est située. Au n° 174 est la fontaine dite des Récollets, dont les eaux viennent de Belleville et du Pré-Saint-Gervais; au n° 165 est une maison de santé dite anciennement du *Nom-de-Jésus*, destinée à recevoir les malades qui paient deux francs par jour pour être admis dans les salles communes, et trois francs pour être admis dans les salles particulières.

MARTIN. (Rue des Fossés-Saint-) *Commence* rue de la Chapelle, et *finit* rue du Faubourg-Saint-Denis. — 5ᵉ Arrondissement.

Elle n'est que projetée, et portait auparavant le nom de *chemin de la Voirie*. *Voyez* rue de la Voirie.

MARTIN. (Rue du Marché-Saint-) *Commence* rue Frépillon, et *finit* marché Saint-Martin. Les numéros sont *rouges*; le dernier impair est 3, et le dernier pair 6. — 6ᵉ Arrondissement.

Elle fut construite en 1765, et porte ce nom parce qu'elle sert d'entrée au *marché Saint-Martin*.

MARTIN. (Rue Neuve-Saint-) *Commence* rues du Pont-aux-Biches et Notre-Dame-de-Nazareth, et *finit* rue Saint-Martin. Les numéros sont *rouges*; le dernier impair est 35, et le dernier pair 36. — 6ᵉ Arrondissement.

Ainsi nommée parce qu'elle fut bâtie, au quatorzième siècle, sur la pissote *Saint-Martin*; en 1638 on la trouve sous le nom du *Mûrier*, dite *Neuve-Saint-Martin*. *Voyez* aussi rue *Notre-Dame-de-Nazareth*.

MARTIN, (Cul-de-sac Saint-) rue Royale, entre les n°ˢ 18 et 20. Deux numéros *noirs*, qui sont 1 et 2. — 6ᵉ Arrondissement.

Construit en 1765, en même temps que le marché *Saint-Martin*.

MARTIN, (Barrière Saint-) à l'extrémité du faubourg

Saint-Martin, entre les barrières de la Villette et de Pantin.

Cet édifice, placé entre deux routes, n'est point une barrière ; c'est un beau monument d'architecture élevé quelques années avant la révolution, sur les dessins de Ledoux, architecte. Il consiste en quatre péristyles en saillie, ornés de huit pilastres carrés; au-dessus est une galerie circulaire avec quarante colonnes accouplées soutenant vingt arcades.

MARTIN. (Boulevart Saint-) *Commence* rue et boulevart du Temple, et *finit* rue et porte Saint-Martin. Les numéros sont *rouges*; le dernier impair est 57, et le dernier pair 20. — Les numéros impairs sont du 6e Arrondissement, et les pairs du 5e.

Ainsi nommé parce qu'il est situé près de la rue Saint-Martin et près celle du Faubourg-Saint-Martin; il fut disposé, ainsi que tous les boulevarts du nord, en 1536; la plantation fut commencée en 1668 et achevée en 1705.

MARTIN, (Cour Saint-) rue Saint-Martin, n° 206. Les numéros impairs sont de 23 à 31, et les pairs de 26 à 32, et font tous partie des numéros de la rue Royale. — 6e Arrondissement.

C'est ainsi que l'on nomme une partie de la rue *Royale*, bâtie en 1765, sur une partie du territoire de l'abbaye *Saint-Martin*.

MARTIN. (Marché Saint-) *Commence* rue Frépillon, et *finit* rue Royale. Les numéros sont *rouges*; le dernier impair est 15, et le dernier pair 18. — 6e Arrond.

Ce marché, qui tient tous les jours, fut construit en 1765, sur une partie du territoire dépendant de l'abbaye *Saint-Martin,* dont il prit le nom; au milieu est une fontaine alimentée par la pompe à feu de Chaillot.

MARTIN (Le marché de l'Abbaye-Saint-) sera construit dans le jardin de la ci-devant abbaye Saint-Martin.

La première pierre a été posée le 15 août 1811, et les travaux sont dirigés sur les dessins de M. Peyre neveu.

MARTIN. (Passage de l'Abbaye-Saint-) De la rue Saint-Martin, n° 206, à la cour Saint-Martin. — 6e Arrond.

MARTIN. (Porte Saint-)

Cette porte, dans la deuxième enceinte de Paris, était située rue Saint-Martin, vis-à-vis la rue Neuve-Saint-Merri, à l'endroit que l'on nommait anciennement l'*Archet Saint-Merri*; elle fut donnée par Dagobert à l'abbaye Saint-Denis. L'an 1147 elle produisait 50 livres de droit d'entrée; elle ne produisait auparavant que 12 livres annuellement; Philippe-Auguste, vers l'an 1200, la fit reculer jusqu'en face de la rue Grenier-Saint-Lazare. Sous Charles V et Charles VI elle fut placée près du coin septentrional de la rue Neuve Saint-Denis. Au commencement du règne de Louis XIII on la construisit où est maintenant, non pas une porte, mais un arc de triomphe, élevé en 1674 en l'honneur de Louis XIV, sur les dessins de Pierre Bullet.

MARTIN. (Marché de la Porte-Saint-) rue Saint-Martin, près la porte. — 6e Arrondissement.

Il tient tous les jours; ce marché et celui de la porte Saint-Denis sont les seuls qui obstruent encore les rues.

MARTRAY, MARTERET, MARTELET, MARTEL, MALTOIS. (Rue du) *Voyez* rue du Martroi.

MARTROI. (Rue du) *Commence* place de l'Hôtel-de-Ville, et *finit* rue du Monceau-Saint-Gervais. Les numéros sont *noirs;* pas de numéros impairs; le dernier pair est 24. — 9e Arrondissement.

Martroy ou *Martray* signifie en vieux langage *supplice* et lieu où l'on exécute les criminels; il n'y a pas de doute que la place de Grève, où l'on exécute de temps immémorial les criminels, n'ait donné ce nom à la rue qui y conduit. Ce nom a été altéré de diverses manières, car on trouve sur les plans et titres anciens *Martroy, Martray, Marterel, Martelet, Martel, Maltois.* En 1300 c'était la rue *Saint-Jehan-en-Grève,* en 1313 la rue *Saint-Jean* sur la rivière; elle a aussi porté les noms de rue *Saint-Jean* et du *Chevet-Saint-Jean,* à cause de la proximité de l'église de ce nom. Ce fut dans cette rue, près de Saint-Gervais, le 2 octobre 1131, que le jeune roi Philippe, fils de Louis-le-Gros, fit une chute de cheval, dont il mourut le lendemain; un cochon, qui s'embarrassa dans les jambes du cheval, fut cause de cet accident.

MARTYRS. (Rue des) *Commence* rues Saint-Lazare et Coquenard, et *finit* barrière des Martyrs. Les numéros sont *noirs;* le dernier impair est 67, et le dernier pair 66 *bis.* — 2e Arrondissement.

Son premier nom est *des Porcherons;* au milieu du siècle dernier le nom qu'elle porte lui fut donné pour rappeler le souvenir des *martyrs saint Denis* et ses compagnons, qui furent, à ce que l'on croit, décapités à Montmartre, où cette rue se dirige. De 1793 à 1806 elle fut nommée du *Champ-du-Repos,* à cause du cimetière Montmartre où elle conduit : elle reprit à cette époque le nom des *Martyrs.* Au n° 59 on remarque l'hôtel Malesherbes, appartenant actuellement à M. Desnoues.

MARTYRS. (Rue des) — 2ᵉ Arrondissement.

Son premier nom fut *barrière Montmartre* ; le nom des Martyrs a la même étymologie que celui de l'article précédent. Elle consiste en un bâtiment présentant un grand ceintre avec pilastre.

MARTYRS. (Chemin de ronde de la barrière des) De la barrière des Martyrs à celle Montmartre. — 2ᵉ Arrondissement.

MASSERAN. (Rue) *Commence* rue Neuve-Plumet, et *finit* rue de Sèvres. Les numéros sont *noirs* ; le dernier impair est 7, et le dernier pair 4. — 10ᵉ Arrondissement.

Cette rue, percée depuis peu d'années, tient son nom de l'hôtel *Masseran* ou *Masserano*, qui y est situé.

MASSILLON. (Rue) *Commence* rue Chanoinesse, et *finit* place Fénélon et rue du Cloître-Notre-Dame. Les numéros sont *noirs* ; le dernier impair est 5, et le dernier pair 10. — 9ᵉ Arrondissement.

Cette rue, formée depuis peu d'années près de la cathédrale, porte le nom du célèbre prédicateur *Massillon*, de l'Académie Française, né à Hières en Provence en 1663, et mort à Paris en 1742.

MASURE. (Rue de la) *Commence* quai des Ormes, et *finit* rue de la Mortellerie. Un seul numéro *noir*, qui est 1. — 9ᵉ Arrondissement.

Corrozet la nomme *descente à la rivière* ; elle tient son nom d'un sieur *des Masures*, qui y fit bâtir des maisons.

MASURES. (Cul-de-sac des) *Voy.* cul-de-sac Saint-Pierre-Montmartre.

MASURES. (Clos des) *Voy.* rue Saint-Pierre-Montmartre et clos Gautier.

MATERNITÉ, (Hospice de la) rue de la Bourbe, n° 3, pour l'alaitement et le placement à la campagne des enfans abandonnés, et rue d'Enfer, n° 74, pour l'accouchement et la réception des femmes grosses et en couche. — 12ᵉ Arrondissement.

Les bâtimens de la rue de la Bourbe étaient ceux de la ci-devant abbaye de Port-Royal, construits sur les dessins de Lepautre, de 1646 à 1648. Les édifices et le jardin de la rue d'Enfer, n° 74,

bâtis de 1650 à 1657, se nommaient autrefois l'*Institution* ;
c'était le noviciat des religieux de la Congrégation de l'Oratoire.

MATHELIN. (Grande rue Saint-) *Voy.* rue Saint-Jacques.

MATHURINS, (Les) ou *LES RELIGIEUX DE LA SAINTE-TRINITÉ DE LA RÉDEMP-TION DES CAPTIFS,* rue des Mathurins, n° 10.

Ces religieux étaient déjà établis à Paris en 1209. Le cloître fut construit en 1219, et rebâti à la fin du quinzième siècle et en 1761; le portail et la cour, qui étaient fermés par une grille, furent bâtis en 1719. Cet ordre fut supprimé en France en 1790. C'est maintenant une maison particulière.

MATHURINS. (Rue des) *Commence* rue Saint-Jacques, et *finit* rue de la Harpe. Les numéros sont *rouges*; le dernier impair est 15, et le dernier pair 26. — 11° Arrondissement.

En 1220 on la nommait du *Palais-des-Thermes,* parce que la principale entrée de cet antique palais était dans cette rue; en 1300, 1421 et 1450, on la trouve encore sous les noms du *Palais-du-Therme* et du *Palais*; elle prit ensuite celui qu'elle porte aujourd'hui du couvent des *Mathurins,* situé dans cette rue. Au n° 14 on remarque l'hôtel *Cluny,* bâti en 1505 sur une partie des ruines de l'antique palais des Thermes, par Jacques d'Amboise, abbé de *Cluny.*

MATHURINS. (Rue Neuve-des-) *Commence* rue du Mont-Blanc, et *finit* rue de l'Arcade. Les numéros sont *rouges*; le dernier impair est 45, et le dernier pair 78. — 1ᵉʳ Arrondissement.

Cette rue fut percée vers l'an 1778, sur un terrain où les religieux *Mathurins* avaient plusieurs possessions. Au n° 74 est l'hôtel du maréchal Brune.

MATHURINS. (Rue de la Ferme-des-) *Commence* rue Neuve-des-Mathurins, et *finit* rue Saint-Nicolas. Les numéros sont *noirs*; le dernier impair est 7, et le dernier pair 12. — 1ᵉʳ Arrondissement.

Ainsi nommée parce qu'elle fut percée vers l'an 1775, sur un terrain nommé la *ferme des Mathurins,* appartenant aux religieux de ce nom.

MATHURINS, (Cul-de-sac de la Ferme-des-) rue Neuve-des-Mathurins, entre les n° 33 et 35. Les numéros sont *noirs*; le dernier impair est 11, et le dernier pair 8. — 1ᵉʳ Arrondissement.

Même étymologie que l'article précédent.

MATIGNON-CHAMPS-ÉLYSÉES. (Rue) *Commence* champs Elysées, et *finit* rue du Faubourg-Saint-Honoré. Les numéros sont *noirs;* le dernier impair est 3, et le dernier pair 12. — 1ᵉʳ Arrondissement.

Le plan de Verniquet la nomme *Milet;* ce n'est que depuis une douzaine d'années qu'elle porte le nom de *Matignon,* à cause de quelqu'un de la famille de ce nom. Au n° 1 est l'hôtel Rampon, appartenant depuis peu à M. le comte de Praslin.

MATIGNON-DU-LOUVRE (La rue) donnait rue des Orties, près la galerie méridionale du Louvre. — 1ᵉʳ Arrondissement.

Ainsi nommée de Jacques de *Matignon,* comte de Thorigny, qui y possédait un hôtel en l'an 1500. L'hôtel de la petite Bretagne, démoli en 1615, y était situé. Cette rue est maintenant entièrement démolie pour exécuter le projet de réunion des palais du Louvre et des Tuileries.

MAUBERT. (Place) *Commence* rues de la Bûcherie et des Grands-Degrés, et *finit* rues de Bièvre et des Noyers. Les numéros sont *noirs;* le dernier impair est 51, et le dernier pair 46. — 12ᵉ Arrondissement.

Ce fut dans les premières années du treizième siècle que l'on commença à bâtir sur cette place, que l'on trouve déjà sous ce nom dès l'an 1225. Jaillot croit qu'elle doit son nom à *Aubert,* second abbé de Sainte-Geneviève, qui permit au douzième siècle de construire des étaux de boucherie sur cette place, qui était dans sa censive. L'opinion de ceux qui allèguent que ce nom lui vient de l'évêque de Paris *Madelbert* est inadmissible, puisque cet évêque existait au huitième siècle, quatre cents ans avant que l'on eût commencé à bâtir sur la place Maubert. Ce n'est qu'en 1806, lors du nouveau numérotage des maisons de Paris, que l'on a compris dans la place *Maubert* la rue *Pavée* ou du *Pavé de la place Maubert,* qui commençait rue de la Bûcherie, et finissait au coin de la rue Galande. *Voyez* l'article suivant.

MAUBERT, (Marché de la Place-) place Maubert. — 12ᵉ Arrondissement.

Ce marché tient tous les jours, et l'on y vend du pain, des fruits, légumes, herbages, etc. Au milieu est la fontaine dite de la place Maubert, ci-devant des Carmes, dont les eaux viennent de la pompe Notre-Dame. En exécution d'un projet d'utilité et d'embellissement, les rues de la Montagne-Sainte-Geneviève et des Carmes seront prolongées jusqu'au quai Montebello (ci-devant le Mail), et la place *Maubert* deviendra spacieuse et régulière.

MAUBUÉ. (Rue) *Commence* rues du Poirier et Beau-bourg, et *finit* rue Saint-Martin. Les numéros sont *rouges*; le dernier impair est 31, et le dernier pair 30. — 7ᵉ Arrondissement.

En 1323 elle portait déjà ce nom; cependant, vers l'an 1300, Guillot n'en parle point; l'aurait-il confondue avec celle *Simon-le-Franc?* En 1357 c'était la rue de la *Fontaine-Maubué*; de 1398 à 1533, les censiers de Saint-Merri la nomment de la *Baudroierie.* Sauval dit qu'en 1456 elle se confondait sous le même nom avec celle *Simon-le-Franc,* dont elle fait la prolongation. *Maubué* signifie, en vieux langage, *mal lessivé,* en linge *sale.* Si elle a toujours été aussi malpropre et habitée par des *sales* filles publiques, comme elle l'est aujourd'hui, son étymologie n'est pas douteuse.

MAUCONSEIL. (Rue) *Commence* rue Saint-Denis, et *finit* rue Montorgueil. Les numéros sont *rouges*; le dernier impair est 37, et le dernier pair 38. — 5ᵉ Arrondissement.

Elle portait déjà ce nom en 1250. Sauval croit qu'elle le tient d'un seigneur du château de *Mauconseil* en Picardie. De 1792 à 1806 elle se nomma *Bonconseil,* ainsi que la section où elle est située. *Voyez* aussi rue des Deux-Boules.

MAUCONSEIL, (Cul-de-sac) rue Saint-Denis, entre les nᵒˢ 269 et 271. L'inscription de la rue est *rouge*; pas de numéros nouveaux. — 5ᵉ Arrondissement.

En 1391 c'était la ruelle de *l'Empereur,* nom qu'elle tenait d'une enseigne; au seizième siècle la rue des *Cordiers* ou de la *Corderie,* dite de *l'Empereur;* ensuite le cul-de-sac *de l'Empereur,* et depuis environ six ans le cul-de-sac *Mauconseil,* sans doute parce qu'il est situé sur la section de *Bonconseil.*

MAUCONSEIL. (Rue du Puits-) *Voyez* rue du Vieux-Colombier.

MAUDESTOUR. (Rue) *Voyez* rue Mondétour.

MAUR-SAINT-GERMAIN. (Rue Saint-) *Commence* rue de Sèvres, et *finit* rue des Vieilles-Tuileries. Les numéros sont *noirs*; le dernier impair est 17, et le dernier pair 12. — 10ᵉ Arrondissement.

Cette rue, ouverte en 1644 sur le territoire dépendant alors de l'abbaye Saint-Germain, porte le nom de *saint Maur,* célèbre disciple de saint Benoît. Les bénédictins ou religieux de Saint-Germain étaient de la congrégation de *saint Maur.* On remarque au n° 12 l'hôtel Jumilhac, appartenant maintenant à M. de Montigny.

MAUR-POPINCOURT. (Rue Saint-) *Commence* rue des Amandiers, et *finit* rue de l'Hôpital-Saint-Louis. Les numéros sont *rouges* ; le dernier impair est 79, et le dernier pair 156. — Les numéros impairs de 1 à 17, et les pairs de 2 à 38, sont du 8e Arrondissement ; les numéros impairs de 19 à 51, et les numéros pairs de 40 à 114, sont du 6e Arrondissement ; les numéros impairs de 53 à 79, et les pairs de 116 à 156, sont du 5e.

Elle fut bâtie sur le *chemin* que les actes anciens nomment de *Saint-Maur*, sans doute parce qu'il se dirige sur le village de *Saint-Maur*, qui est à trois mille cinq cents toises de la barrière de Vincennes.

MAUR-SAINT-MARTIN. (Rue Saint-) *Commence* rue Royale, et *finit* rue Saint-Vannes. Les numéros sont *noirs* ; le dernier impair est 7, et le dernier pair 4. — 6e Arrondissement.

Elle fut ouverte en 1765, et a pris ce nom parce qu'elle est sur l'ancien territoire et près de l'abbaye Saint-Martin, où *saint Maur* était particulièrement honoré.

MAURE. (Rue du) *Commence* rue Beaubourg, et *finit* rue Saint-Martin. Les numéros sont *rouges* ; le dernier impair est 5, et le dernier pair 12. — 7e Arrondissement.

Gulllot, en 1300, ne la nomme pas ; en 1313 c'était la rue *Jehan-Palée*, ensuite la rue *Palée*, la rue ou ruelle *Saint-Julien*, la rue de la *Poterne* ou *Fausse-Poterne*, parce qu'elle était à une petite distance de la *poterne* ou *fausse porte Nicolas-Huidelon* ; en 1606 on la nommait *cour* ou *rue du More* ; en 1640 la *cour au More*, dite *des Anglais* ; sur plusieurs plans anciens on trouve *cour des Morts*. Nous ignorons son étymologie ; faut-il écrire *Mort*, *More* ou *Maure* ?

MAURES. (Rue des Trois-) *Commence* rue des Lombards, et *finit* rue Troussevache. Les numéros sont *noirs* ; le dernier impair est 11, et le dernier pair 12. — 6e Arrondissement.

Au treizième siècle elle portait le nom de *Guillaume-Josse*, et en 1300 celui de *Vin-le-Roi*, parce que les *caves du roi* y étaient situées ; ce n'est qu'au commencement du dix-septième siècle que le nom qu'elle porte lui fut donné à cause de l'enseigne des *Trois Maures*.

MAURES. (Ruelle des Trois-) Du quai de la Grève, nᵒˢ 36 et 38, à la rue de la Mortellerie, nᵒˢ 103 et 105. L'inscription de la rue est *noire;* pas de numéros. — 9ᵉ Arrondissement.

C'est un passage étroit entre les gros murs des maisons voisines.

MAURES, (Cour des) rue Saint-Honoré, nᵒ 210. — 2ᵉ Arrondissement.

MAUVAIS-CONSEIL. (Rue de) *Voyez* rue des Mauvaises-Paroles.

MAUVOISIN. (Le clos)

C'est sur ce clos, qui dépendait de la seigneurie de *Garlande,* que l'on a percé en 1202 les rues *Galande,* des *Trois-Portes,* des *Rats* et du *Fouarre.*

MAVERSE. (Rue) *Voyez* rue Jean-Jacques-Rousseau.

MAZARIN. (Le collége) *Voyez* le palais des Beaux-Arts.

MAZARINE. (Rue) *Commence* rue de Seine, et *finit* carrefour Bussi et rue Thionville. Les numéros sont *noirs;* le dernier impair est 57, et le dernier pair 84. — 10ᵉ Arrondissement.

Son premier nom est des *Buttes;* elle se nomma ensuite des *Fossés* ou du *Fossé,* parce qu'elle fut bâtie sur le *fossé* des murs de l'enceinte de Philippe-Auguste. Vers la fin du dix-septième siècle elle prit le nom de *Mazarine,* parce que le collége *Mazarin* en occupait une partie. En 1540 le retour d'équerre du côté de la rue de Seine portait le nom de rue *Traversine,* et en 1636 celui de rue *de Nesle* et *petite rue de Nesle,* parce qu'il conduisait à la porte et à l'hôtel de *Nesle,* qui étaient où est maintenant le pavillon ouest du palais des Beaux-Arts.

MAZARINE ou DES QUATRE-NATIONS, (Bibliothèque) au palais des Beaux-Arts, quai de la Monnaie, nᵒ 23. — 10ᵉ Arrondissement.

Elle est ouverte tous les jours, de dix heures à deux, excepté les dimanches, jours de fête, et pendant les vacances, qui durent depuis le 15 août jusqu'au 15 octobre.

MAZAS, (Place) en face du pont d'Austerlitz, entre le quai de la Rapée et la rue de la Contrescarpe.

C'est le nom d'un officier mort glorieusement à la bataille d'Austerlitz.

MÉCANIQUES. (Rue des) *Commence* rue du Commerce, et *finit* rue des Arts. — 6ᵉ Arrondissement.

C'est une des ruelles de l'enclos de la Trinité.

MECHAIN. (Rue) *Commence* rue de la Santé, et *finit* rue du Faubourg-Saint-Jacques. Les numéros sont *noirs*; le dernier impair est 3, et le dernier pair 6. — 12ᵉ Arrondissement.

Cette rue, près de l'Observatoire, et percée depuis peu d'années, porte le nom de *Mechain*, célèbre astronome, membre de l'Institut, né à Laon en 1744, et mort sur la côte de Valence en 1804, lorsqu'il était occupé à prolonger la méridienne de Paris jusqu'aux îles Baléares.

MÉDARD, (L'église Saint-) rue Moufetard, entre les nᵒˢ 161 et 163. — 12ᵉ Arrondissement.

Cette église, qui est maintenant la troisième succursale de la paroisse Saint-Etienne-du-Mont, était anciennement la paroisse du bourg *Saint-Médard*, et déjà connue dès le douzième siècle; elle fut agrandie et réparée en 1561 et 1586, et le grand autel fut reconstruit en 1655.

MÉDARD. (Rue Saint-) *Voy.* rues de la Clef et Gracieuse.

MÉDARD. (Rue Neuve-Saint-) *Commence* rue Gracieuse, et *finit* rue Moufetard. Les numéros sont *noirs*; le dernier impair est 23, et le dernier pair 24. — 12ᵉ Arrondissement.

Son premier nom fut d'*Ablon*, parce qu'elle fut percée sur le territoire d'*Ablun* ou d'*Ablon*, vers l'an 1540 : on la nomma par la suite *Neuve-Saint-Médard*, parce qu'elle aboutit à la rue Gracieuse, qui en 1589 se nommait *Saint-Médard*.

MÉDARD (Le carrefour Saint-) est la place formée à la rencontre des rues de Loursine, Censier et Moufetard.

Ainsi nommé parce qu'il est presque en face de l'église *Saint-Médard*.

MÉDARD. (Pont Saint-) *Voyez* pont aux Tripes.

MÉDECINE ET DE CHIRURGIE, (L'école de) rue de l'Ecole-de-Médecine, nᵒ 14. — 11ᵉ Arrondissement.

Ce fut en 1774 que Louis XVI posa la première pierre de ce beau monument, construit d'après les dessins de M. Gondouin, sur l'emplacement du collége de Bourgogne.

MÉDECINE. (Rue de l'Ecole-de-) *Commence* rue de

la Harpe, et *finit* carrefour de l'Odéon et rue des Fossés-Saint-Germain-des-Prés. Les numéros sont *rouges;* le dernier impair est 59, et le dernier pair 38. — 11ᵉ Arrondissement.

En 1300 c'était la rue des *Cordèles* (des Cordeliers), parce que leur couvent y était situé; on la trouve cependant en 1304 sous le nom de *Saint-Côme et Saint-Damien*, parce que l'église dédiée à ces saints était au coin de cette rue et de celle de la Harpe. Comme elle conduisait à la porte *Saint-Germain*, abattue en 1672, elle fut aussi nommée *Saint-Germain*. En 1790 on lui donna celui qu'elle porte à cause de l'*école de Médecine*, dont l'article précède celui-ci. On y voit la fontaine dite de l'*École-de-Médecine*, construite en 1805 et 1806, sur les dessins de Gondouin. Au nº 5 est l'école gratuite de dessin, qui était autrefois l'amphithéâtre de l'école de Chirurgie. La fontaine Saint-Côme, qui était près du nº 1, a été supprimée il y a quelques années.

MÉDECINE, (Place de l'École-de-) rues de l'École-de-Médecine et de l'Observance. Les numéros sont *noirs;* pas de numéros impairs; le dernier pair est 4. — 11ᵉ Arrondissement.

Cette place, qui se nommait autrefois des *Cordeliers*, parce qu'elle est en face du couvent des *Cordeliers*, maintenant en démolition, s'appelle aujourd'hui de l'*École-de-Médecine*, étant en face de l'*École de Médecine*.

MÉDICIS. (Colonne et fontaine de) rue de Viarmes, presque en face de la rue de Vannes. — 4ᵉ Arrondissement.

Cette colonne, qui faisait partie de l'hôtel Soissons, a été conservée lors de la construction de la halle au Blé. (*Voyez la halle au Blé.*) Ce fut Catherine de *Médicis* qui la fit élever sur les dessins de J. Bullau, vers l'an 1573, et qui la destina à l'astrologie plutôt qu'à l'astronomie. On a pratiqué au pied de cette colonne une fontaine alimentée par la pompe à feu de Chaillot.

MÉGISSERIE. (Quai de la) *Commence* pont au Change et place du Châtelet, et *finit* pont Neuf et place des Trois-Maries. Les numéros sont *rouges;* le dernier pair est 84. — 4ᵉ Arrondissement.

Ce quai fut construit en 1369, sous le règne de Charles V; il se nommait alors de la *Saunerie*, à cause de sa proximité du grenier à *sel*. La partie qui s'étend de la place du Châtelet à l'abreuvoir Pépin était anciennement la *vallée de Misère* ou la *Poulaillerie*, parce que l'en y avait établi le marché à la vo-

laille. (Corrozet dit la *vallée de Pie.*) L'autre partie, étant alors occupée par des *mégissiers,* qui furent relegués en 1673 au faubourg Saint-Marcel, s'appelait la *Mégisserie,* (Guillot nomme cet endroit, vers l'an 1300, la *Mesguiscerie*) nom qu'il a conservé dans toute son etendue jusqu'aujourd'hui. On le nomme encore vulgairement de la *Ferraille* ou de la *Ferronnerie,* à cause des marchands qui étalent encore leur *ferraille* le long du mur d'appui.

MÉNAGES, (L'hospice des) rue la Chaise, n° 28. — 10ᵉ Arrondissement.

Cet établissement, qui se nommait avant la révolution l'*Hôpital des Petites-Maisons,* parce qu'il est composé de plusieurs petits édifices ou *petites maisons* séparées, est maintenant consacré aux époux indigens *en ménage,* dont l'un doit être âgé de soixante-dix ans au moins, et l'autre de soixante ans au moins. Ce fut en 1657 que la ville de Paris fit construire cet édifice, sur l'emplacement d'un ancien hôpital dit la *Maladrerie de Saint-Germain,* qui existait déjà au commencement du onzième siècle, et qui avait été détruit en 1544.

MENARS. (Rue) *Commence* rue Richelieu, et *finit* rue Grammont. Les numéros sont *rouges;* le dernier impair est 9, et le dernier pair 14. — 2ᵉ Arrondissement.

C'était primitivement un cul-de-sac dit *Menars,* parce que l'hôtel du président *Menars* y était situé. On ouvrit ce cul-de-sac en 1767, en le faisant communiquer à la rue Grammont.

MÉNÉTRIERS. (Rue des) *Commence* rue Beaubourg, et *finit* rue Saint-Martin. Les numéros sont *rouges;* le dernier impair est 25, et le dernier pair 26. — 7ᵉ Arrondissement.

Elle doit son nom aux *joueurs de violon* qui l'habitaient anciennement. En 1225 c'était *vicus Viellatorum,* rue aux *Joueurs de Violon,* et *vicus des Jugleours,* qui en vieux langage signifie *joueurs d'instrumens.* Au treizième siècle on la nommait *vicus Joculatorum;* en 1300 des *Jugleurs* (Guillot a écrit *Jongleeurs*); en 1325 *aux Jongleurs;* au commencement du quinzième siècle des *Menestrels,* et depuis 1482 des *Menestriers.*

MENIL-MAUDAN, MENIL-MAUTEMPS. (Rue) *Voyez* rue de Menilmontant.

MENILMONTANT. (Rue de) *Commence* rues Amelot et des Fossés-du-Temple, et *finit* barrière de Menil-

montant. Les numéros sont *noirs*; le dernier impair est
101, et le dernier pair 120. — Les impairs sont du 6ᵉ
Arrondissement, et les pairs du 8ᵉ.

Ainsi nommée parce qu'elle se dirige sur le village de *Menilmontant. Menil*, en vieux langage, signifie *hameau, habitation.* Ce village se nommait anciennement *Menil-Maudan,
Menil-Maulemps*, et depuis *Menilmontant.* Serait-il ainsi
nommé parce qu'il est sur une hauteur? De la rue de la Folie-
Méricourt à la barrière elle a porté au siècle dernier le nom de
la *Roulette*, qu'elle tenait des bureaux des commis de barrière
nommés *roulettes*, parce qu'ils étaient montés sur des *roulettes.*

MENILMONTANT. (Rue Neuve-de-) *Commence* rue
Turenne, et *finit* boulevart des Filles-du-Calvaire. Les
numéros sont *rouges*; le dernier impair est 17, et le
dernier pair 10. — 8ᵉ Arrondissement.

Cette rue, nouvellement percée sur l'emplacement du couvent
des Filles-du-Calvaire, doit son nom à la rue *Menilmontant*,
avec laquelle on l'a alignée jusqu'à la rue Turenne.

MENILMONTANT. (Barrière de) — La moitié sud-est
est du 8ᵉ Arrondissement, et l'autre moitié nord-ouest
est du 6ᵉ.

Elle est décorée de deux bâtimens ayant chacun trente-deux
colonnes avec arcades, et tient son nom du village de *Menilmontant*, qui n'en est qu'à la distance de quelques centaines de
toises.

MENILMONTANT. (Chemin de ronde de la barrière
de) De la barrière de Menilmontant à celle des Trois-
Couronnes. — 6ᵉ Arrondissement.

MENUICET ou *MUCET* (La rue Raoul-) était
située sur l'emplacement où l'on a construit l'hôtel
Soissons, auquel a succédé la halle au Blé.

Elle est citée en l'an 1300 par Guillot; elle aura été supprimée
à cause des agrandissemens que l'on a faits à l'hôtel Soissons.

MERCI (Les Religieux de la) étaient rue du Chaume,
au coin de la rue de Braque.

En 1348 Arnoul de Braque fit construire en cet endroit un hôpital et une chapelle; en 1618 on rebâtit l'église et l'hôpital ou
monastère, et l'on y introduisit les religieux de la *Merci*, qui
veut dire *miséricorde*, ou de *Notre-Dame de la Rédemption
des captifs.* Ce couvent, ayant été supprimé en 1790, fut démoli quelques années après. C'est maintenant une masure appartenant à un particulier.

MERCI. (Rue de la) *Voyez* rue du Chaume.

MERCI, (Le collége de la) rue des Sept-Voies, n° 11.

Il fut fondé en 1515 par Nicolas Barrière, procureur général de l'ordre de la *Merci*, et fut bâti sur une partie de l'emplacement de l'hôtel d'Albret. Dès l'an 1750 il ne servait déjà plus que d'hospice aux religieux de la *Merci* de la rue du Chaume. C'est maintenant un terrain occupé par un marbrier.

MERCIER. (Rue) *Commence* rue de Viarmes, et *finit* rues de Grenelle et des Deux-Ecus. Les numéros sont *rouges*; le dernier impair est 15, et le dernier pair 12. — 4ᵉ Arrondissement.

Cette rue, construite de 1763 à 1767, en même temps que la halle au Blé, porte le nom de M. *Mercier*, alors échevin.

MERDERAI, MERDEREL, MERDERET, MERDERIAU. (Rue) *Voy.* rue Verderet.

MERDEREL. (Rue) *Voyez* rue Verdelet.

MERDERET. (Rue) *Voy.* rues du Haut-Moulin-du-Temple et Saint-Jérôme.

MÉRICOURT. (Rue Folie-) *Commence* rue de Menilmontant, et *finit* rue Fontaine. Les numéros sont *rouges*; le dernier impair est 27, et le dernier pair 28. — 6ᵉ Arrondissement.

Elle tient ce nom d'un particulier qui y possédait une *folie*, c'est à dire une maison d'agrément. Ce nom a varié, car on le trouve écrit *Folie-Marcaut, Mauricaut, Mauricaute, Mauricourt, Moricourt* et *Méricourt*; ce dernier a prévalu.

MERRAINS. (Rue aux) *Voyez* quai de la Grève.

MERRI, (L'église paroissiale Saint-) rue Saint-Martin, entre les nᵒˢ 2 et 4. — 7ᵉ Arrondissement.

Cette église, connue dès le sixième siècle sous le nom de chapelle Saint-Pierre, prit celui de *saint Merri* ou *Médéric* au neuvième siècle. (On croit que ce saint mourut à Paris au huitième siècle; la translation de son corps fut faite en 884.) Elle fut rebâtie en l'an 1200, et l'édifice que nous voyons aujourd'hui fut construit vers l'an 1520, sous le règne de François Iᵉʳ.

MERRI. (Cloître Saint- ou rue du Cloître-Saint-) *Commence* rue de la Verrerie, et *finit* rue Saint-Martin. Les numéros sont *noirs*; le dernier impair est 7, et le dernier pair 24. — 7ᵉ Arrondissement.

Ce cloître, qui est aujourd'hui une rue en équerre enveloppant de deux côtés l'église *Saint-Merri*, était anciennement fermé à ses deux extrémités ; du côté de la rue Saint-Martin il y avait une porte nommée la *barre Saint-Merri* ; la partie du côté de la rue de la Verrerie était aussi nommée rue des *Consuls*, parce que les *juges-consuls*, aujourd'hui le tribunal de Commerce, y tenaient et y tiennent encore leurs séances.

MERRI. (Rue Neuve-Saint-) *Commence* rues Barre-du-Bec et Sainte-Avoie, et *finit* rue Saint-Martin. Les numéros sont *rouges* : le dernier impair est 55, et le dernier pair 52. — 7ᵉ Arrondissement.

Elle portait déjà ce nom au commencement du treizième siècle ; on ajouta le mot *neuve* parce que la partie occidentale de la rue de la Verrerie se nommait, aux treizième et quatorzième siècles, *Saint-Merri*, parce qu'elle passait le long de l'église *Saint-Merri*. Au n° 16 est la maison de banque dite de l'hôtel Jabach.

MERRI. (La barre Saint-) *Voyez* cloître Saint-Merri.

MERRI. (Cul-de-sac de la rue Neuve-Saint-) *Voyez* cul-de-sac du Bœuf.

MESGUEISCERIE. (La) *Voyez* quai de la Mégisserie.

MESLAY. (Rue) *Commence* rue du Temple, et *finit* rue Saint-Martin. Les numéros sont *rouges* ; le dernier impair est 67, et le dernier pair 66. — 6ᵉ Arrondissement.

Son premier nom fut des *Remparts*, parce qu'elle a été commencée vers la fin du dix-septième siècle, sur les *remparts* ; elle porta ensuite celui de *Sainte-Apolline* ou de *Bourbon*, parce qu'elle fait la prolongation de la rue *Sainte-Apolline*. Ce n'est qu'en 1726 qu'on l'aligna et acheva de couvrir de maisons. Elle tient son nom d'un particulier nommé *Meslay*, qui y fit construire l'une des premières maisons. *Voyez* aussi rue *Sainte-Apolline*.

MESNARD. (Rue Jean-) *Voyez* rue de la Fontaine.

MESNIL. (Chemin du) *Voyez* rue Fontaine.

MESSAGERIES. (Rue des) *Commence* rue de Paradis, et *finit* rue du Faubourg-Poissonnière. Les numéros sont *noirs* ; le dernier impair est 27, et le dernier pair 28. — 3ᵉ Arrondissement.

Cette rue, formant équerre, fut ouverte il y a environ quinze ans, et fut ainsi nommée à cause d'un grand atelier pour les messageries situé à l'angle ; ce n'était auparavant qu'un passage.

MESSAGERIES. (Passage des) De la rue Notre-Dame-des-Victoires, n° 22, au cul-de-sac Saint-Pierre. — 3ᵉ Arrondissement.

Ainsi nommé parce qu'il traverse la cour de l'hôtel de l'administration des *Messageries* impériales.

MÉTIERS. (Rue des) *Commence* rue du Commerce, et *finit* rue des Arts. — 6ᵉ Arrondissement.

C'est une des ruelles de l'enclos de la Trinité.

MEULES et MEULES DES JAVEAUX. (Isle aux) *Voyez* île Louvier.

MEUNIER, (La rue Etienne-le-) rue ancienne qui aboutissait rue des Singes.

MEUNIERS. (Le pont aux) *Voyez* pont Charles-le-Chauve.

MÉZIÈRE. (Rue) *Commence* rue du Pot-de-Fer, et *finit* rue Cassette. Les numéros sont *rouges*; le dernier impair est 11, et le dernier pair 14. — 11ᵉ Arrond.

Ainsi nommée de l'hôtel *Mézière*, dont les jardins y aboutissaient.

MIBRAI. (Carrefour) *Voyez* rue Planche-Mibrai.

MICHAUT-RIEGNAUT OU REGNAUT. (Rue) *Voy.* rues Gaillon et Neuve-Saint-Roch.

MICHEL (La chapelle Saint-) était située dans la cour du Palais, au sud-est de la Sainte-Chapelle, près de la rue de la Barillerie.

Nous ignorons l'origine de cette chapelle, que l'on nommait au douzième siècle *Saint-Michel-de-la-Place,* parce qu'elle était alors hors de l'enceinte du Palais. Philippe-Auguste y fut baptisé en 1165. Elle fut démolie vers l'an 1782.

MICHEL. (Rue Saint-) *Commence* rue Maison-Neuve, et *finit* rue Saint-Jean-Baptiste. Les numéros sont *rouges*; le dernier impair est 9, et le dernier pair 8. — 1ᵉʳ Arrondissement.

Nous ignorons l'étymologie du nom de cette rue, qui fut ouverte en 1788.

MICHEL. (Rue Saint-) *Voyez* rues d'Enfer et de la Barouillère.

MICHEL (La rue des Etuves-Saint-) aboutissait rue de la Barillerie.

Cette rue, qui n'existe plus depuis environ deux siècles, était ainsi nommée parce qu'elle était située près de la chapelle Saint-Michel.

MICHEL. (Rue du Faubourg-Saint-) *Voyez* rue d'Enfer.

MICHEL. (Rue des Fossés-Saint-) *Voyez* rue Saint-Hyacinthe.

MICHEL. (Rue du Pont-Saint-) *Voy.* rue de la Barillerie.

MICHEL, (Cul-de-sac du Grand-Saint-) rue du Faubourg-Saint-Martin, entre les n°ˢ 204 et 206. Les numéros sont *rouges;* le dernier impair est 9, et le seul pair 2. — 5ᵉ Arrondissement.

Il existait déjà au commencement du siècle dernier, et doit sans doute son nom à une enseigne.

MICHEL. (Place Saint-) De la rue de la Harpe à celle des Francs-Bourgeois. Les numéros sont *noirs;* le dernier pair est 6; les autres numéros sur cette place font partie des séries des rues de la Harpe et des Francs-Bourgeois. — 11ᵉ Arrondissement.

Ainsi nommée de la porte *Saint-Michel,* qui y était située, et qui fut abattue en 1684. *Voyez* la porte d'Enfer. On y voit la fontaine dite *Saint-Michel,* entre les n°ˢ 123 et 125 de la rue de la Harpe; elle fut construite en 1684, lorsque l'on démolit la porte *Saint-Michel.*

MICHEL, (Pont Saint-) sur le petit bras de la Seine, du quai des Orfèvres et du Marché-Neuf au quai des Augustins et à la place du Pont-Saint-Michel. — 11ᵉ Arrondissement.

De 1378 à 1387 on bâtit le premier pont que l'on connaisse en cet endroit; il fut renversé en 1407 par une inondation, et la même année on en rebâtit un en pierre qui se nommait alors *petit Pont, petit Pont Neuf,* et *pont Neuf;* dès l'an 1424 on le trouve sous le nom de *Saint-Michel,* à cause de la chapelle *Saint-Michel,* qui était située près le Palais, à une petite distance. En 1547 il fut emporté par les glaces; il fut aussitôt rétabli en bois, et réparé en 1592. En 1616 une inondation l'emporta de nouveau; la même année on commença à le construire en pierre aux frais des propriétaires, à perpétuité, des trente-deux maisons que l'on bâtit alors dessus, et qui furent démolies il y quelques années.

MICHEL, (Place du Pont-Saint-) entre le pont Saint-

Michel, le quai des Augustins, les rues Saint-André et de la Huchette. — 11ᵉ Arrondissement.

Même étymologie que le pont *Saint-Michel*, à l'article précédent.

MICHEL, (Marché Saint-) rue d'Enfer, près le jardin du Luxembourg. — 11ᵉ Arrondissement.

Son nom lui vient de la place *Saint-Michel*, située tout près; on y vend tous les matins des fourrages.

MICHEL. (Porte Saint-) *Voyez* porte d'Enfer.

MICHEL. (Le collége Saint-) *Voyez* le collége Chanac.

MICHEL, (Les Filles Saint-) rue des Postes, n° 38.

Ces religieuses, destinées spécialement à l'instruction des filles pénitentes, se nommaient aussi de *Notre-Dame de Charité*. Elles s'établirent en cet endroit l'an 1724, et furent supprimées en 1790. C'est maintenant une maison particulière avec un beau jardin.

MICHEL-LE-COMTE. (Rue) *Commence* rues Sainte-Avoie et du Temple, et *finit* rues Beaubourg et Transnonnain. Les numéros sont *rouges*; le dernier impair est 39, et le dernier pair 40. — 7ᵉ Arrondissement.

Il paraît que cette rue a été alignée près des fossés de l'enceinte de Philippe-Auguste; au milieu du treizième siècle on la trouve déjà sous ce nom, dont nous ne connaissons pas l'étymologie. De 1793 à 1806 on la nommait *Michel-Lepelletier*, du nom de M. *Lepelletier de Saint-Fargeau*, assassiné au commencement de la révolution par un nommé Pâris. Au n° 32 sont les bureaux de la conservation des hypothèques du département de la Seine.

MICHEL-LEPELLETIER. (Rue) *Voyez* l'article précédent.

MICHODIÈRE. (Rue de la) *Commence* rues Neuve-Saint-Augustin et du Port-Mahon, et *finit* boulevart des Italiens. Les numéros sont *noirs*; le dernier impair est 29, et le dernier pair 24. — 2ᵉ Arrondissement.

Elle fut percée vers l'an 1780, et tient son nom de M. de la *Michodière*, alors prévôt des marchands.

MICHODIÈRE. (Rue de la) *Voyez* rue Hauteville.

MIGNON, (Le collége) rue Mignon, n° 2.

Ce collége, que l'on nomme aussi de *Grand-Mont*, fut fondé en 1343 par Jean *Mignon*; la chapelle fut dédiée en 1474. De 1605 à 1769 les religieux de *Grammont* y faisaient leurs études. Il fut rebâti en 1747 et 1748, et quelques années après il fut changé en maison particulière. Il sert maintenant de dépôt dépendant du trésor impérial.

MIGNON. (Rue) *Commence* rue du Battoir, et *finit* rue du Jardinet. Les numéros sont *noirs;* le dernier impair est 9, et le dernier pair 4. — 11ᵉ Arrondissement.

Cette rue, que l'on commença à bâtir en 1179, se nomma des *Petits-Champs,* ensuite de la *Semelle;* ce ne fut qu'au milieu du quatorzième siècle qu'elle porta le nom de *Mignon,* du collége *Mignon,* qui y est situé. *Voyez* l'article précédent.

MIGNON (L'hôpital Jean-) était rue des Poitevins.

Il avait été fondé par *Jean Mignon,* en faveur de vingt cinq femmes.

MILAN. (Rue de) *Commence* rue du Faubourg-du-Roule, et *finit* rue de Mantoue. Les numéros sont *noirs;* le seul impair est 1, et le dernier pair 4. — 1ᵉʳ Arrondissement.

Elle se nomma d'abord de la *Croix-du-Roule,* et fut ouverte il y a une vingtaine d'années; elle prit en 1796 le nom qu'elle porte en mémoire de la prise de *Milan,* le 14 mai 1796, par le général en chef Bonaparte.

MILET. (Rue) *Voyez* rue Mignon-Champs-Elysées.

MILITAIRE, (L'école) en face du champ de Mars et du pont d'Iéna. — 10ᵉ Arrondissement.

On commença à construire ce beau monument en 1752, sur les dessins de Gabriel. Il fut érigé en faveur de cinq cents enfans nobles et sans fortune, qui y recevaient la même éducation que l'on donne aujourd'hui aux lycées impérial et Napoléon. Elle sert maintenant de caserne pour la garde impériale.

MILITAIRE, (Barrière de l'Ecole-) à l'extrémité de l'avenue Lowendal. — 10ᵉ Arrondissement.

Elle consiste en deux bâtimens ayant chacun un pavillon. Elle est ainsi nommée parce qu'elle est la barrière la plus proche de l'*école Militaire.*

MILITAIRE. (Chemin de ronde de la barrière de l'Ecole-) De la barrière de l'Ecole-Militaire à celle de Grenelle. — 10ᵉ Arrondissement.

MINIMES, (Les) rue de la Chaussée-des-Minimes, n° 6.

Ces religieux s'établirent dans cette rue en 1609. Les bâtimens furent construits sur une partie du parc des Tournelles. L'église, telle qu'elle a existé jusqu'à nos jours, a été achevée en 1630; elle fut démolie il y a quinze ans, pour prolonger la rue de la Chaussée-des-Minimes. Le couvent est maintenant une caserne.

MINIMES. (Rue des) *Commence* rue des Tournelles, et *finit* rue Turenne. Les numéros sont *rouges*; le dernier impair est 11, et le dernier pair 14. — 8ᵉ Arrondissement.

Cette rue fut percée au commencement du dix-septième siècle, sur l'emplacement du palais des Tournelles, et se nomma des *Minimes* à cause du couvent des religieux de ce nom qui y fut construit en 1609.

MINIMES. (Rue de la Chaussée-des-) *Commence* place des Vosges, et *finit* rue Neuve-Saint-Gilles. Les numéros sont *noirs*; le dernier impair est 13, et le dernier pair 6. — 8ᵉ Arrondissement.

Elle fut percée sous le règne de Henri IV, sur le *parc* du palais des *Tournelles*, et prit d'abord le nom du *Parc-Royal*, du *Parc-des-Tournelles*; elle se nomma depuis de *la Chaussée-des-Minimes*, parce qu'elle conduit de la place des Vosges, rue des *Minimes*, en face du couvent des religieux de ce nom. Au n° 6 est une caserne.

MINIMES. (Rue Neuve-des-) *Voyez* rue Neuve-Saint-Pierre.

MINISTRES. (Barrière des) *Voyez* barrière de Grenelle.

MIRABEAU. (Rue) *Voyez* rue du Mont-Blanc.

MIRACLES, (Cour des) entre le cul-de-sac de l'Étoile et les rues Damiette et des Forges. Les numéros *noirs* sont ceux de la suite de la série du cul-de-sac de l'Étoile. — 5ᵉ Arrondissement.

Le nom de *cour des Miracles* était commun, par dérision, aux endroits qui servaient de retraite aux mendians et vagabonds avant l'établissement des hôpitaux. L'estropié et le malade contrefait, pour attirer la commisération publique, opéraient chaque soir en rentrant dans ces *cours* le *miracle* d'une guérison parfaite.

MIRACLES, (Cour des) rue de Reuilly, n° 81. — 8ᵉ Arrondissement.

Voyez l'article précédent.

MIRACLES. (Passage de la Cour-des-) De la rue des Tournelles, n° 26, au cul-de-sac Jean-Beausire, n° 21. — 8ᵉ Arrondissement.

Voyez cour des *Miracles* ci-dessus.

20

MIRAMIONNES, (Les) rue de la Tournelle n° 5, au coin du quai de la Tournelle.

Ces religieuses, que l'on nomma aussi les *Filles Sainte-Geneviève*, s'établirent à la fin du dix-septième siècle, par les soins de madame de *Miramion*. Elles furent supprimées en 1790. Les bâtimens sont maintenant occupés par les dames de la Miséricorde.

MIRAMIONNES. (Quai des) *Voyez* quai de la Tournelle.

MIROMESNIL. (Rue) *Commence* rue du Faubourg-Saint-Honoré et place Beauveau, et *finit* dans les champs. Les numéros sont *noirs*; le dernier impair est 33; et le dernier pair 34. — 1er Arrondissement.

Cette rue, ouverte vers l'an 1780, prit le nom de Hue de *Miromesnil*, garde des sceaux.

MISÈRE. (La vallée de) *Voyez* quai de la Ferraille.

MISÉRICORDE-DE-JÉSUS, (Les Religieuses hospitalières de la) rue Moufetard, n° 68.

Ces religieuses, que l'on nommait aussi de *Saint-Julien* et *Sainte-Basilisse*, s'établirent en cet endroit vers l'an 1653. Vers l'an 1710 on répara et augmenta les bâtimens, et en 1790 elles furent supprimées; les bâtimens, qui appartiennent à l'Hôtel-Dieu, sont occupés par près de quatre-vingts locataires.

MISÉRICORDE. (Rue de la) *Voy.* rue du Pont-aux-Biches.

MISSION, (Les Prêtres de la) maison Saint-Lazare, rue du Faubourg-Saint-Denis.

Cette église, qui est maintenant la deuxième succursale de la paroisse Saint-Thomas d'Aquin, est celle du séminaire des missions étrangères, institué pour propager la religion chrétienne chez les infidèles. Ce séminaire a été construit en 1663; l'église fut rebâtie en 1683, et la maison en 1736. Il fut supprimé en 1790.

MISSION. (Séminaire de la) *Voyez* collége des Bons-Enfans.

MISSIONS-ÉTRANGÈRES, (L'église des) rue du Bac, n° 120. — 10e Arrondissement.

Le chef-lieu de cette congrégation, instituée par Saint-Vincent de Paul au commencement du dix-septième siècle, était à la maison Saint-Lazare; le séminaire Saint-Charles, rue du Faubourg-Saint-Denis, près la barrière, en dépendait; elle était destinée à l'instruction des pauvres de la campagne. Elle fut supprimée en 1790.

MOFILS et **MONFILS.** (Quai) *Voyez* quai des Ormes.

MOINE. (Rue du) *Voyez* rue Jean-Hubert.

MOINE. (Rue du Petit-) *Commence* rue Scipion, et *finit* rue Moufetard. Les numéros sont *noirs*; le dernier impair est 17, et le seul pair 2. — 12ᵉ Arrondissement.

Elle doit son nom à une enseigne.

MOINEAUX. (Rue des) *Commence* rue des Orties, et *finit* rue Neuve-Saint-Roch. Les numéros sont *noirs;* le dernier impair est 35, et le dernier pair 28. — 2ᵉ Arrondissement.

Nous ignorons d'où lui vient ce nom, qu'elle portait déjà en 1561; en 1636 on la trouve nommée de *Monceaux,* sans doute parce qu'elle conduit au *Monceau,* petit mont ou butte où étaient des moulins à vent.

MOINEAUX. (Passage des) De la rue des Moineaux, n° 11, à celle d'Argenteuil, n° 40. — 2ᵉ Arrondissement.

Ainsi nommé de la rue des *Moineaux,* à laquelle il communique.

MOLAY. (Rue) *Commence* rues Portefoin et des Enfans-Rouges, et *finit* rue de la Corderie. Les numéros sont *noirs;* le dernier impair est 15, et le dernier pair 8. — 7ᵉ Arrondissement.

Rue percée depuis quelques années, sur une partie du terrain qu'occupait l'hôpital des Enfans-Rouges. A cause de sa proximité du Temple, on lui a donné le nom de Jacques de *Molay,* dernier grand-maître de l'ordre des Templiers, brûlé vif à Paris dans l'île du Palais, le 11 mars 1314, sous le règne de Philippe-le-Bel.

MOLÉ. (Rue Jean-) *Voyez* rue de la Fontaine.

MOLIÈRE. (Rue) *Commence* place de l'Odéon, et *finit* rue de Vaugirard. Les numéros sont *noirs;* pas de numéros impairs; le dernier pair est 6. — 11ᵉ Arrondissement.

Cette rue, qui règne sur un des côtés de l'ancien théâtre Français (aujourd'hui le théâtre de l'Impératrice), fut bâtie en 1782, sur l'emplacement de l'hôtel Condé. On lui donna, à cause de sa position, le nom de *Molière,* prince des auteurs comiques français, né à Paris en 1620, rue de la Tonnellerie, n° 3, où l'on voit son buste, et mort dans la même ville en 1673.

MOLIÈRE. (Passage) De la rue Saint-Martin, entre les n° 105 et 107, à la rue Quincampoix, n° 60. — 6ᵉ Arrondissement.

Ainsi nommé parce qu'il passe près du théâtre *Molière*, où l'on ne joue plus depuis quelques années.

MONCEAU-SAINT-GERVAIS. (Rue du) *Voyez* Gervais. (Rue du Monceau-Saint-)

MONCEAUX. (Rue de) *Voyez* rue des Moineaux.

MONDÉTOUR. (Rue) *Commence* rue des Prêcheurs, et *finit* rue du Cygne. Les numéros sont *noirs*; le dernier impair est 33, et le dernier pair 26. — Les numéros impairs de 1 à 17, et les pairs de 2 à 6, sont du 4ᵉ Arrondissement; les numéros impairs de 19 à 33, et les pairs de 8 à 26, sont du 5ᵉ.

Au onzième siècle on la nommait *Mondetor* et *Maldestor*; au commencement du quatorzième *Maudestour* et *Maudetour*; au quinzième *Maudestour*; au dix-huitième *Maudetour*; *Mondétour* a prévalu au dix-neuvième. Elle doit peut-être son nom aux seigneurs de *Maudetour*. Sauval dit que la partie qui s'étend de la rue de la Grande-Truanderie à celle du Cygne se nommait en 1422 rue ou ruelle *Jean-Gilles*.

MONDOVI. (Rue de) *Commence* rue de Rivoli, et *finit* rue du Mont-Thabor. — 1ᵉʳ Arrondissement.

Cette rue, percée depuis quelques années sur le jardin des religieuses de l'Assomption, porte ce nom en mémoire de la fameuse journée de *Mondovi*, où les Autrichiens furent battus, le 22 avril 1796, par le général en chef Bonaparte; on n'y voit encore que trois maisons.

MONNAIES, (Hôtel des) quai de la Monnaie, n° 11, — 10ᵉ Arrondissement.

Ce beau monument fut commencé en 1771, sous la direction d'Antoine, architecte, sur l'emplacement de l'hôtel Conti, qui avait été lui-même construit sur une partie du terrain qu'occupait l'hôtel de Nesle, appartenant à Philippe-le-Bel en 1308. Le précédent hôtel des *Monnaies* était situé rue de la *Monnaie*, où sont à présent les rues Boucher et Etienne; il paraît qu'il avait été bâti au quatorzième siècle. On doit présumer que dans un temps antérieur il était rue de la *Vieille-Monnaie* ou dans les environs.

En 1778 M. Lesage y établit le musée des Mines, formé de la

superbe collection appartenant à ce savant minéralogiste, qui en est le directeur. Les curieux ne manquent pas de le visiter; il est ouvert tous les jours, de 9 heures jusqu'à 2, le dimanche excepté.

On y voit aussi le *cabinet des médailles*, qui était auparavant au Louvre.

MONNAIE. (Rue de la) *Commence* rues Saint-Germain-l'Auxerrois et des Prêtres-Saint-Germain-l'Auxerrois, et *finit* rues des Fossés-Saint-Germain-l'Auxerrois et Béthisy. Les numéros sont *noirs*; le dernier impair est 25, et le dernier pair 32. — 4ᵉ Arrondissement.

En 1245 c'était la rue au *Cerf*, que Guillot écrit vers l'an 1300 rue o *Serf*; en 1387 on la nommait de la *Monnaie*, anciennement dite du *Cerf*, parce que, selon toute apparence, ce fut pendant le quatorzième siècle que l'hôtel des *Monnaies* y fut construit; il fut démoli vers l'an 1778. *Voyez* l'article hôtel des *Monnaies*.

MONNAIE-DU-LOUVRE (La rue de la Petite-) était située près de la grande galerie méridionale du Louvre.

Dans cette rue, détruite depuis longtemps, on frappait de la *Monnaie* ou médailles.

MONNAIE (La petite rue de la) était située entre l'ancien hôtel des Monnaies et la rue Béthisy.

Son plus ancien nom était *Alexandre-l'Anglais*; en 1300 *Gilbert-l'Anglais* (cependant Guillot ne la nomme pas); au dix-septième siècle c'était le cul-de-sac *Gui-d'Auxerre*. Elle tenait le dernier nom qu'elle a porté de sa proximité de l'ancien hôtel des *Monnaies*; elle fut détruite vers l'an 1778, en même temps que l'ancien hôtel des *Monnaies*.

MONNAIE. (Rue de la Vieille-) *Commence* rues des Ecrivains et de la Heaumerie, et *finit* rue des Lombards. Les numéros sont *noirs*; le dernier impair est 29, et le dernier pair 28. — 6ᵉ Arrondissement.

Il est vraisemblable qu'au douzième siècle et au commencement du treizième on y battait *monnaie*; en 1227 une maison de cette rue est désignée par *in Monetaria*, qui en mauvais latin doit signifier *à l'endroit où l'on bat monnaie*; en 1243 c'était déjà la rue de la *Vieille-Monnaie*, que Guillot écrit vers l'an 1300 *en la Viez-Monnaie*; en 1636 on la trouve nommée de la *Vieille-Monnaie* ou de la *Passementerie*.

MONNAIE, (Cul-de-sac de la) quai de la Monnaie,

n° 13. Les numéros sont *noirs*; le dernier impair est 3, et le seul pair 2. — 10ᵉ Arrondissement.

Ce cul-de-sac, qui fut formé en 1771, tient son nom de l'hôtel des *Monnaies*, qui est à côté.

MONNAIE. (Quai de la) *Commence* rue de Thionville et pont Neuf, et *finit* pont des Arts et palais des Beaux-Arts. Les numéros sont *rouges*; le dernier impair est 23. — 10ᵉ Arrondissement.

Il se nommait anciennement de *Nesle*, à cause de l'hôtel de *Nesle*, qui en occupait toute la longueur. Au dix-septième siècle il prit le nom de *Guénégaud*, de l'hôtel de *Henri Guénégaud*, ministre, secrétaire d'état, qui y était situé. On lui donna depuis le nom de *Conti*, de l'hôtel *Conti*, sur l'emplacement duquel on commença en 1771 à bâtir l'hôtel des *Monnaies*; à cette époque il prit son nom de l'hôtel des *Monnaies*. On voit sur ce quai, devant le palais des Beaux-Arts, une fontaine décorée de quatre lions en bronze, qui fournissent de l'eau provenant de la pompe de la Samaritaine.

MONSIEUR. (Rue) *Voyez* rue de Fréjus.

MONSIEUR-LE-PRINCE. (Rue) *Commence* carrefour de l'Odéon, et *finit* rues de Vaugirard et des Francs-Bourgeois. Les numéros sont *noirs*; le dernier impair est 55, et le dernier pair 38. — 11ᵉ Arrondissement.

On commença à bâtir dans ce quartier, qui se nommait le *clos Bruneau*, au commencement du quatorzième siècle. Elle prit d'abord le nom des *Fossés*, parce qu'elle fut alignée sur les *fossés* de la ville que l'on venait de combler; ensuite celui des *Fossés-Saint-Germain*, parce qu'elle est au faubourg *Saint-Germain*, et depuis celui des *Fossés-Monsieur-le-Prince*, parce que l'hôtel du *prince de Condé*, situé alors rue Condé, s'étendait jusqu'à cette rue. De 1793 à 1805 elle a porté le nom de *la Liberté*; elle prit, au nouveau numérotage des rues en 1806, celui de *Monsieur-le-Prince*. *Voyez* aussi rue des Francs-Bourgeois-Saint-Michel.

MONSIEUR-LE-PRINCE. (Rue des Fossés-) *Voyez* rue Monsieur-le-Prince.

MONTAGNE. (Rue de la) *Voyez* Geneviève. (rue de la Montagne-Sainte-)

MONTAIGNE. (Rue) *Commence* à l'Etoile des Champs-Elysées, et *finit* rue du Faubourg-Saint-Honoré. — 1ᵉʳ Arrondissement.

On n'a pas encore commencé à bâtir dans cette rue, tracée

depuis une vingtaine d'années ; elle porte le nom du célèbre philosophe Michel de *Montaigne*, né au château de *Montaigne* en Périgord en 1538, où il mourut en 1592.

MONTAIGU, (Le collége) rue des Sept-Voies, n° 6.

Il fut fondé en 1314, par la maison Aycelin de *Montaigu*, dont il tient son nom. Il fut agrandi en 1388 par le cardinal Pierre de *Montaigu*, évêque de Laon, neveu du fondateur. Il a été en plein et entier exercice jusqu'au commencement de la révolution ; depuis l'année 1792 c'est une prison militaire.

MONTAUBAN (La rue de) aboutissait rue Copeaux.

Cette rue n'existe plus ; elle était ainsi nommée parce qu'elle conduisait au tripot dit de *Montauban*.

MONT-BLANC. (Rue du) *Commence* boulevart des Italiens et rue Basse-du-Rempart, et *finit* rue Saint-Lazare. Les numéros sont *noirs*; le dernier impair est 61, et le dernier pair 70. — Les numéros impairs sont du 1er Arrondissement, et les pairs du 2e.

Au dix-septième siècle c'était un chemin dit des *Porcherons*, qui conduisait de la porte Gaillon aux *Porcherons*; on la nomma rue de l'*Egoût-Gaillon*, à cause de l'égoût à découvert qui coulait le long de ce chemin ; on la nomma aussi *chaussée Gaillon*, parce qu'elle commençait en face de la porte *Gaillon*; *chaussée d'Antin*, parce qu'elle commençait en face de l'hôtel d'*Antin* (depuis hôtel de Richelieu), et *chemin de la Grand'-Pinte*, à cause de l'enseigne d'un cabaret. En 1720 on l'aligna, et on la nomma de l'*Hôtel-Dieu*, à cause de la ferme de l'*Hôtel-Dieu*, qui était en face de la rue Saint-Lazare. En 1791 on lui donna le nom de *Mirabeau*, en mémoire du célèbre comte de *Mirabeau*, député à l'Assemblée nationale, né à Arles en Provence en 1749, et mort dans cette rue en 1791. En 1793 elle fut nommée du *Mont-Blanc*, en mémoire du département de ce nom, réuni à la république française par décret du 27 novembre 1792. Au n° 3 on remarque l'hôtel Montmorenci, appartenant à présent à M. Sommariva, et occupé par l'ambassadeur de Naples ; au n° 7 l'hôtel Récamier, maintenant à M. Mosselman, négociant, qui l'occupe ; au n° 9 celui qui avait appartenu à Mlle Guimart, ensuite à M. Dittmer, et maintenant à MM. Perregaux, Laffitte, banquiers ; au n° 11 celui du duc de Padoue, dont M. Pierlot était auparavant propriétaire ; au n° 40 l'hôtel Montesson, maintenant à M. Michel, et occupé par l'ambassadeur d'Autriche ; au n° 43 celui de MM. Barthélemy frères ; au n° 70 l'hôtel de Montfermeil, qui est devenu le palais de S. E. le cardinal Fesch, oncle de l'Empereur.

MONT-DE-PIÉTÉ, (Le) rue des Blancs-Manteaux, n° 18, et rue de Paradis, n° 7. — 7° Arrondissement.

Ce vaste bâtiment, dont une grande partie a été construite en 1786, contient les bureaux et magasins de cet utile établissement, fondé en 1777. Il a une division succursale rue Vivienne, n° 18.

MONT-DE-PIÉTÉ. (Passage du) De la rue des Blancs-Manteaux, n° 18, à celle de Paradis, n° 7. — 7° Arrondissement.

Ainsi nommé parce qu'il traverse l'hôtel du *Mont-de-Piété.*

MONTEBELLO. (Quai) *Commence* pont de la Tournelle, et *finit* pont aux Doubles. — 12° Arrondissement.

On a commencé cette année à reconstruire ce quai, où il y aura un port. Il est ainsi nommé en mémoire du maréchal Lanne, duc de *Montebello*, mort glorieusement en 1809, à la bataille d'Essling.

MONTESQUIEU. (Rue) *Commence* rue Croix-des-Petits-Champs, et *finit* rue des Bons-Enfans. les numéros sont *rouges;* le dernier impair est 7, et le dernier pair 8. — 4° Arrondissement.

Cette rue, percée depuis quelques années, porte le nom du célèbre *Montesquieu*, auteur de l'Esprit des Lois, etc., né au Château de la Brède, près Bordeaux, et mort à Paris en 1755.

MONTESQUIEU. (Galeries) Du cloître Saint-Honoré, n° 13 et 15, à la rue Montesquieu, n°3, et à celle Croix-des-Petits-Champs, n° 11. — 4° Arrond.

Elles furent construites en 1811, et sont ainsi nommées de la rue *Montesquieu*, à laquelle elles communiquent.

MONTFETARD. (Rue) *Voyez* rue Moufetard.

MONTFORT **(La ruelle)** était située près de la rue Notre-Dame-des-Victoires.

Elle existait au seizième siècle et au commencement du dix-septième.

MONT-GALLET. (Rue) *Commence* rue de Charenton, et *finit* rue de Reuilly. Les numéros sont *noirs;* le dernier impair est 7, et le dernier pair 26. — 8° Arrond.

Son premier nom est du *Bas-Reuilly;* nous ne connaissons pas l'étymologie de celui qu'elle porte, que l'on a aussi écrit *Mongallet.*

MONT-THABOR. (Rue du) *Commence* rue de Castiglione, et *finit* rue de Mondovi. Les numéros sont *rouges*; le dernier impair est 21, et le dernier pair 16. — 1er Arrondissement.

Cette rue, percée depuis quelques années, partie sur le jardin des ci-devant Capucins de la rue Saint-Honoré, et partie sur celui des ci-devant religieuses de l'Assomption, n'est pas encore entièrement bâtie. Elle porte ce nom en mémoire de la bataille du *Mont-Thabor* en Egypte, gagnée par le général en chef Bonaparte le 16 avril 1799.

MONT-THABOR, (Cul-de-sac du) rue de Castiglione. Pas encore de numéros. — 1er Arrondissement.

Ainsi nommé parce qu'il est en face de la rue du *Mont-Thabor.*

MONTHOLON. (Rue) *Commence* rue du Faubourg-Poissonnière, et *finit* rues Rochechouart et Cadet. Les numéros sont *rouges*; le dernier impair est 27, et le dernier pair 32. — 2e Arrondissement.

Cette rue fut alignée il y a une trentaine d'années, sur des marais et jardins, et doit son nom à la famille *Montholon.* M. de *Montholon*, conseiller d'état, a demeuré jusqu'à la révolution à l'hôtel *Montholon*, boulevart Poissonnière.

MONTHOLON, (Place) au milieu de la rue Montholon, à la jonction des rues Papillon et Ribouté. — 2e Arrondissement.

MONTIGNY. (Rue) *Voyez* rue de Poissy.

MONTMARTRE. (Rue) *Commence* place de la Pointe-Saint-Eustache et rue Traînée, et *finit* boulevarts Montmartre et Poissonnière. Les numéros sont *noirs*; le dernier impair est 183, et le dernier pair 182. — Les impairs de 1 à 149, et tous les pairs, sont du 3e Arrondissement; les impairs de 151 à 183 sont du 2e.

Elle se dirige directement vers la hauteur dite *Montmartre*, dont elle tient ce nom. Cette étymologie vient-elle de *mons Martis*, *mont de Mars*, parce qu'il existait sur ce *mont*, du temps de la domination des Romains dans les Gaules, un temple dédié à Mars? Ou bien de *mons Martyrum*, *mont des Martyrs*, parce que l'on croit généralement que saint Denis et ses deux compagnons furent *martyrisés* sur ce *mont* vers le milieu du troisième siècle? Les historiens sont partagés entre ces deux opinions. Au quatorzième siècle la partie de cette rue entre l'église Saint-Eustache et la rue des *Fossés-Montmartre* se nommait de la *Porte-Montmartre*, à cause de la porte *Montmartre*, qui à cette époque était rue *Montmartre*, entre les rues Neuve-Saint-Eustache et des Fossés-Montmartre. (Pour les divers accroissemens de cette rue, *voyez* l'article ci-après porte *Montmartre*.) Entre les n°ˢ 166 et 168 est la fontaine *Montmartre*, alimentée par la pompe à feu de Chaillot; au n° 178 on remarque l'hôtel d'Uzès, bâti sur les dessins de Ledoux, et maintenant occupé par l'administration générale des Douanes.

MONTMARTRE. (Rue du Faubourg-) *Commence* boulevarts Montmartre et Poissonnière, et *finit* rues Saint-Lazare et Coquenard. Les numéros sont *noirs;* le dernier impair est 91, et le dernier pair 84. — 2ᵉ Arrondissement.

Ainsi nommée parce qu'elle prolonge la rue *Montmartre* à travers le faubourg de ce nom, toujours en se dirigeant sur *Montmartre.* *Voyez* pour l'étymologie l'article précédent.

MONTMARTRE. (Rue des Fossés-) *Commence* place des Victoires et rue Vide-Gousset, et *finit* rue Montmartre. Les numéros sont *noirs;* le dernier impair est 31, et le dernier pair 24. — 3ᵉ Arrondissement.

Elle porta les noms du *Fossé,* des *Fossés,* et ensuite des *Fossés-Montmartre,* parce qu'elle a été alignée sur l'emplacement des *fossés* qui régnaient le long des murs de clôture construits sous Charles V et Charles VI. La porte Montmartre, démolie en 1633, était alors située rue Montmartre, presqu'en face des coins méridionaux des rues des Fossés-Montmartre et Neuve-Saint-Eustache.

MONTMARTRE. (Rue des Fossés- et Neuve-des-Fossés-) *Voyez* rue Feydeau.

MONTMARTRE. (Rue de la Porte-) *Voyez* rue Montmartre.

MONTMARTRE. (Cul-de-sac de la rue Neuve-) *Voyez* cul-de-sac Saint-Pierre-Montmartre.

MONTMARTRE. (Barrière) — 2ᵉ Arrondissement.

Cette barrière, située à l'extrémité de la rue Pigale, a la même étymologie que la rue Montmartre; elle se nommait auparavant *de la rue Royale,* parce qu'alors la rue Pigale se nommait *Royale.* Elle est décorée d'un bâtiment à quatre façades, avec colonnes et massifs vermiculés. *Voyez* aussi la barrière des Martyrs.

MONTMARTRE. (Chemin de ronde de la barrière)

De la barrière Montmartre à la barrière Blanche.—
2° Arrondissement.

MONTMARTRE. (Boulevart) *Commence* rues Montmartre et du Faubourg-Montmartre, et *finit* rues
Richelieu et Grange-Batelière. Les numéros sont
rouges; le dernier impair est 9, et le dernier pair
16°. — 2° Arrondissement.

Commencé en 1536, planté en 1668, achevé en 1705, ainsi
que les autres boulevarts du nord. Même étymologie que la
rue *Montmartre*, dont l'article est ci-dessus. On y remarque
le théâtre des Variétés et le passage des Panoramas. *Voyez* ces
deux articles à leur ordre alphabétique.

MONTMARTRE. (Porte)

La première *porte Montmartre*, que l'on nommait aussi *Saint-
Eustache*, parce qu'elle était à une petite distance de l'église de
ce nom, était celle qui faisait partie de l'enceinte de Philippe-
Auguste. Elle fut construite vers l'an 1200, et placée rue Montmartre, en face des nᵒˢ 15 et 32, entre les rues du Jour et J.-J.-Rous-
seau; elle fut démolie, et reconstruite vers l'an 1380, sous le règne
de Charles V ou au commencement de celui de Charles VI, rue
Montmartre, presqu'en face des coins méridionaux des rues des
Fossés-Montmartre et Neuve-Saint-Eustache. Cette seconde porte
fut abattue en 1633, et l'on en construisit une autre quelques années après, vers la fin du règne de Louis XIII, rue Montmartre, entre
la fontaine et la rue des Jeuneurs, presqu'en face de la rue Neuve-
Saint-Marc; elle fut détruite vers l'an 1700. En mai 1812 on
a découvert les fondations de cette dernière porte en face des
nᵒˢ 162 et 153 de cette rue, en travaillant à la galerie sou-
terraine qui conduira les eaux du canal de l'Ourcq aux Palais du
Louvre et des Tuileries.

MONTMORENCY. (Rue) *Commence* rue du Temple,
et *finit* rue Saint-Martin. Les numéros sont *rouges*; le
dernier impair est 49, et le dernier pair 46. — 7° Arrondissement.

Ce nom lui vient des seigneurs de *Montmorency*, qui y ont
eu leur hôtel jusqu'au milieu du quatorzième siècle; on la trouve
anciennement sous le nom du *seigneur de Montmorency*. De la
rue du Temple à celle Transnonnain elle s'est nommée *cour au
Villain* jusqu'en 1768, que cette partie a aussi pris le nom
de Montmorency. De 1793 à 1806 on la nomma de la *Réunion*,
nom que porte encore la section où elle est située. En 1806 elle
reprit son ancien nom.

MONTMORENCY. (Rue Neuve-) *Commence* rue Feydeau, et *finit* rue Saint-Marc. Les numéros sont *noirs*;

le dernier impair est 3, et le dernier pair 4. — 2ᵉ Arrondissement.

Cette petite rue, percée depuis une vingtaine d'années, tient son nom de l'hôtel *Montmorency*, situé en face, rue Saint-Marc.

MONTORGUEIL. (Rue) *Commence* rue de la Tonnellerie et place de la Pointe-Saint-Eustache, et *finit* rues du Cadran et Saint-Sauveur. Les numéros sont *noirs*; le dernier impair est 77, et le dernier pair 112. — Les numéros impairs sont du 3ᵉ Arrondissement, et les pairs du 5ᵉ.

Au treizième siècle elle se nommait déjà du *Mont-Orgueilleux* (*vicus montis Superbi*); elle conduit effectivement sur une hauteur ou petit *mont*. De la rue Mauconseil à la pointe Saint-Eustache elle a porté le nom de Comté-d'*Artois*, porte à la *Comtesse-d'Artois* et à la *Comtesse-d'Artois* jusqu'en 1792, parce que Robert II, comte d'Artois, neveu de saint Louis, dont l'hôtel était entre les rues Pavée et Mauconseil, alors hors de Paris, avait fait percer vers la fin du treizième siècle le mur de l'enceinte de Philippe-Auguste et ouvrir une fausse porte, qui prit alors le nom de *porte au Comte-d'Artois*. En 1498 on démolit une tour de l'enceinte de Philippe-Auguste qui était dans cette rue, en face du cul-de-sac de la Bouteille. Anciennement elle s'étendait sous ce nom jusqu'au boulevart. Des titres anciens désignent certaines maisons sous le nom de *Montorgueil* au lieu dit les *Petits-Carreaux*. *Voyez* cette dernière; *voyez* aussi rue Poissonnière.

MONT-PARNASSE. (Rue du) *Commence* rue Notre-Dame-des-Champs, et *finit* barrière du Mont-Parnasse. Les numéros sont *noirs*; le dernier impair est 5, et le dernier pair 8. — 11ᵉ Arrondissement.

Cette rue, ouverte vers 1776, est ainsi nommée parce qu'elle conduit à la butte du *mont Parnasse*, dont on aperçoit encore un petit tertre. C'était sur ce *mont Parnasse* parisien que s'assemblaient autrefois les écoliers des divers collèges les jours de congé, chantaient leurs poésies, lisaient leurs ouvrages, et s'amusaient à divers jeux. On remarque aux nᵒˢ 4 et 5 deux charmans hôtels, le premier appartenant à M. le comte Dubois-Dubay, sénateur, et le second à M. Parker.

MONT-PARNASSE, (Cul-de-sac du) sur le boulevart du Mont-Parnasse, entre les nᵒˢ 31 et 33. Pas de numéros. — 11ᵉ Arrondissement.

Même étymologie que l'article précédent.

MONT-PARNASSE. (Barrière du) — 11° Arrondissement.

Elle consiste en deux bâtimens ayant chacun deux péristyles avec colonnes. Pour l'étymologie *voyez* la rue du *Mont-Parnasse.*

MONT-PARNASSE. (Chemin de ronde de la barrière du) De la barrière du Mont-Parnasse à celle du Maine. — 11° Arrondissement.

MONT-PARNASSE. (Boulevart du) *Commence* rue de Sèvres, et *finit* rue d'Enfer. Les numéros sont *noirs;* le dernier impair est 83, et le dernier pair 38. — 11° Arrondissement.

- Ce boulevart, planté en 1761, en même temps que les autres boulevarts du midi, tient son nom de la butte du *mont Parnasse,* ainsi que la rue de ce nom. Au n° 28 est le jardin de la grande Chaumière.

MONTPENSIER. (Passage) *Voyez* rue de Quiberon.

MONTREUIL. (Rue de) *Commence* barrière de Montreuil, et *finit* rues du Faubourg-Saint-Antoine et Saint-Jules. Les numéros sont *rouges;* le dernier impair est 149, et le dernier pair 106. — 8° Arrondissement.

Ainsi nommée parce qu'elle conduit à la barrière de *Montreuil,* par où l'on sort de Paris pour aller au village de *Montreuil,* qui est à la distance de quinze cents toises.

MONTREUIL. (Barrière de) — 8° Arrondissement.

Elle est décorée d'un bâtiment ayant deux façades de six colonnes à bossage. *Voyez* pour l'étymologie l'article précédent.

MONTREUIL. (Chemin de ronde de la barrière de) De la barrière de Montreuil à celle de Fontarabie. — 8° Arrondissement.

MONUMENS FRANÇAIS, (Musée des) rue des Petits-Augustins, n° 16. — 10° Arrondissement.

Il est consacré aux *monumens* de l'Histoire de *France,* qui y ont été placés avec art, selon l'ordre des temps, par M. Lenoir, qui en est administrateur. Il est ouvert au public les jeudis et dimanches matin. C'était, avant l'année 1792, le couvent des *Petits-Augustins,* fondé par la reine Marguerite en 1613.

MORE, MORT. (Rue du) *Voyez* rue du Maure.

MOREAU. (Rue) *Commence* rue de Bercy, et *finit* rue

de Charenton. Les numéros sont *noirs*; le dernier impair est 23, et le dernier pair 12. — 8ᵉ Arrondissement.

Elle fut alignée à la fin du dix-septième siècle; nous ignorons l'étymologie de ce nom : on la trouve quelquefois sous celui de rue ou ruelle des *Filles-Anglaises*, parce qu'elle passe le long du couvent de ce nom.

MOREAU (La ruelle Denys-) existait anciennement, et était parallèle à la rue Triperet.

MORFONDUS. (Rue des) *Voyez* rues d'Anjou-Saint-Honoré et Neuve-Saint-Etienne.

MORFONDUS. (Quai des) *Voyez* quai de l'Horloge.

MORGUE, (La) au marché Neuf, près le pont Saint-Michel. — 9ᵉ Arrondissement.

C'est un endroit où l'on expose les corps morts inconnus, afin qu'ils soient reconnus et réclamés. Elle était au grand Châtelet avant qu'on l'eût démoli.

MORINS. (Rue des) *Voyez* rue Saint-Gervais.

MORLAIX, (Cul-de-sac) rue des Morts, entre les nᵒˢ 6 et 8. Les numéros sont *noirs*; pas de numéros impairs; le dernier pair est 6. — 5ᵉ Arrondissement.

Nous ignorons l'étymologie du nom de ce cul-de-sac, qui n'existe que depuis une quinzaine d'années.

MORLAND. (Quai) *Commence* pont d'Austerlitz et rue de la Concorde, et *finit* pont Grammont et rue Sully. — 9ᵉ Arrondissement.

On le nommait autrefois du *Mail*, à cause d'un *mail* que Henri IV y fit construire; ce *mail* fut détruit vers le milieu du siècle dernier : on lui donna celui qu'elle porte en février 1806, pour perpétuer le souvenir de *Morland*, commandant des chasseurs de la garde impériale, mort glorieusement à la bataille d'Austerlitz, le 2 décembre 1805.

MORLAND, (Place) entre les quais Morland et des Célestins. — 9ᵉ Arrondissement.

Pour l'étymologie *voyez* l'article précédent.

MORTAGNE, (Cul-de-sac de) rue de Charonne, nᵒ 41. Les numéros sont *rouges*; le dernier impair est 3, et le dernier pair 4. — 8ᵉ Arrondissement.

Il tient son nom de l'hôtel de *Mortagne*, qui est situé tout près, dans la rue de Charonne.

MORTELLERIE. (Rue de la) *Commence* rues de l'Etoile et du Figuier, et *finit* place de l'Hôtel-de-Ville. Les numéros sont *rouges*; le dernier impair est 155, et le dernier pair 156. — 9ᵉ Arrondissement.

Elle portait déjà ce nom en 1212. Vers l'an 1300 Guillot dit :

« Je ving en la Mortelerie,
« Où a mainte tainturerie. »

Sauval croit qu'elle doit son nom à quelqu'un de la famille *le Mortelier*. Ce nom ne viendrait-il pas plutôt de *mortelier*, qui en vieux langage signifie *maçon*, celui qui fait le *mortier?* Beaucoup de *maçons* y demeurent encore; leur bureau y est situé au n° 151. Les vieux actes portent *Mortellaria* et *Morterelia*.

MORTS. (Rue des) *Commence* rue de l'Hospice-Saint-Louis, et *finit* rue du Faubourg-Saint-Martin. Les numéros sont *rouges;* le dernier impair est 25, et le dernier pair 38. — 5ᵉ Arrondissement.

Cette rue, connue depuis une trentaine d'années, porte sans doute ce nom parce que les convois funèbres prenaient souvent ce chemin en allant au cimetière de ce quartier.

MORUE. (Rue de la Bonne-) *Voyez* rue des Champs-Elysées.

MOTHE-PIQUET. (Avenue La) *Commence* rue de Grenelle-Saint-Germain, et *finit* aux murs de clôture de Paris. Les numéros sont *rouges;* le dernier impair est 19, et le dernier pair 16. — 10ᵉ Arrondissement.

Elle est ainsi nommée en mémoire de *La Mothe-Piquet*, lieutenant-général des armées navales de France, né en 1720, et mort à Brest en 1791.

MOUCEAUX. (Rue de) *Commence* rue du Faubourg-du-Roule, et *finit* rues de Mantoue et de Courcelles. Les numéros sont *noirs;* le dernier impair est 5, et le dernier pair 8. — 1ᵉʳ Arrondissement.

Elle fut ouverte vers l'an 1785, et doit son nom au parc ou jardin de *Mouceaux*, où elle conduit. *Voyez* l'article suivant.

MOUCEAUX. (Barrière de) — 1ᵉʳ Arrondissement.

Elle tient ce nom du village de *Mouceaux*, qu'on écrivait autrefois *Monceaux*, situé à une très-petite distance, et consiste en un bâtiment orné de deux péristyles avec colonnes à bossage.

MOUCEAUX. (Chemin de ronde de la barrière de) De

la barrière de Monceaux à celle de Courcelles. — 1er Arrondissement.

Ce chemin est hors des murs à cause du jardin de *Monceaux.*

MONCEAUX. (Jardin de) *Voyez* rue de Mantoue.

MOUFETARD. (Rue) *Commence* rues des Fossés-Saint-Victor et Fourcy, et *finit* barrière d'Italie. Les numéros sont *noirs*; le dernier impair est 329, et le dernier pair 294. — 12e Arrondissement.

Elle a été bâtie sur un terrain qui, au treizième siècle, se nommait *mont Cetard* (*mons Cetarius* ou *mons Cetardus*), d'où viennent par altération son ancien nom *mont Fetard*, et son nom actuel *Moufetard* : on lui a donné aussi, en divers temps, ceux de *Saint-Marcel*, de *Saint-Marceau* et *vieille ville Saint-Marceau.* De la rue Croulebarbe à la barrière elle se nommait, au dix-huitième siècle, *Gautier-Renaud*, d'un particulier qui y demeurait. Au n° 66 est la fontaine dite du Pot-de-Fer, alimentée par les eaux d'Arcueil; entre les n°^s 175 et 177 est une autre fontaine.

MOUFETARD. (Rue) *Voyez* rue Cléry.

MOUFETARD. (Barrière) *Voyez* barrière d'Italie.

MOULIN-EN-LA-CITÉ. (Rue du Haut-) *Commence* rue Glatigny, et *finit* rue de la Lanterne. Les numéros sont *noirs*; le dernier impair est 9, et le dernier pair 8. — 9e Arrondissement.

En 1204 c'était la rue *Neuve-Saint-Denis.* Guillot a nommé, vers l'an 1300, *Saint-Denis-de-la-Chartre*, habitée alors par des filles publiques. Ces noms lui viennent de sa proximité de l'église *Saint-Denis de la Chartre.* Au seizième siècle une partie se nommait des *Hauts-Moulins*, et l'autre *Saint-Symphorien*, à cause de l'ancienne chapelle *Saint-Symphorien* (depuis nommée Saint-Luc) qui y était située, en face Saint-Denis de la Chartre. Il est fait mention d'une ruelle des *Etuves* attenant à cette rue; elle n'existait déjà plus au milieu du seizième siècle. Le nom du *Haut-Moulin* viendrait-il de quelques moulins établis anciennement, en face sur la rivière ?

MOULIN-DU-TEMPLE. (Rue du Haut-) *Commence* rue de la Tour, et *finit* rue du Faubourg-du-Temple. Les numéros sont *rouges*; le dernier impair est 5, et le dernier pair 10. — 6e Arrondissement.

Cette rue, percée sur un terrain consistant alors en *marais* et jardins potagers, se nommait, au commencement du siècle dernier, tantôt des *Marais*, tantôt *Merderet* ou des *Trois-Portes*;

elle prit depuis le nom qu'elle porte sans doute à cause des *moulins* à vent qui étaient placés dans ce quartier. A la fin du dix-septième siècle il y avait encore une butte sur laquelle étaient trois *moulins*, entre cette rue et le boulevart.

MOULIN-JOLI. (Ruelle du) *Commence* rue des Trois-Couronnes, et *finit* dans les vignes. Les numéros sont *rouges*; le dernier impair est 5, et le seul pair 2. — 6e Arrondissement.

Cette ruelle doit son nom à un *moulin* à vent qui était autrefois situé à son extrémité : ce moulin a été transformé en une guinguette qui a conservé l'enseigne du *Moulin-Joli*.

MOULINS-BUTTE-DES-MOULINS. (Rue des) *Commence* rues des Orties et des Moineaux, et *finit* rue Neuve-des-Petits-Champs. Les numéros sont *noirs*; le dernier impair est 23, et le dernier pair 32. — 2e Arrondissement.

Ainsi nommée parce qu'elle se dirige sur une hauteur ou butte où il y avait encore des *moulins* au milieu du dix-septième siècle. De la rue Neuve-des-Petits-Champs à la rue Thérèse elle se nomma d'abord *Neuve-Richelieu*, ensuite *Royale*; elle perdit ce dernier nom en 1793, en prolongeant la rue des *Moulins*. Au coin de cette rue et de celle des Moineaux est la fontaine d'Amour, dont les eaux viennent de la pompe à feu de Chaillot.

MOULINS, BARRIÈRE DE REUILLY. (Rue des) *Commence* barrière de Reuilly, et *finit* rue de Picpus. Les numéros sont *noirs*; pas de numéros impairs; le dernier pair est 4. — 8e Arrondissement.

Cette rue, percée depuis quelques années, doit son nom au voisinage de quelques *moulins* à vent.

MOULINS. (Rue des) *Voyez* rue Helvétius.

MOULINS. (Ruelle des) *Voyez* rue Jehan-Bonnefille.

MOULINS. (Rue du Terrain-aux-) *Voyez* rue Helvétius.

MOULINS. (Barrière des Deux-) — 12e Arrond.

Elle est située à l'extrémité de la rue du Marché-aux-Chevaux, et n'est décorée d'aucun bâtiment. Ce nom vient de *deux moulins* à vent situés hors et près de cette barrière.

MOULINS, (Carrefour de la Butte-des-) place formée à la rencontre des rues des Moulins, l'Evêque, des Orties et des Moineaux. — 2e Arrondissement.

C'était autrefois le sommet de la *butte* où étaient les *moulins*.

MUL

322

MOUSQUETAIRES-GRIS. (Hôtel des) *Voyez* marché Bou-
lainvilliers.

MOUSQUETAIRES-NOIRS. (Hôtel des) *Voyez* hospice des
Quinze-Vingts.

MOUSSI. (Rue de) *Commence* rue de la Verrerie, et
finit rue Sainte-Croix-de-la-Bretonnerie. Les numéros
sont *noirs*; le dernier impair est 7, et le dernier pair
10. — 7ᵉ Arrondissement.

Au treizième siècle c'était la rue du *Franc-Mourier, Morier*
et *Meurier*. Du temps de Corrozet elle était désignée par les
noms de *ruelle descendant à la Verrerie*. Nous ignorons l'étymologie de son nom actuel, qu'elle porte depuis le commencement du dix-septième siècle.

MOUTIER. (Rue du) *Voyez* rue des Prêtres-Saint-Etienne-
du-Mont.

MOUTON. (Rue du) *Commence* place de l'Hôtel-de-
Ville, et *finit* rue de la Tixeranderie. Les numéros sont
noirs; le dernier impair est 13, et le dernier pair 6. —
Les numéros impairs sont du 7ᵉ Arrondissement, et les
pairs du 9ᵉ.

En 1263 une des maisons de cette rue est désignée par le nom
de maison du *Mouton*; Jean *Mouton* y possédait deux maisons
au treizième siècle : Guillot cependant, vers l'an 1300, n'en
parle pas; est-ce à la maison du *Mouton* ou à la famille
Mouton qu'elle est redevable de ce nom?

MOUTONS. (Rue des Deux-) *Voyez* rue Gît-le-Cœur.

MUCE. (Rue du Petit- et de Put-y-) *Voyez* rue du Petit-
Musc.

MUETTE. (Rue de la) *Commence* rue de Charonne, et
finit rue la Roquette. Les numéros sont *rouges*; le dernier impair est 31, et le dernier pair 24. — 8ᵉ Arrondissement.

En 1540 le territoire sur lequel a été alignée cette rue se nommait déjà la *Muette*. *Muette* en vieux langage signifie *tour,
donjon.*

MUETTE. (Rue de la) *Voyez* rue Fer-à-Moulin.

MULE. (Rue du Pas-de-la-) *Voy.* rue du Pas-de-la-Mule.

MULETS. (Ruelle des) *Commence* rue d'Argenteuil,
et *finit* rue des Moineaux. — 2ᵉ Arrondissement.

Elle est fermée depuis environ vingt-cinq ans. Le voisinage

de la butte des Moulins, sur laquelle il y avait encore des moulins vers la fin du dix-septième siècle, lui aura vraisemblablement fait donner le nom de l'animal destiné à porter les sacs au moulin.

MURIER. (Rue du) *Commence* rue Saint-Victor, et *finit* rue Traversine. Les numéros sont *noirs*; le dernier impair est 13, et le dernier pair 8. — 12ᵉ Arrond.

En 1243 et 1249 on la nommait *Pavée*; vers l'an 1300 *Pavée-Goire*; au milieu du seizième siècle elle prit celui du *Mûrier*, dont nous ignorons l'étymologie.

MURIER. (Rue du) *Voy*. rues des Poules et Neuve-Saint-Martin.

MURIER (La ruelle du) aboutissait anciennement à la rue de la Mortellerie.

Nous ignorons l'époque où elle a été fermée; elle est qualifiée de *ruelle sans bout* ou cul-de-sac.

MURS. (Rue des) *Voyez* rue d'Arras.

MUSC. (Rue du Petit-) *Commence* quais des Célestins et Morland, et *finit* rue Saint-Antoine. Les numéros sont *noirs*; le dernier impair est 21, et le dernier pair 16. — 9ᵉ Arrondissement.

L'abbé Lebœuf croit que ce nom vient du fief du *Petit-Muce*, dans la seigneurie de Tournan : il est plus vraisemblable que cette rue sale, et située hors de l'enceinte de Philippe-Auguste, près d'une *voirie*, s'appelait ainsi de *put*, puant, *muce*, caché. On l'a écrit anciennement des diverses manières suivantes : *Petit-Muce, Pute-y-Muce, Petit-Musse*; on lui a aussi donné le nom des *Célestins*, parce que le couvent de ces religieux y était situé. Au nᵒ 2 est la caserne des *Célestins*. *Voyez* l'article *Célestins*.

Guillot, vers l'an 1300, donne le nom de *Pute-y-Muce* à une rue près celle Tiron, vraisemblablement à la rue *Cloche-Perce*, ou à une rue qui communiquait anciennement de la rue Cloche-Perce à celle Tiron.

MUSÉE NAPOLÉON (Le) fait partie de la grande galerie méridionale du Louvre. — 4ᵉ Arrondissement.

Ainsi nommé parce qu'une grande partie des chefs-d'œuvres qu'il renferme ont été conquis par *Napoléon-le-Grand*. Plus de mille tableaux des diverses écoles, trois cents statues ou morceaux précieux de l'antiquité, vingt mille dessins, parmi lesquels on en distingue quatre cent cinquante des grands maîtres, près de quatre mille planches de calcographie, et un grand nombre d'autres tableaux et statues antiques, qui ne sont pas encore exposés au public, en font la plus belle, la plus riche et la plus nombreuse collection du monde. Ce musée est ouvert au public le samedi et le dimanche, de dix heures jusqu'à quatre. Les lundis, mardis, mercredis et jeudis, jours consacrés à l'étude, les étrangers y peuvent être admis en présentant leurs passeports.

MUSÉE, (Place du) à présent place d'Austerlitz.

MUSÉUM. (Quai du) *Voyez* quai du Louvre.

MUSÉUM D'HISTOIRE NATURELLE, (Le) entre la rue du Jardin-des-Plantes, n° 18, et la Seine. — 12° Arrondissement.

Cet établissement, commencé en 1635 sous le nom de *jardin royal des Plantes*, et agrandi en divers temps jusqu'à nos jours, fut nommé, par décret du 10 juin 1793, *muséum d'Histoire naturelle*. Il est composé 1° d'un jardin de botanique, avec des serres chaudes et des serres tempérées; 2° de plusieurs galeries où se trouvent méthodiquement disposées des collections des trois règnes de la nature; 3° d'une ménagerie d'animaux les plus rares et les plus curieux; 4° d'une bibliothèque d'Histoire naturelle; 5° d'un amphithéâtre pour les cours.

MUSIQUE, (Académie impériale de) rue Richelieu, n° 75. — 2° Arrondissement.

Cette salle, nommée aussi *Opéra*, construite en 1793, sur les dessins de Louis, fut ouverte pour la première fois le 28 juillet 1794. Cette Académie était en 1671 rue Mazarine; en 1672 rue de Vaugirard, près le palais du Luxembourg (maintenant du Sénat); en 1673 au Palais-Royal, où est maintenant la partie méridionale de la cour des Fontaines; elle fut incendiée en 1763; en 1764 elle était au palais des Tuileries; en 1770 on bâtit, cour des Fontaines, d'après les dessins de Moreau, une nouvelle salle sur les débris de l'ancienne; elle fut de nouveau la proie des flammes, le 8 juin 1781; la même année, le 27 octobre, on fit l'ouverture de la salle provisoire de la porte Saint-Martin, construite bien promptement sur les dessins de Lenoir, où l'on joua jusqu'au 28 juillet 1794, que l'on prit possession de celle de la rue Richelieu.

Balcon...................... 10 f.		
Premières Loges, Secondes de face, Avant-Scène, Amphithéâtre, Orchestre.....................	7	50 c
Baignoires, Secondes de côté, Troisièmes en face................	6	
Troisièmes de côté............	4	
Quatrièmes et Cinquièmes en face et Parterre.................	3	60

PRIX DES PLACES en 1812.

N.

NAPOLÉON. (Rue) *Commence* rues Neuve-des-Capucines et Neuve-des-Petits-Champs, et *finit* boulevart des Capucines. Les numéros sont *noirs*; le dernier impair est 21, et le dernier pair 20. — 1ʳᵉ Arrondissement.

Percée depuis quelques années, sur l'emplacement du couvent des Capucines; elle porte le nom de *Napoléon Iᵉʳ*, Empereur des Français; c'est une des plus larges et des plus belles de Paris : il reste encore quelques maisons à construire. On y remarque l'hôtel du Timbre impérial.

NAPOLÉON. (Quai) *Commence* pont de la Cité et rue Bossuet, et *finit* pont Notre-Dame et rue de la Lanterne. Les numéros sont *rouges*; le dernier impair est 25. — 9ᵉ Arrondissement.

Ce quai, que l'on vient d'achever, était auparavant couvert par les maisons des rues *Basse-des-Ursins* et d'*Enfer*, qui aboutissaient à la rivière; il porte le nom de *Napoléon Iᵉʳ*, sous le règne duquel tous les quartiers de Paris s'embellissent.

NAPOLÉON, (Lycée) rue Clovis, n° 1.

C'était l'antique *abbaye Sainte-Geneviève*, fondée au commencement du sixième siècle par Clovis Iᵉʳ. Le cloître où est maintenant cet établissement fut reconstruit en 1744. En vertu de la loi du 1ᵉʳ mai 1802 on y a établi un *Lycée* qui porte le nom de *Napoléon Iᵉʳ*, son illustre fondateur.

NARBONNE, (Le collége de) rue de la Harpe, n° 89.

Il fut fondé en 1317, par Bernard de Farges, archevêque de *Narbonne*; il fut rebâti en 1760, et réuni à l'Université en 1763. Les bâtimens sont maintenant occupés par un hôtel garni.

NATIONAL. (Pont) *Voyez* pont des Tuileries.

NATIONALE. (Rue) *Voyez* rue des Vosges.

NATIONS. (Collége des Quatre-) *Voyez* palais des Beaux-Arts.

NATIONS, (Le port des Quatre-) en face du palais des Beaux-Arts.

Il est destiné à l'arrivée des charbons. Ainsi nommé parce qu'il est en face du collége des *Quatre-Nations*, maintenant le palais des Beaux-Arts.

NAVARRE. (Collége de) *Voyez* école Polytechnique.

NAVET. (Rue) *Voyez* rue des Teinturiers.

NAZARETH. (Rue de) *Commence* cour de la Sainte-Chapelle, et *finit* rue de Jérusalem. Les numéros sont *rouges*; le dernier impair est 9; pas de numéros pairs. — 11ᵉ Arrondissement.

Elle se nomma de *Galilée* jusqu'à la fin du quinzième siècle. Quelques historiens pensent que ces noms lui furent donnés parce que les pélerins qui allaient en *Galilée*, à *Nazareth*, à *Jérusalem*, ou qui en revenaient, avaient leur logement dans ces rues, près la Sainte-Chapelle; d'autres prétendent que ces noms viennent de ce que le Palais était autrefois un asile pour les juifs : il est plus probable que l'on a ainsi nommé ces rues parce qu'elles conduisent à la Sainte-Chapelle, qui renfermait la couronne d'épines, un morceau de la vraie croix de Jésus-Christ, qui passa sa vie en *Galilée*, à *Nazareth*, à *Jérusalem*, etc.

NAZARETH, (Les Pères de) rue du Temple, n° 117.

Ce couvent fut fondé vers l'an 1642, et supprimé en 1790. C'est actuellement une maison particulière, où demeure un vannier.

NECKER. (Rue) *Commence* rue d'Ormesson, et *finit* rue Jarente. Les numéros sont *noirs*; le dernier impair est 11, et le dernier pair 10. — 8ᵉ Arrondissement.

Rue ouverte vers l'an 1788, sur une partie de l'emplacement des bâtimens des chanoines de Sainte-Catherine-du-Val-des-Ecoliers, lorsque *Necker* était contrôleur général des finances. *Necker*, né à Genève en 1734, mourut dans la même ville en 1804.

NECKER, (Hôpital de Madame-) rue de Sèvres, n° 5, au-delà du boulevart. — 10ᵉ Arrondissement.

Cet hôpital, où les malades sont reçus comme à l'Hôtel-Dieu, fut fondé en 1778 par Mᵐᵉ *Necker*, femme du contrôleur général des finances, sur l'emplacement du couvent des *Bénédictines de Notre-Dame-de-Liesse*, construit en 1626, et de son église, bâtie en 1663.

NEMOURS. (Rue de l'Hôtel-de-) *Voyez* rue des Grands-Augustins.

NESLE. (L'hôtel et le séjour de)

Cet hôtel était situé sur une grande partie de l'emplacement que couvrent maintenant les rues de Nevers, d'Anjou et Guénégaud. Le *petit séjour de Nesle* était à l'extrémité de la rue Mazarine, du côté de la rivière.

NESLE (Rue de) et PETITE RUE DE NESLE. *Voyez* rue Mazarine.

NESLE. (Rue de) *Voyez* rue d'Orléans-Saint-Honoré.

NESLE (Les porte et tour de) étaient situées sur le bord de la Seine, où est maintenant le pavillon qui renferme la bibliothèque de l'ancien collége Mazarin.

Elles furent bâties vers l'an 1200, et faisaient partie de l'enceinte de Philippe-Auguste; elles portaient primitivement les noms de *tour et porte Philippe-Hamelin.*

NESLE. (Quai de) *Voyez* quai de la Monnaie.

NEUF. (Chemin) *Voyez* rue de Grenelle-Saint-Germain.

NEUF, (Le marché) entre le pont Saint-Michel et le petit Pont, sur le quai septentrional. — 9ᵉ Arrondissement.

Ce marché, qui se nomme aussi *Palu,* tient tous les jours. *Voyez* l'article suivant.

NEUF. (Rue du Marché-) *Commence* rue du Marché-Palu, et *finit* rue de la Barillerie. Les numéros sont *rouges*; le dernier impair est 21, et le dernier pair 56. — 9ᵉ Arrondissement.

Aux treizième, quatorzième et quinzième siècles c'était la rue de l'*Orberie* (l'Herberie); ce fut en 1568 que le nom qu'elle porte lui fut donné, parce que l'on ordonna alors aux marchands de poissons et d'herbes qui étalaient près le petit Châtelet de venir s'établir dans ce *nouveau marché,* où cette rue conduit.

NEUF. (Passage du Marché-) De la rue du Marché-Neuf, nº 42, à celle de la Calandre, nº 39. — 9ᵉ Arrondissement.

On le nomme vulgairement passage du *Boisselier,* à cause d'un *boisselier* qui y demeurait.

NEUF (Le pont) traverse les deux bras de la rivière à la pointe de l'île du Palais, des quais de la Mégisserie et de l'Ecole aux quais de la Monnaie et des Grands-Augustins. — Les numéros impairs de 1 à 11, et les pairs de 2 à 14, sont du 4ᵉ Arrondissement; les numéros impairs de 13 à 23, et les pairs de 16 à 24, sont du 11ᵉ.

La première pierre de ce pont fut posée en 1578, sous le règne de Henri III, d'après les dessins d'Androuet du Cerceau; il ne fut achevé qu'en 1604, la quinzième année du règne de Henri IV, par Guillaume Marchand. En 1614 on plaça sur ce pont, à la pointe de l'île, la statue équestre de ce prince, qui fut renversée en 1792. En vertu du décret impérial du 15 août 1809 on travaille à construire sur cet emplacement un obélisque en granit de Cherbourg, qui aura cent quatre-vingts pieds d'élévation. En 1775 on y fit des réparations, et l'on y bâtit les boutiques que l'on y voit encore. Un faiseur d'étymologies a dit qu'on l'avait nommé *neuf* parce que l'on y peut entrer par *neuf* issues, trois à chaque bout, et trois au milieu ; il est certain au contraire qu'on l'a appelé *neuf* comme l'on dit la ville *neuve*, bourg *neuf*, *neuf*-châtel, etc., dénominations qui n'étaient justes que dans le temps où elles ont été données. Le pont Saint-Michel se nommait *pont Neuf* et petit *pont Neuf* deux siècles avant que l'on eût bâti celui-ci. La *Samaritaine*, située sur ce pont, est un bâtiment de trois étages renfermant une pompe qui distribue de l'eau dans divers quartiers ; elle fut construite sous Henri III, réparée en 1712 ; et reconstruite en 1772 ; elle fut nommée Samaritaine parce qu'avant 1792 on y voyait le Christ assis près le bassin d'une fontaine, demandant à boire à la *Samaritaine.*

NEUF (Pont) et **PETIT PONT NEUF**. *Voy.* pont Saint-Michel.

NEUF. (Rue du Pont-) *Voyez* quai des Augustins et place des Trois-Maries.

NEUF-QUI-VA-AUX-AUGUSTINS. (Rue du Pont-) *Voyez* quai des Augustins.

NEUF. (Place du Pont-) Du quai de l'Horloge à celui des Orfèvres. Les numéros font suite à ceux du pont Neuf. — 11° Arrondissement.

Elle est au milieu du pont Neuf, en face de la place Thionville ; on l'a nommée jusqu'en 1789 place *Henri IV*, à cause de la statue équestre de ce monarque qui était en face.

NEUILLY. (Avenue de) De l'Etoile-des-Champs-Elysées à la barrière de Neuilly. Les numéros devraient être *rouges* ; le dernier impair est 33, et le dernier pair 26. — 1er Arrondissement.

Ainsi nommée parce qu'elle se dirige sur le village de *Neuilly.*

NEUILLY. (Barrière de) — 1er Arrondissement.

Elle fut construite vers l'an 1787, sur les dessins de Ledoux ; elle se nomma d'abord de l'*Etoile*, parce qu'elle est située à l'entrée d'une grande place circulaire traversée en forme d'*étoile* par l'avenue et le chemin de Neuilly, et par les deux routes qui se dirigent le long des murs de clôture de Paris ; elle tient son nom actuel du village de *Neuilly*, qui en est à la distance d'environ quatorze cents toises au nord-ouest. Elle est décorée de deux bâtimens, plan carré, ornés chacun dans leur pourtour de vingt colonnes colossales, une corniche, quatre frontons; un couronnement circulaire termine ces édifices.

Au milieu de la grande place circulaire s'élèvent majestueusement, sur les dessins de Chalgrin, un arc de triomphe que l'on nomme encore de l'*Etoile*. La première pierre de fondation en a été posée le 15 août 1806. Depuis la mort de Chalgrin, arrivée au commencement de 1811, les travaux sont continués par M. Gouste. Ce beau monument (juillet 1811) est déjà à cinquante pieds d'élévation.

NEUILLY. (Chemin de ronde de la barrière de) De la barrière de Neuilly à celle des Bassins. — 1er Arrondissement.

NEUVE. (Rue) *Voyez* rues Condé, de l'Eglise, Française, du Petit-Pont, Neuve-Saint-Pierre et quai des Orfévres.

NEUVE-OUTRE-LE-PONT-SAINT-MICHEL. (Rue) *Voyez* rue de la Vieille-Bouclerie.

NEVERS. (Rue de) *Commence* quai de la Monnaie, et *finit* rue d'Anjou. Les numéros sont *noirs*; le dernier impair est 21, et le dernier pair 18. — 10° Arrondissement.

Au treizième siècle ce n'était qu'une ruelle qui servait d'écoulement aux eaux de la maison des frères Sachet et du jardin du collége Saint-Denis. En 1571 on la trouve nommée *ruelle par laquelle on entre et sort du quai et jardin de l'hôtel Saint-Denis;* elle porta aussi le nom des *Deux-Portes,* parce qu'elle se fermait à ses extrémités; elle a pris son nom actuel de l'hôtel de *Nevers* (auparavant de Nesle), le long duquel elle passait.

NEVERS, (Cul-de-sac de) rue d'Anjou, à l'extrémité de celle de Nevers. (Les numéros sont ceux de la rue de Nevers.) — 10° Arrondissement.

Pour l'étymologie *voyez* l'article précédent.

NICAISE (La chapelle Saint-) était située rue Saint-Nicaise.

Cette chapelle, dont la principale entrée était rue *Saint-Nicaise,* est démolie depuis plus d'un siècle; elle communiquait à l'hôpital des Quinze-Vingts, et servait aux aveugles infirmes.

NICAISE. (Rue Saint-) *Commence* rue Saint-Honoré, et *finit* rue de Rivoli. Les numéros sont *noirs;* le dernier impair est 7, et le dernier pair 8. — 1ᵉʳ Arrondissement.

Elle fut alignée sur l'emplacement des murs de la clôture de Paris bâtis sous Charles V et Charles VI, et a pris ce nom de la chapelle *Saint-Nicaise*, qui y était située. *Voyez* l'article précédent.

NICOLAS-DES-CHAMPS, (L'église paroissiale Saint-) rue Saint-Martin, entre les nᵒˢ 200 et 202. — 6ᵉ Arrondissement.

C'était primitivement une chapelle, dont la fondation remonte au septième siècle, selon quelques historiens, et seulement à l'année 1108 selon d'autres; elle fut érigée en paroisse à la fin du douzième siècle, et agrandie aux quinzième et seizième siècles, parce qu'elle ne pouvait plus contenir le nombre des paroissiens.

NICOLAS-DU-CHARDONNET, (L'église Saint-) rue Saint-Victor, entre les nᵒˢ 104 et 106. — 12ᵉ Arrondissement.

Cette église, qui est maintenant première succursale de la paroisse Saint-Étienne-du-Mont, fut fondée en 1230, devint paroisse en 1243, fut reconstruite en partie de 1656 à 1667, et achevée en 1705. *Voyez* rue Saint-Nicolas-du-Chardonnet.

NICOLAS. (La chapelle Saint-)

Cette chapelle, détruite depuis plusieurs siècles, était située dans l'intérieur du Palais (maintenant le palais de Justice); elle avait été construite au dixième siècle, et rebâtie en 1160, sous Louis-le-Gros.

NICOLAS-DU-LOUVRE (L'église Saint-) était située près de la grande galerie du Louvre, entre l'église Saint-Louis-du-Louvre et le musée Napoléon.

Cette église, qui fut démolie vers l'an 1780, avait été fondée quelque temps après celle Saint-Thomas-du-Louvre. En 1740 ses chanoines furent réunis à ceux de Saint-Thomas-du-Louvre (depuis Saint-Louis-du-Louvre).

NICOLAS-DU-CHARDONNET, (Le séminaire Saint-) rue Saint-Victor, nᵒ 102.

Il fut établi en 1643; les bâtimens furent augmentés depuis, et notamment en 1730 : il est maintenant occupé par des séminaristes.

NICOLAS-CHAUSSÉE-D'ANTIN. (Rue Saint-) *Commence* rue du Mont-Blanc, et *finit* rue de l'Arcade.

Les numéros sont *rouges*; le dernier impair est 69, et le dernier pair 68. — 1er Arrondissement.

Cette rue, alignée et commencée vers l'an 1784 sur le grand *égout* que l'on venait de couvrir, se nomma d'abord de l'*Égout*, de l'*Égout-Saint-Nicolas*, et quelques années après *Saint-Nicolas*.

NICOLAS-SAINT-ANTOINE. (Rue Saint-) *Commence* rue de Charenton, et *finit* rue du Faubourg-Saint-Antoine. Les numéros sont *noirs*; le dernier impair est 27, et le dernier pair 26. — 8e Arrondissement.

Elle doit son nom à une enseigne.

NICOLAS. (Rue Saint-) *Voyez* rue des Douze-Portes.

NICOLAS (Rue Saint-) et rue SAINT-NICOLAS-PRÈS-LE-PUITS. *Voyez* rue Saint-Nicolas-du-Chardonnet.

NICOLAS-DU-CHARDONNET. (Rue Saint-) *Commence* rue Traversine, et *finit* rue Saint-Victor. Les numéros sont *noirs*; le dernier impair est 17, et le dernier pair 14. — 12e Arrondissement.

Ainsi nommée parce qu'elle conduit en face de l'église *Saint-Nicolas - du - Chardonnet*. En 1250 elle se nommait *Saint-Nicolas - près - le - Puits*. Guillot, vers l'an 1300, l'appelle *Saint-Nicolas-du-Chardonnai*; d'autres titres du même temps la nomment simplement *Saint-Nicolas*, et quelquefois *Saint-Nicolas-du-Chardonnerèt*, par erreur, car ce territoire, qui anciennement était rempli de *chardons*, et dont le fief se nommait du *Chardonnet*, indique assez la véritable étymologie de ce nom.

NICOLAS-DU-CHARDONNET. (Rue Saint-) *Voyez* rue des Bernardins.

NICOLAS-DU-LOUVRE. (Rue Saint-) *Voyez* rue des Orties.

NICOLAS. (Rue du Cimetière-Saint-) *Commence* rue Transnonnain, et *finit* rue Saint-Martin. Les numéros sont *rouges*; le dernier impair est 23, et le dernier pair 30. — Les impairs sont du 7e Arrondissement, et les pairs du 6e.

Elle fut ouverte et ainsi nommée en 1220, époque où l'on y établit le *cimetière* de la paroisse *Saint-Nicolas*.

NICOLAS. (Rue Neuve-Saint-) *Commence* rue Samson, et *finit* rue du Faubourg-Saint-Martin. Les numéros sont *rouges*; le dernier impair est 19, et le dernier pair 48. — 6° Arrondissement.

Cette rue fut alignée vers l'an 1775, sur le grand égout; nous ignorons l'étymologie de ce nom : on observe que c'est la seconde rue de ce nom que l'on établit sur des égouts.

NICOLAS, (Cul-de-sac Saint-) rue Royale (marché Saint-Martin), entre les n° 13 et 15. Les numéros sont *noirs*; pas de numéros impairs; le dernier pair est 4. — 6° Arrondissement.

Il fut bâti en 1765, en même temps que le marché Saint-Martin, et tient son nom de sa proximité de l'église *Saint-Nicolas-des-Champs*.

NICOLAS-DES-CHAMPS, (Cloître Saint-) rue Saint-Martin, n° 202. — 6° Arrondissement.

Ainsi nommé parce qu'il touche à l'église *Saint-Nicolas-des-Champs*.

NICOLAS-DES-CHAMPS, (Place Saint-) rues au Maire et Saint-Martin, entre les n° 200 et 202. Les numéros sont *noirs*; le seul impair est 1, et le dernier pair 4. — 6° Arrondissement.

Elle tient son nom de l'église *Saint-Nicolas-des-Champs*, près de laquelle elle est située.

NICOLAS, (Port Saint-) en face du guichet de la rue Saint-Thomas-du-Louvre. — 1er Arrondissement.

Ce nom lui vient de l'ancienne église *Saint-Nicolas*, qui était située en face, près la galerie du Louvre.

NICOLET. (Rue) *Commence* quai des Invalides, et *finit* rue de l'Université-Gros-Caillou. Les numéros sont *noirs*; le dernier impair est 7, et le dernier pair 12. — 10° Arrondissement.

Nous ignorons l'étymologie du nom de cette rue, percée vers la fin du siècle dernier.

NOIR. (Rue du) *Voyez* rue Gracieuse.

NOIR. (Passage) De la rue Neuve-des-Bons-Enfans, n° 9, à celle du Lycée, n° 24. — 2° Arrondissement.

Ainsi nommé parce qu'il est obscur, *noir*, et que l'on y descend comme dans une cave.

NONNAINDIÈRES. (Rue des) *Commence* quai des Ormes, et *finit* rues de Jouy et des Prêtres. Les numéros sont *noirs*; le dernier impair est 37, et le dernier pair 26. — 9° Arrondissement.

Guillot la nomme, vers l'an 1300, à *Nonains d'Ière*, c'est à dire aux *nonnains* ou religieuses de l'abbaye d'*Hierre*, qui était située près Villeneuve-Saint-Georges. Ainsi nommée parce que ces religieuses avaient acheté dans cette rue, en 1182, une maison dite de la Pie.

NORMANDIE. (Rue de) *Commence* rue Boucherat, et *finit* rue Charlot. Les numéros sont *rouges*; le dernier impair est 11, et le dernier pair 6. — 6° Arrondissement.

Elle fut bâtie par arrêts de 1696 et 1701, et porte le nom d'une province de France. (*Voyez* rue d'Anjou-au-Marais.) Avant cette époque ce n'était qu'un chemin qui conduisait à l'ancienne porte du Temple.

NOTRE-DAME, (Eglise cathédrale) située à l'extrémité de l'île dite *du Palais*, qui renferme la Cité. — 9° Arrondissement.

Sous le règne de Tibère, vers l'an 23 de l'ère chrétienne, environ cinquante ans après que César eut tranféré l'assemblée générale des Gaules dans la ville de Lutèce (Paris), le corps des négocians de la rivière de Seine éleva, vers la pointe orientale de l'île où se trouve maintenant la Cathédrale, un autel, ou un temple, ou une pyramide, enfin un monument public en l'honneur de Jupiter, comme l'attestent les bas-reliefs et inscriptions que l'on trouva en 1711 dans les fouilles que l'on fit sous le chœur de l'église Notre-Dame. Vers le milieu du quatrième siècle, une centaine d'années après que saint Denis et ses compagnons eurent prêché la foi catholique dans les Gaules, sous l'empereur Valentinien, Victorin étant alors évêque de Paris, selon l'opinion de quelques historiens éclairés, on éleva la première basilique des Parisiens, dédiée à *saint Etienne, premier martyr;* elle était située où est maintenant le palais archiépiscopal. Cette première basilique, que l'on augmenta et embellit en divers temps, ne fut entièrement démolie que sous le règne de Philippe-Auguste, vers l'an 1218. L'église Notre-Dame (nouvelle basilique) fut bâtie au nord de celle Saint-Etienne, en 522, sous Childebert Ier, fils de Clovis; on y fit diverses réparations jusqu'en 1163. C'est sous le règne de Louis-le-Jeune et l'épiscopat de Maurice de Sully que l'on jeta les fondemens du vaste édifice que nous voyons aujourd'hui. Quelques historiens pensent que ces fondemens avaient été jetés sous le roi Robert, en 1010, et que sous Louis-le-Jeune et Philippe-Auguste ils étaient déjà à la hauteur du sol. L'ouvrage étant déjà ainsi avancé, on croit que le pape Alexandre III, alors à Paris, en posa la première pierre. Ce vaste édifice fut achevé en 1185; d'autres disent en 1223, sous Philippe-Auguste, à l'exception de la porte méridionale, qui ne fut terminée qu'en 1257, et des ailes et de quelques parties au nord, qui sont encore d'un temps postérieur. On voyait avant 1792, au-dessus des trois portes de la façade, les statues en pierre, plus grandes que nature, de vingt-six rois, depuis Childebert jusques et compris Philippe-Auguste.

NOTRE-DAME. (Rue) *Voy.* rue Censier et cul-de-sac Saint-Louis.

NOTRE-DAME. (Cloître)

C'était l'espace compris de la pointe de l'île au pont de la Cité, et de ce pont à la rue de la Colombe, et de cette rue en ligne droite jusqu'au parvis : on a cessé, il y a une vingtaine d'années, de lui donner ce nom; il est remplacé en grande partie par la rue suivante.

NOTRE-DAME. (Rue du Cloître-) *Commence* rue Chanoinesse, et *finit* rue Saint-Pierre-aux-Bœufs. Les numéros sont *rouges*; pas de numéros impairs; le dernier pair est 30. — 9ᵉ Arrondissement.

Ainsi nommée parce qu'elle est située dans le ci-devant cloître *Notre-Dame.*

NOTRE-DAME. (Rue de la Confrérie-) *Voyez* rue des Deux-Ermites.

NOTRE-DAME, (Les Filles de la Congrégation-) rue Neuve-Saint-Etienne, n° 6.

Elles s'établirent rue Neuve-Saint-Etienne en 1673; l'église fut construite en 1682 et années suivantes; elles furent supprimées en 1790. Cette maison est maintenant occupée par une pension d'hommes; on dit encore la messe à la chapelle.

NOTRE-DAME. (Isle) *Voyez* île Saint-Louis.

NOTRE-DAME. (Rue Neuve-) *Commence* place du Parvis, et *finit* rue du Marché-Palu. Les numéros sont *rouges*; le dernier impair est 23, et le dernier pair 8. — 9ᵉ Arrondissement.

Maurice de Sully, évêque de Paris, en faisant reconstruire la cathédrale, fit bâtir cette rue en 1163, que l'on nomma *Neuve*; vers la fin du treizième siècle on lui donna le nom de *Neuve-Notre-Dame*, parce qu'elle conduit directement à *Notre-Dame.* Sauval dit qu'elle se nommait anciennement *Neuve-Sainte-Geneviève, Sainte-Geneviève,* parce qu'elle passait devant l'église *Sainte-Geneviève-des-Ardens;* ensuite rue *Notre-Dame,* enfin rue *Neuve-Notre-Dame,* depuis que Maurice de Sully la fit rebâtir.

NOTRE-DAME, (Place du Parvis-) devant l'église Notre-Dame. Les numéros sont *noirs;* pas de numéros impairs; le dernier pair est 4. — 9ᵉ Arrondissement.

Le terrain de cette place a été beaucoup exhaussé, puisque sous le règne de Louis XII on montait à la cathédrale par treize marches. Son nom vient de *paradis (paradisus),* dont on fit *paravisus* et *parvisus,* nom commun aux places qui sont devant les basiliques; d'autres prétendent que ce nom vient de *parehuis, pervius paravisus,* qui signifierait place devant une église. Au n° 2 est la fontaine dite du regard Saint-Jean, alimentée par la pompe Notre-Dame; au même n° 2 est l'hôtel de l'administration des Hospices civils.

NOTRE-DAME (Le pont) est sur le grand bras de la Seine, des quais Pelletier et de Gèvres aux quais Desaix et Napoléon. — La moitié au nord est du 7ᵉ Arrondissement, et l'autre moitié au midi est du 9ᵉ.

Ce pont existait déjà au quatorzième siècle; on le nommait le pont que *l'on passe à planche,* le pont *de la planche Mibrai:* il fut emporté par quelque inondation. En 1412, sous le règne de Charles VI, on en commença un nouveau aussi en bois, que l'on nomma *Notre-Dame;* il fut emporté par les eaux en novembre 1499. En mars suivant on commença le pont en pierre que l'on voit aujourd'hui; il fut achevé en 1507; on le chargea de trente maisons d'un côté et trente-une de l'autre, qui ont été abattues il y a une vingtaine d'années. Sur ce pont est la pompe dite *Notre-Dame,* consistant en deux pompes, dont l'une donne trente pouces d'eau, et l'autre cinquante pouces, et alimentent plusieurs fontaines de Paris. La première est de l'invention de Joly, et l'autre de celle de Demanse; elles furent construites en 1670, et reconstruites en 1708.

NOTRE-DAME. (Rue du Pont-) *Voyez* rue de la Lanterne, en la Cité.

NOTRE-DAME. (Port) *Voyez* rue Saint-Landry.

NOTRE-DAME, (Les Religieuses de la Présentation-) rue des Postes, n°ˢ 34 et 36.

Elles s'établirent en cet endroit l'an 1671, et furent supprimées en 1790. Les bâtimens sont occupés par l'institution de M. Parmentier : un des quatre nouveaux Lycées y va être établi.

NOTRE-DAME. (Rue Vieille-) *Commence* rue Censier, et *finit* rue d'Orléans. Les numéros sont *noirs*; le dernier impair est 3, et le dernier pair 12. — 12° Arrondissement.

Ainsi nommée parce qu'elle conduit à l'hôpital *Notre-Dame-de-la-Miséricorde*, dit les *Cent-Filles*, situé rue du Pont-aux-Biches. *Voyez* aussi rue du Pont-aux-Biches.

NOTRE-DAME-DE-BAYEUX. (Collège) *Voyez* collége de Maître-Gervais.

NOTRE-DAME-DES-BOIS. (Chapelle) *Voyez* église Sainte-Opportune.

NOTRE-DAME-DE-BONNE-NOUVELLE, (L'église) rues Beauregard, n° 21, et Notre-Dame-de-Bonne-Nouvelle, n° 2. — 5° Arrondissement.

Cette église, qui est la seconde succursale de la paroisse Saint-Eustache, fut construite en 1624 et années suivantes, sur l'emplacement d'une chapelle qui avait été bâtie en 1551, et qui fut détruite en 1593, lors du siége de Paris par Henri IV; elle fut érigée en paroisse en 1673.

NOTRE-DAME-DE-BONNE-NOUVELLE. (Rue) *Commence* rue Beauregard, et *finit* boulevart de Bonne-Nouvelle. Les numéros sont *noirs*; le dernier impair est 13, et le dernier pair 8. — 5° Arrondissement.

Elle fut bâtie vers l'an 1630, ainsi que toutes les rues du quartier dit *la Ville-Neuve*, qui avaient été rasées vers l'an 1593, pour y construire des fortifications du temps de la Ligue et du siége de Paris par Henri IV.

NOTRE-DAME-DE-BON-SECOURS, (Les Religieuses) rue de Charonne, n° 95.

Ce couvent fut fondé en 1648, et supprimé en 1790; il y a maintenant une filature de coton.

NOTRE-DAME-DES-CHAMPS OU DES-VIGNES. (Eglise) *Voyez* les Religieuses Carmelites.

NOTRE-DAME-DES-CHAMPS. (Rue) *Voyez* rue de Paradis-Saint-Jacques.

NOTRE-DAME-DES-CHAMPS. (Rue Neuve-) *Commence* rue de Vaugirard, et *finit* boulevart du Mont-Parnasse. Les numéros sont *noirs*; le dernier impair est 57, et le dernier pair 52. — 11° Arrondissement.

Aux quatorzième et quinzième siècles c'était le *chemin Herbu*, depuis la rue du *Barc*, ensuite la rue *Notre-Dame-des-Champs*, et enfin depuis peu d'années la rue *Neuve-Notre-Dame-des-Champs;* elle est ainsi nommée parce qu'elle se dirige sur l'antique église de *Notre-Dame-des-Champs*. Au n° 35 est l'hôtel Vavin.

NOTRE-DAME-DE-L'ÉTOILE (La chapelle) était située dans l'enceinte du Palais, aujourd'hui le palais de Justice.

Elle fut construite en 1022, et n'existe plus depuis plusieurs siècles.

NOTRE-DAME-DE-LA-FONTAINE (La chapelle) était située rue de la Vieille-Draperie, au chevet de l'église Saint-Barthelemi.

Elle se nommait auparavant *Notre-Dame-des-Voûtes;* elle fut réunie à l'église Saint-Barthélemi.

NOTRE-DAME-DE-LIESSE. (Les Bénédictines de) *Voyez* hôpital Madame-Necker.

NOTRE-DAME-DE-LORETTE, (Église) rue du Faubourg-Montmartre, n°° 64 et 66. — 2° Arrondissement.

Cette église, qui est maintenant succursale de la paroisse Saint-Roch, a remplacé la *chapelle des Porcherons*. En 1760 c'était une école de charité et le cimetière de Saint-Eustache; on y bâtit ensuite cette église, ainsi que l'hospice dit Saint-Eustache.

NOTRE-DAME-DE-LORETTE. (Rue) *Voyez* rue Coquenard.

NOTRE-DAME-DE-MISÉRICORDE, (Les Religieuses de) rue du Vieux-Colombier, n° 8.

Ce couvent fut fondé en 1651, et supprimé en 1790 : c'est maintenant une loge de Francs-Maçons.

NOTRE-DAME-DE-MISÉRICORDE, (Hôpital) dit *les Cent-Filles*, rue Censier, n° 11.

Il fut bâti de 1622 à 1627, sur l'emplacement du petit séjour d'Orléans, et fondé en faveur de *cent pauvres orphelines;* il appartient maintenant aux hospices, et est occupé par des manufacturiers.

NOTRE-DAME-DE-NAZARETH. (Rue) *Commence* rue du Temple, et *finit* rues du Pont-aux-Biches et Neuve-Saint-Martin. Les numéros sont *rouges;* le dernier impair est 31, et le dernier pair 38. — 6° Arrond.

Jusqu'en 1630, époque où les pères de *Notre-Dame-de-Nazareth* s'y établirent, elle se nommait *Neuve-Saint-Martin,* dont elle faisait la prolongation.

22

NOTRE-DAME-DE-PENTEMONT. (Abbaye royale) *Voy.* Pentemont.

NOTRE-DAME-DES-PRÉS (Les Religieuses de)
étaient rue de Vaugirard.

Ce couvent a existé de 1689 à 1739.

NOTRE-DAME-DE-RECOUVRANCE. (Rue) *Commence* rue Beauregard, et *finit* boulevart de Bonne-Nouvelle. Les numéros sont *noirs*; le dernier impair est 21, et le dernier pair 20. — 5° Arrondissement.

Cette rue, construite vers l'an 1630, se nomma d'abord *petite rue Poissonnière*, parce qu'elle est située près de la rue de ce nom; elle prit ensuite celui de *Notre-Dame-de-Recouvrance*, sans doute parce qu'elle est peu éloignée et qu'elle fait partie de la paroisse de *Notre-Dame-de-Bonne-Nouvelle*. Même observation que celle faite à l'article rue *Notre-Dame-de-Bonne-Nouvelle* ci-dessus.

NOTRE-DAME-DES-VERTUS, (Les Filles de) rue Saint-Bernard, faubourg Saint-Antoine.

Ces religieuses, nommées aussi de *Sainte-Marguerite* à cause de leur proximité de l'église de ce nom, s'établirent dans cette rue en 1681, et furent supprimées en 1790.

NOTRE-DAME-DES-VICTOIRES, (Eglise) dite *des Petits-Pères*, passage des Petits-Pères, n° 11. — 3° Arrondissement.

Cette église, qui est maintenant la première succursale de la paroisse Saint-Eustache, était celle du couvent des Augustins réformés, dits *Petits-Pères*. On commença à la construire en 1629, sur les dessins de Lemuet; elle fut continuée par Lebruant, et achevée par Cartaud, qui en a fait le portail. Les Petits-Pères ayant été supprimés en 1790, elle fut destinée quelques années après pour la Bourse. Ce n'est que depuis quelques années qu'elle a été rendue au culte catholique.

NOTRE-DAME-DES-VICTOIRES. (Rue) *Commence* place des Petits-Pères, et *finit* rue Montmartre. Les numéros sont *noirs*; le dernier impair est 25, et le dernier pair 48. — Les numéros impairs de 1 à 15 et tous les pairs sont du 3° Arrondissement, et les impairs de 17 à 25 du 2°.

Ce nom lui vient des Augustins réformés, dont l'église, située dans cette rue, fut construite sous le titre et invocation de *Notre-Dame des Victoires*, et dont le roi Louis XIII posa la première pierre en 1629. Cet endroit se nommait le *chemin Herbu* au commencement du dix-septième siècle; ensuite rue des *Victoires*, rue des *Pères-Augustins-Déchaussés*, autrement *Notre-Dame-des-Victoires*. Le retour d'équerre près la rue Montmartre a porté le nom de rue *Percée*. Au n° 1 est la caserne dite des Petits-Pères; au n° 3 l'atelier général des postes; au n° 7 l'atelier des messageries impériales, et au n° 22 l'hôtel des Messageries impériales.

NOTRE-DAME-DES-VOUTES. (Chapelle) *Voyez* ci-dessus chapelle Notre-Dame-de-la-Fontaine.

NOTTEAU. (Ruelle Jean-) *Voyez* quai Desaix.

NOVION. (Cul-de-sac) *Voyez* cul-de-sac Pecquay.

NOYER (La rue du) aboutissait rue des Vieilles-Haudriettes.

Elle existait au quatorzième siècle, et tenait son nom de Simon du *Noyer*, qui y demeurait.

NOYERS. (Rue des) *Commence* place Maubert et rue de la Montagne-Sainte-Geneviève, et *finit* rue Saint-Jacques. Les numéros sont *rouges*; le dernier impair est 51, et le dernier pair 52. — 12e Arrondissement.

Cette rue, bâtie au commencement du treizième siècle, doit son nom à une allée de *noyers* qui séparait les clos Bruneau et Garlande. En 1348 on la nomma momentanément rue *Saint-Yves*, à cause de la chapelle *Saint-Yves*, qui était située dans cette rue.

NOYERS. (Rue des) *Voyez* cul-de-sac de l'Echiquier.

O.

OBLATERS, OUBLATERS, OUBLOYERS, OUBLEURS, etc. (Rue aux) *Voyez* rue de la Licorne.

OBLIN. (Rue) *Commence* rue de Viarmes, et *finit* rue Coquillière. Les numéros sont *noirs*; le dernier impair est 11, et le dernier pair 10. — 4e Arrondissement.

Cette rue, construite vers 1767, sur une partie de l'emplacement de l'hôtel Soissons, porte le nom d'un des entrepreneurs de la halle au Blé et des bâtimens environnans. L'ancien cul-de-sac *Soissons* a été compris dans cette rue.

OBSERVANCE. (Rue de l') *Commence* rue Monsieur-le-Prince, et *finit* rue de l'Ecole-de-Médecine. Les numéros sont *noirs*; le dernier impair est 7, et le dernier pair 12. — 11e Arrondissement.

Elle fut percée en 1672, et tient son nom du couvent des Cordeliers, dit le grand couvent de l'*Observance*, dont la principale porte y était située.

OBSERVATOIRE, (L') rue du Faubourg-Saint-Jacques, n° 26, et rue Cassini, n° 1. — 12° Arrondissement.

Cet édifice, destiné aux *observations* astronomiques, fut construit de 1667 à 1672, sur les dessins de Claude Perrault.

ODÉON. (Théâtre de l') *Voyez* théâtre de l'Impératrice.

ODÉON. (Rue de l') *Commence* carrefour de l'Odéon, et *finit* place de l'Odéon. Les numéros sont *noirs*; le dernier impair est 35, et le dernier pair 38. — 11° Arrondissement.

Cette rue, que l'on commença à construire vers l'an 1782, sur une partie de l'emplacement de l'hôtel Condé, prit le nom du *théâtre Français*, parce qu'elle y conduisait directement. Ce théâtre ayant pris le nom d'*Odéon* (*voyez* le théâtre de l'Impératrice) il y a une dizaine d'années, cette rue en prit aussi le nom en 1806, lors du nouveau numérotage des rues.

ODÉON, (Carrefour de l') place formée à la rencontre des rues de l'Odéon, Monsieur-le-Prince, des Fossés-Saint-Germain-des-Prés, Condé, des Boucheries, de l'Ecole-de-Médecine et des Quatre-Vents. *Commence* rues des Boucheries et de l'Ecole-de-Médecine, et *finit* rue de l'Odéon. Les numéros sont *noirs*; le dernier impair est 13, et le dernier pair 16. — 11° Arrondissement.

Pour l'étymologie *voyez* l'article précédent.

ODÉON. (Place de l') *Commence* rue de l'Odéon, et *finit* rues Corneille et Molière. Les numéros sont *noirs*; le dernier impair est 5, et le dernier pair 4. — 11° Arrondissement.

Pour l'étymologie *voyez* rue de l'Odéon.

OES. (Rue aux) *Voyez* rue aux Ours.

OEUFS (La rue du Port-aux-) aboutissait à la rue de la Pelleterie et à la rivière.

Cette rue, dont l'emplacement fait maintenant partie du quai Desaix, se nommait *Jean-Noteau* en 1259 et 1392, et *Garnier-Marcel* en 1398.

OGNIARD. (Rue) *Commence* rue Saint-Martin, et *finit* rue des Cinq-Diamans. Les numéros sont *rouges*; le dernier impair est 5, et le dernier pair 8. — 6° Arrondissement.

Cette rue paraît avoir eu deux étymologies; elle portait en 1260, 1273, 1300, le nom de rue *Amauri-de-Roissi* ou *Roussi;* en 1493 celui de rue *Oignat;* en 1495 celui de *Hoignart :* on trouve ces divers noms variés, défigurés, en *Amauri de Rossi, Emauri de Roissi, Marie de Poissy, Hungart, Hougnard, Oniard, Ognard, Oignac, Aniac* et *Haumard.*

OISEAUX. (Rue des) *Commence* rue de Beauce, et *finit* marché des Enfans-Rouges. Les numéros sont *rouges;* le seul impair est 1, et le dernier pair 4.— 6° Arrondissement.

Elle fut percée en 1626, et tient ce nom d'une enseigne. Quelques plans la nomment *petite rue Charlot.*

oiseaux. (Pont aux) *Voyez* pont Charles-le-Chauve.

OLIVET. (Rue d') *Commence* rue des Brodeurs, et *finit* rue Traverse. Les numéros sont *noirs;* le dernier impair est 5, et le dernier pair 6.— 10° Arrondissement.

Ainsi nommée du territoire d'*Olivet,* sur lequel on l'a bâtie; elle se trouve aussi nommée sur quelques plans *petite rue Traverse.*

oniard, oignac. (Rue) *Voyez* rue Ogniard.

opéra. (L') *Voyez* Musique. (Académie impériale de)

OPÉRA-COMIQUE, (Théâtre impérial de l') rue Feydeau, n° 19. — 2° Arrondissement.

Il fut construit vers l'an 1790, sur les dessins de MM. Legrand et Molinos. Le 6 janvier 1791 la troupe italienne en prit possession; quelques années après l'*Opéra-Comique,* en quittant la salle du boulevart des Italiens, s'installa dans celle-ci, que l'on nomma aussi vulgairement *théâtre Feydeau,* du nom de la rue où elle est située.

L'ancienne salle de l'*Opéra-Comique* qui est sur le boulevart des Italiens fut élevée en 1782, d'après les dessins d'Heurtier, sur l'emplacement de l'hôtel Choiseul. Depuis plusieurs années ce beau théâtre est sans destination et attend quelque circonstance favorable.

PRIX DES PLACES en 1812.	Premières, Orchestre, Loges du Rez-de-Chaussée et Premières grillées .... 6 fr. 60 c.
	Première Galerie, Troisièmes et Cinquièmes Loges 4 40
	Seconde Galerie 2 75
	Parterre 2 20
	Paradis 1 65

OPÉRA-COMIQUE. (Cul-de-sac de l') *Voyez* cul-de-sac des Quatre-Vents.

OPPORTUNE (L'église Sainte-) était place Sainte-Opportune, où est maintenant la maison n° 10.

Il parait, selon l'opinion des historiens les plus judicieux, qu'elle fut construite sous le règne de Louis-le-Bègue, vers la fin du neuvième siècle : on croit qu'elle fut élevée sur l'emplacement d'une chapelle fondée dans les premiers siècles du christianisme, et dédiée à *Notre-Dame des Bois*, parce qu'elle était au milieu d'un bois. En 1154, 1374 et 1483, on en rebâtit successivement diverses parties. Une maison particulière, n° 10, s'est élevée sur l'emplacement de cette église, démolie en 1795.

OPPORTUNE. (Rue Sainte-) *Voyez* rue de la Tabletterie.

OPPORTUNE. (Petite rue Sainte-) *Voy.* rue des Fourreurs.

OPPORTUNE. (Place Sainte-) *Commence* rues de l'Aiguillerie et des Fourreurs, et *finit* rues de la Tabletterie et Courtalon. Les numéros sont *noirs*; le dernier impair est 3, et le dernier pair 10. — 4° Arrond.

C'était auparavant le cloître *Sainte-Opportune* et la place *du Cloître-Sainte-Opportune*, nom qu'elle tenait de l'église de ce nom.

ORANGERIE. (Rue de l') *Commence* rue d'Orléans-Saint-Marcel, et *finit* rue Censier. Les numéros sont *noirs*; pas de numéros impairs; le dernier pair est 4. — 12° Arrondissement.

Dans la plupart des plans elle est nommée des *Oranges* et des *Orangers*, dénomination dont nous ne connaissons pas l'origine.

ORANGERIE. (Rue et cul-de-sac de l') *Voyez* rue Saint-Florentin.

ORATOIRE, (Eglise des Prêtres-de-l') rues Saint-Honoré et de l'Oratoire. — 4° Arrondissement.

Cette église, que le roi qualifiait de son *oratoire* royal, fut construite de 1621 à 1630, sur l'emplacement de l'hôtel du Bouchage, qui se nommait auparavant de Montpensier, et plus anciennement (en 1594) d'Estrée, parce qu'il était habité par Gabrielle d'Estrée, duchesse de Beaufort. Le portail ne fut élevé qu'en 1745. Elle est maintenant l'église des protestans réformés ou calvinistes.

ORATOIRE-DU-LOUVRE. (Rue de l') *Commence*

place de Marengo, et *finit* rue Saint-Honoré. Les
numéros sont *noirs*; le seul impair est 1, et le dernier
pair 12. — 4° Arrondissement.

Au treizième siècle c'était la rue d'*Autriche*, que l'on a écrit
diversement, *Osteriche, Aultraiche, Autruche, Austruce* et
de l'*Autruche*; elle se prolongeait alors jusqu'au quai. En 1636
on la nommait de l'*Autruche* ou du *Louvre*, ensuite du *Louvre*
seulement, et depuis cul-de-sac de l'*Oratoire*. Vers l'an 1780
elle prit le nom qu'elle porte, parce que l'église dite de l'*Oratoire* y est située. (*Voyez* l'article précédent.) Au n° 1, dans la
maison où demeuraient les pères de l'*Oratoire*, supprimés en
1790, sont les bureaux de l'administration de la caisse d'Amor-
tissement, le conseil impérial des Prises maritimes, et au n° 4
l'hôtel d'Angeviller.

ORATOIRE-DES-CHAMPS-ÉLYSÉES. (Rue de l')

Commence avenue de Neuilly, et *finit* rue du Faubourg-du-Roule. Les numéros sont *noirs*; le dernier
impair est 5, et le dernier pair 10. — 1ᵉʳ Arrond.

On a commencé depuis peu d'années à bâtir dans cette rue,
qui se nommait *Neuve-de-l'Oratoire* avant l'année 1806. Son
nom lui vient parce qu'elle est alignée le long d'un terrain qui
appartenait autrefois aux pères de l'*Oratoire* de la rue Saint-
Honoré.

ORATOIRE. (Cul-de-sac de l') *Voyez* rue de l'Oratoire-du-
Louvre.

ORBERIE. (Rue de l') *Voyez* rue du Marché-Neuf.

ORDE-RUE. *Voyez* rue Verdelet.

OREILLE. (Rue de la Vieille-) *Voyez* rues de la Coutellerie et de la Tixeranderie.

ORFÉVRES. (Chapelle des) *Voyez* chapelle Saint-Eloi.

ORFÉVRES. (Rue des) *Commence* rue Saint-Germain-

l'Auxerrois, et *finit* rue Jean-Lantier. Les numéros
sont *noirs*; le dernier impair est 15, et le dernier pair
6. — 4° Arrondissement.

Au douzième siècle elle se nommait *aux moines de Joienval*,
par corruption *Jenvau*, parce que l'hôtel et l'abbaye de ces religieux y étaient situés; elle a aussi porté le nom de rue des *Deux-
Portes*, aux *Deux-Portes*, entre *Deux-Portes*, parce qu'elle
était fermée par deux portes. Les *orfévres* de Paris ayant fait
bâtir dans cette rue une chapelle dédiée à saint Eloi et un hôpital en 1399, on la nomma par suite de la *Chapelle-aux-Or-
févres*, et ensuite des *Orfévres*.

ORFÉVRES. (Quai des) *Commence* rue de la Barillerie et pont Saint-Michel, et *finit* pont neuf. Les numéros sont *rouges;* le dernier pair est 76. — 11ᵉ Arrondissement.

Il fut commencé en 1580, et achevé en 1611; il tient son nom de la quantité d'*orfévres* et de joailliers qui y bâtirent et demeurèrent. De la rue de la Barillerie à celle de Jérusalem c'était une rue que l'on commença à construire en 1623, et qui se nommait *Neuve,* et ensuite *Saint-Louis.* La moitié de cette rue du côté de la rivière ayant été démolie il y a peu d'années, ce quai se trouva plus étendu de toute cette rue *Saint-Louis.*

ORILLON. (Rue de l') *Commence* rue Saint-Maur, et *finit* chemin de ronde de la barrière Ramponeau. Les numéros sont *noirs;* le dernier impair est 27, et le dernier pair 20. — 6ᵉ Arrondissement.

Nous ne connaissons pas l'étymologie du nom de cette rue, percée depuis une quinzaine d'années. Le grand plan de Verniquet la nomme de *Riom,* parce qu'elle conduit à la barrière de Riom, aujourd'hui de Ramponeau.

ORLÉANS-SAINT-HONORÉ. (Rue d') *Commence* rue Saint-Honoré, et *finit* rue des Deux-Ecus. Les numéros sont *noirs;* le dernier impair est 21, et le dernier pair 16. — 4ᵉ Arrondissement.

Le plus ancien nom que l'on connaisse à cette rue, qui se prolongeait au treizième siècle jusqu'à la place Saint-Eustache, est celui de *Nesle,* parce qu'elle passait le long de l'hôtel de ce nom, depuis nommé de Soissons, sur l'emplacement duquel la halle au Blé a été construite; elle prit depuis le nom de *Bohéme,* de ce que Jean de Luxembourg, roi de *Bohéme,* beau-père de Jean II, dit le Bon, roi de France, avait fait l'acquisition de cet hôtel, qui fut vendu en 1388 à Louis de France, duc d'*Orléans,* fils de Charles V; à cette époque elle prit le nom qu'elle porte aujourd'hui. On la trouve aussi au seizième siècle sous la dénomination de rue d'*Orléans,* dite des *Filles-Pénitentes* et des *Filles-Repenties,* parce que cet hôtel avait été occupé en partie à cette époque par cette association religieuse. Au n° 13 est l'hôtel d'Aligre, maintenant occupé par une maison de roulage.

ORLÉANS-SAINT-MARCEL. (Rue d') *Commence* rue Moufetard, et *finit* rue du Jardin-des-Plantes. Les numéros sont *noirs;* le dernier impair est 47, et le dernier pair 46. — 12ᵉ Arrondissement.

Elle se nommait anciennement des *Bouliers,* aux *Bouliers,* au *Bouloir* et de *Richebourg*, ayant été percée sur le terrain dit de Richebourg. Vers l'an 1400 Louis de France, *duc d'Orléans*, fils de Charles V, y fit construire une maison de plaisance dont les jardins et les bâtimens, fort étendus, se nommaient le séjour *d'Orléans*. A cette époque elle prit le nom qu'elle porte aujourd'hui.

ORLÉANS-AU-MARAIS. (Rue d') *Commence* rue des Quatre-Fils, et *finit* rues de Poitou et d'Anjou. Les numéros sont *noirs;* le dernier impair est 15, et le dernier pair 12. — 7ᵉ Arrondissement.

C'est une des rues dont l'alignement fut donné en 1626, et qui porte le nom d'une province de France. (*Voyez-en* la raison rue d'Anjou-au-Marais.) Au n° 5 est l'hôtel de Cambis, appartenant maintenant à M. Danois, et occupé par un marchand de papier, et au n° 7 l'hôtel Brevane.

ORLÉANS (La rue d') existait anciennement près la rue Saint-Antoine.

ORLÉANS. (Rue Neuve-d') *Commence* rue du Faubourg-Saint-Martin et porte Saint-Martin, et *finit* porte Saint-Denis et rue du Faubourg-Saint-Denis. Les numéros sont *rouges;* pas de numéros impairs (c'est le boulevart); le dernier pair est 32. — 5ᵉ Arrondissement.

Nous ignorons à quelle occasion elle prit ce nom, qu'elle portait déjà au milieu du seizième siècle. Au n° 18 sont les bureaux de la direction des Droits-Réunis pour le département de la Seine.

ORLÉANS. (Quai d') *Commence* pont de la Tournelle et rue des Deux-Ponts, et *finit* pont de la Cité et rue Blanche-de-Castille. Les numéros sont *rouges;* le dernier pair est 34. — 9ᵉ Arrondissement.

Il fut construit de 1614 à 1646; il porta le nom de l'*Egalité* de 1792 à 1806, époque où il reprit son ancien nom.

ORLÉANS. (Palais d') *Voyez* palais du Sénat.

ORME. (Rue du Puits-de-l') *Voyez* rue des Sansonnets.

ORME, (Carrefour de l') place formée en face du portail Saint-Gervais, à la rencontre des rues du Monceau, du Pourtour et de Long-Pont. — 9ᵉ Arrond.

Il tient ce nom d'un *orme* dit de Saint-Gervais, planté de temps immémorial au milieu de cette place; on le renouvelait de temps en temps. En 1300 il était jeune, car Guillot le nomme l'*ourmetiau.* Cet orme a été arraché au commencement de la révolution pour débarrasser la place.

ORMEAUX. (Rue des) *Commence* rue du Chemin-de-Lagny, et *finit* rue de Montreuil. Les numéros sont *noirs*; le dernier impair est 3, et le dernier pair 6. — 8ᵉ Arrondissement.

Petite rue alignée depuis peu d'années près de l'avenue des *Ormeaux*, qui aboutit à la place du Trône.

ORMEAUX. (Avenue des) De la place du Trône à la rue de Montreuil. Les numéros sont *noirs*; le dernier impair est 7, et le dernier pair 4. — 8ᵉ Arrondissement.

Ainsi nommée des *ormes* dont elle est bordée.

ORMES. (Quai des) *Commence* rue de l'Etoile et quai Saint-Paul, et *finit* rue Geoffroy-l'Asnier et quai de la Grève. Les numéros sont *rouges*; le dernier pair est 78. — 9ᵉ Arrondissement.

Sur quelques plans du siècle dernier il est nommé *Mofils* et *Monfils*, par corruption du nom de la rue de l'arche *Beaufils*, maintenant rue de l'Etoile, voisine de ce quai; il doit sans doute son nom actuel à quelques *ormes* que l'on y voyait anciennement.

ORMESSON. (Rue d') *Commence* rue de l'Egout, et *finit* rue Culture-Sainte-Catherine. Les numéros sont *rouges*; le dernier impair est 19, et le dernier pair 10. — 8ᵉ Arrondissement.

Cette rue fut ouverte vers l'an 1788, sur une partie de l'emplacement des bâtimens de Sainte-Catherine-du-Val-des-Ecoliers; elle doit son nom à M. d'*Ormesson*, conseiller d'état, contrôleur des finances en 1783, né à Paris en 1751, et mort dans la même ville en 1807.

ORPHÉLINES, (Les Religieuses de la Congrégation des) rue Barbette.

C'est le chef-lieu où se forment à l'esprit de leur état ces religieuses destinées à être réparties dans les autres maisons de ce genre déjà formées, et qui le seront d'après un décret de l'Empereur.

ORPHÉLINES DU SAINT-ENFANT-JÉSUS, (Les) rue des Postes, au coin du cul-de-sac des Vignes, n° 3.

Cet établissement, qui était consacré à l'éducation des filles *orphelines* de père et de mère, fut fondé au commencement du siècle dernier. Les bâtimens sont maintenant occupés par les hospitalières de Saint-Thomas-de-Villeneuve, qui tiennent des pensionnaires infirmes.

ORPHELINES DE SAINT-SULPICE ou DE LA MÈRE DE DIEU, (Les) rue du Vieux-Colombier, n° 15.

Cet hospice, que l'on devait aux soins de M. Ollier, curé de Saint-Sulpice, fut établi en 1678, en faveur des *orphelins* des deux sexes. Les bâtimens sont actuellement occupés par les sœurs de la charité de Saint-Vincent-de-Paul.

ORPHELINS. (Hospice des) *Voyez* hospice de la Pitié.

ORPHELINS, (Hospice des) rue du Faubourg-Saint-Antoine, n°^s 124 et 126.

Cet établissement, nommé précédemment les *Enfans-Trouvés,* fut bâti en 1669; la première pierre de l'église fut posée en 1676.

OBSAY. (Quai d') *Voyez* quai Bonaparte.

ORTIES-SAINT-HONORÉ. (Rue des) *Commence* rue d'Argenteuil, et *finit* rue Helvétius. Les numéros sont *noirs;* le dernier impair est 13, et le dernier pair 12. — 2e Arrondissement.

Nous ne connaissons pas l'étymologie du nom de cette rue, bâtie au dix-septième siècle.

ORTIES-DU-LOUVRE. (Rue des) De la rue Saint-Thomas-du-Louvre à la place du Carrousel. — 1er Arrondissement.

Elle doit sans doute son nom aux *orties* qui croissaient le long du mur ou rempart qui régnait le long du quai avant que l'on construisit la grande galerie : on la trouve anciennement sous les noms de *Saint-Nicolas-du-Louvre,* à cause de l'église du même nom située dans cette rue, et abattue vers l'an 1780, ainsi que sous les noms de *Rempart-du-Louvre,* des *Galeries-du-Louvre.* Cette rue est démolie depuis peu pour l'exécution du projet de la réunion des palais du Louvre et des Tuileries.

OSEILLE. (Rue de l') *Commence* rue Turenne, et *finit* rue Vieille-du-Temple. Les numéros sont *rouges;* le dernier impair est 11, et le dernier pair 12. — 8e Arrond^t.

Cette rue, ainsi que celle du *Pont-aux-Choux* qui la prolonge, doivent leurs noms aux jardins potagers sur lesquels on les a percées. Les anciens plans ne la distinguent pas de celle de *Poitou.*

OSEROIE. (Rue de l') *Voyez* rue du Cimetière-Saint-Benoît.

OSTERICHE. (Quartier et rue d') *Voyez* place d'Iéna et rue de l'Oratoire.

OTIN-LE-FAUCHE. (Rue) *Voyez* rue de la Croix-Blanche.

OUES. (Rue aux) *Voyez* rue aux Ours.

OUEST. (Rue de l') *Commence* rue de Vaugirard, et *finit* boulevart du Mont-Parnasse. Les numéros sont *noirs;* le dernier impair est 9, et le dernier pair 24. — 11° Arrondissement.

Ainsi nommée parce qu'elle fut alignée depuis quelques années à l'*ouest* du jardin du Luxembourg; elle porta d'abord le nom *du Couchant,* qui est synonyme.

OUEST. (Passage de l') De la rue de l'Ouest, n° 10, à celle Neuve-Notre-Dame-des-Champs, n° 29.

Ainsi nommé parce qu'il est situé dans la rue de l'*Ouest.*

OURQ. (Canal de l')

Ce canal, qui se construit sous la direction de M. Girard, ingénieur en chef, tire son nom de la rivière d'*Ourcq,* qui est la principale rivière qui entre dans sa formation. Sa longueur totale de Mareuil jusqu'à la Seine (par les fossés de la Bastille) est d'environ quatre-vingt-quatorze mille mètres (vingt-quatre lieues). Il entre à Paris par le bassin de la barrière de la Villette, d'où il distribuera ses eaux pour l'embellissement et la salubrité des divers quartiers de la capitale.

OURS. (Rue aux) *Commence* rue Saint-Martin, et *finit* rue Saint-Denis. Les numéros sont *rouges;* le dernier impair est 55, et le dernier pair 60. — 6° Arrondissement.

On devrait dire la rue aux *Oues,* qui signifie *oies* en vieux langage; c'était anciennement la rue où l'on faisait rôtir par excellence les *oues* (oies). Sauval dit qu'en 1209, 1297 et 1300, cette rue est désignée sous le nom de *vicus ubi coquuntur anseres,* rue où l'on cuit les *oies.* Vers l'an 1300 Guillot le poëte la nomme la rue *as Oues.* Un manuscrit de l'abbaye Sainte-Geneviève, d'environ l'an 1450, lui donne le nom de rue *aux Oes;* qui signifie aussi *oies* en vieux langage. Le peuple s'est obstiné à la nommer par corruption *aux Ours.* Un ancien proverbe, rapporté par Sauval, dit en parlant d'un friant : Vous avez le nez tourné à la friandise comme Saint-Jacques-de-l'Hôpital. Effectivement le portail de cette église est en face de la rue aux *Ours.*

ʙᴜʀꜱɪɴᴇ. (Rue et barrière de l') *Voyez* rue et barrière de Lourcine.

O *VIDE*. (Foire Saint-)

Le corps de saint *Ovide*, donné en 1665 par le pape aux Capucines de la place Vendôme, fut l'origine de cette foire. La fête de saint *Ovide*, que l'on célébrait dans l'église de ces religieuses, ayant attiré annuellement un grand concours de monde pendant l'octave, plusieurs marchands profitèrent de cette circonstance pour y apporter diverses marchandises. En 1764 on commença à construire en charpente des boutiques mobiles place Vendôme. Cette foire fut transférée en 1771 place Louis XV, aujourd'hui de la Concorde; elle durait un mois, à compter du 14 août: elle tomba en desuétude vers l'an 1784.

P.

PAGEVIN. (Rue) *Commence* rues de la Jussienne et Coqhéron, et *finit* rue des Vieux-Augustins. Les numéros sont *noirs*, et devraient être *rouges*; le dernier impair est 7, et le dernier pair 24. — 3ᵉ Arrondissement.

Au treizième siècle cette rue, qui était hors de l'enceinte de Paris, se nommait *Breneuse*, qui veut dire *sale, ordurière*. La rue Verdèlet, qui est en face, portait aussi le nom de *Breneuse*. Le nom qu'elle porte est celui d'un particulier nommé *Pagevin*, qui y demeurait au seizième siècle. *Voyez* aussi rue des Vieux-Augustins.

PAILLASSONS. (Ruelle des) *Commence* avenue de Saxe, et *finit* aux murs du chemin de ronde de la barrière des Paillassons. Les numéros sont *noirs*; le dernier impair est 11, et le dernier pair 10. — 10ᵉ Arrondissement.

Ainsi nommée parce qu'elle conduit à la barrière des *Paillassons*, dont nous ignorons l'étymologie.

PAILLASSONS. (Barrière des) — 10ᵉ Arrondissement.

Cette barrière, dont nous n'avons pu découvrir l'étymologie, consiste en un bâtiment à deux façades avec arcades et colonnes.

PAILLASSONS. (Chemin de ronde de la barrière des) De la barrière des Paillassons à celle de l'Ecole-Militaire. — 10ᵉ Arrondissement.

PAIN, (Marché au) rue de la Tonnellerie. — 3° Arrondissement.

Il tient les mercredis et samedis.

PAIN-MOLLET. (Rue Jean-) *Commence* rue des Arcis, et *finit* rues de la Coutellerie et de la Tixeranderie. Les numéros sont *noirs ;* le dernier impair est 33, et le dernier pair 26. — 7° Arrondissement.

Ce nom, qu'elle portait déjà en 1261, lui vient d'un particulier de ce nom qui y demeurait. Sauval dit qu'elle se nommait anciennement du *Croc*.

PALAIS DIVERS. *Voyez* leurs noms particuliers.

PALAIS. (Rue du) *Voyez* rue des Mathurins.

PALAIS, (L'île du) ou la CITÉ. Sa plus grande longueur du sud-est au nord-ouest est du quai Catinat jusqu'au pont Neuf. — Elle est du 9° Arrondissement, excepté à partir de la moitié nord-ouest, de la rue de la Barillerie jusqu'au pont Neuf, qui est du 11°.

Lutèce, la *cité* des anciens Parisiens, ne s'étendait pas au-delà de cette île avant la fin du cinquième ou sixième siècle ; il y avait, de temps immémorial, un *palais* où est maintenant celui de *Justice ;* voilà l'origine des deux noms. On entre dans cette île par huit ponts, qui sont le pont Neuf, les ponts au Change, Notre-Dame, de la Cité, au Double, Saint-Michel, le petit Pont, et le pont Saint-Charles, qui ne sert que pour l'Hôtel-Dieu.

PALATINE. (Rue) *Commence* rue Garancière, et *finit* rue Férou et place Saint-Sulpice. Les numéros sont *rouges ;* le dernier impair est 5 ; pas de numéros pairs. — 11° Arrondissement.

Anciennement c'était l'emplacement du cimetière Saint-Sulpice. Au dix-septième siècle, lorsque ce cimetière fut transporté ailleurs, on y construisit une rue qui porta d'abord le nom de *Neuve-Saint-Sulpice*, ensuite du *Cimetière-Saint-Sulpice ;* enfin, au commencement de dix-huitième siècle, elle prit le nom de *Palatine*, à cause d'Anne de Bavière, *palatine* du Rhin, femme de Henri de Condé, connu sous le nom de Monsieur le Prince, dont le palais était situé entre les rues nommées aujourd'hui Condé et Monsieur-le-Prince.

PALATINE. (Rue) *Voyez* rue Blanche-de-Castille.

PALÉE et JEAN-PALÉE. (Rue) *Voy.* rues du Petit-Hurleur et du Maure.

PALU. (Rue du Marché-) *Commence* rues de la Calandre et Saint-Christophe, et *finit* au petit Pont. Les numéros sont *noirs;* le dernier impair est 15, et le dernier pair 26. — 9ᵉ Arrondissement.

On la trouve déjà ainsi nommée au treizième siècle. *Palu* en ancien langage signifie *marais, étang, bourbier :* on lui donna ce nom parce qu'elle conduisait à un marché nommé *Palu;* ce marché n'étant point pavé et le terrain étant moins élevé qu'aujourd'hui, il était boueux et humide.

PANIER-FLEURI. (Rue du) Du cul-de-sac des Quatre-Vents, n° 2, à la rue des Boucheries-Saint-Germain, n° 41. — 11ᵉ Arrondissement.

PANIER-FLEURI. (Passage du) Du cul-de-sac des Bourdonnais à la rue Tirechappe, nᵒˢ 14 et 16. — 4ᵉ Arrondissement.

Il s'est nommé jusqu'en 1806 cul-de-sac de la *Fosse-aux-Chiens.* Son nom actuel lui vient de l'enseigne du *Panier Fleuri,* chez un marchand de vin.

PANORAMA. (Passage ou galerie du) De la rue Saint-Marc, entre les nᵒˢ 8 et 10, au boulevart Montmartre, n° 7. — 2ᵉ Arrondissement.

Ainsi nommée parce que la rotonde où l'on voit des panoramas a son entrée par cette galerie.

PANTHÉON. (Le) *Voyez* l'église Sainte-Geneviève.

PANTHÉON. (Rue du) De la rue Saint-Jacques, en face de la place du Panthéon, à la rue d'Enfer. — 11ᵉ Arrondissement.

Cette rue n'est que projetée; elle servira de communication directe entre le *Panthéon* et le jardin du Luxembourg.

PANTHÉON, (Bibliothèque du) ancienne abbaye Sainte-Geneviève. — 12ᵉ Arrondissement.

Cette bibliothèque, qui se nommait Sainte-Geneviève, est ouverte tous les jours depuis dix heures du matin jusqu'à deux heures, excepté les dimanches et fêtes; il y a vacances depuis le 1ᵉʳ septembre jusqu'au 2 novembre.

PANTHÉON, (Marché du) rue Soufflot, en face du Panthéon (Sainte-Geneviève). — 12ᵉ Arrondissement.

Il tient tous les jours, et l'on y vend des légumes, beurre, fruits, œufs, etc.

PANTHÉON. (Place du) Du Panthéon (Sainte-Geneviève) à la rue Soufflot. Les numéros sont *rouges ;* pas encore de numéros impairs, le dernier pair est 8. — 12° Arrondissement.

On la nommait auparavant *Sainte-Geneviève ;* elle est devant le *Panthéon* (Sainte-Geneviève).

PANTIN. (Barrière de) — 5° Arrondissement.

Ainsi nommée parce que l'on sort par cette barrière pour aller au village de *Pantin,* qui en est à la distance de quinze cents toises ; elle consiste en un pavillon triangulaire avec trois péristyles et un dôme. *Voyez* aussi barrière du Combat.

PANTIN. (Chemin de ronde de la barrière de) De la barrière de Pantin à celle de la Villette. — 5° Arrondissement.

PANTIN. (Rue du chemin de) *Commence* rue du Faubourg-Saint-Martin, et *finit* barrière de Pantin. Les numéros sont *noirs ;* le dernier impair est 27, et le dernier pair 34. — 5° Arrondissement.

Ainsi nommée parce qu'elle se dirige sur le village de *Pantin* et qu'elle aboutit à la barrière de *Pantin.* Au coin de cette rue et de celle du Faubourg-Saint-Martin est la fontaine dite du Chaudron, alimentée par les eaux de Belleville et du pré Saint-Gervais.

PAON-SAINT-ANDRÉ. (Rue du) *Commence* rue du Jardinet, et *finit* rue de l'Ecole-de-Médecine. Les numéros sont *noirs ;* le dernier impair est 11, et le dernier pair 8. — 11° Arrondissement.

Cette rue, qui doit son nom à une enseigne, était déjà nommée ainsi en 1246 ; elle était alors tout près des murs de l'enceinte de Philippe-Auguste. Vers l'an 1300 Guillot la nomme rue du *Puon.* Au n° 8 est l'hôtel de Tours.

PAON-SAINT-VICTOR. (Rue du) *Commence* rue Traversière, et *finit* rue Saint-Victor. Les numéros sont *noirs ;* le dernier impair est 19, et le dernier pair 8. — 12° Arrondissement.

Son plus ancien nom est *Alexandre-Langlais,* qu'elle tenait d'un particulier de ce nom : c'est ainsi que la nomme Guillot vers l'an 1300. Au commencement du seizième siècle une enseigne lui donna le nom qu'elle porte.

PAON, (La rue du Petit-) qui n'existe plus, aboutissait anciennement à la rue du Paon-Saint-Victor et à celle Saint-Victor.

PAON (La rue du Petit-) aboutissait aux rues du Paon, Saint-André et Hautefeuille.

Une grande partie de cette rue subsiste encore sous le nom de cul-de-sac du *Paon*. Ce cul-de-sac doit son nom actuel à la rue du *Paon*, dans laquelle il est situé. C'était autrefois une rue ou ruelle qui se prolongeait jusqu'à celle Hautefeuille, et qui se nommait de *l'Hôtel-de-Reims*, et rue de *l'Archevêque-de-Reims*, parce que l'entrée principale de l'hôtel de *l'archevêque de Reims* était dans cette rue.

PAON-BLANC. (Rue du) *Commence* quai des Ormes, entre les n°˙ 48 et 50, et *finit* rue de la Mortellerie, entre les n°˙ 39 et 41. L'inscription est *noire*, pas de numéros. — 9° Arrondissement.

Ce n'est qu'une ruelle étroite entre les gros murs des maisons voisines.

PAPALE (La porte) était située place de l'Estrapade, à la jonction des rues des Fossés-Saint-Jacques, de la Vieille-Estrapade et des Postes.

Cette porte, qui était dans l'enceinte de Philippe-Auguste, fut détruite au commencement du dix-septième siècle.

PAPELARDS. (La motte aux) *Voyez* quai Catinat.

PAPILLON. (Rue) *Commence* rue Bleue, et *finit* place Montholon. Les numéros sont *noirs*; le dernier impair est 5, et le dernier pair 14. — 2° Arrondissement.

Cette rue, ouverte vers l'an 1784, doit vraisemblablement son nom à M. Delaferté *Papillon*, commissaire des Menus-Plaisirs du roi, auteur des *Elémens d'Architecture, de Fortification et de Navigation*, et d'autres ouvrages, né à Châlons-sur-Marne vers l'an 1727, et envoyé à l'échafaud par le tribunal révolutionnaire le 7 juillet 1794.

PARADIS-AU-MARAIS. (Rue de) *Commence* rue Vieille-du-Temple, et *finit* rue du Chaume. Les numéros sont *rouges*; le dernier impair est 13, et le dernier pair 20. — 7° Arrondissement.

En 1287 elle se nommait rue de *Paradis* ou des *Jardins*, nom qu'elle devait sans doute aux *jardins* situés près des murs de la ville, et enfermés dans Paris depuis environ quatre-vingts ans, par l'enceinte de Philippe-Auguste. En 1291 elle ne portait déjà plus que le nom de *Paradis*, qu'elle tenait d'une enseigne. Aux n°˙ 18 et 20 est la principale entrée de l'hôtel Soubise, dont les autres entrées sont rue Vieille-du-Temple, n° 80, et rue du

Chaume, n° 12. Le connétable Olivier de Clisson demeurait sous le règne de Charles V. Il se nomma depuis l'hôtel des *Grâces*, parce que Charles VI, au commencement de son règne, y fit grâce aux principaux bourgeois de Paris, après une émeute populaire; il passa depuis à la maison de Loraine, ensuite à celle de Guise, dont il porta le nom jusqu'en 1697. A cette époque François de Rohan, prince de *Soubise*, le fit augmenter, embellir, et lui donna son nom, qu'il porte encore. En 1712 Armand Gaston, *cardinal* de Rohan, fit élever le palais que l'on nomme encore *Cardinal*, dont l'entrée est rue Vieille-du-Temple, n° 89, et qui dépend de l'hôtel Soubise. Depuis quelques années l'*Imprimerie impériale* est au palais Cardinal, et les archives de l'Empire sont à l'hôtel Soubise.

PARADIS-POISSONNIÈRE. (Rue) *Commence* rue du Faubourg-Saint-Denis, et *finit* rue du Faubourg-Poissonnière. Les numéros sont *rouges*; le dernier impair est 45, et le dernier pair 42. — 3° Arrondissement.

En 1643, sur le plan de Boisseau, elle est indiquée sous le nom de rue *Saint-Lazare*; en 1775 elle n'était encore qu'une ruelle qui longeait le clos Saint-Lazare, dont elle tenait son premier nom. La rue qui la prolonge se nommait d'*Enfer* (aujourd'hui rue Bleue), par opposition à la rue de *Paradis*.

PARADIS et du *PETIT-PARADIS* (La rue de) aboutissait rue Saint-Jacques, et régnait le long du passage qui conduisait au couvent des Ursulines.

Elle a existé jusqu'au milieu du siècle dernier; elle avait porté successivement les noms de *Notre-Dame-des-Champs*, de *Jean-le-Riche*, de *Neuve-Jean-le-Riche*, des *Poteries*, de *Saint-Severin*. Elle doit à une enseigne son dernier nom de *Paradis*.

PARADIS. **(Rue du Petit-)** *Voyez* rue du Parc-Royal.

PARC-NATIONAL. **(Rue du)** *Voyez* rue du Parc-Royal.

PARC-ROYAL. (Rue du) *Commence* rue Turenne, et *finit* rue Thorigny. Les numéros sont *rouges*; le dernier impair est 15, et le dernier pair 12. — 8° Arrondissement.

Cette rue, ouverte en 1563, sur les ruines de l'hôtel Barbette, fit anciennement partie de la rue *Thorigny* en retour d'équerre; on la nommait aussi, selon Sauval, du *Petit-Paradis*, à cause d'une enseigne, et des *Fusées*, à cause de l'hôtel des *Fusées* qui y était situé; elle prit ensuite le nom du *Parc-Royal*, parce qu'elle conduisait au *parc* de l'hôtel *royal* des Tournelles. Pendant la révolution on lui donna le nom du *Parc-National*; elle reprit son nom il y a quelques années. Au n° 2 est l'hôtel Canillac.

PARC-ROYAL. (Rue du) *Voyez* rues de la Chaussée-des-Minimes et Thorigny.

PARC-DES-TOURNELLES. (Rue du) *Voyez* rue de la Chaussée-des-Minimes.

PARCHEMINERIE. (Rue de la) *Commence* rue Saint-Jacques, et *finit* rue de la Harpe. Les numéros sont *rouges*; le dernier impair est 35, et le dernier pair 34. — 11ᵉ Arrondissement.

En 1273, 1279 et 1300, c'était la rue des *Ecrivains*; en 1387 la rue des *Parcheminiers*, ensuite la rue de la *Parcheminerie*. Les écrivains demeuraient sans doute près des *parcheminiers*, puisque la rue des *Ecrivains* du sixième arrondissement était aussi connue anciennement sous le nom de la *Parcheminerie*.

PARCHEMINERIE, PETITE-PARCHEMINERIE, VIEILLE-PARCHEMINERIE. (Rue de la) *Voyez* rue des Blancs-Manteaux.

PARCHEMINIERS. (Rue des) *Voy.* rue de la Parcheminerie.

PARELLE et PAYELLE. (Rue) *Voyez* rue Payenne.

PARLOIRS AUX BOURGEOIS. *Voyez* Hôtel de Ville.

PARNASSE. (Mont) *Voyez* Mont-Parnasse.

PAROLES. (Rue des Mauvaises-) *Commence* rue des Lavandières, et *finit* rue des Bourdonnais. Les numéros sont *rouges*; le dernier impair est 23, et le dernier pair 22. — 4ᵉ Arrondissement.

Au douzième siècle elle portait le nom de *Mauvais-Conseil* ou de *Mauvaise-Parole* (*vicus mali consilii sive mali verbi*); en 1229 celui de *Male-Parole*; depuis celui des *Mauvaises-Paroles*, qu'elle n'a plus changé : on ignore d'où ce nom lui est venu.

PARVIS (La rue du) était située où est maintenant le *parvis* Notre-Dame, près de la rue Saint-Christophe.

Cette rue, qui n'existe plus, et qui a servi à agrandir le *parvis*, avait aussi porté le nom de la *Huchette*, qu'elle tenait d'une maison de ce nom.

PAS-DE-LA-MULE. (Rue du) *Commence* boulevart Saint-Antoine, et *finit* place des Vosges. Les numéros sont *rouges*; le dernier impair est 11, et le dernier pair 8. — 8ᵉ Arrondissement.

Cette rue, ouverte en 1604, porta d'abord les noms de *Royale*, de *petite rue Royale*, parce qu'elle conduisait à la place

Royale; enfin celui du *Pas-de-la-Mule,* dont on ignore l'étymologie. Ce ne fut qu'en 1673 qu'on la prolongea de la rue des
Tournelles jusqu'au boulevart.

PASSEMENTERIE. (Rue de la) *Voyez* rue de la Vieille-
Monnaie.

PASSION. (Les Filles de la) *Voyez* les Capucines.

PASTOURELLE. (Rue) *Commence* rues du Grand-
Chantier et des Enfans-Rouges, et *finit* rue du Temple.
Les numéros sont *rouges*; le dernier impair est 15, et
le dernier pair 38. — 7° Arrondissement.

Elle était en 1296 hors de l'enceinte de Paris, et s'appelait
Groignet, nom du mesureur des blés du Temple qui y demeurait; en 1302 elle se nommait *Jehan-de-Saint-Quentin;* en
1328 on trouve une maison indiquée rue du Temple *en face de
la barre de la Pastourelle;* en 1331 Roger *Pastourel,* dont elle
tient vraisemblablement son nom, y possédait une maison.

PASSY, (Barrière de) au bout du quai Billy. — 1er Arrondissement.

Cette barrière, qui tient son nom du village de *Passy,* situé à
une très-petite distance, est composée d'un bâtiment décoré de
douze colonnes, deux arcs, quatre frontons, et de deux statues
colossales représentant la Bretagne et la Normandie. On la nommait précédemment des *Bons-Hommes,* parce qu'elle est tout
près du ci-devant couvent de ce nom, et de la *Conférence,* parce
qu'elle n'est qu'un reculement de la barrière de ce nom, qui était
située près de la pompe à feu avant la dernière enceinte de Paris.

PATRIARCHE. (Isle du) *Voyez* place de Thionville.

PATRIARCHES. (Passage du Marché-des-) De la rue
d'Orléans-au-Marais, n° 5, à la rue Moufetard, n° 135.
— 12° Arrondissement.

Il est ainsi nommé parce qu'il traverse l'ancienne cour ou
marché des *Patriarches;* c'était une maison qui avait appartenu, aux treizième et quatorzième siècles, à Bertrand de Chanac,
patriarche de Jérusalem, et à Simon de Cramault, cardinal et
patriarche d'Alexandrie.

PATRIARCHES. (Cour et marché des) *Voyez* l'article précédent.

PAUL. (Eglise Saint-)

On croit qu'il existait en cet endroit, dès le milieu du
septième siècle, une chapelle cimétériale de *Saint-Paul des
champs;* ce ne fut qu'au commencement du douzième siècle
qu'elle fut érigée en paroisse. Elle fut reconstruite sous

Charles V, qui demeurait alors à l'hôtel *Saint-Paul*, dont la principale entrée était quai des Célestins ; on y fit des embellissemens et augmentations vers le milieu du quinzième siècle, en 1542, 1547 et 1661. Cette église est démolie depuis quelques années, et l'invocation de *Saint-Paul* a été transférée à *Saint-Louis* de la rue Saint-Antoine. *Voyez* cette église.

PAUL. (Rue Saint-) *Commence* quais Saint-Paul et des Célestins, et *finit* rue Saint-Antoine. Les numéros sont *noirs ;* le dernier impair est 57, et le dernier pair 46. — 9ᵉ Arrondissement.

Elle doit son nom à l'église *Saint-Paul*, qui y était située. Au n° 2 est l'hôtel de la Vieuville.

PAUL. (Ruelle Saint-) *Voy.* rue Neuve-Sainte-Anastase.

PAUL. (Rue Neuve-Saint-) *Commence* rues Beautreillis et Gérard-Beauquet, et *finit* rue Saint-Paul. Les numéros sont *rouges ;* le dernier impair est 23, et le dernier pair 8. — 9ᵉ Arrondissement.

Elle fut percée vers le milieu du seizième siècle, sur l'hôtel Saint-Maur, depuis nommé des écuries de la reine Isabeau de Bavière, femme de Charles VI. On la nomma *Neuve-Saint-Paul* pour la distinguer de la rue *Saint-Paul* où elle aboutit.

PAUL. (Rue de la Fausse-Poterne-Saint-) *Voyez* rues de Jouy et des Prêtres-Saint-Paul.

PAUL. (Rue des Prêtres-Saint-) *Commence* rue Saint-Paul, et *finit* rues des Nonnaindières et Fourcy. Les numéros sont *rouges ;* le dernier impair est 23, et le dernier pair 30. — 9ᵉ Arrondissement.

Cette rue porta anciennement le nom de *Jouy*, dont elle fait la prolongation, et celui de la *Fausse-Poterne-Saint-Paul*, parce qu'elle aboutissait, lors des murs de l'enceinte de Philippe-Auguste, à une *fausse porte* de la ville. Le bout de cette rue se nommait *l'archet Saint-Paul*. Comme la plupart des *prêtres* de l'église *Saint-Paul* y demeuraient, on lui donna le nom qu'elle porte.

PAUL. (L'archet Saint-) *Voyez* rue des Prêtres-Saint-Paul.

PAUL. (Hôtel Saint-)

Cet hôtel, dont la principale entrée était quai des Célestins, et qui s'étendait jusqu'à la rue Saint-Antoine, fut bâti par Charles V *pour être l'hôtel solemnel des grands ébattemens* (divertissemens), sur les emplacemens des hôtels d'Estampes, de Saint-Maur et des archevêques de Sens, etc. Ce vaste édifice fut vendu en 1516 par François Ier, et par la suite on le démolit, et l'on y perça les rues de la Cérisaie, Beautreillis, du Petit-Musc, des Lions, etc.

PAUL, (Port Saint-) en face de la rue Saint-Paul. — 9° Arrondissement.

Arrivage des vins, fers, épiceries ; coches pour Corbeil, Montereau, Nogent et Briare. Ainsi nommé parce qu'il est dans le quartier et au bout de la rue de ce nom.

PAUL. (Quai Saint-) *Commence* rue Saint-Paul et quai des Célestins, et *finit* rue de l'Etoile et quai des Ormes. Les numéros sont *rouges*; le dernier pair est 22. — 9° Arrondissement.

Même étymologie que l'article précédent.

PAUME. (Passage du Jeu-de-) De la rue Mazarine, n° 38, à la rue de Seine-Saint-Germain, n° 37. — 10° Arrondissement.

Ainsi nommé parce qu'il traverse un ancien *jeu de paume*.

PAUME. (Rue Neuve-des-Deux-Jeux-de-) *Voyez* rue de la Poterie-des-Halles.

PAVÉE-SAINT-ANDRÉ. (Rue) *Commence* quai des Augustins, et *finit* rue Saint-André-des-Arts. Les numéros sont *noirs*; le dernier impair est 19, et le dernier pair 20. — 11° Arrondissement.

Vers l'an 1300 Guillot la nomme *Pavée*. Au seizième siècle elle prit celui de *Pavée-d'Andouilles*, qu'elle quitta pour reprendre son premier nom.

PAVÉE-AU-MARAIS. (Rue) *Commence* rue du Roi-de-Sicile, et *finit* rues Neuve-Sainte-Catherine et des Francs-Bourgeois. Les numéros sont *noirs*; le dernier impair est 17, et le dernier pair 24. — 7° Arrondissement.

Cette rue, qui touchait aux murailles de l'enceinte de Philippe-Auguste, portait en 1235 le nom de *Petit-Marivaux*, en 1406 celui de *Petit-Marais*, et depuis ceux de *Marivas*, *Marivaux*; enfin elle se nomma *Pavée* vers le milieu du quinzième siècle. Au n° 3 est l'hôtel d'Herbouville; au n° 22 celui de la Petite-Force (*voyez* Force), et au n° 24 celui de Lamoignon.

PAVÉE-SAINT-SAUVEUR. (Rue) *Commence* rues des Deux-Portes et du Petit-Lion, et *finit* rue Montorgueil. Les numéros sont *rouges*; le dernier impair est 19, et le dernier pair 16. — 5° Arrondissement.

Elle portait déjà ce nom en 1313.

PAVÉE. (Rue) *Voyez* rues des Grands-Degrès et Traversière-Saint-Antoine.

PAVÉE-D'ANDOUILLES. (Rue) *Voyez* rue Pavée-Saint-André.

PAVÉE et **PAVÉE-GOIRE.** (Rue) *Voyez* rue du Mûrier.

PAVÉE et du **PAVÉ-DE-LA-PLACE-MAUBERT.** (Rue) *Voyez* place Maubert.

PAVILLON-DU-ROI. (Rue du) *Voyez* rue des Vosges.

PAVILLONS. (Rue des Trois-) *Commence* rue des Francs-Bourgeois-au-Marais, et *finit* rue du Parc-Royal. Les numéros sont *noirs*; le dernier impair est 5, et le dernier pair 18. — 8° Arrondissement.

Cette rue, bâtie sur un chemin qui traversait le terrain de *Sainte-Catherine*, se nommait en 1545, pour cette raison, de la *Culture-Sainte-Catherine*; elle se prolongeait alors jusqu'à la rue des Juifs, et se nommait dans cette partie rue des *Valets*, qui fut bouchée en 1604; au dix-septième siècle elle portait le nom de *Diane*, à cause de *Diane* de Poitiers, duchesse de Valentinois, maîtresse d'Henri II, qui avait occupé l'hôtel Barbette, sur une partie de l'emplacement duquel cette rue a été bâtie. La maison des *Trois Pavillons*, au coin de cette rue et de celle des Francs-Bourgeois, lui a donné le nom qu'elle porte. En 1598 on la trouve nommée *Diane* ou des *Trois-Pavillons*.

PAXENT. (Rue Saint-) *Commence* rue Bailly, et *finit* rue Royale. Les numéros sont *noirs*; le dernier impair est 5, et le dernier pair 6. — 6° Arrondissement.

Cette rue, bâtie vers l'an 1765, en même temps que le marché Saint-Martin, porte le nom de *Saint-Paxent*, dont la châsse était dans l'église du prieuré de Saint-Martin-des-Champs.

PAYEN. (Rue et clos) *Voyez* rue du Petit-Champ.

PAYEN. (Passage du Clos-) De la rue du Petit-Champ, n° 3, au boulevart de la Glacière, n° 18. — 12° Arrondissement.

Il traverse le *clos Payen*, ainsi nommé à cause du sieur *Payen* qui en était autrefois propriétaire.

PAYENNE. (Rue) *Commence* rues Neuve-Sainte-Catherine et des Francs-Bourgeois-au-Marais, et *finit* rue du Parc-Royal. Les numéros sont *noirs*; le dernier impair est 13, et le dernier pair 18. — 8ᵉ Arrondissement.

On la trouve sous les divers noms de *Payelle*, *Parelle*, *Guienne*, *Payenne;* ce dernier nom, dont nous ignorons l'étymologie, a prévalu et n'a point varié depuis l'an 1636. Au n° 11 est l'hôtel Hocquart.

PECQUAY, (Cul-de-sac) rue des Blancs-Manteaux, entre les n° 38 et 40. Les numéros sont *noirs*; le dernier impair est 9, et le dernier pair 6. — 7ᵉ Arrondissement.

On croit que son premier nom est rue *Perenelle-de-Saint-Pol*, dont Guillot vers l'an 1300 fait mention; le nom de *Pecquay* lui vient de Jean de la Haie, dit *Piquet*, qui y possédait une maison; il a aussi porté celui de cul-de-sac des *Blancs-Manteaux*, parce qu'il est situé dans la rue de ce nom, et celui de *Novion*, à cause d'un particulier nommé *Novion* qui occupait la maison de *Piquet*, que l'on a changé en *Pequay* et *Pecquay*.

PEINTRES, (Cul-de-sac des) rue Saint-Denis, entre les n° 216 et 218. Les numéros sont *rouges;* le dernier impair est 7, et le dernier pair 8. — 6ᵉ Arrondissement.

Au commencement du quatorzième siècle c'était la rue de l'*Arbalète*, nom qu'elle tenait d'une enseigne; en 1365 la ruelle *Sans-Chef*, dite *des Etuves;* ensuite la rue de l'*Asne rayé*, du nom d'un hôtel. Doit-il son nom actuel à Guyon Ledoux, maître *peintre*, qui y fit bâtir une maison en 1535, ou à Gilles *Le Peintre*, dont les enfans possédaient en 1303 la maison de l'*Arbalète?* Avant le nouveau numérotage des rues (en 1806) on le nommait de la *Porte-aux-Peintres;* effectivement la *porte* Saint-Denis de l'enceinte de Philippe-Auguste, bâtie vers l'an 1200 et démolie en 1585, était rue Saint-Denis, vis-à-vis ce cul-de-sac.

PÉLAGIE, (Prison ou maison Sainte-) rue de la Clef, n° 14. — 12ᵉ Arrondissement.

Elle fut fondée en 1665, et destinée à renfermer les filles et femmes débauchées; depuis plusieurs années elle sert de prison aux détenus pour dettes. Le nom de *sainte Pélagie* lui fut donné parce que cette sainte fut comédienne de la ville d'Antioche, et devint, au cinquième siècle, illustre par sa pénitence.

PELÉE, (Ruelle) petite rue Saint-Pierre, entre les n°ᵃ 24 et 26. Pas de numéros. — 8ᵉ Arrondissement.

Nous ignorons l'étymologie du nom de cette ruelle, dont il est déjà fait mention au milieu du siècle dernier sous le nom de *Pellé.*

PÉLICAN. (Rue du) *Commence* rue de Grenelle, et *finit* rue Croix-des-Petits-Champs. Les numéros sont *rouges*; le dernier impair est 11, et le dernier pair 10. — 4ᵉ Arrondissement.

En 1313 elle était déjà habitée par des filles publiques et portait le nom de *Poilec..,* que l'on a heureusement changé en *Pélican* depuis près de trois siècles. Au commencement de la révolution on lui a donné le nom de *Purgée,* qu'elle ne méritait pas, puisqu'elle n'a point cessé d'être en partie habitée par des filles, et ensuite celui de la *Barrière-des-Sergens,* à cause de sa proximité de l'ancienne *barrière* de ce nom, qui était située rue Saint-Honoré, près l'égoût. En 1806 elle a repris le nom de *Pélican.*

PELLETERIE. (Rue de la) *Voyez* quai Desaix.

PELLETIER. (Quai) *Commence* place de l'Hôtel-de-Ville, et *finit* pont Notre-Dame et rue Planche-Mibray. Les numéros sont *rouges*; le dernier pair est 44. — 7ᵉ Arrondissement.

Il fut construit par Bullet, architecte, en 1675, tandis que *Claude le Pelletier,* dont il porte le nom, était prévôt des marchands.

PENECHER, PENICHE, PERRICHE. (Rue) *Voyez* rue Saint-Pierre-Montmartre.

PENTEMONT, (Abbaye royale de Notre-Dame-de-) rue de Grenelle-Saint-Germain, n°ᵃ 106 et 108.

Fondée en 1644, sous le nom des *religieuses Augustines du Verbe incarné et du Saint-Sacrement.* On croit que ce nom vient de ce que cette abbaye fut primitivement fondée en 1217 sur la *pente* d'un *mont,* près de Beauvais. Ces religieuses furent supprimées en 1790. L'église sert de magasin pour les fournisseurs du Gouvernement; on a fait du reste des bâtimens une caserne et une maison particulière.

PÉPINIÈRE. (Rue de la) *Commence* rues de l'Arcade et du Rocher, et *finit* rues du Faubourg-Saint-Honoré et du Faubourg-du-Roule. Les numéros sont *rouges*; le dernier impair est 65, et le dernier pair 86. — 1ᵉʳ Arrondissement.

Rue ouverte vers l'an 1782, sur le terrain qu'occupait la

pépinière royale du Louvre, dont elle a retenu le nom; une petite portion de la fin de cette rue, près de celles du Faubourg-Saint-Honoré et du Faubourg-du-Roule, se nommait *Neuve-Saint-Charles*. Au n° 22 est la caserne dite de la *Pépinière*, construite sur les dessins du corps du génie militaire, et au n° 64 l'hôtel Dardivilliers.

PÉPINIÈRE. (Avenue de la) Du jardin du Sénat aux rues de l'Est et de l'Ouest. — 11ᵉ Arrondissement.

Cette nouvelle avenue, que l'on prolongera jusqu'à l'Observatoire, a été percée sur le terrain qui dépendait du couvent des Chartreux; elle tient son nom de la belle *pépinière* qui est à droite, et qui faisait partie du jardin de ces religieux.

PERCÉE-SAINT-ANDRÉ. (Rue) *Commence* rue de la Harpe, et *finit* rue Hautefeuille. Les numéros sont *rouges*; le dernier impair est 13, et le dernier pair 16. — 11ᵉ Arrondissement.

En 1262 on la trouve déjà sous le nom de *Percée (vicus Perforatus)*; au siècle suivant c'était la rue *Percée*, dite des *Deux-Portes*.

PERCÉE-SAINT-PAUL. (Rue) *Commence* rue des Prêtres-Saint-Paul, et *finit* rue Saint-Antoine. Les numéros sont *noirs*; le dernier impair est 5, et le dernier pair 12. — 9ᵉ Arrondissement.

Elle portait déjà ce nom en 1300 et 1313.

PERCÉE (La ruelle) aboutissait anciennement rue Saint-Landri et à la rivière.

Il en est fait mention en 1265.

PERCÉE ou PERCIÉE. (Rue) *Voyez* rue du Renard-Saint-Sauveur.

PERCÉE ou DES MARAIS. (Ruelle) *Voyez* rue Notre-Dame-des-Victoires.

PERCHE. (Rue du) *Commence* rue Vieille-du-Temple, et *finit* rue d'Orléans-au-Marais. Les numéros sont *rouges*; le dernier impair est 13, et le dernier pair 12. — 7ᵉ Arrondissement.

Cette rue, dont l'alignement fut ordonné en 1626, porte le nom d'une ancienne province de France. *Voyez* rue d'Anjou-au-Marais.

PERDUE. (Rue) *Commence* rue des Grands-Degrés, et *finit* place Maubert. Les numéros sont *noirs*; le

dernier impair est 21, et le dernier pair 24. — 12ᵉ Arrondissement.

En 1300 et 1313 elle portait déjà ce nom, dont nous n'avons pu découvrir l'étymologie.

PÈRE. (Rue Saint-) *Voyez* rue des Saints-Pères.

PÈRE-A-BEUS. (Rue Saint-) *Voyez* rue Saint-Pierre-aux-Bœufs.

PÈRES. (Rue des Saints-) *Commence* quais Malaquais et Voltaire, et *finit* rue de Grenelle-Saint-Germain. Les numéros sont *noirs*; le dernier impair est 83, et le dernier pair 68. — 10ᵉ Arrondissement.

Elle portait anciennement le nom de chemin ou rue aux *Vaches*, parce que l'on conduisait par ce chemin ces bestiaux au pré aux Clercs. Avant le milieu du seizième siècle on la nommait de la *Maladerie*, de l'*Hôpital-de-la-Charité*, de l'*Hôtel-Dieu appelé la Charité, alias la Sanitat,* parce qu'il y avait alors un *Hôtel-Dieu* sur le bord de la rivière, en face de cette rue. En 1636 on la trouve désignée sous le nom des *Jacobins réformés allant de la Charité au pré aux Clercs.* En 1643 elle porta le nom de *Saint-Père,* à cause d'une chapelle de *saint Pierre* qui y était située. En 1652 on disait déjà des *Saints-Pères.* Au nº 5 est l'hôtel Chabannes, maintenant de Vertillac; au nº 13 est l'hôtel d'Affry, actuellement occupé par les bureaux du ministère de la police générale, et au nº 50 l'hôtel de Pons, appartenant à M. Levacher de Souzel.

PÈRES. (Port des Saints-) *Voyez* port du Recueillage.

PÉRIGUEUX. (Rue de) *Commence* rue de Bretagne, et *finit* rue Boucherat. Les numéros sont *noirs*; le dernier impair est 15, et le dernier pair 4. — 6ᵉ Arrond.

C'est une des rues dont l'alignement fut donné en 1626; elle porte le nom de la capitale du *Périgord.* Elle ne s'étendait d'abord que jusqu'à l'endroit où est à présent la rue de Normandie; en 1697 on ordonna qu'elle fût prolongée jusqu'à celle Boucherat.

PÉRINE, (Institution de Sainte-) rue de Chaillot. — 1ᵉʳ Arrondissement.

En 1659 s'établirent en cet endroit les chanoinesses de l'abbaye Notre-Dame-de-la-Paix, et en 1746 les religieuses de l'abbaye *Sainte-Périne* de la Villette leur furent réunies. Ces religieuses furent supprimées en 1790. C'est maintenant, depuis plusieurs années, une maison consacrée aux personnes des deux sexes, âgées ou infirmes, qui paient une pension ou bien une somme fixe lors de leur admission.

PÉRINE. (Rue Sainte-) *Voyez* rue Sainte-Geneviève.

PERLE. (Rue de la) *Commence* rue Thorigny, et *finit* rue Vieille-du-Temple. Les numéros sont *rouges*; le dernier impair est 9, et le dernier pair 28. — 8ᵉ Arrondissement.

Elle portait anciennement le nom de *Thorigny*, à cause de la rue de ce nom dont elle fait la prolongation en retour d'équerre; son nom actuel lui vient de l'enseigne de la *Perle*, qui était celle d'un tripot (jeu de paume).

PERNELLE. (Rue) *Commence* quai de la Grève, et *finit* rue de la Mortellerie. Les numéros sont *noirs*; un seul impair qui est 1, et un seul pair 2. — 9ᵉ Arrondissement.

Vers l'an 1300 Guillot la nomme *ruelle de Seine*; on la trouve dans les siècles suivans sous les divers noms de *ruelle du port au Blé*, de rue *Perronelle*, *Prunier* et *Pernelle*. La rue de la Levrette, qui en fait la prolongation jusqu'à celle du Martroi, portait aussi le nom de *Pernelle*. *Voyez* la rue de la Levrette.

PERRONNELLE. (Cul-de-sac) *Voyez* rue de la Corderie-Saint-Honoré.

PERPIGNAN. (Rue de) *Commence* rue des Marmousets-Cité, et *finit* rue des Trois-Canettes. Les numéros sont *noirs*; le dernier impair est 11, et le dernier pair 12. — 9ᵉ Arrondissement.

En 1203, 1235, etc., elle se nommait *in Cherauri*; en 1241 rue *Charauri* (*vicus de Carro aurici*); vers l'an 1300 Guillot dit: « En *Charoui*, bonne taverne achiez ovri »; en 1370 c'était la rue *Champron*; en 1399 rue *Champrose*, vis-à-vis le jeu de paume de Perpignan; en 1482 la rue de *Champourri*; elle prit ensuite successivement les noms de *Champrousiers*, des *Champs-Rousiers*, du *Champ-Flori*, de *Champrosy*. Son nom actuel lui vient du jeu de paume dit de *Perpignan*, qui était en face.

PERRENELLE-SAINT-POL. (Rue) *Voyez* cul-de-sac Pecquay.

PERRIN-GASSELIN. (Rue) *Commence* rue Saint-Denis, et *finit* rue de la Vieille-Harangerie et place du Chevalier-du-Guet. Les numéros sont *rouges*; le dernier impair est 7, et le dernier pair 12. — 4ᵉ Arrondissement.

Cette rue a été construite sur un terrain nommé le *Perrin-Gasselin*, dont elle a pris le nom, comme il en est fait mention sur des titres authentiques de 1254 et 1269, rapportés par Jaillot : on la trouve ordinairement confondue, dans les anciens plans, avec la rue du *Chevalier-du-Guet*, dont elle fait la continuation.

PERRON. (Passage du) *Voyez* rue Vivienne.

PERRONELLE. (Rue) *Voyez* rue Pernelle.

PERRONNET OU PETONNET, (Rue) *Voyez* rue Pirouette.

PET. (Rue du) *Voyez* rue du Grand-Hurleur.

PET, PETIT-PET, GROS-PET. (Rue du) *Voy.* rue des Poitevins.

PET-AU-DIABLE. (Rue du) *Voyez* rue du Sanhédrin.

PÉTAUDIÈRE. (Rue de la) *Voyez* rue Frileuse.

PETIT PONT, (Le) sur le petit bras de la Seine, servant de communication entre le quartier Saint-Jacques et l'île du Palais ou la Cité. — La moitié au nord est du 9ᵉ Arrondissement, et l'autre moitié au midi du 11ᵉ.

Ce pont existait certainement du temps des Romains, et même avant, puisque c'était l'une des deux entrées de la ville des Parisiens. On le nomma *petit Pont* pour le distinguer du *grand Pont*, aujourd'hui le pont au Change, qui est sur le grand bras de la Seine. Il fut emporté plusieurs fois par les inondations, et refait tantôt en pierre, tantôt en bois. L'évêque Maurice le fit bâtir en pierre vers l'an 1185; il fut emporté par les débordements en 1206, 1280, 1296, 1325, 1376, 1394, et rebâti en pierre en 1394; on acheva de le reconstruire en 1406; il écroula en 1407; il fut rebâti en 1409, époque où l'on éleva des maisons dessus; il fut presque ruiné par les grandes eaux de 1649, 1651 et 1658. En 1718 deux bateaux chargés de foin, auxquels le feu avait pris, s'arrêtèrent sous ce pont et incendièrent toutes les maisons qui étaient dessus : on le rebâtit ensuite en pierre, tel que nous le voyons ; mais par prudence et pour la salubrité de ce quartier, où se trouve l'Hôtel-Dieu, on ne construisit pas de maisons dessus.

PETIT PONT. (Le) *Voyez* pont Saint-Michel.

PETIT-PONT. (Rue du) *Commence* place du Petit-Pont, et *finit* rues Galande et Saint-Séverin. Les numéros sont *noirs*; le dernier impair est 29, et le dernier pair 26. — Les impairs sont du 12ᵉ Arrondissement, et les pairs du 11ᵉ.

Aux douzième et treizième siècles elle est déjà nommée rue du *Petit-Pont*, parce qu'elle conduit au petit Pont ; cependant en

1230 elle est désignée sous le nom de rue *Neuve.* On l'a souvent confondue avec la rue Saint-Jacques, dont elle fait la continuation jusqu'à l'entrée du *petit Pont.*

PETIT-PONT et OUTRE-PETIT-PONT. (Grande rue du) *Voyez* rue Saint-Jacques.

PETIT-PONT. (Rue du) *Voyez* place du Petit-Pont.

PETIT-PONT. (Place du) A l'entrée du petit Pont ce sont les numéros de la rue du Petit-Pont de 1 à 9 et de 2 à 4. — La moitié à l'ouest (numéros pairs) est du 11e Arrondissement, et l'autre moitié à l'est (numéros impairs) est du 12e.

Ce n'est que depuis peu d'années que cette portion de la rue du *Petit-Pont* se nomme place du *Petit-Pont.*

PETITES-MAISONS. (Hôpital des) *Voyez* hospice des Ménages.

PETITES-MAISONS. (Rue de l'Hôpital-des-) *Voyez* rue de Sèvres.

PETIT-MUCE OU PETIT-MUSSE. (Rue du) *Voyez* Musc. (rue du Petit-)

PETITS-PÈRES. (Eglise des) *Voyez* église Notre-Dame-des-Victoires.

PETITS-PÈRES. (Rue des) *Voyez* rue Neuve-des-Petits-Pères.

PETITS-PÈRES. (Rue Neuve-des-) *Commence* rue de la Feuillade et passage des Petits-Pères, et *finit* rue Vide-Gousset et place des Petits-Pères. Les numéros sont *noirs;* le dernier impair est 9, et le dernier pair 18. — 3e Arrondissement.

Ce nom vient du couvent des Augustins réformés, dits *Petits-Pères,* situé près de cette rue. Ce n'est que depuis peu d'années qu'on a ajouté le mot *Neuve.*

PETITS-PÈRES, (Place des) en face de l'église Notre-Dame-des-Victoires, dite des *Petits-Pères.* Les numéros sont la suite de la série de ceux du passage des Petits-Pères. — 3e Arrondissement.

Même étymologie que la rue des Petits-Pères. Les bureaux de la Mairie du troisième arrondissement y sont situés dans les bâtimens de l'ancien couvent. Au coin de cette place et de la rue Neuve-des-Petits-Pères est la fontaine dite des *Petits-Pères,* alimentée par les eaux de la pompe à feu de Chaillot.

PETITS-PÈRES. (Passage des) *Commence* rues des Petits-Pères et Neuve-des-Petits-Champs, et *finit* rue Notre-Dame-des-Victoires. Les numéros sont *noirs*; le dernier impair est 11, et le dernier pair 14. — 3e Arrondissement.

L'étymologie est la même que celle de la rue Neuve-des-Petits-Pères.

PETITS-PÈRES, (Carrefour des) place formée à la rencontre des rues Neuve-des-Petits-Pères, Vide-Gousset, du Mail, Notre-Dame-des-Victoires et de la place des Petits-Pères.

PETRELLE. (Rue) *Commence* rue du Faubourg-Poissonnière, et *finit* rue Rochechouard. Les numéros sont *rouges*; le dernier impair est 3, et le dernier pair 12. — 2e Arrondissement.

C'est le nom d'un architecte qui a commencé à y bâtir vers la fin du siècle dernier; elle a aussi porté celui de *Jolivet*, et ensuite celui de *Marlboroug*, à cause de l'enseigne représentant le grand *Marlboroug*, qu'on y a vue pendant la révolution.

PHELIPEAUX. (Rue) *Commence* rue du Temple, et *finit* rue Frépillon. Les numéros sont *rouges*; le dernier impair est 37, et le dernier pair 42. — 6e Arrondissement.

Elle paraît avoir la même étymologie que la rue *Frépillon* sa voisine, car le premier nom de la rue *Phelipeaux* est rue *Frépaut*, dont *Frépillon* n'est que le diminutif ou une altération. (*Voyez* Frépillon.) Voici la liste de ses variations : en 1397 *Frépaut;* au quinzième siècle *Frapault;* en 1560 *Fripaux* et *Frépaux;* en 1636 *Frepaux;* sur plusieurs plans du dix-septième siècle *Phelipot;* au commencement du dix-huitième siècle *Philipot;* enfin *Phelipeaux.*

PHILIPOT. (Rue) *Voyez* rue Phelipeaux.

PHILIPPE-DU-ROULE, (Eglise Saint-) rue du Faubourg-du-Roule, n°s 8 et 10. — 1er Arrondissement.

Cette église, qui est maintenant la seconde succursale de la paroisse de la Madeleine, avait été érigée en paroisse en 1699, et fut reconstruite de 1769 à 1784, sur les dessins de Chalgrin, architecte.

PHILIPPE-DE-BONNE-NOUVELLE. (Rue Saint-) *Commence* rue d'Aboukir, et *finit* rue Cléry. Les numéros sont *rouges* ; le seul impair est 1, et le dernier pair 4. — 5° Arrondissement.

Cette rue, dont nous ignorons l'étymologie du nom, fut percée en 1718.

PHILIPPE-SAINT-MARTIN. (Rue Saint-) *Commence* rue Bailly, et *finit* rue Royale. Les numéros sont *noirs* ; le dernier impair est 3, et le dernier pair 4. — 6° Arrondissement.

C'est une des rues bâties en 1765 sur une partie du territoire de l'abbaye Saint-Martin ; on lui donna le nom de ce saint, particulièrement honoré dans l'église de cette abbaye.

PICPUS (Les Religieux de) du tiers ordre de saint François, rue de Picpus, n° 15.

Ils s'établirent rue de *Picpus* en 1600 ; on commença à construire leur église en 1611 ; ils furent supprimés en 1790. C'est actuellement une propriété particulière où il y a une pension de demoiselles.

PICPUS. (Rue de) *Commence* rue du Faubourg-Saint-Antoine, et *finit* barrière de Picpus. Les numéros sont *noirs* ; le dernier impair est 51, et le dernier pair 78. — 8° Arrondissement.

En 1478 il est question, à l'article Confiscations de la Chambre des Comptes, d'une vigne au terroir de *Piquepuce* ; en 1540 on trouve indiquée la *ruelle de Picquepusse* ; on lit dans divers actes *Picpus, Piquepus, Picpuce, Picpusse.* Vers l'an 1600 les pénitens réformés du tiers ordre de saint François s'établirent au village et dans la rue de *Picpus,* ce qui les fit nommer religieux de *Picpus.*

PICPUS, (Barrière de) au bout de la rue de Picpus. — 8° Arrondissement.

Cette barrière, qui tient son nom de la rue de *Picpus,* est décorée d'un bâtiment avec quatre péristyles et attique. *Voyez* l'article précédent.

PICPUS. (Chemin de ronde de la barrière de) De la barrière de Picpus à celle de Saint-Mandé.

PIE. (Vallée de) *Voyez* quai de la Mégisserie.

PIED-DE-BICHE. (Rue) *Voyez* rue Servandoni.

PIED-DE-BŒUF. (Rue du) *Commence* rue de la Tuerie, qui est fermée, et *finit* rue de la Joaillerie et place du Châtelet. Pas de numéros. — 7° Arrondissement.

Il est déjà fait mention en 1437 de cette rue, qui tient son nom de l'enseigne du *Pied de Bœuf;* elle est fermée des deux bouts depuis quelques années.

PIERRE-DE-CHAILLOT, (Eglise Saint-) rue de Chaillot, entre les n°ˢ 50 et 52. — 1ᵉʳ Arrondissement.

Cette église, actuellement troisième succursale de la paroisse de la Madeleine, existait déjà en 1097, et dépendait alors du prieuré de Saint-Martin-des-Champs; elle fut reconstruite vers le milieu du siècle dernier, à l'exception du sanctuaire, qui a été bâti environ un siècle auparavant.

PIERRE-GROS-CAILLOU (L'église Saint-) était rue Saint-Dominique-Gros-Caillou, n° 58.

Elle fut bâtie en 1738, agrandie en 1775 pour en faire une paroisse, et démolie au commencement de la révolution : ce n'est plus qu'un terrain occupé par des blanchisseuses et un charron.

PIERRE-MONTMARTRE. (Rue Saint-) *Commence* rue Montmartre, et *finit* rue Notre-Dame-des-Victoires. Les numéros sont *rouges;* le dernier impair est 19, et le dernier pair 16. — 3ᵉ Arrondissement.

Cette rue, ouverte sur le clos *Gautier* ou des *Masures* et le petit chemin *Herbu,* se nommait en 1603 *Penecher,* et par altération *Peniche* et *Perriche,* du nom de Pierre Penecher, qui y demeurait. Vers l'an 1666 elle prit le nom de *Saint-Pierre,* de l'image de *saint Pierre* qui était l'enseigne d'une maison qui y était située.

PIERRE-PONT-AUX-CHOUX. (Rue Saint-) *Commence* rue Saint-Sébastien et boulevart Saint-Antoine, et *finit* rue de Menilmontant et boulevart des Filles-du-Calvaire. Les numéros sont *noirs;* pas de numéros impairs; le dernier pair est 24. — 8ᵉ Arrondissement.

Cette rue, ou plutôt ce côté de rue (le boulevart forme l'autre côté), était une partie du chemin qui régnait le long du fossé nommé chemin de la *Contrescarpe.* On ignore pourquoi on lui a donné, vers l'an 1770, le nom de *Saint-Pierre. Voyez* aussi rue de la Contrescarpe.

PIERRE. (Rues Saint-) *Voyez* rue Basse-Saint-Pierre, cul-de-sac Férou et rue des Saints-Pères.

PIERRE. (Petite rue Saint-) *Commence* rue du Chemin-Vert, et *finit* rue Amelot. Les numéros sont *noirs;* le dernier impair est 23, et le dernier pair 28. — 8ᵉ Arrondissement.

Elle se nommait auparavant *Saint-Sabin;* c'est depuis peu

24

d'années qu'elle a pris le nom de *petite rue Saint-Pierre*, afin qu'on la distinguât de la rue *Saint-Pierre* sa voisine.

PIERRE. (Rue Basse-Saint-) *Commence* quai Billy, et *finit* rue de Chaillot. Les numéros sont *noirs*; le dernier impair est 23, et le dernier pair 18. — 1er Arrondissement.

Ainsi nommée à cause de l'église *Saint-Pierre* de Chaillot, et parce qu'elle est située dans la partie la plus *basse* du village de Chaillot; elle a porté auparavant les noms de *Basse-de-Chaillot* et de *Saint-Pierre*.

PIERRE. (Rue Neuve-Saint-) *Commence* rue Neuve-Saint-Gilles, et *finit* rue des Douze-Portes. Les numéros sont *noirs*; le dernier impair est 3, et le dernier pair 10. — 8e Arrondissement.

Cette rue, ouverte vers l'an 1640, fut d'abord nommée *Neuve*, ensuite *Neuve-Saint-Pierre*; peu de temps après *Neuve-des-Minimes*; enfin elle reprit son nom de *Neuve-Saint-Pierre* en 1656, à cause de la statue de *saint Pierre* qu'on y avait placée. Elle se prolongeait en 1640 jusqu'à la rue Saint-Claude.

PIERRE. (Rue du Port-à-Maître-) *Voyez* rue du Carneau.

PIERRE-MONTMARTRE. (Cul-de-sac Saint-) De la rue Montmartre à l'hôtel des Messageries impériales. Les numéros sont *noirs*, et devraient être *rouges*; le dernier impair est 3, et le dernier pair 6. — 3e Arrondissement.

Même étymologie que la rue *Saint-Pierre*, située près de ce cul-de-sac. Il se nommait en 1622 *des Masures*, parce qu'il avait été ouvert sur le clos des *Masures*; ensuite de la rue *Neuve-Montmartre*; en 1663 il est nommé *des Marmousets*; quelques plans l'indiquent sous les noms de *Gourtin* ou *Saint-Pierre-Gourtin*.

PIERRE-AU-MARAIS, (Cul-de-sac Saint-) rue Saint-Pierre-au-Marais. Les numéros sont *rouges*; pas de numéros impairs; le dernier pair est 6. — 8e Arrondissement.

Il tient ce nom de la rue où il est situé.

PIERRE. (Passage Saint-) De la rue de la Tacherie, n° 7, à celle des Arcis, n° 8.

PIERRE. (Passage Saint-) De la rue Saint-Antoine, entre les n°s 162 et 164, à la rue Saint-Paul, n° 34.

Les numéros sont *noirs*; le dernier impair est 15; pas de numéros pairs. — 9ᵉ Arrondissement.

PIERRE-AGIS, PIERRE-ARGILE. (Rue) *Voyez* rue Pierre-Assis.

PIERRE-DES-ARCIS, (Eglise Saint-) rue de la Vieille-Draperie.

Cette église, déjà connue avant l'an 1000, fut érigée en paroisse vers l'an 1130, rebâtie en 1424, décorée d'un nouveau portail en 1702, et démolie vers l'an 1800. On perce maintenant sur cet emplacement une rue qui communiquera au quai Desaix.

PIERRE-DES-ARCIS. (Rue Saint-) *Commence* rues Gervais-Laurent et Sainte-Croix, et *finit* rue de la Vieille-Draperie. Les numéros sont *rouges*; le dernier impair est 5, et le dernier pair 6. — 9ᵉ Arrondissement.

Ce nom lui fut donné parce qu'elle passe près de l'église Saint-Pierre-des-Arcis, maintenant démolie. *Voyez* l'article précédent.

PIERRE-ASSIS. (Rue) *Commence* rue Moufetard, et *finit* rue Saint-Hippolyte. Les numéros sont *noirs*; le dernier impair est 7, et le seul pair 2. — 12ᵉ Arrondissement.

Les anciens plans désignent cette rue sous les noms de *Quirassis, Quiracie, Qui-Rassis,* et ceux du dix-huitième siècle sous ceux de *Pierre-Agis, Pierre-Argile,* enfin sous celui de *Pierre-Assis,* qui a prévalu. On ne voit pas comment elle pourrait devoir ce nom à l'enseigne d'une *chaire* de *saint Pierre.*

PIERRE-AUX-BOEUFS, (Eglise Saint-) rue Saint-Pierre-aux-Bœufs, nᵒ 7.

On ignore l'époque de sa fondation et la véritable étymologie de ce surnom. Elle devint paroisse au commencement du douzième siècle. Elle appartient à présent à un tonnelier, qui en a fait son magasin.

PIERRE-AUX-BOEUFS. (Rue Saint-) *Commence* rue des Marmousets-Cité, et *finit* rues Saint-Christophe et du Cloître-Notre-Dame. Les numéros sont *noirs*; le dernier impair est 9, et le dernier pair 12. — 9ᵉ Arrondissement.

Cette rue, ainsi nommée dès l'an 1206, tient son nom de l'église dont il est fait mention à l'article précédent. Guillot, vers l'an 1300, la nomme *Saint-Pere-à-Beus*; en 1313 on écrivait *Saint-Pere-aux-Bœufs*.

PIERRE-AU-LARD. (Rue) *Commence* rue Neuve-Saint-Merri, et *finit* rue du Poirier. Les numéros sont *noirs*; le dernier impair est 15, et le dernier pair 12. — 7ᵉ Arrondissement.

En 1273 c'était la rue *Pierre-Oilard*, et le retour d'équerre du côté de la rue Saint-Merri était la rue *Aufroy-des-Grès*; vers l'an 1300 Guillot la nomme *Pierre-Olard*; en 1303 et 1313 elle portait le nom de *Pierre-Allard*; au quatorzième siècle le retour d'équerre du côté de la rue Neuve-Saint-Merri était la rue *Espaulard*; sur le plan de Dheullant elle est écrite *Pierre-au-Rat*: ce n'est que vers l'an 1500 que les deux retours d'équerre portèrent le même nom. Corrozet l'appelle *Pierre-au-Lait*. Nous ignorons l'étymologie de cette dénomination.

PIERRE-O-LET. (Rue) *Voyez* rue des Ecrivains.

PIERRE-OILARD, PIERRE-ALLARD, PIERRE-AU-LAIT, PIERRE-AU-RAT. (Rue) *Voyez* rue Pierre-au-Lard.

PIERRE-LEVÉE (La rue) *commençait* rue des Trois-Bornes, et *finissait* rue Fontaine.

Cette rue n'existe plus; elle a été bouchée de chaque côté avant qu'on y eût bâti.

PIERRE-A-POISSON. (Rue) *Commence* rue de la Saunerie, et *finit* rue Saint-Denis et place du Châtelet. Les numéros sont *noirs*; pas de numéros impairs; le dernier pair est 16. — 4ᵉ Arrondissement.

Cette rue doit son nom à de longues *pierres* sur lesquelles on étalait et vendait du poisson. Il paraît que ce marché au *poisson* commença en 1182, époque où Philippe-Auguste permit aux bouchers de la grande boucherie de faire le commerce du *poisson* d'eau douce. Guillot en 1300 la nomme rue *o Poisson*. On trouve aussi cette rue sous les noms de *petite Saunerie*, à cause de la maison de *marchandise de sel* qui était située tout près, et sous celui de la *Larderie* et de la *Poulaillerie*, parce qu'elle était près du marché à la Volaille.

PIERRET. (Rue) *Voyez* rue Pirouette.

PIGALLE. (Rue) *Commence* rue Blanche, et *finit* barrière Montmartre. Les numéros sont *noirs*; le dernier impair est 21, et le dernier pair 34. — 2ᵉ Arrondissement.

On a donné en 1792 le nom de *Pigalle* à cette rue en mémoire du célèbre sculpteur J.-B. *Pigalle*, qui y demeurait: il était né à Paris en 1714; il mourut dans la même ville en 1785. En 1780 ce n'était encore qu'un chemin sous le nom de rue *Royale*.

PILIERS DES HALLES. (Grands et Petits) *Voyez* rues de la Tonnellerie et des Piliers-Potiers-d'Etain.

PILIERS-POTIERS-D'ÉTAIN. (Rue des) *Commence* rue de la Cossonnerie, et *finit* rue Pirouette. Les numéros sont *noirs*; pas de numéros impairs (c'est le côté du Carreau de la Halle); le dernier pair est 38. — 4° Arrondissement.

Ce nom lui vient des *potiers d'étain* qui s'étaient établis sous les *piliers* de cette rue; on la désignait en général sous les noms de *Petits-Piliers*, *Piliers-des-Halles*.

PILORI. (Rue du) *Voyez* rue Bussi.

PILORI-AU-PRÉ-AUX-CLERCS. (Rue qui tend du) *Voyez* rue de Seine-Saint-Germain.

PILORIS.

Il y en avait un au milieu du Carreau de la Halle, en face de la rue de la Réale; il en est déjà fait mention au douzième siècle. Un autre *pilori* était anciennement situé au bout de la rue Bussi, à la place Sainte-Marguerite.

PINCOURT et du **BAS-PINCOURT.** (Rue du) *Voy.* rue de Popincourt.

PINON. (Rue) *Commence* rue Grange-Batelière, et *finit* rue Cérutti. Les numéros sont *rouges*; le dernier impair est 9, et le dernier pair 14. — 2° Arrondissement.

Elle porte le nom du président au parlement *Pinon* père, qui demeurait à l'hôtel Grange-Batelière en 1780, lorsque l'on ouvrit cette rue. Au n° 2 est l'hôtel Grange-Batelière.

PINTE. (Chemin de la Grande-) *Voyez* rue du Mont-Blanc.

PIQUEPUS, PIQUEPUCE, PIQUEPUSSE. (Rue) *Voyez* rue de Picpus.

PIROUETTE. (Rue) *Commence* rues de la Tonnellerie et des Piliers-Potiers-d'Etain, et *finit* rue Mondétour. Les numéros sont *noirs*; le dernier impair est 15, et le dernier pair 10. — Les numéros impairs sont du 5° Arrondissement, et les pairs du 4°.

Cette rue, dont on ignore l'étymologie, devrait se nommer *Pi-*

rouette en Therouenne, parce qu'elle est située dans le ci-devant fief de *Therouenne*. Guillot vers l'an 1300 n'en parle pas. On lui a donné en divers temps les noms de *Therouenne* et de *Pirouette*, en les altérant, car on la trouve nommée tantôt *Pirouet*, *Pierret*, *Petonnet*, *Perronnet*, et tantôt *Tirouane*, *Tironne*, *Tironnet*, *Teronne*, etc.

PISTOLET. (Rue du) *Voyez* rue Gérard-Beauquet.

PISTOLETS. (Rue des Trois-) *Commence* rue du Petit-Musc, et *finit* rues Gérard-Beauquet et Beautreillis. Les numéros sont *rouges*; le dernier impair est 3, et le seul pair 2. — 9ᵉ Arrondissement.

Ce nom lui vient d'une enseigne des *trois Pistolets*.

PITIÉ, (Hospice de la) rue Copeau, n° 1, au coin de la rue Saint-Victor. — 12ᵉ Arrondissement.

Cet établissement, fondé en 1612, a porté depuis une vingtaine d'années les noms d'*Hospice des Orphelins* et d'*Hospice des Elèves de la Patrie*; il est maintenant un anexe de l'Hôtel-Dieu.

PITIÉ, (Carrefour de la) place formée en face de l'Hospice de la Pitié, à la réunion des rues Copeau, Saint-Victor, de Seine et du Jardin-des-Plantes. — 12ᵉ Arrondissement.

PLACES DIVERSES. *Voyez* leurs noms particuliers.

PLACIDE. (Rue Saint-) *Commence* rue de Sèvres, et *finit* rue des Vieilles-Tuileries. Les numéros sont *noirs*; le dernier impair est 29, et le dernier pair 24. — 10ᵉ Arrondissement.

Rue percée en 1644, sur le territoire de l'abbaye Saint-Germain, et à laquelle on donna le nom de *saint Placide*, religieux célèbre dans l'ordre de saint Benoît, qui est celui des religieux de l'abbaye Saint-Germain.

PLAIES-DE-NOTRE-SEIGNEUR. (Chapelle des Cinq-)

C'est le nom de l'une des chapelles qui existaient sur l'emplacement où l'église Saint-Roch a été construite.

PLANCHE. (Rue de la) *Commence* rue de la Chaise, et *finit* rue du Bac. Les numéros sont *rouges*; le dernier impair est 27, et le dernier pair 28. — 10ᵉ Arrondissement.

Ce nom lui vient de Raphaël *de La Planche*, trésorier général des bâtimens du roi, qui établit en 1607 une manufacture de tapisseries de haute-lice en or, argent et soie, rue de Varennes, au coin de la rue de la Chaise. Cette portion de la rue de Varennes, jusqu'à la rue du Bac, commença vers l'an 1640 à prendre le nom de *de la Planche*. Au n° 11 est l'hôtel Novion, appartenant à présent à M. Rolin; au n° 21 l'hôtel Narbonne; au n° 23 celui de Châtillon, maintenant à M. de Narbonne, et au n° 25 le petit hôtel Narbonne.

PLANCHE-MIBRAY. (Rue) *Commence* quais Pelletier et de Gèvres, et *finit* rues Saint-Jacques-la-Boucherie et de la Vannerie. Les numéros sont *noirs*; le dernier impair est 21, et le dernier pair 18. — 7ᵉ Arrondissement.

En 1032 et 1137 il est question d'un moulin *en Mibray* (*in Malbrais*); en 1300 Guillot nomme le carrefour de *Mibray*; en 1313 on disait les *Planches de Mibray*, et en 1319 les *Planches dou petit Mibray*. Avant l'exhaussement du terrain de l'un et de l'autre côté du pont Notre-Dame il existait des *planches* pour passer sur le *bray*, qui signifie en vieux langage *fange, boue, terre grasse*: il y avait pareilles *planches* à l'autre bout du pont Notre-Dame, puisqu'en 1457 la rue de la Lanterne se nommait la *Planche Saint-Denis de la Chartre*, ainsi qu'au bout de la rue de la Tannerie, qui descendait alors jusqu'à la rivière, car cette rue était nommée en 1348, selon Sauval, la *Planche aux Teinturiers*.

PLANCHE-MIBRAY. (Pont de la) *Voyez* pont Notre-Dame.

PLANCHEPAIN. (Rue) *Voyez* rue Taillepain.

PLANCHETTE. (Rue de la) *Commence* rue des Terres-Fortes, et *finit* rue de Charenton. Les numéros sont *noirs*; le dernier impair est 9, et le seul pair 2. — 8ᵉ Arrondissement.

Elle fut ouverte vers l'an 1650, sur des chantiers de bois flotté. Nous ignorons à quelle occasion elle prit le nom de *Planchette*.

PLANCHETTE (La rue de la) était située au seizième siècle près de la rue Moufetard.

PLANCHETTE. (Rue de la) *Voyez* rue de Charenton.

PLANCHETTE. (Ruelle de la) *Commence* chemin de ronde de la barrière de Bercy, et *finit* rue de Charenton. Les numéros sont *noirs*; le dernier impair est 3; pas de numéros pairs. — 8ᵉ Arrondissement.

Elle est ainsi nommée depuis quelques années parce qu'elle

aboutit à la rue de Charenton, qui en cet endroit se nommait autrefois *de la Planchette.*

PLANCHETTE, (Cul-de-sac de la) rue Saint-Martin, entre les n°s 254 et 256. Les numéros sont *noirs;* le dernier impair est 3, et le seul pair 2. — 6° Arrondissement.

Ce cul-de-sac était le commencement d'une rue à laquelle on renonça en ouvrant la rue Meslay. Le nom de *Planchette* lui vient-il de l'enseigne de la *Planchette* dont il est fait mention en 1614, ou d'une *planchette* ou petit pont pour faciliter le passage de l'égout qui était à découvert en cet endroit?

PLANTES. (Jardin des) *Voyez* Muséum d'Histoire naturelle.

PLANTES. (Rue du Jardin-des-) *Commence* rues Fer-à-Moulin et Poliveau, et *finit* rues de Seine et Copeau. Les numéros sont *rouges;* le dernier impair est 29, et le dernier pair 26. — 12° Arrondissement.

Son premier nom fut *Coipeaux* ou *Copeau,* parce qu'elle conduisait au moulin, à la butte et au territoire de *Coupeaux.* Au milieu du dix-septième siècle elle prit le nom du *Jardin-du-Roi,* parce qu'elle longe le *jardin du Roi,* que l'on appelle depuis 1792 le *jardin des Plantes :* à cette époque elle se nomma du *Jardin-des-Plantes.* (*Voyez* Muséum d'Histoire Naturelle.) Près les n°s 1 et 2 est la fontaine d'Austerlitz, alimentée par la pompe Notre-Dame; au n° 4 la caserne dite du Jardin-des-Plantes, et au n° 18 l'hôtel Vauvray.

PLASTAYE. (Rue de la) *Voyez* rue de la Corroierie.

PLAT-D'ÉTAIN. (Rue du) *Commence* rue des Lavandières-Sainte-Opportune, et *finit* rue des Déchargeurs. Les numéros sont *rouges;* le dernier impair est 7, et le dernier pair 8. — 4° Arrondissement.

Vers l'an 1300 Guillot la nomme *Raoul-Lavenier.* L'enseigne du *Plat d'Etain,* dont il est fait mention en 1489, lui a donné le nom qu'elle porte.

PLATRE-SAINT-JACQUES. (Rue du) *Commence* rue des Anglais, et *finit* rue Saint-Jacques. Les numéros sont *rouges;* le dernier impair est 27, et le dernier pair 28. — 12° Arrondissement.

Cette rue contenait au commencement du treizième siècle une *plâtrière,* et était habitée par plusieurs *plâtriers ;* de là les noms qu'on lui donne en 1247, 1250, 1254 et 1300, des *Plâ-*

triers, de *Rodolphe-le-Plâtrier*, de la *Plâtrière*, à *Plâtriers*, enfin, au quinzième siècle, celui du *Plâtre*, qu'elle a toujours retenu depuis.

PLATRE-AU-MARAIS. (Rue du) *Commence* rue de l'Homme-Armé, et *finit* rue Sainte-Avoie. Les numéros sont *rouges* ; le dernier impair est 15, et le dernier pair 18. — 7ᵉ Arrondissement.

En 1240 elle se nommait *Jehan-Saint-Pol* ; en 1280 *au Plâtre*, et depuis *Plâtrerie* et du *Plâtre*.

PLATRE. (Rue du Port-au-) *Voyez* rue des Charbonniers.

PLATRIÈRE, DE LA PLATRIÈRE. (Rue) *Voyez* rue Jean-Jacques-Rousseau.

PLATRIÈRE. (Rue de la) *Voyez* rue de la Corroierie.

PLATRIÈRE et DE LA VIEILLE-PLATRIÈRE. (Rue de la) *Voyez* rue du Battoir-Saint-André.

PLATRIÈRE, DE LA PLATRIÈRE, DES PLATRIERS, A PLASTRIERS. (Rue) *Voyez* rue du Plâtre-Saint-Jacques.

PLESSIS-SORBONNE, (Collége du) rue Saint-Jacques, n° 115.

Il fut fondé vers l'an 1316, par Geoffroi *du Plessis*, secrétaire de Philippe-le-Long. La chapelle fut rebâtie en 1661. Ayant été réuni en 1647 à la Sorbonne, il prit alors le nom de *Plessis-Sorbonne*. Il est maintenant occupé par l'école Normale.

PLESSIS. (Rue du) *Voyez* rue de Varennes.

PLUME. (Rue de la) *Voyez* rue Traverse.

PLUMET. (Rue) *Commence* cul-de-sac Plumet, et *finit* boulevart des Invalides. Les numéros sont *noirs* ; le dernier impair est 29, et le dernier pair 18. — 10ᵉ Arrondissement.

Le chemin sur lequel cette rue a été alignée se nommait *Blomet*, qu'on a changé en *Plumet* au commencement du siècle dernier. Au n° 6 est la caserne *Plumet* ; au n° 29 l'hôtel Montmorin, actuellement au général comte Rapp, et au n° 18 l'hôtel du sénateur comte Abrial.

PLUMET. (Rue Neuve-) *Commence* boulevart des Invalides, et *finit* avenue Breteuil. Les numéros sont *noirs* ; le seul impair est 1, et le dernier pair 12. — 10ᵉ Arrondissement.

Cette rue, percée depuis peu d'années, est ainsi nommée parce qu'elle prolonge la rue *Plumet*. *Voyez* l'article précédent.

PLUMET, (Cul-de-sac) en face de la rue Plumet, rue des Brodeurs. Les numéros sont *noirs*; le dernier impair est 3, et le seul pair 2 (ce sont les premiers numéros de la rue Plumet). — 10ᵉ Arrondissement.

Il tient son nom de la rue *Plumet*, dont il fait la prolongation.

PLUMETS. (Rue des) *Commence* quai de la Grève, et *finit* rue de la Mortellerie. Pas de numéros. — 9ᵉ Arrondissement.

Cette ruelle, formée par les gros-murs des maisons voisines, est peut-être celle que Corrozet nomme *petit port Saint-Gervais*. Nous ignorons l'étymologie du mot *Plumets*.

POCHET. (Rue) *Voyez* rue des Brodeurs.

Pochet était échevin en 1779.

POILEC.. (Rue) *Voyez* rue du Pélican.

POIRÉE ou PORÉE. (Rue Bertin-) *Voyez* rue Bertin-Poirée.

POIRÉE ou PORÉE. (Rue Guillaume-) *Voyez* rue des Deux-Boules.

POIRÉES. (Rue des) *Commence* rue Saint-Jacques, et *finit* rue Neuve-des-Poirées. Les numéros sont *rouges*; le dernier impair est 3, et le dernier pair 6. — 11ᵉ Arrondissement.

En 1236 on la nommait *Thomas-d'Argenteuil*, en 1254 *Guillaume-d'Argenteuil*, en 1264 celui *aux Poirées*; c'est sans doute celle que Guillot écrit, vers l'an 1300, *o Porrel*, qui, par la faute du copiste, se lit *o Ponel*. Elle s'étendait autrefois jusqu'à celle des *Maçons*, avant que l'on eût bâti la Sorbonne.

POIRÉES. (Rue Neuve-des) *Commence* rue des Cordiers, et *finit* rue des Poirées. Les numéros sont *noirs*; un seul impair qui est 1, et un seul pair 2. — 11ᵉ Arrondissement.

Même étymologie que la rue des *Poirées*, à laquelle elle aboutit.

POIRÉES. (Rue du Marché-aux- et marché aux) *Commence* place du Marché-des-Innocens et rue de la Cordonnerie, et *finit* rue de la Cossonnerie. Les numéros sont *noirs*; le dernier impair est 27, et le dernier pair 28. — 4ᵉ Arrondissement.

Ainsi nommée parce que le marché aux *Poirées* s'y tient.

POIRIER. (Rue du) *Commence* rue Neuve-Saint-Merri, et *finit* rues Maubuée et Simon-le-Franc. Les numéros sont *noirs*; le dernier impair est 19, et le dernier pair 18. — 7° Arrondissement.

En 1273, 1300, 1302, 1308, c'était la *petite Bouclerie*; elle se nomma depuis de la *Baudroierie et Baudrerie*; elle porta longtemps ce nom, conjointement avec celui du *Poirier*, qu'elle doit à une enseigne.

POISSON. (La halle au) sur le Carreau de la Halle.

POISSON. (Rue au) *Voyez* rue Pierre-à-Poisson.

POISSON ET LA POISSONNERIE. (La place au) *Voyez* rue du Carneau.

POISSONNERIE. (Rue de la) *Voyez* rue Poissonnière.

POISSONNERIE. (Rue de la Petite-) *Voyez* rue de la Saunerie.

POISSONNERIE. (Cul-de-sac de la) rue Jarente, entre les n°° 4 et 6. Pas de numéros. — 8° Arrondissement.

Bâti vers l'an 1788, en même temps que le marché Sainte-Catherine; il doit son nom aux marchands qui vendent du poisson dans ce marché.

POISSONNIÈRE. (Rue) *Commence* rue Cléry, et *finit* boulevarts Poissonnière et de Bonne-Nouvelle. Les numéros sont *noirs*; le dernier impair est 37, et le dernier pair 46. — Les numéros impairs sont du 3° Arrondissement, et les pairs du 5°.

En 1290 ce n'était qu'un chemin, nommé le *Val-des-Larrons*. Le terrain sur lequel on a bâti cette rue a porté anciennement le nom de *clos aux Halliers, masures Saint-Magloire, champ aux Femmes*; toute cette rue, qui n'était alors qu'un chemin, était hors de l'enceinte de Paris achevée en 1383; une grande partie de cette rue fut construite vers l'an 1633, lorsque l'on commença une nouvelle clôture qui l'enferma dans Paris. Elle a été successivement nommée chemin des *Poissonniers*, rue des *Poissonniers* et des *Poissonnières*, de la *Poissonnerie*, *Montorgueil* côté de la *Poissonnerie*, parce que les voitures de marée arrivaient de ce côté pour se rendre à la halle.

POISSONNIÈRE. (Petite rue) *Voyez* rue Notre-Dame-de-Recouvrance.

POISSONNIÈRE. (Boulevart) *Commence* rues Poissonnière et du Faubourg-Poissonnière, et *finit* rues Montmartre et du Faubourg-Montmartre. Les numéros sont *rouges;* le dernier impair est 31, et le dernier pair 22. — Les numéros impairs sont du 3ᵉ Arrondissement, et les pairs du 2ᵉ.

Même étymologie que la rue Poissonnière. Au nᵒ 22 est l'hôtel Saint-Phar, présentement à M. Ragouleau, et au nᵒ 23 est l'hôtel Montholon, appartenant à M. Delagrange.

POISSONNIÈRE. (Rue du Faubourg-) *Commence* boulevarts Poissonnière et de Bonne-Nouvelle, et *finit* barrière Poissonnière. Les numéros sont *noirs;* le dernier impair est 105, et le dernier pair 126. — Les numéros impairs sont du 2ᵉ Arrondissement, et les pairs du 3ᵉ.

Son premier nom est *chaussée de la Nouvelle-France,* parce qu'une grande partie du faubourg Poissonnière se nommait alors la *Nouvelle-France;* elle porta ensuite celui de *Sainte-Anne,* à cause d'une chapelle *Sainte-Anne* qu'on y avait construite en 1655; elle prit ensuite celui de *Faubourg-Poissonnière,* parce qu'elle prolonge la rue de ce nom et qu'elle traverse le *faubourg Poissonnière. Voyez* pour l'étymologie la rue Poissonnière. Au nᵒ 30 est la maison Cheret; au nᵒ 58 l'hôtel Titon, maintenant à M. Bidermann, négociant, et au nᵒ 76 la caserne dite de la Nouvelle-France, bâtie par le corps du génie militaire.

POISSONNIÈRE. (Barrière) — La moitié à l'ouest est du 2ᵉ Arrondissement, et l'autre moitié à l'est du 3ᵉ.

Pour l'étymologie *voyez* rue Poissonnière. Aucun monument d'architecture ne décore cette barrière.

POISSONNIÈRE. (Chemin de ronde de la barrière) De la barrière Poissonnière à celle Rochechouart. — 2ᵉ Arrondissement.

POISSONNIÈRES, POISSONNIERS. (Rue et chemin des) *Voyez* rue Poissonnière.

POISSONS. (Rue des Trois-) *Voyez* rue de la Levrette.

POISSONS (La ruelle des Trois-) aboutissait rue Saint-Germain-l'Auxerrois, en face de la rue de la Saunerie.

Cette ruelle, qui existait encore vers l'an 1770, puisqu'elle se trouve sur le plan de Jaillot, est vraisemblablement celle qui, en 1336, se nommait *Deniau-le-Breton*; aboutissant à la place du Chevalier-du-Guet.

POISSY. (Rue de) *Commence* quai de la Tournelle, et *finit* rue Saint-Victor. Les numéros sont *noirs*; le dernier impair est 5, et le dernier pair 8. — 12ᵉ Arrondissement.

Cette rue, percée en 1774, est ainsi nommée depuis quelques années à cause de sa proximité de la halle aux Veaux, dont les achats se font principalement à *Poissy*. On l'appela d'abord *Montigny*, à cause de M. *Montigny*, trésorier de France, chargé de donner l'alignement des rues environnant la halle aux Veaux, qui venait de s'ouvrir.

POITEVINS. (Rue des) *Commence* rue Hautefeuille, et *finit* rue du Battoir-Saint-André. Les numéros sont *rouges*; le dernier impair est 13, et le dernier pair 14. — 11ᵉ Arrondissement.

Cette rue, dont on ignore l'étymologie, se nommait en 1253 *Gui-le-Queux*; ensuite *Gui-le-Queux* dite *des Poitevins*; en 1288 *des Poitevins*; en 1300 Guillot l'appelle *à Poitevins*, et, selon Sauval, rue *Ginard-aux-Poitevins*; en 1356 *Gérard-aux-Poitevins* et *Guiard-aux-Poitevins*; on la trouve sur quelques plans modernes désignée sous le nom de *Poitevine*. Le retour d'équerre qui aboutit à la rue du Battoir portait au commencement du quinzième siècle le nom de rue du *Pet*, en 1560 celui du *Petit-Pet*, et en 1636 celui du *Gros-Pet*.

POITEVINS. (Rue Gérard), Ginard ou Guiard-aux-) *Voyez* rue des Poitevins.

POITIERS. (Rue de) *Commence* quai Bonaparte, et *finit* rue de l'Université. Les numéros sont *noirs*; le dernier impair est 9, et le dernier pair 10. — 10ᵉ Arrondissement.

On donna d'abord le nom de *Pottier* à cette rue, ouverte au dix-septième siècle; nous en ignorons l'étymologie.

POITOU. (Rue de) *Commence* rue Vieille-du-Temple, et *finit* rues d'Orléans et de Berry-au-Marais. Les numéros sont *rouges*; le dernier impair est 13, et le dernier pair 38. — 7ᵉ Arrondissement.

Cette rue, ouverte vers l'an 1626, et qui se prolongeait alors jusqu'au rempart de la ville, porte le nom d'une ancienne province de France. *Voyez* rue d'Anjou-au-Marais.

POITOU. (Rue de) *Voyez* rue de l'Oseille.

POLICE, (Hôtel de la Préfecture de) rue de Jérusalem, n° 7.

Avant l'année 1792 c'était l'hôtel du premier président du parlement de Paris.

POLIVEAU. (Rue) *Commence* quai de l'Hôpital, et *finit* rues des Fossés-Saint-Marcel et du Jardin-des-Plantes. Les numéros sont *noirs*; le dernier impair est 31, et le dernier pair 28. — 12° Arrondissement.

Son premier nom fut de la *Cendrée*, sans doute à cause du *locus Cinerum* (*le lieu des Cendres*), qui était le nom d'un terrain de ce quartier; elle prit ensuite le nom de *Pont-Livaut*, *Pouliveau*, *Poliveau*, d'un *pont* sur un des bras de la Bièvre qui traversait cette rue; ce pont en 1380 est nommé *poncel de la Saussaye*. En 1646 on la trouve sous le nom des *carrières dites de la Cendrée*; jusqu'à la fin du siècle dernier elle portait concurremment les noms de *Poliveau* et des *Saussaies*; cette dernière dénomination lui venait sans doute des *saules* qui bordaient la Bièvre.

POLOGNE. (Rue de la) *Voyez* rue de l'Arcade.

POLOGNE, (Carrefour de la) place formée au point de réunion des rues de l'Arcade Saint-Lazare, de la Pépinière, du Rocher et du cul-de-sac d'Argenteuil.

C'était, il y a une quarantaine d'années, une grande place nommée *la Pologne*, entourée de guinguettes, hors de Paris.

POLYTECHNIQUE, (Ecole impériale) rue de la Montagne-Sainte-Geneviève, n° 55. — 12° Arrondissement.

Avant la révolution c'était le collége de Navarre, ainsi nommé parce qu'il fut fondé en 1304, en vertu du testament de Jeanne de Navarre, reine de France, épouse de Philippe-le-Bel; il fut rebâti sous le règne de Louis XI, et augmenté, restauré et embelli depuis quelques années.

Le nombre des élèves est d'environ trois cent trente, et les places vacantes ne sont données qu'au concours. Cette école est destinée à former des élèves pour les écoles d'application des divers services publics, tels que l'artillerie, le génie, les ponts et chaussées, etc.

POMME et DE LA POMME-ROUGE. (Rue de la) *Voyez* rue des Trois-Canettes.

POMMES DE TERRE, (Marché aux) près de la halle aux Draps, entre les rues de la Grande et de la Petite-Friperie. — 4° Arrondissement.

Cet emplacement, qui se nommait auparavant *place du Légat*, est depuis quelques années destiné à la vente des pommes de terre. Ce marché est couvert et spacieux.

POMPADOUR. (Collége) *Voyez* collége Chanac.

POMPE. (Rue de la) *Commence* quai des Invalides, et *finit* rues du Pont-de-la-Triperie et de l'Université. Les numéros sont *rouges;* le dernier impair est 35, et le seul pair 2. — 10ᵉ Arrondissement.

Ainsi nommé parce qu'une *pompe* à feu est établie sur le bord de la rivière, en face de cette rue.

POMPE, (Cul-de-sac de la) rue de Bondy, entre les n°. 60 et 62. Les numéros sont *noirs;* le dernier impair est 13, et le dernier pair 22. — 5ᵉ Arrondissement.

Une *pompe* publique, qui existait autrefois dans ce cul-de-sac, est la cause de cette dénomination.

POMPE-A-FEU. (Passage de la) Du quai Billy, n° 4, à la rue de Chaillot, n° 28. — 1ᵉʳ Arrondissement.

Ainsi nommé à cause d'une *pompe* à feu qui est établie près de ce passage.

POMPES A FEU destinées à fournir de l'eau dans divers quartiers de Paris.

La première est sur la rive droite de la Seine, au quai Billy, n° 4; elle est de l'invention de MM. Perier frères.

La deuxième est sur la rive gauche de la Seine, au quai des Invalides, au bout de la rue dite de la Pompe.

PONCEAU. (Rue du) *Commence* rue Saint-Martin, et *finit* rue Saint-Denis. Les numéros sont *rouges;* le dernier impair est 51, et le dernier pair 50. — 6ᵉ Arrondissement.

Ce nom lui vient d'un petit pont (*poncel* ou *ponceau*) qui existait sur un égout qui fut couvert en 1605, près la rue Saint-Denis. Elle a porté le nom de l'*Egout,* des *Egouts-du-Ponceau,* enfin *du Ponceau;* il est question, dès l'an 1331, de maisons bâties sur le *poncel.* Dans l'angle où était l'égout l'on a bâti depuis deux ans une jolie fontaine.

PONCEAU. (Rue du) *Voyez* rue de Seine-Saint-Victor.

PONEL, ou plutôt POBREL. (Rue au) *Voy.* rue des Poirées.

PONT. (Rue du) *Voyez* rue de Beaune.

PONT, (Rue de la Tournée-du-) *Voy.* place du Châtelet.

PONTS DIVERS. *Voyez* leurs noms particuliers.

PONTS. (Rue des Deux-) *Commence* quais d'Anjou

et d'Alençon, et *finit* quais de Béthune et d'Orléans.
Les numéros sont *noirs*; le dernier impair est 37, et
le dernier pair 40. — 9° Arrondissement.

Ainsi nommée de sa situation entre les *deux ponts* Marie
et de la Tournelle.

PONTHIEU. (Rue de) *Commence* allée des Veuves, et
finit rue Neuve-de-Berry. Les numéros sont *noirs*; le dernier impair est 3; pas de pairs. — 1er Arrondissement.

Cette rue fut tracée vers l'an 1784. Deux numéros seulement, et tout le reste n'est point encore bâti. On ignore ce
qui a déterminé à donner à cette rue le nom de *Ponthieu*,
ci-devant comté situé dans la Picardie, près de la mer, et
qui s'étendait de la Somme à la Canche.

PONTIS, (Rue au Quens-de-) ou rue au COMTE-DE-PONTHIEU.
Voyez rue Béthizy.

PONT-LIVAUT, POULIVEAU. (Rue) *Voyez* rue Poliveau.

PONTOISE. (Rue de) *Commence* quai de la Tournelle,
et *finit* rue Saint-Victor. Les numéros sont *noirs*; le
dernier impair est 13, et le dernier pair 18. — 12°
Arrondissement.

Rue commencée en 1774, et percée sur une partie du terrain
des ci-devant Bernardins. On lui a donné ce nom depuis quelques
années, à cause de sa proximité de la halle aux Veaux, dont les
plus estimés viennent de *Pontoise* et environs. On lui donna
d'abord le nom de *Sartine*, parce qu'elle fut commencée pendant
que M. de *Sartine* était lieutenant général de police.

PONT-PERRIN. (Rue du) *Voyez* rue Saint-Antoine.

POPÉE, POINPÉE, POMPÉE. (Rue) *Voyez* rue Poupée.

POPIN. (Rue de l'Abreuvoir-) *Voyez* rue de l'Arche-
Marion.

POPINCOURT. (Rue de) *Commence* rue de la Roquette, et *finit* rue de Menilmontant. Les numéros
sont *rouges*; le dernier impair est 75, et le dernier
pair 98. — 8° Arrondissement.

Elle doit son nom à Jean de *Popincourt*, premier président
du parlement de Paris de 1403 à 1413, qui avait une maison de
campagne en cet endroit, qui fut depuis nommé le village de
Popincourt, parce que l'on y bâtit successivement plusieurs
maisons ; ce village fut réuni au faubourg Saint-Antoine vers la
fin du règne de Louis XIII. On le trouve souvent, ainsi que
la rue, sous le nom de *Pincourt*; de la rue Menilmontant à

celle des Amandiers elle se nommait, il y a une quarantaine d'années, du *Bas-Popincourt*. Une des quarante-huit divisions de Paris a pris, au commencement de la révolution, le nom de *Popincourt*. Entre les n°s 49 et 51 est la fontaine dite de *Popincourt*, dont les eaux viennent de la pompe à feu de Chaillot, et au n° 54 est la caserne dite aussi de *Popincourt*.

POPINCOURT. (Le village de) *Voyez* l'article précédent.

POPINCOURT. (Rue du Bas-) *Voyez* rue de Popincourt.

PORCHERONS. (Rue des) *Voyez* rues Saint-Lazare et des Martyrs.

PORCHERONS. (Chemin des) *Voyez* rue du Mont-Blanc.

PORCHERONS, (Carrefour des) place formée à la rencontre des rues du Faubourg-Montmartre, Saint-Lazare, des Martyrs et Coquenard.

Ainsi nommé de l'ancien nom des *Porcherons*, que l'on donnait au faubourg Montmartre, où ce carrefour est situé.

PORÉES. (Rue des) *Voyez* rue du Carneau.

PORTE-DU-CHAUME. (Rue de la) *Voyez* rue du Chaume.

PORTEFOIN. (Rue) *Commence* rues des Enfans-Rouges et du Grand-Chantier, et *finit* rue du Temple. Les numéros sont *rouges*; le dernier impair est 25, et le dernier pair 14. — 7e Arrondissement.

En 1282 cette rue se nommait des *Poulies* ou *Richard-des-Poulies*, de *Richard des Poulies*, qui y fit bâtir des maisons sur un terrain qu'il avait acheté des Templiers. *Jean Portefin* ayant bâti depuis dans cette rue un hôtel dit *Portefin*, on lui en donna le nom, qui par altération fut changé en *Portefoin*. On la trouve dans quelques plans sous le nom des *Enfans-Rouges* et des *Bons-Enfans*, parce que l'hôpital des *Enfans-Rouges* fut bâti dans cette rue vers l'an 1534. Au n° 12 est l'hôtel Turgot.

PORTE-NEUVE., NEUVE-POTERNE et D'OUTRE-LA-PORTE-NEUVE. (Rue) *Voyez* rue du Chaume.

PORTES DIVERSES. *Voyez* leurs noms particuliers.

PORTES. (Rue des) *Voyez* rue de Sorbonne.

PORTES-SAINT-ANDRÉ. (Rue des Deux-) *Commence* rue de la Harpe, et *finit* rue Hautefeuille. Les numéros sont *rouges*; le dernier impair est 7, et le dernier pair 8. — 11e Arrondissement.

Ce nom, qu'elle portait déjà en 1450, lui vient des *deux portes* qui la fermaient anciennement à ses extrémités.

PORTES-SAINT-JEAN. (Rue des Deux-) *Commence* rue de la Tixeranderie, et *finit* rue de la Verrerie. Les numéros sont *noirs*; le dernier impair est 9, et le dernier pair 6. — 7ᵉ Arrondissement.

Tous les écrivains qui en font mention disent qu'elle doit son nom à *deux portes* qui la fermaient à ses extrémités; nous croyons plutôt que ce nom lui vient de ce qu'elle était située entre deux portes de Paris qui faisaient partie de l'enceinte qui a précédé celle de Philippe-Auguste; on la nommait effectivement en 1281 rue *Entre-deux-Portes*; elle a aussi porté le nom de *Galiace* ou des *Deux-Portes*.

PORTES-SAINT-SAUVEUR. (Rue des Deux-) *Commence* rues du Petit-Lion et Pavée, et *finit* rue Thévenot. Les numéros sont *noirs*; le dernier impair est 31, et le dernier pair 36. — 5ᵉ Arrondissement.

Elle a pris ce nom, qu'elle portait déjà en 1289, de *deux portes* qui la fermaient la nuit aux deux extrémités. A la fin du dix-septième siècle on la perça de la rue Saint-Sauveur à la rue Thévenot. La partie qui est située entre la rue Pavée et celle du Renard se nommait anciennement *Grate-C.*. En 1427 on lui donna celui des *Deux-Petites-Portes*.

PORTES. (Rues des Deux-) *Voyez* rues du Cimetière-Saint-André, Neuve-Saint-Denis, de Nevers, des Orfèvres, Percée-Saint-André, des Quatre-Fils et de Sorbonne.

PORTES. (Rue Entre-Deux-) *Voyez* rue des Orfèvres et des Deux-Portes-Saint-Jean.

PORTES. (Rue des Douze-) *Commence* rue Neuve-Saint-Pierre, et *finit* rue Turenne. Les numéros sont *rouges*; le dernier impair est 9, et le dernier pair 8. — 8ᵉ Arrondissement.

Sauval dit qu'elle a pris ce nom parce qu'elle contenait *douze portes*. Elle se nomma aussi *Saint-Nicolas*, de *Nicolas* Lejai, premier président au parlement de Paris de 1640 à 1656, qui y possédait quelques maisons.

PORTES. (Rue des Trois-) *Commence* place Maubert, et *finit* rue des Rats. Les numéros sont *rouges*; le dernier impair est 13, et le dernier pair 16. — 12ᵉ Arrondissement.

Au treizième siècle, en 1300 et 1313, c'était déjà la rue des *Trois-Portes*; en 1380 elle est désignée sous le nom de ruelle *Augustin*, dite des *Trois-Portes*. On croit qu'elle est ainsi nommée parce qu'elle n'avait originairement que *trois portes.*

PORTES. (Rue des Trois-) *Voyez* rue du Haut-Moulin-du-Temple.

PORT-MAHON. (Rue de) *Commence* rues Neuve-Saint-Augustin et de la Michodière, et *finit* rue de la Place-Vendôme. Les numéros sont *noirs*; le dernier impair est 11, et le dernier pair 16. — 2ᵉ Arrondissement.

Cette rue, bâtie vers l'an 1790, fut d'abord nommée *Projetée*, ensuite *de la Fontaine*, sans doute à cause de la *fontaine* qui est au carrefour Gaillon, au coin de cette rue. Depuis quelques années on lui a donné le nom de *Port-Mahon*, parce qu'elle est alignée sur l'emplacement du jardin de l'hôtel du maréchal de *Richelieu*, qui fut vainqueur de *Port-Mahon* dans l'île Minorque, en 1756. Au coin de cette rue et de celle de la Michodière est une fontaine alimentée par la pompe à feu de Chaillot.

PORT-ROYAL. (Abbaye de) *Voyez* hospice de la Maternité.

PORTS DIVERS. *Voyez* leurs noms particuliers.

POSTE. (Rue de la) *Voyez* rue Jean-Jacques-Rousseau.

POSTES, (Hôtel des) rue Jean-Jacques-Rousseau, n° 9. — 3ᵉ Arrondissement.

Au quinzième siècle c'était une grande maison qui avait pour enseigne l'image Saint-Jacques; le duc d'Epernon l'acheta et la fit rebâtir; ensuite d'Hervart, contrôleur général, en devint propriétaire, et la fit aussi reconstruire. Fleuriau d'*Armenonville* et le comte de *Marville*, son fils, en ayant fait l'acquisition, firent élever le bâtiment à peu près comme nous le voyons. Il se nomma hôtel d'*Armenonville* jusqu'en 1757, qu'il fut réparé et distribué convenablement pour y placer les bureaux de l'administration des *Postes*. On creuse maintenant les fondations d'un nouvel *hôtel des Postes* rue de Rivoli, au coin occidental de la rue de Castiglione.

POSTES. (Rue des) *Commence* place de l'Estrapade et rue des Fossés-Saint-Jacques, et *finit* rue de l'Arbalète. Les numéros sont *noirs*; le dernier impair est 45, et le dernier pair 50. — 12ᵉ Arrondissement.

Elle se nommait anciennement des *Poteries*, à cause des *potiers* de terre qui s'y étaient établis, ou bien parce que l'endroit où elle fut bâtie était planté en vignes, et portait le nom de *clos des Poteries*, qu'il devait à l'usage où l'on était de payer au seigneur le tiers *pot*. Il est probable que *Postes* vient de *pots*, par altération. En 1540 elle est désignée sous la dénomination des *Poteries*, et maintenant des *Postes*.

POSTES. (Rue des) *Voyez* cul-de-sac Saint-Louis et rue de la Victoire.

POT-DE-FER-SAINT-MARCEL. (Rue du) *Commence* rue Moufetard, et *finit* rue des Postes. Les numéros sont *noirs*; le dernier impair est 11, et le dernier pair 24. — 12ᵉ Arrondissement.

Cette rue en 1554 se nommait *ruelle des Prêtres*; en 1579 le *chemin au Prêtre*, et en 1588 elle portait le nom de *Pot-de-Fer*, qu'elle tient d'une enseigne et qu'elle n'a plus quitté. En 1603 le terrier de Sainte-Geneviève la désigne sous le nom du *Bon-Puits*, à présent du *Pot-de-Fer*. Autrefois elle ne s'étendait que de la rue Moufetard à celle des Postes; c'était la rue des *Vignes* qui en faisait la prolongation.

POT-DE-FER-SAINT-SULPICE. (Rue du) *Commence* rue du Vieux-Colombier, et *finit* rue de Vaugirard. Les numéros sont *noirs*; le dernier impair est 17, et le dernier pair 22. — 11ᵉ Arrondissement.

Au quinzième siècle on désignait cette rue sous le nom de *ruelle tendant de la rue du Colombier à Vignerei*, qui était un clos enfermé depuis dans le jardin du Luxembourg, et sous le nom général de *ruelle Saint-Sulpice*, comme les autres rues parallèles. En 1523 elle prit celui de *Henri-du-Verger*, du nom d'un particulier dont la maison et le jardin y étaient situés, et depuis ceux des *Jardins-près-Saint-Sulpice*, du *Verger*, des *Jésuites*, à cause de leur noviciat, qui y fut bâti en 1610. C'est sans doute à une enseigne qu'elle doit son nom actuel. Au nᵒ 8 est l'hôtel de M. le comte Cossé de Brissac.

POTERIE-DES-ARCIS. (Rue de la) *Commence* rue de la Tixeranderie, et *finit* rue de la Verrerie. Les numéros sont *noirs*; le dernier impair est 13, et le dernier pair 26. — 7ᵉ Arrondissement.

En 1172 on la trouve déjà sous le nom de *figularia des Potiers*, ce qui annonce qu'elle doit son nom aux *potiers* qui l'habitaient, et non pas à quelqu'un de la famille *Potier*, qui en 1263 y avait sa maison. En 1228 on la nommait *Poteria*.

POTERIE-DES-HALLES. (Rue de la) *Commence* rue de la Lingerie, et *finit* rue de la Tonnellerie. Les numéros sont *rouges*; le dernier impair est 27 *bis*; pas de numéros pairs (c'est la halle aux Draps). — 4° Arrondissement.

Cette rue se nommait anciennement *Neuve-des-Deux-Jeux-de-Paume*, à cause de *deux jeux de paume* sur l'emplacement desquels on l'a bâtie. Les *poteries* qui se vendaient dans cette rue au dix-septième siècle lui ont donné ce nom.

POTERIES et des POTERIES-SAINT-SEVERIN. (Rue des) *Voyez* cul-de-sac des Corderies.

POTERIES et du CLOS-DES-POTERIES. (Rue des) *Voyez* rue des Postes.

POTERIES. (Ruelle des) *Voyez* rue de Paradis-Saint-Jacques.

POTERNE OU FAUSSE-POTERNE. (Ruelle de la) *Voyez* rues Beaubourg et du Maure.

POTERNE-NICOLAS-HYDRON. (Rue Outre-la-) *Voyez* rue Beaubourg.

POTERNE. (Rue Neuve-) *Voyez* rue du Chaume.

POTERNE. (Ruelle Qui-fut-à-Jean-de-la-) *Voyez* rue de l'Arche-Marion.

POTERNE-NICOLAS-HYDRON. (Cul-de-sac de la) *Voyez* cul-de-sac des Anglais.

POTIERS. (Rue) *Commence* rue Neuve-de-Berry, et *finit* rue de l'Oratoire-Saint-Honoré. L'inscription est *rouge*; pas de numéros. — 1ᵉʳ Arrondissement.

Nous ignorons l'étymologie du nom de cette rue, qui n'est encore que tracée.

POTIERS-D'ÉTAIN. (Rue des) *Voy*. rue des Piliers-Potiers-d'Etain.

POULAILLERIE. (Rue de la) *Voyez* quai de la Mégisserie et rue Pierre-à-Poisson.

POULES. (Rue des) *Commence* rues de la Vieille-Estrapade et du Puits-qui-Parle. Les numéros sont *noirs*; le dernier impair est 3, et le dernier pair 14. — 12° Arrondissement.

En 1605 c'était la rue du *Châtaigner*, et depuis rue *Chastinière*; en 1635 rue du *Mûrier*, dite *des Poules*. On ignore l'étymologie de ce dernier nom.

POULIES. (Rue des) *Commence* place d'Iéna et rue d'Angeviller, et *finit* rue Saint-Honoré. Les numéros sont *noirs*; le dernier impair est 17, et le dernier pair 18. — 4ᵉ Arrondissement.

En 1205 on trouve déjà cette rue sous ce nom, qui lui vient de l'ancien jeu des *poulies*, que l'on connaissait encore en 1343, et qui se jouait dans une maison de cette rue. Jaillot pense que ce nom pourrait lui avoir été donné à cause d'un sieur *de Poulie* qui y possédait des maisons.

POULIES. (Rue des) *Voyez* rue des Francs-Bourgeois-au-Marais.

POULIES et RICHARD-DES-POULIES. (Rue) *Voyez* rue Porte-foin.

POULIES-SAINT-POU. (Rue des) *Voy.* cul-de-sac Putigneux.

POULIES. (Rue des Viez-) *Voyez* cul-de-sac Putigno.

POULLETIER. (Rue) *Commence* quai de Béthune, et *finit* rue d'Anjou. Les numéros sont *noirs*; le dernier impair est 7, et le dernier pair 14. — 9ᵉ Arrondissement.

Elle doit son nom à Le Poulletier, trésorier des Cent-Suisses, l'un des associés de Marie, entrepreneur des bâtimens et ponts de l'île Saint-Louis, que l'on commença à construire en 1614; elle porta aussi le nom de *Florentine*.

POUPÉE. (Rue) *Commence* rue de la Harpe, et *finit* rue Hautefeuille. Les numéros sont *rouges*; le dernier impair est 11, et le dernier pair 22. — 11ᵉ Arrond.

Cette rue, bâtie au douzième siècle, sur le territoire de *Laas*, porta d'abord le nom de *Lias* ou *Laas*. En 1200, 1248 et 1262, elle se nommait *Popée*, et en 1300 Guillot la désigne sous le nom de *Poupée*; par altération ou fautes de copistes, on la trouve aussi sous les noms de *Poinpée* et *Pompée*; on ignore son étymologie.

POUPELINE. (Porte) *Voyez* fausse porte Saint-Marcel.

POURCEAUX. (Rue de la Place et de la Vieille-Place-aux-) *Voyez* rue de la Limace.

POURCEAUX. (Marché aux) *Voyez* rue des Bourdonnais.

POURPOINTERIE. (Rue de la) *Voyez* rue des Lombards.

POURTOUR. (Rue du) *Commence* rue du Monceau-Saint-Gervais, et *finit* place Baudoyer. Les numéros sont *noirs*; le dernier impair est 15, et le dernier pair 8. — 9ᵉ Arrondissement.

En 1300 c'était la rue du *Cimetière*; en 1473 on y bâtit quatorze maisons en prenant une partie du *cimetière*. Corrozet, en 1568, la nomme rue *Saint-Gervais*. En 1583 elle fut élargie de sept pieds. Serait-elle nommée du *Pourtour* parce qu'elle *entourre* l'église Saint-Gervais de face et d'un des côtés latéraux?

PRÉ-AUX-CLERCS. (Chemin du) *Voyez* rue de Seine-Saint-Germain.

PRÉCHEURS. (Rue des) *Commence* rue Saint-Denis, et *finit* rue des Piliers-Potiers-d'Etain. Les numéros sont *rouges*; le dernier impair est 37, et le dernier pair 38. — 4° Arrondissement.

Elle portait déjà ce nom en 1252; elle est quelquefois nommée du *Précheur*. Vers l'an 1300 Guillot la nomme à *Prescheeurs*:

    « Ving en la rue à *Prescheeurs*;
    « La bui avec frères meneurs (cordeliers). »

Au coin sud-est de cette rue et de celle Saint-Denis est un long arbre sculpté en bois qui nous paraît être du treizième siècle; il y a douze branches, et sur chacune est un apôtre debout dans une espèce de tulipe qui ne ressemble pas mal à une chaire à *prêcher;* la vierge est au sommet : on le nomme l'arbre des *précheurs*. Nous croyons qu'elle doit son nom à cet arbre, et non pas à l'enseigne du *Précheur*, ni à l'hôtel du *Précheur*, ni à Robert le *précheur*, comme l'ont avancé les divers historiens.

PRÉCIEUX-SANG, (Les Religieuses du) rue de Vaugirard, n° 60.

Elles s'y établirent en 1658; elles avaient demeuré auparavant rue du Pot-de-Fer, en 1636, et rue du Bac en 1656; elles furent supprimées en 1790. C'est maintenant une maison particulière appartenant à M. Lamarque, conseiller à la Cour de Cassation.

PRÉFECTURE. (Hôtel de la) *Voyez* Hôtel de Ville.

PRÉMONTRÉS, (Les) rue Hautefeuille, n° 30.

Ces religieux achetèrent dans cette rue, en 1252, une maison dite la maison Pierre-Sarrazin. Leur chapelle fut démolie en 1618; l'on reconstruisit alors celle que nous voyons aujourd'hui, et qui sert de magasin à un particulier.

PRÉMONTRÉS RÉFORMÉS, (Les) rue de Sèvres, n° 11.

L'église et le couvent furent construits en 1662 et 1663, sur un terrain nommé les *Tuileries*; l'église fut agrandie en 1719, et ces religieux furent supprimés en 1790. L'église a été démolie;

on n'y voit plus que des bâtimens appartenant à divers particuliers.

PRESLES, (Collége de) rue des Carmes de la place
　Maubert, n° 6.

Ce collége, nommé aussi quelquefois de *Soissons*, fut fondé
en 1313 par Raoul de *Presles*, en faveur de pauvres écoliers du
diocèse de *Soissons*; il fut réuni en 1764 au collége Louis-
le-Grand. C'est maintenant une maison particulière occupée par
beaucoup de locataires.

PRÊTRE. (Ruelle au) *Voyez* rue des Prêtres-Saint-Severin.

PRÊTRES-SAINT-GERMAIN-L'AUXERROIS. (Rue
　des) *Commence* rue de la Monnaie et place des Trois-
　Maries, et *finit* place Saint-Germain-l'Auxerrois. Les
　numéros sont *rouges*; le dernier impair est 43 (du
　n° 27 à 43 c'est la place Saint-Germain-l'Auxerrois),
　et le dernier pair 24. — 4° Arrondissement.

Les plus anciens noms que l'on connaisse à cette rue sont ceux
de *rue* ou *ruelle du Cloître*, et *ruelle par laquelle on va à
l'église et y aboutissant*; elle doit le nom qu'elle porte aujour-
d'hui aux *prêtres* de l'église *Saint-Germain-l'Auxerrois*, qui
y demeuraient à cause de la proximité de l'église. En 1702 on
augmenta cette rue de la portion alors nommée *Saint-Germain-
l'Auxerrois*, qui s'étend de la place de l'Ecole à la place des
Trois-Maries, afin que cette dernière rue ne se trouvât point dans
deux quartiers.

PRÊTRES-SAINT-ÉTIENNE-DU-MONT. (Rue des)
　Commence rue Bordet, et *finit* rue de la Montagne-
　Sainte-Geneviève. Les numéros sont *rouges*; le seul
　impair est 1, et le dernier pair 16. — 12° Arrond.

En 1248 elle se nommait du *Moutier*; en 1267 *ruelle
Sainte-Geneviève*. C'est sans doute celle que Guillot nomme
petite ruellette de quoi l'un des bouts chiet sur l'étre, ou plutôt l'*aître*, *atrium*; c'est à dire ruelle dont l'un des deux bouts
tombe devant le parvis. Les prêtres de Saint-Etienne-du-Mont,
qui demeuraient dans cette rue, lui ont donné le nom qu'elle
porte aujourd'hui.

PRÊTRES. (Rue des) *Voyez* petite rue Marivaux et cul-
de-sac Férou.

PRÊTRES, (Ruelle des) ou CHEMIN AU PRÊTRE. *Voyez* rue
du Pot-de-Fer-Saint-Marcel.

PRÉVOIRS, PREUVOIRES, PROVOIRES, PROVAIRES, PROUVELLES,
PROVOIRS. (Rue des) *Voyez* rue des Prouvaires.

PRIEURÉ. (Rue du Grand-) *Commence* rue de Menil-montant, et *finit* rue de la Tour. Un seul numéro *rouge* qui est 1. — 6ᵉ Arrondissement.

Cette rue, percée il y a une trentaine d'années, et qui n'est encore que tracée, doit son nom à L.-A. d'Artois, duc d'Angoulême, *grand prieur* de France.

ᴘʀɪɴᴄᴇ. (Rue des Fossés-Monsieur-le-) *Voyez* rue Monsieur-le-Prince.

PRINCESSE. (Rue) *Commence* rue du Four, et *finit* rue Guisarde. Les numéros sont *noirs*; le dernier impair est 17, et le dernier pair 20. — 11ᵉ Arrondissement.

Cette rue, dont on ignore l'étymologie, a été ouverte vers l'an 1630, sur une partie de l'emplacement de l'hôtel de Roussillon. De 1793 à 1807 elle porta le nom *de la Justice.*

PRIX-FIXE. (Passage du) De la rue Richelieu, n° 10, à celle de Quiberon, n° 7. — 2ᵉ Arrondissement.

Un magasin où l'on vendait à *prix fixe,* situé en face, aux galeries du Palais-Royal, lui a donné ce nom.

ᴘʀᴏᴊᴇᴛᴇᴇ. (Rue) *Voyez* rues du Port-Mahon et d'Hanovre.

PROJETÉE-DE-CHAILLOT. (Rue) *Commence* rue de Lubeck, et *finit* rue des Vignes. Les numéros sont *noirs*; le dernier pair est 78; du côté des impairs ce sont des champs. — 1ᵉʳ Arrondissement.

PROJETÉE, (Cul-de-sac de la rue) rue Neuve-des-Mathurins, n° 27. Pas de numéros. — 1ᵉʳ Arrondissement.

PROJETÉE. (Avenue) De la ruelle de Saint-Mandé à la place du Trône. — 8ᵉ Arrondissement.

PROUVAIRES. (Rue des) *Commence* rue Saint-Honoré, et *finit* rue Traînée. Les numéros sont *noirs*; le dernier impair est 45, et le dernier pair 40. — 3ᵉ Arrondissement.

Cette rue prit le nom de *Prouvaires* ou *Provoirs,* qui signifie *prêtres* en vieux langage, parce que les *prêtres* de Saint-Eustache habitaient cette rue dès le treizième siècle. On lit dans les divers actes et plans ce nom diversement écrit, *Prevoires, Preuvoires, Prouvoires, Provaires, Prouvelles,* etc. Alphonse V,

roi de Portugal en 1476, sous le règne de Louis XI, y logea
chez Laurent Herbelot, épicier.

PROVENCE. (Rue de) *Commence* rue du Faubourg-
Montmartre, et *finit* rue du Mont-Blanc. Les numéros
sont *rouges*; le dernier impair est 31, et le dernier pair
58. — 2ᵉ Arrondissement.

Elle fut alignée en 1776, sur l'égout que l'on venait de couvrir; on la nomma ainsi à cause du comte de *Provence* (Monsieur), frère de Louis XVI. Au nº 28 on remarque le magnifique hôtel Thélusson, construit en 1780 pour Mᵐᵉ Thélusson,
sur les dessins de Ledoux; il fut habité dans ces derniers temps
par le prince Murat, aujourd'hui roi de Naples, et par le prince
Kourakin, ambassadeur de Russie; au nº 54 est l'hôtel de S. E.
le comte ministre d'état Regnault de Saint-Jean-d'Angely, et au
nº 56 l'hôtel des petites écuries d'Orléans, appartenant à M. Ré-
pond.

PROVENCEAUX, (Cul-de-sac des) rue de l'Arbre-
Sec, près du nº 16. Les numéros sont *rouges;* le dernier impair est 7, et le seul pair 2. — 4ᵉ Arrond.

Au treizième siècle c'était la rue *Arnoul-de-Charonne,* du
nom d'un particulier qui y demeurait en 1293; en 1313 on l'indique sous le nom de *Raoul-de-Charonne;* en 1399 sous celui
d'*Arnoul-le-Charron;* en 1524 sous celui d'*Arnoul-de-Charonne,* autrement rue *du Chartier;* au quinzième siècle on la
nomme d'*Antain.* Le plan de Gomboust et celui de Bullet la
désignent sous le nom d'*Anjou.*

PROVIDENCE, (Les Filles de la) rue de l'Arbalète,
nᵒˢ 24 et 26.

Cet établissement fut fondé en 1643, pour l'éducation des
pauvres filles sans fortune; ce ne fut qu'en 1652 qu'elles vinrent
rue de l'Arbalète. Elles furent supprimées en 1790 : c'est maintenant une maison particulière où il y a une raffinerie de sucre
et une fonte de fer.

PRUNIER. (Rue) *Voyez* rue Pernelle.

PUITS-AU-MARAIS. (Rue du) *Commence* rue Sainte-
Croix-de-la-Bretonnerie, et *finit* rue des Blancs-Manteaux. Les numéros sont *noirs;* le dernier impair est 7,
et le dernier pair 16. — 7ᵉ Arrondissement.

Elle portait déjà ce nom au treizième siècle; elle le doit vraisemblablement à un *puits* public.

PUITS. (Rue du) *Voyez* cul-de-sac Saint-Claude.

PUITS. (Rue du Bon-) *Commence* rue Saint-Victor, et *finit* rue Traversine. Les numéros sont *noirs*; le dernier impair est 21, et le dernier pair 20. — 12ᵉ Arrondissement.

Un *puits* public qui était dans cette rue, dont il est déjà fait mention au treizième siècle, est cause de cette dénomination. En 1540 on la trouve sous le nom de *Fortune*.

PUITS. (Rue du Bon-) *Voyez* rue du Pot-de-Fer-Saint-Marcel.

PUITS, (Cul-de-sac du Bon-) rue Traversine, entre les nᵒˢ 34 et 36. (Il n'y a que deux numéros *noirs*, qui sont 23 et 24, dépendans de la rue du Bon-Puits.) — 12ᵉ Arrondissement.

Ainsi nommé de la rue du *Bon-Puits*, où il est situé.

PUITS-D'AMOUR. (Rue du) *Voyez* rue de la Petite-Truanderie.

PUITS D'AMOUR (Le) était situé place Ariane.

PUITS-CERTAIN. (Rue du) *Voyez* rue Saint-Hilaire.

PUITS-DU-CHAPITRE. (Rue du) *Voyez* cul-de-sac de la Treille.

PUITS-DE-FER. (Rue du) *Voy.* rue Neuve-Saint-Etienne.

PUITS-L'ERMITE. (Rue du) *Commence* rue du Battoir-Saint-Victor, et *finit* rue Gracieuse. Les numéros sont *noirs*; le dernier impair est 11, et le dernier pair 14. — 12ᵉ Arrondissement.

En 1603 elle est désignée sous le nom de rue *Françoise* près le puits l'Hermite, aboutissant au carrefour dudit puits; elle doit le nom qu'elle porte aujourd'hui à ce *puits* et à Adam l'*Hermite*, tanneur, qui y demeurait. Au seizième siècle elle se prolongeait jusqu'à la rue du Jardin-des-Plantes; mais au milieu du dix-septième siècle on la raccourcit pour augmenter les bâtimens de la Pitié. La partie qui est entre les rues Gracieuse et de la Clef se nommait encore *Françoise* au siècle dernier, parce qu'elle avait été ouverte sur le champ d'Albiac à la fin du règne de *François* Iᵉʳ. En 1588 cette même partie était nommée *Françoise* ou de *la Clef*; en 1603 *Françoise*, autrement dite le *clos du Chardonnet* ou *Villeneuve-Saint-René*, ensuite *Françoise*, dite le *carrefour du Puits-l'Hermite*.

PUITS-L'ERMITE. (Place du) rue du Puits-l'Ermite.

PUITS-MAUCONSEIL. (Rue du) *Voyez* rue du Vieux-Colombier.

PUITS-QUI-PARLE. (Rue du) *Commence* rue Neuve-Sainte-Geneviève, et *finit* rue des Postes. Les numéros sont *noirs*; pas de numéros impairs; le dernier pair est 4. — 12ᵉ Arrondissement.

Cette rue est ainsi nommée dès l'an 1588, à cause d'un *puits* qui formait *écho*; ce *puits* était celui de la maison au coin de cette rue et de celle des Poules. Il paraît qu'elle a aussi porté celui des *Rosiers*.

PUITS-DE-ROME, (Passage et cour du) rue des Gravilliers, n° 28. — 6ᵉ Arrondissement.

Une maison et une enseigne du *Puits de Rome* lui ont donné ce nom.

PUITS-DE-ROME. (Cul-de-sac du) *Voyez* cul-de-sac de Rome.

PUON. (Rue du) *Voyez* rue du Paon-Saint-André.

PURGÉE. (Rue) *Voyez* rue du Pélican.

PUTE-Y-MUCE. (Rue) *Voyez* Musc (rue du Petit-) et rue Cloche-Perce.

PUTIGNEUSE. (Rue) *Voyez* cul-de-sac Putigno.

PUTIGNEUX, (Cul-de-sac) rue Geoffroy-l'Asnier, entre les n°ˢ 13 et 15. Les numéros sont *rouges*; le dernier impair est 11, et le dernier pair 14. — 9ᵉ Arrondissement.

On croit que c'est la rue *Ermeline-Boiliaue* que Guillot nomme vers l'an 1300.

PUTIGNO (Le cul-de-sac) était situé rue Geoffroy-l'Asnier, près de la rue Saint-Antoine.

Ce cul-de-sac, qui n'existe plus depuis une trentaine d'années, était distinct de celui qui se nomme *Putigneux*; on présume que c'est la rue des *Poulies-Saint-Pou*, que Guillot dit exister vers l'an 1300, et celle que Sauval nomme des *Viez-Poulies*. C'était effectivement autrefois une rue qui aboutissait rue des Barres.

PYRAMIDES. (Rue des) *Commence* place de Rivoli, et *finit* rue Saint-Honoré. Pas de numéros. — 1ᵉʳ Arrond.

Cette rue, percée sur l'emplacement de l'ancien hôtel des écuries du roi, n'est pas encore bâtie; elle porte ce nom en mémoire de la célèbre bataille des *Pyramides*, gagnée en Egypte le 21 juillet 1798, par le général en chef Bonaparte sur les Mameloucks.

Q.

QUAIS DIVERS. *Voyez* leurs noms particuliers.

QUATREMÈRE. (Rue) *Voyez* rue d'Anjou-Saint-Honoré.

QUENOUILLES. (Ruelle des) *Commence* quai de la Mégisserie, et *finit* rue Saint-Germain-l'Auxerrois. Pas de numéros. — 4ᵉ Arrondissement.

C'est une ruelle formée par les gros murs des maisons voisines. Au quatorzième siècle elle se nommait *Simon-de-Lille*; au quinzième siècle *Jean-de-Lille*, autrement *Sac-Epée*, et au seizième siècle *de la Quenouille*, des *Trois-Quenouilles*, et enfin des *Quenouilles*.

QUENOUILLES. (Ruelle des Trois-) *Voyez* rue des Quenouilles.

QUENTIN. (Rue Jehan-de-Saint-) *Voyez* rue Pastourelle.

QUEUX. (Rue le) *Voyez* rue Gît-le-Cœur.

QUIBERON. (Rue de) *Commence* rue Richelieu, et *finit* rue d'Arcole. Les numéros sont *noirs*; le dernier impair est 43, et le dernier pair 38. — 2ᵉ Arrondissement.

Cette rue, bâtie en 1782 et années suivantes, sur une portion du jardin du Palais-Royal, par le duc d'Orléans, porta d'abord le nom de *passage de Montpensier*, à cause du duc de *Montpensier*, second fils du duc d'Orléans. En 1796 on lui donna le nom de *Quiberon* en mémoire du fameux combat de *Quiberon*, livré le 20 juillet 1795, contre les Anglais et les émigrés.

QUINCAMPOIX. (Rue) *Commence* rue Aubry-le-Boucher, et *finit* rue aux Ours. Les numéros sont *noirs*; le dernier impair est 95, et le dernier pair 80. — 6ᵉ Arrondissement.

Il est déjà question de cette rue dans des actes authentiques de 1210. Guillot la nomme *Quinquempoit* vers l'an 1300. Ce nom a été écrit diversement; on trouve *Cinquampoit*, *Quiquenpoist*, *Quinquempouel*, enfin *Quinquempoix*. Sauval et l'abbé Lebœuf pensent qu'elle doit son nom à un seigneur de *Quincampoix* ou à Nicolas de *Kiquenpoit*. C'est dans cette rue que l'on échangeait en 1719 et 1720 le numéraire contre les billets de banque du fameux Law, écossais de nation, qui avait été nommé directeur de la banque royale à la fin de 1718, et contrôleur général au commencement de 1720. Ces billets, qui se montèrent jusqu'à six milliards, produisirent de grands malheurs, qui se renouvelèrent encore soixante-dix ans après par les assignats.

QUINCAMPOIX. (Cul-de-sac de la rue) *Voyez* cul-de-sac de Venise.

QUINZE-VINGTS, (Hospice impérial des) rue de Charenton, n° 38. — 8° Arrondissement.

Cet hôpital fut fondé rue Saint-Honoré, au coin de la rue Saint-Nicaise, en 1260, sous le règne de saint Louis, en faveur de trois cents, ou, comme l'on disait alors, de *quinze-vingts* pauvres aveugles. Cet établissement fut transféré en décembre 1779 rue de Charenton, à l'hôtel des *Mousquetaires noirs*, dont les bâtimens avaient été achevés en 1701. Cet hospice se compose à présent de trois cents aveugles de première classe, et de cent vingt dits de seconde classe ou jeunes aveugles.

QUINZE-VINGTS, (Eglise des) rue de Charenton, n° 38. — 8° Arrondissement.

Cette église, qui est maintenant succursale de la paroisse Sainte-Marguerite, fut achevée en 1701, en même temps que l'hôtel des Mousquetaires noirs, dont elle dépendait.

QUINZE-VINGTS. (Rue des) *Commence* rue Batave, et *finit* rue Marceau. Les numéros sont *rouges*; le dernier impair est 3, et le dernier pair 6. — 1er Arrondissement.

Ainsi nommée parce qu'elle fut percée, vers l'an 1784, sur l'emplacement d'une partie des bâtimens de l'ancien hospice des *Quinze-Vingts*. (*Voyez* ci-dessus cet hospice.) Elle doit bientôt disparaître par l'exécution du projet de réunion des palais du Louvre et des Tuileries.

QUINZE-VINGTS. (Passage des) De la rue Saint-Honoré, n° 265, à celle Saint-Louis, n°s 4 et 6. — 1er Arrondissement.

Ainsi nommé parce qu'il traverse une partie de l'emplacement de l'ancien hospice des *Quinze-Vingts*.

QUIQUEMPOIT. (Rue) *Voyez* rue Quincampoix.

QUIQUETONNE. (Rue) *Voyez* rue Tiquetonne.

QUIRACIE, QUIRASSIS. (Rue) *Voyez* rue Pierre-Assis.

QUOCONNERIE. (Rue) *Voyez* rue de la Cossonnerie.

QUOQUE-HÉRON. (Cul-de-sac) *Voyez* rue Coq-Héron.

R.

RACINE. (Rue) *Commence* rue Monsieur-le-Prince, et *finit* place de l'Odéon. Les numéros sont *rouges* ; le dernier impair est 3, et le dernier pair 4. — 11° Arrondissement.

Cette rue, percée en 1782, sur une partie de l'emplacement de l'hôtel Condé, porte, à cause de sa proximité de l'ancien théâtre Français, le nom du grand *Racine*, prince de la tragédie, né à la Ferté-Milon en 1639, et mort à Paris en 1699.

RADZIVILLE. (Passage) De la rue Neuve-des-Bons-Enfans, n° 33 et 35, à celle du Lycée, n° 48. — 2° Arrondissement.

Ainsi nommé parce que la maison qu'il traverse a été bâtie pour M. *de Radziville*.

RAGOULEAU. (Cul-de-sac) *Voyez* cul-de-sac des Commissaires.

RALE. (Rue Lambert-de-)

C'était le nom de la rue du Coq-Saint-Jean en 1273.

RAMBOUILLET. (Rue) *Commence* rue de Bercy, et *finit* rue de Charenton. Les numéros sont *noirs* ; pas de numéros impairs ; le dernier pair est 6. — 8° Arrondissement.

Cette rue, qui n'est encore bâtie qu'en petite partie d'un seul côté, a pris son nom d'un nommé *Rambouillet*, qui en 1676 avait fait construire en cet endroit une maison magnifique, et planter un jardin vaste et très-curieux. Cette maison, dite le *jardin de Reuilli* ou les *quatre Pavillons*, fut détruite en 1720 par le nouvel acquéreur.

RAMBOUILLET. (Rue) *Voyez* rue Villiot.

RAMEAU. (Rue) *Commence* rue Richelieu, et *finit* rue Helvétius. Les numéros sont *rouges* ; le dernier impair est 13, et le dernier pair 8. — 2° Arrondissement.

On ouvrit cette rue en 1788, sur une partie de l'emplacement de l'hôtel Louvois ; on lui donna d'abord le nom de *Neuve-Le-pelletier*, qu'elle conserva jusqu'en 1806 ; alors elle prit, à cause de sa proximité du théâtre de l'Académie impériale de Musique, dit l'Opéra, celui du célèbre musicien *Rameau*, né à Dijon en 1683, et mort à Paris en 1764.

RAMPONEAU, (Barrière) au bout de la rue de l'Oril-
lon. — 6ᵉ Arrondissement.

Cette barrière, qui n'est encore décorée d'aucun monument
d'architecture, doit son nom à une fameuse guinguette qui était
tenue par un particulier nommé *Ramponeau;* elle a aussi porté
le nom de *Riom,* parce qu'elle était à l'extrémité de la rue de
Riom, aujourd'hui de l'Orillon.

RAMPONEAU. (Chemin de ronde de la barrière) De
la barrière Ramponeau à celle de Belleville. — 6ᵉ Ar-
rondissement.

RAOUL-L'AVENIER. (Rue) *Voyez* rue du Plat-d'Etain.

RAOUL-MENUICET. (Rue) *Voyez* rue Menuicet.

RAOUL-ROESSOLLE. (Rue) *Voyez* rue du Jour.

RAPÉE. (Quai de la) *Commence* barrière de la Rapée,
et *finit* pont d'Austerlitz et place Mazas. Les numéros
sont *rouges;* le dernier impair est 83. — 8ᵉ Arrond.

Il doit son nom à une maison que M. *de la Rapée,* commissaire général des troupes, y avait fait construire.

RAPÉE. (Rue de la) *Voyez* rues de Bercy et Villiot.

RAPÉE, (Barrière de la) à l'extrémité du quai de ce
nom. — 8ᵃ Arrondissement.

Elle n'est encore décorée d'aucun monument d'architecture.
Voyez pour l'étymologie le quai de la Rapée ci-dessus.

RAPÉE. (Chemin de ronde de la barrière de la) De la
barrière de la Rapée à celle de Bercy. — 8ᵉ Arrond.

RAPÉE, (Port de la) sur le quai de ce nom. — 8ᵉ Ar-
rondissement.

On travaille maintenant à agrandir, embellir et rendre plus
commode ce quai, destiné au déchargement des vins, des bois de
toute espèce, du plâtre et de diverses marchandises. Même étymologie que le quai de la *Rapée* ci-dessus.

RATS-PLACE-MAUBERT. (Rue des) *Commence* rue
de la Bûcherie, et *finit* rue Galande. Les numéros sont
noirs; le dernier impair est 13, et le dernier pair 18.
— 12ᵉ Arrondissement.

Guillot la nomme, vers la fin du treizième siècle, rue d'*Arras,*
et le plus ancien censier de Sainte-Geneviève rue des *Rats,* nom
qui vient d'une enseigne. Au nᵒ 14 est la maison dite de *Colbert,*
habitée par M. Lebègue, imprimeur, où l'on admire plusieurs
bas-reliefs anciens et d'une excellente composition.

RATS-POPINCOURT. (Rue des) *Commence* rue de la Folie-Regnault, et *finit* barrière des Rats. Les numéros sont *noirs*; le dernier impair est 7, et le seul pair 2. — 8ᵉ Arrondissement.

On n'a pu découvrir la cause du nom de cette rue, qui conduit à la barrière des *Rats*; elle a commencé à porter ce nom vers l'an 1730; auparavant c'était la rue de l'*Air* ou de *Lair*.

RATS. (Petite rue des) *Voyez* rue du Chat-Blanc.

RATS, (Barrière des) à l'extrémité de la rue des Rats. — 8ᵉ Arrondissement.

La rue des *Rats*, qui y conduit, lui a donné ce nom: elle est décorée d'un bâtiment avec deux péristyles de quatre colonnes.

RATS. (Chemin de ronde de la barrière des) De la barrière des Rats à celle d'Aunay. — 8ᵉ Arrondissement.

RAVEL. (Rue) *Voyez* rue Saint-Romain.

RÉALE. (Rue de la) *Commence* rue de la Tonnellerie, et *finit* rue de la Grande-Truanderie. Les numéros sont *noirs*; le dernier impair est 7, et le dernier pair 6. — 5ᵉ Arrondissement.

Guillot, vers la fin du treizième siècle, la nomme *ruellette Jehan-Bingne*; au quinzième siècle, sans doute par altération, on écrivait *Jean-Vingne*, *Vuigne*, *Vigne*, *des Vignes*; elle doit vraisemblablement ce nom à *Jean Bigue*, échevin en 1281, ou à *Jean*, dit *Bigue*, valet-de-chambre de Philippe-le-Hardi en 1284; au dix-septième siècle on la trouve sous le nom de *la Réale* ou *Jean-Gilles*, dont nous n'avons pu découvrir l'étymologie.

RÉALE. (Rue de la) *Voyez* rue de Bercy.

RÉCOLLETS. (Couvent des) *Voy.* hospice des Incurables.

RÉCOLLETS. (Rue des) *Commence* rues Grange-aux-Belles et de l'Hôpital-Saint-Louis, et *finit* rue du Faubourg-Saint-Martin. Les numéros sont *rouges*; le dernier impair est 25, et le dernier pair 34. — 5ᵉ Arrondissement.

Cette rue a pris son nom du couvent des religieux *Récollets* (aujourd'hui l'hospice des Incurables), établis en 1603 au coin de cette rue et de celle du Faubourg-Saint-Martin. Il n'y avait encore que quatre à cinq maisons bâties en 1734.

RECOMMANDERESSES. (Rue des) *Voyez* rues de la Coutellerie et de la Vannerie.

26

RECUEILLAGE, (Port du) dit *des Saints-Péres*, en face des quais Malaquais et Voltaire. — 10ᵉ Arrond.

Chargement de toutes sortes de marchandises, et particulièrement des sel, blé et avoine.

REGARD. (Rue du). *Commence* rues des Vieilles-Tuileries et du Cherche-Midi, et *finit* rue de Vaugirard. Les numéros sont *noirs;* le dernier impair est 19, et le dernier pair 30. — Les numéros impairs sont du 11ᵉ Arrondissement, et les pairs du 10ᵉ.

Elle doit son nom au *regard* d'une fontaine qui était située en face; on la trouve aussi sur quelques plans sous le nom des *Carmes*, parce qu'elle règne le long de l'enclos des *Carmes* déchaussés. C'est sur une portion de cet enclos que fut percée cette rue vers la fin du dix-septième siècle. Au nᵒ 5 est l'hôtel de Croy, où demeurent présentement les dames de Saint-Benoît; au nᵒ 13 l'hôtel de Châlons, habité par M. Isambert, directeur de l'habillement et de l'équipement des troupes.

REGNARD. (Rue) *Commence* place de l'Odéon, et *finit* rue Condé. Les numéros sont *rouges;* le dernier impair est 5; pas de numéros pairs. — 11ᵉ Arrond.

Cette rue, qui n'est encore bâtie que d'un côté, fut tracée en 1782, sur une portion de l'emplacement de l'hôtel et du jardin Condé. La proximité de la Comédie Française (aujourd'hui l'Odéon) lui a fait donner le nom de *Regnard*, célèbre auteur comique, né à Paris en 1647, et mort près de Dourdan en 1709.

REGNAULT. (Rue de la Folie-) *Commence* rue de la Muette, et *finit* rue des Amandiers. Les numéros sont *noirs;* le dernier impair est 3, et le dernier pair 16. — 8ᵉ Arrondissement.

Une jolie maison de campagne (une *folie*) qui y était située, et qui appartenait à *Regnault* Lepicier, lui a donné ce nom.

REGRATERIE. (Rue) *Voyez* rue Saint-Christophe.

REGRATTIER. (Rue) *Commence* quai d'Orléans, et *finit* rue Blanche-de-Castille. Les numéros sont *noirs;* le dernier impair est 19, et le dernier pair 22. — 9ᵉ Arrondissement.

Cette rue, bâtie de 1630 à 1645, porte le nom de *Le Regrattier*, associé de Marie, chargé de couvrir de maisons l'île Notre-Dame (à présent Saint-Louis), et d'y faire des rues et des quais; elle se prolongea d'abord sous ce nom jusqu'au quai d'Alençon (ci-devant Bourbon). *Voyez* aussi rue de la Femme-sans-Tête.

REIMS, (Collége de) rue des Sept-Voies, n° 18.

Il fut fondé en 1409, en exécution du testament de Gui de Roye, archevêque de *Reims*, et bâti sur l'emplacement de l'hôtel des ducs de Bourgogne. En 1745 on reconstruisit la façade de ce collége. Tous les bâtimens ont été rebâtis, et appartiennent maintenant à divers particuliers.

REIMS. (Rue de) *Commence* rue des Sept-Voies, et *finit* rue des Cholets. Les numéros sont *rouges*; le dernier impair est 7, et le dernier pair 8. — 12ᵉ Arrondissement.

Le plus ancien nom que l'on connaisse à cette rue est celui de rue *au Duc-de-Bourgoingne*, que Guillot lui donne vers la fin du treizième siècle, parce que les ducs de *Bourgogne* y avaient un hôtel; elle se nomme depuis rue de *Reims*, parce que le collége de *Reims* y fut fondé en 1409.

REIMS. (Rue de l'Archevêque-de-) *Voyez* rue du Petit-Paon et cul-de-sac du Paon.

REIMS. (Rue ou ruelle de l'Hôtel-de-) *Voyez* cul-de-sac du Paon.

REINE (La rue de la) existait anciennement près de la rue Saint-Antoine.

REINE. (Rue Neuve-de-la)

C'est une rue qui fut supprimée lorsque l'on construisit l'hôtel Soissons, remplacé depuis par la halle au Blé.

REINE-BLANCHE. (Rue de la) *Commence* rue des Fossés-Saint-Marcel, et *finit* rue Moufetard. Les numéros sont *noirs*; le seul impair est 1, et le dernier pair 10. — 12ᵉ Arrondissement.

Cette rue prit ce nom de l'hôtel de la *reine Blanche*, sur les ruines duquel on la bâtit en 1393. Sauval rapporte que c'est dans cet hôtel que Charles VI manqua d'être brûlé le 1ᵉʳ janvier 1393 (et non pas en 1392), en y dansant avec plusieurs courtisans le ballet des faunes ou des sauvages, et que ce fut pour cette raison que dans un de ses accès de folie il en ordonna la démolition.

REINE. (Cours de la) *Voyez* Cours-la-Reine.

REINE-D'HONGRIE. (Passage de la) De la rue Montorgueil, n° 19, à celle Montmartre, n° 16.

Nous ignorons l'étymologie de ce nom. De 1792 à 1805 il se nomma de l'*Egalité*; en 1806 il reprit son ancien nom.

REINIER. (Rue de la Folie-) *Voyez* rue des Mauvais-Garçons-Saint-Germain.

RELIGIEUSES DIVERSES. *Voyez* leurs noms particuliers.

RELIGIEUX DIVERS. *Voyez* leurs noms particuliers.

REMPART. (Rue du) *Commence* rue Saint-Honoré, et *finit* rue Richelieu. Les numéros sont *noirs;* le dernier impair est 11, et le dernier pair 6. — 2ᵉ Arrondissement.

Elle doit son nom aux *remparts* achevés en 1383, sur l'emplacement desquels on la construisit. En 1636 elle se nommait *Champin;* en 1652 elle reprit le nom du *Rempart,* qu'elle n'a plus quitté. Cette partie de *rempart* est celle qui fut attaquée par Charles VII le 8 septembre 1429, tandis que les Anglais étaient maîtres de Paris. Jeanne d'Arc, dite la Pucelle d'Orléans, y fut blessée près des fossés qui étaient où est maintenant la rue des Boucheries-Saint-Honoré.

REMPART. (Rues du) *Voyez* rues Jean-Beausire, Sainte-Foi et cul-de-sac Saint-Claude.

REMPART-DU-LOUVRE. (Rue du) *Voyez* rue des Orties.

REMPART. (Sur le) *Voyez* rue Saint-Hyacinthe.

REMPART. (Rue Basse-du-) *Commence* rue du Mont-Blanc, et *finit* temple de la Gloire. Les numéros sont *rouges;* pas de numéros impairs (c'est le boulevart); le dernier pair est 88. — 1ᵉʳ Arrondissement.

L'an 1635, sous le règne de Louis XIII, on bâtit les murs et remparts pour entourer la ville de la porte Saint-Honoré à celle Saint-Denis. Cette rue, étant plus *basse* que le terrain élevé de l'ancien *rempart,* fut nommée *Basse-du-Rempart* ou du *Chemin-du-Rempart.* Auparavant elle portait le nom de *Chevilli,* à cause de l'hôtel *Chevilli,* qui existait alors dans cette rue. On y remarque la maison *Saint-Foix,* bâtie en 1775, sur les dessins de M. Brongniart.

REMPART. (Rue du Chemin-du-) *Commence* place du Temple-de-la-Gloire, et *finit* rue de Surène. Les numéros sont *noirs;* le dernier impair est 3; pas de numéros pairs. — 1ᵉʳ Arrondissement.

Petite rue alignée sur l'ancien chemin qui conduisait de la rue de Surène aux *Remparts* de la ville. *Voyez* rue Basse-du-Rempart.

REMPART. (Rue du Chemin-du-) *Voyez* rue Basse-du-Rempart.

REMPARTS. (Rue des) *Voyez* rue Meslay.

RENARD-SAINT-MERRI. (Rue du) *Commence* rue Neuve-Saint-Merri, et *finit* rue de la Verrerie. Les numéros sont *noirs*; le dernier impair est 11, et le dernier pair 10. — 7ᵉ Arrondissement.

De l'an 1185 jusqu'en 1512 on la trouve dans divers titres sous le nom de cour *Robert-de-Paris*, cour *Robert*; en 1512 elle est indiquée sous la dénomination de rue de la *Cour-Robert*, autrement *du Renard*. Corrozet, en 1568, la nomme rue du *Regnard-qui-prêche*. On ignore ces étymologies.

RENARD-SAINT-SAUVEUR. (Rue du) *Commence* rue Saint-Denis, et *finit* rue des Deux-Portes-Saint-Sauveur. Les numéros sont *rouges*; le dernier impair est 9, et le dernier pair 12. — 5ᵉ Arrondissement.

En 1313 elle se nommait *Percée*, et depuis *Perciée*; elle ne fut enfermée dans Paris que par les murs de clôture achevés sous Charles VI en 1383; à cette époque elle prit le nom du *Renard*, d'une maison appartenant à Robert *Renard*, ayant un *renard* pour enseigne.

RENARD. (Rue du) *Voyez* rues des Trois-Visages et du Chat-qui-pêche.

RENARD OU REGNARD-QUI-PRÊCHE. (Rue du) *Voyez* rue du Renard-Saint-Merri.

RENAUD-LEFÈVRE. (Rue) *Commence* place Baudoyer, et *finit* marché Saint-Jean. Les numéros sont *noirs*; le dernier impair est 5, et le dernier pair 6. — 7ᵉ Arrondissement.

A la fin du treizième siècle Guillot fait déjà mention de cette rue sous le nom de *Renaut-Lefèvre*; au quinzième siècle elle se nommait *Regnaud-Lefèvre*.

RENÉ. (Rue Saint-) *Voyez* rue du Battoir-Saint-Victor.

REPOSOIR. (Rue du Petit-) *Commence* rue des Vieux-Augustins, et *finit* place des Victoires. Les numéros sont *noirs*, et devraient être *rouges*; le dernier impair est 9, et le dernier pair 6. — 3ᵉ Arrondissement.

Cette rue, dont on ignore l'étymologie, se prolongeait jusqu'à la place des Petits-Pères avant que la place des Victoires fût bâtie. Anciennement elle était très-étroite, et se nommait *Breneuse*, c'est à dire *sale*, ainsi que toutes les rues qui prolongent celle-ci en droite ligne jusqu'à la rue J.-J.-Rousseau. Jaillot et autres la désignent simplement sous le nom du *Reposoir*.

REPOSOIR. (Rue du) *Voyez* l'article précédent.

RÉPUBLIQUE. (Quai de la) *Voyez* quai d'Alençon.

RÉSERVOIRS, (Cul-de-sac des) rue de Chaillot, près de la rue Basse-Saint-Pierre. Pas de numéros. — 1er Arrondissement.

Ainsi nommé parce qu'il est situé près les *réservoirs* de la pompe à feu.

RÉSERVOIRS. (Barrière des) *Voyez* barrière des Bassins.

REUILLY (Le château ou palais de) était situé aux environs de la rue de Reuilly et de la petite rue de Reuilly.

C'est à *Romiliacum* (Reuilly) que Dagobert Ier répudia sa femme Gomatrude en 629. Il est encore question de ce château en 1352, sous le roi Jean.

REUILLY. (Rue de) *Commence* carrefour de Reuilly et rue du Faubourg-Saint-Antoine, et *finit* barrière de Reuilly. Les numéros sont *noirs*; le dernier impair est 117, et le dernier pair 72. — 8e Arrondissement.

Ce nom lui vient de l'antique palais ou château de Reuilly. *Voyez* l'article précédent.

Au n° 24 est la *manufacture des glaces,* superbe établissement qui s'éleva en 1634, sous le ministère de Colbert.

REUILLY. (Petite rue de) *Commence* rue de Charenton, et *finit* grande rue de Reuilly. Les numéros sont *noirs*; le dernier impair est 11, et le dernier pair 26. — 8e Arrondissement.

Même étymologie que la rue de Reuilly.

REUILLY. (Rue du Bas-) *Voyez* rue Montgallet.

REUILLY, (Cul-de-sac de) petite rue de Reuilly, n° 11. Les numéros sont *rouges*; le dernier impair est 9; pas de numéros pairs. — 8e Arrondissement.

Voyez pour l'étymologie la rue de Reuilly.

REUILLY, (Barrière de) à l'extrémité de la rue de Reuilly. — 8e Arrondissement.

Elle est décorée d'une jolie rotonde, et doit son nom à la rue de *Reuilly,* qui y aboutit.

REUILLY. (Chemin de ronde de la barrière de) De la barrière de Reuilly à celle de Picpus. — 8e Arrondissement.

REUILLY, (Carrefour de) place formée à la rencontre des rues de Reuilly et du Faubourg-Saint-Antoine.

RÉUNION. (Rue de la) *Voyez* rue Montmorency.

RÉUNION. (Passage de la) De la rue Saint-Martin, n° 104, à la rue du Maure, n° 4, et au cul-de-sac des Anglais, n° 4. Les numéros sont *rouges*; le dernier impair est 11, et le dernier pair 12. — 7° Arrondissement.

Il fut ouvert au commencement de la révolution, et porte le nom de la division de la *Réunion*, sur laquelle il est situé.

RÉVOLUTION. (Rue de la) *Voyez* rue de la Concorde.

RÉVOLUTION. (Place de la) *Voyez* place de la Concorde.

RÉVOLUTION. (Pont de la) *Voyez* pont de la Concorde.

RIBOUTÉ. (Rue) *Commence* rue Bleue, et *finit* place Mortholon. Pas encore de numéros. — 2° Arrondissement.

Ainsi nommée parce que le terrain appartenait à M. Ribouté. Trois particuliers en ont fait l'acquisition et y font bâtir.

RICHE (Rue Jean-le-) ou rue **NEUVE-JEAN-RICHER**. *Voyez* rue de Paradis-Saint-Jacques.

RICHEBOURG. (Rues) *Voyez* rues du Coq-Saint-Honoré et d'Orléans-Saint-Marcel.

RICHELIEU. (Rue) *Commence* rue Saint-Honoré, et *finit* boulevarts Montmartre et des Italiens. Les numéros sont *noirs*; le dernier impair est 115, et le dernier pair 108. — 2° Arrondissement.

Cette rue prit d'abord le nom de *Royale*; elle porta bientôt celui du cardinal de *Richelieu*, sous le ministère duquel on la bâtit en même temps qu'il faisait construire le palais Cardinal, depuis nommé palais Royal. Ce grand ministre, l'appui du règne de Louis XIII, mourut en ce palais en 1642, à l'âge de 58 ans. En 1704 on démolit la porte *Richelieu*, qui était près la rue Feydeau, et l'on prolongea en 1704 la rue Richelieu jusqu'à celle Grange-Batelière. De 1792 à 1805 elle porta le nom de rue de *la Loi*; en 1806 elle reprit le nom qu'elle porte. Au n° 62 est l'hôtel Talaru, tenu maintenant en garni sous le nom d'hôtel des Colonies; au n° 97 l'hôtel du Nord, appartenant à M. Péan de Saint-Gilles, notaire; au n° 106 celui de M. Soehnée, négociant; au n° 108 l'hôtel Le Couteulx, qui devint depuis le commencement de la révolution un café et un jardin public sous

le nom de *Frascati*; M. Destillières, lieutenant du grand lou-
vetier, vient d'en faire l'acquisition; au n° 109 est l'hôtel des
Princes, meublé, appartenant à M. Degosse; au n° 43, au coin
de la rue Traversière, est la fontaine Richelieu, alimentée par
la pompe à feu de Chaillot.

RICHELIEU. (Rue Neuve-) *Commence* place Sorbonne
et rue des Maçons, et *finit* rue de la Harpe. Les numéros sont *rouges*; le dernier impair est 7, et le dernier pair 10. — 11ᵉ Arrondissement.

Cette rue, percée en 1639 pour découvrir l'église et la place
Sorbonne, prit le nom du cardinal de *Richelieu*; qui fit rebâtir
avec magnificence ce monument, érigé sous Louis IX. L'église,
qui fut achevée en 1653, a contenu jusqu'en 1793 le tombeau du
cardinal de *Richelieu*, exécuté par Girardon. On trouve quelquefois cette rue désignée sous le nom de rue des *Trésoriers*, à cause
du collége du *Trésorier*, qui y était situé, et sous celui de
rue *Sorbonne*, parce qu'elle conduit directement à la *Sorbonne*.

RICHELIEU. (Rue Neuve-) *Voyez* rue des Moulins.

RICHELIEU (La porte) était située rue Richelieu,
près celle Feydeau.

Elevée vers le milieu du dix-septième siècle, et démolie en 1701.

RICHEPANSE. (Rue) *Commence* rue Saint-Honoré,
et *finit* rue Duphot. Les numéros sont *noirs*; le seul
impair est 1, et le seul pair 2. — 1ᵉʳ Arrondissement.

Elle fut percée depuis peu d'années sur l'emplacement qu'occupaient le couvent et le jardin des Filles de la Conception; on lui
a donné le nom du général *Richepance*, né en 1770, et mort à la
Guadeloupe en 1802.

RICHER. (Rue) *Commence* rue du Faubourg-Poissonnière, et *finit* rue du Faubourg-Montmartre. Les numéros sont *rouges*; le dernier impair est 29, et le
dernier pair 36. — 2ᵉ Arrondissement.

Cette rue, ouverte en 1788, porte le nom d'un échevin alors
en exercice. Au n° 8 est l'hôtel Lemercier, maintenant à M. le
chevalier Johannot, payeur général du trésor impérial; au n° 12
est la brasserie Flamande.

RIOM. (Barrière de) *Voyez* barrière Ramponeau.

RIOM. (Rue de) *Voyez* rue de l'Orillon.

RIVOLI. (Rue de) *Commence* rue Saint-Nicaise et

place du Carrousel, et *finit* rue Saint-Florentin et place de la Concorde. Les numéros sont *rouges*; pas de numéros impairs (c'est la nouvelle galerie et le jardin des Tuileries); le dernier pair est 58. — 1er Arrondissement.

Cette rue, alignée depuis quelques années dans sa partie occidentale sur une portion des jardins des ci-devant religieuses de l'Assomption et des ci-devant Capucines, et sur l'emplacement du Manège, qui a servi de salle à l'Assemblée constituante et à la Convention, porte le nom de *Rivoli* en mémoire de la bataille de *Rivoli*, gagnée sur les autrichiens le 14 janvier 1797, par le général en chef Bonaparte. Elle se prolongera le long de la galerie qui joindra les palais impériaux du Louvre et des Tuileries. Du n° 2 au n° 14 les maisons sont bâties; ensuite on ne voit encore que cinq maisons achevées.

RIVOLI. (Place de) De la rue de Rivoli à celle des Pyramides. — 1er Arrondissement.

Elle n'est encore que tracée, et tient son nom de la rue de *Rivoli*, où elle aboutit.

ROBERT. (Rue Jean-) *Commence* rue Transnonnain, et *finit* rue Saint-Martin. Les numéros sont *rouges*; le dernier impair est 27, et le dernier pair 28. — 6e Arrondissement.

On ne lui a donné ce nom qu'au commencement du dix-huitième siècle; elle portait auparavant celui des *Gravilliers*, dont elle fait la prolongation.

ROBERT et ROBERT-DE-PARIS. (Cour) *Voyez* rue du Renard-Saint-Merri.

ROCH, (Eglise paroissiale Saint-) rue Saint-Honoré, entre les n°s 296 et 298. — 2e Arrondissement.

En 1582 une chapelle Saint-Roch, succursale de Saint-Germain-l'Auxerrois, fut bâtie sur l'emplacement de deux chapelles, dont l'une était *Sainte-Suzanne de Gaillon*, et l'autre celle des *Cinq-Plaies*. En 1633 elle fut érigée en paroisse; en 1653 on acheta l'hôtel Gaillon pour agrandir cette église, qui ne fut entièrement achevée qu'en 1740. Elle fut bâtie sur les dessins de J. Le Mercier, en 1653, et le portail sur les dessins de R. de Cotte, en 1736.

ROCH. (Rue Saint-) *Commence* rue Poissonnière, et *finit* rues du Sentier et du Gros-Chenet. Les numéros sont *rouges*; le dernier impair est 7, et le dernier pair 22. — 3e Arrondissement.

Nous ignorons pourquoi le nom de ce saint lui fut donné.

ROCH. (Rue Neuve-Saint-) *Commence* rue Saint-Honoré, et *finit* rue Neuve-des-Petits-Champs. Les numéros sont *noirs*; le dernier impair est 51, et le dernier pair 36. — 2ᵉ Arrondissement.

Elle se nommait en 1495 *Michaut-Riegnaut*; en 1521 *Michaut-Regnaut*; en 1578 ruelle ou rue *Gaillon*, à cause de l'hôtel *Gaillon*, sur une partie de l'emplacement duquel l'église *Saint-Roch* a été construite; enfin rue *Saint-Roch* et rue *Neuve-Saint-Roch*, parce que la principale entrée de l'église *Saint-Roch* était dans cette rue avant qu'on l'eût rebâtie, et pour la distinguer de la rue *Saint-Roch*, située dans le troisième arrondissement.

ROCH. (Rue Neuve-Saint-) *Voyez* rue Gaillon.

ROCH (Le cul-de-sac Saint-) était anciennement situé rue d'Argenteuil, et aboutissait à l'une des portes de l'église Saint-Roch.

ROCH. (Passage Saint-) De la rue Saint-Honoré, n° 296, à celle d'Argenteuil, n° 41. — 2ᵉ Arrondissement.

Ainsi nommé parce qu'il conduit à l'église *Saint-Roch*.

ROCHE. (Rue de la) De la rue de Braque à celle du Temple.

Cette rue existait au seizième siècle, avant que l'on eût agrandi l'hôtel Soubise; elle tenait son nom de l'hôtel de la *Roche-Guion*, qui y était situé près la rue du Temple; elle avait aussi porté les noms des *Boucheries* et de *Soubise*.

ROCHECHOUART. (Rue) *Commence* rues Montholon et Coquenard, et *finit* barrière Rochechouard. Les numéros sont *noirs*; le dernier impair est 67, et le dernier pair 54. — 2ᵉ Arrondissement.

Cette rue, ouverte vers le commencement du dix-huitième siècle, doit son nom à Marguerite de *Rochechouart* de Montpipeau, abbesse de Montmartre, morte en 1727. En 1734 il n'y avait encore que peu de maisons bâties; c'était le chemin qui conduit à Clignancourt.

ROCHECHOUART. (Barrière) à l'extrémité de la rue de ce nom. — 2ᵉ Arrondissement.

Aucun monument d'architecture ne la décore. Pour l'étymologie *voyez* rue Rochechouart.

ROCHECHOUART. (Chemin de ronde de la barrière) De la barrière Rochechouart à celle des Martyrs. — 2ᵉ Arrondissement.

ROCHECHOUART. (L'abattoir de la rue)

Voyez au Supplément une note sur les *abattoirs* que l'on construit dans les divers quartiers de Paris.

ROCHEFOUCAULT. (Rue La) *Commence* rue Saint-Lazare, et *finit* rue Pigale. Les numéros sont *noirs*; le dernier impair est 19, et le dernier pair 22. — 2ᵉ Arrondissement.

Cette rue, qui est désignée pour la première fois en 1769 dans la nomenclature des rues imprimée chez Valleyre, porte le nom de la famille de *La Rochefoucault*; je ne sais à quelle occasion il lui a été donné. Jusqu'en 1790 les divers plans la nomment rue de la *Tour-des-Dames*, à cause d'une *tour* que l'on y voit au milieu d'un jardin sur le plan de 1734. *Voyez* rue de la *Tour-des-Dames*.

ROCHER. (Rue du) *Commence* rue de la Pépinière et cul-de-sac d'Argenteuil, et *finit* barrière de Mouceaux. Les numéros sont *noirs*; le dernier impair est 33, et le dernier pair 38. — 1ᵉʳ Arrondissement.

Cette rue fut ouverte vers l'an 1784; la partie qui s'étend de la rue de la Bienfaisance à la barrière s'est nommée d'*Errancis* jusqu'en 1807, qu'elle perdit ce nom pour prendre celui du *Rocher*, et faire la prolongation de la rue qui portait déjà ce nom. Nous ignorons l'étymologie de ces deux noms.

ROHAN. (Rue) *Voyez* rue Marceau.

ROHAN. (Passage et cul-de-sac) *Voyez* Rouen.

ROI. (Le jardin du) *Voyez* Musée d'Histoire naturelle.

ROI. (Rue du Jardin-du-) *Voyez* rue du Jardin-des-Plantes et cul-de-sac du Jardin-du-Roi.

ROI. (Rue du Pavillon-du-) *Voyez* rue des Vosges.

ROI (La chaussée du) était une rue anciennement située derrière l'église Saint-Barthélemi, et qui aboutissait rue de la Vieille-Draperie.

ROI, (Cul-de-sac du Jardin-du-) rue de Seine-Saint-Victor.

Ce cul-de-sac, qui existait encore en 1780, avait porté les noms de rue du *Jardin-du-Roi* et rue du *Cochon*. Il a été détruit pour agrandir le jardin des plantes du côté de l'amphithéâtre.

ROI-DORÉ. (Rue du) *Voyez* rue Doré.

ROLLIN-PREND-GAGE. (Cul-de-sac) rue des Lavandières-Sainte-Opportune, entre les n°' 37 et 39. Les numéros sont *rouges*; le dernier impair est 3, et le dernier pair 10. — 4ᵉ Arrondissement.

Vers l'an 1300 Guillot le nomme *Baudouin-prend-Gaie*. En 1310 et 1581 c'était la ruelle *Baudoin-prend-Gaige*. On a changé depuis la rue en cul-de-sac, et *Baudoin* en *Rollin*.

ROMAIN. (Rue Saint-) *Commence* rue de Sèvres, et *finit* rue du Petit-Vaugirard. Les numéros sont *noirs*; le dernier impair est 17, et le dernier pair 8. — 10ᵉ Arrondissement.

On croit que cette rue porte le nom de *Romain* Rodayer, qui était prieur de l'abbaye Saint-Germain lorsqu'on la construisit; elle portait déjà ce nom en 1673. Elle est depuis nommée, dans quelques plans, *Abrulle*, du *Champ-Malouin* et *Ravel*.

ROME, (Le palais du roi de) entre le pont d'Iéna et les barrières Sainte-Marie et de Longchamp. — 1ᵉʳ Arrondissement.

Ce palais, qui porte le nom de Napoléon-François-Charles-Joseph, prince impérial, roi de *Rome*, né le 20 mars 1811, sera construit sur cet emplacement, et formera un parallélogramme avec l'école Militaire et le champ de Mars; il dépassera les murs de clôture de Paris. Depuis un an on travaille à préparer et égaliser le terrain, dont une grande partie dépendait du couvent de la Visitation de Sainte-Marie.

ROME, (Cul-de-sac de) rue Frépillon, entre les n°' 1 et 2. Les numéros sont *rouges*; le dernier impair est 5; pas de numéros pairs. — 6ᵉ Arrondissement.

Au quatorzième siècle c'était la rue aux *Cordiers*; ensuite le cul-de-sac du *Puits-de-Rome*, nom qu'il tenait d'une enseigne et d'une maison dite du *Puits-de-Rome*. Dans la dernière inscription des rues on l'a nommé seulement de *Rome*.

ROQUEPINE (Rue) *Commence* rue d'Astorg, et *finit* rue de la Ville-l'Evêque. Les numéros sont *rouges*; le dernier impair est 7, et le dernier pair 14. — 1ᵉʳ Arrondissement.

Nous ignorons l'étymologie du nom de cette rue, qui fut ouverte en 1784.

ᴿᴼQᵁᴱᵀᵀᴱ. (Territoire de la) *Voyez* rue de la Roquette.

ROQUETTE. (Rue de la) *Commence* place Saint-Antoine et rue du Faubourg-Saint-Antoine, et *finit* rue de la Muette. Les numéros sont *noirs*; le dernier im-

pair est 109, et le dernier pair 106. — 8ᵉ Arrondissement.

Elle fut ouverte sur le territoire de la *Rochette*, que l'on
prononça ensuite *Roquette*. Au dernier siècle la partie de la rue
de la *Roquette* qui règne autour de l'enclos des religieuses
de la *Roquette* se nommait des *Murs-de-la-Roquette*. Au
n° 90 est l'hôtel Montalembert.

ROQUETTE. (Rue des Murs-de-la-) *Voyez* rue de la Roquette.

ROQUETTE, (Cul-de-sac de la) rue de la Roquette,
près du n° 74. Pas de numéros. — 8ᵉ Arrondissement.

Ainsi nommé parce qu'il est situé rue de la *Roquette*.

ROQUETTE, (Les Hospitalières de la) rue de la
Roquette, n° 103.

Ces religieuses, qui suivaient la règle de saint Augustin,
s'établirent en cet endroit l'an 1639; elles furent supprimées en
1790, et les bâtimens de ce couvent sont maintenant occupés
par la filature de coton de Delattre et compagnie.

ROSIERS. (Rue des) *Commence* rue des Juifs et cul-
de-sac Coquerelle, et *finit* rue Vieille-du-Temple. Les
numéros sont *rouges*; le dernier impair est 35, et le
dernier pair 48. — 7ᵉ Arrondissement.

En 1233 elle portait déjà ce nom, dont on ignore l'étymologie.
Elle s'étendait anciennement en retour d'équerre jusqu'à la rue
du Roi-de-Sicile, et par conséquent ce retour du côté de cette
dernière rue ne portait pas encore le nom de rue des *Juifs*.

ROSIERS. (Rues des) *Voyez* rues des Juifs, Saint-Guillaume et du Puits-qui-parle.

ROSIERS. (Rue Neuve-des-) *Voyez* rue Saint-Guillaume.

ROUEN, écrit ROHAN. (Cul-de-sac ou passage de la
Cour-de-) De la rue du Jardinet, n° 13, à la cour du
Commerce. Les numéros sont *rouges*; le dernier im-
pair est 3, et le dernier pair 4. — 11ᵉ Arrond.

C'est plutôt aujourd'hui un passage, puisqu'il communique depuis plus de vingt ans avec la cour du Commerce; il doit son nom
à l'hôtel de l'archevêque de *Rouen*, qui y était anciennement situé près la cour du Commerce.

ROUGE. (Ponts) *Voy.* ponts des Tuileries et de la Cité.

ROULE (Le village du) était situé où est maintenant la rue du Faubourg-du-Roule.

C'est, selon l'opinion de quelques historiens, le *Crioilum* dont il est parlé dans la vie de saint Eloi. Les actes du treizième siècle le nomment *Rolus, Rotulus,* dont on a fait *Rolle,* et ensuite *Roule.* Il a été érigé en faubourg de Paris en 1722, et enclos dans Paris vers l'an 1786 par les nouveaux murs.

ROULE. (Rue du) *Commence* rue Béthisy, et *finit* rue des Fossés-Saint-Germain-l'Auxerrois. Les numéros sont *noirs;* le dernier impair est 23, et le dernier pair 22. — 4ᵉ Arrondissement.

Cette rue, ouverte en 1691, tient son nom du fief du *Roule,* dont le chef-lieu était à l'hôtel du *Roule,* situé dans cette rue, au coin de celle des Fossés-Saint-Germain.

ROULE. (Rue du Faubourg-du-) *Commence* rues de la Pépinière et d'Angoulême, et *finit* barrière du Roule. Les numéros sont *rouges;* le dernier impair est 83, et le dernier pair 110. — 1ᵉʳ Arrondissement.

Ainsi nommée parce qu'elle traverse le *Roule.* (*Voyez* l'article ci-dessus, village du *Roule.*) Aux nᵒˢ 17 et 19 est la belle pépinière de M. Fortin; au nᵒ 21 les écuries d'Orléans, maintenant les écuries de l'Empereur, bâties sur les dessins de M. Bellanger; au nᵒ 33 est une fontaine alimentée par la pompe à feu de Chaillot, et pratiquée simplement dans une borne carrée; au nᵒ 55 le petit hôtel Beaujon, et au nᵒ 77 l'hôtel dit la Chartreuse, qui appartient à Mᵐᵉ Lemaire.

ROULE. (Chaussée du) *Voyez* rue du Faubourg-Saint-Honoré.

ROULE, (Barrière du) à l'extrémité de la rue du Faubourg-du-Roule. — 1ᵉʳ Arrondissement.

Cette barrière, qui a la même étymologie que la rue du Faubourg-du-Roule, consiste en un bâtiment décoré de quatre avant-corps, un couronnement et un dôme.

ROULE. (Chemin de ronde de la barrière du) De la barrière du Roule à celle de Neuilly. — 1ᵉʳ Arrondissement.

ROULETTE. (Rue de la) *Voyez* rue de Menilmontant.

ROUSSEAU. (Rue Jean-Jacques-) *Commence* rue Coquillière, et *finit* rue Montmartre. Les numéros sont *noirs;* le dernier impair est 23, et le dernier pair 30. — 3ᵉ Arrondissement.

En 1293 elle se nommait *Muverse, où il y a une plâtrière;* elle était alors hors des murs de Paris, puisque les murs de clôture de Philippe-Auguste, bâtis vers l'an 1200, passaient entre les rues du Jour et Plâtrière, maintenant J.-J.-Rousseau, dans la même direction que ces deux rues; elle prit ensuite le nom de *Plâtrière*, à cause de la *plâtrière* de la rue *Maverse*. Guillot, vers l'an 1300, écrit de la *Plastriere*. Le public la nomme souvent rue de la *Poste*, à cause de l'hôtel de la *Poste* qui y est situé. Le nom de *J.-J. Rousseau* lui fut donné en 1790, en mémoire du célèbre écrivain de ce nom, né à Genève en 1712, et mort à Ermenonville en 1778. Ce grand écrivain affectionnait ce quartier, car dans ses Confessions il annonce avoir demeuré rue Verdelet, au jeu de paume, où est maintenant le n° 4, et sept ans rue de Grenelle-Saint-Honoré, n° 3, à l'hôtel de Languedoc; en 1776, deux ans avant sa mort, il habitait dans la rue *Plâtrière*, depuis *Jean-Jacques Rousseau*, au n° 2, au second, dans la maison de M. Duchaussoy. (*Voyez* seconde Rêverie du Promeneur solitaire.)

Au n° 3 est l'hôtel *Bullion*, qui s'étendait autrefois jusqu'à la rue Coq-Héron; il fut bâti en 1630, sur les dessins de Leveau, pour M. de *Bullion*; au n° 9 est l'hôtel des Postes (*Voyez* cet article à son ordre alphabétique); au n° 12, au fond du jardin à droite, on voit encore les restes d'une tour des murs de l'enceinte de Philippe-Auguste; elle est d'environ huit mètres (vingt-quatre pieds) de hauteur.

Au n° 20, où était le couvent des Filles-Sainte-Agnès (*voyez* cet article à son ordre alphabétique), est le bureau de la rédaction de l'*Almanach du Commerce* de Paris, des Départemens de l'Empire français et des principales Villes du monde.

ROUSSELET-CHAMPS-ÉLYSÉES. (Rue) *Commence*

allée des Veuves, et *finit* rue Montaigne. Les numéros sont *noirs*; pas de numéros impairs; le dernier pair est 6. — 1er Arrondissement.

Elle fut tracée vers l'an 1784, et n'est encore bâtie qu'en partie d'un côté. Nous ne savons pas pourquoi ce nom lui fut donné.

ROUSSELET-SAINT-GERMAIN. (Rue) *Commence*

rue Plumet, et *finit* rue de Sèvres. Les numéros sont *noirs*; le dernier impair est 33, et le dernier pair 10. — 10e Arrondissement.

En 1672 ce n'était encore qu'un *chemin* que l'on nommait des *Vachers* et des *Vaches*. Un particulier nommé *Rousselet*, qui y fit bâtir vers l'an 1720 quelques maisons, lui donna son nom.

ROYAL. (Rue du Jardin-) *Voyez* cul-de-sac du Jardin-du-Roi.

ROYAL, (Palais) rue Saint-Honoré, n° 204. Le nu-

mérotage des galeries de pierre *commence* à gauche en entrant, au coin de la galerie de bois, et *finit* à droite, au coin de la même galerie. Comme il y a cent quatre-vingts arcades, il y a une seule série de cent quatre-vingts numéros; la même série continue dans les galeries de bois et vitrée, jusqu'au n° 265. Il y a une série particulière de numéros au pourtour du théâtre Français, une à la galerie des Offices, et une autre au passage de la cour des Fontaines. — 2ᵉ Arrondissement.

Il fut construit de 1629 à 1636, d'après les dessins de J. Lemercier, et sur les ruines des hôtels de Rambouillet et de Mercœur; il se nomma d'abord hôtel *Richelieu*, et ensuite *palais Cardinal*, parce qu'il fut bâti pour le *cardinal de Richelieu*. Ce cardinal l'ayant légué à Louis XIII par testament, Louis XIV et sa mère, Anne d'Autriche, reine régente, en firent leur résidence en 1643 et années suivantes, et il prit alors l nom de *palais Royal*. En 1692 Louis XIV le céda à Philippe de France, duc d'*Orléans*, son frère unique; depuis cette époque il appartint à la famille d'Orléans jusqu'en 1794. En 1781, après l'incendie de l'Opéra, on éleva la façade sur les dessins de Moreau; en 1786 le dernier duc d'Orléans fit abattre la grande allée du jardin, et construire les galeries de pierre, sur les dessins de Louis; en 1793 on le nomma palais *Egalité*, parce que d'Orléans s'était fait donner le nom d'*Egalité*; en 1802 il prit celui de *Tribunat*, parce que le *Tribunat* y tint quelques années ses séances jusqu'à sa suppression.

Le jardin, qui était irrégulier sous le cardinal de Richelieu, fut embelli au commencement du dix-huitième siècle par le duc d'Orléans, régent, et replanté en 1730. Sous le dernier duc d'Orléans il fut considérablement diminué par la construction des galeries. Les arbres que nous y voyons furent plantés en 1799, par les propriétaires des maisons des galeries.

ROYAL. (Place du Palais-) en face du Palais-Royal. Les numéros sont *rouges*; c'est la suite des numéros de la rue Saint-Honoré, de 223 à 243. — De 225 à 251, 4ᶜ Arrondissement; de 233 à 243, 1ᵉʳ Arrond.

Elle fut agrandie en 1643 par la démolition de l'hôtel de Sillery.

ROYAL. (Pont) *Voyez* pont des Tuileries.

ROYALE. (Rue) *Commence* rue du Marché-Saint-Martin, et *finit* rue Saint-Martin. Les numéros sont *rouges*; le dernier impair est 31; et le dernier pair 32. — 6° Arrondissement.

Elle fut construite en 1765, en même temps que le marché Saint-Martin, sur une portion du territoire dépendant alors de cette abbaye.

ROYALE. (Rues) *Voyez* rues de la Concorde, des Moulins, du Pas-de-la-Mule, Pigalle, Richelieu et des Vosges.

ROYALE. (Petite rue) *Voyez* rue du Pas-de-la-Mule.

ROYALE. (Barrière de la rue) *Voy.* barrière Montmartre.

ROYALE. (Place) *Voyez* place des Vosges.

S.

SABIN. (Rue Saint-) *Commence* rue d'Aval, et *finit* rue du Chemin-Vert. Les numéros sont *noirs*; le dernier impair est 5, et le dernier pair 20. — 8°. Arrondissement.

Nous n'avons pu découvrir l'étymologie du nom de cette rue. *Voyez* petite rue Saint-Pierre.

SABIN, (Cul-de-sac ou ruelle Saint-) rue Saint-Sabin, entre les n°° 12 et 14; il *finit* dans les champs. Les numéros sont *rouges*; le dernier impair est 7; pas de numéros pairs. — 8° Arrondissement.

SABLON. (Rue du) Du pont Saint-Charles à la rue du Marché-Palu.

Cette rue, que l'on nommait aussi des *Sablons*, longeait la rivière; elle fut supprimée en 1511 pour faire partie de l'Hôtel-Dieu. Guillot, vers l'an 1300, la nomme du *Sablon*.

SABLONNIÈRE. (La) *Voyez* quai Malaquais.

SABONNE. (Rue aux Hoirs-de-) *Voy.* rue de Sorbonne.

SABOT. (Rue du) *Commence* petite rue Taranne, et *finit* rue du Four-Saint-Germain. Les numéros sont *noirs*; le dernier impair est 5, et le dernier pair 8. — 10° Arrondissement.

Au quinzième siècle elle se nommait *Copieuse*, d'un particulier de ce nom qui y possédait un clos; ensuite elle fut nommée de l'*Hermitage*. L'enseigne du *Sabot*, dont il est fait mention en 1523, lui a donné le nom qu'elle porte aujourd'hui.

27

SACALIE, SACHALIE, SAQUALIE, etc. (Rue) *Voyez* rue Zacharie.

SAC-ÉPÉE. (Rue) *Voyez* ruelle des Quenouilles.

SA CHETS, (Les Frères) quai des Augustins.

Ces ermites, aussi nommés *frères de la Pénitence de Jésus-Christ*, étaient affublés d'un vêtement en forme de *sac*, d'où leur vient la dénomination de *sachets*; ils étaient établis à l'endroit qui fut cédé en 1299 aux Augustins.

SA CHETTES (Les) demeuraient rue du Cimetière-Saint-André.

C'était une congrégation de pauvres femmes qui, à l'imitation des frères *sachets*, portaient un vêtement ressemblant à un *sac*. Au treizième siècle elles étaient établies rue du Cimetière-Saint-André, qui portait alors le nom de rue des *Sachettes*.

SACHETTES. (Rue des) *Voyez* rue du Cimetière-Saint-André.

SACREMENT, (L'église des Filles-du-Saint-) rue Turenne, entre les n°° 50 et 52. — 8° Arrondissement.

Cette église, qui est maintenant la troisième succursale de la paroisse Saint-Merri, est celle qui dépendait du couvent des Filles du Saint-Sacrement. Le couvent et l'église furent bâtis en 1684, sur l'emplacement de l'hôtel qu'avait habité *Turenne*. Ce couvent fut supprimé en 1790.

SACREMENT, (Les Filles du Saint-) rue Cassette, n° 22.

Elles s'établirent en cet endroit en 1669, après avoir demeuré quelque temps rue Férou. Ayant été supprimées en 1790, les bâtimens furent vendus et devinrent une maison particulière.

SAILLE-EN-BIEN et SALEMBIEN. (Rue) *Voyez* cul-de-sac Salembrière.

SAINCTYONS. (Rue aux) *Voyez* rue de la Vieille-Place-aux-Veaux.

SAINT-DENIS. (Rue Jean-) *Voyez* rue Pierre-Lescot.

SAINTE-CROIX-CHAUSSÉE-D'ANTIN. (Rue) *Commence* rue Saint-Nicolas, et *finit* rue Saint-Lazare. Les numéros sont *noirs*; le dernier impair est 17, et le dernier pair 22. — 1er Arrondissement.

Ainsi nommée parce qu'elle fut ouverte, en 1781, sur des terrains appartenant à M. de *Sainte-Croix* : en 1789 M. de

Sainte-Croix y possédait deux maisons. Devant le lycée Bonaparte il y a une fontaine dont les eaux sont fournies par la pompe à feu de Chaillot.

SAINTE-CROIX, (Place) rue Sainte-Croix, en face du lycée Bonaparte. — 1er Arrondissement.

SAINTONGE. (Rue de) *Commence* rue de Bretagne, et *finit* boulevart du Temple. Les numéros sont *noirs*; le dernier impair est 31, et le dernier pair 44. — 6e Arrondissement.

L'alignement en fut donné en 1626; elle porte le nom d'une des anciennes provinces de France. *Voyez* rue d'Anjou-au-Marais.

SAINT-POL. (Rue Jehan-) *Voy.* rue du Plâtre-au-Marais.

SALEMBRIÈRE, (Cul-de-sac) rue Saint-Séverin, entre les n° 4 et 6. Pas de numéros. — 11e Arrondissement.

En 1239, et plusieurs fois pendant le treizième siècle, on le trouve nommé *vicus Salientis in bonum*, que l'on a traduit par *Saille-en-bien*, par altération *Salembière*, enfin *Salembrière*. Elle tient ce nom de *Rodolphe Salientis in bonum*, qui y avait sa maison au commencement du treizième siècle. Anciennement c'était une rue qui se prolongeait jusqu'à celle Saint-Jacques.

SALLE-AU-COMTE. (Rue) *Commence* rue et cul-de-sac Saint-Magloire, et *finit* rue aux Ours. Les numéros sont *noirs*; le dernier impair est 15, et le dernier pair 20. — 6e Arrondissement.

En 1312 et 1442 c'était un cul-de-sac; au quinzième siècle c'était la rue au *Comte-de-Dammartin*, à cause de l'hôtel du *comte* de Dammartin qui y était situé dès le treizième siècle; on la nomma ensuite rue *Salle-du-Comte*; enfin, en 1623 et 1651, rue *Salle-au-Comte*, autrement la cour *Saint-Leu*. Entre les n° 16 et 18 est la fontaine de Marle ou Saint-Leu, qui est alimentée par la pompe Notre-Dame.

SALM. (Hôtel de) *Voy.* palais de la Légion-d'Honneur.

SALPÊTRIÈRE, (Hospice de la) rue Poliveau, n° 7, boulevard de l'Hôpital. — 12e Arrondissement.

Cet hospice fut bâti en 1656 et 1657, dans un endroit où l'on préparait le *salpêtre*, dont il tient son nom. En 1751 on fit construire un logement destiné aux insensés et imbécilles. On reçoit dans cet hospice les femmes indigentes, infirmes ou âgées de soixante-dix ans, et l'on y traite des folles.

SAMARITAINE. (La pompe dite la) *Voyez* Neuf. (pont)

sancée. (Rue) *Voye* rue Censier.

SANG (La place au) était située près des rues du Clos-Georgeau et Helvétius (autrefois Sainte-Anne).

C'est ainsi que l'on nommait au commencement du dix-septième siècle cet endroit, où l'on déposait les boues et les immondices.

SANHÉDRIN. (Rue du) *Commence* place du Sanhédrin, et *finit* rue de la Tixeranderie. Les numéros sont *noirs*; le seul impair est 1, et le dernier pair 4. — 9ᵉ Arrondissement.

Elle portait le nom singulier de *Pet-au-Diable*, sans que l'on en connaisse exactement l'étymologie. Sauval dit que ce nom lui a été donné à cause d'une tour carrée qui se nommait autrefois la *Synagogue*, le *Martelet Saint-Jean*, le *vieux Temple* et hôtel du *Pet-au-Diable*, par dérision pour les juifs, qui y avaient une synagogue; d'autres croient que cette tour et cette maison étaient possédées par un nommé *Petau*, surnommé le *Diable* à cause de sa méchanceté. Vers 1300 Guillot la désigne ainsi : *en une ruelle tournai qui de Saint-Jean voie à porte*. On la trouve aussi appelée *au Chevet-Saint-Jean*, du *Cloître-Saint-Jean*. On l'a nommée, il y a peu d'années, du *Sanhédrin*, parce que le premier des tribunaux chez les juifs (le *sanhédrin*) y tient ses séances depuis cinq à six ans.

SANHÉDRIN. (Place du) *Commence* rue du Monceau-Saint-Gervais, et *finit* rues du Sanhédrin et des Vieilles-Garnisons. Les numéros sont *noirs*; le seul impair est 1, et le dernier pair 6. — 9ᵉ Arrond.

Voyez-en l'étymologie rue du Sanhédrin.

sansée. (Rue) *Voyez* rue Fourcy.

SANSON. (Rue) *Commence* rue des Marais, et *finit* rue de Bondy. Les numéros sont *noirs*; le dernier impair est 3; pas de numéros pairs. — 5ᵉ Arrondissement.

Cette rue, percée depuis une quinzaine d'années, porte le nom d'un particulier qui y fit construire plusieurs maisons. Au n° 3 est le Colisée d'été, nommé précédemment Wauxhall d'été. Une grande salle où l'on voit des danseurs de corde, un limonadier, un grand jardin où l'on danse, où l'on tire des feux d'artifice, une petite pièce d'eau, etc., y attirent beaucoup de monde les dimanches et fêtes pendant la soirée.

SANSONNETS et du *SANSONNET-A-LA-CROIX* (La rue des) conduisait de la rue Saint-

Jacques à celle des Bourguignons, au champ des Capucins.

Cette rue, qui n'existe plus, avait aussi porté en 1636 les noms de *l'Egout*, parce qu'elle servait à cet usage, du *Puits-de-l'Orme* et du *Puits-de-la-Ville*, parce qu'il y avait un regard pour les eaux.

SANTÉ. (Rue de la) *Commence* rue des Bourguignons, et *finit* boulevart Saint-Jacques. Les numéros sont *noirs*; le dernier impair est 5, le dernier pair 16. — 12ᵉ Arrondissement.

Cette rue est ainsi nommée parce qu'elle conduit directement à la *maison de santé* (ci-devant l'hôpital *Sainte-Anne*, fondé par *Anne* d'Autriche, reine de France) qui est à deux cents toises de distance hors de la barrière. Avant la construction de cet hôpital elle se nommait le *chemin de Gentilly*.

SANTÉ. (Barrière de la) — 12ᵉ Arrondissement.

Même étymologie que la rue de la Santé; elle n'est accompagnée que d'un simple bâtiment.

SANTÉ. (Boulevart de la) *Voy.* boulevart Saint-Jacques.

SARRAZIN. (Rue Jean-) *Voyez* rue Pierre-Sarrazin.

SARRAZIN. (Rue Pierre-) *Commence* rue de la Harpe, et *finit* rue Hautefeuille. Les numéros sont *rouges*; le dernier impair est 15, et le dernier pair 16. — 11ᵉ Arrondissement.

Elle tient son nom d'un particulier nommé *Pierre Sarrazin*, qui possédait au treizième siècle plusieurs maisons dans cette rue: vers l'an 1300 Guillot la nomme ainsi. On la trouve en 1511 sous celui de *Jean-Sarrazin*, qu'elle ne porta pas longtemps.

SARTINE. (Rue) *Commence* rue de Viarmes, et *finit* rue Coquillière. Les numéros sont *noirs*; le dernier impair est 5, et le dernier pair 8. — 4ᵉ Arrondissement.

Elle fut percée vers l'an 1764, sur une partie de l'emplacement de l'hôtel Soissons, lorsque l'on construisit la halle au Blé, et porte le nom de *Sartine*, alors lieutenant général de police.

SARTINE. (Rue) *Voyez* rue de Pontoise.

SARTINE, (Carrefour) place formée à la rencontre des rues Sartine, Grenelle-Saint-Honoré, Coquillière et Jean-Jacques-Rousseau.

SAUGÉ, (Cul-de-sac de Monsieur) rue du Jour.

Il n'existe plus. Lacaille le désigne dans son plan, et Valleyre le nomme de la *Madeleine*.

SAUMON. (Passage du) De la rue Montorgueil, entre les n°s 69 et 71, à la rue Montmartre, entre les n°s 82 et 84. — 3° Arrondissement.

Il tient son nom de l'enseigne du *Saumon*, qui existe encore à l'une de ses extrémités, rue Montorgueil, où les voitures chargées de poissons arrivent.

SAUNERIE. (Rue de la) *Commence* quai de la Mégisserie, et *finit* rue Saint-Germain-l'Auxerrois. Les numéros sont *noirs;* le dernier impair est 11, et le dernier pair 10. — 4° Arrondissement.

Cette rue, qui se prolongeait anciennement en retour jusqu'à la rue Saint-Denis, se trouve, en 1256, 1267 et 1407, désignée sous le nom de *Saulnerie*. Guillot, vers l'an 1300, la nomme rue de la *Saunerie*, parce que la maison de la *marchandise du sel* était près de cette rue, à côté du grand Châtelet. Cette maison, nommée depuis le *Grenier à Sel*, n'a été transférée rue Saint-Germain-l'Auxerrois qu'en 1698. On ne doit donc point écrire *Sonnerie.* En 1636 on la trouve nommée *petite Poissonnerie*.

SAUNERIE. (Rue de la Petite-) *Voy.* rue Pierre-à-Poissons.

SAUNERIE. (Quai de la) *Voyez* quai de la Mégisserie.

SAUNIER. (Passage) De la rue Richer, n° 24, à la rue Bleue, n° 25. — 2° Arrondissement.

C'est le nom de M. *Saunier*, qui est propriétaire d'une partie de ce passage.

SAUSSAIES. (Rue des) *Commence* rue du Faubourg-Saint-Honoré, et *finit* rue de Surène. Les numéros sont *noirs;* le dernier impair est 15, et le dernier pair 18. — 1er Arrondissement.

Au commencement du dix-septième siècle on la nommait des *Carrières;* elle prit ensuite successivement les noms de la *Couldraie*, de *chemin des Saussaies*, et enfin de rue des *Saussaies*, qu'elle tient des *carrières, coudriers et saules* qui existaient sur le terrain où elle fut percée. En 1734 il n'y avait encore aucune maison; elle n'était formée que par les murs des jardins et des terrains des rues voisines. Un plan manuscrit de l'archevêché la nomme *ruelle Baudet*. Au n° 13 est l'hôtel Ségur.

SAUSSAIES. (Rue des) *Voyez* rue Poliveau.

SAUVEUR, (Eglise Saint-) rue Saint-Denis, n° 277, au coin de celle Saint-Sauveur.

Il est déjà fait mention de cette église sous le nom de *chapelle de la Tour* dès l'an 1216; elle était déjà paroisse en 1313, suivant la collecte qui y fut faite cette année. Elle fut reconstruite en 1537, agrandie en 1571 et 1622, réparée en 1713, et démolie vers l'an 1793. Un bel établissement de bains dits *Saint-Sauveur* s'est élevé depuis plusieurs années sur l'emplacement de cette église.

SAUVEUR. (Rue Saint-) *Commence* rue Saint-Denis, et *finit* rue Montorgueil. Les numéros sont *rouges*; le dernier impair est 63, et le dernier pair 38. — 5° Arrondissement.

Cette rue, dont il est déjà fait mention en 1313 sous ce nom, tire son étymologie de l'église *Saint-Sauveur*, qui y était située, au coin de celle Saint-Denis. *Voyez* ci-dessus l'église *Saint-Sauveur*.

sauveur. (Rue Saint-) *Voyez* rue Hillerin-Bertin.

SAUVEUR. (Rue Neuve-Saint-) *Commence* rue Damiette, et *finit* rue du Petit-Carreau. Les numéros sont *rouges*; le dernier impair est 9, et le dernier pair 12. — 5° Arrondissement.

Elle se nommait anciennement de la *Corderie*, ensuite *Boyer*, du nom de Pierre *Boyer*, qui y demeurait. En 1603 elle est désignée sous le nom des *Corderies*, *aliàs la cour des Miracles*, et en 1622 sous celui de *Neuve-Saint-Sauveur, anciennement dite Boyer*. On la nomma *Neuve* à cause de la proximité de la rue *Saint-Sauveur*, et parce qu'on avait projeté d'ouvrir une rue qui aurait traversé de la rue de Bourbon (aujourd'hui d'Aboukir) à celle *Saint-Sauveur*. Cette rue n'ayant pas été percée, on donna à celle-ci le nom de *Neuve-Saint-Sauveur*, qu'on avait destinée à la rue qui ne fut que projetée.

SAUVEUR, (Les Filles du) rue Vendôme, n° 6.

Cette communauté, établie en cette rue l'an 1704, fut supprimée en 1790. C'est maintenant une maison particulière.

savary. (Rue Jehan-) *Voy.* rue des Vieilles-Garnisons.

savaterie. (Rue de la) *Voyez* rue Saint-Eloy.

SAVOIE. (Rue de) *Commence* rue Pavée, et *finit* rue des Grands-Augustins. Les numéros sont *rouges*; le

dernier impair est 19, et le dernier pair 24. — 11ᵉ Arrondissement.

L'hôtel de *Savoie*, situé au coin de cette rue et de la rue Pavée, du côté du quai, a donné son nom à cette rue. C'était un hôtel très-grand, puisqu'il s'étendait presque jusqu'à la rue des Vieux-Augustins. Le duc de *Savoie* y logea en 1599; il fut vendu en 1672 par la famille du duc de *Savoie*, époque où cette rue fut percée : ce sont à présent des maisons particulières.

SAVOIE. (Rue de) *Voyez* rue des Sept-Voies.

SAVONNERIE. (Rue de la) *Commence* rue Saint-Jacques-la-Boucherie, et *finit* rues de la Heaumerie et des Ecrivains. Les numéros sont *noirs*; le dernier impair est 21, et le dernier pair 18. — 6ᵉ Arrond.

Elle est connue sous ce nom dès le commencement du quatorzième siècle.

SAVONNERIE. (Rue qui chiet en la) *Voy.* rue d'Avignon.

SAXE. (Avenue de) *Commence* place de Fontenoi, et *finit* rue de Sèvres. Les numéros sont *noirs*; le dernier impair est 7; pas de numéros pairs. — 10ᵉ Arrond.

Elle porte le nom du célèbre maréchal de Saxe, né en 1696, et mort en 1750.

SCIPION. (Rue) *Commence* rue Fer-à-Moulin, et *finit* rue des Francs-Bourgeois-Saint-Marcel. Les numéros sont *noirs*; le dernier impair est 13, et le dernier pair 10. — 12ᵉ Arrondissement.

Cette rue portait le nom de la *Barre* dès l'an 1540, à cause d'une *barrière* qui était alors placée au bout de la rue dite des Francs-Bourgeois : on lui a redonné depuis 1806 le nom de *Scipion*, qu'elle portait aussi quelquefois concurremment avec celui de la Barre. Ce nom de *Scipion* lui vient de l'hôtel que *Scipion* Sardini, gentilhomme italien, y fit construire, et qui en 1636 fut changé en hôpital.

SCIPION, (Place) au bout de la rue Fer-à-Moulin. Pas de numéros. — 12ᵉ Arrondissement.

Même étymologie que la rue *Scipion*.

SÉBASTIEN. (Rue Saint-)*Commence* rues Saint-Pierre et Amelot, et *finit* rue de Popincourt. Les numéros sont *noirs*; le dernier impair est 25, et le dernier pair 52. — 8ᵉ Arrondissement.

Jusqu'en 1718 elle se nomma *Saint-Etienne*; elle prit à cette époque le nom de *Saint-Sébastien*. Ces deux dénominations lui viennent de deux enseignes.

SÉBASTIEN, (Cul-de-sac Saint-) rue Saint-Sébastien, entre les n° 30 et 32. Les numéros sont *noirs*; le dernier impair est 3, et le dernier pair 24. — 8° Arrond.

Il a pris son nom de la rue où il est situé.

SÉEZ, (Collége de) rue de la Harpe, n° 85.

Il fut fondé en 1427, en exécution du testament de Grégoire Langlois, évêque de *Séez*; et fut presque entièrement reconstruit en 1730, et réuni à l'Université en 1763. C'est maintenant l'hôtel garni dit de Nassau.

SÉGUR. (Avenue) De la place Vauban à l'avenue de Saxe. — 10° Arrondissement.

C'est le nom du marquis de Puy-*Ségur*, né à Paris en 1655, et mort en 1743. Il fut créé maréchal de France en 1734.

SEINE-SAINT-GERMAIN. (Rue de) *Commence* quai Malaquais, et *finit* rue Bussi. Les numéros sont *noirs*; le dernier impair est 75, et le dernier pair 52. — 10° Arrondissement.

Ce n'était anciennement qu'un chemin nommé du *Pré-aux-Clercs*, de la *porte de Bussi à la Seine*, de la *porte de Bussi au Pré-aux-Clercs*, rue *qui tend du pilori au Pré-aux-Clercs*, enfin rue de *Seine*. Elle fut pavée en 1545. Elle porta aussi, selon Sauval, le nom de *Dauphine*, parce que l'hôtel maintenant nommé de *La Rochefoucault* s'était nommé hôtel *Dauphin*, ayant été habité par Louis de Bourbon, *dauphin* d'Auvergne. Au n° 6 est l'hôtel que l'on nomme aujourd'hui Mirabeau; c'est là qu'était la principale entrée du *palais de la reine Marguerite de Valois*, première femme de Henri IV. Ce palais fut bâti en 1606; son jardin s'étendait le long de la rivière jusqu'à la rue des Saints-Pères : cette princesse y mourut en 1619. Une partie du jardin servit à cette époque à construire le quai Malaquais, et peu de temps après les bâtimens furent en partie reconstruits. Le président Séguier y logeait en 1640; Gilbert des Voisins en était propriétaire en 1718; c'est maintenant la demeure de M. Garnery, libraire. Au n° 12 est l'hôtel de *La Rochefoucault*; qui, selon Sauval, se nommait anciennement hôtel *Dauphin*, il passa au duc de Bouillon, père de Turenne; ensuite au duc de Liancourt, et en 1659 au duc de *La Rochefoucault*, par son mariage avec Jeanne-Charlotte du Plessis-Liancourt : il est maintenant occupé par divers particuliers.

SEINE-SAINT-VICTOR. (Rue de) *Commence* quai

Saint-Bernard, et *finit* rue du Jardin-des-Plantes. Les numéros sont *noirs*; le dernier impair est 41, et le dernier pair 28. — 12ᵉ Arrondissement.

Anciennement c'était la rue *au chemin devers la Seine*. En 1552 on la nommait rue *derrière les murs de Saint-Victor*; ensuite du *Ponceau*, parce qu'il existait au milieu de cette rue un petit *pont* sur la Bièvre, lorsqu'elle traversait l'enclos de Saint-Victor.

SEINE. (Ruelle de) *Voyez* rue Pernelle.

SEINE PAR OÙ L'ON VA AUX AUGUSTINS. (Rue de) *Voyez* quai des Augustins.

SEINE. (Chemin ou rue devers la) *Voyez* rue de Seine-Saint-Victor.

SEINE. (Rue de la Petite-) *Voyez* rue des Petits-Augustins.

SÉJOUR. (Rue du) *Voyez* rue du Jour.

SEL, (Grenier à) rue Saint-Germain-l'Auxerrois, n° 42.

Anciennement le *Grenier à Sel* était près le grand Châtelet, sous le nom de *maison de marchandise de sel*: la rue de la *Saunerie* en prit son nom. Il fut ensuite transféré rue Saint-Germain-l'Auxerrois, entre la place des Trois-Maries et l'arche Marion. En 1698 il fut reconstruit près des bâtimens de l'ancien, qui étaient situés des deux côtés de la rue.

SELLERIE DE PARIS, SELLERIE DE LA GRAND'RUE. *Voyez* rue Saint-Denis.

SEMELLE. (Rue de la) *Voyez* rue Mignon.

SÉMINAIRES. *Voyez* leurs noms particuliers.

SÉNAT CONSERVATEUR, (Palais du) rue de Vaugirard, n° 19 et 21. — 11ᵉ Arrondissement.

Vers l'an 1540 Robert de Harlay de Sancy fit bâtir en cet endroit une grande maison accompagnée de jardins. Le duc de Piney-*Luxembourg* en fit l'acquisition, et en 1583 il acheta des pièces de terre contiguës pour agrandir les jardins. Marie de Médicis en devint propriétaire en 1612; après avoir fait l'acquisition d'environ vingt-cinq arpens de terre contiguës, elle fit en 1615 jeter les fondemens de ce vaste et bel édifice, sur les dessins de J. Desbrosses; il fut achevé en 1620: on continua à le nommer le *Luxembourg*, parce que le quartier en avait pris le nom; le nom de *Luxembourg* prévaut même encore aujourd'hui. Il passa à Gaston d'*Orléans*, fils de Marie de Médicis, qui voulut lui donner le nom de palais d'*Orléans* : on le trouve sous ce nom sur le plan de Boisseau de 1650, et autres de ce temps. Louis XVI avait donné en 1779 ce palais à *Monsieur*, son frère, qui l'habita jusqu'en 1790. Le 5 novembre 1795 le Directoire exécutif s'y établit et y résida jusqu'à sa suppression, le 10 novembre 1799. Le 24 décembre de la même année le *Sénat conservateur* fut organisé, et on lui destina le palais du Luxembourg. Il fut restauré en 1805, sur les dessins de Chalgrin : on travaille maintenant à la grande avenue qui s'étendra jusqu'à l'Observatoire et à plusieurs autres embellissemens. On voit dans ce palais les galeries de Rubens, de Vernet et de Lesueur.

Le *Petit-Luxembourg*, qui se nommait aussi le *Petit-Bourbon*, et qui dépend du palais du Sénat, fut bâti par le cardinal de Richelieu. Il fut habité, pendant les six premiers mois de son consulat, par le premier consul Bonaparte, ensuite par Joseph, son frère, alors roi de Naples; maintenant par la reine d'Espagne.

SENDEBOURS-LA-TREFILIÈRE. (Rue) *Voyez* rue de Venise.

SENTIER. (Rue du) *Commence* rues Saint-Roch et des Jeuneurs, et *finit* boulevart Poissonnière. Les numéros sont *noirs*; le dernier impair est 17, et le dernier pair 26. — 3e Arrondissement.

Elle doit son nom au *sentier* sur lequel on l'a alignée. Par altération on écrit dans plusieurs plans du *Chantier, Centière, Centier*; d'autres la désignent sous celui du *Gros-Chenet*, dont elle fait la prolongation jusqu'au boulevart. (*Voyez* aussi rue du Gros-Chenet.) Au n° 20 est l'hôtel Meslay.

SÉPULCHRE, (Chapitre du Saint-) rue Saint-Denis, n° 124.

Cette église et cet hôpital furent fondés en 1326, pour recevoir les pèlerins qui passeraient à Paris en allant ou revenant de visiter le *saint sépulchre* à Jérusalem; il fut supprimé en 1790. Une compagnie de négocians hollandais ou *bataves* en fit l'acquisition en 1791, et après avoir démoli tous les anciens bâtimens, ils y firent construire les années suivantes une vaste et belle maison de commerce que l'on nomma *cour Batave*, sur les dessins de MM. Happe et Lesobre; quelques parties restent encore à construire. *Voyez* Cour Batave.

SÉPULCHRE ou de *BELLECHASSE,* (Chanoinesses du Saint-) rue Neuve-de-Bellechasse, n° 4.

En 1635 ces religieuses s'établirent en cet endroit sur un terrain dit *Bellechasse*, dont elles prirent le nom. Ayant été supprimées en 1790, une partie du terrain servit à prolonger la rue de

Bellechasse, sous le nom de rue *Neuve-de-Bellechasse*, et la partie des bâtimens qui ne fut point détruite sert maintenant de magasin des fourrages du Gouvernement.

SÉPULCHRE. (Rue du) *Voyez* rue du Dragon.

SERAINE (La ruelle de la) aboutissait rue de la Barillerie.

Elle a été supprimée depuis plus de deux siècles.

SERF. (Rue au) *Voyez* rue de la Monnaie.

SERGENS. (Rue de la Barrière-des-) *Voyez* rue du Pélican.

SERPENT. (Rue du et rue de la) *Voyez* rue Serpente.

SERPENTE. (Rue) *Commence* rue de la Harpe, et *finit* rue Hautefeuille. Les numéros sont *rouges*; le dernier impair est 17, et le dernier pair 8. — 11e Arrondissement.

Cette rue, ouverte en 1179, fut d'abord mal alignée; ce qui lui fit donner le nom de *Tortueuse, vicus Tortuosus*, comme on le voit par un acte de l'an 1263. En 1250 on la nommait du *Serpent*, de la *Serpente*, à cause de ses sinuosités. Guillot, vers l'an 1300, écrit de la *Serpent*. *Voyez* aussi rue du Battoir-Saint-André.

SERPILLON. (Rue) *Voyez* rue Frépillon.

SERVANDONI. (Rue) *Commence* rue Palatine, et *finit* rue de Vaugirard. Les numéros sont *noirs*; le dernier impair est 33, et le dernier pair 32. — 11e Arrondissement.

Il paraît que les plus anciens noms de cette rue étaient ceux du *Pied-de-Biche* et du *Fer-à-Cheval*, qu'elle tenait sans doute de deux enseignes. Le nom du *Fossoyeur* ou des *Fossoyeurs* lui fut donné parce que le *fossoyeur* de la paroisse Saint-Sulpice y demeurait. Depuis quelques années on la nomme *Servandoni*, en l'honneur du célèbre architecte de ce nom, né à Florence en 1695, et mort en 1766. Le portail de Saint-Sulpice, près de cette rue, fut élevé sur ses dessins.

SERVITEURS. (Rue des Deux-) *Voyez* rue des Deux-Ermites.

SEVERIN, (Eglise Saint-) rue Saint-Severin, entre les nos 3 et 5. — 11e Arrondissement.

Cette église, qui est maintenant la seconde succursale de la paroisse Saint-Sulpice, était, dès le sixième siècle, selon l'opinion la plus accréditée, une chapelle ou oratoire dédié à *saint Severin* le solitaire, mort en 555. Elle fut détruite au neuvième siècle par les Normands, et ne fut rebâtie que vers la fin du onzième siècle, époque où elle devint paroisse; on y fit des réparations considérables en divers temps, et notamment de 1489 à 1495, et en 1684. Ce fut en janvier 1474, au cimetière de l'église Saint-Severin, qui touchait alors cette église au sud, sous le règne de Louis XI, que l'on fit publiquement la première opération de la pierre sur un franc-archer condamné à être pendu pour vol. Cette opération fut heureuse et devint utile au genre humain.

SEVERIN. (Rue Saint-) *Commence* rues Saint-Jacques et du Petit-Pont, et *finit* rues de la Vieille-Bouclerie et de la Harpe. Les numéros sont *rouges*; le dernier impair est 17, et le dernier pair 30. — 11.° Arrondissement.

Elle passe le long de l'église *Saint-Severin*, dont elle tient le nom.

SEVERIN. (Rue Saint-) *Voyez* cul-de-sac des Corderies et rue de Paradis-Saint-Jacques.

SEVERIN. (Grand'rue près le chef Saint-) *Voyez* rue Saint-Jacques.

SEVERIN. (Ruelle devant, ruellette, petite rue Saint- et ruelle près Saint-) *Voy.* rue des Prêtres-Saint-Severin.

SEVERIN. (Rue des Prêtres-Saint-) *Commence* rue Saint-Severin, et *finit* rue de la Parcheminerie. Les numéros sont *noirs*; pas de numéros impairs; le dernier pair est 14. — 11.e Arrondissement.

En 1244 elle se nommait *ruelle devant Saint-Severin, ruelle près Saint-Severin*; en 1260 et 1264 *petite rue Saint-Severin*; vers 1300 *petite ruellette Saint-Severin, ruelle de l'Arciprêtre*; en 1489 *ruelle Saint-Severin*, dite *au Prêtre*; en 1508 *ruelle au Prêtre*; enfin *rue des Prêtres-Saint-Severin*, parce que plusieurs prêtres habitués à la paroisse *Saint-Severin* y faisaient leur résidence.

SEVERIN. (Carrefour Saint-) C'est la place formée à la jonction des rues Saint-Severin, Saint-Jacques, du Petit-Pont et Galande. — 11.e Arrondissement.

SEVERIN. (Passage Saint-) De la rue des Prêtres-Saint-

Severin, n° 3, à la rue de la Parcheminerie, n° 10. — 11° Arrondissement.

Ainsi nommé de sa position près l'église *Saint-Severin*.

SÈVRES. (Rue de) *Commence* carrefour de la Croix-Rouge et rue du Four, et *finit* barrière de Sèvres. Les numéros sont *noirs;* la première série, qui est en deçà du boulevart, finit au n° 143 impair, et au n° 106 pair; la seconde série, qui est au-delà du boulevart, finit au n° 27 impair, et au n° 20 pair. — 10° Arrondissement.

Son plus ancien nom est celui de la *Maladrerie*, parce que l'hôpital de ce nom y était situé. En 1641 on la nomme de l'*Hôpital-des-Petites-Maisons*. Le nom qu'elle porte aujourd'hui lui vient du village de *Sèvres*, sur lequel elle se dirige, et qui est distant de deux petites lieues de la barrière de *Sèvres*. Au n° 18 est la fontaine dite de *Sèvres*, alimentée par la pompe à feu du Gros-Caillou, et entre les n°s 58 et 60 la fontaine dite des Incurables, alimentée par la même pompe; au n° 95 est l'hôtel de Lorges, appartenant à l'hospice des Incurables, occupé maintenant par un maître de pension, et au n° 111 l'hôtel de Quesrhouen, dont Mme Adamson est propriétaire.

SÈVRES, (Barrière de) à l'extrémité de la rue de ce nom. — 10° Arrondissement.

Cette barrière, qui n'est décorée d'aucun monument d'architecture, doit son nom à la rue de *Sèvres*, au bout de laquelle on l'a placée.

SÈVRES. (Chemin de ronde de la barrière de) De la barrière de Sèvres à celle des Paillassons. — 10° Arrondissement.

SÈVRES, (Marché de la rue de) rue de Sèvres, n° 54, en face de l'hospice des Incurables. — 10°, Arrond.

Il est ouvert tous les jours, et tient son nom de la rue où il est situé.

SICILE. (Rue du Roi-de-) *Commence* rue des Ballets, et *finit* rue Vieille-du-Temple. Les numéros sont *rouges;* le dernier impair est 43, et le dernier pair 58. — 7° Arrondissement.

Elle tient son nom de l'hôtel de Charles, comte d'Anjou et de Provence, *roi* de Naples et de *Sicile*, frère de saint Louis, couronné à Rome en 1266. Cet hôtel, qui est situé au commencement de cette rue, touchait aux murs de l'enceinte de Phi-

lippe-Auguste, et se nomme aujourd'hui *hôtel de la Force.*
(*Voyez* cet article.) Cette rue était déjà habitée en 1261, mais on
ne sait pas quel nom elle portait alors. Guillot la nomme, vers
l'an 1300, du *Roi de Sezille;* on la trouve écrite en 1313, par
altération, *Cécile.* De 1792 à 1806, on la nommait des *Droits-
de-l'Homme,* qui est encore le nom de la division où elle se
trouve.

SIÉGE-AUX-DÉCHARGEURS. (Rue au et rue du Vieil-) *Voyez*
rue des Déchargeurs.

SIMON-LE-FRANC. (Rue) *Commence* rue Sainte-
Avoie, et *finit* rues du Poirier et Beaubourg. Les
numéros sont *rouges;* le dernier impair est 35, et le
dernier pair 22. — 7e Arrondissement.

Cette rue existait déjà sous ce nom en 1237 et 1273; elle le
doit sans doute à un particulier. *Voyez* aussi rue Maubuée.

SINGES. (Rue des) *Commence* rue Sainte-Croix-de-
la-Bretonnerie, et *finit* rue des Blancs-Manteaux. Les
numéros sont *noirs;* le dernier impair est 5, et le dernier pair 12. — 7e Arrondissement.

En 1300 Guillot la nomme déjà rue *à Singes;* elle tenait ce
nom d'une maison appelée la *maison aux Singes.* Sauval dit
qu'en 1269 elle se nommait rue *Pierre-d'Estampes,* et par suite
et par altération, *Perriau, Perrot* et *Perreau-d'Estampes.*

SOEURS, (Cul-de-sac des) rue des Francs-Bourgeois-
Saint-Marcel, entre les nos 4 et 6. Les numéros sont
noirs; le dernier impair est 3; pas de numéros pairs.
— 12e Arrondissement.

Ainsi nommé parce que les *sœurs* de la charité de ce quartier
y demeurent.

SOEURS, (Cour des Deux-) rue du Faubourg-Montmartre, n° 44, et rue Coquenard. — 2e Arrond.

Cette cour, nommée autrefois *des Chiens* et *cul-de-sac Coypel,* tient son nom actuel des *deux sœurs* Deveau, qui en sont
propriétaires.

SOEURS, (Cour des Deux-) rue de Charonne, n° 24.
— 8e Arrondissement.

SOISSONS. (Cul-de-sac de l'Hôtel-) *Voyez* rue Oblin.

SOLEIL-D'OR. (Passage du) De la rue de la Pépinière,
n° 10, à la rue du Rocher, n° 9. — 1er Arrondissement.

Une enseigne lui a donné ce nom.

SOLY. (Rue) *Commence* rue de la Jussienne, et *finit* rue des Vieux-Augustins. Les numéros sont *noirs*; le dernier impair est 17, et le dernier pair 18. — 3ᵉ Arrondissement.

Elle a pris ce nom de Bertrand *Soly*, qui y possédait plusieurs maisons à la fin du seizième siècle. Par altération quelques plans anciens la nomment *Sauly* et *Joly*.

SONNERIE. (Rue de la) *Voyez* rue de la Saunerie.

SORBONNE, (Collége et église) place Sorbonne. — 11ᵉ Arrondissement.

Robert de *Sorbon* ou *Sorbonne*, chapelain de Saint-Louis, fonda cette maison vers 1253 : le nom de ce fondateur fut donné à cet établissement. Tous les bâtimens tombant de vétusté en 1627, sous le ministère du cardinal de Richelieu, on posa la première pierre de l'édifice que nous voyons aujourd'hui. L'église ne fut commencée qu'en 1635, et finie en 1653. C'est sur les dessins de Lemercier que le tout fut construit. L'église, ce bel édifice, dépérit maintenant faute de réparations, et les bâtimens sont occupés par des artistes divers logés aux frais du Gouvernement.

SORBONNE. (Rue) *Commence* rue des Mathurins, et *finit* place Sorbonne. Les numéros sont *noirs*; le dernier impair est 13, et le dernier pair 16. — 11ᵉ Arrondissement.

Jusqu'en 1283 elle porta le nom *des Portes* et des *Deux-Portes*; à cette époque elle prit le nom de *Sorbonne*, à cause de la proximité de la maison de ce nom. Vers l'an 1300 Guillot la nomme déjà *aux Hoirs-de-Sabonnes*. *Voyez* aussi rue Neuve-Richelieu.

SORBONNE. (Place) *Commence* rue Sorbonne, et *finit* rue des Maçons. Les numéros sont *rouges*; le dernier impair est 3, et le dernier pair 4. — 11ᵉ Arrondissement.

Ainsi nommée parce qu'elle est en face de l'église *Sorbonne.*

SOUBISE. (Rue) *Voyez* rue de la Roche.

SOUBISE. (Hôtel) *Voyez* rue de Paradis-au-Marais.

SOUFFLOT. (Rue) *Commence* place du Panthéon, et *finit* rue Saint-Jacques. Les numéros sont *rouges*; le dernier impair est 3, et le dernier pair 8. — 12ᵉ Arrondissement.

Ce nom lui fut donné depuis quelques années en mémoire du

célèbre architecte *Soufflot*, sur les dessins duquel l'église Sainte-Geneviève, dite le Panthéon, fut construite; il était né à Irancy, près Auxerre, en 1713, et mourut à Paris en 1780.

SOULERS-DE-BAZENNE. (Rue à Petits-) *Voyez* rue Courtalon.

SOURDIÈRE. (Rue de la) *Commence* rue Saint-Honoré, et *finit* rue de la Corderie. Les numéros sont *noirs;* le dernier impair est 33, et le dernier pair 38. — 2° Arrondissement.

Au dix-septième siècle ce n'était qu'une allée qui longeait la maison et les jardins de M. de la Faye, sieur de la *Sourdière*. Ce passage ayant été élargi, et M. de la *Sourdière* ayant vendu sa maison à M. *Guiet de Lépine*, il prit alors, en 1663, le nom de rue *Guiet-de-Lépine* et de *Lépine-Guiet*, dite de la *Sourdière*, et ce dernier nom a prévalu.

SOURDIS (La ruelle) aboutissait rue d'Anjou-au-Marais, n° 19, et rue d'Orléans.

Elle est fermée depuis quelques années, et se nommait ainsi parce qu'elle régnait le long de l'ancien hôtel *Sourdis*.

SOURDIS, (Cul-de-sac) rue des Fossés-Saint-Germain-l'Auxerrois, entre les n°° 29 et 31. Les numéros sont *noirs;* le dernier impair est 3, et le seul pair 2. — 4° Arrondissement.

Ce nom lui fut donné à cause de l'hôtel *Sourdis*, qui y est situé. *Voyez* cul-de-sac Courbaton.

SPECTACLE PITTORESQUE ET MÉCANIQUE DE M. PIERRE, rue de Port-Mahon, n° 4. — 2° Arrondissement.

L'ingénieux M. *Pierre* attire depuis bien des années le public par son industrie surprenante et amusante, en changeant de temps en temps ses tableaux.

PRIX DES PLACES en 1812.	Premières..................	3 fr.
	Secondes.................	2
	Troisièmes................	1

SPECTACLES. *Voyez* leurs noms particuliers.

SPHÈRE, (La ruelle de la) qui n'existe plus, aboutissait anciennement à la rue des Postes.

SPIRE. (Rue Saint-) *Commence* rue des Filles-Dieu, et *finit* rue Sainte-Foi. Les numéros sont *noirs;* le

dernier impair est 5, et le dernier pair 6. — 5ᵉ Arrondissement.

Nous ignorons à quelle occasion on a donné à cette rue le nom de *saint Exupère* (par corruption Saint-Spire), premier évêque de Bayeux au quatrième siècle.

STUART. (Rue Marie-) *Commence* rue des Deux-Portes, et *finit* rue Montorgueil. Les numéros sont *rouges*; le dernier impair est 23, et le dernier pair 24. — 5ᵉ Arrondissement.

Le plus ancien nom de cette rue, alors hors de l'enceinte de **Paris**, habitée par des filles publiques, était *Tire-V*... En 1419, 1420 et 1421, cette dénomination était déjà changée en *Tire-Boudin*, comme on le voit par plusieurs actes authentiques de ces années. En 1809 on lui donna celui de *Marie-Stuart.* Saint-Foix dit : « *Marie Stuart*, femme de François II, passoit dans « cette rue, en demanda le nom; comme il n'était pas honnête à « prononcer, on en changea la dernière syllabe, et ce change- « ment a subsisté. » *Marie Stuart* n'épousa François II, roi de France, qu'en 1558, et le changement du nom de la rue était fait au moins cent quarante ans auparavant. Malgré cette erreur, une fantaisie bizarre et ridicule lui a fait donner depuis trois ans le nom de *Marie-Stuart*.

SUÈDE, (Collége de) rue Serpente.

Au quatorzième siècle il existait un collége de ce nom dans cette rue.

SUFFREN (L'avenue) longe le sud-ouest du champ de Mars. — 10ᵉ Arrondissement.

C'est le nom de l'illustre marin Le Bailly de *Suffren*, qui fit des expéditions glorieuses dans l'Inde; il était né dans la Provence, et mourut en 1789.

SULLY. (Rue) De la nouvelle rue Castex à la place Morland. — 9ᵉ Arrondissement.

Cette rue, qui n'est encore que projetée, longera la grande cour de l'Arsenal; elle portera le nom de *Sully*, ami et ministre de Henri IV, né en 1559 à Rosni, et mort en son château de Villebon en 1641. C'est le nom du grand et vertueux ministre *Sully*, qui fut grand maître de l'artillerie en 1601, gouverneur de la Bastille, et surintendant des fortifications en 1602, et qui demeurait alors à l'Arsenal.

SULPICE, (Eglise paroissiale Saint-) place Saint-Sulpice, entre les rues Palatine et des Aveugles. — 11ᵉ Arrondissement.

On n'est pas d'accord sur l'ancienneté de cette église. Les his-

toriens qui nous paraissent le mieux fondés ne la font pas re-
monter au-delà du douzième siècle. Elle fut agrandie sous François Ier et en 1614; en 1646 on posa la première pierre de l'édifice que nous voyons, et les travaux furent dirigés sur les dessins
de Levau, et continués par Gittard. Après une longue interrup-
tion on recommença ces travaux en 1718, sur les dessins d'Oppenord. La nef fut achevée en 1736; le portail, élevé en 1733,
est du célèbre Servandoni, qui termina tout l'édifice en 1745,
époque où l'on en fit la dédicace. L'une des tours fut construite
en 1777, sur les dessins de Chalgrin.

SULPICE. (Rue Saint-) *Voyez* rue des Canettes.

SULPICE. (Rues Neuve-Saint-) *Voyez* rues des Canettes
et Palatine.

SULPICE. (Ruelles Saint-) *Voyez* rues Garancière, du
Pot-de-Fer-Saint-Sulpice et Tournon.

SULPICE. (Rue du Cimetière-Saint-) *Voyez* rue Palatine.

SULPICE. (Place Saint-) *Commence* rue des Aveugles,
et *finit* rue Férou. Les numéros sont *rouges*; pas de
numéros impairs; le dernier pair est 6. — 11e Arrondissement.

Cette place fut agrandie vers 1800 par la démolition de l'ancien séminaire *Saint-Sulpice*, qui y avait été fondé et construit
en 1645. Au milieu est la fontaine dite *Saint-Sulpice*, alimentée par la pompe à feu du Gros-Caillou.

SULPICE, (Séminaire Saint-) rue du Pot-de-Fer, n° 17.
— 11e Arrondissement.

C'était avant la révolution la maison des *Filles de l'Instruction chrétienne*, dites aussi de la *très-sainte Vierge*, qui
s'établirent en cet endroit en 1738, en sortant de la rue du
Gindre, où elles étaient depuis l'an 1657. Pour l'ancien séminaire Saint-Sulpice, *voyez* l'article précédent.

SURÈNE. (Rue de) *Commence* au temple de la Gloire,
et *finit* rue des Saussaies. Les numéros sont *rouges*; le
dernier impair est 41, et le dernier pair 28. — 1er Arrondissement.

Ainsi nommée parce qu'elle fut alignée sur le chemin qui conduit à Surène. On y remarque la maison Courman, construite en
1789, sur les dessins de M. Chevalier.

SUSANNE. (Chapelle Sainte-)

C'est le nom de l'une des chapelles sur l'emplacement des-
quelles on a construit l'église Saint-Roch.

SYMPHORIEN (Eglise Saint-) ou *CHAPELLE SAINT-LUC*, rue du Haut-Moulin, n° 11.

Elle fut fondée au commencement du treizième siècle; en 1704 elle se nomma *Saint-Luc*, à cause du tableau de *saint Luc* dont la communauté des peintres, sculpteurs et graveurs, avait orné l'autel, parce que cette chapelle fut cédée alors à cette communauté. On la nommait aussi vulgairement la *chapelle des Peintres*. Elle sert maintenant de magasin à un potier.

SYMPHORIEN (La chapelle Saint-) était située rue des Cholets, en face du collége de ce nom.

Il en est déjà fait mention en 1185; elle fut détruite en 1662.

SYMPHORIEN. (Rue Saint-) *Voyez* passage de la Petite-Boucherie.

SYMPHORIEN-DES-VIGNES. (Rue Saint-) *Voyez* rue des Cholets.

T.

TABLETTERIE. (Rue de la) *Commence* rue Saint-Denis, et *finit* rue de la Vieille-Harangerie et place Sainte-Opportune. Les numéros sont *noirs*; le dernier impair est 15, et le dernier pair 12. — 4ᵉ Arrondissement.

Son plus ancien nom, ou plutôt le nom particulier de l'endroit où elle est située, est la *Hanterie*. En 1218, suivant une transaction, dans plusieurs actes du treizième siècle, et suivant l'article *Hanteria* dans le Glossaire de la langue romane par Roquefort, cet endroit ou cette rue se nommait ainsi. Vers l'an 1300 Guillot la désigne sous la dénomination de la *Tabletterie*, quoique vers le même temps on lui donna celui de *Sainte-Opportune*, qui était commun à plusieurs rues de ce quartier; en 1495 c'est la rue de la *Tabletterie, aliàs de la Cordouannerie ou Sainte-Opportune*. Sauval dit qu'elle a aussi porté anciennement le nom de la *Vieille-Cordonnerie*.

TACHERIE. (Rue de la) *Commence* rue de la Coutellerie, et *finit* rue Jean-Pain-Mollet. Les numéros sont *noirs*; le dernier impair est 15, et le dernier pair 16. — 7ᵉ Arrondissement.

Au treizième siècle elle se nommait la *Juiverie*, la *Juiverie-Saint-Bont*, à cause du voisinage de la chapelle *Saint-Bont*; la *Vieille-Juiverie*, parce qu'elle avait été anciennement habitée par des *juifs*. Les juifs ayant été chassés sous le règne de Philippe-le-Bel, on lui donna, dès la fin du tréizième siècle, le nom de *Tacherie*, qu'elle a toujours conservé.

TACHERIE. (Cul-de-sac en la Petite-) *Voyez* cul-de-sac Saint-Benoît.

TACHOU. (Passage de la Maison-) De la rue du Marché-Neuf, n° 48, à la rue de la Calandre, n° 41. — 9ᵉ Arrondissement.

Ainsi nommé de l'ancien propriétaire de cette maison.

TAILLEPAIN. (Rue) *Commence* rue Brisemiche et cloître Saint-Merri. Les numéros sont *noirs;* le dernier impair est 5, et le dernier pair 2. — 7ᵉ Arrondissement.

Cette rue, connue sous ce nom depuis le commencement du quinzième siècle, tire vraisemblablement son étymologie des *pains* de chapitre que l'on distribuait aux chanoines : on la trouve nommée *Brisepain, Machepain, Tranchepain, Planchepain.* Elle est maintenant fermée par deux grilles.

TAITBOUT. (Rue) *Commence* boulevart des Italiens, et *finit* rue de la Provence. Les numéros sont *noirs;* le dernier impair est 21, et le dernier pair 36. — 2ᵉ Arrondissement.

Cette rue, percée vers l'an 1780, tient son nom de quelqu'un de la famille de ce nom. J.-B. *Taitbout* père était greffier de la Ville en 1698, et son fils ou son petit-fils l'était encore en 1760.

TANNERIE. (Rue de la) *Commence* place de l'Hôtel-de-Ville, et *finit* rue Planche-Mibray. Les numéros sont *rouges;* le dernier impair est 41, et le dernier pair 40. — 7ᵉ Arrondissement.

Dès l'an 1300 elle portait déjà ce nom, qu'elle tenait des *tanneurs* qui l'habitaient à cause de la proximité de la rivière. C'est dans cette rue ou près de cette rue qu'était la *planche aux Teinturiers* dont parle Sauval. Elle prit par la suite le nom de l'*Ecorcherie,* à cause des bouchers qui l'habitaient en partie; elle quitta ce nom pour reprendre le premier.

TANNERIE. (Rue de la) *Voyez* rue de la Vieille-Place-aux-Veaux.

TANNERIE. (Rue de la Vieille-) *Commence* rues Saint-Jérôme et de la Vieille-Lanterne, et *finit* rue de la Vieille-Place-aux-Veaux. Les numéros sont *noirs;* le.

seul impair est 1, et le dernier pair 4. — 7ᵉ Arrondissement.

Elle existait dès le treizième siècle; elle prit ce nom à cause des *tanneurs* qui l'habitaient alors. Sauval dit qu'elle s'est nommée des *Crénaux.*

TANNERIE. (Rue de la Vieille-)

Nom que la rue *Simon-Finet* a porté anciennement.

TAPIS DITS DE LA SAVONNERIE, (Manufacture impériale des) quai Billy, n° 5o.

Elle devint manufacture royale en 1604, et elle fut transférée en 1615 où elle est maintenant; elle a retenu le nom de *Savonnerie* parce que l'on fabriquait du *savon* dans cette maison avant que cette manufacture y fût établie.

TARANNE. (Rue) *Commence* rue et carrefour Saint-Benoît, et *finit* rue des Saints-Pères. Les numéros sont *rouges*; le dernier impair est 27, et le dernier pair 20. — 10ᵉ Arrondissement.

Elle tient ce nom de Jean et Christophe de *Tarenne*, qui y possédaient plusieurs maisons et jardins au quinzième siècle. Au quatorzième siècle elle se nommait de la *Courtille*, parce que ce chemin longeait la *courtille* ou le clos Saint-Germain; elle avait aussi porté les noms de rue *aux Vaches*, rue *Forestier*. Entre les nᵒˢ 18 et 20 est la fontaine de la Charité, alimentée par la pompe à feu du Gros-Caillou.

TARANNE. (Petite rue) *Commence* rue de l'Egout, et *finit* rue du Dragon. Les numéros sont *rouges*; le dernier impair est 15, et le dernier pair 16. — 10ᵉ Arrondissement.

Voyez pour l'étymologie la rue Taranne.

TARENNES. (Rue) *Voyez* rue de l'Egout-Saint-Germain.

TEIGNEUX. (Rue des) *Voyez* rue de la Chaise.

TEINTURIERS. (Rue des) *Commence* à la Seine, et *finit* rue de la Vannerie, entre les nᵒˢ 33 et 35. — 7ᵉ Arrondissement.

Cette ruelle, qui conduit à la rivière par une *arcade* pratiquée sous le quai de la Mégisserie, doit son nom aux *teinturiers* qui l'habitaient à cause de la proximité de la rivière. Le bout de cette rue se nommait de l'*Archet* à cause de l'*arcade*; on l'a depuis nommée du *Navet* et des *Trois-Bouteilles*, à cause d'une enseigne.

TEINTURIERS. (Ruelle des) *Voyez* rue Saint-Hippolyte.

TEINTURIERS. (La planche aux) *Voy.* rue de la Tannerie.

TEMPLE, (Le) rue du Temple, n° 80. — 6° Arrondissement.

Les *Templiers*, ainsi nommés parce qu'au commencement du douzième siècle, époque de leur origine, ils furent logés à Jérusalem, près le *temple* de Salomon, s'établirent à Paris vers la fin du même siècle. Cet ordre militaire et religieux, étant devenu trop riche et trop puissant, fut accusé d'abominations invraisemblables et ridicules, et en conséquence supprimé en 1312, sous Philippe-le-Bel. Le 18 mars 1314 Jacques de Molay, grand-maître de l'ordre, et Gui, frère de Robert III, dauphin d'Auvergne, furent brûlés vifs à Paris dans une île où est maintenant le milieu du pont Neuf. Une grande partie de leurs biens fut confisquée au profit de la couronne, et le reste fut donné aux frères de l'ordre de Saint-Jean-de-Jérusalem, nommés chevaliers de Malte, qui leur succédèrent.

La grosse tour que l'on vient de démolir a été bâtie par frère Hubert, trésorier des Templiers, vers l'an 1200. Louis XVI avec sa famille y fut renfermé le 10 août 1792; il en sortit le 21 janvier 1793, pour être décapité sur la place de la Révolution, aujourd'hui nommée place de la Concorde. Cette tour a servi de prison d'état pendant la révolution.

TEMPLE. (Rue du) *Commence* rues des Vieilles-Haudriettes et Michel-le-Comte, et *finit* boulevarts du Temple et Saint-Martin. Les numéros sont *noirs*; le dernier impair est 139, et le dernier pair 110. — Les numéros impairs de 1 à 27, et les pairs de 2 à 78, sont du 7° Arrondissement; les impairs de 29 à 139, et les pairs de 80 à 110, sont du 6°.

Elle tient ce nom de la maison des *Templiers*, qui existait déjà à la fin du douzième siècle, et à laquelle elle conduisait. En 1235 et 1252 on la nommait rue de la *Chevalerie-du-Temple*; elle se prolongeait jusqu'à la rue Sainte-Croix-de-la-Bretonnerie, puisque vers l'an 1300 Guillot ne nomme pas la rue *Sainte-Avoie*, et fait mention à la place de la rue du *Temple*. En 1697 elle fut prolongée jusqu'au boulévart. Au n° 80 est l'ancien hôtel du grand-prieur, que l'on restaure et arrange maintenant pour être l'hôtel du ministre des cultes; aux n°s 94 et 98 sont les bains du Temple; au n° 100 on voit la fontaine dite du Temple, alimentée par la pompe à feu de Chaillot.

TEMPLE. (Grande rue du) *Voyez* rue Sainte-Avoie.

TEMPLE. (Rues du) *Voyez* rues Sainte-Avoie et Vieille-du-Temple.

TEMPLE. (Rue des Boucheries-du-) *Voy.* rue de Braque.

TEMPLE. (Rue du Chantier-du-) *Voyez* rues du Chaume et du Grand-Chantier.

TEMPLE. (Rue de la Chevalerie-du-) *Voy.* rue du Temple.

TEMPLE. (Rue de la Couture, Culture et Clôture-du-) *Voyez* rue Vieille-du-Temple.

TEMPLE. (Rue de l'Echelle-du-) *Voyez* rue des Vieilles-Haudriettes.

TEMPLE. (Rue de l'Egout-du-) *Voyez* rue Vieille-du-Temple.

TEMPLE (La rue du Four-du-) était anciennement située rue Barre-du-Bec, entre la maison de la Barre (*voyez* rue Barre-du-Bec) et la rue Sainte-Croix-de-la-Bretonnerie.

TEMPLE. (Rue des Marais-du-) *Voyez* rue de Malte-Faubourg-du-Temple.

TEMPLE. (Ruelle des Moulins-du-) *Voy.* rue des Barres.

TEMPLE. (Rue du Faubourg-du-) *Commence* boulevart du Temple et rue de Bondi, et *finit* barrière de Belleville. Les numéros sont *noirs* ; le dernier impair est 143, et le dernier pair 128. — Les numéros impairs sont du 5ᵉ Arrondissement, et les pairs du 6ᵉ.

Cette rue, qui n'est qu'une prolongation de la rue du *Temple* au-delà du boulevart, ne commença à se former que sous Henri IV et Louis XIII. Même étymologie que la rue du *Temple*. Au nᵒ 72 est la caserne dite de la Courtille, bâtie sur les dessins du corps de génie militaire ; au nᵒ 77 le jardin des Maronniers.

TEMPLE. (Rue des Fossés-du-) *Commence* rue de Menilmontant et boulevart du Temple, et *finit* rue du Faubourg-du-Temple. Les numéros sont *noirs* ; le dernier impair est 77, et le dernier pair 70. — 6ᵉ Arrondissement.

Ainsi nommée parce qu'elle fut ouverte sur les *fossés* dits du *Temple*. Au nᵒ 77 est l'hôtel Foulon.

TEMPLE. (Rue Vieille-du-) *Commence* rue Saint-Antoine, et *finit* rues Turenne et Boucherat. Les numéros sont *noirs* ; le dernier impair est 147, et le dernier pair 146. — Les numéros impairs sont du 7ᵉ Arrondissement, et les pairs du 8ᵉ.

Elle portait déjà ce nom en 1270. Guillot, vers l'an 1300, la nommé seulement du *Temple* : on la trouve en divers temps sous les noms de la *Couture, Culture* et *Clôture-du-Temple,* parce qu'elle conduisait à la *culture,* c'est à dire aux *jardins* et à la *clôture du Temple;* sous celui de l'*Egout-du-Temple,* à cause de l'*égout* qui y passe; enfin sous ceux de *Porte-Barbette, Poterne-Barbette, Barbette, Vieille-Barbette,* parce qu'elle aboutissait à l'hôtel *Barbette* et à la porte *Barbette,* qui y était située, près la rue de Paradis. Entre les n°s 133 et 135 est la fontaine de l'Echaudé, au coin de la rue de ce nom; elle est alimentée par la pompe Notre-Dame; au n° 19 est l'hôtel Vibray, appartenant à M. Yvelin; au n° 26 l'hôtel Dargenson, maintenant à Mme Lavillette; au n° 32 l'hôtel Pelletier, à présent à M. Mareuse; au n° 51 l'hôtel de Hollande, dont M. Hebink est propriétaire; au n° 75 l'hôtel de la Tour-du-Pin, dont M. Corbin est maintenant propriétaire; au n° 118 l'hôtel Barmont, à M. Andry; au n° 124 l'hôtel d'Epernon, appartenant à M. de Montriblout. Dans cette rue, presque en face celle des Blancs-Manteaux, le 23 novembre 1407, vers les sept heures et demie du soir, le duc d'Orléans, frère unique du roi Charles VI, fut tué par Raoul d'Ocquetonville, gentilhomme normand, à la tête de dix-huit hommes armés. L'histoire rapporte que ce fut par l'ordre du duc de Bourgogne.

TEMPLE. (Boulevart du) *Commence* rues des Filles-du-Calvaire, des Fossés-du-Temple et boulevart des Filles-du-Calvaire, et *finit* rues du Temple et du Faubourg-du-Temple. Les numéros sont *noirs;* le dernier impair est 51, et le dernier pair 90. — 6e Arrondissement.

Ainsi nommé parce qu'il est situé à l'extrémité de la rue du *Temple* et dans le quartier dit du *Temple;* il fut commencé, ainsi que tous les boulevarts du nord, en 1536, planté en 1668, et achevé en 1705. On y voit le jardin Turc au n° 31, et le jardin dit des Princes du même côté; du côté du nord sont les spectacles de la *Gaieté,* de l'*Ambigu-Comique,* etc. *Voyez* leurs articles particuliers.

TEMPLE. (Enclos du) entre les rues de la Corderie et Vendôme. — 6e Arrondissement.

C'est dans cet espace que se trouvent la halle au Vieux-Linge et la rotonde ou les portiques du Temple.

TEMPLE. (Marché du) *Voyez* Halle au Vieux-Linge.

TEMPLE, (Place du) rue du Temple, en face des bâtimens du Temple. — 6e Arrondissement.

TEMPLE, (Rotonde ou portiques du) dans l'enclos du Temple. — 6ᵉ Arrondissement.

Cet édifice fut bâti en 1781, sur les dessins de Pérard de Montreuil.

TEMPS-PERDU. (Rue du) *Voyez* rue Saint-Joseph.

TERONNE. (Rue) *Voyez* rue Pirouette.

TERRAIN. (Le) *Voyez* quai Catinat.

TERRES-FORTES. (Rue des) *Commence* rue de la Contrescarpe, et *finit* rue Moreau. Les numéros sont *noirs*; pas de numéros impairs; le dernier pair est 6. — 8ᵉ Arrondissement.

Cette rue, qui n'est bâtie que d'un côté, et qui est bordée de marais de l'autre, tire son nom de la qualité des *terres* sur lesquelles elle est située; elle se nommait auparavant *des Marais*.

THÉATINS, (Les Religieux) quai Voltaire, n° 16, et rue de Lille, n° 26. — 10ᵉ Arrondissement.

Ils s'établirent en cet endroit en 1648. L'église et les bâtimens que nous voyons furent commencés en 1662; on cessa longtemps les travaux; ils furent enfin achevés en 1714 et suivantes, sous la direction de Liévain, architecte. Cet ordre fut supprimé en 1790. On avait arrangé cette église pour être une salle de spectacle; elle est maintenant sans destination.

THÉATINS. (Quai des) *Voyez* quai Voltaire.

THÉATRES. *Voyez* leurs noms particuliers.

THÉRÈSE. (Rue) *Commence* rue Helvétius, et *finit* rue Ventadour. Les numéros sont *rouges*; le dernier impair est 11, et le dernier pair 8. — 2ᵉ Arrondissement.

Ce fut vers l'an 1667 que l'on commença à bâtir cette rue, qui porte l'un des noms de Marie-*Thérèse* d'Autriche, épouse de Louis XIV.

THERMES, (Palais des) rue de la Harpe, n° 63, à la Croix de Fer. — 11ᵉ Arrondissement.

Ce palais, occupé depuis une trentaine d'années par un tonnelier, l'était en 357 et pendant les années suivantes par Julien, proconsul des Gaules, qui l'habitait encore lorsqu'il fut nommé empereur; il le fut en 509 par Clovis Iᵉʳ, qui y mourut en 511; les rois de la première, de la seconde, et les premiers rois de la troisième race y firent aussi souvent leur résidence. Sous Louis VII, dit le Jeune, vers le milieu du douzième siècle, on le nommait le *vieux Palais*. Quelques historiens pensent qu'il fut bâti par Julien, d'autres qu'il existait déjà lorsque ce prince arriva dans les Gaules. Il ne nous reste plus de ce monument qu'une salle fort élevée, qui peut donner une idée de la grandeur passée de cet édifice : la voûte de cette salle soutient un jardin. On a découvert en 1544 les vestiges d'un acqueduc qui y conduisait les eaux d'Arcueil.

THERMES. (Rue du Palais-des-) *Voy.* rue des Mathurins.

THEROUENNE, TIROUANE, TIRONNE, TIRONNET. (Rue) *Voy.* rue Pirouette.

THÉVENOT. (Rue) *Commence* rue Saint-Denis, et *finit* rue du Petit-Carreau. Les numéros sont *rouges*; le dernier impair est 25, et le dernier pair 30. — 5ᵉ Arrondissement.

Cette rue n'était originairement qu'un cul-de-sac de la rue des Petits-Carreaux, que l'on nommait en 1372 des *Cordiers*, ensuite de la *Cordière* et de la *Corderie*. A la fin du dix-septième siècle on perça cette rue jusqu'à celle Saint-Denis, et on la nomma *Thévenot*, du nom d'André *Thévenot*, qui y fit construire plusieurs maisons.

THIBAULT-AUX-DEZ. (Rue) *Commence* rue Saint-Germain-l'Auxerrois, et *finit* rues Boucher et Bertin-Poirée. Les numéros sont *noirs*; le dernier impair est 21, et le dernier pair 20. — 4ᵉ Arrondissement.

Ce nom vient-il de *Thibault Odet*, qui était trésorier d'Auxerre en 1242, ou bien d'un *Thibault*, joueur de *dez*, ou bien a-t-il une autre étymologie? Nous l'ignorons, car il a été écrit de bien des manières. En 1220 et en 1282 on écrivait *Thibault ad decios;* en 1295 *Thibault ad tados* (ces deux mots, en latin du temps, ne peuvent être traduits); vers l'an 1300 *Thibaut-à-dez;* en 1313 *Thibaut-aux-dez;* au quinzième siècle *Thibaut-aux-dés, Thibaut-Ausdet, Thibaut-Todé, Thibaut-Oudet, Thiebaut-Audet, Theobaldi-Aleatoris,* qui signifie *Thibaut-le-Joueur.*

THIBAULT-AUX-DEZ. (Abreuvoir) *Voyez* rue de l'Arche-Marion.

THIONVILLE. (Rue de) *Commence* quai de la Monnaie et des Grands-Augustins, et *finit* rues Saint-André-des-Arts et Mazarine. Les numéros sont *noirs*; le dernier impair est 65, et le dernier pair 58. — Les numéros impairs sont du 11ᵉ Arrondissement, et les pairs du 10ᵉ.

Cette rue fut ouverte en 1607, sur le jardin des Augustins

et sur l'emplacement des bâtimens du collége de Saint-Denis.
On lui donna le nom de *Dauphine* en l'honneur du *dauphin*
qui régna depuis sous le nom de Louis XIII. Le 27 octobre
1792, par arrêté de la commune de Paris, elle prit le nom
de *Thionville*, en mémoire de la valeureuse résistance que la
ville de ce nom venait d'opposer à l'ennemi.

THIONVILLE. (Place de) *Commence* rue Harlay, et
finit place du Pont-Neuf. Les numéros sont *rouges*;
le dernier impair est 31, et le dernier pair 28. — 11ᵉ
Arrondissement.

Cette place a été construite sur le terrain qu'occupaient deux îles
et le bras de rivière qui les séparait; la plus grande se nommait
l'île *aux Bureaux*, parce qu'elle appartenait en 1462 à *Hugues
Bureau*, et l'autre l'île à la *Gourdaine*, à la *Gourdine* ou du
Patriarche. Elle fut bâtie pendant les dernières années du règne
de Henri IV, et nommée *Dauphine* en l'honneur du *dauphin*, depuis Louis XIII. Pour l'étymologie de *Thionville*, *voyez* la rue
de Thionville.

Au milieu de cette place est la fontaine dite *Desaix*, alimentée par la pompe de la Samaritaine. Elle fut bâtie de 1801
à 1803, sur les dessins de Percier et Fontaine, et ainsi nommée
parce que l'on y a placé le buste du général *Desaix*, couronné
par la Victoire.

THIROUX. (Rue) *Commence* rue Neuve-des-Mathurins, et *finit* rue Saint-Nicolas. Les numéros sont *noirs*;
le dernier impair est 13, et le dernier pair 12. — 1ᵉʳ
Arrondissement.

Cette rue, percée vers l'an 1775, est ainsi nommée d'un particulier de ce nom.

THOMAS-D'AQUIN, (Eglise paroissiale Saint-) place
Saint-Thomas-d'Aquin, entre les rues du Bac et Saint-
Dominique-Saint-Germain. — 10ᵉ Arrondissement.

C'était l'église qui dépendait du couvent des *Jacobins réformés*, qui s'établirent en cet endroit en 1632. Cette église fut
construite en 1682 et 1683, sur les dessins de Bullet; ces
religieux ayant été supprimés en 1790, elle devint paroissiale.

THOMAS-D'AQUIN. (Rue Saint-) *Commence* rue
Saint-Vincent-de-Paul, et *finit* place Saint-Thomas-
d'Aquin. Pas de numéros. — 10ᵉ Arrondissement.

Petite rue ainsi nommée parce qu'elle conduit à l'église *Saint-
Thomas-d'Aquin*; elle portait auparavant le nom de passage
des *Jacobins*, à cause de sa proximité des *Jacobins réformés*,
dont l'église est maintenant celle de *Saint-Thomas-d'Aquin*.

THOMAS-D'AQUIN. (Place Saint-) De la rue Saint-Vincent-de-Paul à celle Saint-Thomas-d'Aquin. Un seul numéro qui est 1. — 10ᵉ Arrondissement.

Le nom de cette place, qui s'appelait auparavant des *Jacobins*, a la même étymologie que l'article précédent.

THOMAS - D'ENFER. (Rue Saint-) *Commence* rue Saint-Hyacinthe, et *finit* rue d'Enfer. Les numéros sont *rouges;* le dernier impair est 13, et le dernier pair 12. — 11ᵉ Arrondissement.

Cette rue, bâtie près de la rue d'Enfer, de 1550 à 1585, sur un clos de vignes appartenant aux Dominicains, dits Jacobins, prit le nom de saint *Thomas*-d'Aquin, l'un des saints le plus fêtés dans cet ordre.

THOMAS-DU-LOUVRE. (Eglise Saint-) *Voyez* Saint-Louis-du-Louvre.

THOMAS-DU-LOUVRE. (Rue Saint-) *Commence* rue des Orties, et *finit* place du Palais-Royal. Les numéros sont *noirs;* le dernier impair est 19, et le dernier pair 44. — 1ᵉʳ Arrondissement.

Elle porte, dès l'an 1242, le nom de *Saint-Thomas-du-Louvre*, à cause de l'église de ce nom, bâtie au douzième siècle, qui était située dans cette rue, et que l'on a rebâtie en 1744, sous l'invocation de Saint-Louis-du-Louvre; on l'a aussi nommée, au commencement de ce siècle, rue des *Chanoines*. Cette rue sera démolie en totalité pour exécuter le projet de réunion des palais impériaux du Louvre et des Tuileries. Au n° 13 est l'hôtel Longueville, maintenant les écuries de l'Empereur : il a été habité successivement par plusieurs princes et grands seigneurs jusqu'en 1749, qu'il fut destiné pour le bureau général du tabac; en 1802 on en fit les écuries du premier Consul. Au n° 28 est l'hôtel Marigny. Dans cette rue, où l'on a percé provisoirement une rue dite impériale, était situé l'hôtel *Rambouillet*, célèbre sous le règne de Louis XIV par la réunion qui s'y faisait des amis des lettres et des arts, chez Mᵐᵉ de Vivonne, femme du marquis de *Rambouillet*. Il y avait dans le même quartier un autre hôtel *Rambouillet*, qui a été démoli pour construire les premières cours et la grande porte du Palais-Royal.

THOMAS, (Couvent des Filles-Saint-) rue des Filles-Saint-Thomas.

Il fut construit dans cet endroit vers l'an 1640. Ces religieuses ayant été supprimées en 1790, les bâtimens furent longtemps habités par divers particuliers. Depuis quelques années tout a été démoli, et sur cet emplacement s'élève le tribunal et la bourse de Commerce. *Voyez* l'article Bourse de Commerce.

THOMAS. (Rue des Filles-Saint-) *Commence* rue Notre-Dame-des-Victoires, et *finit* rue Richelieu. Les numéros sont *rouges*; le dernier impair est 23, et le dernier pair 20. — Les impairs de 1 à 13, et les pairs de 2 à 20, sont du 2ᵉ Arrondissement; les impairs de 15 à 23 sont du 3ᵉ.

Cette rue, percée vers le milieu du dix-septième siècle, sur un terrain appartenant partie aux religieux Augustins et partie aux *Filles-Saint-Thomas*, prit le nom de rue *Saint-Augustin* parce qu'elle régnait le long du mur de clôture des religieux *Augustins*, dits Petits-Pères; elle prit ensuite celui qu'elle porte du couvent des Filles-Saint-Thomas, qui y était situé à l'endroit où s'élève maintenant la bourse.

THOMAS-DE-VILLENEUVE, (Association des Sœurs-Saint-) rue de Sèvres, n° 27. — 10ᵉ Arrondissement.

Cette association, connue avant la révolution sous le nom des *Filles-Saint-Thomas-de-Villeneuve*, s'établit en cet endroit en 1700.

THORIGNY. (Rue) *Commence* rue du Parc-Royal, et *finit* rues Sainte-Anastase et des Coutures-Saint-Gervais. Les numéros sont *noirs*; le dernier impair est 7, et le dernier pair 14. — 8ᵉ Arrondissement.

Son premier nom est celui de *Neuve-Saint-Gervais*. Nous ne connaissons pas l'étymologie de celui de *Thorigny*, qu'elle portait déjà en 1575. Au n° 7 est l'hôtel Joigny.

THORIGNY. (Rues) *Voyez* rues du Parc-Royal et de la Perle.

TILLEBARRÉE. (Rue) *Voyez* rue de l'Etoile.

TIQUETONNE. (Rue) *Commence* rue Montorgueil, et *finit* rue Montmartre. Les numéros sont *rouges*; le dernier impair est 37, et le dernier pair 24. — 3ᵉ Arrondissement.

En 1372 elle se nommait rue *Denys-le-Coffrier*, du nom d'un particulier qui y demeurait; vers l'an 1400 elle prit celui de *Quiquetonne*, et par altération *Tiquetonne*, parce que Rogier de *Quiquetonne*, boulanger, y avait sa maison.

TIREBOUDIN. (Rue) *Voyez* rue Marie-Stuart.

TIRECHAPE. (Rue) *Commence* rue Béthisy, et *finit* rue Saint-Honoré. Les numéros sont *noirs*; le dernier impair est 27, et le dernier pair 28. — 4ᵉ Arrondissement.

Ce nom, qui se trouve déjà dans des actes du commencement du treizième siècle, n'a ni changé ni varié jusqu'à ce jour. Viendrait-il de ce que les marchands qui occupaient les boutiques de cette rue avaient l'usage de *tirer* par la *chape* (espèce de robe que l'on portait anciennement) les passans pour les engager à acheter?

TIREV... (Rue) *Voyez* rue Marie-Stuart.

TIROIR. (La Croix du) *Voyez* la Croix du Trahoir.

TIROIR. (Rue de la Croix-du-) *Voyez* rue Saint-Honoré.

TIRON. (Rue) *Commence* rue Saint-Antoine, et *finit* rue du Roi-de-Sicile. Les numéros sont *noirs*; le dernier impair est 7, et le dernier pair 8. — 7ᵉ Arrondissement.

En 1270 et en 1300 elle portait déjà ce nom, qui lui a été donné à cause d'une maison appartenant à l'abbaye de *Tiron*, qui y était située; c'est donc par erreur que l'on trouve sur les plans des siècles suivans rue Jean-*Tizon*, rue *Tison*.

TIROUANNE. (Rue) *Voyez* rue Pirouette.

TISON. (Rue Jean-) *Commence* rue des Fossés-Saint-Germain-l'Auxerrois, et *finit* rue Bailleul. Les numéros sont *noirs*; le dernier impair est 17, et le dernier pair 12. — 4ᵉ Arrondissement.

La famille *Tison* était déjà connue avant le treizième siècle. Au nº 12, au coin de la rue Bailleul, on voit une maison décorée d'une architecture qui atteste son ancienneté; nous croyons qu'elle était habitée, de 1577 à 1583, par M. de Morvilliers, chancelier de France du temps de la ligue.

TIVOLI, (Jardin de) rue Saint-Lazare, n° 78. — 2ᵉ Arrondissement.

Ce jardin, qui appartenait avant la révolution à M. Boutin, est un endroit délicieux où, pendant le printemps, l'été et l'automne, l'on donne des fêtes charmantes qui y attirent les dimanches et les jeudis une foule d'admirateurs.

TIXERANDERIE. (Rue de la) *Commence* rues Jean-Pain-Mollet et Jean-Lépine, et *finit* place Baudoyer. Les numéros sont *noirs*; le dernier impair est 85, et le dernier pair 92. — Les numéros impairs sont du 7ᵉ Arrondissement, et les pairs du 9ᵉ.

Elle se nommait anciennement de *Vieille-Oreille*, de la rue Jean-Pain-Mollet à celle du Mouton. Dès l'an 1263 elle portait déjà le nom de la *Tixeranderie*, à cause des *tisserands* qui l'habitaient. En 1293 et 1300 on la trouve désignée sous le nom de *Viez-Tisseranderie*. On devrait écrire *Tisseranderie*.

TOILIÈRES, (Rue des et rue aux) rue de la TOILERIE. *Voy.* rue de la Tonnellerie.

TONDEUR. (Cul-de-sac) *Voy.* cul-de-sac Jean-de-Cambrai.

TONNELLERIE. (Rue de la) *Commence* rue Saint-Honoré, et *finit* rues de la Fromagerie et Pirouette. Les numéros sont *noirs*; le dernier impair est 109, et le dernier pair 48. — Les impairs de 1 à 79, et les pairs de 2 à 48, sont du 4ᵉ Arrondissement; les impairs de 81 à 109 sont du 3ᵉ.

Au treizième siècle elle portait déjà ce nom. Vers l'an 1300 Guillot la nomme la *Tonnellerie*; sans doute qu'elle était en ce temps-là habitée par des *tonneliers* (elle l'est aujourd'hui par des fripiers). Le côté de la rue opposé aux piliers se nommait en 1557 rue des *Toilières*, aux *Toilières*, de la *Toilerie*. On y distingue les *grands Piliers* (quatrième arrondissement), de la rue Saint-Honoré à la place de la Pointe-Saint-Eustache, et les *petits Piliers* (troisième arrondissement), de la place de la Pointe-Saint-Eustache à la rue Pirouette.

TORTUEUSE. (Rue) *Voyez* rue Serpente.

TOUR. (Rue de la) *Commence* rue des Fossés-du-Temple, et *finit* rue de la Folie-Méricourt. Les numéros sont *noirs*; le dernier impair est 13, et le dernier pair 16. — 6ᵉ Arrondissement.

Nous ignorons pourquoi ce nom fut donné à cette rue, ouverte vers l'an 1780, et dans laquelle on ne commença à bâtir que plusieurs années après.

TOUR (Le carrefour de la) était une place formée à la rencontre des rues de la Petite-Truanderie et de la Grande-Truanderie.

Guillot, vers l'an 1300, en parle ainsi:

« Assez près trouvai Maudestour
« Et le *carrefour de la Tour.* »

TOUR-DES-DAMES. (Rue de la) *Commence* rue de La Rochefoucault, et *finit* rue Blanche. Pas de numéros. — 2ᵉ Arrondissement.

Cette rue, sans numéros ni maisons, et formée par les murs des jardins voisins, tire son nom d'une *tour* que l'on voit figurée sur le plan fait par les ordres de Turgot, prévôt des marchands en 1734. En 1494 il est question d'un *moulin aux Dames* situé en cet endroit. Avant l'année 1790 c'était la rue de La *Rochefoucault* (*voyez* cette rue), qui se nommait de la *Tour-des-Dames*, et celle-ci portait alors le nom de ruelle *Baudin*.

TOUR-D'AUVERGNE. (Rue de la) *Commence* rue Rochechouart, et *finit* rue des Martyrs. Les numéros sont *rouges;* le dernier impair est 23, et le dernier pair 34. — 2ᵉ Arrondissement.

Nous ignorons l'étymologie du nom de cette rue, que les plans de Paris ne commencent à indiquer qu'en 1762.

TOURAINE-SAINT-GERMAIN. (Rue de) *Commence* rue de l'Ecole-de-Médecine, et *finit* rue Monsieur-le-Prince. Les numéros sont *noirs;* le dernier impair est 11, et le dernier pair 10. — 11ᵉ Arrondissement.

Elle fut ouverte vers la fin du dix-septième siècle, et tient son nom de l'hôtel de *Touraine*, qui y est situé.

TOURAINE-AU-MARAIS. (Rue de) *Commence* rue du Perche, et *finit* rue de Poitou. Les numéros sont *noirs;* le dernier impair est 11, et le dernier pair 10. — 7ᵉ Arrondissement.

Cette rue, dont l'alignement fut donné en 1626, porte le nom d'une ancienne province de France. *Voyez* la rue d'Anjou-au-Marais.

TOURNAI (Le collége de) était situé rue Bordet, près celui de Boncourt, avec lequel il communiquait.

Il fut fondé au milieu du quatorzième siècle, et son nom lui venait des évêques de *Tournai*, auxquels il avait servi d'hôtel.

TOURNELLE. (Rue de la) *Commence* quai de la Tournelle, et *finit* rue de Bièvre. Les numéros sont *rouges;* le dernier impair est 9, et le dernier pair 18. — 12ᵉ Arrondissement.

Pour l'étymologie *voyez* pont de la Tournelle.

TOURNELLE, (Pont de la) sur le petit bras de la Seine, communiquant du quai de la Tournelle à l'île Saint-Louis. — La moitié au nord est du 9ᵉ Arrondissement, et l'autre moitié au midi est du 12ᵉ.

Ce pont, qui existait déjà en 1369, était de *fust* (de bois) : on y fit cette année-là une *tournelle* carrée (dont il a pris son nom) et une porte qui fut *étoupée* (bouchée) l'année suivante. Il fut sans doute emporté par les eaux. En 1620 *Marie*, entrepreneur des bâtimens de l'île Saint-Louis, en fit un que l'on nomma *Marie* ; il fut renversé par un débordement en 1637, ensuite rétabli et emporté de nouveau ; enfin en 1656 on acheva le pont en pierre que nous voyons.

TOURNELLE, (Port de la) espace entre la rivière et le quai de la Tournelle. — 12° Arrondissement.

Arrivage des fruits.

TOURNELLE. (Quai de la) *Commence* quai Saint-Bernard et rue des Fossés-Saint-Bernard, et *finit* rue de la Tournelle et port aux Tuiles. Les numéros sont *rouges* ; le dernier impair de la première série (au-dessus du pont) est 5, et le dernier impair de la seconde (au-dessous du pont) est 47. — 12° Arrondissement.

Jusqu'au dix-septième siècle il se nomma *Saint-Bernard*, à cause du couvent des *Bernardins*, situé tout près ; il n'était alors qu'un terrain en pente et souvent inondé : il fut pavé en 1650, et prit le nom de la *Tournelle*, parce qu'il touche au pont de ce nom. En 1738 il fut agrandi et réparé. On le nomma aussi des *Miramionnes*, parce que la communauté de ce nom s'y était établie en 1661. Au n° 3 est l'hôtel Nemond.

TOURNELLES (Le palais des) comprenait tout l'espace qui est aujourd'hui entre les rues des Tournelles, Saint-Gilles, Turenne, de l'Egout et Saint-Antoine.

Ce palais, ainsi nommé à cause des petites tours ou *tournelles* qui l'environnaient, n'était originairement qu'un vaste hôtel que Pierre d'Orgemont, chancelier de France, avait fait rebâtir et orner vers l'an 1390. Charles VI commença à l'habiter vers l'an 1410 ; le duc de Betfort, régent du roi d'Angleterre, le choisit pour sa demeure, l'embellit et l'agrandit. En 1436, après l'expulsion des Anglais, Charles VII y fit sa résidence ; Louis XII y mourut le 1er janvier 1515, et Henri II le 15 juillet 1559 ; Catherine de Médicis l'abandonna, et la démolition en fut ordonnée en 1565. Sur ce vaste emplacement l'on a bâti la place Royale, aujourd'hui des Vosges, les rues des Minimes, de la Chaussée-des-Minimes, du Foin et Royale, aujourd'hui des Vosges.

TOURNELLES. (Rue des) *Commence* rue Saint-Antoine, et *finit* rue Neuve-Saint-Gilles. Les numéros sont *noirs* ; le dernier impair est 45, et le dernier pair 78. — 8° Arrondissement.

Son premier nom fut *Jean-Beausire* ; elle prit ensuite, vers l'an 1546, celui des *Tournelles*, parce qu'elle longeait le palais des *Tournelles* au sud-est. On y voit, au coin de la rue Saint-Antoine, la fontaine dite des *Tournelles*, alimentée par la pompe Notre-Dame. Anne Lenclos, dite Ninon, demeurait dans cette rue à l'époque de sa mort, le 17 octobre 1706, à l'âge de quatre-vingt-onze ans.

TOURNELLES. (Rue du Parc-des-) *Voy*. rue de la Chaussée-des-Minimes.

TOURNIQUET. (Ruelle du) *Voyez* rue des Blanchisseuses.

TOURNON. (Rue) *Commence* rue du Petit-Lion, et *finit* rue de Vaugirard. Les numéros sont *noirs;* le dernier impair est 33, et le dernier pair 20. — 11e Arrondissement.

Son plus ancien nom est celui de ruelle *Saint-Sulpice*, ensuite ruelle du *Champ-de-la-Foire :* on commença à la bâtir vers 1541, et on lui donna le nom qu'elle porte en l'honneur du cardinal de *Tournon*, alors abbé de Saint-Germain-des-Prés. Au n° 6 est l'hôtel Brancas, nommé depuis Laval-Montmorenci, et appartenant aujourd'hui à MM. Bossange et Masson, imprimeurs-libraires, qui y demeurent; au n° 10 est l'hôtel Nivernais, dont le Gouvernement est à présent propriétaire; il avait appartenu à Concino-Concini, connu sous le nom du maréchal d'Ancre; Louis XIII y logea quelque temps; au n° 12 l'hôtel d'Entragues, maintenant à M. Lesage.

TOURS, (Collége de) rue Serpente, n° 7.

Il fut fondé, de 1330 à 1333, par Etienne de Bourgueil, archevêque de *Tours;* on y fit en 1730 des réparations considérables, et en 1763 il fut réuni à l'Université. C'est actuellement une maison particulière.

TOURVILLE. (Avenue) *Commence* boulevart des Invalides, et *finit* avenue La Mothe-Piquet. — 10e Arrondissement.

C'est le nom de l'illustre marin A.-Hil. de Costentin, marquis de *Tourville*, né à *Tourville*, près de Coutance, en 1642, et mort à Paris en 1701.

TRACY. (Rue) *Commence* rue du Ponceau, et *finit* rue Saint-Denis. Les numéros sont *rouges;* le dernier impair est 13, et le dernier pair 16. — 6e Arrond.

Elle fut ouverte vers l'an 1786, et porta d'abord le nom des *Dames-Saint-Chaumont*, parce que la communauté de ce nom y était située. Nous ignorons à quelle occasion elle a pris le nom qu'elle porte.

TRAHOIR ou *TIROIR* (La Croix du) était anciennement placée rue Saint-Honoré, au bout de celle de l'Arbre-Sec.

Cette croix existait encore vers la fin du siècle dernier. L'étymologie de ce nom est incertaine; on trouve dans les actes anciens *crux Tractorii* et *crux Tiratorii*. Ce mot vient-il de *tirer* (trahère) ou de *trier?* Y tirait-on des draps? Etait-ce un marché où l'on *triait* les animaux? Vient-il du fief de *Therouanne*, que l'on nommait aussi *Tiroie* par corruption? Ce fief comprenait les rues du Cygne, Mondétour et de la Truanderie. François Ier y fit construire en 1529 une fontaine, et en 1606 on y bâtit un réservoir des eaux d'Arcueil.

TRAINÉE. (Rue) *Commence* place de la Pointe-Saint-Eustache et rue Montmartre, et *finit* rue du Four et place Saint-Eustache. Les numéros sont *rouges*; le dernier impair est 7; pas de numéros pairs (c'est l'église Saint-Eustache). — 3e Arrondissement.

En 1300 et 1313 c'était la *ruelle au curé de Saint-Huystace*; c'est sans doute la rue de la *Croix-Neuve* indiquée par Guillot vers l'an 1300. Au quinzième siècle et au commencement du seizième on la nommait de la *Barillerie*, et en 1570 elle prit le nom de *Trainée*; nous ne savons à quelle occasion. La *croix* placée devant l'église Saint-Eustache se nommait anciennement *croix Jean-Bigne* ou *Bigue*, ensuite *croix Neuve*; elle existait encore en 1739, entre les rues Trainée et Coquillière.

TRANCHEPAIN. (Rue) *Voyez* rue Taillepain.

TRANSNONNAIN. (Rue) *Commence* rue Grenier-Saint-Lazare, et *finit* rue au Maire. Les numéros sont *noirs*; le dernier impair est 49, et le dernier pair 44. — Les numéros impairs de 1 à 23, et les pairs de 2 à 16, sont du 7e Arrondissement; les numéros impairs de 25 à 49, et les pairs de 18 à 44, sont du 6e.

Le plus ancien nom de cette rue, l'une des premières qui s'ouvrit hors de l'enceinte de Philippe-Auguste, est celui de *Châlons*, à cause de l'hôtel des évêques de *Châlons*, sur l'emplacement duquel on a bâti depuis le couvent des Carmelites, au coin de cette rue et de celle Chapon. La rue Chapon et celle-ci étant habitées par des filles, le public donna à cette dernière les noms de *Trousse-Nonnain*, *Trace-Put...*, *Tasse-Nonnain*, enfin *Transnonnain*.

TRAVERSAINE et **TRAVERSINE.** (Rue) *Voy.* rue Traversière.

TRAVERSAINE, TRAVERSANE et TRAVERSINE. (Rue) *Voyez* rue des Deux-Ecus.

TRAVERSE. (Rue) *Commence* rue Plumet, et *finit* rue de Sèvres. Les numéros sont *noirs;* le dernier impair est 21, et le dernier pair 24. — 10ᵉ Arrondissement.

Elle est ainsi nommée parce qu'elle *traverse* de la rue Plumet à celle de Sèvres; elle est désignée sous le nom de *Traverse* ou de la *Plume* sur le second plan de Bullet.

TRAVERSE. (Petite rue) *Voyez* rue d'Olivet.

TRAVERSE-CADIER (La rue de la) existait anciennement et traversait de la rue de Braque à celle des Vieilles-Haudriettes.

TRAVERSIÈRE-SAINT-ANTOINE. (Rue) *Commence* quai de la Rapée, et *finit* rue du Faubourg-Saint-Antoine. Les numéros sont *noirs;* le dernier impair est 49, et le dernier pair 68. — 8ᵉ Arrondissement.

Cette rue est nommée *Traversière* parce qu'elle *traverse* du quai de la Rapée à la rue du Faubourg-Saint-Antoine. Entre la rue de Bercy et le quai elle a porté le nom *des Chantiers* et de *Cler-Chantier,* et entre les rues de Charenton et de Bercy celui de rue *Pavée.*

TRAVERSIÈRE-SAINT-HONORÉ. (Rue) *Commence* rue Saint-Honoré, et *finit* rue Richelieu. Les numéros sont *noirs;* le dernier impair est 43, et le dernier pair 48. — 2ᵉ Arrondissement.

Ce nom lui a été donné parce qu'elle *traverse* de la rue Richelieu à celle Saint-Honoré; on la trouve aussi, sur d'anciens plans, sous les noms de *Traversine, Traversante,* de la *Brasserie,* du *Bâton-Royal.*

TRAVERSINE. (Rue) *Commence* rue d'Arras, et *finit* rue de la Montagne-Sainte-Geneviève. Les numéros sont *noirs;* le dernier impair est 25, et le dernier pair 40. — 12ᵉ Arrondissement.

Vers l'an 1300 Guillot la nomme déjà *Traversainne,* sans doute parce qu'elle *traverse* de la rue d'Arras à la rue de la Montagne-Sainte-Geneviève; elle fut nommée *Traversière* aux siècles suivans, et ensuite *Traversine.*

TRAVERSINE. (Rue) *Voyez* rue Mazarine.

TREILLE. (Cul-de-sac ou passage de la) De la rue

Chilperic, entre les n°° 12 et 14, à la rue des Fossés-Saint-Germain-l'Auxerrois, entre les n°° 35 et 37. Les numéros sont *noirs*; le dernier impair est 7, et le dernier pair 8. — 4° Arrondissement.

On croit que c'est la ruelle *Gui-de-Ham* dont il est fait mention en 1271. Au quinzième siècle il se nommait rue de *la Treille*, ensuite ruelle du *Puits-du-Chapitre*, enfin cul-de-sac de *la Treille*.

TREILLE. (Passage de la) Du marché Saint-Germain à la rue des Boucheries-Saint-Germain, n° 49. — 11° Arrondissement.

On le nommait anciennement *porte Greffière*, parce que le greffier de l'abbaye Saint-Germain y demeurait.

TREILLES. (Rue des) *Voyez* rue Censier.

TREILLES. (Chemin des) *Voyez* rue de l'Université.

TREILLES. (Isle des) *Voyez* île des Cygnes.

TRENTE-TROIS, (Séminaire des) rue de la Montagne-Sainte-Geneviève, n° 52.

Ainsi nommé parce qu'il fut fondé, en 1638, en faveur de *trente-trois* pauvres écoliers, par la reine Anne d'Autriche; il fut bâti en 1654, sur l'emplacement de l'hôtel d'Albiac. Il est maintenant occupé par M. Delanoue, maître de pension.

TRÉSORIER, (Collége du) rue Neuve-Richelieu, n° 6.

Fondé en 1268 par Guillaume de Saone, *trésorier* de l'église de Rouen, et réuni en 1763 à l'Université. C'est à présent un hôtel garni sous le nom de Saint-Pierre.

TRÉSORIERS. (Rue des) *Voyez* rue Neuve-Richelieu.

TRICOT. (Cour) *Voyez* cour de la Jussienne.

TRINITÉ, (Hôpital de la) au coin des rues Saint-Denis et Greneta, du côté du nord.

Cet hôpital fut terminé en 1202, et se nommait alors l'*Hôpital de la Croix de la Reine*; il était hors de Paris. En 1207 il prit le nom de la *Trinité*. Il fut fondé pour assister les pauvres et donner l'hospitalité aux pélerins dans leur passage à Paris. A la fin du quatorzième siècle les confrères de la Passion y louèrent une grande salle pour y représenter les Mystères jusqu'en 1545. L'église fut rebâtie et agrandie en 1598, et le portail reconstruit en 1671; il fut démoli les premières années de la révolution, et l'on y bâtit des maisonnettes en bois qui forment les petites rues que l'on y voit aujourd'hui.

TRINITÉ. (Rue de la) *Voyez* rue Greneta.

TRINITÉ, (Enclos de la) rue Greneta, entre les n°ˢ 38 et 40. — 6ᵉ Arrondissement.

C'est l'emplacement de l'hôpital de la Trinité, dont l'article est ci-dessus.

TRINITÉ. (Passage de la) De la rue Saint-Denis, entre les n°ˢ 384 et 386, à la rue Greneta, entre les n°ˢ 38 et 40. — 6ᵉ Arrondissement.

Ainsi nommé parce qu'il traverse l'emplacement de l'hôpital de la Trinité, mentionné ci-dessus.

TRINITÉ, (Les Filles de la) petite rue de Reuilly, n° 12.

Cette communauté, qui se livrait à l'éducation des filles, s'établit en cet endroit en 1713; elle fut supprimée en 1790. Les bâtimens sont maintenant occupés par la filature de coton de M. Tissot.

TRIOMPHES. (Avenue des) *Commence* place du Trône, et *finit* aux murs de clôture. Les numéros sont *noirs*; le dernier impair est 13, et le dernier pair 8. — 8ᵉ Arrondissement.

Ainsi nommée parce qu'elle conduit à la place du Trône, où l'on avait, en 1660, élevé un arc de *triomphe* en l'honneur de Louis XIV. *Voyez* barrière de Vincennes.

TRIPELLE, TRIPELLÉ, TRIPÉLÉ, TRIPOLET, TRIPETTE, TRIPOTTE, TRIPET, TRIPLET et TRIPPELET. (Rue) *Voy.* rue Triperet.

TRIPERET. (Rue) *Commence* rue de la Clef, et *finit* rue Gracieuse. Les numéros sont *noirs*; le dernier impair est 7, et le dernier pair 4. — 12ᵉ Arrondissement.

On trouve dans les divers plans le nom de cette rue écrit de bien des manières; on lit *Tripelle, Tripellé, Tripélé, Tripolet, Tripette, Tripotte, Tripet, Triplet, Trippelet* et *Triperet.* Jaillot croit qu'elle doit son nom à Jehan *Trippelet,* qui possédait des terres à l'endroit où elle est située.

TRIPERIE, (La rue de la) derrière le grand Châtelet, *commençait* rue de la Joaillerie, et *finissait* rue Pierre-à-Poisson.

Cette rue, qui fait maintenant partie de la place du Grand-Châtelet, portait déjà ce nom vers l'an 1300, puisque Guillot la désigne. Au quinzième c'était la rue de l'*Araigne*, ou plutôt de l'*Iraigne*, qui est le nom d'un grand croc de fer à plusieurs branches, dont se servent les bouchers pour accrocher la viande. Elle avait porté anciennement le nom des *Bouticles*, à cause des petites *boutiques* de tripières qui y étaient adossées à la grande boucherie; on la trouve aussi sous le nom du *Pied-de-Bœuf*, qui est le nom de la rue dont elle faisait la prolongation.

TRIPERIE. (Rue du Pont-de-la) De la rue de la Pompe à celle de l'Université-Gros-Caillou. Les numéros sont *rouges*; le dernier impair est 31, et le dernier pair 52. — 10ᵉ Arrondissement.

Elle tient ce nom d'un petit *pont* sur lequel on passait pour aller à une *triperie*, rue des Cygnes; une grande partie de cette rue n'est point encore bâtie.

TRIPES et **DES TRIPIERS,** (Pont aux) sur la Bièvre, près de la rue Fer-à-Moulin. — 12ᵉ Arrondissement.

Il a porté anciennement les noms de *Richebourg* et de *Saint-Médard*.

TRIPOT-BERTAUT. (Cul-de-sac du) *Voyez* cul-de-sac des Anglais.

TROGNON. (Rue) *Commence* rue de la Heaumerie, et *finit* rue d'Avignon. Les numéros sont *noirs*; le dernier impair est 3, et le dernier pair 2. — 6ᵉ Arrondissement.

Selon Jaillot elle se nommait anciennement rue *Jean-le-Comte* et cour *Pierre-la-Pie*; elle prit ensuite le nom de *Trognon, Tronion* et *Truvignon*, et depuis celui de la *Galère*, à cause d'une enseigne; enfin elle reprit son nom de *Trognon*. On croit que c'est la rue *Jean-Fraillon* dont il est question en 1399, etc.

TRONC-DE-BERNARD ou **TROU-BERNARD.** (Rue du) *Voyez* rue du Demi-Saint.

TRÔNE. (Rue du) *Voyez* rue Saint-Denis-Saint-Antoine.

TRÔNE. (Barrière du) *Voyez* barrière de Vincennes.

TRONE. (Place du) *Commence* barrière de Vincennes, et *finit* rue du Faubourg-Saint-Antoine. Les numéros sont *rouges*; le dernier impair est 5, et le dernier pair 10. — 8ᵉ Arrondissement.

Cette grande place circulaire tient son nom du *trône* qui y fut élevé en 1660 en l'honneur de Louis XIV. *Voyez* Barrière de Vincennes.

TROP-VA-QUI-DURÉ, TROP-VA-SI-DURE, QUI-MI-TROUVA-SI-DURE. (Rue) *Voyez* place du Châtelet.

TROU-PUNAIS (La ruelle du) existait en 1508, et aboutissait à la rivière et rue de la Bûcherie.

TROU-PUNETS OU PUNAIS. *Voyez* cul-de-sac Gloriette.

TROUSSENONNAIN, TRASSENONNAIN, TRACEPUT... (Rue) *Voyez* rue Transnonnain.

TROUSSE-VACHE. (Rue) *Commence* rue des Cinq-Diamans, et *finit* rue Saint-Denis. Les numéros sont *rouges;* le dernier impair est 29, et le dernier pair 36. — 6ᵉ Arrondissement.

Elle est connue sous ce nom dès l'an 1248. Il est plus probable qu'elle le doit à quelqu'un de la famille *Troussevache* qu'à une enseigne de la *Vache troussée.*

TROUSSE-VACHE. (Ruelle de la Petite-) *Voyez* cul-de-sac Clairvaux.

TROUVÉE. (Rue) *Commence* rue de Charenton, et *finit* marché Beauveau. Les numéros sont *noirs;* le seul impair est 1, et le dernier pair 6. — 8ᵉ Arrondissement.

On croit qu'elle est ainsi nommée parce qu'elle passe à côté de l'hospice des Enfans-*Trouvés,* aujourd'hui des Orphelines.

TRUANDERIE. (Rue de la Grande-) *Commence* rue Saint-Denis, et *finit* rue Montorgueil. Les numéros sont *rouges;* le dernier impair est 61, et le dernier pair 60. — 5ᵉ Arrondissement.

L'étymologie du nom de cette rue vient-elle du mot *truand,* qui signifie en vieux langage, et même en terme populaire actuel, *fainéant, vaurien, mendiant, gueux,* ou bien du vieux mot *tru, truage,* qui veut dire tribut, impôt, subside? Ceux qui soutiennent la première opinion disent que la rue de la *Truanderie,* qui en 1313 était nommée la *Truanderie,* étant à l'extrémité nord de Paris, le long des murs de Philippe-Auguste, était habitée par des vauriens, des diseurs de bonne aventure, et que c'était une véritable cour des miracles (*voyez* ce mot) : Robert Ceneau ou Cenalis, dans son Histoire de France, dédiée en 1557 à Henri II, la nomme *via Mendicatrix.* Les partisans de la seconde opinion disent que cette rue était habitée par les receveurs des impôts.

TRUANDERIE. (Rue de la Petite-) *Commence* rue

Mondétour, et *finit* rue de la Grande-Truanderie. Les numéros sont *noirs;* le dernier impair est 15, et le dernier pair 16. — 5° Arrondissement.

Elle a porté anciennement les noms de rue du *Puits-d'Amour,* à cause d'un *puits* public qui existait alors, et de rue de l'*Ariane* ou *Arienne. Voyez,* pour l'étymologie de *Truanderie,* la rue de la Grande-*Truanderie.*

TRUDON. (Rue) *Commence* rue Boudreau, et *finit* rue Neuve-des-Mathurins. Les numéros sont *noirs;* le seul impair est 1, et le dernier pair 8. — 1ᵉʳ Arrondissement.

Elle fut ouverte vers l'an 1780, et porte le nom de M. *Trudon,* ancien échevin.

TRUVIGNON. (Rue) *Voyez* rue Trognon.

TRUYES. (Rue aux) *Voyez* cul-de-sac Berthaud.

TUERIE. (Rue de la) *Commençait* rue Saint-Jérôme, et *finissait* rue du Pied-de-Bœuf.

Au treizième siècle c'était l'*Ecorcherie;* en 1512 la rue de l'*Ecorcherie* ou des *Lessives.* Elle doit son nom à une *tuerie* qui existait dans cette rue, située près de la grande boucherie. Elle est fermée des deux bouts depuis quelques années.

TUERIE. (Rue de la) *Voyez* rue du Cœur-Volant.

TUILERIES. (Palais des) — 1ᵉʳ Arrondissement.

Ce vaste et magnifique palais fut commencé en 1564, par Catherine de Médicis, sur les dessins de *Philibert* de Lorme et de Jean Bullan, tandis que Charles IX habitait le Louvre; il fut construit sur un terrain que l'on appalait déjà les *Tuileries,* à cause des *tuileries* que l'on y avait établies dans les treizième et quatorzième siècles. Sous le règne de Charles IX on acheva seulement le gros pavillon du milieu et les deux ailes contiguës; Catherine de Médicis l'abandonna pour s'occuper de la construction de l'hôtel Soissons, où est maintenant la halle au Blé. Henri IV et Louis XIII, sur les dessins de Ducerceau, firent élever les pavillons qui suivent, à l'exception de celui qui est à l'angle septentrional, qui ne fut construit qu'en 1664, sous Louis XIV, d'après les dessins de Leveau et Dorbay; ces deux architectes furent en même temps chargés de mettre de l'ensemble dans toutes les parties de ce vaste édifice.

TUILERIES, (Cour du Palais impérial des) entre l'arc

de Triomphe, la grille et le palais. — 1ᵉʳ Arrondissement.

Au milieu de cette grille est l'*arc de Triomphe* dit des *Tuileries*; ce monument élégant fut achevé en 1809, sur les dessins de MM. Fontaine et Percier, architectes de l'Empereur.

TUILERIES. (Jardin des) — 1ᵉʳ Arrondissement.

Sous le règne de Henri IV il était mal distribué, moins étendu, et séparé du palais par une rue; sous Louis XIV le célèbre Lenostre fut chargé de construire ce chef-d'œuvre, qui excite l'admiration générale.

TUILERIES. (Rue des) *Voyez* rue Saint-Louis.

TUILERIES. (Petite rue des) *Voyez* rue Saint-Florentin.

TUILERIES. (Pont des) Des quais du Louvre et des Tuileries aux quais Bonaparte et Voltaire. — La moitié au nord est du 1ᵉʳ Arrondissement, et l'autre moitié au midi du 10ᵉ.

Jusqu'en l'année 1632 on passait en cet endroit la Seine sur un *bac;* de là le nom de la rue du *Bac* qui est en face : à cette époque l'on construisit un pont de bois en face de la rue de Beaune; on le nomma *Barbier*, du nom du constructeur; ensuite *Sainte-Anne*, en l'honneur d'*Anne* d'Antriche, alors reine de France; des *Tuileries*, à cause de sa position, et plus communément *pont Rouge*, parce qu'il était peint en rouge. Ayant été emporté par les glaces en 1684, Louis XIV fit bâtir l'année suivante, un peu plus bas que l'ancien, celui que nous voyons aujourd'hui; il prit le nom de *Royal* jusqu'en 1792; alors on lui donna celui de *National* jusqu'en 1804, qu'il reprit son ancien nom des *Tuileries*.

TUILERIES. (Quai des) *Commence* pont des Tuileries et quai du Louvre, et *finit* place et pont de la Concorde. — 1ᵉʳ Arrondissement.

Ainsi nommé parce qu'il règne le long du jardin des *Tuileries*.

TUILERIES. (Rue des Vieilles-) *Commence* rues du Regard et du Cherche-Midi, et *finit* rue du Petit-Vaugirard. Les numéros sont *noirs;* le dernier impair est 45, et le dernier pair 44. — 10ᵉ Arrond.

Ce nom lui vient des *tuileries* qui existaient anciennement dans ce quartier. Quelques plans anciens la nomment rue du *Chasse-Midi* ou du *Cherche-Midi*, parce qu'elle fait la prolongation de la rue qui porte ce nom. D'autres plans la confondent avec celle du *Petit-Vaugirard*, dont elle fait également la prolongation par l'autre bout.

TUILERIES. (Rues des Vieilles-) *Voyez* rues de la Barouillère, du Cherche-Midi et du Petit-Vaugirard.

TUILES ET ARDOISES. (Port aux) quai de la Tournelle. — 12ᵉ Arrondissement.

Arrivage tous les jours des tuiles, ardoises, grains, fourrages.

TURENNE. (Rue) *Commence* rue de l'Echarpe, et *finit* rues des Filles-du-Calvaire et Vieille-du-Temple. Les numéros sont *noirs*; le dernier impair est 87, et le dernier pair 80. — 8ᵉ Arrondissement.

Elle se nomma d'abord de l'*Egout*, et ensuite de l'*Egout couvert*, à cause de l'*égout* qui y passait. Nous ignorons à quelle occasion elle prit ensuite les noms de *Neuve-Saint-Louis* et de *Saint-Louis*. En 1806 on lui donna le nom de *Turenne*, parce que ce grand homme avait demeuré dans cette rue, au nº 50, où est maintenant l'église des Filles-du-Saint-Sacrement. Ce grand général, nommé Henri de la Tour-d'Auvergne, vicomte de *Turenne*, naquit à Sedan en 1611, et fut tué d'un coup de canon auprès de Saltzbach le 27 juillet 1675. Au nº 9 est l'hôtel Joyeuse, et au nº 40 l'hôtel d'Ecquevilly, maintenant à Mᵐᵉ de Sura; entre les nᵒˢ 11 et 13 est la fontaine dite *Joyeuse*, parce qu'elle est près de l'hôtel de ce nom; elle est alimentée par la pompe Notre-Dame.

U.

ULM. (Rue d') — 12ᵉ Arrondissement.

Cette rue, qui n'est que projetée, et qui se trouve *déjà indiquée* sur quelques plans, se prolongera de la place du Panthéon à la rue de la Santé. Ce nom rappelle la célèbre capitulation d'*Ulm*, arrivée le 17 octobre 1805.

UNION. (Rue de l') *Voy*: rue d'Angoulême-Saint-Honoré.

UNION. (Quai de l') *Voyez* quai d'Anjou.

UNION-CHRÉTIENNE, DITES DE SAINT-CHAUMOND, (La communauté des Filles de l') était située où est à présent le passage Saint-Chaumond.

Cette communauté acheta en 1683 l'hôtel *Saint-Chaumond*, dont elle prit son surnom, et s'établit en cet endroit en 1685; elle était auparavant, depuis une vingtaine d'années, rue de Charonne. Elle fut supprimée en 1790.

UNION-CHRÉTIENNE, DITE LE PETIT-SAINT-CHAUMOND, (La petite) était rue de la Lune, n° 32.

Cette communauté s'établit rue de la Lune en 1682, et fut supprimée en 1790. C'est maintenant une maison particulière.

UNIVERSITÉ. (Rue de l') *Commence* rue des Saints-Pères, et *finit* au champ de Mars. Les numéros sont *rouges;* le dernier impair de la première série, qui finit esplanade des Invalides, est 111, et le dernier pair de la même série est 120; le dernier impair de la seconde série, qui commence esplanade des Invalides, et qui se nomme de l'*Université-Gros-Caillou,* est 69, et le dernier pair de la même série est 42. — 10° Arrondissement.

En 1529 elle n'était encore qu'un chemin nommé le *chemin des Treilles,* parce qu'il conduisait à l'île des *Treilles,* depuis l'île des Cygnes. L'*Université* ayant aliéné le pré aux Clercs en 1639, on commença à bâtir sur ce pré la rue à laquelle on donna le nom de l'*Université ;* en 1650 elle n'était encore bâtie qu'en partie. Au n° 9 est l'hôtel Villeroy, occupé par l'administration télégraphique; au n° 13 est le dépôt d'artillerie; au n° 15 l'hôtel d'Aligre, maintenant à M. le comte de Beauharnais; au n° 45 l'hôtel Mailly; au n° 49 l'hôtel de Brou, dont M. Hippolyte de Choiseul est à présent propriétaire ; au n° 57 l'hôtel Périgord, actuellement au maréchal duc de Dalmatie; au n° 61 l'hôtel Mouchy, occupé par M. le comte Laumont, directeur des Mines (on y voit le cabinet minéralogique); au n° 67 l'hôtel d'Aiguillon, occupé par les bureaux du ministère de la Guerre; au n° 120 l'hôtel de l'administration des Ponts et Chaussées; au n° 106 l'hôtel d'Harcourt, où est le dépôt général de la Guerre; au n° 94 l'hôtel Montesquiou, appartenant à M. Desmaisons, et au n° 84 l'hôtel de La Châtre, actuellement à M. Dubreton.

URSINE. (Rue Neuve-de-l') *Voyez* rue des Filles-Dieu.

URSINS. (Rue Basse-des-) *Commence* quai Napoléon, du côté du pont de la Cité, et *finit* sur le même quai, du côté du pont Notre-Dame. Les numéros sont *rouges,* le dernier impair est 25; tous les numéros pairs ont été abattus pour la construction du quai Napoléon. — 9° Arrondissement.

En 1300 et 1313 c'était le port *Saint-Landry,* rue *Saint-Landry,* rue du *Port-Saint-Landry,* grand'rue *Saint-Landry-sur-l'Yaue,* ainsi nommée à cause de la proximité de l'église de ce nom. La majeure partie orientale de cette rue se nommait encore il y a peu d'années d'*Enfer* (*via Inferior*), parce qu'elle est très-basse; au seizième siècle c'était la rue *Basse-du-Port-Saint-Landry*. Pour l'étymologie de son nom actuel *voyez* l'article suivant.

URSINS. (Rue Haute-des-) *Commence* rue Saint-Landry, et *finit* rue Glatigny. Les numéros sont *rouges*; le dernier impair est 7, et le dernier pair 8. — 9ᵉ Arrondissement.

Jean Jouvenel des *Ursins*, prévôt des marchands en 1388, y avait son hôtel. Comme il tombait en ruines au milieu du seizième siècle, il fut rebâti; c'est alors que l'on ouvrit, sur une partie du terrain que cet hôtel occupait, la rue *Haute-des-Ursins*. On croit que la rue de l'*Image*, dont fait mention Guillot vers l'an 1300, était située où est maintenant cette rue.

URSINS. (Rue du Milieu-des-) *Commence* quai Napoléon, et *finit* rue Haute-des-Ursins. Les numéros sont *noirs*; le dernier impair est 5, et le dernier pair 4. — 9ᵉ Arrondissement.

Ainsi nommée parce qu'elle fut ouverte, au milieu du seizième siècle, sur une partie de l'emplacement de l'hôtel de Jean Jouvenel des *Ursins*, qui était prévôt des marchands en 1388.

URSULINES, (Les Religieuses) rue Saint-Jacques, nᵒˢ 243 et 245.

Elles s'établirent en cet endroit l'an 1612; l'église fut bâtie de 1620 à 1627; elles furent supprimées en 1790. Le couvent est démoli, et sur son emplacement passera la rue des *Ursulines*.

URSULINES (La rue des) *commencera* rue d'Ulm, et *finira* rue Saint-Jacques. — 12ᵉ Arrondissement.

Ainsi nommée parce qu'elle traversera l'ancien couvent des *Ursulines* et le cul-de-sac des *Ursulines*, qui servait d'entrée à ce couvent par la rue Saint-Jacques; elle n'est percée que depuis un an, et n'est pas encore numérotée.

URSULINES. (Cul-de-sac des) *Voyez* rue des Ursulines.

V.

VACHERS. (Rue des) *Voyez* rue Rousselet.

VACHES. (Rue des et aux) *Voyez* rues Rousselet, Taranne et des Saints-Pères.

VACHES. (Chemin aux) *Voyez* rues des Saints-Pères et Saint-Dominique-Saint-Germain.

VACHES. (Isle aux) *Voy.* îles des Cygnes et Saint-Louis.

VAL. (Rue du) *Voyez* rue Culture-Sainte-Catherine.

VAL-D'AMOUR. (Rue du) *Voyez* rue Glatigny.

VAL-DE-GRACE, (Hôpital militaire du) rue Saint-Jacques, entre les n°ˢ 277 et 279. — 12ᵉ Arrondissement.

C'étaient l'église et les bâtimens de la ci-devant abbaye du *Val-de-Grâce*, dont la première pierre fut posée en 1645. On commença l'édifice sur les dessins de François Mansart ; il fut continué sur ceux de Jacques Lemercier ; en 1654 on reprit les travaux, sous la conduite des architectes Pierre Lemuet et Gabriel Leduc, et l'on acheva ce beau monument en 1665.

VAL-DE-GRACE (La rue du) *commencera* rue du Faubourg-Saint-Jacques, et *finira* rue de Vaugirard. — 12ᵉ Arrondissement.

Cette rue, *projetée,* sera ainsi nommée parce qu'elle sera percée en face du *Val-de-Grâce,* et aboutira à la rue de l'Est en coupant la rue d'Enfer.

VAL-DES-LARRONS. *Voyez* rue Poissonnière.

VALENCE. (Rue Madame-de-) *Voyez* rue Sainte-Marguerite.

VALÈRE, (Eglise Sainte-) rue de Grenelle-Saint-Germain, n° 142. 10ᵉ Arrondissement.

Cette église, maintenant troisième succursale de la paroisse Saint-Thomas-d'Aquin, était celle d'une communauté de filles pénitentes nommées de Sainte-Valère. Elles s'établirent en cet endroit en 1704, époque où l'église fut construite, et furent supprimées en 1790.

VALETS. (Rue des) *Voyez* rue des Trois-Pavillons.

VALLÉE. (Quai de la) *Voyez* quai des Augustins.

VALLÉE-DE-FÉCAMP. (Rue de la) *Voyez* rue de Charenton.

VALLÉE DE MISÈRE. *Voyez* quai de la Mégisserie et place du Châtelet.

VALLERAN. (Rue) *Voyez* rue Hillerin-Bertin.

VALOIS. (Rue) *Voyez* rues Cisalpine et Batave.

VALOIS. (Passage) *Voyez* rue du Lycée.

VANNERIE. (Rue de la) *Commence* place de l'Hôtel-de-Ville et rue Jean-Lépine, et *finit* rue Planche-Mibray. Les numéros sont *rouges*; le dernier impair est 49, et le dernier pair 52. — 7° Arrondissement.

En 1252, 1273, 1300 et 1313, elle portait déjà ce nom. Le bout de cette rue du côté du carrefour *Guillery* se nommait au seizième siècle rue des *Recommanderesses*.

VANNERIE. (Rue de la) *Voyez* rue Saint-Jacques-la-Boucherie.

VANNES. (Rue) *Commence* rue des Deux-Ecus, et *finit* rue du Four. Les numéros sont *noirs*; le dernier impair est 5, et le dernier pair 8. — 4° Arrondissement.

Cette rue, ouverte en 1763, lorsque l'on construisait la halle au Blé, doit son nom à M. Jollivet de *Vannes*, avocat et procureur du roi et de la ville.

VANNES. (Rue Saint-) *Commence* rue Saint-Maur, et *finit* place Saint-Vannes. Les numéros sont *rouges*; un seul impair qui est 1, et le dernier pair 4. — 6° Arrondissement.

Cette rue, ouverte vers l'an 1765, sur une portion du terrain appartenant à l'abbaye *Saint-Martin*, prit le nom de *saint Vannes*, particulièrement honoré dans l'église de cette abbaye.

VANNES. (Place Saint-) *Commence* rue Saint-Vannes et marché Saint-Martin, et *finit* rue de Breteuil. Les numéros sont *rouges*; le dernier impair est 3, et le dernier pair 6. — 6° Arrondissement.

Pour l'étymologie *voyez* l'article précédent.

VARENNE-SAINT-GERMAIN. (Rue) *Commence* rue du Bac, et *finit* boulevart des Invalides. Les numéros sont *rouges*; le dernier impair est 43, et le dernier pair 48. — 10° Arrondissement.

Cette rue, percée vers le commencement du dix-septième siècle, tient son nom d'un particulier de ce nom. Jaillot dit avoir vu un plan manuscrit de 1651 sur lequel elle est désignée sous le nom de *la Varennes* ou *du Plessis*. Au n° 17 est l'hôtel du ministère des Cultes; au n° 23 l'hôtel Monaco ou Valentinois, occupé par le prince de Bénévent; au n° 27 l'hôtel Rohan-Chabot, maintenant à la duchesse de Montebello; au n° 29 l'hôtel du ministère de l'administration de la Guerre; au n° 33 l'hôtel La Rochefoucault; au n° 35 l'hôtel d'Orçay, présentement à M. Séguin; au n° 37 l'hôtel de Broglie, maintenant à M. le comte sénateur de Sémonville; au n° 41 l'hôtel Biron, maintenant occupé par le prince Kourakin, ambassadeur de Russie; au n° 26 l'hôtel Tessé, où sont les bureaux de l'administration des Hôpitaux militaires; au n° 24 l'hôtel de Castries, appartenant à Mme de Mailly; au n° 22 l'hôtel de Castres, occupé par l'ambassadeur d'Espagne, et au n° 12 l'hôtel La Rochefoucault, maintenant à M. le comte sénateur Rampon.

VARENNES-HALLE-AU-BLÉ. (Rue) *Commence* rue des Deux-Ecus, et *finit* rue Viarmes. Les numéros sont *noirs*; un seul impair qui est 1, et un seul pair 2. — 4° Arrondissement.

Cette rue fut ouverte en 1763, lorsque l'on construisit la halle au Blé. Elle porte le nom de M. *de Varennes*, alors échevin.

VARENNES. (Rue) *Voyez* rue de la Planche.

VARERIE. (Rue de la) *Voyez* rue de la Verrerie.

VARIÉTÉS, (Théâtre des) boulevart Montmartre, n° 5. — 2° Arrondissement.

Il fut construit en 1807, sur les dessins de M. Cellerier. La troupe des comédiens de ce théâtre jouait avant cette époque au Palais-Royal, à la salle dite Montansier.

PRIX DES PLACES en 1812.	Premières, Orchestre, Rez-de-Chaussée, Secondes fermées en face et Balcon........ 3 fr. 60 c.	
	Secondes de côté........... 2	40
	Troisièmes de côté........... 2	
	Amphithéâtre des Troisièmes.... 1	65
	Parterre................... 1	65
	Galeries et Quatrièmes........ 1	25

VARIÉTÉS. (Passage des) De la rue Saint-Honoré, n° 212, au Palais-Royal. — 2° Arrondissement.

Ce passage conduit de la rue Saint-Honoré au théâtre Français, qui se nommait théâtre des *Variétés* avant que les comédiens français vinssent l'occuper.

VAUBAN, (Place) derrière l'hôtel impérial des Invalides. — 10° Arrondissement.

C'est le nom du célèbre ingénieur français *Sébastien Le Prestre*, seigneur de *Vauban*, maréchal de France, né en 1653, et mort en 1707.

VAUDEVILLE, (Théâtre du) rue de Malte-Saint-Honoré, entre les n°s 14 et 16, et rue Saint-Thomas-du-Louvre, entre les n°ˢ 13 et 15. — 1ᵉʳ Arrondissement.

Il fut fondé le 12 janvier 1792, par M. le chevalier de Piis, maintenant secrétaire général de la Préfecture de police, et par M. Barré, qui en est encore directeur. Il sera démoli lorsqu'on exécutera le projet de réunion des palais du Louvre et des Tuileries.

Premières....................	3 fr.	30 c.
Secondes....................	2	75
Troisièmes....................	2	20
Parterre....................	1	65
Quatrièmes....................	1	50
Paradis....................	1	

PRIX DES PLACES en 1812.

VAUDEVILLE. (Passage du) De la rue Saint-Thomas-du-Louvre, entre les n°ˢ 13 et 15, à la rue de Malte, entre les n°ˢ 14 et 16. — 1ᵉʳ Arrondissement.

Ainsi nommé parce qu'il sert d'entrée au théâtre du *Vaudeville*.

VAUGIRARD. (Rue de) *Commence* rues des Francs-Bourgeois-Saint-Michel et Monsieur-le-Prince, et *finit* barrière de Vaugirard. Les numéros sont *noirs;* le dernier impair de la première série est 91, et le dernier pair de la première série est 130; le dernier impair de la seconde série, qui est au-delà du boulevart, est 45, et le dernier pair 32. — Les numéros impairs de 1 à 91, première série; les pairs de 2 à 84, première série, et tous les impairs de la seconde série, sont du 11ᵉ Arrondissement; les numéros pairs de 86 à 130 de la première série, et tous les pairs de la seconde, sont du 10ᵉ.

Jusqu'au seizième siècle elle n'est désignée que sous le nom de *chemin de Vaugirard;* à cette époque l'on commença à y bâtir et à lui donner le nom de rue de *Vaugirard;* on la trouve quelquefois sous celui de *Luxembourg, dite de Vaugirard.* Le village de *Vaugirard*, auquel elle conduit, lui a fait donner ce nom. Ce village, qui se nommait *Valboitron* ou *Vauboitron* jusque vers le milieu du treizième siècle, prit celui de *Gérard*, abbé de Saint-Germain, qui le fit alors rebâtir. Au coin de la rue Férou est l'hôtel de la Trémouille, maintenant à M. Duvey.

VAUGIRARD. (Rue du Petit-) *Commence* rues Bagneux et des Vieilles-Tuileries, et *finit* rue de Vau-

girard. Les numéros sont *noirs*; le dernier impair de
de la première série est 29, et le dernier pair 26; le
seul impair de la seconde série, passé le boulevart,
est 1, et le dernier pair 10. — 10ᵉ Arrondissement.

Elle doit son nom au village de *Vaugirard*, où elle conduit.
Sur les plans du dix-septième siècle elle est confondue avec la
rue des *Vieilles-Tuileries* et même avec celle du *Cherche-Midi*,
dont elle fait la prolongation. Elle est nommée du *Petit-Vaugirard* pour la distinguer de la rue de *Vaugirard*. *Voyez* rues
de Vaugirard, des Vieilles-Tuileries et du Cherche-Midi. Au
n° 5 est l'hôtel Peyrusse, qui appartient maintenant au duc
de Dantzick, et au n° 9 l'hôtel Clermont-Tonnerre.

VAUGIRARD, (Barrière de) au bout de la rue de
Vaugirard. — La moitié au nord est du 10ᵉ Arrondissement, et l'autre moitié au sud du 11ᵉ.

Cette barrière, qui tient son nom du village de *Vaugirard*,
situé tout près, consiste en deux bâtimens quarrés qui ne sont
point encore achevés.

VAUGIRARD. (Chemin de ronde de la barrière de)
De la barrière de Vaugirard à celle de Sèvres. — 10ᵉ
Arrondissement.

VAUVERT. (Hôtel ou palais de) *Voyez* les Chartreux.

VAUVERT. (Rue et chemin de) *Voyez* rue d'Enfer.

VEAUX, (Halle aux) entre les rues de Poissy et de
Pontoise. — 12ᵉ Arrondissement. — Elle est ouverte
les mardis et vendredis.

Avant l'année 1646 cette halle ou place était située rue
Planche-Mibray, au bout de la rue de la Vieille-Place-aux-
Veaux; de 1646 à 1774 elle était sur le quai des Ormes. Celle-ci,
construite sur les dessins de Lenoir, fut ouverte en 1774.

VEAUX. (Rue aux) *Voyez* rue de la Vieille-Place-aux-
Veaux.

VEAUX. (Rue de la Vieille-Place-aux-) *Commence*
rue Saint-Jacques-la-Boucherie, et *finit* rue Planche-
Mibray. Les numéros sont *noirs*; le dernier impair
est 19, et le dernier pair 26. — 7ᵉ Arrondissement.

En 1488 c'était la rue de la *Tannerie*. La *place aux Veaux*,
transférée au quai des Ormes en 1646, se nommait au quatorzième siècle la *place aux Sainctyons*, d'une famille de
bouchers. Au quinzième siècle c'était la rue *aux Veaux*, ensuite
rue de la *Place-aux-Veaux*, et depuis 1636 rue de la *Vieille-
Place-aux-Veaux*.

vɛaux. (Place aux) *Voyez* l'article précédent.

VENDEUIL. (Passage de l'Académie-de-) De la rue des Canettes, n° 34, à celle du Vieux-Colombier, n° 6. — 11ᵉ Arrondissement.

C'était le manége de Louis XV, qu'un nommé *Vendeuil* administrait sous le nom d'*académie;* il y a quarante ans environ qu'il n'existe plus : il est déjà démoli en partie, et le reste sera sans doute abattu pour agrandir la place Saint-Sulpice.

VENDOME. (Rue) *Commence* rue Charlot, et *finit* rue du Temple. Les numéros sont *noirs;* le dernier impair est 25, et le dernier pair 16. — 6ᵉ Arrondissement.

Cette rue, ouverte en 1695, prit le nom de *Vendôme* parce qu'elle fut alignée sur un terrain que Philippe de *Vendôme*, grand prieur de France, venait de vendre à la ville. Au n° 11 est l'ancien hôtel de l'intendance de Paris, appartenant à présent à M. le général comte Friant, qui vient de le restaurer et embellir, et au n° 3 l'hôtel d'Arbonne.

VENDOME. (Place) *Commence* rue Saint-Honoré, et *finit* rues Neuve-des-Petits-Champs et Neuve-des-Capucines. Les numéros sont *noirs;* le dernier impair est 25, et le dernier pair 26. — Les impairs sont du 1ᵉʳ Arrondissement, et le dernier pair du 2ᵉ.

Cette magnifique place fut commencée en 1687, et achevée en 1701, sur les dessins de Jules-Hardouin Mansard; son nom lui vient du vaste hôtel de *Vendôme,* sur l'emplacement duquel on la construisit. Cet hôtel avait été bâti pour César de *Vendôme,* fils de Henri IV et de Gabrielle d'Estrée. Le premier nom de cette place fut celui *des Conquêtes,* dont nous ne connaissons pas l'étymologie; elle porta aussi celui de *Louis-le-Grand,* parce qu'elle fut bâtie sous son règne, et que la statue équestre de ce monarque fut élevée au milieu en 1699 : ce beau morceau fut renversé en 1792, pendant les troubles révolutionnaires. Il est remplacé depuis quelques années par un chef-d'œuvre, la colonne triomphale : ce monument, l'un des plus beaux qui existent, fut commencé en 1806, sur les dessins de MM. Gondouin et Peyre, architectes, et fini en 1810. Au n° 13 est l'hôtel du ministère de la Justice, et au n° 17 les bureaux qui en dépendent : au n° 7 l'hôtel de l'état-major de la place de Paris, et au n° 22 demeure le général comte Hullin, commandant de la place de Paris et de la première division militaire.

VENDOME. (Rue de la Place-) *Commence* rue Neuve-des Petits-Champs, et *finit* boulevarts des Italiens et des Capucines. Les numéros sont *noirs*; le dernier impair est 27, et le dernier pair 26. — Les numéros impairs sont du 1ᵉʳ Arrondissement, et les pairs du 2ᵉ.

Cette rue, tracée par arrêts de 1701 et 1703, sur un chemin qui passait le long du couvent des Capucines, prit le nom de *Louis-le-Grand*; de 1793 à 1798 on la nomma des *Piques*, et en 1799 de la *Place-Vendôme*, parce qu'elle se dirige presqu'en face de la place de ce nom. Au n° 21 est l'hôtel d'Egmont, qui sert maintenant de dépôt pour la marine, et au n° 25 l'hôtel de l'administration générale de la Régie des Salines.

VENDOME (Le collége) était anciennement situé rue de l'Eperon, entre les rues du Battoir et du Jardinet.

Il existait encore en 1367.

VÉNÉRIENS, (Hôpital des) rue du Faubourg-Saint-Jacques. — 12ᵉ Arrondissement.

Cet hôpital est destiné à la guérison des maladies *vénériennes*, en y admettant les malades ou en leur donnant des remèdes et des conseils dont ils font usage chez eux. C'était un couvent de Capucins qui fut fondé en 1613; ces religieux le quittèrent en 1782 pour habiter celui de la rue Neuve-Sainte-Croix, maintenant le lycée Bonaparte.

Attenant à cet hôpital il y a une maison destinée aussi aux *vénériens*, mais qui paient pour être traités.

VENISE. (Rue de) *Commence* rue Saint-Martin, et *finit* rue Quincampoix. Les numéros sont *rouges*; le dernier impair est 5, et le dernier pair 6. — 6ᵉ Arrondissement.

De l'an 1250 à 1450 on la trouve sous le nom de *Sendebours, Hendebourg, Erembourg* ou *Herambourg la Trefilière*. Au milieu du quatorzième siècle elle prit le nom de *Bertaut-qui-dort*, du nom d'un particulier qui y possédait une maison. Au commencement du seizième siècle on la nomma de *Venise*, à cause d'une enseigne.

VENISE (La rue de) aboutissait à la rue Neuve-Notre-Dame.

Son premier nom était des *Dix-Huit*, probablement à cause du collége de ce nom : on croit que c'est la ruelle *Saint-Christophe* désignée par Guillot vers l'an 1300. Elle devait son nom de *Venise* à une enseigne; elle n'existe plus depuis au moins deux siècles.

VENISE, (Cul-de-sac de) rue Quincampoix, entre les n° 21 et 23.

En 1210 et 1250 c'était la rue de *Bierre*, et en 1313 la rue de *Brere pardevers Saint-Josse;* ensuite rue de *Bierne*, de *Bievre* et de *Bievre-sans-Chef;* en 1600 rue *Verte;* en 1616 rue de *Bievre, dite rue Verte;* depuis rue *Verte, dite cul-de-sac de la rue Quincampoix;* cul-de-sac de *Venise,* à cause de sa proximité de la rue de ce nom; en 1793 jusqu'en 1806 cul-de-sac *Batave,* à cause de la maison *Batave,* près de laquelle il est situé; en 1806 il a repris le nom de *Venise.* Dans plusieurs plans de divers siècles il est seulement désigné par ruelle *Sans-Chef.*

VENTADOUR. (Rue) *Commence* rue Thérèse, et *finit* rue Neuve-des-Petits-Champs. Les numéros sont *noirs;* le dernier impair est 15, et le dernier pair 8. — 2ᵉ Arrondissement.

Elle doit ce nom à quelqu'un de la famille *Ventadour,* qui s'est illustrée sous les derniers rois. Il paraît qu'elle a été percée vers l'an 1640. Elle a porté anciennement le nom de rue *Saint-Victor,* de rue *Ventadour* ou de *Lionne,* et se prolongeait alors jusqu'à la rue des Moineaux d'un bout, et au-delà de la rue Neuve-des-Petits-Champs de l'autre bout.

VENTS. (Rue des Quatre-) *Commence* rue Condé et carrefour de l'Odéon, et *finit* rue du Brave. Les numéros sont *rouges;* le dernier impair est 19, et le dernier pair 26. — 11ᵉ Arrondissement.

Son plus ancien nom est *ruelle descendant à la Foire;* au commencement du quinzième siècle elle se nommait *Combault,* à cause de *Pierre Combault,* chanoine de Romorentin, qui y demeurait. Le nom de rue des *Quatre-Vents,* qu'elle porte depuis le milieu du dix-septième siècle, lui vient d'une enseigne.

VENTS, (Cul-de-sac des Quatre-) rue des Quatre-Vents, entre les nᵒˢ 22 et 24. — Les numéros sont *noirs;* le dernier impair est 13, et le dernier pair 6. — 11ᵉ Arrondissement.

Ce cul-de-sac a porté les noms de cul-de-sac *de la Foire* et de cul-de-sac de *l'Opéra-Comique,* parce que l'on y avait pratiqué une porte qui conduisait à la *Foire* et au spectacle de *l'Opéra-Comique.* Il tient son nom actuel de la rue des *Quatre-Vents,* où il est situé.

VENVES. (Chemin de) *Voyez* rue d'Enfer.

VERDELET. (Rue) *Commence* rue Jean-Jacques-Rousseau, et *finit* rues de la Jussienne et Coq-Héron. Les numéros sont *noirs;* pas de numéros impairs (c'est le côté de l'hôtel des Postes); le dernier pair est 10. — 3e Arrondissement.

En 1295 c'était une petite rue étroite et sale, hors et près des murs de l'enceinte de Philippe-Auguste; elle se nommait alors *Merderel;* en 1311 c'était l'*Orde* (sale) *rue;* ensuite la rue *Breneuse* (sale); enfin, par altération de son premier nom, on lui a donné celui de *Verderet,* aujourd'hui *Verdelet.* En 1758, lorsque l'on construisit l'hôtel des Postes, on l'élargit d'environ deux mètres. C'est au coin de cette rue et de celle J.-J.-Rousseau que demeurait, au rapport de Saint-Foix, Jean de *Montigny,* que l'on surnomma le *boulanger* en reconnaissance des blés qu'il fit venir à Paris pendant une famine.

VERDELET. (Rue) *Voyez* rue Verderet.

VERDERET. (Rue) *Commence* rue de la Grande-Truanderie, et *finit* rue Mauconseil. Les numéros sont *noirs;* le dernier impair est 17, et le dernier pair 14. — 5e Arrondissement.

Rue étroite et sale qui se nommait anciennement *Merderiau, Merderai, Merderel* et *Merderet.* Ce nom fut adouci au commencement du dix-septième siècle et changé en *Verdelet,* et maintenant *Verderet,* pour la distinguer de la rue *Verdelet,* située dans le troisième arrondissement.

VERGNON. (Cul-de-sac) *Voyez* rue Sainte-Catherine.

VERNEUIL. (Rue) *Commence* rue des Saints-Pères, et *finit* rue de Poitiers. Les numéros sont *rouges;* le dernier impair est 51, et le dernier pair 58. — 10e Arrondissement.

Cette rue, percée vers l'an 1640, sur le grand pré aux Clercs, porte le nom de Henri de Bourbon, duc de *Verneuil,* fils d'Henri IV et d'Henriette d'Entragues, marquise de *Verneuil,* alors abbé de Saint-Germain-des-Prés. Au n° 13 sont les bureaux de la mairie du dixième arrondissement.

VERRERIE. (Rue de la) *Commence* marché Saint-Jean et rue Bourtibourg, et *finit* rues Saint-Martin et des Arcis. Les numéros sont *rouges;* le dernier impair est 103, et le dernier pair 78. — 7e Arrondissement.

Dès le treizième siècle elle porte ce nom, que l'on a varié en *Voirerie, Varerie, Voirie,* etc. On croit qu'elle le tient de Guy le *Verrier* ou le *Vitrier,* qui en 1185 possédait un terrain dans cette rue. En 1380 la partie de cette rue près de l'église Saint-Merri portait encore le nom de rue *Saint-Merri.*

VERSAILLES. (Rue de) *Commence* rue Saint-Victor, et *finit* rue Traversine. Les numéros sont *noirs;* le dernier impair est 19, et le dernier pair 18. — 12e Arrondissement.

Elle doit son nom à la famille de *Versailles (de Versaliis),* déjà connue au onzième siècle. Pierre de *Versailles* y demeurait en 1270. Le poëte Guillot, vers 1300, la nomme de *Verseille,* mais seulement pour rimer avec *conseille,* puisqu'en 1313 on la trouve sous le nom de *Versailles.*

VERSAILLES, (Cul-de-sac de) rue Traversine, entre les n°s 40 et 42. Un seul numéro qui est 20, faisant partie de ceux de la rue de Versailles. — 12e Arrond.

Ainsi nommé parce qu'il est en face de la rue de *Versailles.*

VERSEILLES. (Rue de) *Voyez* rue de Versailles.

VERTBOIS. (Rue du) *Commence* rues du Pont-aux-Biches et de la Croix, et *finit* rue Saint-Martin. Les numéros sont *rouges;* le dernier impair est 45, et le dernier pair 40. — 6e Arrondissement.

Anciennement on ne la distinguait pas de la rue Neuve-Saint-Laurent, qu'elle prolonge, puisqu'en 1546 elle est nommée rue *Neuve-Saint-Laurent,* dite du *Vertbois.* Plusieurs plans des siècles derniers lui donnent le nom de *Gaillardbois.* Les arbres qui environnaient autrefois le prieuré de Saint-Martin, avant le percement de cette rue, lui auront vraisemblablement fait donner ce nom.

VERTBOIS. (Rue du) *Voyez* rue Neuve-Saint-Laurent.

VERTE. (Grande rue) *Commence* rue de la Ville-l'Evêque, et *finit* rue du Faubourg-Saint-Honoré. Les numéros sont *rouges;* le dernier impair est 17, et le dernier pair 42. — 1er Arrondissement.

A la fin du dix-septième siècle c'était la rue *des Marais;* au commencement du dix-huitième siècle elle n'était encore qu'un chemin bordé de *verdure,* qui passait le long du grand égout, alors à découvert; en 1734 il n'y avait point encore de maisons; au milieu du siècle dernier elle se nommait rue du *Chemin-Vert;* en 1775 rue *Verte,* et enfin *grande rue Verte,* pour la distinguer de la *petite rue Verte.* Au n° 32 est une caserne, construite sur les dessins du corps du génie militaire.

VERTE. (Rue) *Voyez* rue du Chemin-Vert et cul-de-sac de Venise.

VERTE. (Petite rue) *Commence* rue du Faubourg-Saint-Honoré, et *finit* rue Verte. Les numéros sont *noirs;* le dernier impair est 11, et le dernier pair 14. — 1ᵉʳ Arrondissement.

Rue percée vers 1784, et qui a la même étymologie que la rue *Verte* ci-dessus.

VERTUS. (Rue des) *Commence* rue des Gravilliers, et *finit* rue Phelipeaux. Les numéros sont *noirs;* le dernier impair est 29, et le dernier pair 34. — 6ᵉ Arrondissement.

Nous ignorons l'étymologie du nom de cette rue, dont il est fait mention dès l'an 1546.

VERTUS, (Barrière des) à l'extrémité de la rue Château-Landon. — 5ᵉ Arrondissement.

Elle tient ce nom du village d'Aubervilliers ou Notre-Dame des *Vertus,* qui en est à la distance de mille huit cents toises; elle est ornée d'un bâtiment avec deux péristiles et un fronton.

VERTUS. (Chemin de ronde de la barrière des) De la barrière des Vertus à celle Saint-Denis. — 5ᵉ Arrondissement.

VEUVES. (Allée des) *Commence* cours la Reine et quai Billy, et *finit* rues Matignon et Rousselet. Les numéros sont *noirs;* le dernier impair est 41, et le dernier pair 6. — 1ᵉʳ Arrondissement.

Cette allée, au fond des Champs-Elysées, peu fréquentée avant qu'on y eût construit des guinguettes, est réellement convenable aux *veuves* qui éprouvaient un véritable chagrin d'avoir perdu leurs époux.

VIANDE, (Halle à la) entre les rues de la Fromagerie, de la Cordonnerie et de la Tonnellerie. — 4ᵉ Arrondissement.

Elle tient les mercredis et samedis. C'était anciennement la halle au Blé. On y entre par la rue de la Tonnellerie, n° 46, et par celle de la Fromagerie, n° 1.

VIARMES. (Rue) *Commence* rue Varennes, et *finit* rue Oblin. Les numéros sont *noirs;* le dernier impair est 37, et le dernier pair 22. — 4ᵉ Arrondissement.

Cette rue circulaire, bâtie sur l'emplacement de l'hôtel Soissons en 1763, porte le nom de M. Pont-Carré de *Viarmés*, alors
prévôt des marchands.

VICHIGNON. (Ruelle) *Voyez* rue Sainte-Catherine.

VICTOIRE-DE-LEPANTE et de *SAINT-JOSEPH*, (Chanoinesses de Notre-Dame de la) rue de Picpus.

Ces chanoinesses, de l'ordre de saint Augustin, s'établirent rue
de Picpus en 1640, et furent supprimées en 1790.

VICTOIRE. (Rue de la) *Commence* rue du Faubourg-
Montmartre, et *finit* rue du Mont-Blanc. Les numéros
sont *rouges*; le dernier impair est 39, et le dernier
pair 58. — 2ᵉ Arrondissement.

Le général Bonaparte arriva d'Egypte à Paris le 16 octobre
1799, à six heures du matin, et logea dans la rue *Chantereine*,
à laquelle on donna aussitôt le nom quelle porte, en l'honneur
du héros qui a toujours commandé à la *Victoire*. A la fin du
dix-septième siècle c'était la *ruellette au marais des Porcherons;* en 1734 il n'y avait encore aucune maison bâtie, et elle
se nommait *ruelle des Postes;* elle prit ensuite le nom de
Chantereine, et par altération *Chanterelle*, excepté depuis la
rue des Trois-Frères jusqu'à celle du Mont-Blanc, qu'elle conserva le nom *des Postes*. Au n° 28 est l'hôtel d'Hervieux, maintenant à M. Thouroux; au n° 34 l'hôtel Basouin.

Le *théâtre Olympique* est au n° 30. Ce joli édifice fut élevé
sur les dessins de Dameme, vers l'an 1796; il a été occupé par
l'opéra Buffa et par quelques autres troupes de comédiens : il y
a maintenant une loge de Francs-Maçons, et l'on y donne de
temps en temps des fêtes et des concerts.

VICTOIRES. (Rue des) *Voyez* rue Notre-Dame-des-Victoires.

VICTOIRES. (Place des) *Commence* petite rue de la
Vrillère, et *finit* rues du Petit-Reposoir et Vide-
Gousset. Les numéros sont *rouges*; le dernier impair est 9, et le dernier pair 12. — Les nᵒˢ 1, 2 et
4 sont du 4ᵉ Arrondissement, et tous les autres sont
du 3ᵉ.

Elle fut commencée en 1685, et achevée vers l'an 1692, sur
les dessins de Jules Hardouin Mansard, par les ordres du duc de
la Feuillade, sur l'emplacement des hôtels de la Ferté-Senecterre
et d'Emery. Le 28 mars 1686 la statue pédestre de Louis XIV,
couronnée par la *Victoire*, fut élevée au milieu de cette place;
elle fut abattue en 1792; l'année suivante on y substitua une py-

ramide en planche, sur les côtés de laquelle étaient écrits les noms des départemens et les victoires remportées par les armées de la république. A la place de cette pyramide, qui n'exista que peu de temps, on y voit la statue colossale en bronze du général Desaix, composée par M. Dejoux. La première pierre de ce monument avait été posée le 27 septembre 1800, par l'Empereur, alors premier Consul.

VICTOR, (Abbaye Saint-) rue Saint-Victor, n° 18.

Cette abbaye, dont Louis-le-Gros se déclara fondateur, est connue dès le commencement du douzième siècle, et doit son origine à une chapelle de Saint-Victor, fondée vers la fin du siècle précédent. Les bâtimens furent réparés en 1448, et entièrement rebâtis sous le règne de François Ier. Le portail fut élevé en 1760. On achève maintenant de la démolir pour agrandir la nouvelle halle au Vin.

VICTOR. (Rue Saint-) *Commence* rues Copeau et de Seine-Saint-Victor, et *finit* rues de Bièvre et de la Montagne-Sainte-Geneviève. Les numéros sont *rouges;* le dernier impair est 169, et le dernier pair 132. — 12e Arrondissement.

Elle doit son nom à la célèbre abbaye *Saint-Victor,* dont l'origine fut une chapelle *Saint-Victor,* fondée vers la fin du onzième siècle. Jusqu'au milieu du siècle dernier cette rue ne s'étendait que jusqu'aux rues des Fossés-Saint-Victor et Saint-Bernard, où se trouvait une des portes de l'enceinte de Philippe-Auguste; le reste de la rue jusqu'à celles Copeau et de Seine était la rue du *Faubourg-Saint-Victor :* on nommait aussi quelquefois cette partie la rue du Jardin-du-Roi, parce qu'elle en fait la prolongation.

VICTOR. (Rues Saint-) *Voyez* rues Neuve-Saint-Augustin et Ventadour.

VICTOR. (Rue derrière les murs Saint-) *Voyez* rue de Seine-Saint-Victor.

VICTOR. (Rue du Faubourg-Saint-) *Voyez* rue Saint-Victor.

VICTOR. (Rue des Fossés-Saint-) *Commence* rues Bordet et Moufetard, et *finit* rue Saint-Victor. Les numéros sont *noirs;* le dernier impair est 39, et le dernier pair 38. — 12e Arrondissement.

Rue bâtie sur l'emplacement des *fossés* qui entouraient les murs de clôture de Philippe-Auguste. De la rue Clopin à la rue Fourcy elle portait le nom de rue des *Pères de la Doctrine chrétienne,* parce que cette congrégation s'y établit en 1627.

VICTOR. (Rue Neuve-Saint-) *Voyez* rue des Boulangers.

VICTOR. (Passage Saint-) De la rue Saint-Victor, n° 24, à la nouvelle halle au Vin. — 12° Arrondissement.

VICTOR, (Carrefour Saint-) place formée à la jonction des rues Saint-Victor, des Fossés-Saint-Victor et des Fossés-Saint-Bernard. — 12° Arrondissement.

VICTOR (La porte Saint-) était située rue Saint-Victor, entre les rues des Fossés-Saint-Victor et des Fossés-Saint-Bernard.

Bâtie vers l'an 1200, pour faire partie des murs de clôture de Philippe-Auguste; reconstruite en 1570, et abattue en 1684.

VIDE-GOUSSET. (Rue) *Commence* place des Victoires et rue des Fossés-Montmartre, et *finit* rues Neuve-des-Petits-Pères et du Mail. Les numéros sont *noirs;* le dernier impair est 3; pas de numéros pairs. — 3° Arrondissement.

Elle doit vraisemblablement ce nom à quelques vols qui s'y sont commis lorsqu'elle était isolée et près de l'enceinte de Paris achevée sous Charles VI et en 1383; elle n'était point, avant la construction de la place des Victoires, distinguée de celle du *Petit-Reposoir.*

VIERGE (La chapelle de la Très-Sainte-) était située dans l'enceinte du palais de Justice.

Elle avait été fondée en 1154, et fut détruite sous le règne de saint Louis.

VIERGE. (Rue de la) *Commence* rue de l'Université-Gros-Caillou, et *finit* rue Saint-Dominique-Gros-Caillou. Les numéros sont *noirs;* le dernier impair est 27, et le dernier pair 8. — 10° Arrondissement.

Elle doit ce nom au voisinage de la chapelle de la *Vierge,* qui y fut construite en 1737, et qui devint peu de temps après l'église Saint-Pierre, au Gros-Caillou.

VIFS. (Ruelle aux) *Voyez* rue Sainte-Catherine.

VIGAN. (Passage du) De la rue des Vieux-Augustins, n° 63, à celle des Fossés-Montmartre, n° 14. — 3° Arrondissement.

Nous ignorons l'étymologie de ce nom.

VIGNES-A-CHAILLOT. (Rue des) *Commence* rue de Chaillot, et *finit* avenue de Neuilly. Les numéros sont *noirs;* le dernier impair est 5, et le dernier pair 8. — 1ᵉʳ Arrondissement.

Ce n'est que depuis peu d'années que l'on a aligné cette rue au travers des *vignes* dont elle a pris le nom. Il n'y a encore que peu de maisons.

VIGNES-DE-L'HOPITAL. (Rue des) *Commence* rue du Banquier, et *finit* boulevart de l'Hôpital. Les numéros sont *noirs;* le dernier impair est 5, et le dernier pair 10. — 12ᵉ Arrondissement.

Elle a pris ce nom du terrain planté de *vignes* sur lequel on l'a ouverte depuis une quinzaine d'années.

VIGNES. (Rue des) *Voyez* cul-de-sac des Corderies et rue du Pot-de-Fer-Saint-Marcel.

VIGNES, (Cul-de-sac des) rue des Postes, entre les nᵒˢ 26 et 28. Les numéros sont *noirs;* un seul numéro impair qui est 1, et un seul pair qui est 2. — 12ᵉ Arrondissement.

Il doit son nom à un clos de *vignes* sur lequel il a été anciennement ouvert. Au seizième siècle on le nommait rue *Saint-Etienne* et rue *Neuve-Saint-Etienne.*

VIGNOLLES. (Les Basses-) *Voyez* rue des Boulets.

VILLARS. (Avenue) *Commence* place Vauban, et *finit* boulevart des Invalides. Un seul numéro *noir* qui est 2. — 10ᵉ Arrondissement.

C'est le nom du célèbre duc de *Villars,* général des camps et armées du roi, né en 1653 à Moulins, et mort à Turin en 1734.

VILLE. (Hôtel de) *Voyez* Hôtel de Ville.

VILLE DE PARIS, (Bibliothèque de la) rue Saint-Antoine, nᵒ 110, près le lycée Charlemagne.

Elle fut rendue publique en 1763, rue Pavée-au-Marais, hôtel de Lamoignon, d'où elle fut transportée en 1773 où elle est aujourd'hui. Elle est ouverte les mardis, mercredis, vendredis et samedis, de dix heures jusqu'à deux, excepté le temps des vacances, qui dure du 20 août au 1ᵉʳ octobre.

VILLE. (Rue du Puits-de-la-) *Voyez* rue des Sansonnets.

VILLEDO. (Rue) *Commence* rue Richelieu, et *finit* rue Helvétius. Les numéros sont *rouges;* le dernier

impair est 13, et le dernier pair 12. — 2° Arrondissement.

Cette rue, tracée vers l'an 1640, quand on aplanit la butte
des Moulins, porte le nom de la famille *Villedo.* Guillaume et
François *Villedo*, généraux des bâtimens du roi et des ponts et
chaussées, y possédaient des maisons en 1667.

VILLE-L'ÉVÊQUE. (Rue de la) *Commence* rue de la
Madeleine, et *finit* rue de la Pépinière. Les numéros
sont *rouges;* le dernier impair est 45, et le dernier
pair 50. — 1er Arrondisssement.

Cette rue est située au village de la *Ville-l'Evéque,* dont elle
a pris son nom; il est déjà question, dès le commencement du
treizième siècle, du territoire, de la culture et du village de la
Ville-l'Evéque.

VILLE-L'ÉVÊQUE, (Carrefour de la) place formée à
la rencontre des rues de la Ville-l'Évêque et des
Saussaies. — 1er Arrondissement.

VILLE-L'ÉVÊQUE. (Passage de la) De la rue de Surène, n° 1, à celle de l'Arcade, n° 4. — 1er Arrondissement.

Même étymologie que la rue de la Ville-l'Evêque.

VILLE NEUVE. (La)

C'est ainsi que l'on nomme le quartier où sont les rues d'Aboukir (ci-devant Bourbon-*Villeneuve*), Beauregard, Cléry, de la
Lune, Notre-Dame-de-Bonne-Nouvelle, Basse-Saint-Denis, etc.
On commença à y bâtir au seizième siècle, et c'est depuis cette
époque que ce quartier porte le nom de *Villeneuve.*

VILLE-NEUVE. (Rue Basse-) *Voyez* rue Basse - Porte -
Saint - Denis.

VILLEQUEUX. (Rue) *Voyez* rue Gît-le-Cœur.

VILLERAN-DES-BOHÊMES. (Rue) *Voyez* rue Hillerin-
Bertin.

VILLETTE, (Barrière de la) à l'extrémité du faubourg
Saint-Martin. — 5e Arrondissement.

Cette barrière tient son nom du village de la *Villette,* situé à
une très-petite distance; elle consite en deux bâtimens avec arcades, qui ne sont pas encore achevés.

VILLETTE. (Chemin de ronde de la barrière de la)
De la barrière de la Villette à celle des Vertus. —
5e Arrondissement.

VILLIERS. (Rue et chemin de) *Voyez* rue de Courcelles.

VILLIOT. (Rue) *Commence* quai de la Rapée, et *finit* rue de Bercy. Les numéros sont *noirs*; le dernier impair est 9, et le dernier pair 4. — 8ᵉ Arrondissement.

Cette rue, qui prolonge celle de *Rambouillet* jusqu'au quai, se trouve dans plusieurs plans sous le nom de *Rambouillet,* et dans d'autres sous celui de la Rapée, parce qu'elle y conduit. Ce n'est que depuis peu d'années qu'on la nomme *Villiot,* du nom d'un particulier qui y possède des maisons.

VIN, (Halle au) rue des Fossés-Saint-Bernard, n° 1, et quai Saint-Bernard. — 12ᵉ Arrondissement.

La première pierre en fut posée le 15 août 1811, au milieu de l'enclos de l'abbaye Saint-Victor. Les travaux de cet utile et grand établissement se poursuivent avec activité, sous la direction de M. Gaucher, architecte. L'ancienne halle au Vin fut établie en 1662.

VIN-LE-ROI. (Rue) *Voyez* rue des Trois-Maures.

VINAIGRIERS. (Rue des) *Commence* rue de Carême-Prenant, et *finit* rue du Faubourg-Saint-Martin. Les numéros sont *rouges*; le dernier impair est 29, et le dernier pair 28. — 5ᵉ Arrondissement.

Il y a une trentaine d'années qu'elle n'était encore qu'une ruelle ou chemin, qui tenait son nom d'un champ dit des *Vinaigriers,* qu'elle côtoie. En 1654 on la trouve nommée ruelle à l'*Héritier.*

VINCENNES. (Avenue de) De la barrière de Vincennes à la place du Trône. — 8ᵉ Arrondissement.

VINCENNES, (Barrière de) à l'extrémité du faubourg Saint-Antoine. — 8ᵉ Arrondissement.

Cette barrière, construite vers 1788, sur les dessins de Ledoux, consiste en deux bâtimens carrés; on entre dans ces bâtimens par un porche dont l'arc est soutenu par des pilastres; les façades sont terminées par une corniche avec consoles, quatre frontons et un couronnement circulaire; près de ce propylée s'élèvent deux colonnes élégantes et majestueuses. On passe par cette barrière pour aller à *Vincennes,* dont elle a pris le nom. On la nommait auparavant barrière du *Trône,* parce qu'on éleva sur la place dite depuis du *Trône,* près cette barrière, un *trône* superbe sur lequel Louis XIV et Marie-Thérèse d'Autriche reçurent, le 26 août 1660, l'hommage et le serment de fidélité de leurs sujets. On devait aussi élever en cet endroit, à la gloire de ce monarque, un arc de triomphe magnifique qui a été exécuté en plâtre seulement.

VINCENNES. (Chemin de ronde de la barrière de) De la barrière de Vincennes à celle de Montreuil. — 8ᵉ Arrondissement.

VINCENNES. (Chemin de) *Voyez* rue du Faubourg-Saint-Antoine.

VINCENT. (Rue Saint- et cul-de-sac Saint-) *Voyez* rue de la Convention.

VINCENT-DE-PAUL, (Eglise Saint-) rue Montholon, entre les nᵒˢ 6 et 8. — 2ᵉ Arrondissement.

Cette église, construite depuis quelques années, est succursale de Saint-Laurent.

VINCENT-DE-PAUL. (Rue Saint-) *Commence* rue du Bac et place Saint-Thomas-d'Aquin, et *finit* rue Saint-Dominique-Saint-Germain. Les numéros sont *noirs*; le dernier impair est 5, et le dernier pair 8. — 10ᵉ Arrondissement.

Cette petite rue, qui conduit à l'église Saint-Thomas-d'Aquin, est ainsi nommée parce que saint *Vincent de Paul* est particulièrement honoré dans cette église, où il y a un autel qui lui est dédié. Ce saint, fondateur des Lazaristes, des Filles de la Charité, de tous les hôpitaux des Enfans-Trouvés et autres hospices, était né à Poy, près de Dax, dans le département des Landes, en 1576, et mort à Paris en 1660.

VINGNE, VIGNE, DES-VIGNES, VUIGNE. (Rue Jean-) *Voyez* rue de la Réale.

VIOLETTE. (Rue de la) *Voyez* cul-de-sac Saint-Faron.

VIRGINIE. (Galerie ou passage) *Voyez* la Bourse.

VISAGES (La rue des Trois-) traversait de la rue Bertin-Poirée à celle Thibault-aux-Dez, presque en face celle Jean-Lantier.

Vers l'an 1300 Guillot la nomme rue *Jean-Léveiller;* en 1313 c'était la rue *Jean-l'Esguillier,* ensuite *Jean-le-Goulier* et *Jean-Golier.* On croit qu'elle tenait ce nom de *Jean-Golier,* qui, en 1245, possédait une maison aboutissant à cette rue; en 1492 elle portait le nom de rue *au Goulier, dite du Renard.* Quant au nom de *Trois-Visages,* elle l'avait pris de *trois têtes* sculptées à l'angle de l'une de ses extrémités. Elle fut fermée par deux grilles au commencement du siècle dernier, et l'on en fit alors un cul-de-sac, qui est supprimé depuis quelques années.

VISITATION, (Couvent des Religieuses de la) rue Saint-Jacques, n°ˢ 193 et 195. — 12ᵉ Arrondissement.

Il fut fondé en 1626. Cet ordre fut aboli en France en 1790; il est maintenant occupé par les dames Saint-Michel.

VISITATION, (Couvent des Religieuses de la) rue Saint-Antoine, entre les n°ˢ 214 et 216. — 9ᵉ Arrondissement.

Le couvent fut achevé en 1629, l'église en 1634, sur les dessins de François Mansard, et ces religieuses furent supprimées en 1790. Cette jolie rotonde est maintenant consacrée au culte de la religion réformée ou calviniste, et le couvent est occupé par divers particuliers.

VISITATION (Le couvent de la) était à Chaillot, entre les barrières Franklin et Sainte-Marie.

Il fut fondé en 1651, par Henriette de France, fille de Henri IV et veuve de Charles Iᵉʳ, roi d'Angleterre. L'église fut rebâtie en 1704, et cet ordre aboli en France en 1790. Le palais du roi de Rome occupera tout cet emplacement.

VISITATION, (Les Religieuses de la) rue du Bac, n° 58.

Elles s'établirent rue Montorgueil en 1669, et rue du Bac en 1673; elles furent supprimées en 1790; il ne reste plus qu'une petite église que l'on va démolir.

VIVIEN. (Rue) *Voyez* rue Vivienne.

VIVIENNE. (Rue) *Commence* rue d'Arcole, et *finit* rue des Filles-Saint-Thomas. Les numéros sont *noirs;* le dernier impair est 23, et le dernier pair 22. — Les impairs sont du 2ᵉ Arrondissement, et les pairs du 3ᵉ.

Elle tient son nom de la famille *Vivien;* aussi dans les anciens plans on ne la trouve que sous le nom de *Vivien.* Au milieu du dix-septième siècle elle s'étendait jusqu'à la rue Feydeau, et la prolongation qui fut détruite pour agrandir le jardin des Filles-Saint-Thomas se nommait rue *Saint-Jérôme.* On travaille à rétablir cette prolongation, où sera l'édifice du tribunal et de la bourse de Commerce que l'on construit en ce moment. Le passage dit du *Perron,* à cause de l'escalier ou *perron* par où l'on descend pour aller au Palais-Royal, entre la rue Neuve-des-Petits-Champs et celle d'Arcole, ne fait partie de la rue Vivienne que depuis 1806. Au n° 16 est l'hôtel Colbert; au n° 18 la division succursale du Mont-de-Piété; au n° 13 l'hôtel Boston, et au n° 3 l'hôtel des Étrangers.

VOIE-CREUSE OU CREUSE. (Rue) *Voyez* rue des Cornes.

VOIES. (Rue des Sept-) *Commence* rues Saint-Hilaire et des Carmes, et *finit* rue Saint-Etienne-des-Grès. Les numéros sont *noirs*; le dernier impair est 35, et le dernier pair 26. — 12ᵉ Arrondissement.

En 1185 elle portait déjà ce nom. Guillot le poëte, pour rimer avec *voie*, lui donne, vers l'an 1300, le nom de *Savoie*.

VOIES. (Rue des Sept-) *Voyez* rue de l'Arbalète.

VOIRERIE, VOIRIE. (Rue de la) *Voyez* rue de la Verrerie.

VOIRIE-SAINT-HONORÉ. (Rue de la) *Commence* rue des Grésillons, et *finit* dans un terrain. Les numéros sont *rouges*; le dernier impair est 3, et le dernier pair 22. — 1ᵉʳ Arrondissement.

Elle tient son nom de la *voirie* des Grésillons, près de laquelle on l'a percée depuis peu d'années.

VOIRIE-SAINT-DENIS. (Rue de la et rue du Chemin-de-la-) *Commence* rue de la Chapelle, et *finit* rue Château-Landon. Pas de numéros. — 5ᵉ Arrond.

Cette rue projetée se nommait des *Fossés-Saint-Martin*, et depuis quelques années elle a pris le nom qu'elle porte aujourd'hui de la proximité d'une *voirie*.

VOIRIE. (Rues de la) *Voy.* rues Cadet et du Cœur-Volant.

VOIRIE. (Rue du Chemin-de-la-) *Voy.* rue de la Voirie-Saint-Denis.

VOIRIE. (Chemins de la) *Voyez* rues de Bondy et des Fossés-Saint-Martin.

VOIRIE. (La Basse-)

C'est ainsi que l'on nommait au commencement du *dix-septième* siècle un endroit où l'on déposait les boues et les immondices, et qui était situé où est à présent la rue du Clos-Georgeau, près celle Sainte-Anne, maintenant Helvétius.

VOIRIE. (La Haute-)

Au milieu du seizième siècle on trouve ainsi nommé l'espace qui est maintenant entre les rues d'Argenteuil, des Moineaux et des Orties.

VOIRIE-DU-ROULE. (Rue de la Petite-) *Commence* rue de la Voirie, et *finit* rue de la Bienfaisance. Les numéros sont *noirs*; le seul impair est 1, et le dernier pair 4. — 1ᵉʳ Arrondissement.

Cette petite rue, percée depuis peu d'années, tient ce nom de la proximité d'une *voirie* et de la rue de la *Voirie*.

VOIRIE-POPINCOURT. (Rue de la) *Commence* rue de Popincourt, entre les n°ˢ 94 et 96, et *finit* rue de Menilmontant, n° 48. Pas de numéros. — 8ᵉ Arrondissement.

Ainsi nommée parce qu'elle passe près d'une *voirie*.

VOIRIE. (Barrière de la) *Voyez* barrière des Fourneaux.

VOLAILLE ET AU GIBIER, dit LA VALLÉE, (Marché à la) quai des Augustins, au coin de la rue des Grands-Augustins. — 11ᵉ Arrondissement.

Ce marché, achevé en 1811, sur l'emplacement de l'église et du couvent des Grands-Augustins, se tenait depuis 1679 sur le quai des Augustins, qu'il obstruait. C'est l'arrivage général de la *volaille* et du *gibier*, les lundis, mercredis, vendredis et samedis.

VOLTAIRE. (Rue) *Commence* rue Monsieur-le-Prince, et *finit* place de l'Odéon. Les numéros sont *noirs*; le dernier impair est 5, et le dernier pair 14. — 11ᵉ Arrondissement.

Cette rue, percée en 1782, sur une partie de l'emplacement du jardin de l'hôtel Condé, porte le nom du célèbre écrivain Marie-François Arouet de *Voltaire*. Pour rendre hommage à la mémoire de ce grand poëte tragique, on donna son nom à cette rue, qui conduisait au *théâtre Français*, à présent l'*Odéon*.

VOLTAIRE. (Quai) *Commence* rue des Saints-Pères et quai Malaquais, et *finit* rue du Bac et pont des Tuileries. Les numéros sont *rouges*; le dernier impair est 27. — 10ᵉ Arrondissement.

C'est le nom du célèbre *Voltaire*, né à Paris en 1693, et mort dans la même ville en 1778, dans la maison de M. de Villette, son neveu, sur ce quai, n° 23, au coin de la rue de Beaune. C'est en 1792, pour honorer la mémoire de cet écrivain universel, que l'on donna le nom de *Voltaire* à ce quai, qui se nommait auparavant des *Théatins*, parce que les religieux de ce nom y avaient leur couvent, fondé en 1648; avant cette époque le quai *Malaquais* se prolongeait jusqu'à la rue du Bac. Au n° 1 est le petit hôtel Tessé, maintenant à M. Vigier; au n° 8 l'hôtel Labriffe; au n° 5 l'hôtel Choiseul, appartenant à Mᵐᵉ d'Aumont-Mazarin; au n° 21 le couvent des Théatins, appartenant à M. Vigier, et au n° 23, au coin de la rue de Beaune, n° 1, l'hôtel Villette, où mourut Voltaire le 30 mai 1778.

VOSGES. (Rue des) *Commence* rue Saint-Antoine, et *finit* place des Vosges. Les numéros sont *noirs ;* le dernier impair est 13, et le dernier pair 18. — 8ᵉ Arrondissement.

Cette rue, ouverte en 1604, sur une partie de l'emplacement du palais des Tournelles, prit d'abord le nom de *Royale* et du *Pavillon-du-Roi ;* en 1792 celui de rue *Nationale ,* et en 1800 celui des *Vosges,* dont on peut voir l'étymologie à l'article suivant.

VOSGES. (Place des) *Commence* rue des Vosges, et *finit* rue de la Chaussée-des-Minimes. Les numéros sont *noirs ;* le dernier impair est 25, et le dernier pair 28. — 8ᵉ Arrondissement.

Cette place fut commencée en 1604, par ordre de Henri IV, sur une partie de l'emplacement du palais des Tournelles, qui avait servi de marché aux chevaux pendant une trentaine d'années ; en 1605 elle fut nommée *Royale*, et fut achevée en 1612 ; en 1639 la statue équestre de Louis XIII fut élevée au milieu ; en 1792 on abattit cette statue, et l'on donna à cette place le nom d'*Indivisibilité*, qui est celui de la section où elle est située. Le 14 septembre 1800, par arrêté du département de la Seine, elle prit le nom des *Vosges*, parce que le département des *Vosges* fut le premier de tous qui ait acquitté la plus forte partie de ses contributions, au terme prescrit par un arrêté des Consuls du 8 mars 1800. Au nº 9 est l'hôtel Nicolaï, et au nº 14 l'hôtel Villedeuil, où sont maintenant les bureaux de la mairie du huitième arrondissement.

VRILLÈRE. (Rue La) *Commence* rue Croix-des-Petits-Champs, et *finit* rues de la Feuillade et Neuve-des-Bons-Enfans. Les numéros sont *rouges ;* le dernier impair est 3, et le dernier pair 10. — 4ᵉ Arrondissement.

Elle tient ce nom, qu'elle ne porte que depuis le commencement du siècle dernier, de l'hôtel *La Vrillère*, qui y est situé. Cet hôtel s'est nommé successivement *La Vrillère*, Toulouse , Penthièvre, et enfin de la Banque depuis l'année dernière.

VRILLÈRE. (Petite rue La) *Commence* rue La Vrillère, et *finit* place des Victoires. Les numéros sont *noirs ;* le dernier impair est 3, et le dernier pair 4. — 4ᵉ Arrondissement.

Cette rue, construite en même temps que la place des Victoires, se nomma d'abord *Percée*, ensuite petite rue *La Vrillère*, parce qu'elle aboutit rue *La Vrillère*, en face de l'ancien hôtel de ce nom.

W.

WALUBERT, (Place) entre le pont d'Austerlitz et le jardin des Plantes. — 12ᵉ Arrondissement.

C'est le nom d'un officier mort glorieusement à la bataille d'Austerlitz.

WASHINGTON. (Passage) De la rue de la Bibliothèque, n° 13, à celle du Chantre, n° 18. — 4ᵉ Arrondissement.

Ainsi nommé parce qu'il traverse l'ancien hôtel dit de *Washington.*

WERTINGEN. (Rue de) *Commence* rue du Colombier, et *finit* rue Neuve-de-l'Abbaye. Les numéros sont *noirs;* le dernier impair est 9, et le dernier pair 8. — 10ᵉ Arrondissement.

Cette rue, bâtie en 1699, se nommait *Furstenberg,* du nom du cardinal Furstenberg, alors abbé de Saint-Germain-des-Prés. Depuis quelques années elle porte le nom de *Wertingen* en mémoire du combat de *Wertingen,* à quatre lieues sud-ouest de Donaverth, livré par l'armée française le 8 octobre 1805, où le prince Murat, maintenant roi de Naples, enveloppa et défit un corps considérable d'Autrichiens.

X.

XAINTONGE. (Rue de) *Voyez* rue de Saintonge.

Y.

YVES (La chapelle Saint-) était située rue Saint-Jacques, n° 47, au coin septentrional de celle des Noyers.

Elle fut bâtie en 1348, un an après la canonisation de ce saint, et démolie en 1796; c'est maintenant un terrain clos de planches.

YVES. (Rue Saint-) *Voyez* rue des Noyers.

Z.

ZACHARIE. (Rue) *Commence* rue de la Huchette, et *finit* rue Saint-Severin. Les numéros sont *noirs;* le dernier impair est 15, et le dernier pair 20. — 11ᵉ Arrondissement.

En 1219, 1262 et 1276, on écrivait *Saqualie* ou *Sachalie*, nom qu'elle tenait d'une maison nommée *Sacalie;* on a écrit depuis *Sac-Alie, Sac-Calie, Saccalie, Sac-à-Lii, Sac-Alis, Sacalit :* ce n'est que depuis le commencement du dix-septième siècle qu'on a altéré ce nom au point d'en faire *Zacharie.*

ZACHARIE. (Passage de la rue) De la rue Zacharie, n° 2, à celle Saint-Séverin, n° 16. — 11ᵉ Arrondissement.

Il tient son nom de la rue *Zacharie*, où il aboutit.

SUPPLÉMENT.

ABATTOIR MONTMARTRE, au haut de la rue Rochechouart. — 2ᵉ Arrondissement.

Cet édifice, qui se construit sous la direction de M. Poidevin, architecte, a trois cent cinquante mètres de longueur, et cent vingt-cinq mètres de largeur; il contiendra quatre bergeries et quatre bouveries. Chaque abattoir est composé de six places. On y travaille avec grande activité; il sera bientôt achevé.

ABATTOIR POPINCOURT. De la rue des Amandiers-Popincourt, n° 15, à la rue Saint-Ambroise. — 8ᵉ Arrondissement.

Il y aura vingt-deux bâtimens; déjà sept bouveries et bergeries sont couvertes. Les travaux sont poussés avec grande activité, sous la direction de M. Vauthier, architecte.

ABATTOIR DU ROULE, situé dans la plaine de Mouceau, au bout de la rue Miromesnil. — 1ᵉʳ Arrondissement.

Les travaux sont commencés, sous la direction de M. Petit-Radel, architecte. Cet établissement a deux cents mètres de largeur, et cent dix-huit mètres de longeur; il sera composé de quatorze bâtimens.

ABATTOIR DE VAUGIRARD, place Breteuil, entre la barrière de Sèvres et celle des Paillassons. — 10ᵉ Arrondissement.

Les travaux sont commencés.

'ABREUVOIR. (Rue de l') — 9ᵉ Arrondissement.

Elle va disparaître pour agrandir le jardin de l'Archevêché et pour construire le quai Catinat.

ANNONCIADES CÉLESTES, (Les) dites *Filles-Bleues*, étaient rue Culture-Sainte-Catherine, n° 29, où est un bureau de roulage. Il y a donc erreur à la page 13 du Dictionnaire.

'ANTOINE. (Rue des Fossés-Saint-) *Voyez* rue de la Contrescarpe.

BIÈVRE, (La) dite vulgairement *la rivière des Gobelins*.

Petite rivière qui prend sa source entre Bouviers et Guyencourt, arrondissement et canton de Versailles, à une lieue et quart S. O. de cette ville. Son cours est d'environ huit lieues jusqu'à son entrée dans la Seine; elle passe à Jouy, à Bièvre, à Gentilly, entre dans Paris, arrose la manufacture impériale des Gobelins, et se jette dans la Seine au boulevart de l'Hôpital. Aux douzième et treizième siècles elle avait une autre direction, puisqu'elle entrait dans la Seine par la rue des Grands-Degrès, en face du jardin de l'Archevêché (*voyez* rue de Bièvre). En 1579, la nuit du 1ᵉʳ avril, cette rivière se déborda, s'éleva jusqu'à quatorze ou quinze pieds, et monta jusqu'au grand autel de l'église des Cordelières de la rue de Lourcine; plusieurs personnes périrent, et quantité de maisons furent emportées par cette inondation étonnante, que l'on nomma *le déluge Saint-Marcel*.

BONS-ENFANS, (Collége des) rue des Bons-Enfans.

Il fut fondé en 1208, en faveur de treize pauvres écoliers, et réuni en 1602 au chapitre Saint-Honoré. La chapelle était sous le nom de Saint-Clair, et a subsisté jusqu'à la révolution; elle était rue des Bons-Enfans, entre la rue Montesquieu et le passage voûté du cloître Saint-Honoré.

BOURDALOUE. (Rue)

Elle va disparaître pour agrandir le jardin archiépiscopal.

CÉLESTINS. (Quai des)

L'établissement des Eaux épurées et clarifiées, qui était auparavant derrière l'Archevêché, est maintenant sur ce quai.

CROIX (Le couvent des Filles de la) est destiné pour l'établissement d'un des quatre nouveaux lycées.

GRENELLE-SAINT-GERMAIN. (Rue de)

La caserne Bellechasse, occupée maintenant par des dragons, est au n° 128.

PAON, (Cul-de-sac du) rue du Paon-Saint-André, entre les n°s 1 et 3. Les numéros sont *rouges*; le dernier impair est 7, et le dernier pair 12. — 11° Arrondissement.

Voyez, page 353, la rue du Petit-Paon.

SEINE (Le fleuve de la) prend sa source dans la forêt de Chanceau, à deux lieues de Saint-Seine, département de la Côte-d'or.

Après avoir parcouru environ soixante-dix lieues de deux mille toises, cette rivière arrive à Paris, entre les barrières de la Garre et de la Rapée; elle traverse cette capitale, et va, toujours en serpentant pendant l'espace d'environ quatre-vingt-cinq lieues, se jeter dans l'Océan, au Hâvre.

Sa *longueur* dans Paris est d'environ deux lieues de deux mille toises, de la barrière de la Rapée jusqu'à celle de la Cunette.

Sa *vitesse* dans les eaux moyennes est de cinquante-quatre centimètres, ou vingt pouces par seconde, entre les ponts Neuf et des Tuileries : les eaux moyennes sont en cet endroit d'un mètre dix-neuf centimètres, ou trois pieds huit pouces de hauteur.

Sa *hauteur* se mesure à l'échelle qui est au pont de la Tournelle ou à celle du pont des Tuileries : celle-ci marque environ quatre-vingt-un centimètres, ou deux pieds et demi de plus, parce que l'on est parti pour cette mesure du fond de la rivière, vis-à-vis Auteuil, à l'endroit où il y avait le moins d'eau. On compte la hauteur à partir des basses eaux de 1719.

Hauteurs considérables de la Seine; inondations.

En 522, sous le règne de Childebert, roi de Paris.

En 583, sous le règne de Childebert, roi de Metz ou d'Austrasie.

En 886, sous le règne de Charles-le-Gros.

En 1196, 1206 et 1219, sous le règne de Philippe-Auguste.

En 1232 et 1233, sous le règne de Saint-Louis.

En 1280 et 1281, sous le règne de Philippe-le-Hardi.

En 1296, 1306 et 1307, sous le règne de Philippe-le-Bel.

En 1325, sous le règne de Charles-le-Bel. Les glaces au dégel firent écrouler tous les ponts.

En 1375, sous le règne de Charles V.

En 1399, 1407, 1414 et 1421, sous le règne de Charles VI.

En 1427, 1428, 1431, 1438, 1442 et 1460, sous le règne de Charles VII.

En 1480, sous le règne de Louis XI.

En 1484, 1486 et 1497, sous le règne de Charles VIII.

En 1502 et 1505, sous le règne de Louis XII.

En 1530 et 1547, sous le règne de François Ier.

En 1551, sous le règne de Henri II.

En 1564, 1570, 1571 et 1573, sous le règne de Henri III.

En 1595, sous le règne de Henri IV.

En 1613 et 1616, sous le règne de Louis XIII.

En 1649, 1651, 1658, 1663 et 1711 (huit mètres quatre centimètres, ou vingt-quatre pieds neuf pouces à l'échelle du pont Royal), sous le règne de Louis XIV.

En 1719, 1733, 1740 (huit mètres vingt centimètres, ou vingt-cinq pieds trois pouces à l'échelle du pont Royal) et 1751 (sept mètres quatre-vingt-sept centimètres, ou vingt-quatre pieds trois pouces), sous le règne de Louis XV.

En 1784, sous le règne de Louis XVI.

En 1799, 1802 (sept mètres quatre-vingt-cinq centimètres, ou vingt-quatre pieds deux pouces), deux inondations la même année, sous la république.

En 1806 et 1807, sous le règne de Napoléon-le-Grand.

Largeur de la Seine.

	Pont d'Austerlitz.............	166 mètres.
Petit bras.. {	Pont de la Tournelle.........	97
	Pont Saint-Michel...........	49
Grand bras. {	Pont Marie.................	82
	Pont Notre-Dame...........	97
	Pont au Change	97
	Pont Neuf.................	263
	Pont des Arts..............	140
	Pont des Tuileries	84
	Pont de la Concorde.........	146
	Barrière de Passy...........	136

SUISSES. (Cul-de-sac des) Nom qu'a porté le cul-de-sac de Mortagne.

TUILERIES (Le cul-de-sac des Vieilles-) était au n° 13, rue des Vieilles-Tuileries.

Il est maintenant fermé.

FIN.

ERRATA.

Page 56, rue Bonaparte, le dernier numéro impair est 9 *au lieu* de 5.

Page 65, rue des Bourdonnais, *lisez* la Couronne-d'Or *au lieu* de la Croix-d'Or.

Page 97, lycée Charlemagne, *lisez* l'an 781 *au lieu* de 881.

Page 205, article quai de la Grève, *lisez* place de l'Hôtel-de-Ville *au lieu* de rue de l'Hôtel-de-Ville.

Page 273, quai Malaquais, *lisez* que la reine Marguerite est morte en 1615 *au lieu* de 1650.

Page 289, *lisez* barrière des Martyrs *au lieu* de rue des Martyrs.

Page 297, article hospice des Ménages, *lisez* l'an 1557 *au lieu* de 1657.

Page 304, *lisez*, à l'article rue Milet, *voyez* rue Matignon *au lieu* de rue Mignon.

Page 329, ligne 6, *lisez* s'élève *au lieu* de s'élèvent.

Page 412, article palais du roi de Rome, *lisez* pont d'Iéna *au lieu* de pont d'Austerlitz. — Les exemplaires tirés in-8° n'ont point cette erreur.

Lightning Source UK Ltd.
Milton Keynes UK
UKOW04f2349131016

285267UK00008B/333/P